manual

REMO SACHERER

Basiswissen Arbeits- und Sozialrecht 2024

Stand 1. 1. 2024

Beispiele, Web- und Praxistipps
Grafiken und Tabellen
Übungsfälle und -fragen mit Lösungen
Arbeitsvertragsmuster
Berechnungsbeispiele

facultas

Bibliografische Information Der Deutschen Bibliothek

Die Deutsche Bibliothek verzeichnet diese Publikation in der Deutschen Nationalbibliografie; detaillierte bibliografische Daten sind im Internet über http://dnb.d-nb.de abrufbar.

Satz: Fa. Exakta GmbH, 1180 Wien
Druck: Printed in Austria
ISBN 978-3-7089-2473-1

Vorwort

Ich freue mich, Ihnen die 17. Auflage des „Basiswissen“ in einer aktualisierten Form mit Stand vom 1. 1. 2024 vorlegen zu können.

Seit der letzten Auflage gibt es zahlreiche gesetzliche Neuerungen im Arbeits- und Sozial(versicherungs)recht, die in dieser Auflage berücksichtigt wurden. Die Umsetzung der „Work-Life-Balance“-Richtlinie der EU hat zu einer Verkürzung des Karenzanspruchs für Familien geführt, bei denen nicht beide Elternteile Karenz in Anspruch nehmen. Weiters kam es zu einer Ausdehnung des Elternteilzeitanspruchs, zu einer Erweiterung des Personenkreises bei der Pflegefreistellung, zu einer schriftlichen Begründungspflicht des AG bei bestimmten Kündigungen und zu einem Ausbau des Bestandschutzes. Der Anwendungsbereich des Gleichbehandlungsgesetzes wurde auf familiäre Pflege- und Betreuungsmaßnahmen erweitert. Neu eingeführt wurde eine Rehabilitationsfreistellung zur Begleitung von Kindern bei stationären Aufenthalten in Rehabilitationseinrichtungen. Weiters gibt es Änderungen bei der Altersteilzeit zur Deattraktivierung der geblockten Altersteilzeit. Berücksichtigung finden auch die neuen gesetzlichen Regelungen zum Whistleblowing. Erweitert und bei Nichtbeachtung unter Strafe gestellt wurde die Informationspflicht des AG an Teilzeitkräfte über geänderte oder neue Stellen mit einem höheren Stundenausmaß. Darüber hinaus wurden sämtliche sozialversicherungs- und steuerrechtlichen Zahlenwerte auf den aktuellen Stand gebracht, sodass Sie mit der vorliegenden Auflage wieder up to date sind.

Die zahlreichen positiven Rückmeldungen und die breite Akzeptanz in der Praxis bestärken mich, das innovative Konzept eines kombinierten Lern- und Praxisbuches fortzuführen. Das „Basiswissen“ ermöglicht Studierenden an Universitäten und Fachhochschulen ebenso den Einstieg in das Arbeits- und Sozialrecht wie Praktiker/inne/n, die sich für ihre tägliche HR-Arbeit über die wichtigsten arbeits- und sozialrechtlichen Regelungen in Österreich informieren wollen.

Das Werk ist in sieben Teile gegliedert. Das Arbeitsverhältnis wird von seiner Begründung bis zu seiner Beendigung dargestellt. Dabei wird auch der kollektivvertragliche und betriebsverfassungsrechtliche Rahmen berücksichtigt, in den ein Arbeitsverhältnis typischerweise eingebunden ist. Besonderes Augenmerk wird auf Arbeitsverhältnisse mit Auslandsbezug gelegt. Darüber hinaus wird die Rechtsdurchsetzung vor den Arbeits- und Sozialgerichten beschrieben und auf wichtige Behördenzuständigkeiten eingegangen. Überall dort, wo es für das arbeitsrechtliche Verständnis notwendig ist, über den „Tellerrand“ in das Sozial(versicherungs)recht und in andere Rechtsgebiete (insb Steuer-, Datenschutz-, Patent- und Urheberrecht) zu schauen, wird dieser Blick ermöglicht.

Sämtliche Themengebiete werden auch für Nichtjuristen/innen klar und verständlich dargestellt und durch zahlreiche Web- und Praxistipps, Grafiken und Beispiele aufgelockert. Rechtlich bereits versierte Anwender/innen finden die relevanten Gesetzeszitate, die für die juristische Arbeit und eine tiefer gehende Auseinandersetzung mit den einzelnen Inhalten unerlässlich sind. Das von den Leser/inne/n erarbeitete Know-how kann anhand einer (gelösten) Fragen- und Fallsammlung angewendet und vertieft werden. Abgerundet wird das Buch durch ein Arbeitsvertragsmuster, das zur Veranschaulichung der typischen Vertragsinhalte dient, und durch zwei praktische Berechnungsbeispiele für beendigungskausale Entgeltansprüche. Randziffern erleichtern das Auffinden von Querverweisen im Buch.

Die Kompaktheit des Buches erfordert es, dass die Darstellung einerseits eine selektive bleiben muss und andererseits auch nicht überall jene Tiefe aufweisen kann, die für eine abschließende Beantwortung jeder arbeitsrechtlichen Frage aus der Praxis erforderlich wäre. Dies ist auch nicht das vorrangige Ziel dieses Buches. Es soll vor allem erreicht werden, dass sich die Leser/innen ein fundiertes Basiswissen hinsichtlich dieses komplexen Rechtsgebietes aneignen und ein Problembewusstsein für arbeitsrechtliche Fragen und Zusammenhänge im betrieblichen Umfeld entwickeln.

In meinen Praktiker/innen/seminaren und Lehrveranstaltungen höre ich immer wieder von Teilnehmer/inne/n, dass das Arbeitsrecht im betrieblichen Alltag oft nicht ausreichend beachtet wird. Dies geschieht meistens zum Nachteil der Arbeitnehmer/innen, nicht selten aber auch zum Nachteil der Arbeitgeber/innen. Die Folge sind – neben mangelnder Motivation der Mitarbeiter/innen – arbeitsrechtliche Konfliktsituationen, deren Lösung in vielen Fällen nur noch über die Einschaltung der Arbeits- und Sozialgerichte möglich ist. Darüber hinaus ist zu bedenken, dass die Einhaltung der öffentlich-rechtlichen Bestimmungen des Arbeits- und Sozial(versicherungs)rechts idR durch Verwaltungsbehörden überwacht wird, die im Falle eines Verstoßes auch Strafsanktionen verhängen (lassen) können.

Ich bin davon überzeugt, dass viele betriebliche Konflikte vermeidbar sind und Unternehmen letztlich auch Kosten sparen können, wenn die Grundregeln des Arbeitsrechts beachtet und die diesbezüglichen Gestaltungsmöglichkeiten besser ausgeschöpft werden. Mit dem vorliegenden Buch wird den Leser/inne/n das rechtliche „Grundwerkzeug“ für ein rechtssicheres und konfliktfreies Arbeiten zur Verfügung gestellt. Über Feedback jeder Art freue ich mich.

Ein besonderer Dank gebührt meinen beiden Co-Autorinnen der ersten bis 15. Auflage, Frau *Mag. Dr. Julia Eichinger* und Frau *Mag. Dr. Linda Kreil,* die dieses Buch maßgeblich mitgestaltet und geprägt haben. Weiters bedanken möchte ich mich bei Frau *Mag. Bettina Woschitz* für ihre tatkräftige Unterstützung bei der Aktualisierung und Überarbeitung der 17. Auflage des Buches.

Wien, Jänner 2024 *Remo Sacherer*

Kontaktadresse und nähere Informationen zum Autor unter: www.mo-sa.at

Inhaltsverzeichnis

Weiterführende Literatur und sonstige Arbeitshilfen

Es wurde bewusst auf einen Fußnotenapparat verzichtet, um den Text nicht zu überfrachten. Für ein juristisches Werk ungewöhnlich ist die Nennung zahlreicher **Websites.** Auf diesen sind eine Vielzahl von Zusatzinformationen, Downloads und sonstigen Hilfestellungen zu finden, die das Verständnis für die Materie fördern und für ein praktisches Arbeiten meist unerlässlich sind. Dabei ist allerdings zu beachten, dass Informationen aus dem Internet im Hinblick auf ihre Richtigkeit immer besonders **kritisch zu hinterfragen** sind und der Informationsgehalt vielfach nur allgemein gehalten ist.

Für eine tiefer gehende Auseinandersetzung mit Fragen des Arbeits- und Sozialrechts ist ein **intensives Arbeiten mit der entsprechenden Fachliteratur** sowie der einschlägigen **Rechtsprechung der Höchstgerichte** unerlässlich. Dazu empfehle ich folgende ausgewählte Werke, in denen idR wiederum Fundstellen zu weiterer Spezialliteratur (Gesetzeskommentare, Abhandlungen) sowie zur Judikatur zu finden sind:

Lehrbücher und Kommentare

- *Brodil/Windisch-Graetz*, Sozialrecht in Grundzügen[9] (2021)
- *Drs*, Arbeits- und Sozialrecht – Lernen, Üben, Wissen[7] (2023)
- *Fuchs/Marhold/Friedrich*, Europäisches Arbeitsrecht[6] (2020)
- *Hießl*, Grundzüge des europäischen Arbeits- und Sozialrechts[5] (2021)
- *Kietaibl*, Arbeitsrecht I[12] (2023)
- *Löschnigg*, Arbeitsrecht[13] (2017)
- *Marhold/Brameshuber/Friedrich*, Österreichisches Arbeitsrecht[4] (2021)
- *Neumayr/Reissner* (Hrsg), Zeller Kommentar zum Arbeitsrecht[3] (2018)
- *Reissner*, Lern- und Übungsbuch Arbeitsrecht[7] (2023)
- *Resch*, Sozialrecht[9] (2023)
- *Windisch-Graetz*, Arbeitsrecht II[12] (2023)

Praxishandbücher

- *Gruber-Risak/Mazal* (Hrsg), Das Arbeitsrecht – System und Praxiskommentar, Loseblattausgabe (seit 2002)
- *Kuras* (Hrsg), Handbuch Arbeitsrecht, Loseblattausgabe (seit 2000)
- *Reissner/Neumayr* (Hrsg), Zeller Handbuch Arbeitsvertrags-Klauseln[2] (2019)
- *Reissner/Neumayr* (Hrsg), Zeller Handbuch Betriebsvereinbarungen (2014)
- *Schrank*, Arbeitsrecht und Sozialversicherungsrecht[5] (2023)

Fachzeitschriften

- Arbeits- und SozialrechtsKartei (ASoK)
- ARD – Aktuelles Recht zum Dienstverhältnis (ARD)
- Das Recht der Arbeit (DRdA)
- ecolex – Fachzeitschrift für Wirtschaftsrecht
- Österreichisches Recht der Wirtschaft (RdW)
- Soziale Sicherheit (SoSi)
- Zeitschrift für Arbeits- und Sozialrecht (ZAS)
- Zeitschrift für europäisches Sozial- und Arbeitsrecht (ZESAR)

Rechtstexte

- *Doralt* (Hrsg)/*Baumann*/*Jakobs*, Kodex Sozialversicherung III[13] (2023)
- *Doralt* (Hrsg)/*Brameshuber*, Kodex Sozialversicherung I[65], II[65] (2023)
- *Doralt* (Hrsg)/*Schmid*/*Dori*, Kodex EU-Arbeitsrecht[14] (2023)
- *Doralt* (Hrsg)/*Stech*/*Ercher-Lederer*, Kodex Arbeitsrecht[58] (2023)
- *Reissner* (Hrsg), FlexLex Arbeitsrecht[5] (2024)
- *Reissner* (Hrsg), FlexLex Sozialrecht[5] (2024)
- *Resch* (Hrsg), Arbeitsrecht und Sozialrecht (Reihe „Paragraph“)[18] (2023)

Gesetzestexte sowie die **Judikatur der Höchstgerichte** können im Rechtsinformationssystem des Bundes (RIS) unter www.ris.bka.gv.at abgerufen werden. **Gesetzesmaterialien** sind auf der Website des österreichischen Parlaments unter www.parlament.gv.at zu finden. Ein Zugang zum gesamten EU-Recht in allen Amtssprachen besteht im EUR-Lex unter www.eur-lex.europa.eu.

Kostenpflichtige online-Recherchen der österreichischen arbeits- und sozialrechtlichen Literatur und Rechtsprechung sind in der Rechtsdatenbank (RDB) unter www.rdb.at sowie beim Verlag LexisNexis unter www.lexisnexis.at möglich.

Abkürzungsverzeichnis

A

ABB	Amt für Betrugsbekämpfung
ABGB	Allgemeines bürgerliches Gesetzbuch
ABl	Amtsblatt
Abs	Absatz
aE	am Ende
AEUV	Vertrag über die Arbeitsweise der Europäischen Union
AG	Arbeitgeber
AGG	Arbeits- und Gesundheitsgesetz
AK	Arbeiterkammer
AKG	Arbeiterkammergesetz
AktG	Aktiengesetz
AlVG	Arbeitslosenversicherungsgesetz
AMFG	Arbeitsmarktförderungsgesetz
AMPFG	Arbeitsmarktpolitik-Finanzierungsgesetz
AMS	Arbeitsmarktservice
AMSG	Arbeitsmarktservicegesetz
AN	Arbeitnehmer
AngG	Angestelltengesetz
APflG	Ausbildungspflichtgesetz
APG	Allgemeines Pensionsgesetz
APSG	Arbeitsplatz-Sicherungsgesetz
ARÄG 2000	Arbeitsrechtsänderungsgesetz 2000
ArbAbfG	Arbeiterabfertigungsgesetz
ArbIG	Arbeitsinspektionsgesetz
ArbVG	Arbeitsverfassungsgesetz
ARG	Arbeitsruhegesetz
Art	Artikel
ASchG	ArbeitnehmerInnenschutzgesetz
ASGG	Arbeits- und Sozialgerichtsgesetz
ASG Wien	Arbeits- und Sozialgericht Wien
ASVG	Allgemeines Sozialversicherungsgesetz
AÜG	Arbeitskräfteüberlassungsgesetz
AuslBG	Ausländerbeschäftigungsgesetz
AUVA	Allgemeine Unfallversicherungsanstalt
AVG	Allgemeines Verwaltungsverfahrensgesetz
AVRAG	Arbeitsvertragsrechts-Anpassungsgesetz
AZG	Arbeitszeitgesetz

B

BAG	Berufsausbildungsgesetz
BAK	Bundesarbeitskammer
BDG 1979	Beamten-Dienstrechtsgesetz 1979
BEinstG	Behinderteneinstellungsgesetz
B-GlBG	Bundes-Gleichbehandlungsgesetz
BGBl	Bundesgesetzblatt
BGStG	Behindertengleichstellungsgesetz

BH	Bezirkshauptmannschaft
BM	Bundesminister, Bundesministerium
BMAW	Bundesminister(ium) für Arbeit und Wirtschaft
BMF	Bundesminister(ium) für Finanzen
BMI	Bundesminister(ium) für Inneres
BMSGPK	Bundesminister(ium) für Soziales, Gesundheit, Pflege und Konsumentenschutz
BMSVG	Betriebliches Mitarbeiter- und Selbständigenvorsorgegesetz 2008
BMVG 2002	Betriebliches Mitarbeitervorsorgegesetz 2002
BPG	Betriebspensionsgesetz
BPGG	Bundespflegegeldgesetz
BR	Betriebsrat
BR-GO	Betriebsratsgeschäftsordnung
BR-WO	Betriebsratswahlordnung
BSVG	Bauern-Sozialversicherungsgesetz
BV	Betriebsvereinbarung
BVAEB	Versicherungsanstalt öffentlich Bediensteter, Eisenbahnen und Bergbau
B-VG	Bundes-Verfassungsgesetz
BV-Kasse	Betriebliche Vorsorgekasse
bzw	beziehungsweise

D

DAG	Dienstgeberabgabegesetz
DG	Dienstgeber
dh	das heißt
DLSG	Dienstleistungsscheckgesetz
DN	Dienstnehmer
DNHG	Dienstnehmerhaftpflichtgesetz
DSG	Datenschutzgesetz
DSGVO	Datenschutz-Grundverordnung
DVSV	Dachverband der Sozialversicherungsträger

E

€	Euro
EFZG	Entgeltfortzahlungsgesetz
EG	Europäische Gemeinschaft
EG-V	Vertrag zur Gründung der Europäischen Gemeinschaft
ELDA	Elektronischer Datenaustausch (der DG und Steuerberater mit den österreichischen Sozialversicherungsträgern)
EMRK	Europäische Menschenrechtskonvention
EO	Exekutionsordnung
EPG	Eingetragene Partnerschaft-Gesetz
EStG 1988	Einkommensteuergesetz 1988
etc	et cetera
EU	Europäische Union
EuGH	Gerichtshof der Europäischen Union
EVÜ	Europäisches Schuldvertragsübereinkommen
EWR	Europäischer Wirtschaftsraum

F

f(f)	folgende/fortfolgende
FamZeitbG	Familienzeitbonusgesetz
FinStrG	Finanzstrafgesetz
FLAG	Familienlastenausgleichsgesetz
Fn	Fußnote
FPG	Fremdenpolizeigesetz 2005
FreiwG	Freiwilligengesetz
FSVG	Freiberuflich Selbständigen-Sozialversicherungsgesetz

G

G	Gesetz
GAW	Gleichbehandlungsanwaltschaft
GBK	Gleichbehandlungskommission
GBK/GAW-G	Gesetz über die Gleichbehandlungskommission und die Gleichbehandlungsanwaltschaft
gem	gemäß
GewO 1859	Gewerbeordnung 1859 (sog „alte“ GewO)
GewO 1994	Gewerbeordnung 1994 (sog „neue“ GewO)
GlBG	Gleichbehandlungsgesetz (aus 2004; GlBG „alt“ aus 1979 wurde GBK/GAW-Gesetz)
GmbH	Gesellschaft mit beschränkter Haftung
GmbHG	Gesetz über Gesellschaften mit beschränkter Haftung
GO-WKO	Geschäftsordnung der WKO
GÖD	Gewerkschaft Öffentlicher Dienst
GP	Gesetzgebungsperiode
GPA	Gewerkschaft der Privatangestellten
GPLB	Gemeinsame Prüfung Lohnabgaben und Beiträge
GRC	Charta der Grundrechte der Europäischen Union – Grundrechtecharta
grds	grundsätzlich
GSVG	Gewerbliches Sozialversicherungsgesetz

H

HBeG	Hausbetreuungsgesetz
HbG	Hausbesorgergesetz
HeimArbG	Heimarbeitsgesetz
HGB	Handelsgesetzbuch
HGHAG	Hausgehilfen- und Hausangestelltengesetz
hL	herrschende Lehre
hM	herrschende Meinung
HSchG	HinweisgeberInnenschutzgesetz

I

idHv	in der Höhe von
idR	in der Regel
IEF	Insolvenz-Entgelt-Fonds
ieS	im engeren Sinn
IESG	Insolvenz-Entgeltsicherungsgesetz

IMI	Internal Market Information System
insb	insbesondere
IO	Insolvenzordnung
iSd	im Sinne des/r
iVm	in Verbindung mit
iwS	im weiteren Sinn
iZm	im Zusammenhang mit

J

JournG	Journalistengesetz

K

KA-AZG	Krankenanstalten-Arbeitszeitgesetz
KBGG	Kinderbetreuungsgeldgesetz
KJBG	Bundesgesetz über die Beschäftigung von Kindern und Jugendlichen
KollV	Kollektivvertrag
kollv	kollektivvertraglich(e/en/er/es)
KV	Krankenversicherung
KV-Träger	Krankenversicherungsträger

L

leg cit	legis citatae (des zitierten Gesetzes)
LG	Landesgericht
lit	litera (Buchstabe)
LK	Landwirtschaftskammer(n)
LKW	Lastkraftwagen
LSD-BG	Lohn- und Sozialdumpingbekämpfungsgesetz
LSt	Lohnsteuer

M

mBGM	monatliche Beitragsgrundlagenmeldung
MbO	Management by Objectives (Führen durch Zielvereinbarung)
ME	Ministerialentwurf
mind	mindestens
MSchG	Mutterschutzgesetz
MSchV	Mutterschutzverordnung
mtl	monatlich
MuSchG	Musterschutzgesetz
MV-Kassen	Mitarbeiter-Vorsorgekassen

N

NAG	Niederlassungs- und Aufenthaltsgesetz
Nr	Nummer

O

ÖGB	Österreichischer Gewerkschaftsbund
OGH	Oberster Gerichtshof
ÖGK	Österreichische Gesundheitskasse
OLG	Oberlandesgericht
ORF	Österreichischer Rundfunk

P

PatG	Patentgesetz
PC	Personal Computer
PKG	Pensionskassengesetz
Pkt	Punkt
PLB	Prüfdienst für Lohnabgaben und Beiträge
PV	Pensionsversicherung
PV-Träger	Pensionsversicherungsträger

R

RL	Richtlinie
Rsp	Rechtsprechung

S

SBBG	Sozialbetrugsbekämpfungsgesetz
SE	Societas Europaea (Europäische Gesellschaft)
sog	so genannte
StGB	Strafgesetzbuch
StGG	Staatsgrundgesetz
stRsp	ständige Rechtsprechung
SV	Sozialversicherung
SV-OG	Sozialversicherungs-Organisationsgesetz
SVS	Sozialversicherungsanstalt der Selbständigen
SVSG	Selbständigen-Sozialversicherungsgesetz

T

TAG	Theaterarbeitsgesetz

U

ua	und andere/unter anderem
uÄ	und Ähnliche(s)
udgl	und dergleichen
UGB	Unternehmensgesetzbuch
Unterpkt	Unterpunkt
UrhG	Urheberrechtsgesetz
UrlG	Urlaubsgesetz
UStG	Umsatzsteuergesetz 1994
usw	und so weiter
uU	unter Umständen

UV	Unfallversicherung
UV-Träger	Unfallversicherungsträger
UWG	Bundesgesetz gegen den unlauteren Wettbewerb 1984

V

VBG 1948	Vertragsbedienstetengesetz 1948
VfGH	Verfassungsgerichtshof
vgl	vergleiche
VKG	Väter-Karenzgesetz
VO	Verordnung
VwGH	Verwaltungsgerichtshof
VStG	Verwaltungsstrafgesetz

W

WK	Wirtschaftskammer
WKG	Wirtschaftskammergesetz
WKO	Wirtschaftskammer Österreich

Z

Z	Ziffer
zB	zum Beispiel
ZKO	Zentrale Koordinationsstelle für die Kontrolle der illegalen Beschäftigung nach dem AuslBG und dem LSD-BG des Amtes für Betrugsbekämpfung
ZPO	Zivilprozessordnung
zT	zum Teil

Zahlreiche weitere juristische Abkürzungen und Regeln zur korrekten Zitierweise finden sich in den Büchern *Dax/Hopf*, Abkürzungs- und Zitierregeln AZR samt Abkürzungsverzeichnis[8] (2019), *Keiler/Bezemek*, leg cit[4], Leitfaden für juristisches Zitieren[4] (2020) und *Jahnel/Sramek*, NZR[2] – Neue Zitierregeln[2] (2017), online unter www.ridaonline.at/zitiermaster sowie bei *Kerschner,* Wissenschaftliche Arbeitstechnik für Juristen[7] (2022).

1. Teil
Arbeitsrecht – Sonderrecht unselbständig Erwerbstätiger

Das österreichische Arbeitsrecht regelt nicht jede beliebige Form von Arbeit, wie dies der Begriff „Arbeitsrecht“ nahe legen könnte, sondern grundsätzlich nur die **Arbeit in persönlicher Abhängigkeit** (siehe Rz 13 f). Hauptbezugspunkt für alle arbeitsrechtlichen Regelungen ist somit der **Arbeitnehmer (AN)**[1], der seine Arbeitsleistung für den Arbeitgeber (AG) **„persönlich abhängig“** erbringt. 1

Beim Arbeitsrecht handelt es sich weitgehend um ein **Teilgebiet des Privatrechts** (einige Teile des Arbeitsrechts wie zB das Arbeitnehmerschutzrecht sind aber dem öffentlichen Recht zuzuordnen). Nach der **verfassungsrechtlichen Kompetenzverteilung** zwischen Bund und Ländern ist das Arbeitsrecht zum überwiegenden Teil **Bundessache** in Gesetzgebung und Vollziehung (Art 10 Abs 1 Z 11 B-VG). Für Arbeitsverhältnisse in der Land- und Forstwirtschaft ist die Gesetzgebung grundsätzlich Bundessache und die Vollziehung zum Teil Bundessache und zum Teil Landessache (vgl Art 11 Abs 1 Z 9 B-VG). Zum öffentlichen Dienst siehe Rz 27 f.

I. Gliederung und Funktionen des Arbeitsrechts

Das Arbeitsrecht wird in der Literatur zumeist in zwei Teilbereiche, das **Individualarbeitsrecht** und das **kollektive Arbeitsrecht** unterteilt. 2

- **Individualarbeitsrecht:** Es regelt die Beziehungen zwischen dem einzelnen AN und seinem AG, insb die Anbahnung und den Abschluss des Arbeitsvertrages (siehe 2. Teil, Rz 61 ff), die Rechte und Pflichten während des aufrechten Arbeitsverhältnisses (siehe 3. Teil, Rz 121 ff) sowie die Beendigung der Arbeitsbeziehung (siehe 4. Teil, Rz 348 ff). Neben dem **Arbeitsvertragsrecht** wird dem Individualarbeitsrecht auch das **Arbeitnehmerschutzrecht** (siehe 3. Teil, Rz 301 ff) zugeordnet. Dieses sichert durch zwingende Schutzvorschriften hinsichtlich Arbeitszeit und Arbeitsplatzbedingungen die Gesundheit und körperliche Unversehrtheit der abhängig Beschäftigten.
- **Kollektives Arbeitsrecht** (siehe 5. Teil, Rz 493 ff): Es umfasst das **Berufsverbandsrecht** (dieses betrifft die überbetrieblichen Interessenvertretungen der AN und der AG, zB Gewerkschaften und Kammern), das **Kollektivvertragsrecht,** das **Arbeitskampfrecht** (zB „Streik“) und das **Betriebsverfassungsrecht** (dabei geht es um die Interessenvertretung der AN in den einzelnen Unternehmen und um die vielfältigen „Mitsprachemöglichkeiten“ der Belegschaftsorgane in betrieblichen Angelegenheiten wie insb durch den Abschluss von Betriebsvereinbarungen).

---

[1] Auf eine geschlechtsneutrale Schreibweise haben wir zugunsten der leichteren Lesbarkeit des Textes verzichtet. Soweit die männliche Form verwendet wird, sind Männer und Frauen gleichermaßen gemeint.

3 Die wichtigsten Funktionen des Arbeitsrechts sind:

- **Schutzfunktion:** Hauptfunktion des Arbeitsrechts ist die Gewährleistung gerechter Arbeitsbedingungen durch **zwingende Mindestarbeitsbedingungen** und Bestimmungen zum Schutz der AN vor arbeitsbezogenen Gefahren.
- **Ausgleichsfunktion:** Das Arbeitsrecht dient ferner dem gerechten **Ausgleich der Interessen von AN und AG.** Unter Berücksichtigung der zumeist sozial und wirtschaftlich schwächeren Stellung des AN („Verhandlungsungleichgewicht") schränken arbeitsrechtliche Sondervorschriften die Vertragsfreiheit des AG zu Gunsten des AN ein.
- **Friedensfunktion:** Vor allem das kollektive Arbeitsrecht trägt dazu bei, das Entstehen **sozialer Konflikte** (zB Streiks) zu vermeiden und bestehende Konflikte zu lösen.

4 Um der oben genannten Schutzfunktion gerecht zu werden, sind die **meisten** arbeitsrechtlichen Normen als **einseitig zwingendes Recht** ausgestaltet: Dh, sie können durch niedrigerrangiges Recht nur zum Vorteil, nicht aber zum Nachteil der AN abgeändert werden **(unabdingbares Recht).** Davon zu unterscheiden ist **„nachgiebiges" (dispositives) Recht.** Darunter versteht man Rechtsnormen, die nicht mit zwingender Wirkung ausgestattet sind und daher eine Regelung auf unterer Ebene sowohl zum Vorteil als auch zum Nachteil des AN zulassen (zB wenn ein Gesetz zulässt, dass im Arbeitsvertrag nicht nur bessere, sondern auch schlechtere Arbeitsbedingungen als in diesem Gesetz vereinbart werden können). Manche Normen sind hingegen als **zweiseitig zwingendes Recht** ausgestaltet und können daher weder zum Vorteil noch zum Nachteil des AN abgeändert werden (**absolut zwingendes Recht;** so zB das Betriebsverfassungsrecht, siehe Rz 553 ff).

5 Aus diesem Grund kommt dem sog **„Stufenbau" der Rechtsquellen im Arbeitsrecht** besondere Bedeutung zu:

Diese Grafik gibt den Stufenbau in etwas vereinfachender Form wieder. So ist zB der generelle Vorrang von EU-Normen gegenüber innerstaatlichem Verfassungsrecht in der Literatur nicht unbestritten. Auch wurde die Landesgesetzgebung der österr Bundesländer außer Acht gelassen. Zu den Substitutionsformen des KollV siehe Rz 544 ff.

***Beispiel:** In § 12 UrlG wird dessen **einseitig zwingender Charakter** wie folgt **festgelegt:** „Die Rechte, die dem Arbeitnehmer auf Grund der §§ 2 bis 10 zustehen, können durch Arbeitsvertrag, Arbeits-(Dienst)ordnung oder, soweit in diesem Bundesgesetz nicht anderes bestimmt ist, durch Kollektivvertrag oder Betriebsvereinbarung weder aufgehoben noch beschränkt werden." Nun bestimmt § 2 Abs 1 UrlG, dass einem AN pro Arbeitsjahr 30 Werktage bezahlter Urlaub gebührt. Demnach darf im **Arbeitsvertrag** oder **Kollektivvertrag** ein Urlaubsanspruch von **31 Werktagen** durchaus vereinbart werden, **nicht** aber ein Anspruch von **bloß 29 Werktagen** (dies auch nicht gegen Ausgleich in zusätzlichem Gehalt), weil dies den AN gegenüber dem insofern einseitig zwingenden UrlG schlechter stellen würde (und das Gesetz hier auch keine konkrete Ausnahme für den Kollektivvertrag festlegt). Ebenso sind **Kollektivverträge** und **Betriebsvereinbarungen** grundsätzlich mit dieser **einseitig zwingenden Wirkung** ausgestattet. Wenn also zB der einschlägige KollV 31 Werktage an bezahltem Urlaub gewährt, so müsste sich wiederum der Arbeitsvertrag an diese „Untergrenze" halten. Der Arbeitsvertrag seinerseits legt wiederum die Grenzen für das Weisungsrecht des AG fest.*

II. Gliederung und Funktionen des Sozialversicherungsrechts

Der arbeitsrechtliche Schutz der Beschäftigten wird häufig durch sozialrechtliche Vorschriften ergänzt. Das **Sozialrecht** ist ein Teilgebiet des öffentlichen Rechts. Es soll (neben anderen Personen) den Beschäftigten und ihren Angehörigen bei **ausgewählten Lebensrisiken** (zB Krankheit, Arbeitsunfall, Arbeitsunfähigkeit, Arbeitslosigkeit, Mutterschaft, Familienlasten, Alter, Behinderung, Tod) Schutz bieten. Ein wichtiges **Teilgebiet des Sozialrechts** ist das **Sozialversicherungsrecht.** 6

Das österreichische Sozialversicherungsrecht kennt **drei Versicherungszweige,** die beim Eintritt bestimmter Versicherungsfälle Schutz vorsehen. Es sind dies die 7

- **Unfallversicherung (UV):** Hier werden im Wesentlichen **Arbeitsunfälle** (wozu kraft gesetzlicher Anordnung auch die Wegunfälle von und zu der Arbeit zählen) und **Berufskrankheiten** erfasst (siehe Rz 175).
- **Krankenversicherung (KV):** Diese gewährt Versicherungsschutz bei **Krankheiten** und bei (Freizeit-)Unfällen bzw vorübergehender **Arbeitsunfähigkeit** (Krankengeld; Rz 185 ff) sowie bei **Mutterschaft** (Wochengeld; siehe Rz 206).
- **Pensionsversicherung (PV):** Die gesetzliche Pensionsversicherung sieht im Wesentlichen Geldleistungen im Hinblick auf die **Altersversorgung** sowie die dauernde Minderung der Arbeitsfähigkeit vor (ausführlich dazu Rz 480 ff).

Durch den gesetzlich vorgeschriebenen Zusammenschluss von Dienstnehmern und anderen Erwerbstätigen zu jeweils großen Versichertengemeinschaften (**System der Pflichtversicherung,** die unmittelbar kraft Gesetzes eingreift) kann ein **Risikoausgleich** erreicht und den einzelnen vom Eintritt eines Versicherungsfalles Betroffenen dadurch effektiver geholfen werden. Dies geschieht entweder durch **Geldleistungen** (zB Pensionen; Krankengeld) oder durch **Sachleistungen** (zB ärztliche Hilfe im Krankheitsfall), die von den **Sozialversicherungsträgern** (zB der ÖGK) entweder direkt (zB in Ambulatorien) erbracht oder (zu- 8 mindest teilweise) finanziert werden. Eine Sonderstellung hat die **Arbeitslosenversicherung** (siehe Rz 473 ff).

Die Zugehörigkeit zu einer der Versichertengemeinschaften des SV-Rechts richtet sich vor allem nach der Art der Erwerbstätigkeit. Die **Dienstnehmer** (sowie bestimmte freie DN, vgl Rz 25) sind durch das Allgemeine Sozialversicherungsgesetz (ASVG) von der Pflichtversicherung erfasst. **Selbständige** fallen unter das Gewerbliche Sozialversicherungsgesetz (GSVG), unabhängig davon, ob sie im Rahmen eines Gewerbes oder als „neue" Selbständige tätig sind. Zu den „neuen" Selbständigen gehören auch Personen, die im herkömmlichen Sinne als **Freiberufler** gelten (zB Schriftsteller).

Nur Freiberufler mit einer eigenen Berufskammer (zB selbständige Ärzte oder Apotheker) fallen unter das FSVG oder in ein eigenes Versorgungssystem (zB Rechtsanwälte oder Notare). Die Pflichtversicherung der in der **Land- und Forstwirtschaft** selbständig tätigen Personen findet sich im Bauern-Sozialversicherungsgesetz (BSVG). In den einzelnen Gesetzen ist die mögliche Mitversicherung von **Familienangehörigen** näher geregelt. Die Zugehörigkeit zur jeweiligen gesetzlichen Versichertengemeinschaft entscheidet auch über die Zuständigkeit der einzelnen SV-Träger für eine Person.

Die Organisation der Sozialversicherung wurde mit **Wirkung ab 1. 1. 2020 grundlegend neu gestaltet.** Die bisher 21 Sozialversicherungsträger (AUVA, 9 GKK, 5 Betriebskrankenkassen, PVA, SVA, SVB, VAEB, BVA und Versicherungsanstalt Notariat) wurden dabei auf fünf reduziert (Grundlage ist das Sozialversicherungs-Organisationsgesetz, kurz SV-OG). Insb wurden

- die neun Bundesländer-Gebietskrankenkassen (GKK) in eine **Österreichische Gesundheitskasse (ÖGK)** übergeführt,
- die Sozialversicherungsanstalt der gewerblichen Wirtschaft (SVA) sowie die Sozialversicherungsanstalt der Bauern (SVB) in eine **Sozialversicherungsanstalt der Selbständigen (SVS)** sowie
- die Sozialversicherungsanstalt der öffentlich Bediensteten (BVA) und die Versicherungsanstalt für Eisenbahnen und Bergbau (VAEB) in eine **Versicherungsanstalt öffentlich Bediensteter, Eisenbahnen und Bergbau (BVAEB)** verschmolzen.

Der ehemalige Hauptverband der Sozialversicherungsträger (HVSV) bleibt als (verkleinerter) **Dachverband der Sozialversicherungsträger** (DVSV) bestehen, die Betriebskrankenkassen können (grundsätzlich) in die **ÖGK** optieren oder als durch Betriebsvereinbarung geregelte betriebliche Gesundheitseinrichtung weiterbestehen. Die Versicherungsanstalt des österreichischen Notariats wurde in eine berufsständische Versorgungseinrichtung außerhalb der Sozialversicherung übergeführt. Die nach GSVG versicherten Selbständigen wurden aus der UV-Zuständigkeit der AUVA herausgelöst. Das neue Selbständigen-Sozialversicherungsgesetz (SVSG) regelt nur die Errichtung der neuen SVS. Die neue BVAEB ist auch für die – an sich nicht der SV zugehörigen – Ruhegenüsse der öffentlich Bediensteten zuständig.

Dachverband der Sozialversicherungsträger		
Unfallversicherung	Krankenversicherung	Pensionsversicherung
AUVA	ÖGK	PVA
SVS		
BVAEB		

Organisation der Sozialversicherungsträger seit 1. 1. 2020

Die Reform betrifft nur die Organisation; der (gesetzliche) **Leistungsumfang** bleibt gleich (dh zwischen den einzelnen Gesetzen – zB dem ASVG gegenüber dem GSVG – mitunter unterschiedlich). Lediglich durch die Vereinheitlichung der Satzungen im Bereich der bisherigen GKK im Rahmen der ÖGK und ähnliche Vorgänge kann es zu gewissen Änderungen und Vereinheitlichungen kommen. An der Komplexität der Versicherungstatbestände und den diesbezüglichen Abgrenzungsproblemen ändert sich nichts.

Das Sozialversicherungsrecht kennt einige **wesentliche Prinzipien:** 9

- **Prinzip der Pflichtversicherung:** Die Versicherungspflicht tritt kraft gesetzlichen Tatbestandes und unabhängig vom Willen der Beteiligten ein. Eine freiwillige Versicherung ist nur unter ganz bestimmten gesetzlichen Voraussetzungen möglich (zB freiwillige Weiterversicherung bzw Höherversicherung; „opting in" für geringfügig Beschäftigte, siehe dazu Rz 19).

  Beispiel: *Vergibt ein Unternehmer Arbeit, kann er sich nicht aussuchen, ob der Beschäftigte nach ASVG oder GSVG versichert sein soll. Entscheidend ist vielmehr, ob durch dessen Tätigkeit bestimmte gesetzliche Tatbestandsmerkmale erfüllt sind oder nicht (siehe dazu Rz 18 f).*

- **Prinzip der Mehrfachversicherung:** Eine Person kann aufgrund mehrerer, voneinander unabhängiger Tätigkeiten auch mehrfach pflichtversichert sein.

  Beispiel: *X ist als angelernter Arbeiter im Chemiewerk W in persönlicher Abhängigkeit tätig; er ist also DN im Sinne von § 4 Abs 2 ASVG. Daneben betreibt er noch als Nebenerwerbsbauer die kleine elterliche Landwirtschaft. Aufgrund dieser Tätigkeit ist er (grundsätzlich) ebenfalls pflichtversichert, und zwar nach dem Bauern-Sozialversicherungsgesetz (vgl insb § 2 Abs 2 BSVG). Dies würde analog zB auch für Nebentätigkeiten gelten, die als freies Dienstverhältnis nach § 4 Abs 4 ASVG oder als „alte" oder „neue" Selbständigkeit iS des GSVG einzustufen sind (dazu näher Rz 22, 26).*

- **Prinzip der Formalversicherung:** Eine nicht pflichtversicherte Person gilt als rechtsgültig pflichtversichert, wenn sie vorbehaltslos und nicht vorsätzlich unrichtig zur Sozialversicherung angemeldet wurde und der Sozialversicherungsträger die Beiträge über einen bestimmten Zeitraum (zB ununterbrochen drei Monate, siehe § 21 Abs 1 ASVG) vorbehaltslos entgegengenommen hat.

  Beispiel: *Ein Rechtsanwalt meldet einen bei ihm beschäftigten Berufsanwärter irrtümlich nach ASVG als vollversicherungspflichtigen Angestellten an. Tatsächlich ist letzterer aber durch eine ausdrückliche Ausnahme im ASVG nur in der Unfall- und der Krankenversicherung erfasst, also teilversichert. Aufgrund der Formalversicherung kann dem Beschäftigten für den Zeitraum bis zur formalen Aufhebung seiner (unrichtigen) Versicherung durch den Sozialversicherungsträger der Sozialversicherungsschutz als AN nach ASVG zu Gute kommen. Auch bei versehentlich als vollversichert gemeldeten* ***geringfügig Beschäftigten*** *kann es zur Formalversicherung kommen. Bei einem* ***Scheindienstverhältnis,*** *also wenn die Beteiligten gar keinen Dienstvertrag abschließen wollten, ist die Formalversicherung ausgeschlossen.*

- **Territorialitätsprinzip:** Grundsätzlich sind nur Sachverhalte mit Inlandsbezug vom österreichischen Sozialversicherungsrecht erfasst (siehe dazu Rz 670).

10 Ferner kennt das Sozialversicherungsrecht eine wichtige **schadenersatzrechtliche Bestimmung:** Soweit ein SV-Träger aufgrund eines Schadensereignisses leistungspflichtig wird (zB Ansprüche des Geschädigten als Pflichtversicherter oder Angehöriger auf Krankenbehandlung oder Pensionsleistung aus der gesetzlichen SV), gehen die entsprechenden Schadenersatzansprüche des Geschädigten kraft Gesetzes auf den Sozialversicherungsträger über (**Legalzession** gem §§ 332 ASVG, 190 GSVG, 178 BSVG).

Eine Ausnahme besteht in den Fällen des Arbeitsunfalls und der Berufskrankheit betreffend allfällige Ansprüche des geschädigten AN gegenüber seinem AG (sog **Dienstgeberhaftungsprivileg,** dazu näher Rz 171). Hier unterbleibt die Legalzession. Auch im Rahmen der Arbeitskollegenhaftung findet sie nur in bestimmten Fällen statt.

Webtipp: Ausführliche und praxisrelevante Informationen zur Sozialversicherung sowie zu den einzelnen Sozialversicherungsträgern finden sich im Internet unter www.sozialversicherung.at.

III. Arbeitsvertrag und Arbeitnehmerbegriff

1. Wer ist Arbeitnehmer?

11 Für die einzelnen Teilbereiche des Arbeitsrechts (siehe Rz 2) gelten unterschiedliche Arbeitnehmerbegriffe. Es gibt keinen „einheitlichen Arbeitnehmerbegriff“, der für das gesamte Arbeitsrecht gilt. Der **Arbeitnehmerbegriff,** der für das **Arbeitsvertragsrecht** maßgebend ist, ist im Gesetz nicht unmittelbar geregelt. Es gibt also keine Legaldefinition dieses Arbeitnehmerbegriffes. Der vertragsrechtliche Arbeitnehmerbegriff kann aber aus der **Definition des Dienstvertrages in § 1151 ABGB** abgeleitet werden:

Danach entsteht ein Dienstvertrag, wenn sich jemand auf eine gewisse Zeit zur Dienstleistung für einen anderen verpflichtet. AN ist also die Person, die sich in diesem Sinne verpflichtet.

Aus **§ 1151 ABGB** lassen sich folgende **Tatbestandsmerkmale des Arbeitsvertrages** ableiten:

- das Vorliegen einer **vertraglichen Verpflichtung** zu Dienstleistungen,
- die in **persönlicher Abhängigkeit** und
- für eine **gewisse Zeit** zu erbringen sind.

Im Folgenden werden diese **Tatbestandsmerkmale** näher erläutert:

1.1. Vertragliche Verpflichtung

Wer nur aus **Gefälligkeit** (zB „Freundschaftsdienst"), aufgrund von **Zwang** (zB Strafgefangene) oder eines **Bescheides** (Beamte) Arbeiten verrichtet, für den **gilt das Arbeitsrecht nicht. Nur** eine **freiwillig eingegangene vertragliche Verpflichtung** zur Dienstleistungserbringung begründet ein Arbeitsverhältnis iSd Arbeitsrechts. Darunter muss nicht zwingend ein von beiden Parteien unterschriebenes Blatt Papier mit der Überschrift „Arbeitsvertrag" verstanden werden. Es **genügt** zB auch der **mündliche** Abschluss eines Arbeitsvertrages. Es bestehen also beim Abschluss des Arbeitsvertrages im Allgemeinen keine bestimmten Formerfordernisse (Ausnahme: zB Schriftform beim Bühnenarbeitsvertrag und beim Lehrvertrag). Zum Vertragsabschluss siehe Rz 73 ff. 12

Hinweis: Die Begriffe **„Dienstvertrag"** und **„Arbeitsvertrag"** sind gleichbedeutend, wobei aber bei Angestellten idR vom „Dienstvertrag" und bei Arbeitern meistens vom „Arbeitsvertrag" gesprochen wird.

1.2. Arbeit in persönlicher Abhängigkeit

Judikatur und Literatur haben folgende **Kriterien** herausgearbeitet, die für das Vorliegen von Arbeit in persönlicher Abhängigkeit sprechen: 13

- **Einbindung in eine vom AG vorgegebene Betriebsorganisation und Unterwerfung unter die betrieblichen Ordnungsvorschriften:** Darunter fällt vor allem die Verwendung der vom AG zur Verfügung gestellten **Betriebsmittel** sowie die Einhaltung der durch Betriebsvereinbarung oder durch Weisung des AG gestalteten **„formellen Arbeitsbedingungen"** (darunter sind etwa betriebliche Arbeitszeitregelungen, Bekleidungsvorschriften oder bestimmte Verhaltensregeln bei der Arbeit zu verstehen).
- **Persönliche Weisungsgebundenheit:** Bezieht sich vor allem auf die **Zeit** und den **Ort** der Diensterbringung sowie auf das **persönliche Verhalten** am Arbeitsplatz. Solche Weisungen sind abzugrenzen von den sog „sachlichen" Weisungen, die sich auf das Arbeitsergebnis beziehen und daher nicht zwingend auf persönliche Abhängigkeit hindeuten (zB „Weisung" an den Architekten hinsichtlich der Details des bestellten Dachbodenausbaus).
- **Kontrollunterworfenheit:** Besteht für die AN hinsichtlich ihrer **Arbeits- und Verhaltensweise** im Betrieb.
- **„Disziplinäre Verantwortlichkeit":** Für ein Fehlverhalten im Betrieb müssen die AN einstehen; dies kann auch mit Disziplinarmaßnahmen des AG (zB förmliche Verwarnung) verbunden sein.
- **Höchstpersönlichkeit der Arbeitsleistung:** Der AN hat die vereinbarten Dienste grundsätzlich selbst zu erbringen (vgl § 1153 ABGB). Die Höchstpersönlichkeit der Arbeitsleistung ist eines der wesentlichen Merkmale der Arbeit in persönlicher Abhängigkeit. Dennoch gibt es gesetzliche Ausnahmen (zB bei Hausbesorgern). Auch abweichende vertragliche Vereinbarungen sind denkbar.

14 Der Begriff der persönlichen Abhängigkeit ist ein sog **Typusbegriff,** der sich aus mehreren Elementen zusammensetzt. Entscheidend für das Vorliegen persönlicher Abhängigkeit ist, dass die **Merkmale fremdbestimmter Arbeit,** die persönliche Abhängigkeit begründen, **im Gesamtbild des Beschäftigungsverhältnisses** nach Gewicht und Bedeutung gegenüber Merkmalen, die für persönliche Selbständigkeit sprechen, **überwiegen.**

Beispiel: *Ein für ein Möbelhaus tätiger Tischler mit eigenem Gewerbeschein, der voll in die Betriebsorganisation eingebunden ist, vorgeschriebene Arbeitszeiten einzuhalten hat, weisungsgebunden und unter der (disziplinären) Kontrolle der Führungskräfte des Möbelhauses seiner Beschäftigung nachgeht und seine Dienste ausschließlich selbst erbringt, ist persönlich abhängig und damit AN (hier liegt eine sog „Scheinselbständigkeit" vor).*

Praxistipp: Als einfache Kontrollüberlegung mag zur ersten Orientierung helfen: Wenn **Arbeitszeit, Arbeitsort und Arbeitsablauf inklusive persönlichem Verhalten** (also das **„Wann", „Wo" und „Wie"**) in hohem Maß **fremdbestimmt** sind, so spricht dies für persönliche Abhängigkeit des Beschäftigten.

1.3. Tätigkeit für eine gewisse Zeit

15 Der Arbeitsvertrag begründet ein **Dauerschuldverhältnis,** in dem der AN nicht zu einem bestimmten „Erfolg", sondern nur zur **kontinuierlichen und sorgfältigen Verrichtung der geschuldeten Tätigkeit** verpflichtet ist. Die Zuordnung des Arbeitsverhältnisses zu den Dauerschuldverhältnissen bedeutet aber nicht, dass Arbeitsleistungen stets für eine bestimmte längere Dauer vereinbart sein müssen. Auch kurzfristige Arbeiten schließen das Vorliegen eines Arbeitsvertrages nicht aus.

Ist die einzig vereinbarte Arbeitsleistung aber **mit wenigen Handgriffen** oder nach wenigen Stunden erbracht, so liegt **zumeist** ein **Zielschuldverhältnis** (zB ein Werkvertrag, siehe Rz 21) vor, das die Annahme eines Arbeitsvertrages ausschließt. Freilich ist auch die Vereinbarung eines nur einige Stunden dauernden Arbeitsvertrages denkbar (zB Barkeeper für einen Abend). Letztlich ist maßgeblich, ob die Vereinbarung auf eine **Leistung über einen gewissen Zeitraum** (dh ein Dauerschuldverhältnis) abzielt oder auf die **Erbringung eines bestimmten Arbeitsergebnisses** (und damit auf ein Zielschuldverhältnis, insb einen Werkvertrag).

Hinweis: „Für eine gewisse Zeit" bedeutet *nicht,* dass der Zeitraum des Vertragsverhältnisses bereits vorherbestimmt, der Arbeitsvertrag also (zB auf ein Monat oder ein Jahr) befristet sein muss.

1.4. Bedeutung des Entgelts?

16 Für den Arbeitnehmerbegriff im Arbeitsrecht (anders ist es im Sozialversicherungsrecht: siehe sogleich unter Rz 18 f) ist die **Vereinbarung eines Entgelts nicht notwendig.** § 1152

ABGB **lässt** die Vereinbarung der **Unentgeltlichkeit** sogar ausdrücklich zu. In der Praxis bestehen natürlich zumeist entgeltliche Arbeitsbeziehungen, häufig mit kollektivvertraglich normierten Mindestentgelten. Ist aber im Vertrag **kein Entgelt bestimmt und auch nicht Unentgeltlichkeit vereinbart,** so gilt nach § 1152 ABGB (vgl auch § 6 AngG) ein **angemessenes Entgelt** als vereinbart.

1.5. Bedeutung der wirtschaftlichen Abhängigkeit?

AN sind typischerweise – neben ihrer persönlichen Abhängigkeit – auch wirtschaftlich von ihrem AG abhängig. Dies zeigt sich faktisch insb durch folgende Umstände: **17**

- Abhängigkeit von den Betriebsmitteln des AG und/oder
- Abhängigkeit vom Entgelt für den Lebensunterhalt.

Die wirtschaftliche Abhängigkeit ist ein **Hilfskriterium** zur Feststellung der AN-Eigenschaft. Häufig gehen wirtschaftliche und persönliche Abhängigkeit miteinander einher. So ist mit der Abhängigkeit von den Betriebsmitteln (zB Produktionsmittel) in der Regel auch die Einbindung in die Betriebsorganisation des AG verbunden und führt daher ohnehin zur persönlichen Abhängigkeit. Außerdem spielt es für die Einordnung eines Beschäftigten als AN keine Rolle, ob diese konkrete Person auf das Einkommen aus dieser Tätigkeit wirtschaftlich tatsächlich angewiesen ist (so ist zB auch ein in persönlicher Abhängigkeit tätiger Lotto-Millionär ein AN, selbst wenn er den Verdienst nicht zur Sicherung seines Lebensunterhalts benötigt).

Rechtliche Bedeutung hat die wirtschaftliche Abhängigkeit – allerdings in speziellen Ausformungen – beim **freien Dienstnehmer gem § 4 Abs 4 ASVG** (siehe dazu unten Rz 25) sowie bei den **arbeitnehmerähnlichen Personen** (siehe unten Rz 31).

2. Dienstnehmerbegriff im Sozialversicherungsrecht

Anders als beim Arbeitnehmerbegriff im Arbeitsvertragsrecht kommt es beim **Dienstnehmerbegriff** des Sozialversicherungsrechts **nicht** auf einen gültigen Arbeitsvertrag an (vgl **§ 4 Abs 2 ASVG**). Ausschlaggebend für den sozialversicherungsrechtlichen Dienstnehmerbegriff ist nämlich **18**

- die faktische Beschäftigung
- **in persönlicher** (**und** dadurch „indizierter“ **wirtschaftlicher**) **Abhängigkeit**
- gegen Entgelt.

Wirtschaftliche Abhängigkeit bedeutet hier nicht „Lohnabhängigkeit“, sondern wird heute als „Arbeit mit fremden Betriebsmitteln“ (also mit jenen des DG) verstanden. Bei Lohnsteuerpflicht nach dem EStG 1988 und bei Entlohnung mit Dienstleistungsscheck liegt jedenfalls auch Dienstnehmereigenschaft iSd ASVG vor.

Treffen diese Tatbestandsmerkmale auf ein Beschäftigungsverhältnis zu, dann unterliegt es der **Pflichtversicherung nach dem Allgemeinen Sozialversicherungsgesetz (ASVG).** Dieses Gesetz regelt insb die **Kranken-, Unfall- und Pensionsversicherung (KV, UV und**

PV) der Arbeiter und Angestellten (zu dieser Unterscheidung Rz 39 ff). Die **Arbeitslosenversicherung** ist im AlVG geregelt (ausführlich Rz 473 ff).

19 Hinsichtlich des Umfanges des Sozialversicherungsschutzes für DN ist zwischen **Vollversicherung** (dh Pflichtversicherung in der KV, UV und PV) und **Teilversicherung** in nur einem oder zwei dieser Versicherungszweige zu unterscheiden. So sind insb DN, deren Entgelt die sog **sozialversicherungsrechtliche Geringfügigkeitsgrenze** (vgl § 5 Abs 2 Z 2 ASVG; der jährlich neu festzusetzende Wert beträgt für das Jahr 2024 monatlich € 518,44; dazu näher Rz 101, 110) nicht übersteigt, nur in der UV pflichtversichert. **Geringfügig Beschäftigte** haben jedoch eine kostengünstige Möglichkeit zur Selbstversicherung in der KV und PV (2024: monatlich € 73,20) gem § 19a ASVG (sog „opting in").

Hinweis: In der Praxis wird oft verkannt, dass **geringfügig Beschäftigte** arbeitsrechtlich gesehen „ganz normale" AN sind, dh grundsätzlich **dieselben Ansprüche wie andere AN haben,** zB auf gesetzlichen Urlaub, Entgeltfortzahlung im Krankheitsfall, Kollektivvertragsentgelt mit darin vorgesehenen Sonderzahlungen usw; all dies aber bezogen auf ein in der Regel wesentlich niedrigeres Grundentgelt. **Arbeitsrechtlich** sind sie als **Teilzeitbeschäftigte** zu qualifizieren (siehe Rz 334 f), wobei sich die Teilzeitbeschäftigung im Sinne des Arbeitsrechts über die **Arbeitszeit** und die geringfügige Beschäftigung im Sinne des ASVG über das **Entgelt** definiert. Die beiden Kategorien können also ohne weiteres auseinander laufen und tun dies in der Praxis meistens auch.

***Beispiel: A** arbeitet aushilfsweise als Kellnerin 15 Stunden monatlich und verdient dabei € 180,–, ist also (arbeitsrechtlich gesehen) teilzeitbeschäftigte Arbeitnehmerin und zugleich (sozialversicherungsrechtlich gesehen) eine geringfügig beschäftigte (und daher nur in der UV teilversicherte) Dienstnehmerin nach ASVG. **B** arbeitet 20 Stunden pro Woche gegen ein monatliches Entgelt von € 890,–, ist also eine teilzeitbeschäftigte Arbeitnehmerin und zugleich vollversicherte Dienstnehmerin nach ASVG.*

IV. Andere Beschäftigungsverhältnisse

20 In der Praxis ist es manchmal sehr schwierig, Arbeitsverhältnisse juristisch korrekt von anderen Beschäftigungsverhältnissen abzugrenzen. Im Folgenden werden zunächst der **Werkvertrag** und der **freie Dienstvertrag** dem Arbeitsvertrag gegenübergestellt.

1. Werkvertrag

21 Beim Werkvertrag (vgl § 1151 Abs 1 Satz 2, §§ 1165 ff ABGB) verpflichtet sich der **Werkunternehmer für den Auftraggeber (Werkbesteller) „ein Werk" in persönlicher Selbständigkeit herzustellen.** Der Vertrag ist erst dann erfüllt, wenn das bestellte Werk vollendet, also der „Erfolg" eingetreten ist **(Zielschuldverhältnis).** Erst dann gebührt dem Werkunternehmer der vereinbarte „Werklohn". Werkverträge zwischen denselben Parteien können auch mehrfach aneinandergereiht werden.

Beispiel: *Ein Tischler, der ein eigenes Unternehmen betreibt, stellt für einen Kunden aufgrund einer vertraglichen Vereinbarung (Werkvertrag) ein Möbelstück her.*

Zur Abgrenzung vom Dienstvertrag (Arbeitsvertrag) ist somit darauf abzustellen, dass der Werkvertrag ein Zielschuldverhältnis darstellt, mit dem ein **bestimmtes Arbeitsergebnis** (zB die Herstellung einer bestimmten Gartenmauer oder eines in seinen Funktionen definierten EDV-Programmes) **vereinbart ist,** und nicht die Tätigkeit an sich (zB Tätigkeit als Maurer oder als EDV-Programmierer). **Zudem** ist das **Fehlen von persönlicher Abhängigkeit** wesentlich. Grundsätzlich schließen **Zielschuldverhältnis und persönliche Abhängigkeit** einander von vornherein aus, dh **sie können nicht zusammen vorliegen.**

In der Praxis wird aber mitunter versucht, den Arbeitsvertrag (und damit die Anwendung des Arbeitsrechts) durch entsprechende Vereinbarungen zu umgehen, sodass sich auch bei scheinbarem Vorliegen eines Zielschuldverhältnisses der „Kontrollblick" darauf lohnt, ob die näheren Umstände der Leistungserbringung auf persönliche Abhängigkeit hindeuten. Kennzeichnend kann hierfür der **Grad der Konkretisierung des Leistungsinhaltes im Vertrag** sein. Also: Ist bereits durch den Vertrag klar definiert, was konkret zu leisten ist? Dies deutet auf einen „echten" Werkvertrag hin. Oder wird der Leistungsinhalt erst bei der Abwicklung durch Weisungen konkretisiert? Dies spricht für einen Dienstvertrag (Arbeitsvertrag).

Das **Unternehmerrisiko** liegt ganz beim Werkunternehmer. Ihn kennzeichnet seine persönliche und zumeist auch wirtschaftliche Selbständigkeit. Daher **gelten die arbeitsrechtlichen Schutzbestimmungen** für ihn **nicht.** Werkverträge können **aber** sog „arbeitnehmerähnlichen" Beschäftigungsverhältnissen (siehe im Folgenden unter Rz 31 f) zugrunde liegen.

Hinweis: Der Werkunternehmer schuldet – anders als ein freier oder echter Dienstnehmer – ein mangelfreies Ergebnis (zB Funktionieren eines EDV-Programmes). Tritt dieser „Erfolg" nicht wie vereinbart ein, hat der Werkbesteller Ansprüche aus dem Gewährleistungsrecht der §§ 922 ff ABGB (Nachbesserung, Preisminderung oder Wandlung des Vertrages).

Sozialversicherungsrechtlicher Schutz besteht für einen Werkunternehmer idR nach **22**
dem **GSVG** (Gewerbliches Sozialversicherungsgesetz). Dabei kommt es darauf an, ob seine Tätigkeit auf einer Gewerbeberechtigung beruht (sog „alter" Selbständiger) oder nicht (sog „neuer" Selbständiger). Dabei gilt im Einzelnen:

- **„Alte" Selbständige** sind gewerblich selbständig Erwerbstätige, die infolge ihrer **Mitgliedschaft bei einer Wirtschaftskammer** (WK) der Pflichtversicherung nach dem GSVG unterliegen (§ 2 Abs 1 Z 1 bis 3 GSVG). Jeder Inhaber einer **Gewerbeberechtigung** ist kraft Gesetzes Mitglied einer Wirtschaftskammer (siehe dazu Rz 505).
- Die Bezeichnung **„neue" Selbständige** wurde in der Literatur zur **Abgrenzung** von der Gruppe der „alten" Selbständigen entwickelt. Pflichtversicherung für „neue" Selbständige liegt vor, wenn der Selbständige nicht Mitglied einer Wirtschaftskammer ist (also über **keine Gewerbeberechtigung** verfügt, etwa weil seine Tätigkeit nicht unter die Gewerbeordnung fällt; wie zB Vortragende, selbständige Journalisten, Schriftsteller), aber dennoch **„aufgrund einer betrieblichen Tätigkeit"** bestimmte **Einkünfte** iSd Einkommensteuergesetzes (EStG 1988) erzielt (§ 2 Abs 1 Z 4 GSVG). Hinsichtlich

der betrieblichen Tätigkeit bestehen nur geringe Anforderungen: Die Verbindung der Arbeitsleistung mit sachlichen Arbeitsmitteln zu einer organisatorischen Einheit genügt. Die Pflichtversicherung als „neuer" Selbständiger ist subsidiär zur ASVG-Pflichtversicherung und zu anderen Versicherungstatbeständen im GSVG und anderen Sozialversicherungsgesetzen (zB BSVG).

Beachte: „Alte" Selbständige sind grundsätzlich unabhängig von der Höhe ihrer Einkünfte nach GSVG pflichtversichert und müssen entsprechende Beiträge leisten (siehe Rz 109).

Lediglich **bestimmte Kleinunternehmer** (nämlich Berufsanfänger in der Selbständigkeit und ältere Personen ab 57 Jahren), die im Jahr nicht mehr als € 35.000,– Umsatz und nicht mehr als € 6.221,28 (2024) Einkommen erzielen, können auf **Antrag von der Pflichtversicherung in PV und KV ausgenommen** werden (und sind somit nur in der UV versichert).

Für **„neue" Selbständige** gilt hingegen eine sog **Versicherungsuntergrenze:** Nur wer durch seine Tätigkeit als „neuer" Selbständiger die – jährlich neu festgesetzte – Entgeltgrenze von € 6.221,28 (2024) überschreitet, fällt unter die Versicherungspflicht. Dabei spielt es keine Rolle, ob er nur diese Erwerbstätigkeit ausübt oder daneben noch eine andere versicherungspflichtige Erwerbstätigkeit ausübt (also zB im Rahmen des ASVG) bzw ein Erwerbsersatzeinkommen (zB Pension) bezieht.

„Alte" und „neue" Selbständige haben unter bestimmten Voraussetzungen die Möglichkeit, in die **Arbeitslosenversicherung** zu optieren (§ 3 AlVG). Außerdem haben sie, sofern sie als Kleinunternehmer bestimmte gesetzliche Voraussetzungen erfüllen, bei lang andauernder Krankheit ab dem 43. Tag (rückwirkend ab dem vierten Tag) ihrer Arbeitsunfähigkeit einen gesetzlichen Anspruch auf eine einem **Krankengeld** entsprechende Unterstützungsleistung (§ 104a GSVG), die sie auch parallel zur Krankengeldleistung aus der im GSVG vorgesehenen freiwilligen Zusatzversicherung beziehen können. **„Neue" Selbständige** haben überdies beim Unterschreiten der Versicherungsuntergrenze die Möglichkeit eines „opting in" in die UV (2024: monatlich € 11,35) und die KV (2024: monatlich € 35,25).

2. Freier Dienstvertrag

2.1. Arbeitsrechtliche Beurteilung

23 Ein freier Dienstvertrag liegt vor, wenn sich jemand vertraglich dazu verpflichtet, für eine andere Person eine **kontinuierliche** (also laufende) **Tätigkeit** im Sinne eines Dauerschuldverhältnisses **ohne persönliche Abhängigkeit** zu erbringen. Im Vordergrund steht also die zeitlich definierte Zurverfügungstellung der Arbeitskraft als solche und nicht die Erzielung eines bestimmten Arbeitsergebnisses.

Der freie Dienstvertrag ist rechtlich etwas anderes als der „echte" Dienstvertrag und daher nicht bloß dessen Unterform. Gemeinsam ist dem freien und dem „echten" Dienstvertrag aber, dass es sich in beiden Fällen um ein **Dauerschuldverhältnis** handelt.

Der freie DN ist somit – anders als der AN – **nicht voll in die betriebliche Organisation eingebunden** und verwendet idR **eigene Betriebsmittel.** Im Gegensatz zum Werkunternehmer **schuldet** aber der freie DN **keinen bestimmten Erfolg,** sondern – ebenso wie der AN – nur die sachgemäße und sorgfältige Tätigkeitsausübung.

Beispiele: *Ein Tischler betreibt zwar ein eigenes Unternehmen, ist aber vertraglich verpflichtet, für einen Auftraggeber kontinuierlich Möbelstücke anzufertigen, die er nicht nach Stück, sondern Zeitaufwand verrechnet. Ein Anwalt verpflichtet sich gegenüber einem Unternehmen als Konsulent vertraglich zur kontinuierlichen Beratung und zur rechtsfreundlichen Vertretung gegen ein monatliches Entgelt.*

Der **freie Dienstvertrag** ist im österr Recht **nicht** grundlegend **geregelt.** Daher werden von den **dienstvertraglichen Regelungen im ABGB** (§§ 1151–1164) für freie DN (ausschließlich) jene Bestimmungen **sinngemäß („analog") angewendet, die *nicht* auf das Vorliegen persönlicher Abhängigkeit** und die daraus resultierende besondere Schutzbedürftigkeit eines abhängig Beschäftigten (Arbeitnehmer) **abstellen.** 24

Im Zweifel gilt daher auch für freie DN zB ein **angemessenes Entgelt** als bedungen (§ 1152 ABGB), denn diese Vorschrift „passt" nicht nur für persönlich abhängige AN. **Demgegenüber** ist etwa die Bestimmung über die **Entgeltfortzahlung** im Krankheitsfall (§ 1154b ABGB, Näheres siehe Rz 174 ff) **auf freie DN ebenso wenig anwendbar** wie die arbeitsrechtlichen **Sondergesetze** (zB das AngG oder das UrlG, zu letzterem Rz 266), weil deren Normzweck im Schutz persönlich abhängiger AN besteht. Auch **KollV und BV** sind auf freie DN grundsätzlich nicht anwendbar. Die Frage der (analogen) Anwendbarkeit der Kündigungsvorschriften des ABGB auf freie DN ist seit der mit 1. 10. 2021 in Kraft getretenen Novelle der Kündigungsbestimmungen noch nicht abschließend geklärt (siehe Rz 371).

Bestimmte freie DN sind allerdings vom Gesetzgeber **in einige arbeitsrechtliche Gesetze einbezogen** worden (siehe sogleich unter Rz 25). Dies mag vom Ergebnis her sinnvoll sein, erschwert aber das Verständnis dafür, dass es sich beim Dienstvertrag (Arbeitsvertrag) einerseits und dem freien Dienstvertrag andererseits nach wie vor um **verschiedene** Vertragsverhältnisse mit unterschiedlichen Rechtsfolgen handelt.

Freie DN haben grundsätzlich eine **Honorarnote** an ihre DG zu legen (zur Sozialversicherung siehe sogleich unter Rz 25 f und Rz 107 ff; zur Einkommensteuer siehe Rz 116 ff; zur Umsatzsteuer siehe Rz 119 ff).

2.2. Sozialversicherungsrechtliche Beurteilung

In Bezug auf den **Sozialversicherungsschutz** eines freien DN ist zu differenzieren: 25

a) „Dienstnehmerähnlicher" freier Dienstvertrag

Weist ein freies Dienstverhältnis **bestimmte gesetzlich geregelte Elemente der Dienstnehmerähnlichkeit** auf, dann besteht für den **freien DN eine Pflichtversicherung nach § 4 Abs 4**

ASVG (zu den Beitragssätzen siehe Rz 107). Dies ist im Wesentlichen der Fall, wenn jemand

- seine Dienstleistung aufgrund eines **freien Dienstvertrages** (also nicht etwa aufgrund eines Dienst- oder Werkvertrages)
- für einen **DG** „im Rahmen seines **Geschäftsbetriebes**" (also zB nicht für Privathaushalte) oder für eine Gebietskörperschaft erbringt,
- aus dieser Tätigkeit ein **Entgelt** bezieht,
- die Dienstleistung **im Wesentlichen persönlich** erbringt,
- über **keine wesentlichen eigenen Betriebsmittel** verfügt und
- überdies aufgrund dieser Tätigkeit **nicht** bereits ein **„vorrangiger" Versicherungsschutz** nach einem anderen Sozialversicherungsgesetz besteht **(„Subsidiaritätsklausel").** Dies ist insb dann der Fall, wenn die Tätigkeit bereits als **„alte" Selbständigkeit** iSd § 2 Abs 1 Z 1–3 GSVG anzusehen ist (also die Tätigkeit im Rahmen einer **Gewerbeberechtigung** erbracht wird) oder eine Pflichtversicherung nach § 4 Abs 1 ASVG als DN, nach BSVG oder FSVG begründet wurde oder eine Tätigkeit als Kunstschaffender iSd Künstler-SozialversicherungsfondsG vorliegt.

Obwohl sie von den „echten" DN zu unterscheiden sind, besteht auch für freie DN nach § 4 Abs 4 ASVG **Pflichtmitgliedschaft bei der Arbeiterkammer** (§ 10 Abs 1 Z 7 AKG) sowie **Entgeltsicherung bei der Insolvenz** ihres Auftraggebers (§ 1 Abs 1 IESG). Darüber hinaus sind diese freien DN nunmehr auch verpflichtend in die **betriebliche Mitarbeitervorsorge** (§ 1 Abs 1a BMSVG; siehe dazu Rz 464) und in die **Arbeitslosenversicherung** (§ 1 Abs 8 AlVG, siehe Rz 473) einbezogen. Die Vorschriften über den **Dienstzettel** gelten für freie DN nach § 4 Abs 4 ASVG ebenso (siehe Rz 86) wie einige Schutznormen im **MSchG** (§§ 3 und 5 Abs 1 und 3 MSchG sowie ein spezieller Motivkündigungsschutz in § 10 Abs 8 MSchG).

b) Freie Dienstnehmer als Selbständige

26 Fallen freie DN nicht unter die Voraussetzungen des § 4 Abs 4 ASVG, sind sie grundsätzlich nach dem **GSVG als Selbständige** pflichtversichert. Dabei können sie – ebenso wie Werkunternehmer – entweder als „alte" oder „neue" Selbständige einzustufen sein (siehe oben Rz 22).

Beispiel: *Der Tischler im Beispiel der Rz 23, der in seinem eigenen Unternehmen für einen Auftraggeber kontinuierlich Möbelstücke anfertigt und nach Zeitaufwand abrechnet, hat zwar einen freien Dienstvertrag, fällt aber aus mehreren Gründen nicht unter § 4 Abs 4 ASVG: Vor allem wird er über eine entsprechende Gewerbeberechtigung und damit über einen vorrangigen Versicherungsschutz als „alter" Selbständiger (§ 2 Abs 1 Z 1 GSVG) verfügen. Ferner erfüllt er die Voraussetzung „keine wesentlichen eigenen Betriebsmittel" nicht. Falls er in seinem Unternehmen AN beschäftigt, erbringt er die Dienstleistung außerdem nicht im Wesentlichen persönlich. Anders zB Lehrende in Sprachschulen: Sofern sie aufgrund der konkreten Vertragsgestaltung nicht ohnehin als persönlich abhängig anzusehen sind, werden sie von der Rsp als „dienstnehmerähnliche" freie DN iSd § 4 Abs 4 ASVG qualifiziert.*

3. Beschäftigungsverhältnisse im öffentlichen Dienst

Beamte und Vertragsbedienstete (sog **„Öffentlich Bedienstete“**) **unterliegen nicht dem „privaten“ Arbeitsrecht.** Für sie gelten spezielle Vorschriften, die die Arbeitsbedingungen und das Entgelt regeln **(öffentliches Dienst- und Besoldungsrecht).** Die Kompetenz für die Regelung des Dienstrechts liegt für **Bundesbedienstete** beim Bund und für **Landes- und Gemeindebedienstete** beim jeweiligen Bundesland. 27

Rechtsgrundlage für das durch Sondergesetze (zB für Bundesbeamte durch das Beamten-Dienstrechtsgesetz, BDG 1979) geregelte Beschäftigungsverhältnis von **Beamten** ist kein Vertrag, sondern ein **Bescheid,** mit dem sie auf eine Planstelle ernannt werden. Der Beamte steht damit in einer öffentlich-rechtlichen Rechtsbeziehung zu seinem DG. **Vertragsbedienstete** verpflichten sich hingegen aufgrund eines **Vertrages** (also auf einer privatrechtlichen Grundlage) zur **Dienstleistung für einen Hoheitsträger.** Auch ihre Arbeitsbedingungen sind durch **Sondergesetze** (zB für Bundesvertragsbedienstete durch das Vertragsbedienstetengesetz, VBG 1948) geregelt.

Ausgegliederte Rechtsträger (zB Post, Telekom, Universitäten) beschäftigen häufig „ihre“ Beamten in Form einer sog **„Dienstzuteilung“** weiter. Zudem können sie, weil sie ja nunmehr als privatrechtliche Unternehmen bestehen (zB in Rechtsform einer Aktiengesellschaft), neue Arbeitsverhältnisse nach den Regeln des **privatrechtlichen Arbeitsrechts** begründen (also zB Dienstverhältnisse nach dem AngG, siehe dazu sogleich unter Rz 40 ff). Dies kann dazu führen, dass in ein und demselben Betrieb Beamte, Vertragsbedienstete und AN im Sinne des Arbeitsrechts **nebeneinander** beschäftigt werden, für die (zB im Zusammenhang mit der Vertragsbeendigung) **völlig unterschiedliche Rechtsgrundlagen** zu beachten sind. 28

4. Familienangehörige im Betrieb und sonstige Rechtsverhältnisse

Bei der Beschäftigung von Familienangehörigen ist zwischen der Tätigkeit aufgrund eines Arbeitsvertrags und der Mitarbeit aufgrund der familiären Bindung zu unterscheiden (insb aufgrund der **ehelichen Beistandspflicht;** vgl § 90 Abs 2 ABGB). **Im Zweifel** wird bei familiärer Verbundenheit angenommen, dass ***kein* Arbeitsverhältnis im arbeits- und sozialversicherungsrechtlichen Sinne** vorliegt. Es steht den Beteiligten aber frei, ein solches zu vereinbaren und somit die wechselseitigen arbeits- und sozialversicherungsrechtlichen Rechte und Pflichten wirksam werden zu lassen. 29

Bestimmte nahe Angehörige des AG (zB Eltern, der im gemeinsamen Haushalt lebende Ehegatte oder Lebensgefährte, volljährige Kinder), die als echte DN für ihn tätig sind, sind vom AZG und ARG ausgenommen, wenn sie Lage und Dauer ihrer eigenen Arbeitszeit selbst festlegen können (§ 1 Abs 2 Z 7 AZG, § 1 Abs 2 Z 3 ARG).

Auch wenn *kein* Arbeitsverhältnis vorliegt, hat der im Erwerb des anderen **mitwirkende Ehegatte** grundsätzlich einen **Anspruch auf „angemessene Abgeltung“** seiner Mitwirkung (§ 98 ABGB). Denkbar ist weiters, dass die Ehepartner den **Betrieb *gemeinsam*** (zB in Form einer Gesellschaft bürgerlichen Rechts) **führen.** In diesem Fall werden Gewinne und Verluste grundsätzlich gemeinsam getragen.

Hinweis: Bestimmte **Familienangehörige** (im Wesentlichen unentgeltlich **mitarbeitende Kinder,** die das 17. Lebensjahr vollendet haben und keiner anderen Erwerbstätigkeit nachgehen) sind nach **ASVG pflichtversichert** (§ 4 Abs 1 Z 3 ASVG). Davon ist die sog **Mitversicherung** von Angehörigen in der KV (§ 123 ASVG) zu unterscheiden (siehe dazu Rz 190). Die Praxis, Ehegatten oder andere Familienangehörige „pro forma" als AN im eigenen Betrieb zur Sozialversicherung anzumelden und Beiträge zu bezahlen, *ohne* dass diese tatsächlich für den Betrieb tätig sind, stellt **Sozialbetrug** dar und ist daher rechtswidrig (vgl § 2 Z 6 SBBG).

30 **Arbeitsleistungen** können auch **im Zuge anderer Rechtsverhältnisse vereinbart werden,** beispielsweise als **Arbeitsgesellschafter** einer Offenen (Handels-)Gesellschaft oder als Gegenleistung **im Rahmen eines Mietvertrages** (zB: X mietet ein Zimmer in einem Einfamilienhaus, erklärt sich dabei bereit, Gartenarbeiten zu erbringen und zahlt dafür einen deutlich niedrigeren als den ortsüblichen Mietzins). Solche Personen sind grundsätzlich ***nicht*** **als AN anzusehen** (es sei denn, nach der Gewichtung des gesamten Rechtsverhältnisses wäre die Arbeitsleistung als Hauptmerkmal des Vertrages anzusehen und/oder man wollte das Arbeitsrecht bewusst umgehen).

V. Arbeitnehmerähnliche Personen

31 Arbeitnehmerähnliche Personen erbringen ihre **Dienste für einen** (oder einige wenige) **Auftraggeber in persönlicher Selbständigkeit, aber in wirtschaftlicher Abhängigkeit.**

Der Gesetzgeber definiert „Arbeitnehmerähnliche" als

- nicht mit gewerblicher Heimarbeit (dafür gilt ein Sondergesetz: das HeimArbG) beschäftigte **Personen,**
- die – **ohne** in einem **Arbeitsverhältnis** zu stehen – **im Auftrag und für Rechnung bestimmter Personen**
- in **wirtschaftlicher Unselbständigkeit** Arbeit leisten.

Unerheblich ist, welcher **Vertragstypus** (zB Werkvertrag oder freier Dienstvertrag) dem Beschäftigungsverhältnis zugrunde liegt. Kennzeichnend ist aber das Vorliegen gewisser Merkmale fremdbestimmter Arbeit, ohne dass bereits persönliche Abhängigkeit vorliegt.

Die wichtigsten **Kriterien,** die nach der Judikatur für das Vorliegen von **wirtschaftlicher Abhängigkeit** erfüllt sein müssen, sind:

- Die Beschäftigten sind zu ihrem Lebensunterhalt auf **einen** oder **wenige Auftraggeber angewiesen,** dh ihnen kommt keine völlige „Freiheit am Markt" zu, und
- sie sind bei der Erbringung ihrer Dienstleistung – zumindest teilweise – auf die **Betriebsmittel** und das **Know-how des Auftraggebers** angewiesen.

Beispiel: *Ein Tischler mit eigenem Unternehmen verpflichtet sich (zB durch freien Dienstvertrag) nur einem Auftraggeber gegenüber zur kontinuierlichen Leistung von Tätigkeiten und verwendet hierbei vornehmlich die von diesem Auftraggeber zur Verfügung gestellten Betriebsmittel.*

Weitere Beispiele: *Tankstellenpächter, Franchisenehmer*

Wegen ihrer **„Nähe zum Arbeitsvertrag"** und der daraus resultierenden **Schutzbedürftigkeit der Beschäftigten** werden auf arbeitnehmerähnliche Beschäftigungsverhältnisse kraft ausdrücklicher gesetzlicher Anordnung insb folgende Vorschriften angewendet: 32

- Die gesetzlichen **Haftungsbeschränkungen** für AN nach dem DNHG (Rz 166 ff),
- das **Gleichbehandlungsgebot** nach dem GlBG (siehe Rz 226),
- das **Ausländerbeschäftigungsgesetz** (AuslBG, siehe Rz 638 ff),
- das **Arbeitskräfteüberlassungsgesetz** (AÜG, siehe Rz 145 f) und
- die für Arbeitsrechtssachen geltenden Verfahrensvorschriften (ASGG). Arbeitnehmerähnliche Personen dürfen Ansprüche aus ihren Beschäftigungsverhältnissen daher vor den **Arbeits- und Sozialgerichten** geltend machen (siehe Rz 673 ff).

Die meisten und wohl auch **wichtigsten arbeitsrechtlichen Bestimmungen (zB UrlG, AngG, EFZG)** werden jedoch auf arbeitnehmerähnliche Rechtsverhältnisse **nicht** angewendet. Auch KollV finden keine Anwendung.

Die Arbeitnehmerähnlichkeit nach den hier beschriebenen Merkmalen darf **nicht verwechselt** werden **mit dem freien Dienstvertrag gem § 4 Abs 4 ASVG** (sog „dienstnehmerähnlicher" freier Dienstnehmer, siehe Rz 25). Denn die Kriterien dieser Norm laufen zwar letztlich ebenfalls auf eine Arbeitnehmerähnlichkeit hinaus, sind aber enger gefasst. 33

Beispiel: *Ein* ***Tankstellenpächter*** *ist (bei der üblichen Gestaltung des Vertrages) vom Mineralölunternehmen wirtschaftlich abhängig und auf dessen Betriebsmittel und Know-how angewiesen. Also ist er als* ***arbeitnehmerähnliche Person*** *dem Schutz des DNHG unterworfen. Dh, falls er Betriebsmittel des Mineralölunternehmens beschädigt, braucht er uU keinen oder nur einen Teil des vollen Schadenersatzes zu leisten (siehe Rz 166 ff). Dennoch ist er* ***kein freier Dienstnehmer*** *iSd ASVG, weil er aufgrund eines Pachtvertrages tätig ist und nicht aufgrund eines freien Dienstvertrages. Er kann daher – trotz Arbeitnehmerähnlichkeit – nicht nach § 4 Abs 4 ASVG pflichtversichert sein. Vielmehr wird er als Inhaber einer Gewerbeberechtigung als „alter" Selbständiger gem § 2 Abs 1 Z 1 GSVG pflichtversichert sein (siehe Rz 22).*

Die folgende Tabelle gibt einen Überblick über die **Abgrenzung** der wichtigsten Kategorien von Beschäftigungsverhältnissen (siehe Rz 11–26): 34

<table>
<tr><th></th><th>Dienstvertrag</th><th colspan="2">freier Dienstvertrag</th><th>Werkvertrag</th></tr>
<tr><th>zivilrechtliche Grundlagen</th><td>§§ 1151 ff ABGB</td><td colspan="2">zT §§ 1151 ff ABGB analog</td><td>§§ 1165 ff ABGB</td></tr>
<tr><th>Leistung</th><td>Dienste</td><td colspan="2">Dienste</td><td>Werk</td></tr>
<tr><th>Rechtsverhältnis</th><td>Dauerschuld-verhältnis</td><td colspan="2">Dauerschuldverhältnis</td><td>Zielschuldverhältnis</td></tr>
<tr><th>persönliche Abhängigkeit</th><td>ja</td><td colspan="2">nein</td><td>nein</td></tr>
<tr><th>wirtschaftliche Abhängigkeit</th><td>ja</td><td colspan="2">wenn ja: arbeitnehmerähnlich</td><td>wenn ja: arbeitnehmer-ähnlich</td></tr>
<tr><th>Sozial-versicherung</th><td>§ 4 Abs 2 ASVG</td><td>„DN-ähnlicher" freier Dienstvertrag: § 4 Abs 4 ASVG</td><td>sonst: GSVG/BSVG/ FSVG
(wie Werkvertrag)</td><td>GSVG, FSVG
Mit Gewerbeschein: „Alte" Selbständige (§ 2 Abs 1 Z 1–3 GSVG)
Ohne Gewerbeschein: „Neue" Selbständige (§ 2 Abs 1 Z 4 GSVG)</td></tr>
<tr><th>Gewerberecht</th><td>Kein Gewerbeschein notwendig, außer bei Funktion als gewerberechtlicher Geschäftsführer</td><td colspan="3">Wenn Gewerbe iS des Gewerberechts: Gewerbeschein notwendig. Dann ist allerdings der Ausschlusstatbestand in § 4 Abs 4 ASVG zu beachten!</td></tr>
<tr><th>Steuerrecht</th><td>LSt (§ 47 EStG)</td><td colspan="3">betriebliche Einkünfte: ESt</td></tr>
</table>

35 Bei der **arbeitsrechtlichen Beurteilung** eines Rechtsverhältnisses (also bei der Frage, ob ein Dienstvertrag vorliegt oder nicht) sollte zuerst geprüft werden, ob ein Zielschuldverhältnis (insb Werkvertrag) oder ein **Dauerschuldverhältnis** vorliegt. Ist letzteres der Fall, gilt es nach der **persönlichen Abhängigkeit** zu fragen. Ist diese zu bejahen, liegt ein Dienstvertrag (Arbeitsvertrag) vor. Andernfalls wird in idR ein freier Dienstvertrag vorliegen (oder allenfalls auch ein anderes Vertragsverhältnis, wie zB Pacht- oder Gesellschaftsvertrag). Im Falle einer selbständigen Tätigkeit ist weiters das Vorliegen von **Arbeitnehmerähnlichkeit** zu prüfen (siehe Rz 31).

36 Geht es darum, ein Beschäftigungsverhältnis **sozialversicherungsrechtlich** einzuordnen, so kann man zuerst nach den Voraussetzungen des sozialversicherungsrechtlichen **Dienstnehmers** (§ 4 Abs 2 ASVG) fragen, insb nach der **persönlichen Abhängigkeit.** Liegt diese nicht vor und ist die betreffende Person mit einer entsprechenden Gewerbeberechtigung (und damit Wirtschaftskammerzugehörigkeit) tätig, so ist sie als **„alte" Selbständige** im Sinne von § 2 Abs 1 Z 1 GSVG pflichtversichert. Dabei spielt es keine Rolle, ob ein freier Dienstvertrag oder ein Werkvertrag die rechtliche Grundlage dieser Tätigkeit bildet. Ist für die Tätigkeit hingegen kein Gewerbeschein erforderlich, so ist danach zu differenzieren, ob ein freier Dienstvertrag oder ein Werkvertrag vorliegt. Bei der Ausübung einer nicht gewerblichen Tätigkeit aufgrund eines Werkvertrages (zB Vortragende, selbständige Journalisten) fällt man als **„neuer" Selbständiger** unter § 2 Abs 1 Z 4 GSVG. Bei einem **freien Dienstvertrag,** bei dem der freie DN über keine wesentlichen eigenen Betriebsmittel verfügt und die Dienstleistung im Wesentlichen persönlich erbringt, kommt **§ 4 Abs 4 ASVG** („dienstnehmerähnlicher freier Dienstnehmer") zum Tragen, sofern die sonstigen Voraussetzungen vorliegen. Bedient sich der freie DN bei der Tätigkeitsausübung aber wesentlicher eigener Betriebsmittel, ist er ebenfalls als „neuer" Selbständiger pflichtversichert. Auch Personen, die **ohne die erforderliche Gewerbeberechtigung** eine selbständige

Erwerbstätigkeit auf Werkvertragsbasis ausüben (unbefugte Gewerbeausübung), fallen unter die Pflichtversicherung als „neue" Selbständige (sofern sie nicht ohnehin aufgrund des Vorliegens von Scheinselbständigkeit als AN zu qualifizieren sind).

Hinweis: Sollte ein Vertrag zB als „Werkvertrag" deklariert sein, aber in seinem Text (falls es sich um einen schriftlichen Vertrag handelt) und/oder in seiner Umsetzung überwiegende Elemente der persönlichen Abhängigkeit enthalten, so ist der Vertrag als Dienstvertrag im Sinne von § 1151 ABGB anzusehen und der Beschäftigte als AN zu behandeln. Damit wird die **Umgehung** des an sich ja (einseitig) zwingenden Arbeitsrechts verhindert. Die Vertragsbezeichnung sowie der Parteiwille haben hier nur Indizcharakter. Für das Sozialversicherungsrecht gilt dies ebenso (§ 539a ASVG, Grundsatz der wirtschaftlichen Betrachtungsweise). 37

Um der **Abgrenzungsproblematik** im SV-Recht zu begegnen und die Rechtssicherheit zu erhöhen, entscheiden in bestimmten Fällen die zuständigen SV-Träger (ÖGK und SVS) in **Zusammenarbeit** mittels **Bescheid,** ob der Pflichtversicherte (als DN oder DN-ähnlicher freier DN) dem ASVG oder (als alter oder neuer Selbständiger) dem GSVG oder bei bestimmten bäuerlichen Nebentätigkeiten dem BSVG zuzuordnen ist. Die Prüfung erfolgt entweder vorab (insb) bei der Anmeldung als neuer Selbständiger oder im Rahmen bestimmter freier Gewerbe (zB Kuvertieren von Prospekten, Botendienst, Büroservice) anhand eines vom Pflichtversicherten auszufüllenden Fragebogens **(Vorabprüfung),** weiters im Rahmen einer **Prüfung der lohnabhängigen Abgaben** (GPLB) durch Prüforgane der Finanzverwaltung oder der ÖGK **(Neuzuordnung)** oder auf **Antrag** des bereits bisher Pflichtversicherten oder dessen Auftraggebers (siehe §§ 412a ff ASVG).

VI. Einzelne Arbeitnehmergruppen

Innerhalb jener Beschäftigten, die als AN iSd Arbeitsrechts anzusehen sind (zur persönlichen Abhängigkeit siehe Rz 13 f), bestehen je nach Tätigkeit bzw Stellung im Betrieb gesetzliche Untergliederungen in **verschiedene Arbeitnehmergruppen.** Vor der Anwendung eines arbeitsrechtlichen Gesetzes muss daher stets sein **Geltungsbereich** geprüft werden. 38

Kontrollfrage: *„Gilt dieses Gesetz für das vorliegende Beschäftigungsverhältnis?"*

Manche **arbeitsrechtliche Sondergesetze** gelten nämlich nur für eine bestimmte Arbeitnehmergruppe (zB Angestelltengesetz, Gutsangestelltengesetz, Journalistengesetz, Theaterarbeitsgesetz, Hausbesorgergesetz für „Hausbesorger-Altverträge" vor dem 1. 7. 2000), andere hingegen „für AN schlechthin" (zB Arbeitszeitgesetz, Arbeitsruhegesetz, Dienstnehmerhaftpflichtgesetz, Gleichbehandlungsgesetz).

Für AN, die in der **häuslichen 24-Stunden-Betreuung** einer pflegebedürftigen Person tätig sind, gilt grundsätzlich das Hausgehilfen- und Hausangestelltengesetz (HGHAG). Sofern dabei die Voraussetzungen des **Hausbetreuungsgesetzes** (HBeG) vorliegen (insb Pflege einer Person mit Anspruch auf Pflegegeld ab Stufe 3 bzw Stufe 1 oder 2 bei Demenzerkrankung, Aufnahme in die Hausgemeinschaft mit der zu pflegenden Person, Vereinbarung eines 14-Tage-Dienst-/14-Tage-Freizeitturnus) gelten die arbeitszeit- bzw arbeitsruherechtlichen Bestimmungen dieses Gesetzes (siehe §§ 1, 3 HBeG).

1. Arbeiter und Angestellte

39 Die für die Praxis wichtigste Unterscheidung unter den AN im geltenden Recht ist jene zwischen **Arbeitern** und **Angestellten.**

Rechtspolitisch bestehen gegen diese Differenzierung aber **Bedenken.** Die überkommene Vorstellung, dass Arbeiter „manuelle", Angestellte dagegen „geistige, intellektuelle Arbeit" leisten, entspricht heute so nicht mehr der Realität. Durch mehrere Gesetzesanpassungen erfolgte insb im Hinblick auf Entgeltfortzahlung und Kündigungsbestimmungen eine weitgehende **Angleichung der Rechtsstellung,** jedoch wurde immer noch **keine völlige Gleichstellung** von Arbeitern und Angestellten herbeigeführt. Große **Unterschiede** bestehen vor allem noch im Entlassungsrecht (siehe Rz 360 ff, 388 ff). Weiters können für die beiden AN-Gruppen eigene Gruppenbetriebsräte gebildet werden (Näheres bei Rz 578). Auch für die Anwendung von KollV kann die Unterscheidung weiterhin bedeutsam sein, ebenso für die Zuerkennung von Invaliditätspension (Arbeiter) und Berufsunfähigkeitspension (Angestellte) im Rahmen der PV.

Beachte: „Arbeitnehmer" (AN) ist der Überbegriff für Arbeiter *und* Angestellte im Arbeitsrecht. Im Sozialversicherungsrecht wird statt „AN" der Begriff „Dienstnehmer" (DN) verwendet.

1.1. Angestelltenbegriff des Angestelltengesetzes

40 **§ 1 AngG** bestimmt: *„Die Bestimmungen dieses Gesetzes gelten für das Dienstverhältnis von Personen, die im Geschäftsbetrieb eines Kaufmannes vorwiegend zur Leistung kaufmännischer (Handlungsgehilfen) oder höherer, nicht kaufmännischer Dienste oder zu Kanzleiarbeiten angestellt sind."*

Für die **Anwendbarkeit des AngG auf ein Arbeitsverhältnis** ist entscheidend, dass der betroffene AN

- eine der im Gesetz genannten **Angestelltentätigkeiten** verrichtet **und** darüber hinaus
- **bei einem Kaufmann iSd alten HGB (beachte: nicht nach UGB) oder** bei einem diesem **gleichgestellten AG** tätig ist (§ 2 Abs 2 Z 1–9 AngG: zB Gewerbebetriebe, Sparkassen, Kanzleien von Rechtsanwälten und Notaren, Tabaktrafiken; siehe auch Art II Abs 1 und 2 AngG: zB Wirtschaftstreuhänder).

Ein bestimmter Arbeitszeitumfang ist für die Geltung des **AngG** nicht erforderlich. Es gilt somit auch für **teilzeitbeschäftigte Angestellte.**

Die Judikatur umschreibt die im Gesetz angeführten **Angestelltentätigkeiten** näher:

a) Kaufmännische Dienste

41 Das sind **typische Tätigkeiten eines Kaufmannes,** die eine **kaufmännische Ausbildung** und/oder **Geschicklichkeit** erfordern oder für die **Führung eines Betriebes** von Bedeutung sind.

Beispiele: *Kaufmännische Dienste sind zB Ein- und Verkauf (sofern eine selbständige Anpassung an konkrete Situationen zur Hebung des Umsatzes erfolgt), Buchführung, Geldgebarung, Warenprüfung oder Verkaufstätigkeit in einem Fachgeschäft (weil beratungsintensiv). Hingegen* ***nicht:*** *Untergeordnete, relativ einfache „mechanische" Verkaufstätigkeiten wie zB Verkaufskräfte in Bäckereien, Tabaktrafiken oder Verkäufer von Grundnahrungsmitteln.*

b) Höhere, nicht kaufmännische Dienste

Das sind **qualifizierte Dienste nicht kaufmännischer Art,** die **einschlägige Kenntnisse** und eine gewisse **fachliche Durchdringung** der Arbeitsaufgabe erfordern. Dies trifft bei einer erheblich **selbständigen Arbeitsausführung** ohne ständige Kontrolle durch den AG zu. Diese Tätigkeiten müssen weit über den Durchschnitt einer Arbeitertätigkeit hinausgehen. 42

Beispiele: *Unter höhere, nicht kaufmännische Dienste fallen die Tätigkeiten eines technischen Direktors, Abteilungsleiters, Meisters in Industriebetrieben, Akademikers (zB Ärzte, Konzipienten), Übersetzers, Fahrlehrers, Diskjockeys und vieler Künstler.*

c) Kanzleidienste

Kanzleidienste sind **Tätigkeiten, die für Kanzleien typisch sind** und die auch ein Mindestmaß an **Selbständigkeit** erfordern. Schreibarbeiten müssen daher zB über das bloße „Abschreiben" von Texten hinausgehen. 43

Kanzleiarbeiten werden vor allem von typischen **Bürobediensteten** geleistet, mit Ausnahme solcher AN, die ausschließlich oder überwiegend rein mechanische oder sehr einfache Dienste verrichten (zB Scannen von Dokumenten, Durchführen von Botengängen).

Beispiele: *Sekretariats- und Assistenzpersonal*

1.2. Arbeiter

Für den Begriff des Arbeiters fehlt im geltenden Arbeitsrecht eine Legaldefinition (gesetzliche Begriffsbestimmung). In Judikatur und Lehre wird der Arbeiterbegriff daher negativ definiert: **Wer nicht Angestellter ist, ist Arbeiter.** 44

Für jene **Fach-** und **Hilfsarbeiter,** die bei **Gewerbeunternehmungen** in regelmäßiger Beschäftigung stehen, gelten die Bestimmungen der **§§ 72 ff GewO 1859** („alte" Gewerbeordnung). Für alle Arbeiter finden darüber hinaus jene **arbeitsrechtlichen Gesetze Anwendung,** deren Geltungsbereich nicht auf Angestellte beschränkt ist (zB AZG, GlBG, UrlG). Weiters kommen hilfsweise („subsidiär") die **§§ 1151 ff ABGB** zur Anwendung. Für bestimmte Gruppen von Arbeitern gelten **Sondergesetze:** zB für Arbeiter im Baugewerbe oder in der Land- und Forstwirtschaft.

Hinweis: Bei sog **Mischtätigkeiten** ist zumeist das **zeitliche Überwiegen** von Angestelltentätigkeiten gegenüber sonstigen Verrichtungen des AN für die Geltung des AngG ausschlaggebend. Haben aber die höher qualifizierten Tätigkeiten für den AG die **größere Bedeutung,** kommt es nicht mehr auf das zeitliche Überwiegen an. 45

1.3. Vertragsangestellte (Angestellte ex contractu)

46 Für AN, die keine Angestelltentätigkeit verrichten und daher nach dem Gesetz als Arbeiter zu qualifizieren sind, kann die **Anwendung des AngG vertraglich vereinbart** werden, wenn dessen Regelungen für den betroffenen Arbeiter günstiger sind als die sonst auf sein Beschäftigungsverhältnis anzuwendenden zwingenden Vorschriften. Diese Personen werden als **Angestellte „ex contractu"** oder als **„Vertragsangestellte"** bezeichnet.

Praxistipp: Im Betriebsverfassungsrecht werden die Vertragsangestellten aber nur dann zur Angestelltengruppe gezählt, wenn neben der Anwendung des gesamten AngG der einschlägige Kollektivvertrag für Angestellte sowie die Einstufung in die Gehaltsordnung dieses Kollektivvertrages vereinbart wurden (§ 41 Abs 3 ArbVG).

2. Praktikanten, Volontäre und Lehrlinge

47 Bei **„Praktikanten"** muss zwischen einem **„echten" Praktikum** (kein Arbeits-, sondern nur ein Ausbildungsverhältnis) und einem **„unechten" (Ferial-)Praktikum** (ein Arbeitsverhältnis) unterschieden werden.

Ein **„echter" Praktikant** ist ein Schüler oder Student, der als Ergänzung zu seiner schulischen/fachhochschulischen oder universitären Ausbildung ein vorgeschriebenes Praktikum in einem Betrieb absolviert **(Berufs- und Pflichtpraktikum).** Hierbei handelt es sich um eine durch Lehr- oder Studienplan vorgeschriebene Tätigkeit in Unternehmen, die es dem Praktikanten ermöglicht, für seine Ausbildung wichtige praktische Kenntnisse und Fähigkeiten zu erwerben sowie konkrete Erfahrungen im unternehmerischen Alltag zu sammeln. Es stehen daher der **Lern- und Ausbildungszweck ganz klar im Vordergrund** und es besteht keine strenge Arbeitspflicht und auch keine Eingliederung in den Betrieb. Pflichtpraktikanten sind daher idR auch **keine AN.**

Konkret kann man **„echte" Praktikanten von AN im Betrieb** dadurch **unterscheiden,** dass sie zB **nur Weisungen** erhalten dürfen, **die für ihre Ausbildung** sowie für die **Betriebsdisziplin** oder die **Sicherheit** notwendig sind. Der **Arbeitseinsatz von Pflichtpraktikanten darf für die betrieblichen Abläufe auch nicht von wesentlicher Bedeutung sein** (so darf sich zB ein krankheitsbedingtes Fehlen des Praktikanten nicht nachteilig auf die betrieblichen Abläufe auswirken bzw keinen Ersatz erforderlich machen; Pflichtpraktikanten dürfen auch nicht als Urlaubsvertretung eingesetzt werden und auch keine Überstunden leisten). Insgesamt sollte beim Einsatz im Betrieb und bei der **Auswahl der Tätigkeit** stärker auf die Wünsche und die **Ausbildungsinteressen** des Praktikanten Bedacht genommen werden als auf die betrieblichen Erfordernisse.

Pflichtpraktikanten, die ihre Tätigkeit im Unternehmen ohne Taschengeld ausüben, sind über ihre Schüler- bzw Studierendenunfallversicherung auch für das vorgeschriebene Pflichtpraktikum in der gesetzlichen **Unfallversicherung** pflichtversichert (§ 8 Abs 1 Z 3 lit h und i ASVG). Wird vom AG ein Taschengeld bezahlt, ist eine Anmeldung in der Sozialversicherung vorzunehmen (je nach Höhe der Bezahlung entweder unter oder über der Geringfügigkeitsgrenze).

Obwohl „echte" Ferial- und Berufspraktikanten wegen des Fehlens der AN-Eigenschaft dem Arbeitsrecht und damit auch einem einschlägigen KollV **grundsätzlich nicht unterworfen** sind und demnach auch kein KollV-Entgelt beanspruchen können, sehen manche **KollV eine Mindestvergütung** für Praktikanten vor, die sich zB am Lehrlingseinkommen anlehnen. Zum Teil sehen KollV eine vollständige Anwendbarkeit des KollV auch für Pflichtpraktikanten vor (zB KollV für Angestellte und Lehrlinge in Handelsbetrieben).

Ausländische Praktikanten, die unter die Bestimmungen des **AuslBG** (dazu unten Rz 638 ff) fallen, erhalten für ein „echtes" Praktikum einen erleichterten Zugang zum österreichischen Arbeitsmarkt. Sie benötigen grundsätzlich keine Beschäftigungsbewilligung, sondern der AG hat ihre Beschäftigung lediglich bis spätestens drei Wochen vor Beginn der Tätigkeit dem zuständigen AMS sowie der Zentralen Koordinationsstelle für die Kontrolle der illegalen Beschäftigung (ZKO) des beim Finanzministerium angesiedelten Amtes für Betrugsbekämpfung anzuzeigen; sie erhalten vom AMS eine **Anzeigebestätigung** (vgl Rz 650).

Volontäre werden zum Zweck der Erweiterung von praktischen Kenntnissen und Fähig- 48
keiten ohne Entgelt- und ohne Arbeitspflicht kurzfristig in einem Betrieb beschäftigt und sind daher idR **keine AN;** auch bei ihnen steht in erster Linie der **Ausbildungszweck und nicht die Betriebsinteressen** im Vordergrund. Dem Volontär steht die Gestaltung der Arbeitszeiten im Rahmen der Betriebszeiten grundsätzlich frei und er kann ohne Begründung jede Tätigkeit ablehnen. Volontäre unterscheiden sich von Praktikanten insb dadurch, dass sie im Rahmen ihrer Ausbildung **nicht** zur Absolvierung des Volontariats **verpflichtet sind.** Auch im Rahmen eines Volontariats ist man lediglich in der **Unfallversicherung** pflichtversichert (§ 8 Abs 1 Z 3 lit c ASVG). Der AG hat daher eine entsprechende Anmeldung vor Aufnahme der Tätigkeit bei der AUVA durchzuführen.

Da Volontäre keine AN im arbeitsrechtlichen Sinn sind, gelten für sie grundsätzlich auch **keine arbeitsrechtlichen Bestimmungen** (wie zB AngG oder UrlG) und auch keine kollektivvertraglichen Regelungen (zu beachten ist aber, dass einzelne KollV zum Teil Sonderbestimmungen für Ausbildungsverhältnisse beeinhalten, die nicht im Rahmen eines Arbeitsverhältnisses absolviert werden, die dann allenfalls auch für Volontäre gelten können).

Ausländische Volontäre bedürfen im Rahmen des **AuslBG** (dazu Rz 638 ff, 650) keiner Beschäftigungsbewilligung, wenn ihr Beschäftigungsverhältnis nicht länger als **drei Monate** (uU mit Verlängerungsmöglichkeit auf bis zu zwölf Monate) im Kalenderjahr dauert (§ 3 Abs 5 und 9 AuslBG). Die Tätigkeit ist vom AG spätestens drei Wochen vor Beginn dem zuständigen AMS sowie der zuständigen Abgabenbehörde anzuzeigen und vom AMS ist in der Folge eine **Anzeigebestätigung** auszustellen.

„Unechte" (Ferial-)Praktikanten arbeiten hingegen in **persönlicher Abhängigkeit** und 49
sind daher „normale" AN. Deshalb unterliegen sie auch den einschlägigen arbeitsrechtlichen Vorschriften. Solche **Ferialarbeitnehmer** (also Ferialangestellte oder Ferialarbeiter) sind zumeist nur kurzfristig (zB während der Sommerferien) und ohne Ausbildungszweck im Unternehmen beschäftigt.

In einem Ausbildungsverhältnis stehen auch **Lehrlinge.** Dennoch gelten sie nach dem 50
Gesetz als AN. Die Lehrlingsbeschäftigung unterliegt **zahlreichen Sondervorschriften,** insb dem Berufsausbildungsgesetz (BAG) und idR auch den Bestimmungen zum Jugendarbeitsschutz (siehe Rz 90 f).

Webtipp: Ausführliche Informationen zum Thema Lehre sowie diesbezügliche Fördermöglichkeiten und Formulare finden sich unter „Lehrlingsstellen" auf der Website der Wirtschaftskammer Österreich (www.wko.at) sowie der einzelnen Landeskammern.

Keinesfalls in Form eines Arbeits- und auch nicht in Form eines (sonstigen) Ausbildungsverhältnisses wird das **freiwillige Sozialjahr** (sowie das freiwillige Umweltschutzjahr, der Gedenkdienst oder Friedens- oder Sozialdienst im Ausland) nach dem FreiwG absolviert. Vielmehr handelt es sich um eine **unentgeltliche Tätigkeit bei einem behördlich anerkannten Träger einer gemeinnützigen Einrichtung** mit einer Dauer von sechs bis zwölf Monaten, für die ein Taschengeld idHv 50–100% der monatlichen Geringfügigkeitsgrenze nach ASVG (Rz 101) zu gewähren ist. Sozialversicherungsrechtlicher Schutz besteht in Form einer Vollversicherung nach ASVG.

VII. Führungskräfte

51 Führungskräfte von Unternehmen gelten arbeitsvertragsrechtlich als **AN, wenn** sie trotz ihrer Leitungsfunktion die **Kriterien der persönlichen Abhängigkeit** erfüllen (siehe Rz 13 ff). Dies ist bei Führungskräften der zweiten und dritten Ebene sowie weiterer nachrangiger Ebenen regelmäßig der Fall (leitende Angestellte). Hingegen können Organe von Kapitalgesellschaften (Geschäftsführer, Vorstandsmitglieder) schon kraft ihrer Organstellung aus der persönlichen Abhängigkeit herausfallen.

1. Leitende Angestellte

52 Die Bestimmungen des **Arbeitsvertragsrechts** sind idR auch für **AN** mit **Leitungsfunktionen** anwendbar. So gilt zB das AngG auch für sog leitende Angestellte. Darüber hinaus gilt – sofern nicht ausdrücklich ausgenommen – auch der jeweilige **KollV** für leitende Angestellte.

Einige Sondergesetze nehmen hingegen leitende Angestellte unter bestimmten Voraussetzungen ausdrücklich von ihrem Geltungsbereich aus. Dies gilt vor allem für die **Betriebsverfassung** (vgl § 36 Abs 2 Z 3 ArbVG, siehe Rz 568 f) und für das **Arbeitszeitrecht** (vgl § 1 Abs 2 Z 8 AZG, § 1 Abs 2 Z 5 ARG, siehe Rz 312). Darüber hinaus können leitende Angestellte von der Arbeiterkammer-Mitgliedschaft ausgenommen sein (§ 10 Abs 2 Z 2 AKG). Die Definitionen des leitenden Angestellten in den einzelnen Gesetzen weichen dabei zum Teil erheblich voneinander ab. Eine eigenständige Definition des leitenden Angestellten findet sich außerdem in § 74 Abs 3 StGB.

Beachte: Ob ein AN als leitender Angestellter im Sinne des Betriebsverfassungsrechts (siehe Rz 568 f) und/oder des Arbeitszeitrechts (siehe Rz 312) einzustufen ist, richtet sich nach dem Umfang und Inhalt seiner konkreten Leitungsbefugnis, nicht nach seiner formalen Position (zB Prokurist, Abteilungsleiter, Direktor oÄ).

2. GmbH-Geschäftsführer

GmbH-Geschäftsführer können AN sein. Es ist dabei zwischen Fremd-Geschäftsführern (diese sind nicht gleichzeitig Gesellschafter der GmbH) und Gesellschafter-Geschäftsführern (diese sind Gesellschafter und damit Mitglied der weisungsgebenden Generalversammlung) zu unterscheiden: 53

- **Fremd-Geschäftsführer** unterliegen den Weisungen der Generalversammlung und werden daher idR AN sein.
- Beim **Gesellschafter-Geschäftsführer** kommt es darauf an, wie groß sein **Einfluss auf die Entscheidungen der Generalversammlung** ist. Kann er aufgrund seiner Beteiligung und der daraus resultierenden Rechte maßgeblichen Einfluss auf die Willensbildung in der Generalversammlung ausüben, scheidet Arbeitnehmereigenschaft aus. Dies ist jedenfalls bei einer **Sperrminorität** (idR bei mehr als 25% der Anteile) der Fall.

Beispiele: *Geschäftsführer A besitzt keine Anteile an der von ihm geleiteten GmbH; er ist AN der GmbH, sofern nach Vertragsgestaltung und tatsächlicher Handhabung persönliche Abhängigkeit zu bejahen ist. Geschäftsführer B hält einen Zwerganteil von 3% an den Geschäftsanteilen; für ihn gilt dasselbe wie für A. Geschäftsführerin C besitzt hingegen eine 51%ige Mehrheit an der Gesellschaft; sie ist keinesfalls AN dieser GmbH, weil sie kraft ihrer Mehrheit einen maßgeblichen Einfluss auf die Generalversammlung (Gesellschafterversammlung) ausüben kann.*

Sozialversicherungsschutz besteht je nach Stellung des Geschäftsführers entweder nach dem **ASVG** (zB als **DN** gem § 4 Abs 2 ASVG, siehe Rz 18, oder als **freier DN** gem § 4 Abs 4 ASVG, siehe Rz 25) **oder** nach dem **GSVG** (vgl § 2 Abs 1 Z 3 GSVG). 54

Beachte: Bei GmbH-Geschäftsführern ist zwischen ihrer gesellschaftsrechtlichen **Organstellung** einerseits und ihrer **dienstrechtlichen Stellung** andererseits zu unterscheiden. Dies äußert sich insb darin, dass sie als Geschäftsführer (dh als handlungsbefugtes Organ der GmbH) durch Gesellschafterbeschluss (uU auch durch den Gesellschaftsvertrag) bestellt werden und zusätzlich idR einen schriftlichen **Anstellungsvertrag** erhalten. Durch die **Bestellung** werden sie zum Geschäftsführer als **Organ der Gesellschaft** mit allen entsprechenden gesellschaftsrechtlichen Rechten und Pflichten (zB Pflicht zur sorgfältigen Geschäftsführung, Insolvenzantragspflicht, Berichtspflichten, unternehmensrechtliche Buchführungspflicht). Der **Anstellungsvertrag** regelt hingegen die **dienstrechtliche Ebene** (zB Dienstzeiten, Entgelt, Urlaub). Somit endet die Anstellung auch nicht automatisch mit der Abberufung als Organ, es sei denn, dies wäre vereinbart. 55

3. Vorstandsmitglieder einer Aktiengesellschaft

Vorstandsmitglieder einer Aktiengesellschaft sind keine AN, weil der Vorstand nach dem Gesellschaftsrecht das von der Aktiengesellschaft betriebene Unternehmen unter eigener Verantwortung, also **weisungsfrei** zu leiten hat (vgl § 70 Abs 1 AktG). Daher fehlt nach der Rsp die für die Arbeitnehmereigenschaft nötige persönliche Abhängigkeit. Vorstandsverträge sind 56 daher – ebenso wie die Verträge von Aufsichtsratsmitgliedern – in der Regel als **freie Dienstverträge** zu qualifizieren. In diesem Falle **kann** (muss aber nicht) die Geltung von **arbeitsrechtlichen Bestimmungen vereinbart werden** (zB Geltung der Kündigungsfristen gemäß AngG; Urlaubsanspruch gemäß UrlG; auch ein allfälliger Abfertigungsanspruch setzt dessen Vereinbarung voraus). Vorstandsmitglieder in freien Dienstverhältnissen sind verpflichtend in die **betriebliche Mitarbeitervorsorge** einzubeziehen (§ 1 Abs 1a BMSVG; siehe unter Rz 464).

Ein Vorstandsmitglied wird idR auch **nicht als arbeitnehmerähnlich** (siehe oben Rz 31) zu qualifizieren sein, weshalb es seine Ansprüche aus dem Anstellungsverhältis beim Handelsgericht und nicht bei den Arbeits- und Sozialgerichten geltend machen muss (vgl § 51 Abs 3 Z 2 ASGG).

57 **Sozialversicherungsrechtlich** sind Vorstandsmitglieder jedoch aufgrund einer Sonderbestimmung wie AN im **ASVG vollversichert** (§ 4 Abs 1 Z 6 ASVG).

58 **Praxistipp:** Die im Gesellschaftsrecht vorgesehenen Leitungsfunktionen (insb GmbH-Geschäftsführer; Vorstandsmitglied einer Aktiengesellschaft) sind nicht zu verwechseln mit der Position des **gewerberechtlichen Geschäftsführers** (§ 39 GewO 1994). Dieser ist verantwortlich (also haftbar) für die einwandfreie Ausübung des Gewerbes und für die Einhaltung der gewerberechtlichen Vorschriften durch das Unternehmen. Diese Aufgabe kann ein Mitglied des gesetzlich vertretungsbefugten Organs, also **zB ein GmbH-Geschäftsführer,** wahrnehmen. Sie kann aber auch an einen **AN** übertragen werden, der im Falle eines reglementierten Gewerbes mindestens die **Hälfte der wöchentlichen Normalarbeitszeit** im Betrieb beschäftigt ist und über eine entsprechende **Anordnungsbefugnis** verfügt.

59 Ähnlich verhält es sich mit dem sog **verantwortlichen Beauftragten,** wofür ebenfalls zB ein **GmbH-Geschäftsführer oder ein Vorstandsmitglied,** aber (für einen abgegrenzten Unternehmensbereich) auch eine **andere Person** (zB ein AN des Unternehmens mit entsprechenden Anordnungsbefugnissen) bestellt werden kann. Die bestellte Person trägt die **persönliche Verantwortung für die Einhaltung von Verwaltungsvorschriften** im Rahmen des **Verwaltungsstrafrechts** (§ 9 VStG). Darunter fällt zB auch die Einhaltung der AN-Schutzvorschriften (siehe Rz 301 ff, 707) sowie – bei entsprechender Meldung – der Normen des LSD-BG (siehe Rz 664a). Die Bestellung kann für das gesamte Unternehmen oder für einen sachlich oder räumlich abgegrenzten Bereich des Unternehmens (zB für eine **Filiale**) erfolgen.

60 Die Bestellung zum gewerberechtlichen Geschäftsführer oder zum verantwortlichen Beauftragten erfordert die **Zustimmung** der zu bestellenden Person.

2. Teil
Anbahnung und Begründung des Arbeitsverhältnisses

Formal wird ein Arbeitsverhältnis durch den **Abschluss eines Arbeitsvertrages** begründet. Dem Vertragsabschluss geht aber zumeist eine **„Anbahnungsphase“** voraus. Aus arbeitsrechtlicher Sicht kommt bereits dieser „vorvertraglichen“ Phase erhebliche Bedeutung zu. Dies gilt für die **rechtliche Situation von Stellenbewerbern** ebenso wie für die Rechte und Pflichten eines **potenziellen AG.** 61

I. Anbahnungsphase

1. Allgemeines

Zunächst geht es für einen AN um die **Suche nach** einem **geeigneten Arbeitsplatz** bzw für einen AG um die Suche nach **neuen Arbeitskräften.** Dafür stehen dem potenziellen AG verschiedene Möglichkeiten (zB interne oder externe **Stellenausschreibung**) zur Verfügung. In der Praxis wird dabei häufig auf die **Arbeitsvermittlung** zurückgegriffen (siehe Rz 65 ff). Bei kurzfristigem oder sehr flexiblem Personalbedarf werden häufig auch überlassene Arbeitskräfte („Leiharbeitskräfte“) im Rahmen einer sog **Arbeitskräfteüberlassung** eingesetzt (vgl Rz 145 ff), was aber mit der Personalvermittlung nicht verwechselt werden darf. 62

2. Stellenausschreibung

Bei der **Ausschreibung von Arbeitsplätzen** (sowohl betriebs- bzw unternehmensintern als auch extern) haben potenzielle AG und Arbeitsvermittler (siehe Rz 67) die **Gebote der geschlechtsneutralen Stellenausschreibung** nach § 9 Abs 1 Gleichbehandlungsgesetz (GlBG) und **der diskriminierungsfreien Stellenausschreibung** nach § 23 Abs 1 GlBG zu beachten (zur Gleichbehandlung siehe Rz 226 ff). Das gilt auch dann, wenn diese die Stellenausschreibung von Dritten durchführen lassen. Inserate müssen außerdem das für den Arbeitsplatz geltende **Mindestentgelt** enthalten (siehe § 9 Abs 2, § 23 Abs 2 GlBG). Im Einzelnen ist Folgendes zu beachten: 63

- **Geschlechtsneutrale Stellenausschreibung:** Eine dem Gesetz entsprechende Stellenausschreibung muss idR **geschlechtsneutral formuliert** sein. Dh, die Ausschreibung muss weibliche und männliche Arbeitssuchende gleichermaßen ansprechen. Die Begrenzung auf ein **bestimmtes Geschlecht** ist nur dort zulässig, wo dies **unverzichtbare Voraussetzung für die vorgesehene Tätigkeit** ist. Das kann zB wegen eines gesetzlichen Beschäftigungsverbotes für Frauen (siehe Rz 92), aus biologischen (zB Amme) oder aus sittlichen Gründen (zB Behindertenbetreuer in einer Männer-Wohngemeinschaft) der Fall sein.
- **Diskriminierungsfreie Stellenausschreibung:** Im Zusammenhang mit der Ausdehnung des gesetzlichen Gleichbehandlungsgebotes auf die Merkmale der **ethnischen Zugehörigkeit,** der **Religion** oder **Weltanschauung, des Alters** und der **sexuellen**

Orientierung (siehe dazu Rz 227) wurde hinsichtlich dieser Merkmale auch ein **Verbot diskriminierender Stellenausschreibung** eingeführt. Ausschreibungen dürfen daher nur ausnahmsweise auf die angeführten Merkmale Bezug nehmen, wenn das betreffende **Merkmal** aufgrund der Art einer bestimmten beruflichen Tätigkeit oder ihrer Ausübungsbedingungen eine **wesentliche und entscheidende berufliche Anforderung** darstellt. Außerdem muss eine solche Ausschreibung einem rechtmäßigen Zweck dienen und die gestellte Anforderung diesem Zweck angemessen sein.

Beispiel: *Eine besonders gefährliche Tätigkeit wird für Personen mit einem Mindestalter von 20 Jahren ausgeschrieben. Dies wäre gerechtfertigt, wenn die Tätigkeit aus Sicherheitsgründen eine mehrjährige Berufserfahrung sowie einschlägige fachliche Vorkenntnisse erfordern würde und daher auch ein gewisses Mindestalter des Beschäftigten vorausgesetzt werden kann.*

- In Inseraten ist das für den ausgeschriebenen Arbeitsplatz geltende (idR das kollektivvertragliche) **Mindestentgelt** (siehe Rz 125) anzugeben und auf eine Überzahlungsbereitschaft (nicht aber deren Höhe) hinzuweisen. In Bereichen ohne normativ geregeltem Mindestentgelt ist jener Betrag anzugeben, der als Mindestgrundlage für die Vertragsverhandlungen dienen soll.

64 Arbeitsvermittlern droht bereits bei erstmaliger Missachtung der Gebote der geschlechtsneutralen oder der diskriminierungsfreien Stellenausschreibung als **Sanktion** eine Geldstrafe bis € 360,– durch die Bezirksverwaltungsbehörde (vgl § 10 Abs 1 und § 24 Abs 1 GlBG). Dem AG droht hingegen beim ersten Verstoß zunächst nur eine Verwarnung und erst bei weiteren Verstößen eine Geldstrafe bis € 360,– (vgl § 10 Abs 3 und § 24 Abs 3 GlBG). Außerdem ist eine nicht gesetzeskonforme Stellenausschreibung auch ein Indiz für eine verbotene Diskriminierung bei der Begründung des Arbeitsverhältnisses (vgl dazu Rz 227).

AG und Arbeitsvermittlern droht bei Nichtangabe des Mindestentgelts bzw einer Überzahlungsbereitschaft in Inseraten zunächst eine **Verwarnung** und bei weiteren Verstößen eine **Verwaltungsstrafe bis € 360,–** (siehe § 10 Abs 2, 3 und § 24 Abs 2, 3 GlBG).

3. Arbeitsvermittlung

3.1. Allgemeines

65 Die Rechtsvorschriften, die bei der Arbeitsvermittlung eingehalten werden müssen, sind im **Arbeitsmarktförderungsgesetz (AMFG)** geregelt. **Arbeitsvermittlung** iSd AMFG ist jede Tätigkeit, die dazu dient, Arbeitssuchende und potenzielle AG zum Zwecke der Begründung eines Arbeitsverhältnisses zusammenzuführen. Ausgenommen ist aber die gelegentliche unentgeltliche Arbeitsvermittlung. Durchgeführt wird die Arbeitsvermittlung entweder von der zuständigen regionalen Geschäftsstelle des **Arbeitsmarktservice (AMS)** oder von sog **privaten Arbeitsvermittlern.**

Bei der **Arbeitsvermittlung** sind jedenfalls einige im AMFG festgelegte **allgemeine Grundsätze** zu beachten (vgl § 3 AMFG). Dies sind insb

- der **Ausschluss von Zwang** zur Einschaltung der Arbeitsvermittlung, zur Einstellung einer bestimmten Person oder zum Antritt einer angebotenen Arbeit (die Ausschlagung einer zumutbaren Beschäftigung kann jedoch nach § 10 AlVG zum Verlust des Arbeitslosengeldanspruchs führen; vgl dazu Rz 473 ff);

- die **Unentgeltlichkeit** der Vermittlungstätigkeit für Arbeitssuchende sowie
- die **Unzulässigkeit der Vermittlung** von Arbeitskräften **in einen bestreikten Betrieb** bzw der Vermittlung **streikender AN.**

3.2. Arbeitsmarktservice

Das Arbeitsmarktservice (AMS) ist ein Dienstleistungsunternehmen des öffentlichen Rechts mit eigener Rechtspersönlichkeit, das aus Bundes-, Landes- und regionalen Organisationseinheiten (sog „Geschäftsstellen") besteht. Näheres ist im **Arbeitsmarktservicegesetz (AMSG)** geregelt. Dem AMS obliegt die früher von den staatlichen „Arbeitsämtern" wahrgenommene **Arbeitsmarktverwaltung.** Hauptaufgabe des AMS ist das Betreiben einer **aktiven Arbeitsmarktpolitik** (zu weiteren Aufgaben Rz 706 f). **66**

Zu einer aktiven Arbeitsmarktpolitik gehören neben der **Arbeitskräftevermittlung** vor allem die Verringerung des Ungleichgewichtes von Angebot und Nachfrage am Arbeitsmarkt, die Schaffung von Arbeitsmarkttransparenz, die **Erhaltung von Arbeitsplätzen** und die **Sicherung der wirtschaftlichen Existenz von Arbeitslosen** (zum **Arbeitslosengeld** und zur **Notstandshilfe** siehe Rz 473 ff, 478 f).

Webtipp: Ausführliche Informationen zu den Aufgaben und Serviceleistungen des AMS sind unter www.ams.at zu finden (wie insb Informationen zu **AMS-Förderungen** für Unternehmen, die zB ältere, behinderte oder langzeitarbeitslose Personen beschäftigen). Zu beachten ist dabei, dass die Förderungen in den einzelnen Bundesländern voneinander abweichen können und dass die Förderanträge idR **vor** der Aufnahme der Beschäftigung zu stellen sind.

3.3. Private Arbeitsvermittlung

In der Praxis sind mehrere **Varianten „privater" Arbeitsvermittlung** zulässig. Dabei müssen aber jedenfalls die im AMFG festgelegten – oben bereits erwähnten – allgemeinen Grundsätze der Arbeitsvermittlung eingehalten werden. **67**

a) Gewerbliche Arbeitsvermittlung

Private Arbeitsvermittlung wird zumeist im Rahmen des **freien Gewerbes der Arbeitsvermittlung** betrieben (vgl § 151a GewO 1994). Die Erteilung der **Gewerbeberechtigung** erfolgt durch die nach dem Sitz des Unternehmens zuständige Gewerbebehörde (Bezirksverwaltungsbehörde). Den Gewerbebehörden obliegt auch die **Überwachung** der privaten Arbeitsvermittlungstätigkeit.

Nach dem AMFG sind für die Tätigkeit des privaten Arbeitsvermittlers **Entgeltleistungen der AG** – nicht aber der Arbeitssuchenden – zulässig.

b) Sonstige Formen der privaten Arbeitsvermittlung

68 Zulässig sind ferner einige besondere Arten privater Arbeitsvermittlung. Zu nennen sind insb

- **Arbeitsvermittlung durch Printmedien:** Die Veröffentlichung von Stellenangeboten und -gesuchen darf aber nicht Hauptzweck des Druckwerkes sein.
- **Arbeitsvermittlung durch gemeinnützige Einrichtungen oder berufliche Interessenvertretungen:** Die Vermittlung darf aber nicht Hauptzweck der Einrichtung sein und muss sich auf Mitglieder beschränken.
- **Arbeitsvermittlung leitender Angestellter durch Unternehmensberater:** Es besteht eine Beschränkung auf leitende Angestellte mit maßgeblichem Einfluss auf die Betriebsführung und mit „gehobenem Entgeltniveau" (§ 136 GewO 1994).
- **Entgeltliche Arbeitsvermittlung für Musiker, Artisten und Künstler:** Für die (traditionell) entgeltliche Vermittlung von künstlerischem Personal gelten Sonderregelungen.

4. Vorvertragliches Schuldverhältnis

4.1. Interessenwahrungspflichten und Haftung

69 In der Anbahnungsphase eines Arbeitsverhältnisses bestehen bereits vor Abschluss eines Arbeitsvertrages **Interessenwahrungspflichten** für Personen, die zur späteren Begründung einer Arbeitsbeziehung geschäftlich miteinander in Kontakt treten. In diesem Zusammenhang wird von einem sog „vorvertraglichen Schuldverhältnis" gesprochen. Jede potenzielle Vertragspartei – sowohl der **Stellenbewerber** als auch der **künftige AG** – hat dabei auf die berechtigten Interessen der anderen Person entsprechend Rücksicht zu nehmen. In erster Linie geht es dabei um die schuldhafte **Verletzung von Aufklärungs- und Sorgfaltspflichten.**

Spiegelt der AG beispielsweise einem Bewerber die „sichere Aufnahme in den Betrieb" vor, obwohl dies nicht zutrifft, kann der Bewerber einen **Schadenersatzanspruch** (konkret den sog **„Vertrauensschaden"**) geltend machen, wenn er trotzdem nicht eingestellt wird. Der Bewerber ist dann so zu stellen, wie er stünde, wenn er auf die Einstellung nicht vertraut hätte. Der AG haftet also für jene Aufwendungen, die er infolge der Verletzung vorvertraglicher Aufklärungspflichten beim Stellenbewerber verursacht hat sowie für den daraus resultierenden Einnahmeverlust.

4.2. Grenzen des „Fragerechts" gegenüber Stellenbewerbern

70 Die Durchführung von **Bewerbungsgesprächen** dient dem Informationsaustausch über die Arbeitsplatzgegebenheiten (zB Anforderungen, Entgelt usw) und die Qualifikation der Bewerber (zB fachliche und persönliche Eignung wie Schulausbildung, bisherige Berufserfahrung etc). Der AG muss dabei die **Privat- und Intimsphäre** von Stellenbewerbern respektieren. Gleichzeitig hat er aber ein berechtigtes Interesse daran, von „persönlichen" Umständen zu erfahren, die eine korrekte Wahrnehmung der angebotenen Tätigkeit oder die Sicherheit im Unternehmen gefährden könnten. Dadurch entsteht häufig ein **Interessengegensatz** zwischen dem **Informationsbedürfnis des AG** und den **Geheimhaltungsinteressen von Bewerbern,** der im Allgemeinen durch eine **Interessenabwägung im Einzelfall** zu lösen ist.

Im Einzelnen ist aber in der Praxis **häufig zweifelhaft, wonach der AG fragen darf,** bzw welche Aspekte **von Bewerberseite offen zu legen sind.** Grundsätzlich gilt, dass die Privat- und Intimsphäre berührende Fragen nur dann wahrheitsgemäß zu beantworten sind, wenn das für den beabsichtigten Vertragsinhalt oder für die Vertragsabwicklung unerlässlich ist. So sind etwa Fragen nach dem **Familienstand** (zB: Sind Sie ledig/verheiratet? Haben Sie Kinder?) zulässig, soweit ein Informationsbedarf des AG wegen Meldepflichten gegenüber der Sozialversicherung und/oder zur Lohn- und Gehaltsverrechnung besteht. Bezüglich anderer **Fragen, die die Privatsphäre von Bewerbern betreffen,** können aber **rechtliche Bedenken** wegen einer möglichen Beeinträchtigung der durch § 16 ABGB **geschützten Persönlichkeitsrechte** und der durch das GlBG erfassten Unterscheidungsmerkmale (siehe Rz 227) bestehen.

Im Folgenden wird kurz auf einige dieser in der Praxis oft vorkommenden, aus recht- **71**
licher Sicht aber „problematischen" Fragen eingegangen:

- **Fragen nach politischer, weltanschaulicher oder religiöser Überzeugung:**
  Diese Fragen sind **im Allgemeinen unzulässig;** insb darf das Verbot der **Diskriminierung** wegen der Religion oder Weltanschauung bei der Begründung des Arbeitsverhältnisses nach § 17 Abs 1 Z 1 GlBG (siehe dazu Rz 227) nicht verletzt werden. Demzufolge besteht idR keine Verpflichtung zur wahrheitsgemäßen Beantwortung. Ausnahmen sind aber bei sog **Tendenzbetrieben** (zB politische Parteien, Gewerkschaften, Kirchen oder Religionsgemeinschaften) möglich.

- **Fragen nach dem Gesundheitszustand des Bewerbers:**
  Diesbezüglich besteht **kein generelles Fragerecht.** Im Einzelfall können solche Fragen zulässig sein, zB wenn das **Arbeitnehmerschutzrecht** Beschränkungen bei der Zulassung zu bestimmten Tätigkeiten vorsieht (vgl § 6 Abs 3 ASchG). Die Fragen haben sich dann auf die **gesundheitliche Eignung** des Bewerbers für die konkrete Tätigkeit zu beschränken. Ferner ist eine Offenlegungspflicht zu bejahen, wenn zB wegen einer ansteckenden Krankheit des Bewerbers **Gefahr für Leben und Gesundheit** anderer im Betrieb Beschäftigter oder Dritter besteht. Schließlich ist dem AG auch eine für das Arbeitsverhältnis **relevante Behinderung** (siehe Rz 88) des Bewerbers offen zu legen.

  Fragen nach Impfungen (wie zB Covid-19, Hepatitis B, Influenza oder MMR) werden idR nur in Bereichen zulässig sein, in denen es ein erhöhtes Gefährdungsrisiko gibt (wie zB im Gesundheitswesen).

- **Fragen nach Vorstrafen:**
  Diese sind nur soweit zulässig, als wegen des begangenen Deliktes **schwerwiegende Bedenken hinsichtlich der korrekten Erfüllung der Arbeitspflicht** bestehen („Einschlägigkeit": zB ein mehrmals wegen Einbruchs Vorbestrafter bewirbt sich als Nachtwächter; ein früher wegen Unterschlagung Verurteilter will Bankkassier werden). Strittig ist, ob nach **getilgten Vorstrafen** gefragt werden darf. Dies wird **idR unzulässig** sein.

- **Fragen nach einer Schwangerschaft:**
Die Frage nach einer Schwangerschaft gegenüber Bewerberinnen ist zum Schutz vor einer Diskriminierung wegen des Geschlechts grundsätzlich **unzulässig.** Dies gilt **sowohl bei befristeten als auch bei unbefristeten Arbeitsverträgen,** und zwar selbst dann, wenn gesetzliche Beschäftigungsverbote oder -beschränkungen (zum Mutterschutz siehe Rz 201 ff) eingreifen, die einem konkreten Arbeitseinsatz der Schwangeren zeitweilig entgegenstehen. Die Frage nach der Schwangerschaft stellt eine **unmittelbare Frauendiskriminierung** bei der Begründung des Arbeitsverhältnisses dar (vgl § 3 Z 1 GlBG; vgl Rz 227 f). Außerdem führt das Verschweigen einer der Bewerberin bekannten Schwangerschaft nach der Judikatur **weder zur Nichtigkeit des Arbeitsvertrages** (vgl § 879 ABGB), **noch** liegen ein **Anfechtungsgrund** wegen eines Willensmangels (vgl §§ 870, 871 ABGB zu List und Irrtum) **oder ein Kündigungs- bzw Entlassungsgrund** (vgl §§ 10, 12 MSchG; zum besonderen Bestandschutz für Schwangere und Mütter siehe Rz 202 ff, 442 ff) vor.

4.3. Ersatz der Vorstellungskosten

72 Das **Gesetz regelt nicht** ausdrücklich, ob Stellenbewerber gegenüber dem potenziellen AG Anspruch auf den Ersatz jener Kosten haben, die ihnen bei der Bewerbung entstanden sind (zB Aufwand für Bewerbungsunterlagen, Reisekosten, Strafregisterbescheinigung uÄ). Ein Kostenersatz kann aber mit dem potenziellen AG **ausdrücklich vereinbart werden.**

Wurde keine diesbezügliche Vereinbarung getroffen, hat der AG dem Bewerber die erwachsenen Vorstellungskosten aber in jenen Fällen zu ersetzen, in denen er auf ein persönliches Erscheinen des AN bestanden hat und der AN daher Grund zur Annahme hatte, dass sich der AG **konkludent zum Kostenersatz verpflichtet** hat (§ 863 ABGB). Darüber hinaus ergibt sich ein Kostenersatzanspruch auch daraus, dass in der Aufforderung, zu einem Bewerbungsgespräch zu erscheinen, ein Anbot eines Auftrages zu sehen ist, welches der AN bei tatsächlichem Erscheinen angenommen hat. Gem § 1014 ABGB ist der Auftraggeber verpflichtet, dem Beauftragten alle mit der **Erfüllung des Auftrages** verbundenen Aufwendungen zu ersetzen.

Umgekehrt darf ein AG nach der Judikatur den **Kostenersatz** aber auch von Vornherein **ausschließen,** indem er dies den Bewerbern **vorweg** auf geeignete Art (zB schon in der Stellenanzeige oder im Einladungsschreiben) **bekannt gibt.**

II. Einstellungsphase

1. Abschluss des Arbeitsvertrages

1.1. Übereinstimmende Willenserklärungen und sonstige Gültigkeitserfordernisse

73 Arbeitsverträge werden entsprechend den allgemeinen Vorschriften des Bürgerlichen Rechts durch **übereinstimmende, empfangsbedürftige Willenserklärungen der Parteien**

abgeschlossen (vgl §§ 861 ff ABGB). Dem **Angebot** einer Partei (zB des AG) hat daher eine entsprechende **Annahmeerklärung** der anderen Partei (des AN) gegenüber zu stehen. Für einen **gültigen Arbeitsvertrag** müssen die Erklärungen der Parteien frei, ernstlich, bestimmt und verständlich erfolgen (vgl § 869 ABGB).

Diese Willenserklärungen müssen also insb **frei von Irrtum, List, Zwang** oder **Drohung** sein (vgl zu **Willensmängeln** §§ 870 ff ABGB). Solche Mängel sind nach der österreichischen Judikatur bei Arbeitsverhältnissen, die bereits begonnen haben, nicht durch eine auf den Abschlusszeitpunkt zurückwirkende Vertragsanfechtung, sondern **lediglich „für die Zukunft" geltend zu machen.** Dies kann **zB durch Kündigung oder Entlassung** geschehen.

Kein gültiger Arbeitsvertrag kommt zustande, wenn der **Vertragsinhalt gegen das Gesetz oder gegen die guten Sitten verstößt** (zB Schmuggel von Waren, Verkauf von Rauschgift, aber auch Überwälzung des wirtschaftlichen Risikos auf den AN, krasse Minderentlohnung; vgl § 879 ABGB). Im Arbeitsrecht liegt aber häufig nicht sog Totalnichtigkeit des Vertrages vor, sondern nur **Teilnichtigkeit.** Dh, wenn ein Arbeitsvertrag zB nur zum Teil unerlaubte bzw gesetzwidrige Arbeitsleistungen zum Gegenstand hat oder lediglich einzelne Vertragspunkte nicht erlaubt sind (zB bei Verstoß gegen Arbeitszeitvorschriften oder KollV-Regelungen), werden idR nur diese nichtig und damit ungültig sein. Der restliche Vertrag bleibt mit seinem erlaubten Inhalt aufrecht. Der unerlaubte bzw gesetzwidrige Inhalt ist durch die entsprechenden gesetzlichen und/oder kollektivvertraglichen Arbeitsbedingungen zu ersetzen. **74**

Beispiel: *Ein Dienstvertrag eines Angestellten enthält eine Konkurrenzklausel, nach der der AN drei Jahre nach Beendigung des Dienstverhältnisses mit seinem AG nicht bei einem anderen AG derselben Branche tätig sein darf. Diese Vereinbarung verstößt gegen § 36 AngG, weil derartige Beschränkungen zulässigerweise nur für höchstens ein Jahr vereinbart werden dürfen. Der Dreijahreszeitraum ist nichtig und durch den gesetzlichen Zeitraum (bis zu einem Jahr) zu ersetzen. Die Gültigkeit des restlichen Vertrages wird dadurch nicht berührt.*

Wird etwas rechtlich oder tatsächlich **Unmögliches** vereinbart (zB Vereinbarung von Gesundheitsleistungen, die die Unsterblichkeit versprechen), kommt kein gültiger Vertrag zustande (vgl § 878 ABGB).

Abweichend von den allgemeinen Bestimmungen des Bürgerlichen Rechts, das für einen rechtsgültigen Vertragsabschluss grundsätzlich die volle Geschäftsfähigkeit (diese tritt mit Vollendung des 18. Lebensjahres ein) voraussetzt, dürfen sich **mündige Minderjährige** (das sind Personen im Alter zwischen 14 und 18 Jahren) bereits selbständig zu Dienstleistungen in persönlicher Abhängigkeit verpflichten (vgl § 171 ABGB). Zum Abschluss eines **Lehrvertrages** (siehe Rz 50) ist jedoch nach dem Berufsausbildungsgesetz (BAG) die Zustimmung des gesetzlichen Vertreters erforderlich. **75**

Die zivilrechtliche Vertragsfreiheit (sog Privatautonomie) wird im Arbeitsrecht mehrfach durchbrochen: Der AG hat bei der **Auswahl** der Stellenbewerber **diskriminierungsfrei** vorzugehen (§ 3 Z 1, § 17 Abs 1 Z 1 GlBG) und darüber hinaus bei der **inhaltlichen Ausgestaltung** des Arbeitsvertrages bestimmte **Gleichbehandlungsgebote** bzw **Diskriminierungsverbote** zu beachten (siehe Rz 227). **76**

77 **Hinweis:** Für die **Auslegung** von Arbeitsverträgen sind die Grundsätze des Bürgerlichen Rechts über die Vertragsauslegung (vgl §§ 914, 915 ABGB) maßgebend. Demnach ist bei Unklarheiten im Vertragstext nicht starr auf den Wortlaut abzustellen, sondern im Rahmen der **einfachen Vertragsauslegung** der **Parteiwille,** also die Absicht der Erklärenden, zu erforschen. Dabei ist eine Willensäußerung so zu verstehen, wie sie ein **redlicher Erklärungsempfänger** verstehen durfte (Vertrauenstheorie).

Treten nach Vertragsabschluss Konfliktfälle auf, die von den Vertragsparteien nicht bedacht und daher auch nicht ausdrücklich geregelt wurden, so ist im Rahmen einer **ergänzenden Vertragsauslegung** zu fragen, was redliche und vernünftige Parteien für diesen Fall vereinbart hätten **(hypothetischer Parteiwille).** Führt die (einfache und ergänzende) Vertragsauslegung zu keinem eindeutigen Ergebnis, wird eine **undeutliche Äußerung** grundsätzlich zu Lasten des Vertragspartners ausgelegt, der sich ihrer bedient hat (zB wenn der AG dem AN einen vorformulierten Vertragstext vorlegt, gehen undeutliche Äußerungen grundsätzlich zu Lasten des AG). Lässt sich mit Hilfe dieser Auslegungsregeln **überhaupt kein eindeutiger vernünftiger Erklärungssinn** ermitteln, so ist der Vertrag **wegen Unbestimmtheit nichtig.**

1.2. Vertragsdauer

a) Befristeter und unbefristeter Arbeitsvertrag

78 Arbeitsverträge können im Allgemeinen entweder befristet oder unbefristet abgeschlossen werden. Ein **unbefristeter Arbeitsvertrag** liegt vor, wenn das Arbeitsverhältnis auf unbestimmte Zeit laufen soll, also über das Ende des Dienstverhältnisses noch keine Vereinbarung getroffen wurde. Ein **befristeter Arbeitsvertrag** besteht, wenn das Arbeitsverhältnis nur auf bestimmte Zeit (zB mit einem kalendermäßig genau festgelegten, etwa: *„Ende des Dienstverhältnisses mit 30. Juni“,* oder sonst objektiv bestimmbaren Endtermin wie beispielsweise *„Ende des Dienstverhältnisses mit Beginn der Schneeschmelze“)* eingegangen wird. Der Unterscheidung zwischen befristeten und unbefristeten Arbeitsverträgen kommt vor allem im Zusammenhang mit der **Beendigung des Arbeitsverhältnisses** große praktische Bedeutung zu (siehe Rz 349 ff). Im Zweifel ist von einem unbefristeten Arbeitsvertrag auszugehen.

79 Der erstmalige Abschluss eines befristeten Arbeitsvertrages ist rechtlich unbedenklich. Die Zulässigkeit des mehrmaligen, aufeinander folgenden Abschlusses befristeter Arbeitsverträge zwischen denselben Parteien schränkt die Judikatur aber zum Schutz der Beschäftigten ein **(Unzulässigkeit sog „Kettenarbeitsverträge“).** Der Hintergrund ist der, dass AN durch befristete Arbeitsverhältnisse einerseits ihren Kündigungsschutz verlieren, andererseits bei (idR üblichen) kurzen Befristungen Nachteile bei jenen Ansprüchen erleiden können, die sich an der Dauer des Arbeitsverhältnisses orientieren (zB Entgeltfortzahlung bei Krankheit von Angestellten).

Aneinanderreihungen von befristeten Arbeitsverträgen sind nur **ausnahmsweise erlaubt,** wenn **besondere wirtschaftliche oder soziale Gründe** dies sachlich rechtfertigen (zB Karenzvertretung, in Saisonbetrieben oder wenn die wiederholte Befristung ausschließlich im Interesse des AN liegt und auf seinen Wunsch hin erfolgt). **Fehlt ein Rechtfertigungsgrund,** behandelt die Judikatur grundsätzlich bereits **die zweite Befristung** so, **als ob von Beginn an ein unbefristeter Arbeitsvertrag abgeschlossen worden wäre.** Dabei spielt es in der Regel keine Rolle, ob der zweite befristete Vertrag unmittelbar auf den ersten folgt oder dazwischen eine auch mehrmonatige zeitliche Lücke liegt. Zur sog fallweisen Beschäftigung vgl Rz 105.

Beispiele: *Ein AG beschäftigt einen AN für die Dauer eines Großauftrages, der binnen sechs Monaten abgeschlossen sein sollte, in einem befristeten Dienstverhältnis. Da der Auftrag nicht innerhalb der geplanten Zeit abgeschlossen werden konnte, verlängert der AG das Dienstverhältnis des AN um weitere drei Monate. Hierbei handelt es sich wegen der Überwälzung des wirtschaftlichen Risikos des AG auf den AN um einen unzulässigen Kettenarbeitsvertrag mit der Folge, dass von Beginn an ein unbefristeter Arbeitsvertrag vorliegt. Zulässig ist hingegen zB die mehrmalige Befristung bei Tourismusbetrieben, die witterungsbedingt nur in bestimmten Jahreszeiten betrieben werden können (zB Skiliftbetreiber, Saisonbetrieb im Gastgewerbe). Ebenfalls zulässig ist die wiederholte Befristung zB im Rahmen einer Karenzvertretung oder bei Studierenden, die eine zweite befristete Verlängerung des Arbeitsverhältnisses im eigenen Interesse anstreben (zB: Da sich der geplante Studienabschluss unvorhergesehen verzögert hat, wird der befristete „Studentenjob" auf Wunsch des Studierenden um ein Semester verlängert).*

Darüber hinaus ist zu beachten, dass AN mit befristeten Arbeitsverhältnissen gegenüber **80** AN mit unbefristeten Arbeitsverhältnissen grundsätzlich **nicht benachteiligt** werden dürfen (zB Gewährung bestimmter Sozialleistungen nur für unbefristet beschäftigte AN). Weiters sind befristet beschäftigte AN vom AG darüber **zu informieren,** wenn im Unternehmen bzw Betrieb eine unbefristete Stelle frei wird (vgl § 2b AVRAG).

Hinweis: Befristete Arbeitsverhältnisse sind von Arbeitsverhältnissen zu unterscheiden, die **81** unter einer auflösenden Bedingung abgeschlossen wurden. Während bei einer grundsätzlich zulässigen **Befristung** der Endtermin entweder **kalendermäßig feststeht** (zB *„Das Dienstverhältnis endet mit 30. 6. 2022"*) oder **objektiv feststellbar** ist (zB *„Das Dienstverhältnis endet mit Beginn der Schneeschmelze"*), wird das Arbeitsverhältnis bei **auflösenden Bedingungen** idR durch ein **zukünftiges und ungewisses Ereignis** aufgelöst (zB *„Das Vertragsverhältnis gilt als aufgelöst, wenn sich die Auftragslage um 30% verschlechtert"*). Derartige Bedingungen sind grundsätzlich unzulässig, weil für den AN völlige Unklarheit über den Endzeitpunkt des Arbeitsverhältnisses herrscht. Jedenfalls **unzulässig** (weil sittenwidrig) sind auflösende Bedingungen dann, wenn sie im Zusammenhang mit der **Geburt** eines Kindes, der **Heirat** oder einem **Gewerkschaftsbeitritt** stehen. Hingegen ist die sog **Potestativbedingung** (Rz 359) grundsätzlich zulässig.

Zu beachten ist in diesem Zusammenhang auch, dass KollV **Sonderregelungen** vorsehen können. **Beispielsweise** ist nach dem KollV für Arbeiter im Gastgewerbe vorgesehen, dass **Befristungsvereinbarungen kalendermäßig** getroffen werden müssen. Demnach wäre es unzulässig, das Dienstverhältnis einer Kellnerin mit *„dem Ende der Saison"* zu befristen.

b) Probearbeitsverhältnis

82 In der Praxis kommen häufig sog **Probearbeitsverhältnisse** vor (vgl dazu § 1158 Abs 2 ABGB, § 19 Abs 2 AngG). In dieser „Probezeit" kann der AG die Eignung neu eingestellter AN im praktischen Arbeitseinsatz prüfen und der AN die Verhältnisse im Unternehmen kennen lernen. Probearbeitsverhältnisse (auch **Arbeitsverhältnis auf Probe** genannt) bedürfen einer Vereinbarung der Vertragsparteien und dürfen **höchstens einen Monat** dauern (Abweichungen können sich aber aus Sondergesetzen, zB drei Monate für Lehrverhältnisse ergeben). Darüber hinaus sehen viele KollV vor, dass eine bestimmte Zeitspanne des ersten Monats des Dienstverhältnisses als Probezeit gilt. In der Probezeit ist eine **einseitige, sofortige** Vertragsauflösung durch jede der beiden Vertragsparteien jederzeit problemlos möglich. Die Auflösung darf aber nicht gegen ein gesetzliches Diskriminierungsverbot verstoßen (zB Lösung des Probearbeitsverhältnisses wegen Schwangerschaft der AN oder Homosexualität, §§ 12 Abs 7, 26 Abs 7 GlBG).

Von Probearbeitsverhältnissen zu unterscheiden sind **Arbeitsverhältnisse zur Probe,** bei denen es sich um („normale") befristete Arbeitsverhältnisse mit einer Dauer von mehr als einem Monat handelt und die ebenfalls zur Erprobung eines AN dienen. Diese Arbeitsverhältnisse können grundsätzlich nicht privilegiert gelöst werden.

c) Arbeitsverträge zum vorübergehenden Bedarf

83 Ein Arbeitsverhältnis zum vorübergehenden Bedarf kann abgeschlossen werden, wenn ein AG **einen AN für relativ kurze Zeit** einstellen möchte. Vorausgesetzt ist aber, dass zum Zeitpunkt der Einstellung noch nicht klar ist, wie lange die Beschäftigung tatsächlich dauern wird. Die Rechtsordnung stellt für diesen Vertragstypus eine **erleichterte Lösungsmöglichkeit** zur Verfügung. Danach kann das Arbeitsverhältnis sowohl bei Arbeitern als auch bei Angestellten im ersten Monat von beiden Teilen jederzeit mit einer Kündigungsfrist von einer Woche gelöst werden (§ 1159 Abs 5 ABGB, § 20 Abs 5 AngG). Hat jedoch der zeitlich nicht bestimmbare Bedarf länger als einen Monat gedauert, so ist der Arbeitsvertrag nach den allgemeinen Regeln für unbefristete Arbeitsverhältnisse zu lösen (siehe Rz 372).

Zu beachten ist aber, dass ein Arbeitsverhältnis zum vorübergehenden Bedarf dann **nicht vorliegt,** wenn das Arbeitsverhältnis als auf bestimmte Zeit abgeschlossen zu qualifizieren ist. Dies wäre beispielsweise der Fall, wenn von Vornherein klar ist, wie lange die Beschäftigung dauern wird (Befristung zB für die Dauer eines Urlaubs oder Krankenstandes, selbst wenn dessen Ende noch nicht genau voraussehbar ist). Zu unterscheiden ist diese Beschäftigungsform auch von der fallweisen Beschäftigung iSd ASVG (Rz 105).

Praxistipp: Praktisch ist das Arbeitsverhältnis zum vorübergehenden Bedarf **kaum von Relevanz,** da in all jenen Fällen, in denen das Erfordernis einer Erprobung des AN gegeben ist, ohnehin ein im ersten Monat jederzeit auflösbares Probearbeitsverhältnis vereinbart werden kann (siehe Rz 82).

d) Arbeitsvertrag auf Lebenszeit oder mit langer Befristungsdauer

84 Ein Arbeitsverhältnis auf Lebenszeit bzw mit länger als fünfjähriger Befristung kann **nach Ablauf von fünf Jahren vom AN** unter Einhaltung einer **Kündigungsfrist von sechs Mo-**

naten gelöst werden (§ 1158 Abs 3 ABGB, § 21 AngG). Dem AG kommt dieses privilegierte Kündigungsrecht nicht zu. Selbstverständlich kann das Arbeitsverhältnis aber vom AG (und auch vom AN) bei Vorliegen eines wichtigen Grundes einseitig vorzeitig aufgelöst werden.

1.3. Form

Für den Abschluss von Arbeitsverträgen bestehen im Allgemeinen **keine besonderen** 85
Formvorschriften („Formfreiheit"). Arbeitsverträge können daher idR **schriftlich, mündlich, ausdrücklich** oder **„schlüssig"** (dh, durch konkludente Willenserklärungen gem § 863 ABGB) rechtswirksam abgeschlossen werden. Ein konkludenter Vertragsabschluss liegt zB vor, wenn jemand jahrelang Dienstleistungen in persönlicher Abhängigkeit erbringt und die andere Seite diese fortgesetzt annimmt. Auch Änderungen des Arbeitsvertrages bedürfen nicht der Schriftform, es sei denn, diese ist vertraglich vorgesehen.

Eine Ausnahme von der Formfreiheit gilt zB für den Abschluss eines **Lehrvertrages** (siehe Rz 50), für den das Berufsausbildungsgesetz (BAG) die Schriftform vorsieht.

1.4. Dienstzettel

Die Formfreiheit des Arbeitsvertrages wird durch die Verpflichtung des AG, dem AN un- 86
verzüglich nach Beginn des Arbeitsverhältnisses einen sog Dienstzettel auszuhändigen, relativiert. Das **Arbeitsvertragsrechts-Anpassungsgesetz** (vgl **§ 2 AVRAG**) sieht nämlich die Ausfertigung einer **schriftlichen Aufzeichnung über die wesentlichen Rechte und Pflichten aus dem Arbeitsvertrag** vor.

Der **Dienstzettel** ist (als eine bloße Wissenserklärung) nicht mit dem Dienstvertrag (übereinstimmende Willenserklärungen der Parteien) gleichzusetzen. Dem Dienstzettel kommt vor allem eine **Informationsfunktion** zu. Außerdem hat er als Urkunde **Beweiskraft,** sodass dadurch uU Rechtsstreitigkeiten vermieden werden können.

Zum gesetzlich vorgeschriebenen Inhalt eines Dienstzettels (siehe § 2 Abs 2 AVRAG) gehören insb Angaben über

- die Identität der Vertragsparteien,
- die Vertragslaufzeit bzw die Kündigungsfristen,
- den Arbeitsort,
- die vorgesehene Verwendung,
- das Entgelt (Grundgehalt/-lohn, weitere Entgeltbestandteile),
- die Arbeitszeit,
- Name und Anschrift der Betrieblichen Vorsorgekasse (BV-Kasse) des AN,
- den Urlaub und gegebenenfalls Angaben über
- die Normen der kollektiven Rechtsgestaltung (KollV oder BV; vgl dazu Rz 515 ff und Rz 602 ff), die auf den Arbeitsvertrag anzuwenden sind.

Ergänzende Angaben sind für längere Arbeitseinsätze im Ausland vorgesehen (vgl § 2 Abs 3 AVRAG). Die Verpflichtung des AG zur Ausstellung eines Dienstzettels **entfällt** insb dann, wenn dem AN ein **schriftlicher Arbeitsvertrag** mit allen nötigen Angaben ausgehändigt wurde oder wenn das Arbeitsverhältnis **höchstens einen Monat** dauert (siehe im Einzelnen § 2 Abs 4 AVRAG).

Neben AN haben auch **freie Dienstnehmer iSd § 4 Abs 4 ASVG** (sog „dienstnehmerähnliche" freie DN; siehe dazu Rz 25) nach § 1164a ABGB einen Anspruch auf Ausstellung eines Dienstzettels durch den AG unverzüglich nach Beginn des freien Dienstverhältnisses. Die nähere Ausgestaltung dieses Anspruchs entspricht weitgehend dem bereits zum Dienstzettelanspruch des AN Ausgeführten.

2. Besonderheiten bei der Einstellung von bestimmten Arbeitnehmergruppen

87 Bei der Einstellung bestimmter Arbeitnehmergruppen sind vom AG Sondervorschriften zu berücksichtigen, die **speziellen Schutzbedürfnissen** dieser Personen Rechnung tragen. Dies gilt vor allem für die Beschäftigung von **Behinderten** sowie von **Kindern** und **Jugendlichen.** Aber auch die **Frauenbeschäftigung** kann rechtlichen Beschränkungen unterliegen. Darüber hinaus ist auch die Beschäftigung von **Ausländern** nicht ohne weiteres zulässig, sondern bedarf idR einer behördlichen Genehmigung. Dabei geht es aber idR nicht um den Schutz der Ausländer, sondern um den Schutz des österreichischen Arbeitsmarktes (vgl dazu Rz 638 ff).

2.1. Behinderte

88 Das Behinderteneinstellungsgesetz (BEinstG) verpflichtet alle AG, die im Bundesgebiet 25 oder mehr AN beschäftigen, **auf je 25 AN** mindestens **einen begünstigten Behinderten** einzustellen. Als begünstigt behinderte Personen sind Menschen zu qualifizieren, die mindestens **eine 50%ige Behinderung** haben. Der Grad der Behinderung wird idR auf **Antrag** des Behinderten vom **Bundesamt für Soziales und Behindertenwesen** („Sozialministeriumservice") unter Mitwirkung von ärztlichen Sachverständigen festgestellt (vgl § 14 BEinstG; näher Rz 703). Als Behinderung gelten dabei nicht bloß vorübergehende körperliche, geistige oder psychische Funktionsbeeinträchtigungen (zB dauernde Querschnittslähmung, verringertes Hörvermögen, Demenz, Schizophrenie, Suchterkrankung). Als nicht nur vorübergehend gilt ein Zeitraum von **mehr als voraussichtlich sechs Monaten** (§ 3 BEinstG).

Die Höhe des Grades der Behinderung ergibt sich aus der **Einschätzungsverordnung,** in der je nach Art der Beeinträchtigung bestimmte Prozentwerte angegeben sind.

Entspricht ein AG dieser Beschäftigungspflicht nicht, muss er eine sog **Ausgleichstaxe** entrichten (§ 9 BEinstG). Wegen der vergleichsweise geringen Beträge (Wert für das Jahr 2024: monatlich € 320,– pro zu beschäftigender Person, € 451,– für AG mit mind 100 AN, € 477,– für AG mit mind 400 AN) können sich AG somit von der Behinderteneinstellungspflicht relativ günstig „freikaufen". Zum besonderen Kündigungsschutz von Behinderten siehe Rz 442, 447.

Webtipp: Ausführliche Informationen zum Thema „Arbeit und Behinderung“ sowie Online-Antragsformulare für die Zuerkennung des Status eines begünstigten Behinderten finden sich auf der Website des Sozialministeriumservices unter www.sozialministeriumservice.at. Die Beschäftigung von behinderten Personen wird vom AMS gefördert (siehe www.ams.at).

2.2. Kinder und Jugendliche sowie Lehrlinge

Kinder (Minderjährige bis zur Vollendung des 15. Lebensjahres bzw bis zur späteren Beendigung der Schulpflicht) dürfen nach dem Bundesgesetz über die Beschäftigung von Kindern und Jugendlichen (KJBG) vorbehaltlich im Gesetz vorgesehener Ausnahmen (zB im familiären Bereich; mit Bewilligung im Film oder Theater) nicht zu Arbeiten irgendwelcher Art herangezogen werden (**gesetzliches Verbot der Kinderarbeit;** vgl §§ 5 ff KJBG). Lockerungen des Kinderarbeitsverbotes bestehen aber nach Vollendung des 13. Lebensjahres (zB in Familienbetrieben, im Privathaushalt oder für Botengänge). **89**

Für **Jugendliche** (Minderjährige zwischen dem vollendeten 15. und 18. Lebensjahr) bestehen nach dem KJBG und einer dieses Gesetz ergänzenden Verordnung zum Jugendarbeitsschutz **besondere Beschäftigungsverbote und -beschränkungen.** Demnach dürfen Jugendliche nicht in bestimmten **verbotenen Betrieben** (zB in Sexshops uÄ) eingesetzt werden oder – wenn eine Gesundheitsgefährdung besteht – für Arbeiten mit **gefährlichen Arbeitsstoffen** (zB giftigen oder krebserregenden Substanzen) sowie für Arbeiten mit **gefährlichen Arbeitsmitteln** (zB Maschinen mit hohem Verletzungsrisiko) herangezogen werden. Dies gilt auch für Arbeiten unter **starker psychischer und physischer Belastung.** Darüber hinaus dürfen Jugendliche grundsätzlich auch nicht für **Arbeiten an Sonn- und Feiertagen sowie in der Nacht** verwendet werden (Ausnahmen bestehen aber beispielsweise im Gastgewerbe oder für Krankenanstalten). Auch sonst ist der Arbeitszeitschutz strenger ausgestaltet als bei Erwachsenen (vgl §§ 10 ff KJBG). **90**

Besondere Bestimmungen gelten darüber hinaus für **Lehrlinge.** Der Lehrvertrag ist schriftlich abzuschließen und bedarf bei minderjährigen Lehrlingen der Zustimmung des gesetzlichen Vertreters (vgl § 12 Abs 1 BAG). Lehrverhältnisse enden zwar wegen ihres Ausbildungszwecks regelmäßig mit **Ablauf der Lehrzeit.** Allerdings müssen ausgelernte Lehrlinge noch **während einer dreimonatigen gesetzlichen (durch KollV verlängerbaren) Behaltezeit** im erlernten Beruf weiter beschäftigt werden, sodass den AG eine Pflicht trifft, für diese Zeit einen Arbeitsvertrag mit dem ehemaligen Lehrling abzuschließen (sog Kontrahierungszwang; § 18 BAG). Darüber hinaus ist einem Lehrling während der Lehrzeit ausreichend **Freizeit zum Besuch der Berufsschule** einzuräumen (vgl § 9 BAG). **91**

Für Jugendliche bis zum vollendeten 18. Lebensjahr besteht nach Erfüllung der Schulpflicht eine sog **Ausbildungspflicht.** Ihre Erziehungsberechtigten haben dafür zu sorgen, dass sie einer Bildungs- oder Ausbildungsmaßnahme oder einer darauf vorbereitenden Maßnahme nachgehen. Durch eine Lehre iSd BAG wird diese Pflicht erfüllt (§ 4 APflG).

2.3. Frauen

92 Das **ArbeitnehmerInnenschutzgesetz (ASchG)** sieht für Arbeiten, die ihrer Art nach (zB Bewältigung schwerer Lasten, einwirkende Gefahrstoffe) **für Frauen** aus biologischen Gründen eine spezifische Gefahr bewirken können, einige **Beschäftigungsverbote und -beschränkungen** vor (vgl § 6 Abs 4 ASchG).

Insgesamt besteht die Tendenz zur Reduzierung von Beschäftigungsverboten für Frauen auf das aus biologischen und (arbeits)medizinischen Gründen notwendige Ausmaß. So wurden zB die **generellen Beschäftigungsverbote** für Frauen **bei Arbeiten in Druckluft und bei Taucherarbeiten** sowie das weitreichende Verbot der Beschäftigung im Bergbau unter Tage wegen eines von der EU-Kommission gegen Österreich beim EuGH eingeleiteten Vertragsverletzungsverfahrens (siehe dazu Rz 695) aufgehoben.

Dem EU-Recht widersprach auch das grundsätzliche Verbot der **Nachtarbeit für Frauen,** weshalb die Nachtarbeit nunmehr für **Männer und Frauen gleichermaßen** geregelt ist. Diese Regelung soll die besonderen Belastungen durch diese Arbeitszeitform durch geeignete Maßnahmen (zB durch regelmäßige Untersuchungen der Beschäftigten) ausgleichen (vgl §§ 12a ff AZG).

93 Schließlich sieht das **Mutterschutzgesetz** (MSchG) für schwangere Frauen und für Mütter (für einige Zeit nach der Entbindung) noch weitergehende Schutzvorschriften vor (siehe Rz 201 ff).

3. Sozialversicherungsrechtliche Aspekte

3.1. Anmeldung von Dienstnehmern

94 Der **Dienstgeber (DG)** ist gesetzlich zur **fristgerechten Anmeldung jedes einzelnen von ihm beschäftigten Dienstnehmers (DN) zur Sozialversicherung** verpflichtet. Die Anmeldung hat **vor dem Arbeitsantritt beim zuständigen Krankenversicherungsträger** zu erfolgen (§ 33 ASVG). Dabei können in einem ersten Schritt zunächst nur die wichtigsten Angaben, dh Name und Versicherungsnummer bzw Geburtsdatum des Beschäftigten, Tag der Beschäftigungsaufnahme sowie die Beitrags-Kontonummer des DG, ob es sich um einen Arbeiter oder Angestellten und um eine Voll- oder Teilversicherung handelt, gemeldet werden. Die restlichen Angaben (wie insb das Entgelt) können in einem zweiten Schritt, mit der **monatlichen Beitragsgrundlagenmeldung** (mBGM), erfolgen. Diese ist für alle DN bis spätestens zum 15. des Folgemonats vom DG einzubringen und enthält die relevanten Entgeltdaten und komplettiert somit die Anmeldung (lediglich die Adresse der Arbeitsstätte und des DN sind noch zu ergänzen).

Die **Anmeldung** hat grundsätzlich **elektronisch** mittels **ELDA** (Elektronischer Datenaustausch mit den österreichischen Sozialversicherungsträgern) zu erfolgen. Nur ausnahmsweise, wie zB bei längerem Ausfall der EDV, kann die Anmeldung durch Fax oder Telefon vorgenommen werden („Vor-Ort-Anmeldung"). Dabei ist die elektronische Übermittlung binnen sieben Tagen nachzuholen. Dem AN ist eine **Kopie der Anmeldung unverzüglich auszuhändigen** (§ 2f Abs 2 AVRAG).

Während des aufrechten Dienstverhältnisses ist vom DG jede für die Versicherung bedeutsame **Änderung innerhalb von sieben Tagen** dem zuständigen Krankenversicherungsträger zu melden (dies betrifft nur die Änderungen der Grunddaten, weil Entgeltänderungen uÄ durch die monatliche Beitragsgrundlagenmeldung ersichtlich sind).

Werden die Meldepflichten bzw -fristen nicht eingehalten, so können dem DG Beitragszuschläge (bei Kontrollen nicht zur SV angemeldeter DN, § 113 ASVG), Säumniszuschläge (bei sonstigen Meldeverstößen, § 114 ASVG) und überdies von der Bezirksverwaltungsbehörde Ordnungsstrafen (§ 111 ASVG) verhängt werden (zu Verfahren und Zuständigkeiten siehe Teil 7).

Die Meldepflicht des DG gilt auch für **geringfügig Beschäftigte** sowie für **freie DN, die der Pflichtversicherung nach § 4 Abs 4 ASVG unterliegen** (siehe Rz 25). Vorstandsmitglieder von Aktiengesellschaften müssen sich hingegen selbst anmelden. Auch **selbständig Erwerbstätige** (zB Gewerbetreibende, Freiberufler, aber auch sog „neue" Selbständige, dh auch freie DN iSd GSVG; siehe dazu Rz 26) sind selbst zur Anmeldung bei dem für sie zuständigen Sozialversicherungsträger (SVS) verpflichtet. **95**

Webtipp: Ausführliche Informationen zum Anmeldeverfahren sind für DG und DN auf der Website der ÖGK unter www.gesundheitskasse.at (unter „Dienstgeber") zu finden. Insb steht dort ein jährlich aktualisierter Arbeitsbehelf für DG und Lohnverrechner zum Download bereit.

3.2. Abfuhr von Sozialversicherungsbeiträgen

a) Allgemeines

Der DG ist zur **Berechnung** und **Abfuhr** der gesetzlich vorgeschriebenen **Sozialversicherungsbeiträge** an den zuständigen **Krankenversicherungsträger** verpflichtet (vgl §§ 44 ff ASVG zum sog „Beitragsrecht"). Dies schließt auch den Dienstnehmeranteil an diesen Beiträgen ein, den der DG vom **Bruttoentgelt** des DN abziehen darf (vgl § 60 ASVG). **96**

Die **Sozialversicherungsbeitragsgrundlage,** dh das sozialversicherungspflichtige Entgelt, umfasst sämtliche **Geld- und Sachbezüge** des DN (§ 49 ASVG). **Sozialversicherungsfreie DG-Zahlungen** sind aber insb Kilometergeld, Taggelder und Diäten, Nächtigungsgelder, Abfertigung sowie bestimmte Zulagen und Prämien (§ 49 Abs 3 ASVG). Zu beachten ist allerdings, dass bestimmte dieser Zahlungen des AG nur dann beitragsfrei sind, wenn sie auch lohnsteuerfrei sind (siehe dazu Rz 111 ff).

Außerdem darf ein gesetzlich festgelegter Maximalbetrag (die sog **„Höchstbeitragsgrundlage"**) nicht überschritten werden. Diese beträgt für das Jahr 2024 für den laufenden Bezug monatlich € 6.060,– bzw täglich € 202,– (ohne Sonderzahlungen).

Im Sozialversicherungsrecht gilt das sog **Anspruchsprinzip:** Demnach sind Sozialversicherungsbeiträge immer dem Zeitpunkt zuzuordnen, in dem der Anspruch des DN tatsächlich entstanden ist.

Daher führt eine Entgeltnachzahlung an den DN für Leistungen, die in vorangegangenen Monaten erbracht wurden, stets zu einer sog **Aufrollung** des Lohnzahlungszeitraumes. Dh, es kommt zu einer Neuberechnung der Sozialversicherung für die jeweiligen Monate unter Heranziehung der neuen Bemessungsgrundlage. Die „Rollungsfrist", dh die Frist für die sanktionslose Korrektur der gemeldeten Beitragsgrundlage, beträgt zwölf Monate (§ 34 Abs 4 ASVG).

Darüber hinaus ist das **„Sollprinzip"** zu beachten, wonach die SV-Beiträge nach dem Entgelt zu bemessen sind, das der DN zu erhalten hat, auch wenn er tatsächlich weniger erhält.

97 Die **Höhe der SV-Beiträge** wird, ausgehend von der Sozialversicherungsbeitragsgrundlage, jeweils **in Prozentsätzen** ermittelt. Ausgangspunkt hierfür bildet die vom DG für jeden seiner DN monatlich (bis spätestens 15. des Folgemonats) per ELDA zu übermittelnde monatliche Beitragsgrundlagenmeldung (mBGM).

Dabei sind dem KV-Träger monatlich (bis zum 15. des Folgemonats) die **individuellen Beitragsgrundlagen sämtlicher DN** zu melden (§ 34 ASVG mit Sonderregelungen für freie DN und für in der zweiten Monatshälfte eintretende DN). Die SV-Beiträge werden idR am letzten Tag des jeweiligen Kalendermonats **fällig** (§ 58 ASVG) und gelten noch als zeitgerecht entrichtet, wenn sie binnen 15 Tagen auf dem Konto des Versicherungsträgers einlangen (zuzüglich einer dreitägigen Respirofrist). Bei darüber hinausgehenden Rückständen fallen Verzugszinsen an (§ 59 ASVG). Ein neues **SV-Clearingsystem** soll dem DG bei unklaren bzw unrichtigen Meldungen umgehend eine elektronisch generierte Rückmeldung geben.

Neben den Beiträgen zur Krankenversicherung (KV), Pensionsversicherung (PV) und Unfallversicherung (UV) sind noch Beiträge zur Arbeitslosenversicherung (AlV), IESG-Zuschlag (IESG), ein Wohnbauförderungsbeitrag (WBF) sowie die Arbeiterkammerumlage (AK) zu entrichten.

Besondere (günstigere) Beitragssätze bis hin zum Entfall von bestimmten Beiträgen (zB AlV, IESG) gelten für ältere DN und Lehrlinge.

Für das **Jahr 2024** gelten für DG und für DN folgende **Beitragssätze:**

	DN-Anteil:	DG-Anteil:	Gesamtwert:
KV	3,87%	3,78%	7,65%
UV	–	1,1%	1,1%
PV	10,25%	12,55%	22,8%
AlV	bis zu 2,95%*	2,95%	bis zu 5,9%
IESG	–	0,1%	0,1%
WBF	0,5%	0,5%	1%
AK	0,5%	–	0,5%
SUMME			bis zu 39,05%

* Der DN-Anteil des AlV-Beitrages ist bei geringem Einkommen wie folgt gestaffelt: Bis zu einer monatlichen Beitragsgrundlage von € 1.951,– 0%, über € 1.951,– bis € 2.128,– 1%, über € 2.128,– bis € 2.306,– 2%, über € 2.306,– 2,95%.

Weiters ist zu beachten, dass ein **Dienstgeberbeitrag zum Familienlastenausgleichsfonds** (im Wesentlichen 3,9% der monatlichen Lohnsumme des Unternehmens; ab 2025 beträgt dieser Wert 3,7%; eine bereits vorgezogene Reduktion im Jahr 2024 ist durch eine lohngestaltende Vorschrift wie zB einen KollV oder in Form einer innerbetrieblichen Festlegung für alle AN möglich) und die **Kommunalsteuer** (im Wesentlichen 3% der monatlichen Lohnsumme des Unternehmens) zu entrichten sind. UU sind auch noch **weitere Abgaben** (zB Wiener U-Bahn-Steuer) zu leisten. Darüber hinaus ist vom AG für AN, deren Dienstverhältnisse nach dem 31. 12. 2002 begründet wurden, ein **Beitrag zur Betrieblichen Vorsorgekasse** von 1,53% abzuführen (siehe dazu Rz 462 f). Für überlassene Arbeitskräfte iSd AÜG ist vom Überlasser ein Beitrag zum Sozial- und Weiterbildungsfonds zu leisten (näher Rz 149). Die **Lohnsteuer** ist vom DG einzubehalten und abzuführen (näher Rz 111 ff). **98**

Werden Dienstnehmerbeiträge zur Sozialversicherung vorsätzlich vorenthalten („Sozialbetrug"), stellt dies auch eine **gerichtlich strafbare Handlung** dar, die in besonders gravierenden Fällen mit einer Haftstrafe bis zu fünf Jahren zu bestrafen ist (vgl §§ 153c und 153d StGB). Ebenfalls ist zu bestrafen, wer gewerbsmäßig organisierte Schwarzarbeit betreibt (vgl § 153e StGB). **99**

Abgesehen davon können eine Reihe von unterschiedlichen **Haftungstatbeständen** schlagend werden, wie zB eine Vertreterhaftung (bei GmbH-Geschäftsführern ua) oder eine Haftung bei Betriebsnachfolge (§ 67 ASVG). Daneben sind Haftungen etwa nach UGB (Gesellschafterhaftung bei OG und KG) sowie wegen Insolvenzverschleppung denkbar. In der **Bauwirtschaft** haftet der Generalunternehmer unter bestimmten Voraussetzungen auch für die Sozialversicherungsbeiträge eines von ihm beauftragten Subunternehmers (§ 67a ff ASVG) sowie für dessen steuerrechtliche Abgaben (§ 82a EStG). Zur **Rückforderung** zu viel gezahlter Lohnsteuer und Sozialversicherungsbeiträge vgl Rz 262 f.

Webtipp: Ausführliche Informationen zum Sozialversicherungsrecht (Versicherungs- und Leistungsrecht) finden sich auf der Website des Dachverbandes der Sozialversicherungsträger unter www.sozialversicherung.at sowie auf den Websites der einzelnen Sozialversicherungsträger. **100**

b) Geringfügige Beschäftigung

Für **geringfügig Beschäftigte** gelten folgende Besonderheiten: **101**

- Geringfügig Beschäftigte sind solche DN (bzw freie DN gem § 4 Abs 4 ASVG), die ein Einkommen bis zur sozialversicherungsrechtlichen **Geringfügigkeitsgrenze** beziehen (§ 5 Abs 2 ASVG). Dieser Wert beträgt im Jahr 2024 **€ 518,44 pro Kalendermonat** und gilt auch für kürzere Dienstverhältnisse als einen Monat. Geringfügig Beschäftigte sind **nur in der UV teilversichert,** weshalb für sie auch nur der DG-Beitrag zur gesetzlichen UV (1,1%) anfällt (zum „opting in" siehe Rz 110). Außerdem sind sie nicht arbeitslosenversichert. Geringfügig Beschäftigte unterliegen allerdings der Betrieblichen Vorsorge, der AG hat daher den Beitrag an die Betriebliche Vorsorgekasse zu leisten.

  Beispiel: *Ein Dienstverhältnis wird für die Dauer vom 25. Februar bis 7. März, also auf kürzer als ein Monat befristet vereinbart. Das Entgelt beträgt vereinbarungsgemäß im*

Februar € 250,– und im März € 600,–. Hier wird das Entgelt herangezogen, das für die vereinbarte Dauer der Beschäftigung im jeweiligen Kalendermonat gebührt (bzw gebührt hätte, wenn es etwa vorzeitig aufgelöst wird). Demnach fällt das Dienstverhältnis im Februar unter die Geringfügigkeitsgrenze und im März darüber.[1]

102 • Beschäftigt ein **AG mehrere geringfügig beschäftigte DN** und übersteigt die Summe der ausbezahlten geringfügigen Entgelte dabei das 1,5-fache der Geringfügigkeitsgrenze (Wert für 2024: € 777,66 monatlich), hat der DG eine **pauschale Dienstgeberabgabe** iHv 19,4% der Lohnsumme der geringfügig beschäftigten DN (sowie die UV-Beiträge in Höhe von 1,1%) abzuführen (§ 1 DAG; § 53a ASVG). Der Beitrag ist **jährlich** bis zum 15. Jänner des Folgejahres einzubezahlen. Zu beachten ist dabei, dass die Dienstgeberabgabe **keinen Versicherungsschutz** in KV und PV für die geringfügig Beschäftigten **begründet.**

103 • Übt ein **DN mehrere geringfügige Beschäftigungen** aus und überschreitet dabei sein **Gesamteinkommen** die Geringfügigkeitsgrenze, unterliegt er der **Vollversicherung** nach ASVG (§ 5 Abs 1 Z 2 ASVG).

Die diesbezügliche Beitragsleistung beträgt dabei 14,62% (inkl 0,5% AK-Umlage) des monatlichen Gesamtverdienstes (§ 53a Abs 3 ASVG). Die entsprechenden Beiträge hat der geringfügig Beschäftigte nach einer jährlichen Vorschreibung der ÖGK selbst an den Krankenversicherungsträger abzuführen (§ 58 Abs 2 ASVG). Ein besonderer DG-Beitrag fällt für einen solchen mehrfach geringfügig Beschäftigten – mit Ausnahme einer allfälligen pauschalen DG-Abgabe (siehe Rz 102) – nicht mehr an. Zu beachten ist in diesem Zusammenhang aber, dass der AN nicht arbeitslosenversichert ist, auch wenn mit dem Gesamteinkommen die Geringfügigkeitsgrenze überschritten wird.

104 **Praxistipp:** Keine geringfügige Beschäftigung liegt vor, wenn das monatliche Entgelt den Wert der Geringfügigkeitsgrenze nur deshalb nicht überschritten hat, weil ein – an sich vollversicherungspflichtiges – Arbeitsverhältnis im Laufe des betreffenden Kalendermonats begonnen oder vorzeitig geendet hat oder unterbrochen wurde.

Beispiel: *Dienstbeginn eines unbefristeten Dienstverhältnisses ist am 4. Oktober. Als Entgelt wird monatlich € 746,– vereinbart. Das Dienstverhältnis endet jedoch bereits am 4. Dezember desselben Jahres durch einvernehmliche Lösung. Es ist dennoch die ganze Zeit über voll versicherungspflichtig; betreffend Oktober und Dezember wird das zustehende Entgelt auf den ganzen Kalendermonat hochgerechnet. Ebenso verhält es sich bei einem Dienstverhältnis, das zB auf eine Dauer vom 15. 7. bis 14. 8. vereinbart ist (das ist genau ein Monat). Hier würde man das vereinbarte Entgelt (ebenfalls) auf einen ganzen Kalendermonat hochrechnen.*[2]

[1] Dieses Beispiel folgt im Wesentlichen einem Berechnungsbeispiel zur geringfügigen Beschäftigung unter www.gesundheitskasse.at.

[2] Siehe vorherige Fn.

c) Fallweise Beschäftigung

Sozialversicherungsrechtliche Besonderheiten gelten bei der sog **fallweisen (tageweisen) Beschäftigung.** Eine solche liegt vor, wenn AN **in unregelmäßiger Folge tageweise** beim selben DG beschäftigt werden, wobei die Beschäftigung für eine **kürzere Zeit als eine Woche** vereinbart ist (vgl § 33 Abs 3 ASVG). Dabei unterliegt die fallweise Beschäftigung nur dann der Vollversicherungspflicht, wenn das Entgelt für die jeweilige (für einen Tag erfolgte) Beschäftigung die Geringfügigkeitsgrenze (2024: € 518,44) überschreitet. Dabei ist der Kalendertag maßgeblich. Das heißt, selbst wenn innerhalb eines Monats mehrere derartige Beschäftigungsverhältnisse anfallen, dürfen die Entgelte nicht zusammengerechnet werden. Zudem können durch Satzung des Krankenversicherungsträgers Erleichterungen bei der An- und Abmeldung verfügt werden. 105

Arbeitsrechtlich handelt es sich um aufeinanderfolgende befristete Dienstverhältnisse iS eines **Kettendienstverhältnisses** (Rz 79), das aber, wenn der AN die einzelnen (unregelmäßigen und zeitlich nicht zu dichten) Arbeitseinsätze sanktionslos ablehnen bzw mit seinen eigenen Bedürfnissen abstimmen kann, nach derzeitiger Rsp nicht zu einem durchgehenden Dienstverhältnis führt.

Hinweis: Als fallweise beschäftigt gelten zB Aushilfskräfte, die unregelmäßig „einspringen" bzw Arbeit auf Abruf leisten. Keine fallweise Beschäftigung liegt vor, wenn sich eine Person beispielsweise verpflichtet, einmal wöchentlich oder monatlich eine bestimmte Arbeitsleistung zu erbringen. In diesem Fall liegt eine bestimmte, periodisch wiederkehrende Arbeitsleistung vor, was idR als durchlaufendes Beschäftigungsverhältnis mit durchgehender Sozialversicherungspflicht zu qualifizieren ist.

d) Dienstleistungsscheck

Um die Schwarzarbeit in den Privathaushalten (zB Reinigung, Kinderbeaufsichtigung, einfache Gartenarbeiten) einzudämmen, wurde der sog **Dienstleistungsscheck (DLS)** eingeführt. Dabei handelt es sich um „Schecks", die im Wert von € 5,– oder € 10,– über Postämter und Trafiken sowie im Wert von € 1,– bis € 100,– online vertrieben werden. Diese können – falls vereinbart – einem DN für seine **Arbeitsleistungen im privaten Haushalt** gegeben werden. Der DG hat dem DN für seine Arbeitsleistungen dabei DLS in jener Höhe auszuhändigen, die seiner Arbeitsleistung nach dem jeweils anzuwendenden Mindestlohntarif (siehe dazu Rz 544 f) entsprechen. Darüber hinaus sind auch ein Pauschalbetrag für nicht verbrauchten Urlaub (9,6% des Entgelts) sowie die aliquoten Sonderzahlungen (25% des Entgelts) entsprechend auszubezahlen. Im Kaufpreis des DLS ist neben dem Arbeitsentgelt für den DN auch der Unfallversicherungsbeitrag (1,1%) sowie ein Verwaltungskostenanteil (0,9%) enthalten. Der DN kann den DLS online **einlösen.** Die Auszahlung des Entgelts erfolgt auf das Bankkonto des DN oder allenfalls durch Postanweisung. 106

Webtipp: Unter www.dienstleistungsscheck-online.at kann man DLS erwerben und einlösen. Auch alle wesentlichen Informationen sind dort aufbereitet, insb welche (Mindest-)Stundenlöhne für welche Leistungen konkret zu zahlen sind.

Die Entlohnung mittels DLS darf **beim einzelnen DG** die monatliche **Geringfügigkeitsgrenze** (Wert 2024 inklusive der hier einzurechnenden Urlaubsersatzleistung und anteiligen Sonderzahlungen: € 710,19 pro Monat) nicht überschreiten. Ist dies der Fall, tritt Vollversicherungspflicht ein und der DG muss den DN beim Sozialversicherungsträger regulär anmelden. Darüber hinaus ist der DLS nur für die Entlohnung von **befristeten Dienstverhältnissen** für die Dauer des jeweiligen Arbeitseinsatzes, längstens **für einen Monat** geeignet. Es ist aber zulässig, mehrere befristete Dienstverhältnisse auch unmittelbar hintereinander abzuschließen, ohne dass dadurch ein Kettenarbeitsverhältnis entsteht (vgl Rz 79). Bei der Beschäftigung von Ausländern ist zu beachten, dass **nur „arbeitsberechtigte" AN** beschäftigt werden dürfen (siehe dazu Rz 638 ff).

Die Rechtsgrundlage für den DLS bildet das **Dienstleistungsscheckgesetz (DLSG).** Zu beachten ist in diesem Zusammenhang auch, dass Personen, die mit DLS entlohnt werden, sozialversicherungsrechtlich jedenfalls als **DN** gelten (vgl § 4 Abs 2 ASVG).

e) Freie Dienstnehmer

107 Für **freie DN** nach § 4 Abs 4 ASVG (siehe dazu Rz 25) beträgt der Beitragssatz zur Sozialversicherung (KV, UV und PV) gesamt 31,55% und ist vom DG an den zuständigen **Krankenversicherungsträger** abzuführen. Diese freien DN sind auch in die **Arbeitslosenversicherung** einbezogen (siehe Staffelung laut Tabelle bei Rz 97). Darüber hinaus ist für sie vom DG ein **IESG-Zuschlag** (0,1%) sowie eine **Arbeiterkammerumlage** (0,5%) zu entrichten. Die Gesamtbelastung beträgt daher bis zu 38,05%. Die Beitragslast teilen sich dabei der freie DN und der DG insoweit, als der freie DN bis zu 17,57% und der DG 20,48% zu tragen hat. Die Höchstbeitragsgrundlage (vgl Rz 96) beträgt für freie DN ohne Sonderzahlungen im Jahr 2024 € 7.070,– monatlich. Zusätzlich ist für freie DN auch ein Beitrag zur **Betrieblichen Vorsorgekasse** (vgl näher Rz 464) iHv 1,53% sowie Kommunalsteuer und ein Beitrag zum Familienlastenausgleichsfonds vom DG (siehe Rz 98) zu leisten.

108 Verdient ein freier DN **unter** der **ASVG-Geringfügigkeitsgrenze,** ist er in der Sozialversicherung – wie ein „normaler" DN – **nur unfallversichert.** Den diesbezüglichen Beitrag iHv 1,1% hat der DG an die ÖGK abzuführen. Hinsichtlich der Beschäftigung mehrerer geringfügig beschäftigter freier DN durch einen DG bzw der mehrfachen geringfügigen Beschäftigung eines freien DN bei mehreren DG gilt das bereits zu den geringfügig beschäftigten DN Ausgeführte (siehe Rz 102 f).

109 **Freie DN,** die nicht unter § 4 Abs 4 ASVG, sondern unter das **GSVG** (dazu Rz 26) fallen, sowie die **sonstigen gewerblichen Selbständigen** (also auch Werkunternehmer) iS des GSVG haben Sozialversicherungsbeiträge nach folgenden Sätzen abzuführen: 18,5% für die **Pensionsversicherung,** 6,8% für die **Krankenversicherung** und einen Fixbetrag für die **Unfallversicherung** von € 11,35 (2024) monatlich. Die Bemessungsgrundlage richtet sich grundsätzlich nach dem Einkommen laut Einkommensteuerbescheid für das betreffende Kalenderjahr. Dabei sind unabhängig vom tatsächlich erzielten Einkommen bestimmte Mindestbeitragsgrundlagen vorgesehen, wobei es für Jungunternehmer Begünstigungen gibt. Das GSVG kennt auch eine Höchstbeitragsgrundlage, die im Jahr 2024 € 7.070,– monatlich beträgt.

Darüber hinaus sind Selbständige, die der Pflichtversicherung in der Krankenversicherung nach GSVG unterliegen, verpflichtet, einen monatlichen Beitrag iHv 1,53% der Beitragsgrundlage nach dem GSVG in eine **Betriebliche Vorsorgekasse** zu leisten (vgl §§ 49 ff BMSVG).

Unter bestimmten Voraussetzungen haben Selbständige die Möglichkeit, in die **Arbeitslosenversicherung** einbezogen zu werden (vgl § 3 AlVG).

Praxistipp: Geringfügig beschäftigte DN und geringfügig beschäftigte freie DN gemäß § 4 Abs 4 ASVG haben die Möglichkeit, sich in der KV und PV selbst zu versichern. Der monatliche Beitrag für Selbstversicherte in der KV und PV beträgt – unabhängig von der Höhe des geringfügigen Verdienstes – für das Jahr 2024 € 73,20 (siehe § 19a iVm § 77 Abs 2a ASVG). 110

4. Steuerrechtliche Aspekte

4.1. Einkommen- und Lohnsteuer

a) Lohnsteuer

Steuerrechtlich gesehen beziehen **AN** aus ihrem Arbeitsverhältnis **Einkünfte aus nicht-** 111
selbständiger Arbeit. Dabei wird die Einkommensteuer grundsätzlich durch Abzug vom Arbeitslohn erhoben **(Lohnsteuer).**

Bemessungsgrundlage für die Lohnsteuer ist der dem AN gebührende **Bruttobezug,** 112
der um bestimmte **Abzugsposten** vermindert bzw um allfällige **Sachbezüge** (Wert der Privatnutzung des Dienstwagens oder eine Dienstwohnung) erhöht wird.

Abzuziehen ist insb der **laufende Sozialversicherungsbeitrag.** Weiters sind bestimmte **Zulagen und Zuschläge** (Schmutz-, Erschwernis- und Gefahrenzulagen, Zuschläge für Sonn-, Feiertags- und Nachtarbeit und die mit diesen Arbeiten zusammenhängenden Überstundenzuschläge) **insgesamt bis € 400,–** (Wert ab 2024) monatlich sowie in den Jahren 2024 und 2025 die ersten **18 Überstunden im Monat** im Ausmaß von höchstens 50% des Grundlohnes, insgesamt höchstens € 200,– monatlich, steuerfrei und daher aus der Bemessungsgrundlage herauszurechnen (vgl § 68 iVm § 124b Z 440 lit b EStG). Steuerfrei sind ua auch der **Ersatz von Reisekosten, Tag- und Nächtigungsgelder, echte Auslagenersätze, Beiträge zur Aus- und Fortbildung** der AN sowie Beiträge des AG an die Mitarbeitervorsorgekasse (§ 26 EStG). Dabei sind allerdings bestimmte Grenzen zu beachten, bei deren Überschreitung die Leistungen des AG wie laufendes Entgelt zu versteuern sind.

An AN **freiwillig** vom AG gewährte **Gewinnbeteiligungen** sind bis zu einem Wert von **€ 3.000,– jährlich steuerfrei.** Die Gewinnbeteiligung muss entweder **allen AN** oder einer **bestimmten AN-Gruppe** gewährt werden. **Keine Steuerbefreiung** gibt es für Gewinnbeteiligungen, die auf einer **lohngestaltenden Vorschrift** in Gesetz, KollV oder BV beruhen. Es gilt überdies ein **Bezugsumwandlungsverbot:** Wird die Gewinnbeteiligung anstatt eines Teils des bisher gewährten Gehalts/Lohns oder statt einer bisher üblichen Gehalts-/Lohnerhöhung geleistet, ist sie ebenfalls zu besteuern.

Darüber hinaus kann der AN seine Steuerbemessungsgrundlage idR im Zuge der **Arbeitnehmerveranlagung** (früher „Lohnsteuerausgleich") durch die Geltendmachung von **Werbungskosten** (das sind beruflich veranlasste Aufwendungen und Ausgaben, sofern sie der AG nicht bereits berücksichtigt hat, zB Pendlerpauschale, Berufskleidung, Fachliteratur, Aus- und Fortbildungskosten ua) vermindern, was zu einer Rückzahlung von bereits entrichteter Lohnsteuer durch das Finanzamt führen kann. Auch **Sonderausgaben** (zB freiwillige Weiterversicherung in der gesetzlichen Pensionsversicherung,

Kirchenbeiträge, bestimmte Spenden) oder **außergewöhnliche Belastungen** (zB Krankheitskosten, Katastrophenschäden) sowie **Familienabsetzbeträge** (zB Alleinverdienerabsetzbetrag, Alleinerzieherabsetzbetrag) können im Zuge der AN-Veranlagung steuerlich geltend gemacht werden. Da die Steuerbemessungsgrundlage letztlich auf das Jahreseinkommen abstellt, empfiehlt sich die Durchführung einer AN-Veranlagung auch in jenen Fällen, in denen die monatlichen Einkünfte in ihrer Höhe schwanken (zB wegen zeitweiser Arbeitslosigkeit) oder nicht das ganze Jahr hindurch bezogen werden (zB Ferialjob). In jenen Fällen, in denen von einem AN zwei oder mehrere Dienstverhältnisse ausgeübt werden, ist die AN-Veranlagung verpflichtend. Die AN-Veranlagung wird vom Finanzamt uU auch ohne Antrag vorgenommen, wenn sich aus der Aktenlage eine Steuergutschrift ergibt.

113 Die **Höhe der Lohnsteuer** bestimmt sich nach einem progressiven Berechnungssystem. Ab 2024 gelten folgende Steuersätze, die jährlich inflationsangepasst werden:

- Einkünfte aus unselbständiger Erwerbstätigkeit bis € 12.816,– im Jahr sind steuerfrei.
- Einkünfte von € 12.816,– bis € 20.818,– werden mit einem Steuersatz von 20% versteuert.
- Einkünfte von € 20.818,– bis € 34.513,– werden mit 30%,
- Einkünfte über € 34.513,– bis € 66.612,– mit 40%,
- Einkünfte über € 66.612,– bis € 99.266,– mit 48%,
- Einkünfte über € 99.266,– mit 50% und
- (befristet bis 2025) Einkünfte über einer Million € mit 55% versteuert.

Beispiel: *Bei einem Jahreseinkommen im Jahr 2024 von € 30.000,– wird (grundsätzlich) der Betrag von € 12.816,– nicht, der Betrag von € 8.002,– mit 20% und schließlich € 9.182,– mit 30% besteuert.*

Vom Ergebnis dieser Berechnung werden noch, soweit der Steuerpflichtige einen Anspruch darauf hat, die **Steuerabsetzbeträge** (Verkehrsabsetzbetrag, Pensionistenabsetzbetrag, Alleinverdienerabsetzbetrag, Kinderabsetzbetrag ua) abgezogen. AN, die aufgrund ihres geringen Einkommens keine Lohnsteuer zahlen, erhalten einen Teil ihrer Sozialversicherungsbeiträge zurück.

Begünstigt besteuert werden **sonstige Bezüge.** Das sind solche, die einmalig oder in größeren Abständen gewährt werden (zB Urlaubszuschuss, Weihnachtsremuneration, Treuegelder, Gewinnbeteiligungen sowie bei Beendigung des Dienstverhältnisses Abfertigung „alt" und auch allfällige freiwillige Abfertigungen). IdR sind derartige Entgelte bis zu gewissen Grenzbeträgen mit einem niedrigeren Steuersatz zu versteuern.

114 Wie bei den Sozialversicherungsbeiträgen ist der AG für die richtige **Einbehaltung und Abfuhr der Lohnsteuer** an das zuständige Finanzamt verantwortlich. Zudem ist der AG verpflichtet, dem AN eine monatliche **Lohnabrechnung** zu übermitteln, worin die Sozialversicherungsbeiträge, die Bemessungsgrundlage für die Lohnsteuer sowie die Lohnsteuer ausgewiesen sind.

115 Bei der Ermittlung der Lohnsteuer gilt das **Zu- und Abflussprinzip,** dh eine Zahlung wird mit dem Zeitpunkt steuerwirksam, an dem sie tatsächlich fließt (also nicht etwa bei ihrer Fälligkeit). Erhält der AN vom AG Nachzahlungen aus abgelaufenen Kalenderjahren, kann dies aufgrund des Zuflussprinzips und der

Steuerprogression zu einem **Steuerschaden** beim AN führen. Diesen Schaden kann der AN vom AG einfordern, wenn diesen an der zeitverzögerten Zahlung ein Verschulden trifft.

b) Einkommensteuer

Freie DN sowie **Werkunternehmer** beziehen aus ihrer Tätigkeit grundsätzlich **Einkünfte aus selbständiger Arbeit** (§ 22 EStG). Diese Einkünfte ergeben sich im Wesentlichen aus den Betriebseinnahmen abzüglich der Betriebsausgaben (wozu auch die GSVG-Sozialversicherungsbeiträge gehören). Der Steuertarif entspricht dem bei der Lohnsteuer. 116

Selbständige Personen müssen sich selbst um die Abfuhr der Einkommensteuer kümmern und eine **Einkommensteuererklärung** abgeben, wenn ihr Jahreseinkommen mehr als € 12.816,– (2024) beträgt. Die Frist hierfür endet am 30. April des Folgejahres, bei elektronischer Eingabe am 30. Juni. Die Einnahmen und Ausgaben werden dem Jahr zugerechnet, dem sie wirtschaftlich zugehören; das Zu- und Abflussprinzip gilt nur für Selbständige, die ihren Gewinn durch Einnahmen-Ausgabenrechnung (also nicht durch Bilanzierung) ermitteln.

Wer in seinem Unternehmen freie DN iSd § 4 Abs 4 ASVG (vgl Rz 25) beschäftigt, hat für diese Personen an das Finanzamt eine **Mitteilung gem § 109a EStG** abzugeben, in der im Wesentlichen die Art der erbrachten Leistung sowie das Entgelt samt allfälliger Umsatzsteuer und das betreffende Kalenderjahr zu nennen sind. Diese Erklärung entfällt, wenn das Gesamtentgelt im Kalenderjahr nicht mehr als € 900,– und das Gesamtentgelt für jede einzelne Leistung nicht mehr als € 450,– beträgt. Diese Mitteilungspflicht gilt daneben auch für Unternehmen, die zB vortragende, lehrende oder unterrichtende Personen beschäftigen sowie für Entgeltzahlungen für bestimmte, im Inland erbrachte (insb Beratungs- und Vermittlungs-)Leistungen ins Ausland von über € 100.000,– (§ 109b EStG). 117

Bezieht eine Person **Einkünfte aus mehreren Einkunftsarten** (zB aus selbständiger und unselbständiger Tätigkeit oder aus Kapital und Vermietung/Verpachtung), so sind diese Einkünfte für die Bemessung der **Einkommensteuer** zusammenzurechnen. Diesfalls muss die Person beim Finanzamt eine **Einkommensteuererklärung** für das betreffende Jahr abgeben und, falls sie durch das höhere Gesamteinkommen in eine höhere Tarifstufe fällt, entsprechend Steuer nachzahlen. 118

Wenn man Einkommen zugleich aus selbständiger und aus unselbständiger Tätigkeit bezieht, ist eine Einkommensteuererklärung erst abzugeben, wenn das Einkommen insgesamt über € 13.981,– (2024) und dabei der Anteil der selbständigen Einkünfte (bzw der daraus resultierende Gewinn) mehr als € 730,– beträgt. Mit anderen Worten sind bei einem AN **Zusatzeinkünfte aus selbständiger Arbeit jährlich bis € 730,– einkommensteuerbefreit.**

4.2. Umsatzsteuer

Selbständige Personen, also insb Werkunternehmer und freie DN, sind nicht nur einkommensteuer-, sondern grundsätzlich auch **umsatzsteuerpflichtig** (Umsatzsteuergesetz, UStG). Der **Normalsteuersatz beträgt 20%.** Für bestimmte Leistungen gilt ein ermäßigter Steuersatz von 10% (zB Speisen in Restaurants, Wohnungsmiete) oder 13% (zB bestimmte Pflanzen, Tiere, Kunstgegenstände ua). Die USt ist in den Rechnungen (bzw Honorarnoten) 119 grundsätzlich gesondert auszuweisen. Darüber hinaus sind die Formerfordernisse für eine **USt-Rechnung** zu beachten (§ 11 UStG).

Erhält der USt-pflichtige Unternehmer von einem anderen Unternehmer eine Leistung, so bezahlt er an diesen einen Bruttobetrag, kann aber die darin enthaltene USt als **Vorsteuer** vom Finanzamt zurückfordern bzw mit der von ihm an das Finanzamt abzuführenden USt gegenverrechnen. Somit ist die USt im Geschäftsverkehr zwischen Unternehmen ein **kostenneutraler Durchlaufposten.** Die Steuerbelastung der USt liegt demnach letztlich beim Konsumenten. Der Unternehmer hat (monatlich oder vierteljährlich) **USt-Vorauszahlungen** zu leisten und bis zum 30. April des Folgejahres (bei elektronischer Eingabe bis zum 30. Juni des Folgejahres) eine **Umsatzsteuererklärung** abzugeben.

120 Bis zu einem Jahresumsatz von € 35.000,– (netto) gilt eine sog unechte USt-Befreiung (**„Kleinunternehmerregelung“**, siehe §§ 6 Abs 1 Z 27, 21 Abs 6 UStG). Dh, der Kleinunternehmer darf keine USt in Rechnung stellen und ist auch nicht vorsteuerabzugsberechtigt. Dementsprechend haben Unternehmer erst bei Jahresumsätzen ab € 35.000,– eine Umsatzsteuererklärung beim Finanzamt abzugeben. Zu beachten ist, dass die Kleinunternehmerregelung auch bei einmaliger Überschreitung der Grenze um maximal 15% innerhalb von fünf Jahren anwendbar ist (§ 6 Abs 1 Z 27 UStG).

Es steht den Kleinunternehmern aber frei, auf die Kleinunternehmerregelung – für fünf Jahre bindend – zu verzichten, was bei hohen Vorinvestitionen und Betriebsausgaben den Vorteil bietet, dass man für diese Ausgaben Vorsteuer geltend machen kann.

Webtipp: Einen **Online-Brutto-Netto-Rechner** (Sozialversicherungsbeitrags- und Lohnsteuerberechnung) sowie einen **Lohnnebenkostenrechner** stellt das Bundesministerium für Finanzen im Internet unter www.bmf.gv.at zur Verfügung. **Informationen zu Einkommen- und Umsatzsteuer** findet man ebenfalls auf der Website des BMF (insb das „Selbständigenbuch“ sowie das „Steuerbuch“). Für die professionelle Recherche ist zudem findok.bmf.gv.at zu empfehlen.

3. Teil
Rechte und Pflichten im aufrechten Arbeitsverhältnis

I. Arbeitsvertragliche Hauptpflichten

Als Hauptpflichten aus dem Arbeitsvertrag stehen einander die **Arbeitspflicht des AN** **121**
und die **Entgeltpflicht des AG** gegenüber (zum **Arbeitsvertrag** als solchem vgl das **Vertragsmuster** im Anhang I). Im Folgenden wird zunächst die Arbeitspflicht dargestellt; das ist jene Hauptleistungspflicht, die dem Arbeitsvertrag sein „typisches Gepräge" gibt.

1. Arbeitspflicht des Arbeitnehmers

Die Hauptpflicht des AN aus dem Arbeitsvertrag besteht darin, **dem AG seine Arbeitskraft zur Verrichtung der vereinbarten Dienste zur Verfügung zu stellen.** In Ausübung seiner Arbeitspflicht werden vom AN **kontinuierlich Dienstleistungen in persönlicher Abhängigkeit** (siehe Rz 13 ff) erbracht. Grundsätzlich sind die vertraglich geschuldeten Dienste vom AN **im Unternehmen des AG für diesen selbst** und **unter dessen Weisungsrecht** zu leisten. **122**

Eine Ausnahme ist daher zB die Arbeitskräfteüberlassung, wo die effektive Arbeitsleistung nicht beim Vertragspartner, sondern bei einem Dritten zu erbringen ist (siehe Rz 145 ff).

Die **Art** der vom AN geschuldeten Dienste ergibt sich aus dem **Arbeitsvertrag** und ist, sofern dieser nicht schriftlich ist, im **Dienstzettel** (siehe Rz 86) auszuweisen (zB „medizinische Assistentin", „Bilanzbuchhalter"). Nur allgemein umschriebene Dienste („Angestellter") konkretisiert die Judikatur nach den Einzelfallumständen und der Verkehrssitte.

Ein AN **schuldet** seinem AG – anders als Werkunternehmer – **keinen konkreten Erfolg,** sondern nur eine Arbeitsleistung, die einem durchschnittlichen Sorgfaltsmaßstab entspricht. AN sind also zu **sorgfältiger Arbeitsverrichtung** verpflichtet.

Beim praktischen Arbeitseinsatz werden die **Leistungspflichten** des AN üblicherweise durch **Weisungen des AG** bzw von Vorgesetzten (**einseitige Anordnungen** in Form von Willenserklärungen) näher **konkretisiert.** **123**

Bei der Ausübung des Weisungsrechts sind viele **rechtliche Schranken** zu beachten. Dazu gehören zB **zwingende gesetzliche Vorgaben** (insb Arbeitszeitbeschränkungen, siehe Rz 311 ff), die **guten Sitten** (vgl § 879 ABGB) und die **Fürsorgepflicht** des AG (siehe Rz 142); in betriebsratspflichtigen Betrieben überdies die Mitwirkungs- und Mitbestimmungsrechte des Betriebsrates (siehe Rz 593 ff).

Vor allem dürfen sich Weisungen grundsätzlich nur auf die vom AN **geschuldete Arbeit** beziehen und nur ausnahmsweise die **Privatsphäre** des AN berühren (zB Verbot von Alkoholkonsum für LKW-Lenker in den letzten Stunden vor Tätigkeitsbeginn). Ferner dürfen **Gesundheit** und körperliche Unversehrtheit des AN nicht gefährdet werden; Eingriffe in die Persönlichkeitssphäre des AN sind möglichst zu vermeiden (zB Taschenkontrollen).

2. Entgeltpflicht des Arbeitgebers

2.1. Allgemeines

124 Die Hauptpflicht des AG aus dem Arbeitsverhältnis besteht darin, dem AN das vertraglich **geschuldete Entgelt zu zahlen.** Die Judikatur geht von einem weiten **arbeitsrechtlichen Entgeltbegriff** aus: Entgelt ist die **Gesamtheit der Geld- und Sachleistungen,** die dem AN als **Gegenleistung** für die Arbeitsleistung bzw für die Zurverfügungstellung der Arbeitskraft gewährt werden. Das Entgelt von Angestellten wird **Gehalt,** das von Arbeitern **Lohn** genannt.

§ 49 ASVG beinhaltet eine Sonderregelung des **Entgeltbegriffs für das Sozialversicherungsrecht.** Sozialversicherungsrechtlich wird das Entgelt nur bis zu einer Höchstgrenze (**Höchstbeitragsgrundlage;** Werte für das Jahr 2024: für laufendes Entgelt € 6.060,– monatlich, für Sonderzahlungen € 12.120,– jährlich) berücksichtigt. Daher sind vom AG und vom AN Beiträge zur Sozialversicherung nur bis zu diesen Obergrenzen zu entrichten. Die **Beitragsabfuhr** an den zuständigen Krankenversicherungsträger obliegt dem AG (siehe Rz 96).

125 Die **Höhe des Entgelts** wird in der Praxis vor allem durch **(Arbeits-)Vertrag** und/oder durch **Kollektivvertrag** (KollV, siehe Rz 515 ff) bestimmt. Insb folgende Grundsätze sind dabei zu beachten:

- Kollektivvertraglich festgelegte **Mindestentgelte** dürfen von den Arbeitsvertragsparteien **nicht unterschritten** werden: Die AN haben daher jedenfalls Anspruch auf die in den einschlägigen KollV vorgesehenen Mindestlöhne (Arbeiter) bzw Mindestgehälter (Angestellte).
- Bei privatrechtlichen Arbeitsverhältnissen bilden **gesetzliche Entgeltregelungen** – anders als im öffentlichen Dienst – die **Ausnahme** (zB Überstundenzuschlag). Für bestimmte Branchen werden per **Verordnung** sog Mindestlohntarife festgelegt, siehe Rz 544 f. Es gibt aber keinen gesetzlichen Mindestlohn.
- Ist das Entgelt weder durch Einzelvertrag noch durch KollV geregelt, und ist auch nicht Unentgeltlichkeit vereinbart, gebührt dem AN ein **angemessenes Entgelt** (vgl § 1152 ABGB, § 6 AngG).
- **Betriebsvereinbarungen** (BV, siehe Rz 602 ff) dürfen hingegen **nur** solche **speziellen Entgeltregelungen** beinhalten, zu deren Festlegung sie entweder durch Gesetz oder durch einen KollV berechtigt sind. Dies gilt zB für besondere **leistungsbezogene Entgeltformen** (zB Akkordlohn; siehe dazu in Rz 129, 607), für **Betriebspensionen** (siehe dazu Rz 465), Gewinnbeteiligungen sowie leistungsbezogene Prämien uÄ (siehe dazu Rz 614), Jubiläumszahlungen oder für **Abrechnungs- und Auszahlungsmodalitäten** (zB bargeldlose Zahlung).

126 Die **Fälligkeit** des Entgelts darf vertraglich vereinbart werden. Bei **Angestellten** sind dabei aber die einseitig zwingenden Regelungen in § 15 AngG zu beachten, demnach die Zahlung des Gehalts spätestens am Fünfzehnten und Letzten eines jeden Monats in zwei annähernd gleichen Beträgen zu erfolgen hat. Die vertragliche Festlegung des Monatsendes als Fälligkeitszeitpunkt ist aber zulässig und in der Praxis auch üblich. Bei **Arbeitern** regeln die KollV idR die Fälligkeit des Entgelts. Findet sich keine kollv Regelung und ist im Arbeitsvertrag nichts geregelt, ist das Entgelt grds nach Leistung der Dienste

zu entrichten (idR am Schluss eines jeden Kalendermonats oder einer jeden Kalenderwoche). In jedem Fall wird das Entgelt mit Beendigung des Dienstverhältnisses fällig (§ 1154 ABGB; zur Fälligkeit ausführlich Rz 290). Dem AN ist bei Fälligkeit – schriftlich oder elektronisch – eine übersichtliche, nachvollziehbare und vollständige **Abrechnung** von Entgelt- und Aufwandsentschädigung zu übermitteln (§ 2f Abs 1 AVRAG).

Eine Entlohnung unter dem nach Gesetz, Verordnung oder KollV gebührenden Entgelt ist unzulässig und steht als **„Lohn- und Sozialdumping"** unter Strafsanktion (vgl Rz 664a). **126a**

Praxistipp: Um bei der weithin üblichen **bargeldlosen Entgeltzahlung** nicht in Zahlungsverzug zu geraten, muss der AG nach der arbeitsgerichtlichen Rsp – anders als im allgemeinen bürgerlichen Recht – dafür sorgen, dass das Arbeitsentgelt **so rechtzeitig** auf das Bankkonto des AN **eingezahlt** wird, dass es zum Fälligkeitstermin für den AN bereits **verfügbar** ist. Widrigenfalls kann ein **Austrittsgrund** vorliegen (siehe Rz 403).

Ebenfalls aus der Judikatur ergibt sich, dass der AG irrtümlich zu viel bezahltes Entgelt nicht zurückfordern kann, wenn der AN diesen Betrag bereits **gutgläubig verbraucht** hat (vgl Rz 259).

Hinsichtlich Arbeitslöhnen in der **Bauwirtschaft** gibt es ein steuerrechtliches **Barzahlungsverbot** (vgl näher § 48 EStG, zur Strafhöhe § 51 FinStrG); strafbar sind AG und AN.

Die Entgeltansprüche unterliegen **Verjährungs- und Verfallsbestimmungen.** Verjährung und Verfall führen zu einem **Rechtsverlust durch Zeitablauf** (siehe dazu Rz 293 ff). **127**

An sich stehen **Arbeits- und Entgeltpflicht** in einem **Austauschverhältnis** („Ohne Arbeit kein Entgelt"). Dieses wird als Synallagma bezeichnet. Der synallagmatische Zusammenhang wird aber insoweit durchbrochen, als dem AN auch für bestimmte Zeiten der Nichtarbeit wie **zB bei Krankheit oder Urlaub** nach dem Gesetz Entgelt gebührt (siehe dazu Rz 174 ff, 266 ff). Diese **Entgeltfortzahlung** trotz Unterbleibens der Arbeitsleistung folgt grundsätzlich dem **(fiktiven) Ausfallsprinzip.** Danach soll der AN genau so viel Entgelt erhalten, wie er erhalten hätte, wenn er gearbeitet hätte. Ein Arbeitsausfall soll für den AN daher finanziell weder ein Vorteil noch ein Nachteil sein. Er soll vielmehr sein **regelmäßiges Entgelt** weiter erhalten. **128**

Praxistipp: Grundsätzlich wird beim „regelmäßigen Entgelt" ein **13-Wochen-Zeitraum** zugrunde gelegt. Somit sind auch regelmäßig anfallende Zulagen, Überstundenentgelte usw weiter zu bezahlen, obwohl der AN zB während seines Urlaubs selbstverständlich keine Überstunden leistet. Hinsichtlich der Höhe des fortzuzahlenden Entgelts sind auch die General-KV zum Entgeltbegriff gem § 6 UrlG und gem § 3 EFZG (Rz 514) zu beachten.

2.2. Entgeltformen

In der Praxis gibt es unterschiedliche Entgeltformen: Neben **Geldlohn** (auch geldgleiche Zahlungsmittel: zB Scheck, Wechsel) und **Naturallohn** (zB Kost und Wohnung, verbilligte **129**

Mahlzeiten, Gratisabgabe von Getränken, Privatnutzung des Dienst-Kfz) wird insb nach der Berechnungsart zwischen **Zeitlohn** (dh Berechnung nach Zeitperioden, idR nach Monaten) und **Leistungslohn** (dh Berechnung nach Leistungseinheiten pro Zeiteinheiten; zB Zahl der pro Stunde hergestellten Produktionsstücke) unterschieden. Eine verbreitete Leistungslohnvariante ist der Akkordlohn (zB Einzel- oder Gruppenakkord).

Akkord- und ähnliche **Lohnsysteme** unterliegen wegen **besonderer Gefahren** für die AN (durch Leistungsdruck droht Überlastung) speziellen **rechtlichen Schranken** (insb sieht § 96 Abs 1 Z 4 ArbVG für deren Einführung die Zustimmung des Betriebsrats durch Betriebsvereinbarung vor, vgl Rz 607).

130 In der **Praxis** finden sich neben dem laufenden Entgelt häufig folgende Entgeltformen:

- die **Provision** (eine in Prozenten ausgedrückte Beteiligung des AN am Wert eines von ihm abgeschlossenen oder vermittelten Geschäfts),
- die **Gewinnbeteiligung** (eine Beteiligung des AN am Unternehmensgewinn),
- **Prämien** (besondere Entgeltbestandteile, die vom AG zumeist als zusätzliches Entgelt zB bei besonders gutem Geschäftsgang ausgeschüttet werden),
- die **Sonderzahlungen,** auch Remunerationen genannt: Zahlungen, die den AN entweder in längeren **periodischen Zeiträumen** (wie etwa **Urlaubszuschuss und Weihnachtsremuneration** bei Arbeitern, **13. und 14. Gehalt** bei Angestellten) **oder einmalig** aus besonderem Anlass (wie etwa Jubiläumsgelder) gewährt werden, und
- die **Zulagen** (Entgeltbestandteile, die besondere „Arbeitserschwernisse" abgelten: zB Schmutz- oder Gefahrenzulagen, Zuschläge für Überstunden, Sonn- und Feiertagsarbeit).
- Auch **Trinkgelder,** die AN für ihre Tätigkeit von Dritten in Empfang nehmen dürfen, sind arbeits- und sozialversicherungsrechtlich betrachtet grundsätzlich Entgelt.

131 **Besondere Entgeltformen** sind die **Abfertigung** und die **Betriebspension,** die grundsätzlich mit der Beendigung des Arbeitsverhältnisses fällig werden (siehe Rz 460, 462, 465).

132 **Hinweis: 13. und 14. Gehalt** für Angestellte bzw **Urlaubs- und Weihnachtsgeld** bei Arbeitern sind in Österreich weit verbreitet, gleichwohl als AN-Ansprüche **nicht gesetzlich vorgesehen.** Ihre Rechtsgrundlage ist vielmehr in zahlreichen KollV zu finden. Fehlt eine solche Regelung im konkreten Fall und wurde auch im Arbeitsvertrag nichts vereinbart, so gebührt jährlich eine Zahlung von nur 12 Monatsgehältern/-löhnen.

133 Auch **„freiwillig" geleistete Zahlungen** des AG zählen grundsätzlich zum **Entgelt** (auch sozialversicherungsrechtlich und lohnsteuerrechtlich gesehen), sofern sie nicht als **betriebliche Sozialleistungen mit entgeltfernem Charakter** anzusehen sind (zB Betriebskindergarten, Betriebssportmöglichkeiten). Werden sie mehrmals geleistet, können sie **kraft betrieblicher Übung** uU sogar zu einem entsprechenden **Entgeltanspruch** des AN für die Zukunft führen (siehe Rz 276).

134 Vom Entgelt sind **Aufwandsentschädigungen** zu unterscheiden. Dadurch wird ein tatsächlicher arbeitsbedingter **Mehraufwand** des AN **abgegolten** (zB Ersatz von Nächtigungskosten, Kilometergeld für die betriebliche Nutzung des Privat-Kfz des AN). Im Falle überhöhter, „unechter" Aufwandsentschädigungen (zB eine die tatsächlichen Aufwendungen stark überschreitende Spesenpauschale) ist der Differenzbetrag zum tatsächlichen Aufwand zum arbeitsrechtlichen Entgelt zu zählen. Im Steuer- und Sozialversicherungsrecht gibt es hingegen Höchstgrenzen, bei deren Überschreitung ein vom AG gewährter Aufwandersatz jedenfalls zum steuer- bzw beitragspflichtigen Entgelt zählt (siehe Rz 96, 111 ff).

Praxistipp: Eine **Entgeltvereinbarung** ist idR als **Brutto-Vereinbarung** zu verstehen (dh Netto-Auszahlungsbetrag plus Lohnsteuer, AN-Beiträge zur Sozialversicherung und sonstige von AN zu tragende Abzüge). Netto-Vereinbarungen sind zwar möglich, aber für den AG wegen des Risikos allfälliger Steuer- oder Beitragserhöhungen nicht zu empfehlen. Zu **Pauschalentgeltvereinbarungen** (zB All-in-Vertrag) vgl Rz 330. 135

II. Arbeitsvertragliche Nebenpflichten

Neben den Hauptleistungspflichten (Arbeits- und Entgeltpflicht) **treffen beide Arbeitsvertragsparteien** auch **Nebenpflichten** aus dem Arbeitsvertrag. Die grundlegende arbeitsvertragliche Nebenpflicht des AN wird als **Treuepflicht** bezeichnet. Dieser steht die **Fürsorgepflicht** des AG gegenüber. 136

Diese Interessenwahrungspflichten werden aus dem allgemeinen **Vertragsrecht (Aufklärungs-, Schutz- und Sorgfaltspflichten)** und aus **arbeitsrechtlichen Spezialvorschriften** abgeleitet. Sie bedeuten, dass die Arbeitsvertragsparteien bei der Wahrnehmung ihrer Rechte und Pflichten aus dem Vertrag die **berechtigten Interessen der jeweils anderen Seite zu berücksichtigen** haben (zB Bedachtnahme des AG auf gesundheitliche Probleme eines AN bei der Zuweisung konkreter Arbeiten; Rücksichtnahme der Beschäftigten auf eine betriebliche Notsituation – etwa im Gefolge von Naturkatastrophen).

Ein Verstoß gegen diese Nebenpflichten kann einen **Entlassungs- oder Austrittsgrund** darstellen (siehe Rz 388 ff).

1. Treuepflicht

Die Treuepflicht stellt eine **Pflicht der AN zur Achtung berechtigter Interessen des AG** dar. Die AN, denen ja Einblick in das Betriebsgeschehen gewährt wird, dürfen daher nichts unternehmen, was den Belangen des Betriebes und berechtigten AG-Interessen abträglich ist. Man kann die Treuepflicht daher auch als **Pflicht zur dienstlichen Korrektheit** bezeichnen. 137

Die **Intensität** der Treuepflicht ist unterschiedlich. Besonders **hohe Anforderungen** bestehen im **öffentlichen Dienst,** bei **leitenden Angestellten** und für AN in **Vertrauensstellungen** (zB Bankkassier). Die Treuepflicht erstreckt sich auch auf **außerdienstliches Verhalten** (zB Verbot der Weitergabe von Betriebsgeheimnissen; abträgliche Nebenbeschäftigung) und auf das **Verhältnis zwischen den Arbeitskollegen,** die zu Verträglichkeit verpflichtet sind (vgl § 76 GewO 1859). 138

Aus der Treuepflicht ergeben sich konkrete **Unterlassungs- und Handlungspflichten** des AN:

1.1. Unterlassungspflichten

139 Im Einzelnen leitet die Judikatur aus der Treuepflicht vorwiegend Unterlassungspflichten des AN ab. Dazu gehört vor allem die Pflicht,

- **Betriebsgeheimnisse** (zB technische Produktions- oder Fertigungsverfahren, Musterkollektionen) oder **Geschäftsgeheimnisse** (zB Kundenlisten, Umsatzziffern oder geschäftliche Planungen) nicht zu verraten. Damit dieser Geheimnisschutz besteht, muss es sich dabei um Tatsachen handeln, die nur einem **begrenzten Personenkreis zugänglich** sind **und** an deren **Geheimhaltung** der AG ein auch für den AN erkennbares, **objektiv feststellbares wirtschaftliches Interesse** hat. Die Verletzung von Geschäfts- und Betriebsgeheimnissen kann zivilrechtliche (zB Schadenersatz) und **strafrechtliche Konsequenzen** nach sich ziehen (§ 123 StGB, §§ 11, 26a–26j UWG). AN haben außerdem – auch über die Beendigung des Arbeitsverhältnisses hinaus – das Datengeheimnis zu bewahren (§ 6 DSG).

Daneben verletzt ein AN seine Treuepflicht insb dann, wenn er

- im Zusammenhang mit seinem Beschäftigungsverhältnis **Schmiergeld** oder sonstige unberechtigte Vorteile annimmt (dies kann auch als Geschenkannahme bzw Bestechung strafrechtlich verfolgt werden; § 309 StGB; §10 UWG),
- seinen AG **„anschwärzt"** (dh, zB in der Öffentlichkeit unwahre oder unter Umständen auch wahre Behauptungen zu Lasten des Betriebes aufstellt oder Produkte bei Geschäftspartnern in schlechtem Licht erscheinen lässt),
- eine seiner dienstlichen Verwendung **abträgliche Nebenbeschäftigung** ausübt (zB Pfuscharbeiten, Tätigkeiten, die wegen Übermüdung die Arbeitsfähigkeit beeinträchtigen) oder
- dem AG in verbotener Weise **Konkurrenz** macht (Konkurrenzverbot).

140 Dem **Konkurrenz- oder Wettbewerbsverbot** kommt vor allem im **Angestelltenrecht** (siehe Rz 40 ff) große praktische Bedeutung zu. Nach **§ 7 Abs 1 AngG** dürfen Angestellte ohne Bewilligung des AG weder ein **selbständiges kaufmännisches Unternehmen** betreiben (reine Kapitalbeteiligungen fallen nicht darunter) noch im **Geschäftszweig des AG für eigene oder fremde Rechnung Handelsgeschäfte** (zB Kauf oder Anschaffung von Waren zum Zweck der Weiterveräußerung) machen.

Dies trifft aber nur auf **Angestellte bei einem Kaufmann gem § 1 AngG** zu (beachte: Kaufmann iSd alten HGB und nicht nach UGB), nicht aber auf Angestellte bei einem gleichgestellten AG iSd § 2 AngG (zB nichtkaufmännischer Gewerbebetrieb oder Rechtsanwalt). Ein Wettbewerbsverbot besteht auch für Angestellte bei Zivilingenieuren und Wirtschaftstreuhändern.

Bei **Arbeitern** (siehe Rz 44) steht im Vordergrund, dass **Nebengeschäfte und -betätigungen,** zu denen der AG keine Zustimmung erteilt hat und die sich auf das Beschäftigungsverhältnis nachteilig auswirken (zB „Pfuschen"), zu unterlassen sind. Dies kann aus dem Entlassungsrecht (vgl § 82 lit e GewO 1859, dazu Rz 396) abgeleitet werden.

Das Konkurrenzverbot ist **nicht zu verwechseln mit der** zu vereinbarenden und erst *nach* Vertragsbeendigung geltenden sog **Konkurrenzklausel** (Wettbewerbsabrede, dazu näher Rz 246 ff).

Praxistipp: Die Treuepflicht des AN endet grundsätzlich mit **Beendigung** des Arbeitsverhältnisses. Will der AG den AN auch nach Ende des Arbeitsverhältnisses weiterhin an bestimmte Treuepflichten binden, muss er dies mit ihm ausdrücklich vereinbaren (zB nachvertragliche Geheimhaltungspflichten, Konkurrenzklausel).

Unabhängig von der arbeitsrechtlichen Treuepflicht hat der AN auch die strafrechtlichen Verbote der Geschenkannahme und Bestechung von Bediensteten (vgl § 309 StGB) zu beachten.

1.2. Handlungspflichten

Aus der Treuepflicht können sich neben Unterlassungspflichten auch einige **positive Handlungspflichten des AN** ergeben. 141

- Praktisch bedeutsam ist vor allem die **Anzeigepflicht.** Danach hat der AN dem AG oder Vorgesetzten **Störungen in den Arbeitsabläufen** bzw **Störfälle im Betrieb** zu melden, um weiteren Schaden an Menschen, Geräten oder Materialien abzuwenden.

Nur unter besonderen Umständen (zB in betrieblichen Notsituationen – etwa nach Naturkatastrophen) trifft die AN im Rahmen der Verhältnismäßigkeit

- eine **Mehrarbeitspflicht** (zu Tätigkeiten für den Betrieb **über die vereinbarte Zeit hinaus,** § 20 AZG) und/oder

  Beispiel: *Umgehende Verarbeitung von Rohstoffen, die wegen Transportproblemen in leicht verderblichem Zustand geliefert wurden.*

- eine **Notarbeitspflicht** (zur Ausübung **ihrer Art nach vertraglich nicht geschuldeter Tätigkeiten**).

  Beispiel: *Bei Gefahr der Überflutung des Betriebes kann auch von den Angestellten erwartet werden, dass diese zum Schutz Sandsäcke befüllen und diese aufschichten. Der AG muss aber darauf achten, wem diese Arbeiten (körperlich) zumutbar sind.*

2. Fürsorgepflicht

Die vielfältigen **Schutzpflichten** des AG im Rahmen des Arbeitsverhältnisses werden unter dem Oberbegriff **Fürsorgepflicht** zusammengefasst. Diese ist im Gesetz – zB in § 1157 ABGB und in § 18 AngG – ausdrücklich geregelt. Danach hat der AG die **Arbeitsbedingungen so zu gestalten,** dass **Leben und Gesundheit der AN** möglichst gut **geschützt** sind, und dass auch auf andere **berücksichtigungswürdige immaterielle und materielle Interessen** der AN (zB auf familiäre Belange) angemessen **Bedacht genommen** wird. 142

Aus der Fürsorgepflicht lässt sich auch die Verpflichtung des AG zur **Ergreifung von Arbeitsschutzmaßnahmen** ableiten, die aber weitgehend durch die öffentlich-rechtlichen Arbeitsschutzvorschriften (siehe Rz 301 ff) normiert sind. Nicht ausdrücklich geregelt ist hingegen das **Mobbing,** das der AG aufgrund der Fürsorgepflicht nicht dulden darf. Abhilfemaßnahmen sind zB Schlichtungsgespräche, Versetzung oder Entlassung des Mobbers. 143

Überblick: Arbeitsvertragliche Haupt- und Nebenpflichten

	Hauptpflicht	Nebenpflicht
Arbeitgeber	Entgeltpflicht	Fürsorgepflicht
Arbeitnehmer	Arbeitspflicht	Treuepflicht

III. „ABC" arbeitsrechtlicher Sonderregelungen

144 Im folgenden Abschnitt wird in einem **„arbeitsrechtlichen ABC"** ein Kurzüberblick über einige ausgewählte **Sonderregelungen** gegeben, die für Arbeitsverhältnisse charakteristisch sind und denen **in der Praxis besondere Bedeutung** zukommt.

„A" wie Arbeitskräfteüberlassung

145 Arbeitskräfteüberlassung (umgangssprachlich „Personalleasing", „Zeitarbeit" oder „Leiharbeit" genannt) liegt vor, wenn der AG **(Überlasser)** den AN **(überlassene Arbeitskraft)** einem Dritten **(Beschäftiger)** zur Arbeit überlässt, damit dieser den AN in seinem Unternehmen und für seine Zwecke einsetzen kann.

Rechtliche Besonderheiten ergeben sich vor allem aus dem bei Arbeitskräfteüberlassung bestehenden **Dreiecksverhältnis.** Dieses zeigt das folgende Schaubild:

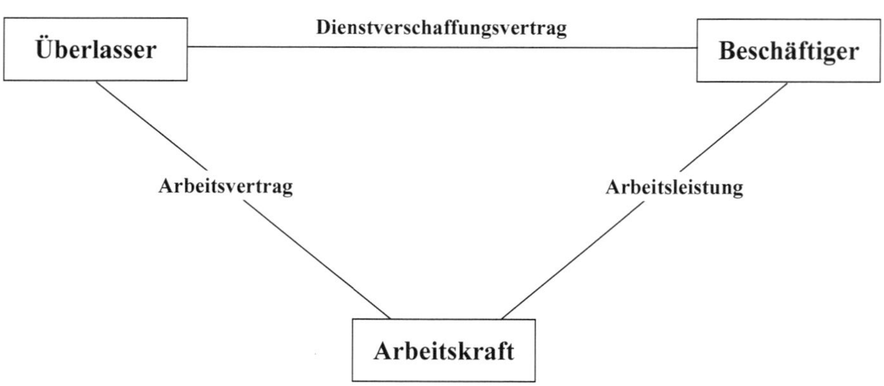

Zwischen **Überlasser und Arbeitskraft** besteht ein Arbeitsvertrag (oder ein arbeitnehmerähnliches Verhältnis, siehe dazu Rz 31 ff), **zwischen Überlasser und Beschäftiger** ein sog **Dienstverschaffungsvertrag:** Mit letzterem verpflichtet sich der Überlasser, dem Beschäftiger eine Arbeitskraft für bestimmte Zeit zur Verfügung zu stellen. Zwischen Arbeitskraft und Beschäftiger liegt hingegen kein Rechtsverhältnis vor. Diese sind lediglich durch das faktische Tätigwerden der überlassenen Arbeitskraft im Beschäftigerbetrieb verbunden.

Einschlägige Rechtsgrundlage ist das **Arbeitskräfteüberlassungsgesetz (AÜG).** Dessen Hauptzweck liegt im Schutz der überlassenen Arbeitskräfte und in der Vermeidung nachteiliger Entwicklungen durch die „Leiharbeit" auf dem Arbeitsmarkt. Grundvoraussetzung für jede rechtmäßige Überlassung ist die **Zustimmung** der Arbeitskraft zur Überlassung. **146**

Bei der Arbeitskräfteüberlassung kommt es zu einer **„Aufspaltung" der Arbeitgeberpflichten** zwischen Überlasser und Beschäftiger. Daher hat die überlassene Arbeitskraft zB (auch) **Weisungen** des Beschäftigers zu befolgen. Pflichten aus dem **Arbeitnehmerschutzrecht** (technischer Arbeitnehmerschutz und Verwendungsschutz, siehe Rz 303, 307) treffen Überlasser und Beschäftiger. Auch der Beschäftiger hat die **Fürsorgepflicht** (siehe Rz 142 f) sowie die für vergleichbare AN seiner Stammbelegschaft geltenden Gleichbehandlungsvorschriften und **Diskriminierungsverbote** (Rz 226 ff) zu wahren. **Haftungsbeschränkungen** nach dem Dienstnehmerhaftpflichtgesetz (DNHG, siehe Rz 165 ff) sowie das Dienstgeber-Haftungsprivileg (§ 333 ASVG, dazu Rz 171) bestehen auch im Verhältnis der überlassenen Arbeitskraft zum Beschäftiger. **147**

Betriebsverfassungsrechtlich ist im ArbVG eine **Information des Betriebsrates** im Beschäftigerbetrieb über eine Arbeitskräfteüberlassung vorgesehen. Außerdem kann eine **Betriebsvereinbarung** (BV) nach § 97 Abs 1 Z 1a ArbVG abgeschlossen werden, die Grundsätze der betrieblichen Beschäftigung von überlassenen AN beinhaltet. Nach aktueller Judikatur zählt die überlassene Arbeitskraft betriebsverfassungrechtlich bereits vom Beginn der Überlassung an auch zur Belegschaft des Beschäftigerbetriebes und besitzt daher das **aktive** und ab einer Überlassungsdauer von sechs Monaten auch das **passive BR-Wahlrecht** in beiden Betrieben. **148**

Besondere Voraussetzungen gelten nach dem AÜG für die – in der Praxis hauptsächlich auftretende – **gewerbsmäßige Überlassung** von Arbeitskräften, also wenn der Überlasser mit der (regelmäßigen) Zurverfügungstellung von Arbeitskräften einen Erwerbszweck verfolgt. **149**

Die Überlassungstätigkeit bedarf als reglementiertes Gewerbe der **Genehmigung der Gewerbebehörde** (vgl § 135 GewO 1994). Dabei ist auch die **gleichzeitige Ausübung** der Gewerbe der **Arbeitsvermittlung** (siehe Rz 67) und der **Arbeitskräfteüberlassung** gesetzlich **erlaubt.**

Der gewerbliche Überlasser hat dem AN einen **Dienstzettel** (siehe Rz 86) auszufolgen, in dem wichtige Fragen (zB die voraussichtliche Art der Arbeitsleistung, Entgelt, Urlaub, Kündigungsfristen) anzuführen sind. Vor jeder konkreten Überlassung ist dem AN in Form einer sog **Überlassungsmitteilung** insb die voraussichtliche Arbeitszeit und das Entgelt während des Überlassungseinsatzes sowie – bei mindestens dreimonatiger Überlassung – deren voraussichtliches Ende spätestens 14 Tage zuvor mitzuteilen. Daneben bestehen zT umfangreiche Melde- und Informationspflichten des Überlassers gegenüber öffentlichen Stellen (zB §§ 13, 17 AÜG) sowie des Beschäftigers gegenüber dem Überlasser (§ 12a AÜG) und der Arbeitskraft (§ 12 Abs 4 AÜG). Grundsätzliches Ziel des AÜG ist es, den überlassenen Arbeitskräften annähernd dieselben Arbeitsbedingungen zu gewähren wie vergleichbaren AN im Betrieb des Beschäftigers (insb hinsichtlich Entgelt, Arbeitszeit und Urlaub sowie Zugang zu Wohlfahrtseinrichtungen und -maßnahmen wie zB Gemeinschaftsverpflegung, Beförderungsmittel und Kinderbetreuungseinrichtungen).

Durch einen eigenen **Sozial- und Weiterbildungsfonds** werden AN von Überlasserbetrieben während des aufrechten Dienstverhältnisses sowie in der Arbeitslosigkeit durch Zuschüsse oder Finanzierung von Weiterbildungsmaßnahmen unterstützt. Auch Überlasserunternehmen können Leistungen erhalten. Finanziert wird der Fonds durch die von den Überlassern an die ÖGK abzuführenden Beiträge in der Höhe von 0,35% von der SV-Beitragsgrundlage (siehe Rz 96).

Sonderregeln zur **grenzüberschreitenden Arbeitskräfteüberlassung** finden sich insb in den §§ 12, 16, 16a AÜG sowie § 6 LSD-BG und in § 18 Abs 12 AuslBG.

Hinweis: Der **Arbeitskräfteüberlassungs-KollV** gilt nur für die **gewerbliche** Arbeitskräfteüberlassung und überdies **nur für Arbeiter.** Er verweist in wesentlichen Bereichen, zB im Hinblick auf Arbeitszeiten und Entgelt, auf den KollV für das Metallgewerbe. Gewerblich überlassene **Angestellte** fallen unter den KollV für Angestellte im Gewerbe und Handwerk und in der Dienstleistung.

„B" wie Betriebsübergang

150 Ein **Betriebsübergang** im Sinne von § 3 AVRAG liegt vor, wenn eine auf Dauer angelegte **wirtschaftliche Einheit unter Wahrung ihrer Identität auf einen neuen Inhaber übergeht:** Ein Betrieb, Betriebsteil oder Unternehmen wird beispielsweise veräußert oder verpachtet und vom neuen Inhaber unverändert weiter geführt (zu den Begriffen „Betrieb" und „Unternehmen" siehe Rz 557 ff, 564). Auf den Rechtsgrund des Überganges kommt es nicht an. Betriebsübergänge aufgrund eines **Konkurses des Veräußerers** (und in dessen Sanierungsverfahren ohne Eigenverwaltung iSd IO) sind **ausgenommen.**

Hinweis: Erfasst sind steuerrechtliche Einbringungen ebenso wie gesellschaftsrechtlich geregelte Vorgänge, zB Verschmelzung, Umwandlung, Auf- oder Abspaltung, ferner Betriebs- oder Unternehmenspacht uva. Unerheblich ist, ob der Übergang durch Einzelrechtsnachfolge (zB Kaufvertrag, „asset deal") oder Gesamtrechtsnachfolge (zB Erbschaft), ob entgeltlich oder unentgeltlich erfolgt.

Keinen Betriebsübergang stellen hingegen **Anteilsveräußerungen** (sog „share deal") und die bloße **Funktionsnachfolge** (zB die Auslagerung der Betriebsfunktion „Reinigung", ohne dass dabei auch die Betriebsmittel an einen Dritten übertragen werden) dar.

151 Die wesentliche **Rechtsfolge** besteht darin, dass **der Erwerber** als AG mit allen Rechten und Pflichten in die im Zeitpunkt des Überganges **bestehenden Arbeitsverträge eintritt.** Wird zB ein Unternehmen veräußert, **gehen die Arbeitsverhältnisse** der darin beschäftigten AN **automatisch** und zwar kraft Gesetzes unverändert **auf den Erwerber mit über.** Beim Veräußerer erbrachte Dienstzeiten der AN gelten als Dienstzeiten beim Erwerber. Einschlägige Rechtsgrundlage ist das **Arbeitsvertragsrechts-Anpassungsgesetz** (vgl **§§ 3 ff AVRAG**).

Beispiel: *Ein Betrieb geht am 1. 1. 2002 von A auf B über. Die Arbeitnehmerin C ist zu diesem Zeitpunkt bereits 10 Jahre im Betrieb von A beschäftigt gewesen. Kündigt nun B als neuer Arbeitgeber die C am 1. 1. 2021, so wird dem Abfertigungsanspruch der C eine 29-jährige und nicht bloß eine 19-jährige Dienstzeit zugrunde gelegt. B hat ihr also das zwölffache Monatsentgelt zu zahlen (vgl zum Abfertigungsanspruch „alt" im Einzelnen Rz 460).*

152 Eine **Zustimmung des AN** zum Betriebsübergang ist **nicht erforderlich**, der AN kann den Übergang grundsätzlich auch **nicht verhindern.** Das Gesetz sieht aber **besondere Schutzvorschriften für AN** beim Betriebsübergang vor (zB spezielle Haftungsregelungen, ein Sonderkündigungsrecht, Widerspruchsrechte), damit von ihnen keine wesentliche Verschlechterung der Arbeitsbedingungen hingenommen werden muss. **Kündigungen** wegen eines Betriebsüberganges (zB weil der Erwerber ohne oder mit anderen AN den Betrieb fortführen will) sind **nichtig** (näher Rz 385).

Mit dem Betriebsübergang sind ua folgende **Rechtsfolgen** verbunden:

- Im Bereich der **Haftung** gilt grundsätzlich, dass der Veräußerer und der Erwerber für zum Zeitpunkt des Betriebsüberganges bereits entstandene, nicht beglichene AN-Forderungen „zur gesamten Hand" haften, dh auch der Betriebserwerber kann zur (vollen) Haftung herangezogen werden. In diesem Falle ist zwar ein Rückforderungsanspruch gegenüber dem Veräußerer denkbar, dieser richtet sich aber nach dem konkreten Rechtsverhältnis zwischen dem Erwerber und dem Veräußerer, sollte also vertraglich geregelt werden. Für erst *nach* dem Betriebsübergang entstehende **Abfertigungs- und Betriebspensionsforderungen** gilt eine betragsmäßig (auf die den beim Veräußerer angefallenen Dienstzeiten entsprechenden Beträge) sowie eine zeitlich (auf fünf Jahre) beschränkte Haftung des Veräußerers. Falls der Veräußerer Rückstellungen für diese Verbindlichkeiten an den Erwerber übertragen haben sollte, so vermindert sich die Veräußererhaftung nochmals entsprechend (§ 6 Abs 2 AVRAG). Neben dieser komplizierten Sonderregelung gelten auch die anderen (insb zivil- und handelsrechtlichen) Haftungsnormen weiter.
- Nur ausnahmsweise haben betroffene AN ein **Widerspruchsrecht,** mit dem sie den Übergang ihrer Arbeitsverhältnisse verhindern können. Dies ist der Fall, wenn der AG einen bestehenden kollektivvertraglichen Kündigungs-/Entlassungsschutz oder – in bestimmten Fällen – eine Betriebspensionszusage des Veräußerers zu übernehmen nicht bereit ist. Das Widerspruchsrecht ist auf einen Monat befristet.
- Der BR und, wenn kein solcher besteht, die betroffenen AN sind vom Betriebsübergang im Vorhinein schriftlich zu **informieren** (§ 108 Abs 2a ArbVG; § 3a AVRAG).

153 Geht ein Betrieb oder Betriebsteil auf einen neuen Betriebsinhaber über, kann es außerdem zu einem **Kollektivvertragswechsel** kommen, sofern der Erwerber einem anderen KollV unterliegt. Dabei kann es für den AN zu ungünstigeren Arbeitsbedingungen kommen. Um in diesem Fall Nachteile für die AN abzumildern, darf das kollektivvertragliche Entgelt des alten KollV nicht geschmälert werden (sog **Entgeltschutz**). Enthält der alte KollV einen Bestandschutz (zB eine Kündigungsbeschränkung), gilt dieser in bestimmten Fällen weiter (§ 4 Abs 2 AVRAG).

154 Zu den Auswirkungen des Betriebsüberganges auf den Bestand eines **BR** siehe Rz 584. Zu den Auswirkungen auf die Geltung einer **BV** siehe unter Rz 622 ff und 631.

155 Ist infolge des Betriebsüberganges ein anderer KollV oder eine andere BV anzuwenden, aus dem bzw der sich eine wesentliche Verschlechterung der Arbeitsbedingungen ergibt, so haben die AN ein sog **Sonderkündigungsrecht:** Wenn der AN innerhalb eines Monats kündigt, wird diese Kündigung wie eine – für den AN günstigere – AG-Kündigung behandelt.

156 **Praxistipp:** Durch einen Betriebsübergang erwachsen dem Erwerber erst in der Zukunft fällig werdende, mitunter hohe **AN-Forderungen,** zB Abfertigungs- und Betriebspensionsforderungen. Diese sollten bei käuflichem (oder sonst entgeltlichem) Erwerb **einkalkuliert** werden, wirken sich also idR kaufpreismindernd aus.

„C" wie Computersysteme am Arbeitsplatz

157 Der **Einsatz von Computern mit Internet- und E-Mail-Funktion** am Arbeitsplatz ist heute in den meisten Bereichen ebenso selbstverständlich wie die Verwendung **sonstiger computergesteuerter Systeme** (zB elektronische Telefonanlagen, Mobiltelefone, Überwachungskameras, GPS- bzw Tracking-Systeme, elektronische bzw biometrische Zugangs- oder Kontrollsysteme udgl).

Der Einsatz dieser Mittel erleichtert zwar in der Regel die tägliche Arbeit, birgt aber auch die Gefahr in sich, dass AN durch die Aufzeichnung und Auswertung der bei diesen Systemen anfallenden Daten **überwacht** werden. Besonders problematisch ist diese Überwachung dann, wenn der AG wegen der Privatnutzung der Systeme auch Kenntnis von privaten Daten des AN bekommt (zB Liebes-E-Mail an eine Kollegin, Download pornografischer Bilder). Die so gewonnenen Daten könnten dann zB für personalpolitische Maßnahmen eingesetzt werden (zB „Wer zu viel im Internet surft, wird gekündigt").

In der Praxis stellt sich daher vor allem die Frage, inwieweit ein vom AG zur Verfügung gestellter Computer (wozu insb auch Smartphones gehören) überhaupt für **private Zwecke** (zB privates „Surfen" im Internet, Social Media-Nutzung, Download von Musik- bzw Bildfiles, Versenden privater E-Mails) genutzt werden darf, und inwieweit der AG dabei die Nutzung seiner Gerätschaften und Systeme **kontrollieren** darf.

1. Zulässigkeit privater Internet- und E-Mail-Nutzung

158 Zur Frage, inwieweit AN die betrieblichen **Internet- bzw E-Mail-Systeme auch für private Zwecke** benützen dürfen, gibt es weder eine gesetzliche Regelung noch liegt eine entsprechende Rsp vor. Es ist aber davon auszugehen, dass die von der Rsp herausgearbeiteten Grundsätze zum Privattelefonieren mit dem vom AG zur Verfügung gestellten Telefon auch auf die Internet- und E-Mail-Nutzung heranzuziehen sind. Demnach gilt Folgendes:

- **AG hat die Internet- und E-Mail-Nutzung nicht geregelt:** In diesem Fall darf der AN die Systeme während und außerhalb der Arbeitszeit in einem geringfügigen Ausmaß auch für private Zwecke nutzen, wenn dadurch keine Dienstpflichten verletzt oder keine sonstigen verbotenen und/oder den AG schädigenden Handlungen gesetzt werden.
- **AG hat ein Nutzungsreglement erlassen, bei dem die Privatnutzung unter bestimmten Voraussetzungen erlaubt ist:** In diesem Fall hat sich der AN an die Vorgaben des AG zu halten. Ein Verstoß kann einen Entlassungsgrund darstellen.
- **AG hat ein Nutzungsverbot ausgesprochen:** Der AN darf das Internet- und E-Mail-System grundsätzlich nicht privat nutzen. Nur in Notfällen (zB um einen Arzttermin

zu verschieben) ist ausnahmsweise eine kurze Nutzung erlaubt, wenn eine Kommunikation mit der „Außenwelt" nicht anders möglich ist (zB weil beim privaten Smartphone der Akku leer ist).

Praxistipp: Um Unklarheiten über Art und Umfang der zulässigen Internet- und E-Mail-Nutzung zu vermeiden, soll der AG jedenfalls ein entsprechendes **Nutzungsreglement** erlassen. Dies kann entweder durch eine einseitige Dienstanweisung erfolgen oder es ist – was aufgrund der wahrscheinlichen Mitwirkungsrechte des BR sinnvoll, wenn nicht sogar notwendig ist – eine entsprechende **Betriebsvereinbarung** abzuschließen.

2. Kontrolle der Nutzung

Aus arbeitsrechtlicher Sicht ist weder die Aufzeichnung bzw Speicherung noch die Verwendung von **personenbezogenen Arbeitnehmerdaten** durch den AG uneingeschränkt zulässig. Zwar sind Kontrollen im Arbeitsverhältnis grundsätzlich erlaubt und notwendig (siehe Rz 13), haben aber dort ihre Grenze, wo sie zu stark bzw **ohne sachliche Rechtfertigung** in die **Persönlichkeitsrechte** eines AN (§ 16 ABGB) eingreifen. Eine Verletzung dieser Rechte kann den AG nicht nur schadenersatzpflichtig machen, sondern wird aufgrund der Verletzung der Fürsorgepflicht mitunter auch einen Austrittsgrund für den AN darstellen. **159**

Neben der individualrechtlichen Seite ist die **betriebsverfassungsrechtliche Seite** bei der Frage der Zulässigkeit von AG-Kontrollen von besonderer praktischer Relevanz. Demnach ist für die Einführung bzw den Betrieb von **160**

- **Kontrollmaßnahmen und technischen Systemen zur Kontrolle der AN,**
- **die die Menschenwürde** des AN **berühren,**

der **Abschluss einer sog notwendigen Betriebsvereinbarung** zwingend erforderlich (§ 96 Abs 1 Z 3 ArbVG; siehe auch Rz 606 f). Besteht im Betrieb **kein Betriebsrat,** ist die **schriftliche Zustimmung des AN** zu diesen Maßnahmen bzw Systemen einzuholen (§ 10 AVRAG). Wird dies unterlassen, besteht hinsichtlich dieser Anlagen ein **Unterlassungs- und Beseitigungsanspruch,** der gerichtlich durchgesetzt werden kann.

Die **Rsp** wertet beispielsweise elektronische Telefonanlagen mit Rufnummernaufzeichnung, Überwachungskameras, Systeme mit Lokalisierungsfunktion sowie biometrische Zutrittssysteme als zustimmungspflichtige Kontrollmaßnahmen. Hinsichtlich des Internets am Arbeitsplatz liegt noch keine Judikatur vor, jedoch wird in der Lehre vertreten, dass aufgrund der vielfältigen Überwachungsmöglichkeiten in der Regel auch hier eine zustimmungspflichtige Kontrollmaßnahme gegeben sein wird. Dies unabhängig davon, ob auch tatsächlich Kontrollmaßnahmen gesetzt werden. In der Regel reicht die objektive Eignung der Systeme zur Kontrolle.

Kann bei derartigen Systemen zwar nicht die Kontrollintensität für eine Berührung der Menschenwürde erreicht werden, werden aber dennoch **personenbezogene Arbeitnehmerdaten** (mit Ausnahme der allgemeinen Angaben zur Person und den fachlichen Voraussetzungen) **automationsunterstützt ermittelt, verarbeitet bzw übermittelt,** ist in Betrieben mit Betriebsrat eine **notwendig erzwingbare Betriebsvereinbarung** abzuschließen (§ 96a Abs 1 Z 1 ArbVG; siehe auch Rz 608 f). Zu beachten ist aber, dass auch eine durch eine BV gedeckte Datenverarbeitung den Anforderungen des DSG bzw der **161**

DSGVO (siehe Rz 163 f) entsprechen muss. In Betrieben ohne Betriebsrat sind derartige Systeme zustimmungsfrei.

Moderne **Personalinformations- bzw Verwaltungssysteme** wie zB SAP HR, bei denen eine Vielzahl von AN-Daten in einer Datenbank gespeichert und verarbeitet werden, bedürfen in Betrieben mit BR daher regelmäßig einer BV nach § 96a Abs 1 Z 1 ArbVG.

162 **Hinweis:** Kontrollsysteme, die die **Menschenwürde** eines AN nicht nur berühren, sondern sogar **verletzen,** sind **jedenfalls verboten.** Dies ist beispielsweise der Fall, wenn das Telefon eines AN heimlich abgehört wird, ein AN ohne sein Wissen gefilmt wird, die Internet- und E-Mail-Nutzung ohne Zustimmung eines AN mittels Überwachungssoftware vollständig protokolliert und ausgewertet wird. Jedenfalls unzulässig ist auch eine Einsichtnahme in private Daten eines AN, die dieser zulässigerweise zB auf einem PC des AG gespeichert hat oder über den E-Mail-Server des AG versendet oder empfängt. Ein Verstoß gegen dieses Verbot kann für den AG unter Umständen auch **strafrechtliche Konsequenzen** haben.

3. Datenschutzrechtliche Aspekte

163 Abgesehen von der arbeitsrechtlichen Seite hat der AG auch das **Grundrecht auf Datenschutz** zu beachten. Dieses leitet sich aus dem **Datenschutzgesetz (DSG)** sowie der unmittelbar anwendbaren **Datenschutzgrundverordnung (DSGVO)** der EU ab. Datenschutz genießen dabei sowohl der AN als auch allfällige Dritte (zB Kunden, Lieferanten, soweit sie natürliche Personen sind) hinsichtlich ihrer **personenbezogenen Daten,** wenn diese automatisiert verarbeitet oder auch nur in einem nichtautomatisierten Dateisystem gespeichert werden sollen. Es reicht schon aus, wenn die Person identifizierbar ist. Somit ist die DSGVO auch im Zusammenhang mit der Personalführung umfassend zu beachten.

So darf der AG (nach der Terminologie der DSGVO der „Verantwortliche") personenbezogene Daten der AN nur für zulässige, (vorab) festgelegte, eindeutige **Zwecke** ermitteln, speichern, verarbeiten oder weitergeben. Zulässig ist die Verarbeitung ua, wenn der Betroffene (zB AN, Stellenbewerber) seine (jederzeit widerrufliche) **Einwilligung** gegeben hat oder wenn die Verarbeitung zur **Vertragserfüllung** oder zur Erfüllung einer (zB arbeits-)rechtlichen Verpflichtung erforderlich ist (zB Personalverrechnung, Arbeitszeiterfassung), ebenso wenn sie zur Wahrung berechtigter Interessen des Verantwortlichen erforderlich ist, sofern nicht die Schutzinteressen des Betroffenen überwiegen (Art 6 DSGVO).

Die Verarbeitung besonderer Datenkategorien (bisher **„sensible Daten"** genannt, zB ethnische Herkunft, politische Meinung, religiöse oder weltanschauliche Überzeugung, sexuelle Orientierung, Gewerkschaftszugehörigkeit, genetische, biometrische oder Gesundheitsdaten) bedarf der Einwilligung des Betroffenen, es sei denn, sie ist (ua) im Hinblick auf die arbeitsrechtlichen Rechte und Pflichten nötig (Art 9 Abs 2 lit b DSGVO). Dabei sind arbeitsmedizinische Zwecke und die Beurteilung der Arbeitsfähigkeit des Beschäftigten (lit h) ausdrücklich genannt.

Es dürfen nur die tatsächlich notwendigen Daten verarbeitet und gespeichert werden; nicht mehr benötigte Daten sind zu löschen. Die Daten müssen angemessen gegen unbefugte Zugriffe geschützt und bei der Einführung neuer, besonders riskanter Datenverarbeitungssysteme muss eine Folgenabschätzung vorgenommen werden. AG haben grundsätzlich ein

Verzeichnis aller Verarbeitungstätigkeiten zu führen. In bestimmten Unternehmen (Art 37 DSGVO, worunter aber nicht jeder AG fällt) ist ein **Datenschutzbeauftragter** zu bestellen.

Der AG darf außerdem nur mit Auftragsverarbeitern (zB einer **externen Personalverrechnungsstelle**) zusammenarbeiten, die hinreichend Garantien dafür bieten, dass die Verarbeitung im Einklang mit der DSGVO erfolgt. Damit ist auch die – in der Praxis häufige – Übermittlung der gesamten Personaldaten an ausländische Konzernunternehmen in oder außerhalb der EU, etwa wenn in einem Konzern für alle Unternehmen eine einheitliche Personalverwaltung geführt wird, dem Regime der DSGVO unterworfen.

IdR unzulässig ist die gezielte **Videoüberwachung** von AN an Arbeitsstätten. Die Aufzeichnung bzw Erhebung von Bilddaten stellt einen sehr weitreichenden Eingriff in die Rechte der AN dar und es wird nur selten ein gerechtfertigtes Interesse auf Seiten des AG für die Überwachung zu finden sein. Der AN kann aber eine – jederzeit widerrufliche – Einwilligung zur Videoüberwachung erteilen. Die datenschutzrechtliche Einwilligung ist dabei von der arbeitsrechtlichen Zustimmung gem § 96 Abs 1 Z 3 ArbVG bzw § 10 AVRAG (Rz 160) zu unterscheiden. Die Überwachung von Objekten an Arbeitsstätten (zB Überwachung von Kassenräumen, gefährlichen Maschinen) oder besonders sensibler Bereiche (zB Hochsicherheitszonen) wird hingegen idR zulässig sein, sofern derartige Überwachungen nicht etwa auf die Leistungskontrolle der AN gerichtet sind. Im Allgemeinen muss die datenschutzrechtliche Zulässigkeit von Videoüberwachungsmaßnahmen nach den Kriterien der DSGVO geprüft werden (insb zu beachten sind die Grundsätze der Rechtmäßigkeit, der Transparenz, der Zweckbindung sowie der Datenminimierung). Die im österreichischen DSG befindlichen speziellen Bestimmungen zur Bildverarbeitung (§§ 12 und 13) sind nach einem Erkenntnis des Bundesverwaltungsgerichtes mangels Öffnungsklausel in der DSGVO unionsrechtswidrig und daher nicht anwendbar.

Die **Aufsichtsbehörde** (in Österreich die Datenschutzbehörde) kann die Einhaltung der Vorschriften überprüfen. Die **Strafandrohungen** der DSGVO sind außerordentlich hoch (bis zu 20 Mio € oder 4% des Jahresumsatzes).

Die frühere Meldepflicht zum Datenverarbeitungsregister (und Zuteilung einer DVR-Nummer) ist mit Inkrafttreten der DSGVO entfallen. Meldepflichten an die Behörde bestehen nur noch vereinzelt, insb bei Datenschutzverletzungen.

Praxistipp: Die – vom AG nachzuweisende – Einwilligung des AN zur Verwendung seiner personenbezogenen Daten kann nicht mehr vorab mittels Arbeitsvertragsklausel, sondern nur noch bezogen auf die konkrete geplante Datenverarbeitung eingeholt werden (sog **Koppelungsverbot**). Die Formulierung muss verständlich sein und genau bezeichnen, welche Daten erhoben und wie verwendet werden und auf die jederzeitige Widerruflichkeit der Zustimmung hinweisen. Der AN hat außerdem eingehend geregelte Informations- und Auskunftsrechte sowie uU ein Recht auf Berichtigung, Löschung oder Einschränkung seiner Daten (Art 13–20 DSGVO, §§ 42–45 DSG). Auch zur Verarbeitung von Bild- und Tonaufnahmen des AN (zB Fotos auf der Firmenwebsite) bedarf es idR seiner Einwilligung.

Nach dem Datenschutzrecht ist darüber hinaus zu beachten, dass der AG verpflichtet ist, 164
seine Systeme und/oder Räume, in denen **personenbezogene Daten** verarbeitet werden, **vor dem Zugriff Unberechtigter** (auch aus dem eigenen Unternehmen) entsprechend **zu schüt-**

zen. AN, die mit personenbezogenen Daten arbeiten (zB in der Personalabteilung), sind dabei entsprechend zu belehren bzw in die Pflicht zu nehmen, **personenbezogene Daten – auch nach Beendigung des Dienstverhältnisses – geheim zu halten** bzw nicht ohne ausdrückliche Zustimmung bzw Anordnung des AG an Dritte (auch innerhalb des Unternehmens) zu übermitteln (§ 6 DSG). Eine Verletzung dieser Verpflichtung kann einen Entlassungsgrund darstellen (siehe dazu Rz 394 ff).

Webtipp: Nähere Informationen zum Datenschutz sind unter www.dsb.gv.at zu finden.

„D" wie Dienstnehmer- und Dienstgeberhaftung

165 Wird im Zusammenhang mit dem Arbeitsverhältnis der AG bzw ein Dritter durch den AN geschädigt oder wird der AN selbst im Zuge der Erbringung seiner Arbeitsleistung geschädigt, werden die zivilrechtlichen Schadenersatzbestimmungen (vgl §§ 1295 ff ABGB) durch gesetzliche **Haftungserleichterungen** modifiziert. Die Haftungserleichterungen für **AN** ergeben sich dabei aus dem **Dienstnehmerhaftpflichtgesetz** (DNHG; Rz 166 ff); jene für **AG** finden sich im **Allgemeinen Sozialversicherungsgesetz** (ASVG; Rz 171 f).

Nach dem ABGB müssen folgende **Voraussetzungen** des zivilrechtlichen **Schadenersatzrechtes** erfüllt sein: **Schaden, Kausalität,** Adäquanz, **Rechtswidrigkeit,** Rechtswidrigkeitszusammenhang und **Verschulden.** Liegt also zB gar kein ersatzfähiger Schaden vor oder wurde dieser nicht vom AN (bzw vom AG) verursacht (also fehlt die Kausalität, zB die Ursache eines Maschinenausfalls ist unklar), so entfallen etwaige Ersatzansprüche des AG oder eines Dritten von vornherein.

1. Haftungserleichterung für Arbeitnehmer

166 Die Haftungserleichterungen des DNHG kommen nur zum Tragen, wenn der AN den **AG oder einen Dritten bei Erbringung seiner Dienstleistung geschädigt** hat und dies **nicht vorsätzlich** (somit also „unabsichtlich") geschehen ist. Auch typische „private" Tätigkeiten während der Arbeit (zB Rauchen, Essen und Trinken) gehören idR noch zur Erbringung der Dienstleistung eines AN. Auch die **Arbeit im Homeoffice** fällt unter die Haftungserleichterungen. Dabei ist nicht nur die Schädigung von Betriebsmitteln des AG durch den AN selbst erfasst, sondern auch durch die im gemeinsamen Haushalt lebenden Angehörigen und Haustiere.

167 Je nachdem wie gravierend der Sorgfaltsverstoß des AN ist, der zum Schadenseintritt führt, gelten nachstehende Haftungsgrundsätze:

Art des Verschuldens	Ausmaß der Haftung
entschuldbare Fehlleistung	es besteht ex lege keine Haftung des AN
leichte Fahrlässigkeit	gerichtliche Mäßigung bis zum Entfall der Ersatzleistung
grobe Fahrlässigkeit	gerichtliche Mäßigung, aber kein Entfall der Ersatzleistung
Vorsatz	volle Haftung des AN

Eine **entschuldbare Fehlleistung** hätte, wenn überhaupt, vom AN nur bei **außerordentlicher Sorgfalt vermieden** werden können (§ 2 Abs 3 DNHG); der AG muss damit „rechnen“; daher kann dem AN „kein Vorwurf“ gemacht werden (zB ein Kellner stößt im Stress ein Glas um; Produktion des üblichen Ausschusses bei Fließbandarbeit).

Leichte Fahrlässigkeit liegt bei minderem Grad des Versehens (§ 2 Abs 1 DNHG) bzw bei **geringem Schuldvorwurf** vor (zB ein Taxifahrer überschreitet an einer übersichtlichen Wegstrecke die zulässige Höchstgeschwindigkeit geringfügig).

Grobe Fahrlässigkeit: Auffallender Sorgfaltsverstoß (§ 2 Abs 1 DNHG); beträchtlicher Schuldvorwurf (zB ein Berufskraftfahrer fährt alkoholisiert bei Rotlicht über die Kreuzung; ein leitender Bankbediensteter vergibt Kredite ohne ausreichende Bonitäts- und Rentabilitätsprüfung).

Bei der Entscheidung über die **Höhe der Mäßigung** hat das Gericht neben dem Verschulden insb auf folgende Umstände Bedacht zu nehmen (§ 2 Abs 2 DNHG): **168**

- Ausmaß der Verantwortung,
- Abgeltung des mit der Tätigkeit verbundenen Wagnisses,
- Grad der Ausbildung,
- Arbeitsbedingungen und
- Schadensgeneigtheit der Tätigkeit.

Beispiel: *Der AN beschädigt während seiner Arbeitsleistung leicht fahrlässig eine Maschine im Betrieb des AG. Die Reparatur kostet € 600,–. Der AG fordert diese Summe im Rechtsweg (dh durch Klage beim Arbeits- und Sozialgericht) vom AN zurück. Das Gericht bestimmt mit Urteil, dass der AN nur € 200,– zu zahlen hat (richterliche Mäßigung).*

Beachte: Die **Verschuldensformen** (von Vorsatz bis hin zur entschuldbaren Fehlleistung) sagen etwas über die **Vorwerfbarkeit,** aber nichts über die **Rechtswidrigkeit** des Verhaltens aus. Diese wird vielmehr **vorausgesetzt.** Bei rechtmäßigem Verhalten braucht Verschulden gar nicht geprüft werden! ZB: Der Kellner, der ein Glas zerbricht, beschädigt das Eigentum seines AG und verletzt damit ein absolut geschütztes Rechtsgut. Der Verkäufer, der ein Kundengespräch so unprofessionell führt, dass dem AG das Geschäft entgeht, verletzt seinen Dienstvertrag. Beide handeln also rechtswidrig. Nun kann erst gefragt werden: Ist zB das verpatzte Kundengespräch auf Nachlässigkeit (also Fahrlässigkeit) oder zB auf mangelnde Einschulung (also auf kein vorwerfbares Verhalten) zurückzuführen? **169**

Ist nicht der AG selbst, sondern **ein Dritter** (zB Kunde) **geschädigt,** so hat dieser die Wahl: **170**

- Er fordert **Schadenersatz vom AG** (der für seinen AN im Rahmen der Gehilfenhaftung haftet; gegenüber einem Kunden ist der AN als **Erfüllungsgehilfe** gem § 1313a ABGB anzusehen). In diesem Fall hat der AG dem AN dies unverzüglich **mitzuteilen** und den **„Streit zu verkünden“** (das ist eine förmliche Prozesserklärung), falls der Dritte gerichtlich klagt. Der AG kann sodann seinerseits nur nach Maßgabe des DNHG (also mit entsprechenden Mäßigungsmöglichkeiten) beim AN **Regress (Rückgriff)** nehmen (vgl § 4 DNHG).

- Alternativ kann sich der Dritte mit seiner Schadenersatzforderung auch direkt an den **AN als Schädiger** wenden. Hiervon hat der AN dem AG **Mitteilung** zu machen und ihm im Klagsfall den **Streit zu verkünden.** Gegenüber dem Dritten kann der AN zwar keine Mäßigung nach dem DNHG erlangen, aber er kann, wenn er zum Schadenersatz verurteilt wird, diesen Betrag teilweise oder zur Gänze im **Regressweg** vom AG zurückfordern (vgl § 3 DNHG).

Hinweis: Will der AG oder der AN **dem Dritten den Schaden ersetzen,** ohne dass es zum Gerichtsverfahren kommt, so muss er zuvor das **Einverständnis** des jeweils anderen holen, um diesem gegenüber seine (Rückgriffs-)Rechte vollständig zu wahren.

Ansprüche des AG aufgrund eines **minderen Grades des Verschuldens** (das sind entschuldbare Fehlleistung und leichte Fahrlässigkeit) müssen bei sonstigem **Verfall** binnen **sechs Monaten** gerichtlich eingeklagt werden (§ 6 DNHG; das Einlangen der Klage ist maßgeblich; zu den allgemeinen Verfalls- und Verjährungsfristen vgl Rz 293 ff, 296 ff).

Praxistipp: IdR wird der AG bestrebt sein, eine Schadenersatzforderung gegen seinen AN im Wege eines **Lohn- bzw Gehaltsabzuges** hereinzubringen. Um die Existenzgrundlage des AN nicht ungebührlich zu gefährden, ist diese Form der Aufrechnung bei aufrechtem Dienstverhältnis nur zulässig, wenn der AG die beabsichtigte Aufrechnung 14 Tage vorher bekannt gibt und der AN in dieser Frist nicht widerspricht (§ 7 DNHG). Außerdem sind bei einer solchen Aufrechnung (außer bei Vorsatz) die Grenzen des **Existenzminimums** nach der EO zu beachten.

2. Haftungserleichterung für Arbeitgeber

171 Der AG haftet gegenüber seinem AN beim **Eintritt von Arbeitsunfällen oder Berufskrankheiten** hinsichtlich eines **körperlichen Schadens** (dh nicht für Sachschäden) **nur,** wenn diese durch **vorsätzliche** Schädigung durch den AG eingetreten sind (§ 333 ASVG: **„DG-Haftungsprivileg“**). Dies stellt eine Haftungserleichterung gegenüber dem allgemeinem Schadenersatzrecht dar, wonach für eine Haftung grundsätzlich jedes Verschulden, also bereits leichte Fahrlässigkeit, genügen würde. Dahinter steht die Überlegung, dass der AG das Risiko derartiger Schäden bereits über seine gesetzliche Beitragspflicht zur UV trägt (siehe Rz 97: Der AN leistet *keine* Beiträge zur UV).

172 Im Einzelnen ist dabei zu beachten:

- Ist dem AG **Vorsatz** oder **grobe Fahrlässigkeit** vorzuwerfen, so hat er **an den zuständigen Sozialversicherungsträger** (idR die AUVA) **Ersatz** für alle dessen Leistungen zu leisten, dies auch bei Mitverschulden des AN. Davon ist allerdings die Integritätsabgeltung (siehe dazu Rz 192) ausgenommen. Der Sozialversicherungsträger kann bei grober Fahrlässigkeit nach Maßgabe der wirtschaftlichen Verhältnisse des AG auf den Ersatz verzichten.

- Die Haftung des AG gegenüber dem AN **reduziert** sich um die Leistungen der **gesetzlichen Unfallversicherung** (dh, dass der AN zB nicht die Kosten der Unfallheilbehandlung oa Kosten, die von der UV gedeckt sind, vom AG fordern kann).
- Bei **Kfz-Unfällen** haftet der AG nur bis zur Höhe seiner Haftpflichtversicherung.
- Auch gesetzliche (zB GmbH-Geschäftsführer) oder bevollmächtigte **Vertreter** des AG und **Aufseher im Betrieb** sind vom DG-Haftungsprivileg begünstigt.
- Das DG-Haftungsprivileg gilt auch im Falle des Todes des AN gegenüber dessen **Hinterbliebenen.**

„E" wie Entgeltfortzahlung bei Dienstverhinderungen

Der allgemeine Grundsatz „Ohne Arbeit kein Entgelt" (vgl Rz 124 ff) wird im Arbeitsrecht zugunsten des AN mehrfach durchbrochen. In folgenden Fällen hat der AG dem AN für eine bestimmte Zeit das (zumeist volle) Entgelt fortzuzahlen, obwohl der AN **keine oder nur eine verminderte Arbeitsleistung** erbringt: **173**

- Krankheit und Unfälle (Rz 174 ff)
- Sonstige persönliche Dienstverhinderungsgründe auf Seiten des AN (Rz 194)
- Urlaub (Rz 266 ff)
- Pflegefreistellung (Rz 219 ff)
- Postensuchtage (Rz 374)
- Feiertage (Rz 333)
- Beschäftigungsbeschränkungen anlässlich einer Schwangerschaft (Rz 201 f)
- Umstände auf Seiten des AG (Rz 197 ff)

In bestimmten Fällen hat der AN einen Anspruch auf Freistellung (Karenz), ohne dass den AG eine Entgeltfortzahlungspflicht trifft (zB Elternkarenz, Familienhospizkarenz, Bildungskarenz).

1. Krankheiten und Unfälle

1.1. Arbeitsrechtliche Leistungen

AN haben bei **Arbeitsunfähigkeit,** die auf **Krankheit** oder **Arbeitsunfall** beruht, nach dem Gesetz **gegenüber dem AG Anspruch auf zeitlich begrenzte Entgeltfortzahlung** (auch „Kranken*entgelt*" genannt; nicht zu verwechseln mit der Sozialversicherungsleistung „Kranken*geld*", dazu Rz 186 ff). Einer krankheitsbedingten Arbeitsunfähigkeit sind **„Unglücksfälle"** (also Unfälle im Privatleben, zB Sportunfälle in der Freizeit) gleichgestellt. **174**

Bei **Arbeitsunfällen und Berufskrankheiten** besteht ein in mancherlei Hinsicht begünstigter Anspruch auf Entgeltfortzahlung. **175**

Arbeitsunfälle und Berufskrankheiten werden im ASVG definiert: Ein **Arbeitsunfall** liegt vor, wenn ein zeitlicher, räumlicher und ursächlicher Zusammenhang mit dem Arbeitsverhältnis besteht. Erfasst sind zB auch **Arbeitswegunfälle, Unfälle im Homeoffice** sowie **Arzt- und Bankwege** (§§ 175, 176 ASVG). **Berufskrankheiten** (§§ 177, 178 ASVG) sind nicht alle berufsbedingten Erkrankungen;

vielmehr zählt eine Anlage zum ASVG die gesetzlich anerkannten Berufskrankheiten auf. Davon abgesehen können konkrete arbeitsbedingte Erkrankungen im Einzelfall auf Antrag des Versicherten vom UV-Träger als Berufskrankheit anerkannt werden, wenn die Tätigkeit für sie kausal war.

176 Dienstverhinderungen auf Seiten des AN sind dem AG **unverzüglich zu melden;** anderenfalls verliert der AN für die Dauer der Säumnis seinen Entgeltfortzahlungsanspruch. Weiters ist dem AG auf sein **Verlangen** hin ein **Nachweis** über die Arbeitsunfähigkeit (ärztliches Attest) vorzulegen (§ 8 Abs 8 AngG, § 4 EFZG).

Praxistipp: Das Gesetz sieht die Nachweispflicht nur bei einem **Verlangen im konkreten Anlassfall** vor. Da diese Regel einseitig zwingend ist, kann sie durch die häufig vorkommende (für AN ungünstigere) Arbeitsvertragsklausel, wonach Krankenstandsnachweise generell am dritten Tag des Krankenstandes zu erbringen sind oä, nicht abbedungen werden.

177 Die Rechtsstellung von **Arbeitern** bei der Entgeltfortzahlung (§ 2 EFZG; § 1154b ABGB) und **Angestellten** (§ 8 AngG) wurde schrittweise angeglichen und ist nunmehr die gleiche:

Für beide Arbeitnehmergruppen besteht bei **Krankheit** oder **Unglücksfall** (sofern diese nicht durch grobes Verschulden des AN, also weder vorsätzlich noch grob fahrlässig, herbeigeführt wurden) **ab dem Dienstantritt** Anspruch auf **volle Entgeltfortzahlung** für mindestens **sechs Wochen** und Anspruch auf die **Hälfte** des Entgelts für weitere **vier Wochen.**

Die **Dauer des vollen Entgeltfortzahlungsanspruches erhöht sich** bereits nach dem 1. Dienstjahr von 6 auf **8 Wochen.** Nach dem 15. Dienstjahr haben AN **10 Wochen** und nach dem 25. Dienstjahr **12 Wochen** Anspruch auf Fortzahlung des ungeschmälerten, vollen Entgelts (§§ 8 Abs 1 AngG; 2 Abs 1 EFZG). Der zusätzliche Anspruch auf vier Wochen halbes Entgelt besteht unabhängig von der Dauer des Dienstverhältnisses (siehe **Überblick: Entgeltfortzahlung** in Rz 184).

Zeitlicher Bezugsrahmen für die Entgeltfortzahlung ist das **Arbeitsjahr** (beginnend mit dem Einstellungsdatum des AN). Hat ein AN in einem Arbeitsjahr mehrere Krankenstände oder dauert ein Krankenstand länger an und wird dadurch der Entgeltfortzahlungsanspruch gegenüber dem AG zur Gänze ausgeschöpft, endet die Entgeltfortzahlung des AG. Mit dem neuen Arbeitsjahr beginnt der Entgeltfortzahlungsanspruch gegenüber dem AG aber wieder neu zu laufen. Eine Kumulation von unverbrauchten Ansprüchen mehrerer Jahre ist nicht zulässig. Die **Umstellung auf das Kalenderjahr** ist auf ähnliche Weise wie beim Urlaub (vgl Rz 266) zulässig.

178 ***Beispiel:*** *Der* ***Arbeitnehmer A*** *ist seit 1. 2. 2020 beim AG beschäftigt und ist wegen verschiedener Erkrankungen zu folgenden Zeiten arbeitsunfähig:*

- *Erster Krankenstand 1. 3. – 25. 4. 2020 (8 Wochen): A erhält durch 6 Wochen hindurch volles und 2 Wochen hindurch sein halbes Entgelt vom AG, da er sich noch im ersten Dienstjahr befindet.*
- *Zweiter Krankenstand 14. 5. – 12. 8. 2020 (13 Wochen): A erhält 2 Wochen halbes Entgelt, hat aber sodann keine Entgeltansprüche gegen den AG. Der Entgeltfortzahlungsanspruch für das erste Dienstjahr ist erschöpft.*

- *Dritter Krankenstand 15. 1. – 28. 1. 2021 (2 Wochen): Kein Anspruch auf Entgeltfortzahlung gegenüber dem AG.*

Ab 1. 2. 2021 (Beginn des zweiten Dienstjahres) bekommt A für neuerliche privatunfall- und krankheitsbedingte Abwesenheiten acht Wochen volle (und vier Wochen halbe) Entgeltfortzahlung.

Entgeltfortzahlung
Arbeitnehmer A:

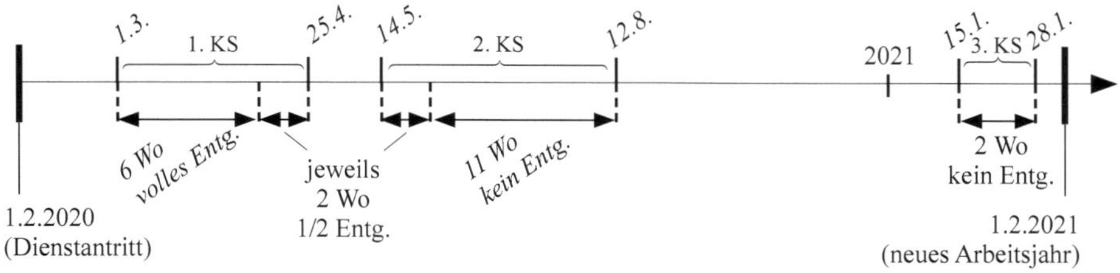

Bei **Arbeitsunfällen** und **Berufskrankheiten** sind Arbeiter und Angestellte ebenfalls gleichgestellt. Beiden Arbeitnehmergruppen gebührt **pro Anlassfall** und unabhängig von anderen Dienstverhinderungen **volle Entgeltfortzahlung** für die Dauer der Dienstverhinderung bis zur Höchstdauer von **8 Wochen.** Der Anspruch auf Entgeltfortzahlung erhöht sich auf **10 Wochen,** wenn das Dienstverhältnis ununterbrochen 15 Jahre gedauert hat. Einen zusätzlichen Anspruch auf Entgeltfortzahlung in halber Höhe gibt es beim Arbeitsunfall bzw bei der Berufskrankheit nicht. **179–181**

Beispiel: *Die seit dem 1. 2. 2020 beim AG beschäftigte* ***Arbeitnehmerin B*** *hat folgende Krankenstände:* **182**

- *Erster Krankenstand 1. 3. – 25. 4. 2020 (8 Wochen): Anspruch auf 6 Wochen volles und 2 Wochen halbes Entgelt gegenüber dem AG, da es sich um einen „normalen“ Krankenstand handelt und sich B noch im ersten Dienstjahr befindet.*
- *Zweiter Krankenstand, nunmehr aber aufgrund eines Arbeitsunfalles, 14. 5. – 22. 7. 2020 (10 Wochen): 8 Wochen volles Entgelt; 2 Wochen kein Anspruch auf Entgeltfortzahlung. Die „übriggebliebenen“ 2 Wochen halbes Entgelt kommen hier also nicht zur Auszahlung. Hingegen würde bei jedem neuerlichen Arbeitsunfall (oder Berufskrankheit) der „8-Wochen-Anspruch“ neu zu laufen beginnen.*

Entgeltfortzahlung
Arbeitnehmerin B:

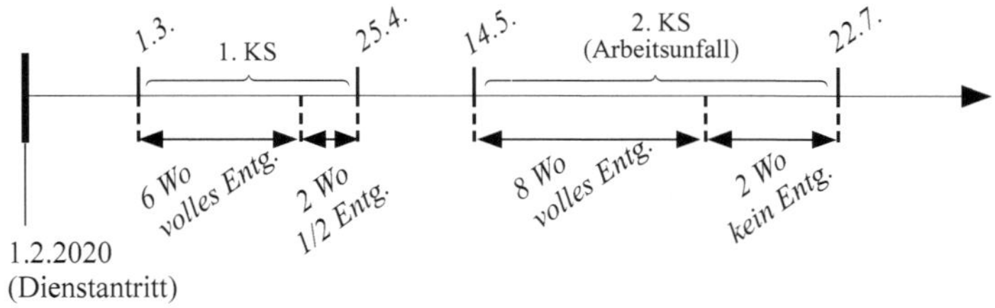

183 Insb **für kleinere Unternehmen** stellt die Verpflichtung des AG zur Entgeltfortzahlung an die AN bei Arbeitsverhinderung durch Krankheit oder Unfall eine beträchtliche finanzielle Belastung dar. Zur teilweisen Vergütung des Aufwandes des DG für die Entgeltfortzahlung an unfallversicherte DN und Lehrlinge sieht § 53b ASVG aus Mitteln der gesetzlichen Unfallversicherung einen **Zuschuss an DG** vor, **die in ihrem Unternehmen durchschnittlich nicht mehr als 50 DN beschäftigen.** Die Höhe des Zuschusses zur Entgeltfortzahlung beträgt 50% des vom DG fortgezahlten Entgelts (einschließlich allfälliger Sonderzahlungen), bei Kleinunternehmen mit bis zu 10 DN 75%. Der Zuschuss gebührt im Fall der Arbeitsverhinderung durch (Arbeits- oder Privat-)**Unfall** (vorausgesetzt, die Arbeitsverhinderung dauert länger als drei aufeinander folgende Tage) **ab dem ersten Tag der Entgeltfortzahlung,** im Fall der Arbeitsverhinderung **durch Krankheit** (diese muss länger als zehn aufeinander folgende Tage dauern) hingegen **erst ab dem elften Tag** der Entgeltfortzahlung; in beiden Verhinderungsfällen aber bis höchstens sechs Wochen pro Arbeitsjahr. Der Zuschuss setzt einen Antrag des DG bei einem SV-Träger (idR AUVA) voraus und muss innerhalb von zwei Jahren nach dem Ende des Entgeltfortzahlungsanspruchs gestellt werden. Näheres wird in einer Durchführungsverordnung geregelt.

184 Überblick: Entgeltfortzahlung

	Angestellte (§ 8 Abs 1–2a AngG) **Arbeiter (§ 2 EFZG)**
Voraussetzungen	– bei Dienstverhinderung durch Krankheit oder Unfall – falls nicht grob fahrlässig oder vorsätzlich herbeigeführt – unverzügliche Bekanntgabe der Verhinderung
Krankheit **Freizeitunfall**	**Anspruchsdauer pro Arbeitsjahr**
im ersten Jahr	6 Wochen voll + 4 Wochen halb
ab zweitem Jahr	8 Wochen voll + 4 Wochen halb
nach 15 Jahren	10 Wochen voll + 4 Wochen halb
nach 25 Jahren	12 Wochen voll + 4 Wochen halb
Arbeitsunfall oder **Berufskrankheit** **(§§ 175 f, 177 ASVG)**	**Eigener Anspruch pro Anlassfall:** 8 (bzw nach 15 Arbeitsjahren 10) Wochen voll
Wirkung	zwingend

184a Nach längerer Erkrankung besteht für AN die Möglichkeit, mittels einer **Wiedereingliederungsteilzeit** („WIETZ“) schrittweise in den Arbeitsprozess zurückzukehren. Voraussetzung ist, dass das Arbeitsverhältnis ununterbrochen drei Monate gedauert hat. AN und AG können für die Zeit nach einem mindestens sechswöchigen Krankenstand eine Wiedereingliederungsteilzeit schriftlich vereinbaren (§ 13a AVRAG).

Diese muss spätestens ein Monat nach Ende des Krankenstandes angetreten werden und kann für eine **Dauer** von einem bis sechs Monate abgeschlossen sowie einmalig um ein bis drei Monate verlängert werden. Die wöchentliche **Normalarbeitszeit** darf grundsätzlich zwölf Stunden nicht unterschreiten. Das **Entgelt** wird der reduzierten Arbeitszeit entsprechend aliquotiert, muss aber über der Geringfügigkeitsgrenze (2024: € 518,44 monatlich) bleiben. Eine gewisse arbeitszeitliche Flexibilität ergibt sich aus § 13a Abs 2 und 4 AVRAG. Grundlage ist ein in Zusammenarbeit mit dem Arbeitsmediziner oder fit2work (siehe Rz 302) erstellter, zwischen AG und AN vereinbarter und vom zuständigen KV-Träger bewilligter **Wiedereingliederungsplan.** Auch der BR ist beizuziehen. Der AN ist durch einen sog **individuellen Kündigungsschutz** in bestimmten Fällen geschützt (§ 15 Abs 1 AVRAG; siehe Rz 453). Zum sozialversicherungsrechtlichen Anspruch auf **Wiedereingliederungsgeld** siehe Rz 190a.

1.2. Sozialversicherungsrechtliche Leistungen

a) Krankengeld und Krankenbehandlung

Krankenversicherte AN (sowie freie DN gem § 4 Abs 4 ASVG; siehe Rz 25) haben Anspruch auf **sozialversicherungsrechtliche Geld- und Sachleistungen,** insb auf das **Krankengeld** (§§ 138 ff ASVG) und die **Krankenbehandlung.** Kein Krankenversicherungsschutz besteht für geringfügig Beschäftigte (siehe Rz 101 ff). 185

Krankengeld gebührt dem AN nach dem ASVG für **Zeiten,** in denen der **AG** nicht oder nur teilweise zur **Entgeltfortzahlung** verpflichtet ist („abgestufte Ruhensbestimmungen"): 186

- Bei einem Entgeltfortzahlungsanspruch gegen den AG (dazu vorhin unter Rz 174 ff) von mehr als 50% des Entgelts erhält der AN kein Krankengeld.
- Bei einem Entgeltfortzahlungsanspruch von 50% ruht der Krankengeldanspruch des AN zur Hälfte (dh der AN erhält im Ergebnis 50% seines Entgelts vom AG und zusätzlich 25% bzw 30% der entgeltabhängigen Bemessungsgrundlage in Form von Krankengeld).

Davon abgesehen, wird das Krankengeld insb dann versagt, wenn der AN seine Erkrankung durch Raufhandel oder unter Alkoholeinwirkung selbst zu verantworten hat. Der Krankengeldanspruch unterliegt einer **Höchstdauer.** Diese beträgt grundsätzlich 26 Wochen pro Versicherungsfall; falls der AN im letzten Jahr mindestens sechs Monate in der KV versichert war, 52 Wochen; eine Verlängerung durch Satzung des KV-Trägers auf bis zu 78 Wochen ist möglich, ebenso eine Erhöhung des Anspruches (Familienzuschläge). Das Krankengeld wird vom zuständigen Krankenversicherungsträger (idR von der ÖGK) ausbezahlt.

Das Krankengeld ist **geringer** als der „gewöhnliche Entgeltanspruch" des AN, weil **nur ein Teil** der – vom Arbeitsentgelt des AN abhängigen – Bemessungsgrundlage der Krankengeldberechnung zugrunde gelegt wird: Der Krankengeldanspruch beginnt am **vierten Tag** einer Arbeitsunfähigkeit und beträgt zuerst **50% der SV-Bemessungsgrundlage.** Ab dem **43. Tag der Erkrankung** gebührt dem AN **60% der SV-Bemessungsgrundlage.** Außerdem wird der Arbeitsverdienst (wie bei anderen Geldleistungen aus der Sozialversicherung) nur bis zur Höchstbemessungsgrundlage (Rz 96) berücksichtigt. 187

Beispiel: *Der* ***Arbeitnehmer A*** *aus dem vorangegangenen Beispiel zur Entgeltfortzahlung hat somit folgende Ansprüche auf Krankengeld von der ÖGK (beachte: Die Krankenstände sind durch verschiedene Ursachen bedingt; dadurch beginnen die Fristen beim Krankengeld jeweils neu zu laufen):*

- *Erster Krankenstand 1. 3. – 25. 4. 2020 (8 Wochen):*
  - *6 Wochen kein Krankengeld (wegen des vollen Entgeltfortzahlungsanspruches gegenüber dem AG);*
  - *2 Wochen halbes Krankengeld (wegen des halben Entgeltfortzahlungsanspruches gegenüber dem AG), dh hier 30% der Bemessungsgrundlage (30%, weil der Beginn dieser 2 Wochen im konkreten Fall mit dem 43. Tag des Krankenstandes [= 12. April 2020] zusammenfällt und somit der volle Krankengeldanspruch 60% betragen würde). Somit erhält A in diesen letzten 2 Krankenstandswochen insgesamt nur noch 80% seines Entgelts.*
- *Zweiter Krankenstand 14. 5. – 12. 8. 2020 (13 Wochen):*
  - *3 Tage kein Krankengeldanspruch (wegen der gesetzlich vorgesehenen Wartefrist von 3 Tagen),*
  - *11 Tage halbes Krankengeld (und somit hier 25% der Bemessungsgrundlage, weil der 43. Tag dieses Krankenstandes noch nicht erreicht ist),*
  - *sodann – da der Entgeltfortzahlungsanspruch gegenüber dem AG erschöpft ist – 11 Wochen volles Krankengeld, dh vorerst 50% der Bemessungsgrundlage und ab 25. 6. 2020 (= 43. Krankenstandstag) 60% der Bemessungsgrundlage.*
- *Dritter Krankenstand 15. 1. – 28. 1. 2021 (2 Wochen):*
  - *3 Tage kein Anspruch auf Krankengeld (wegen der gesetzlichen dreitägigen Wartefrist), dh in dieser Zeit erhält A weder Entgelt von seinem AG noch Krankengeld;*
  - *11 Tage voller Krankengeldanspruch (also hier 50% der Bemessungsgrundlage).*

188 **Hinweis:** Der **AN** hat Krankenstände binnen einer Woche dem **Krankenversicherungsträger zu melden.** Sucht er einen Vertragsarzt oder eine Vertragseinrichtung (zB Ambulanz der ÖGK) auf, gilt dies als Meldung. Allerdings kann der Arzt den Krankenstand nur mit einem Tag Rückwirkung melden.

189 Zur **Krankenbehandlung** als **Sachleistung** der Krankenversicherung (vgl § 133 ff ASVG) gehören insb die ärztliche Hilfe, die Anstaltspflege sowie Heilmittel (Medikamente) und Heilbehelfe (zB orthopädische Schuheinlagen). Bei **Arbeitsunfällen** oder **Berufskrankheiten** ist im Rahmen der gesetzlichen Unfallversicherung (UV) der **UV-Träger** (idR die AUVA) zuständig. Er gewährt eine Unfallheilbehandlung (vgl § 189 ff ASVG), die im Wesentlichen neben den genannten Leistungen auch eine umfangreiche (medizinische, berufliche und soziale) **Rehabilitation** einschließt.

190 Die Sach-(aber nicht die Geld-)Leistungen aus der Krankenversicherung können nach dem ASVG außer vom Versicherten selbst auch von dessen **mitversicherten Angehörigen** beansprucht werden (§ 123 ASVG). Dies betrifft insb Ehegatten und Kinder, soweit diese Personen nicht selbst in der Sozialversicherung pflichtversichert sind. Die Kinder sind grundsätzlich bis zum vollendeten 18. Lebensjahr mit ihren Eltern mitversichert; diese Frist kann sich aber insb bei (ernsthaftem und zielstrebigem) Schulbesuch oder Studium bis zum vollendeten 27. Lebensjahr ausdehnen.

Webtipp: Nähere Informationen zu den sozialversicherungsrechtlichen Leistungen sowie umfangreiche Downloads zum Thema finden sich auf der Website des Dachverbandes der Sozialversicherungsträger (www.sozialversicherung.at mit Online-Krankengeldrechner) sowie auf der Website der Allgemeinen Unfallversicherungsanstalt (www.auva.at).

Während einer **Wiedereingliederungsteilzeit** (Rz 184a) erhält der AN ergänzend zum reduzierten Arbeitsentgelt als Leistung der KV das sog **Wiedereingliederungsgeld.** Dessen Höhe wird errechnet, indem man die Höhe des erhöhten (also 60%igen) Krankengeldes entsprechend der Reduktion der Arbeitszeit aliquotiert (vgl im Einzelnen § 143d Abs 3 ASVG). Der AN ist in dieser Zeit kranken- und pensionsversicherungsrechtlich geschützt. **190a**

b) Leistungen bei Dauerfolgen

Bei **Arbeitsunfällen und Berufskrankheiten** (dazu oben unter Rz 175) sowie in den sonstigen von der UV erfassten Fällen (zB wenn man – völlig unabhängig vom Vorliegen eines Arbeitsverhältnisses – als Retter bei Lebensgefahr oder im Rahmen der Mitarbeit bei einer freiwilligen Feuerwehr oder dem Roten Kreuz eine Verletzung erleidet) gebühren Sachleistungen und kurzfristige Geldleistungen aus der UV (Familientaggeld, Versehrtengeld). **191**

In Fällen einer dauernden Schädigung gewährt die UV eine **Versehrtenrente** (vgl § 203 ff ASVG). Wesentliche Voraussetzung hierfür ist eine Minderung der Erwerbsfähigkeit um mindestens 20% für einen Zeitraum von mehr als drei Monaten. Die Minderung der Erwerbsfähigkeit wird objektiv-abstrakt festgestellt, dh darauf abgestellt, ob und welche Erwerbsmöglichkeiten sich einer Person mit den vorhandenen Einschränkungen auf dem Arbeitsmarkt bieten (dh unabhängig davon, ob die konkrete Person zB auf dem bisherigen Arbeitsplatz weiter beschäftigt werden kann).

Außerdem sehen die Bestimmungen zur gesetzlichen UV in diesen Fällen uU eine sog **Integritätsabgeltung** vor (§ 213a ASVG). Dabei handelt es sich um eine spezielle sozialversicherungsrechtliche Entschädigung, die den Verlust des AN von Schmerzengeld oder Verunstaltungsentschädigung infolge des DG-Haftungsprivilegs (dazu oben Rz 171) kompensieren soll. Die wesentlichen Voraussetzungen dafür sind: **192**

- Ein/e durch **grob fahrlässige Außerachtlassung von AN-Schutzvorschriften** verursachte/r **Arbeitsunfall** oder **Berufskrankheit;**
- eine dadurch verursachte **erhebliche und dauernde Beeinträchtigung** des AN in seiner **geistigen oder körperlichen Integrität;**
- ein Anspruch des AN auf **Versehrtenrente.**

Erleidet ein AN durch eine Krankheit, die nicht als Berufskrankheit zu qualifizieren ist, oder durch einen Privatunfall Dauerfolgen und wird dadurch dauernd arbeitsunfähig, so ist er im Wesentlichen auf seine zivilrechtlichen Ansprüche gegen einen allfälligen Schädiger und **sozialversicherungsrechtlich** auf die Leistungen der **Pensionsversicherung (PV)** verwiesen (dazu Rz 480 ff). Im Rahmen des ASVG ist hierbei insb die **Invaliditätspension** (bei Arbeitern; vgl § 254 ASVG) und die **Berufsunfähigkeitspension** (bei Angestellten; vgl § 271 ASVG) angesprochen. Bei vorübergehender Invalidität/Berufsunfähigkeit gebühren **193** dem Betroffenen Rehabilitations- oder Umschulungsgeld (zu beidem Rz 485). Ein Anspruch auf Versehrtenrente (aus der UV) kann auch neben einem solchen auf Invaliditäts-/Berufsunfähigkeitspension und auch neben einem **Pflegegeldanspruch** (nach dem BPGG) bestehen.

2. Sonstige persönliche Dienstverhinderungen auf Seiten des Arbeitnehmers

194 Eine Entgeltfortzahlungspflicht des AG besteht nach **§ 8 Abs 3 AngG** (für Angestellte) und nach **§ 1154b Abs 5 ABGB** (für Arbeiter) – außerhalb eines Krankenstandes – auch bei **anderen wichtigen persönlichen Dienstverhinderungen** des AN, sofern diese vom AN **unverschuldet** sind.

Praktisch bedeutsame **Fallkonstellationen** sind

- **wichtige familiäre Ereignisse** (zB Hochzeit des AN, Entbindung der Ehegattin oder Lebensgefährtin, Beerdigung naher Verwandter, Begleitung des Kindes zum Arzt, Betreuung erkrankter naher Angehöriger, Betreuung des Kindes wegen kurzfristiger Schließung des Kindergartens),
- **Wahrnehmung öffentlich-rechtlicher Pflichten** (zB Zeugenvorladung bei Gericht, unaufschiebbare Behördengänge) oder
- **sonstige persönliche Umstände bzw wichtige Ereignisse** (zB dringende Arztbesuche des AN, für die kein Termin außerhalb der Arbeitszeit möglich ist; unvorhersehbare Behinderungen am Arbeitsweg beispielsweise wegen eines Unfalls, einer Kfz-Panne oder einer Straßensperre infolge von Naturereignissen; Übersiedelung des AN; Anwesenheit des AN in seiner Wohnung ist erforderlich, weil zB notwendige Reparaturen durch Facharbeiter durchgeführt werden, Wasser- oder Stromzähler getauscht werden oder Speditionsware angeliefert wird).

Der AG hat dem AN das Entgelt im Falle solcher „sonstigen" Dienstverhinderungen für die Dauer einer **verhältnismäßig kurzen Zeit** weiter zu bezahlen. Die konkrete Dauer hängt vom jeweiligen Einzelfall ab und ist im Rahmen einer **Interessenabwägung** zu ermitteln. Grundsätzlich ist der AN verpflichtet, die Dienstverhinderung möglichst kurz zu halten oder durch mögliche anderweitige Vorkehrungen zu bewältigen. Das **Höchstausmaß** wird idR mit **einer Woche pro Anlassfall** begrenzt sein.

Eine **Orientierung** für die Dauer der Entgeltfortzahlung bieten vielfach **KollV**, die meist typische Dienstverhinderungsgründe regeln. Zu beachten ist aber, dass die KollV die gesetzlichen Entgeltfortzahlungsansprüche der AN nicht einschränken können und daher im Einzelfall bei entsprechender Notwendigkeit ein Entgeltfortzahlungsanspruch des AN auch über den kollv Anspruch hinausgehen kann.

Der AN hat dem AG die Dienstverhinderung **ohne Verzug und ohne Aufforderung** unter Angabe des Grundes **mitzuteilen** und auf Verlangen des AG auch eine **Bestätigung über den Dienstverhinderungsgrund** vorzulegen. Ist die Dienstverhinderung für den AN bereits vor dessen Eintritt absehbar, hat der AN den AG schon vorab so rechtzeitig zu informieren, damit dieser noch entsprechende Dispositionen treffen kann. Kommt der AN seinen Mitteilungs- und Nachweispflichten schuldhaft nicht nach, verliert er für die Dauer der Säumnis seinen Entgeltfortzahlungsanspruch.

Ein eigener Entgeltfortzahlungstatbestand wurde für Angestellte (§ 8 Abs 3a AngG) und Arbeiter (§1154b Abs 6 ABGB) bei **Hilfseinsätzen** eingeführt. AN haben Anspruch auf volle Entgeltfortzahlung, wenn sie als freiwilliges Mitglied einer Katastrophenhilfsorganisation, eines Rettungsdienstes oder einer freiwilligen Feuerwehr bei einem Großschadensereignis oder als Mitglied eines Bergrettungsdienstes an der Dienstleistung verhindert sind. Voraussetzung hierfür ist aber, dass das Ausmaß und die Lage der Dienstfreistellung mit dem AG vereinbart wird. AG haben für die Dauer der Entgeltfortzahlung während des Einsatzes ihres AN Anspruch auf eine Ersatzabgeltung gegenüber dem jeweiligen Bundesland, in dem das Großschadensereignis oder der Bergrettungseinsatz eingetreten bzw erfolgt ist. **194a**

Daneben gibt es mittlerweile eine ganze Reihe von gesetzlich näher geregelten, **familiär bedingten Freistellungsmöglichkeiten.** Dazu gehören die Familienzeit (Papamonat), Pflegefreistellung (§ 16 UrlG), Rehabilitationsfreistellung, Pflegekarenz, Pflegeteilzeit und Familienhospizkarenz (zu allem näher Rz 205f, 215–222f). Diese sind aber mit Ausnahme der Pflegefreistellung für den AG entgeltfortzahlungsfrei. **195**

Hinweis: Der Ablauf von laufenden gesetzlichen, kollektivvertraglichen und vertraglichen **Verjährungs- und Verfallsfristen** betreffend Ansprüche aus dem Dienstverhältnis, die der AN zu Beginn einer Dienstverhinderung nach § 8 Abs 3 AngG wegen Krankheit oder Unfall eines nahen Angehörigen bereits erworben hat, bleibt bis zum Ablauf von zwei Wochen nach Ende dieser Dienstverhinderung **gehemmt** (§ 9a AngG, § 1154b Abs 7 AngG; siehe Rz 300a). **196**

Weiters besteht ein **Diskriminierungsschutz** des AN, der wegen seiner Abwesenheit aufgrund solcher dringenden familiären Dienstverhinderungen vom AG benachteiligt wird (wie insb ein individueller Kündigungsschutz nach dem GlBG; vgl §§ 5a Z 2 iVm § 12 GlBG; siehe Rz 232, 235).

3. Umstände auf Seiten des Arbeitgebers

Nach der (vertraglich abdingbaren) Regel des **§ 1155 ABGB** haben AN Anspruch auf Weiterzahlung des Entgelts, wenn sie ihrer Arbeitspflicht aus **Gründen, die dem AG zuzurechnen sind,** nicht nachkommen können. Der AN selbst muss aber **leistungsbereit** sein; ferner bestehen Anrechnungsbestimmungen bezüglich anderweitig erzielter Einkünfte des AN. **197**

Beispiele: *Ein Stromausfall im Betrieb legt die Maschinen lahm. Da benötigte Rohstoffe nicht rechtzeitig geliefert werden, muss die Produktion gestoppt werden. Ebenso ist es dem AG zuzurechnen, wenn er die Leistung des AN nicht annehmen will (zB indem er ihn vom Dienst suspendiert, also freistellt), obwohl sich der AN leistungsbereit erklärt.*

Bei **Umständen, die vom AG nicht beherrschbar sind** (sog „höhere Gewalt“), haben die AN hingegen idR keinen Entgeltfortzahlungsanspruch, sie müssen die entfallenen Stunden aber auch nicht einarbeiten. **198**

Beispiele: *Zerstörung der Betriebsanlagen durch ein Erdbeben oder Hochwasser. Krieg, Bürgerkrieg oder eine Seuche machen eine geordnete betriebliche Tätigkeit völlig unmöglich.*

199 § 1155 ABGB ist Ausdruck der sog **Sphärentheorie,** wonach grundsätzlich dem leistungsbereiten Vertragspartner (hier dem AN) die Gegenleistung gebührt, wenn seine Leistung aus Umständen unterbleibt, die in der Sphäre des anderen Vertragsteils (also des AG) liegen. Da zB Naturgewalten und Elementarereignisse grundsätzlich in der **neutralen Sphäre** liegen, dh keinem der Vertragspartner mehr zugerechnet werden können, trägt hier jeder sein Risiko selbst: Der AG kann keine Arbeitsleistung fordern, auch wenn er annahmebereit wäre, und der AN kein Entgelt, auch wenn er leistungsbereit wäre. **Schwierigkeiten** kann die **Abgrenzung** bereiten: So könnte zB die Mure, die ausschließlich die betriebseigene Stromerzeugung stört, noch dem AG zugerechnet werden, ebenso Ausfälle im Zulieferbetrieb des AG. Bei einem **Teilstreik** im Betrieb des AG haben arbeitsbereite AN nach der Rsp grundsätzlich einen Entgeltanspruch, dh die dadurch verursachte Störung wird der Betriebssphäre zugerechnet.

„F" wie Familie und Beruf

200 Inwieweit Familie und Beruf vereinbar sind, hängt ganz wesentlich davon ab, welche arbeitsrechtlichen Möglichkeiten den AN gegeben werden, ihre Erwerbsarbeit für die Betreuung von Familienangehörigen zu unterbrechen oder einzuschränken bzw welche Rückkehrmöglichkeiten nach einer Karenz bestehen. Darüber hinaus spielt es für die Akzeptanz derartiger Modelle eine entscheidende Rolle, ob vom AG oder von öffentlichen Institutionen eine finanzielle Unterstützung geleistet wird. Im Folgenden werden die wichtigsten Modelle in diesem Zusammenhang kurz beschrieben.

1. Mutterschutz, Elternkarenz und Papamonat

1.1. Mutterschutz

201 Sobald der AG **Kenntnis von der Schwangerschaft** einer AN erlangt, hat er die Schutzbestimmungen nach dem Mutterschutzgesetz (MSchG) einzuhalten.

Die AN ist verpflichtet, dem AG ihre Schwangerschaft sowie den voraussichtlichen Geburtstermin **bekannt zu geben.** Auf Verlangen des AG hat die AN darüber eine entsprechende **ärztliche Bestätigung** vorzulegen, deren Kosten der AG zu tragen hat. Über eine vorzeitige Beendigung der Schwangerschaft ist der AG ebenfalls zu informieren. Der AG hat unverzüglich eine **schriftliche Mitteilung** über das Bestehen der Schwangerschaft an das zuständige Arbeitsinspektorat zu erstatten (§ 3 Abs 4, 5 und 6 MSchG).

201a Die AN hat im Regelfall während der Schwangerschaft bis zum Beginn der sog **Schutzfrist** zu arbeiten. Diese beginnt **acht Wochen vor** dem prognostizierten Geburtstermin und endet grundsätzlich **acht Wochen nach der Geburt** des Kindes. Während dieses **absoluten Beschäftigungsverbotes** darf die AN keinesfalls beschäftigt werden (§§ 3, 5 MSchG).

Bei Frühgeburten, Mehrlingsgeburten und Kaiserschnittentbindungen verlängert sich die **Schutzfrist** des **absoluten Beschäftigungsverbotes** nach der Geburt von acht auf **zwölf Wochen.** Führt die Geburt zu einer Verkürzung der angenommenen Achtwochenfrist vor der Entbindung, so verlängert sich die Schutzfrist nach der Entbindung im Ausmaß dieser Verkürzung, höchstens jedoch auf 16 Wochen (§ 5 Abs 1 MSchG). Findet die Geburt hingegen erst nach dem prognostizierten Geburtstermin statt, verlängert sich dadurch die Achtwochenfrist vor der Entbindung, ohne dass dies zu einer Verkürzung der Schutzfrist nach der Geburt führt (§ 3 Abs 2 MSchG).

Ist durch die Arbeit Leben oder Gesundheit von Mutter oder Kind gefährdet, kann das Beschäftigungsverbot aber auch schon vor der genannten Achtwochenfrist, allenfalls sogar sofort mit Eintritt der Schwangerschaft beginnen (**individuelles Beschäftigungsverbot;** § 3 Abs 3 MSchG).

Voraussetzung für einen solchen vorzeitigen Mutterschutz ist die Vorlage einer entsprechenden **fachärztlichen Bescheinigung der Gesundheitsgefährdung** durch die Weiterbeschäftigung. Ein solches Freistellungszeugnis darf von einem Arzt nur ausgestellt werden, wenn eine der 17 in der Mutterschutzverordnung (MSchV) genannten medizinischen Indikationen vorliegt, die eine Freistellung rechtfertigt.

Das (absolute und individuelle) Beschäftigungsverbot gilt auch für **freie DN** gem § 4 Abs 4 ASVG (§ 1 Abs 5 MSchG).

Während der Zeit des absoluten bzw individuellen Beschäftigungsverbotes ruhen die Entgeltansprüche der AN gegenüber dem AG. Die AN erhält – bei Vorliegen der Voraussetzungen – vom KV-Träger **Wochengeld** (siehe Rz 206). Nach **Ende der Schutzfrist** hat die AN grundsätzlich **wieder ihre Arbeit aufzunehmen,** sofern sie nicht Elternkarenz in Anspruch nimmt (siehe dazu Rz 203 ff).

Will die AN nach der Geburt ihres Kindes nicht mehr beim AG weiterarbeiten, kann sie innerhalb der Schutzfrist ihren vorzeitigen **Austritt aus Anlass der Geburt eines Kindes** erklären (§ 15r Z 1 MSchG). Der AN steht es aber auch frei, das Arbeitsverhältnis durch Kündigung zu beenden.

Vor Beginn des Beschäftigungsverbotes hat der AG bereits unterschiedliche **Beschäftigungsbeschränkungen** für schwangere AN zu beachten. Dazu zählen insb ein **Verbot schwerer körperlicher, schädlicher oder gefährlicher Tätigkeiten** (§ 4 MSchG), ein grundsätzliches **Verbot von Nachtarbeit** (§ 6 MSchG) sowie **von Sonn- und Feiertagsarbeit** (§ 7 MSchG) sowie ein **Verbot von Überstundenarbeit** (§ 8 MSchG). Siehe zu den sog relativen Beschäftigungsverboten auch Rz 308. **201b**

Durch diese Beschäftigungsbeschränkungen kann es zu einer **teilweisen oder auch gänzlichen Einstellung der Arbeitsleistung** der AN kommen, wenn die AN nach Wegfall der schädlichen Arbeiten im Rahmen ihres Arbeitsvertrages nicht mehr voll bzw uU auch gar nicht mehr sinnvoll eingesetzt werden kann. In diesem Fall hat der AG der AN dennoch das **Entgelt mit dem Durchschnittsverdienst der letzten 13 Wochen** vor Änderung der Beschäftigung zu bezahlen, wobei aber das Einkommen von Arbeiten an Sonn- und Feiertagen sowie Überstundenarbeit außer Betracht zu bleiben hat (§ 14 MSchG).

Werdenden und stillenden Müttern ist es vom AG zu ermöglichen, sich während der Arbeitszeit **hinzulegen und auszuruhen** (§ 8a MSchG). Der AG hat eine geeignete Liegemöglichkeit zur Verfügung zu stellen. **Stillenden Müttern** ist auf Verlangen die zum Stillen ihres Kindes erforderliche Zeit während der Arbeitszeit unter Entgeltfortzahlung freizugeben (§ 9 MSchG).

Die **Stillzeit** hat bei einer Tagesarbeitszeit von mehr als viereinhalb Stunden 45 Minuten zu betragen. Bei einer Arbeitszeit von acht oder mehr Stunden, hat die AN Anspruch auf eine Stillzeit von zweimal je 45 Minuten oder von einmal 90 Minuten. Darüber hinaus bestehen für stillende Mütter bestimmte Beschäftigungsverbote (siehe § 4a MSchG).

201c Missachtet der AG die nach dem MSchG bestehenden Beschäftigungsverbote bzw Beschäftigungsbeschränkungen, stellt dies grundsätzlich eine unter **Verwaltungsstrafe** stehende **Verletzung von ArbeitnehmerInnenschutzbestimmungen** dar (§ 37 MSchG).

202 Mit Beginn der Schwangerschaft tritt für die AN ein **besonderer Kündigungs- und Entlassungsschutz** ein, der grundsätzlich erst wieder **vier Monate** nach der Entbindung bzw vier Wochen nach einer Fehlgeburt endet (§ 10 Abs 1 und 1a sowie § 12 Abs 1 MSchG; siehe dazu auch Rz 310, 442 ff).

Ist dem AG die **Schwangerschaft** zum Zeitpunkt des Ausspruchs der Kündigung bzw Entlassung **nicht bekannt,** kann die Kündigung bzw Entlassung wirksam ausgesprochen werden. Sofern die AN aber den Kündigungs- und Entlassungsschutz in Anspruch nehmen will, hat sie dem AG **binnen fünf Arbeitstagen** ab Ausspruch der Kündigung bzw Entlassung oder – falls ihr diese Meldung nicht innerhalb dieses Zeitraums möglich war (zB wegen Unkenntnis der AN über das Bestehen der Schwangerschaft zum Kündigungszeitpunkt) – unverzüglich nach Wegfall des Hinderungsgrundes die Schwangerschaft mitzuteilen (§ 10 Abs 2 MSchG).

Nimmt die AN nach dem Mutterschutz **Karenz** in Anspruch, endet der Kündigungsschutz **vier Wochen nach Ende der Karenz** (§ 15 Abs 4 MSchG). Im Falle von **Elternteilzeit** besteht der besondere Kündigungs- und Entlassungsschutz bis zum Ablauf von **vier Wochen nach Ende der Elternteilzeit,** maximal aber bis vier Wochen nach Ablauf des vierten Lebensjahres des Kindes (§ 15n Abs 1 MSchG).

Eine Kündigung bzw Entlassung kann grundsätzlich erst nach **Ende des besonderen Bestandschutzes rechtswirksam ausgesprochen** werden (dh, ein Kündigungsschreiben darf beispielsweise erst nach Ablauf der Schutzfrist zur Post gegeben werden). Eine frühere Kündigung bzw Entlassung während der Schutzfrist ist nur wirksam, wenn das **Arbeits- und Sozialgericht** dazu **vorher** die **Zustimmung** erteilt hat (§ 10 Abs 3 MSchG, § 12 Abs 1 MSchG). Der AG hat das gerichtliche Zustimmungsverfahren mittels **Klage** einzuleiten.

Das Gericht darf einer **Kündigung grundsätzlich nur zustimmen,** wenn der AG das Dienstverhältnis wegen der **Einschränkung oder geplanten Stilllegung des Betriebes** oder der **Stilllegung einzelner Betriebsabteilungen** nicht ohne Schaden für den Betrieb weiter aufrechterhalten kann. Nach vollständiger und dauerhafter Stilllegung des Betriebs ist keine Zustimmung des Gerichts mehr erforderlich.

Die **Zustimmung zu einer beabsichtigten Entlassung** kann vom Gericht nur erteilt werden, wenn einer der in § 12 Abs 2 MSchG genannten **Entlassungsgründe** vorliegt (zB gröbliche Pflichtverletzung, Untreue, unberechtigte Vorteilsannahme, Verrat von Betriebs- und Geschäftsgeheimnissen oder Ausübung einer abträglichen Nebenbeschäftigung). Im Falle von Tätlichkeiten oder erheblichen Ehrverletzungen gegen den AG oder andere AN oder wegen bestimmter gerichtlich strafbarer Vorsatztaten kann die Zustimmung zur Entlassung vom Gericht nicht nur vor deren Ausspruch, sondern auch noch **im Nachhinein** erteilt werden (§ 12 Abs 3 MSchG). Weist das Gericht die Klage des AG ab, ist die bereits ausgesprochene Entlassung unwirksam.

202a Wird die AN während eines **befristeten Dienstverhältnisses** schwanger, endet das Dienstverhältnis dennoch mit Ende der vereinbarten Befristungsdauer, sofern die Befristung aus **sachlich gerechtfertigten Gründen** erfolgt oder gesetzlich vorgesehen ist. In allen anderen Fällen wird der **Befristungsablauf** bis zum Beginn der Schutzfrist (individuelles oder absolutes Beschäftigungsverbot) **gehemmt** und die Befristung verlängert sich somit bis zu diesem Zeitpunkt (§ 10a MSchG).

Eine **sachliche Rechtfertigung** liegt insb dann vor, wenn die Befristung im überwiegenden Interesse der AN liegt oder für die Dauer der Vertretung verhinderter AN, zu Ausbildungszwecken, für die Zeit der Saison oder zur erforderlichen Erprobung der AN abgeschlossen wurde.

Weiters ist zu beachten, dass eine **einvernehmliche Auflösung** mit einer schwangeren AN bei sonstiger Rechtsunwirksamkeit **schriftlich** zu erfolgen hat. Bei minderjährigen AN ist überdies eine Bestätigung über die Belehrung durch das Gericht oder eine gesetzliche Interessenvertretung (idR AK) über den Kündigungsschutz erforderlich (§ 10 Abs 7 MSchG). **202b**

Freie DN nach § 4 Abs 4 ASVG genießen ebenfalls einen Kündigungsschutz. Allerdings ist bei ihnen keine vorherige Zustimmung des Gerichts erforderlich. Sie können im Falle einer Kündigung, die wegen ihrer Schwangerschaft oder eines Beschäftigungsverbotes bis vier Monate nach der Geburt erfolgt ist, diese binnen zwei Wochen nach Ausspruch der Kündigung bei Gericht anfechten (§ 10 Abs 8 MSchG; siehe Rz 453e). **202c**

1.2. Elternkarenz

Mütter und Väter, die in einem aufrechten Beschäftigungsverhältnis zu einem AG stehen und während dieses Beschäftigungsverhältnisses ein Kind bekommen haben, haben nach dem MSchG bzw nach dem VKG gegenüber dem AG für eine bestimmte Zeit einen **Rechtsanspruch auf Freistellung von der Arbeitsleistung gegen Entfall des Arbeitsentgelts,** um ihr Kind zu betreuen. Diese Freistellung wird Karenz oder auch Elternkarenz genannt. **203**

Der AG kann dem AN einen Karenzwunsch nicht verweigern, wenn die hierfür erforderlichen Voraussetzungen erfüllt sind. Werden die Voraussetzungen nicht erfüllt (zB weil die Meldung des gewünschten Karenzantritts nicht fristgerecht erfolgt ist), kann zwischen AN und AG dennoch eine Karenz nach dem MSchG bzw VKG **vereinbart** werden (§ 15 Abs 3 MSchG, § 2 Abs 5 VKG).

Der Karenzanspruch besteht nicht nur für leibliche Eltern, sondern auch für **Adoptiv- und Pflegeeltern** für ein Kind, welches das zweite Lebensjahr noch nicht vollendet hat (§ 15c MSchG, § 5 VKG). Unter bestimmten Voraussetzungen ist eine Karenz auch über das zweite Lebensjahr des Kindes hinaus möglich.

Zum **Kinderbetreuungsgeld** als finanzielle Unterstützungsleistung des Staates während der Karenz siehe Rz 207.

Nimmt **nur ein Elternteil** Karenz für ein Kind in Anspruch, das **ab dem 1. 11. 2023 geboren wurde,** kann die Karenz längstens bis zum Ablauf des **22. Lebensmonats** des Kindes dauern (§ 15 Abs 1 MSchG, § 2 Abs 1 VKG). Der Karenzanspruch verlängert sich unter folgenden Voraussetzungen bis zum Ablauf des **24. Lebensmonats** des Kindes: **203a**

- Die **Eltern teilen sich die Karenz** und nehmen diese abwechselnd derart in Anspruch, dass jeder Karenzteil zumindest zwei Monate dauert (§ 15a Abs 1 MSchG, § 3 Abs 1 VKG).
- Der in Karenz befindliche **Elternteil ist alleinerziehend.** Dies ist der Fall, wenn kein anderer Elternteil vorhanden ist (zB weil bereits verstorben oder kein Anerkenntnis der Vaterschaft vorliegt) oder wenn der andere Elternteil nicht mit dem Kind im gemeinsamen Haushalt lebt (§ 15 Abs 1a MSchG, § 2 Abs 1a VKG).

- Für Elternteile, deren **Partner keinen Anspruch auf Karenz** haben (zB Selbständige, Studierende, Hausfrauen/Hausmänner), wenn der Karenzantritt bei Frauen frühestens zwei Monate nach dem Ende des Beschäftigungsverbotes bzw bei Männern frühestens zwei Monate nach Ablauf von acht bzw bei Früh-, Mehrlings- oder Kaiserschnittgeburten zwölf Wochen nach der Geburt erfolgt (vgl § 15 Abs 3a MSchG, § 2 Abs 5a VKG).
- Darüber hinaus können **KollV** eine Verlängerung der Karenz vorsehen.

Hinweis: Wurde ein Kind **vor dem 1. 11. 2023 geboren,** adoptiert oder unentgeltlich in Pflege genommen, so besteht der Karenzanspruch nach der alten Rechtslage ohne Vorliegen weiterer Voraussetzungen weiterhin **bis zum Ablauf des zweiten Lebensjahres des Kindes** (§ 15 MSchG alt, § 2 VKG alt).

Praxistipp: Wenn die Karenz bis zum **Ablauf des zweiten Lebensjahres** des Kindes (oder auch bis zum Ablauf des 24. Lebensmonats) in Anspruch genommen wird, bedeutet das, dass die Arbeit **am Tag des zweiten Geburtstages** des Kindes wieder angetreten werden muss.

203b Die Karenz kann sowohl von der Mutter als auch vom Vater **frühestens mit Ablauf des Beschäftigungsverbotes der Mutter** nach der Geburt des Kindes in Anspruch genommen werden. Hat die Mutter keinen Karenzanspruch kann der Vater die Karenz frühestens nach Ablauf von acht bzw bei Früh-, Mehrlings- oder Kaiserschnittgeburten zwölf Wochen nach der Geburt antreten.

Dabei sind folgende **Fristen** zu beachten (§ 15 Abs 3 MSchG, § 2 Abs 5 VKG):

- Die **Mutter** hat ihren Wunsch auf Karenz (Beginn und Dauer) **innerhalb der Schutzfrist** (also grundsätzlich binnen acht bzw bei Früh-, Mehrlings- oder Kaiserschnittgeburten zwölf Wochen nach der Geburt),
- der **Vater** hat seinen Karenzierungswunsch **innerhalb von acht Wochen** nach der Geburt des Kindes dem AG bekannt zu geben.
- Für den Fall, dass der andere Elternteil, der das Kind zunächst betreut hat, keinen Karenzanspruch hat und der unselbständig erwerbstätige Elternteil die Karenz zu einem späteren Zeitpunkt antreten will, ist dies dem AG spätestens **drei Monate vor Karenzantritt** mitzuteilen.

203c Darüber hinaus sind folgende **Besonderheiten** zu beachten:

- Die Karenz muss mindestens **zwei Monate** andauern;
- das Kind muss mit dem jeweiligen Elternteil im **gemeinsamen Haushalt** leben;
- will der Vater oder die Mutter die ursprünglich genannte Karenz **verlängern,** muss das spätestens **drei Monate (bzw bei kürzerer Karenz zwei Monate) vor dem Ende der Karenz** dem AG bekannt gegeben werden; eine Verlängerung ist für jeden Elternteil **nur einmal möglich;**

- eine **vorzeitige Beendigung** der Karenz ist grundsätzlich nur mit Zustimmung des AG möglich; darüber hinaus endet die Karenz vorzeitig, wenn der gemeinsame Haushalt mit dem Kind wegfällt und der AG den vorzeitigen Antritt des Dienstes vom AN verlangt; in jedem Fall hat der in Karenz befindliche AN den Wegfall des gemeinsamen Haushaltes dem AG zu melden (§ 15f Abs 4 und 5 MSchG, § 2 Abs 7 und 8 VKG);
- Vater und Mutter können für ein Kind **nicht gleichzeitig in Karenz** sein, jedoch ist eine **Teilung der Karenz** möglich (§ 15a MSchG, § 3 VKG):
  - Das Gesetz erlaubt eine **zweimalige Teilung** der Karenz zwischen Mutter und Vater, wobei jeder Teil mindestens **zwei Monate** betragen muss (zB Mutter/Vater/Mutter).
  - Der Karenzteil hat mit dem Ende der Schutzfrist bzw im unmittelbaren Anschluss an einen Karenzblock des anderen Elternteils zu beginnen (es dürfen also keine Karenz-Lücken entstehen; anderes gilt bei der aufgeschobenen Karenz, siehe dazu Rz 204).
  - Spätestens **drei Monate vor Ende der Karenz des anderen Elternteils** (bei einer unmittelbar an das absolute Beschäftigungsverbot anschließenden kürzeren Karenz spätestens mit Ende des Beschäftigungsverbotes) muss dem AG Beginn und Dauer der beabsichtigten Karenz bekannt gegeben werden.
  - Beim **erstmaligen Wechsel der Betreuungsperson** (also zB von der Mutter auf den Vater), kann für die Dauer **eines Monats gleichzeitig** Karenz in Anspruch genommen werden. In diesem Fall verkürzt sich die Gesamtdauer der Karenz bis zum Ablauf des 23. Lebensmonats des Kindes.
- Der AG hat auf Verlangen des AN eine **Bestätigung** über Beginn und Dauer der Karenz auszustellen. Falls der AN keine Karenz in Anspruch nimmt, ist auch dies zu bestätigen (§ 15f Abs 3 MSchG, § 2 Abs 6 VKG). Die Bestätigung muss vom AG und AN unterfertigt werden und dient dem anderen Elternteil als Nachweis gegenüber dessen AG, dass der andere Elternteil zur selben Zeit keine Karenz in Anspruch nimmt.

Hinweis: Die **neuerliche Schwangerschaft der Mutter** sowie die Geburt eines weiteren Kindes beenden die Elternkarenz der Mutter nicht automatisch. Während der Schutzfrist wird die Karenz der Mutter lediglich verdrängt und lebt nach Ende der Schutzfrist wieder auf. Die Mutter muss während der Schutzfrist entscheiden, ob sie die ursprüngliche Karenz fortsetzen oder für das weitere Kind Karenz in Anspruch nehmen will. Im letzteren Fall endet die frühere Karenz mit Beginn der neuen Karenz. Möglich wäre aber auch, dass die Mutter die ursprüngliche Karenz fortsetzt und der Vater für das weitere Kind Karenz in Anspruch nimmt (diese Variante der gleichzeitigen Karenz beider Elternteile ist nach der Judikatur zulässig). Für den Fall, dass der Vater bereits für das frühere Kind in Karenz war, ändert sich durch die Schwangerschaft der Mutter bzw die Geburt eines weiteren Kindes grundsätzlich nichts an seiner Karenz.

Die Eltern haben unter bestimmten Voraussetzungen die Möglichkeit, die Elternkarenz **204**
nicht im vollen Umfang auf einmal zu nehmen, sondern können jeweils **drei Monate** davon **aufschieben** und bis zum Ablauf des **siebenten Lebensjahres des Kindes** bzw bis zum **späteren Schuleintritt** verbrauchen (**aufgeschobene Karenz;** § 15b MSchG, § 4 VKG). Der

Gesamtanspruch auf Karenz wird dadurch nicht verlängert. Über die Absicht des AN, einen Teil der Karenz für einen späteren Antritt aufzuschieben, ist der AG grundsätzlich bereits im Zuge der ursprünglichen Karenzmeldung bzw Karenzverlängerungsmeldung zu informieren. Der tatsächliche Beginn der aufgeschobenen Karenz ist dem AG spätestens drei Monate vor dem gewünschten Antrittszeitpunkt bekannt zu geben.

Kommt über die gewünschte aufgeschobene Karenz zwischen AG und AN **keine Einigung** zustande, so hat der AG die **Ablehnung** des Karenzaufschubs **innerhalb von zwei Wochen** ab Bekanntgabe der aufgeschobenen Karenz **schriftlich zu begründen** (gilt nur für Geburten ab 1. 11. 2023). Diese Begründungspflicht besteht auch bei der Ablehnung des konkreten Antrittszeitpunkts der aufgeschobenen Karenz (gilt nur für Geburten ab 1. 11. 2023). Um den späteren Karenzantritt des AN zu verhindern, muss der AG in weiterer Folge binnen bestimmter Fristen eine **Klage bei Gericht** einbringen, widrigenfalls die Zustimmung als erteilt gilt bzw der AN die aufgeschobene Karenz zum gewünschten Zeitpunkt antreten kann. Für den Fall, dass der AN vor Antritt der aufgeschobenen Karenz den AG gewechselt hat, muss **mit dem neuen AG jedenfalls eine Vereinbarung** über die Inanspruchnahme der Karenz getroffen werden, andernfalls die Karenz nicht angetreten werden darf.

204a Ist jener Elternteil, der gerade Karenz in Anspruch nimmt, durch ein **unvorhersehbares und unabwendbares Ereignis für eine nicht bloß verhältnismäßig kurze Zeit an der Betreuung des Kindes gehindert,** so kann der andere Elternteil auf Verlangen für die Dauer der Verhinderung **in dessen Karenz eintreten** (sog „Notstandskarenz"). Dieser Anspruch besteht unabhängig davon, ob der AN eine Karenz zu einem späteren Zeitpunkt gemeldet hat, seinen Karenzteil bereits verbraucht hat oder sich in Elternteilzeit befindet. Der AN hat Beginn und voraussichtliche Dauer der Karenz **unverzüglich dem AG bekannt zu geben** und die anspruchsbegründenden Umstände entsprechend nachzuweisen (§ 15d MSchG, § 6 VKG).

Ein **unvorhersehbares und unabwendbares Ereignis** liegt nur in folgenden, gesetzlich genannten Fällen vor: Tod, Aufenthalt in einer Heil- und Pflegeanstalt, Verbüßung einer Freiheitsstrafe oder anderweitige behördliche Anhaltung, schwere Krankheit, Wegfall des gemeinsamen Haushalts des anderen Elternteils mit dem Kind oder Wegfall der Betreuung des Kindes.

205 Während der Karenz darf vom AN eine **geringfügige Beschäftigung** (2024: € 518,44 monatlich) entweder bei seinem AG oder auch bei einem anderen AG ausgeübt werden (für ein Dienstverhältnis mit einem anderen AG wird aber idR die Zustimmung des AG erforderlich sein). Darüber hinaus kann der AN mit dem eigenen AG (mit Zustimmung des AG auch mit einem anderen AG) für längstens 13 Wochen pro Kalenderjahr eine Beschäftigung über der Geringfügigkeitsgrenze vereinbaren (§ 15e MSchG, § 7b VKG). Für Kinderbetreuungsgeldbezieher sind aber die Zuverdienstgrenzen nach dem KBGG zu beachten (siehe dazu Rz 209).

Eine solche Beschäftigung während der Karenz ist nur im Rahmen **eines eigenen, neu abzuschließenden Dienstverhältnisses** möglich. Für dieses neue Dienstverhältnis besteht **kein besonderer Bestandschutz.** Eine Verletzung der Arbeitspflicht im Rahmen dieses Dienstverhältnisses hat auch grundsätzlich keine Auswirkungen auf das karenzierte Dienstverhältnis.

Hinweis: In Dienst- bzw Kalenderjahren, in die Zeiten einer Karenz fallen, sind die **Sonderzahlungen sowie der Urlaubsanspruch** entsprechend **zu aliquotieren.** 205a

Elternkarenzzeiten werden bei sämtlichen Ansprüchen, die sich nach der Dienstzeit richten, **für jedes Kind in vollem Ausmaß** (maximal bis zum zweiten Geburtstag des Kindes) **angerechnet** (§ 15f MSchG, § 7c VKG). Die Anrechnung erfolgt auch bei der Abfertigung „alt", Lohn- bzw Gehaltsvorrückungen oder Jubiläumsgeldern.

Der Ablauf von laufenden gesetzlichen, kollektivvertraglichen oder vertraglichen **Verjährungs- und Verfallsfristen** betreffend Ansprüche des AN, die bereits vor der Karenz entstanden sind, bleibt bis **zum Ablauf von zwei Wochen nach Ende der Karenz gehemmt** (gilt nur für Geburten ab 1. 11. 2023; § 15f Abs 1a MSchG, § 7d VKG).

Während der Elternkarenz besteht ein **besonderer Kündigungs- und Entlassungsschutz** (§ 15 Abs 4 MSchG, § 7 VKG). Nimmt die Mutter unmittelbar nach der Schutzfrist Karenz in Anspruch, läuft ihr bereits während der Schwangerschaft bestehender Bestandschutz weiter. Geht der Vater unmittelbar im Anschluss an die Schutzfrist der Mutter in Karenz, beginnt der Kündigungs- und Entlassungsschutz mit der Karenzmeldung, frühestens jedoch am Tag der Geburt des Kindes. In allen anderen Fällen beginnt der Kündigungs- und Entlassungsschutz grundsätzlich mit Bekanntgabe der Karenz, frühestens jedoch vier Monate vor deren Antritt. Sofern vom AN nach der Karenz keine Elternteilzeit in Anspruch genommen wird, **endet** der besondere Kündigungs- und Entlassungsschutz **vier Wochen nach Ende der Karenz.** 205b

Während der Dauer des besonderen Kündigungsschutzes kann vom AG eine **Kündigung** nur wirksam ausgesprochen werden, wenn vor Ausspruch der Kündigung eine **Zustimmung durch das Gericht** erteilt wurde. Das Gericht darf einer Kündigung während der Karenz – wie bei einer Kündigung während des Mutterschutzes – nur zustimmen, wenn der Arbeitsplatz wegen einer **Betriebs- bzw Betriebsteilstilllegung** wegfällt (siehe Rz 202). Darüber hinaus kann das Gericht bei einer Karenz **im zweiten Lebensjahr des Kindes** der Kündigung auch dann zustimmen, wenn die Kündigung entweder durch **Umstände in der Person des AN,** welche die betrieblichen Interessen nachteilig berühren oder durch **betriebliche Erfordernisse,** die einer Weiterbeschäftigung entgegenstehen, begründet ist. Das Gericht hat eine **Interessenabwägung** durchzuführen und darf der Kündigung nur zustimmen, wenn dem AG die Aufrechterhaltung des Arbeitsverhältnisses unzumutbar ist.

Auch der wirksame Ausspruch einer **Entlassung** während der Karenz bedarf der **Zustimmung durch das Gericht,** die – wie bei der Entlassung während des Mutterschutzes – nur unter ganz bestimmten Voraussetzungen erteilt werden darf. Für den Abschluss einer **einvernehmlichen Auflösung** des Dienstverhältnisses während einer Elternkarenz gelten ebenfalls dieselben Voraussetzungen wie für eine Auflösungsvereinbarung während des Mutterschutzes (siehe Rz 202 ff).

Nach Ende des besonderen Bestandschutzes besteht ein **individueller Kündigungs- und Entlassungsschutz nach dem GlBG** (siehe Rz 232, 235). Darüber hinaus kann ein **Motivkündigungsschutz** uU auch auf andere Rechtsgrundlagen gestützt werden (zB § 105 Abs 3 Z 1 lit i ArbVG oder § 879 ABGB). 205c

205d Für die **aufgeschobene Karenz** besteht kein besonderer Kündigungs- und Entlassungsschutz. Allerdings steht AN nach der neuen Rechtslage (Geburten ab 1. 11. 2023) im Zusammenhang mit der aufgeschobenen Karenz ein sog **individueller Kündigungsschutz** (siehe Rz 453c) zu. Eine Kündigung wegen einer beabsichtigten oder tatsächlich in Anspruch genommenen aufgeschobenen Karenz kann bei Gericht angefochten werden. Der AN kann binnen fünf Kalendertagen ab Zugang der Kündigung schriftlich die Ausstellung einer **schriftlichen Begründung der Kündigung** vom AG verlangen, die dieser dann binnen fünf Kalendertagen auszustellen hat (§ 15b Abs 7 MSchG, § 4 Abs 6a VKG).

205e Im Falle einer **Diskriminierung des AN im Zusammenhang mit der Karenz** steht dem AN der gesamte Rechtsschutz des GlBG zur Verfügung, der im Falle einer Geschlechtsdiskriminierung gilt (§ 5a GlBG; siehe Rz 232, 235).

Hinweis: Nach **Beendigung der Karenz** hat der AN grundsätzlich einen **Anspruch** darauf, wieder auf **seinem alten Arbeitsplatz** mit der gleichen Verwendung weiterbeschäftigt zu werden. Ist dies aus betrieblichen Gründen nicht möglich, muss dem AN vom AG eine gleichwertige Tätigkeit angeboten werden. Es darf dabei grundsätzlich auch zu keiner Verringerung jenes Entgelts kommen, das der AN vor der Karenz verdient hat.

Wünscht der AN eine **Verringerung der Arbeitszeit** oder eine **Änderung der Lage der Arbeitszeit,** um seinen Betreuungspflichten (besser) nachkommen zu können, kann er bei Vorliegen der gesetzlichen Voraussetzungen **Elternteilzeit** (siehe Rz 210 ff) in Anspruch nehmen.

1.3. Papamonat

205f Väter haben auf Verlangen unmittelbar nach der Geburt ihres Kindes gegenüber ihrem AG einen durchsetzbaren Anspruch auf eine **unbezahlte Freistellung** im Ausmaß von (durchgehend) **einem Monat,** wenn sie mit dem Kind im gemeinsamen Haushalt leben (sog **Papamonat,** § 1a Abs 1 VKG). Die Freistellung muss **innerhalb des Beschäftigungsverbotes der Mutter** liegen (zum Beschäftigungsverbot siehe Rz 201 f) und kann (muss aber nicht) ab dem ersten Tag nach der Geburt des Kindes angetreten werden.

Der AN hat seinem AG den gewünschten Antrittszeitpunkt **spätestens drei Monate** vor dem errechneten Geburtstermin anzukündigen und unverzüglich von der Geburt des Kindes zu verständigen. **Spätestens eine Woche nach der Geburt** hat der AN dem AG den tatsächlichen Antrittszeitpunkt der Freistellung bekannt zu geben. Für Frühgeburten bestehen Ausnahmebestimmungen.

Wird der für die Durchsetzung des Anspruches vorgesehene Ablauf vom AN nicht eingehalten, ist der Antritt des Papamonats nur mit Zustimmung des AG möglich. Sofern andere gesetzliche Regelungen, Einzelverträge oder KollV einen Freistellungsanspruch für Väter anlässlich der Geburt des Kindes vorsehen, wird dieser nicht auf den Papamonat angerechnet (§ 1a Abs 4 VKG).

Der AN genießt ab Vorankündigung seiner Absicht, einen Papamonat in Anspruch zu nehmen, einen **besonderen Kündigungs- und Entlassungsschutz** (siehe dazu auch Rz 442 ff). Das bedeutet, dass der AN grundsätzlich nur mit gerichtlicher Zustimmung gekündigt oder entlassen werden kann. Der Schutz greift frühestens vier Monate vor dem Geburtstermin und endet vier Wochen nach dem Ende des Papamonats (§ 1a Abs 6 VKG).

Im Falle einer **Diskriminierung** des AN im Zusammenhang mit dem Papamonat steht dem AN der gesamte Rechtsschutz des GlBG zur Verfügung, der im Falle einer Geschlechtsdiskriminierung gilt (§ 5a GlBG; siehe Rz 232, 235). Praktisch relevant ist insbesondere der nach Ende des besonderen Bestandschutzes weiterhin bestehende **individuelle Kündigungsschutz nach dem GlBG.**

Während der Zeit des Papamonats sowie bis zum Ablauf von zwei Wochen nach Ende der Freistellung ist der Ablauf von **Verjährungs- und Verfallsfristen gehemmt** (gilt nur für Geburten ab 1. 11. 2023; § 7d VKG).

Als finanzielle Unterstützungsleistung während des Papamonats hat der Vater unter bestimmten Voraussetzungen Anspruch auf einen sog **Familienzeitbonus** (siehe Rz 209a).

1.4. Sozialrechtliche Leistungen

a) Wochengeld

Mit **Beginn der Schutzfrist** (grundsätzlich acht Wochen vor dem prognostizierten Geburtstermin bzw beim individuellen Beschäftigungsverbot auch früher) **endet grundsätzlich die Entgeltzahlungspflicht des AG.** Der Entgeltausfall wird – sofern Krankenversicherungsschutz vorliegt – vom zuständigen KV-Träger (idR ÖGK) im Rahmen des Versicherungsfalls der Mutterschaft in Form von **Wochengeld** ersetzt (§ 162 ASVG). Das Wochengeld gebührt dabei grundsätzlich in der Höhe des **durchschnittlichen Nettoarbeitsverdienstes der letzten drei Kalendermonate vor Beginn des Mutterschutzes.** 206

Anteilige **Sonderzahlungen** werden bei der Berechnung des Wochengeldes hinzugezählt. Ebenfalls müssen **regelmäßige Überstunden und Entgelte für Sonn- und Feiertagsarbeit** beim Wochengeld berücksichtigt werden. Der AG ist verpflichtet, der AN eine entsprechende **Arbeits- und Entgeltbestätigung** für die Inanspruchnahme des Wochengeldes auszustellen.

Die nach § 19a ASVG **selbstversicherten geringfügig beschäftigten DN** erhalten ein fixes Wochengeld pro Tag (2024: € 11,35 täglich).

Mit Beendigung der Schutzfrist (grundsätzlich acht bzw bei Mehrlings-, Früh- oder Kaiserschnittgeburten zwölf Wochen nach der Geburt) endet auch der Anspruch auf Wochengeld.

b) Kinderbetreuungsgeld

Nach der Geburt eines Kindes besteht für jenen Elternteil ein Anspruch auf Kinderbetreuungsgeld nach dem Kinderbetreuungsgeldgesetz (KBGG), der sich der Betreuung des Kindes widmet. Die Leistung wird – bei Vorliegen der rechtlichen Voraussetzungen – nur auf **Antrag** gewährt und besteht **unabhängig davon, ob eine vorherige Erwerbstätigkeit ausgeübt wurde.** Die Auszahlung erfolgt über den zuständigen KV-Träger. 207

Während des Bezugs von Wochengeld ruht das Kinderbetreuungsgeld bis zu dessen Höhe. Hat eine Frau keinen Anspruch auf Wochengeld (zB eine Studentin, die vor der Geburt des Kindes nicht aufgrund einer Erwerbstätigkeit krankenversichert war), kann von ihr Kinderbetreuungsgeld bereits ab dem Tag der Geburt des Kindes bezogen werden.

Anspruchsberechtigt ist jener Elternteil, der sich der Betreuung eines

- **eigenen bzw adoptierten Kindes oder Pflegekindes**
- **unter drei Jahren** widmet und
- mit diesem Kind in einem **gemeinsamen Haushalt in Österreich** lebt und
- für dieses Kind Anspruch auf **Familienbeihilfe** hat.
- Darüber hinaus ist für den Bezug der **einkommensabhängigen Variante** die durchgehende Erwerbstätigkeit in den letzten 182 Kalendertagen Voraussetzung.

Hinweis: Zu beachten ist, dass Kinderbetreuungsgeld grundsätzlich nur dann gewährt wird, wenn die **Eltern-Kind-Pass-Untersuchungen** durchgeführt und rechtzeitig dem KV-Träger vorgelegt werden.

208 Hinsichtlich der **Höhe** des Kinderbetreuungsgeldes und der **Bezugsdauer** bestehen grundsätzlich zwei Alternativen: **Kinderbetreuungsgeld als Konto-Modell** sowie **Kinderbetreuungsgeld als Ersatz des Erwerbseinkommens.**

Wenn die Elternteile einander beim Kinderbetreuungsgeldbezug abwechseln, erhöht sich der Zeitraum der Bezugsberechtigung. Die Elternteile können grundsätzlich nur **zweimal wechseln,** dh das Kinderbetreuungsgeld kann in drei Bezugsteilen (zB Mutter/Vater/Mutter) beansprucht werden. Außerdem kann man es stets, also unabhängig von einem Wechsel, jeweils nur in Blöcken von mindestens 61 Tagen erhalten.

- **Kinderbetreuungsgeld-Konto – Grundvariante:**
  - Die Grundvariante sieht bei einer Anspruchsdauer von bis zu 365 Tagen ab Geburt einen Anspruch von € 39,33 (2024) täglich vor.
  - Wechseln die Eltern einander ab, verlängert sich die Anspruchsdauer auf maximal 456 Tage (also fast 15 Monate) ab der Geburt. Beim Wechsel ist zu beachten, dass jeder Elternteil einen unübertragbaren Anspruch von 91 Tagen hat.
- **Kinderbetreuungsgeld-Konto – flexible Inanspruchnahme:**
  - Die Maximaldauer kann bei Wahl dieser Variante auf bis zu 851 Tage (also ca 2 Jahre und 4 Monate) ab der Geburt verlängert werden. Dabei verringert sich der Tagesbetrag entsprechend, wird also aliquotiert.
  - Wechseln die Eltern einander ab, verlängert sich die Anspruchsdauer auf bis zu 1063 Tage (also ca 34 Monate bzw fast 3 Jahre) ab Geburt. Auch hier verringert sich der Tagesbetrag entsprechend. Der Tagesbetrag kann aber im Jahr 2024 € 39,33 nicht über- und € 16,87 nicht unterschreiten.
- **Einkommensabhängiges Kinderbetreuungsgeld:**
  - Hier gebührt der Anspruch längstens für 365 Tage ab der Geburt des Kindes. Seine Höhe beträgt idR 80% des für das Kind bezogenen (bei Vätern fiktiv zu berechnenden) Wochengeldes, höchstens aber € 76,60 (2024) täglich.
  - Wechseln die Eltern einander ab, verlängert sich der Anspruch auf maximal 426 Tage (ca 14 Monate) ab der Geburt. Dabei hat aber jeder Elternteil einen unübertragbaren Anspruch von mindestens 61 Tagen.

In allen Varianten ist es möglich, dass die Elternteile beim erstmaligen Wechsel für den Zeitraum von 31 Tagen **zugleich** Kinderbetreuungsgeld beziehen. Dadurch reduziert sich aber die Gesamtdauer um diesen Zeitraum. Außerdem erhalten die Elternteile auf Antrag je € 500,– **Partnerschaftsbonus,** wenn sie das Kinderbetreuungsgeld annähernd zu gleichen Teilen, dh konkret bis zum Verhältnis 60:40 (und dabei jeder von ihnen für mindestens 124 Tage, also ca 4 Monate) beansprucht haben.

Eine während des Bezuges von Kinderbetreuungsgeld ausgeübte Erwerbstätigkeit (zB **209** im Rahmen von Elternteilzeit) schadet bis zu einer bestimmten **Zuverdienstgrenze** nicht. Die Zuverdienstgrenze beträgt beim **Kinderbetreuungsgeld-Konto 60% der gesamten Einkünfte** (lt Steuerbescheid; auch Leistungen aus der Arbeitslosenversicherung werden berücksichtigt) des letzten Kalenderjahres vor der Geburt des Kindes, in dem kein Kinderbetreuungsgeld bezogen wurde (individueller Grenzbetrag); bei geringen Einkommen dürfen aber jedenfalls € 18.000,– dazuverdient werden (absoluter Grenzbetrag). Hinsichtlich des **einkommensabhängigen Kinderbetreuungsgeldes** ist nur ein Zuverdienst von € 8.100,– pro Kalenderjahr möglich. Bei Überschreiten der jeweiligen Grenze besteht kein Anspruch auf Geldleistung bzw muss das Kinderbetreuungsgeld (teilweise) zurückgezahlt werden. Die Zuverdienstgrenzen gelten für das **Kalenderjahr** und sind daher für kürzere Zeiträume entsprechend zu aliquotieren.

Webtipp: Mit dem „KBG-Online-Rechner“, zu finden unter www.bundeskanzleramt.gv.at, können die verschiedenen Varianten und die Zuverdienstgrenzen durchgerechnet werden.

In bestimmten Fällen (zB für alleinstehende Elternteile, die nicht mehr als € 8.100,– im Kalenderjahr verdienen) wird für die Dauer von 365 Tagen eine **Beihilfe zum pauschalen Kinderbetreuungsgeld** iHv € 6,06 täglich gewährt.

Der Anspruch auf Kinderbetreuungsgeld **endet vorzeitig** mit der **Geburt eines weiteren Kindes.** Besteht ein Anspruch auf Wochengeld, ruht das Kinderbetreuungsgeld bis zu dessen Höhe (nicht aber für den betreuenden Vater, wenn die Mutter für das weitere Kind Wochengeld bezieht, § 6 KBGG). Der Anspruchszeitraum auf das Kinderbetreuungsgeld verlängert sich durch das Ruhen des Anspruchs nicht.

Hinweis: Während das Kinderbetreuungsgeld (fast) bis zum vollendeten dritten Lebensjahr des Kindes gebühren kann, ist eine Karenz nach MSchG bzw VKG nur maximal bis zum Ablauf des zweiten Lebensjahres des Kindes möglich. Aus einem KollV kann sich aber ein längerer Karenzanspruch ergeben (zB SWÖ-KollV).

Praxistipp: Wenn ein Elternteil erwerbstätig ist und der andere sich überwiegend der Erziehung eines bis zu siebenjährigen Kindes widmet, ist ein **freiwilliges Pensionssplitting** möglich: Dabei kann der erwerbstätige Elternteil bis zu 50% seiner Pensionskontogutschriften für die betreffenden (bei mehreren Kindern maximal 14) Jahre auf das Pensionskonto des anderen Elternteils übertragen lassen (§ 14 APG, maßgeblich ist die

Kindererziehung iSv § 227a Abs 4–6 ASVG). Der Antrag kann im Wesentlichen bis zum vollendeten zehnten Lebensjahr des Kindes beim Pensionsversicherungsträger gestellt werden.

c) Familienzeitbonus

209a Für die Dauer des Papamonats erhalten Väter eine finanzielle Unterstützung vom zuständigen KV-Träger **(Familienzeitbonus).** Anspruchsberechtigt sind Väter (auch Adoptiv- und Dauerpflegeväter sowie Partnerinnen in gleichgeschlechtlichen Beziehungen, vgl § 144 Abs 2 ABGB), die mit Mutter und Kind im gemeinsamen Haushalt leben und ihre Erwerbstätigkeit unterbrechen, um sich wegen der Geburt eines Kindes ausschließlich der Familie zu widmen (zu den weiteren Voraussetzungen siehe § 2 FamZeitbG).

Bei einem medizinisch indizierten **Krankenhausaufenthalt** des Kindes wird bei persönlicher Pflege und Betreuung des Kindes durch den Vater und die Mutter im Mindestausmaß von jeweils durchschnittlich zwei Stunden täglich **ausnahmsweise der gemeinsame Haushalt angenommen.** Dies gilt auch für den Fall, dass die Mutter krank ist und vom Vater im Beisein des Kindes im Krankenhaus im Mindestausmaß von jeweils durchschnittlich zwei Stunden täglich gepflegt bzw betreut wird (§ 2 Abs 3a und 3b FamZeitbG).

Der **Familienzeitbonus** beträgt € 52,46 täglich (2024) und gebührt für ausschließlich 28, 29, 30 oder 31 Kalendertage. Der Bezug muss ununterbrochen erfolgen, sich mit der Zeit des Papamonats (siehe Rz 205f) decken und vollständig **innerhalb von 91 Tagen ab der Geburt** liegen. Der Antrag auf Familienzeitbonus muss spätestens am 121. Tag nach der Geburt des Kindes beim zuständigen KV-Träger einlangen. Während der Dauer der Familienzeit ist der AN kranken- und pensionsversichert.

Der Familienzeitbonus ist nicht zu verwechseln mit dem steuerrechtlichen **„Familienbonus Plus“** (dieser reduziert die Steuerlast der Eltern und wird idR im Rahmen der Arbeitnehmerveranlagung beantragt).

2. Elternteilzeit

2.1. Anspruchsvoraussetzungen

210 Grundsätzlich hat ein AN keinen Anspruch darauf, dass seine **Arbeitszeit reduziert** wird oder dass die **Lage der Arbeitszeit (Beginn und Ende) verschoben** wird. Teilzeitarbeit und alle damit zusammenhängenden Änderungen müssen daher zwischen AG und AN vereinbart werden (§ 19d AZG; vgl Rz 334 ff). Unter bestimmten Voraussetzungen können aber im Falle der Geburt eines Kindes sowohl die Mutter als auch der Vater sowie auch Adoptiv- und Pflegeeltern **Elternteilzeit** in Anspruch nehmen (§§ 15h–15p MSchG, §§ 8–8h VKG).

Hinweis: Elternteilzeit iSd MSchG bzw VKG bedeutet nicht nur **Teilzeitbeschäftigung** (Reduktion der ursprünglichen Arbeitszeit), sondern auch eine bloße **Änderung der Lage der Arbeitszeit** (ohne Verringerung der Stundenanzahl), wenn diese **zur Betreuung des**

Kindes notwendig ist (§ 15p MSchG, § 8h VKG). Dies gilt grundsätzlich unabhängig davon, ob dafür sämtliche gesetzlichen Voraussetzungen erfüllt wurden (auch „freiwillig" gewährte Elternteilzeit nach dem MSchG bzw VKG löst dessen gesetzliche Rechtsfolgen wie insb den besonderen Kündigungs- und Entlassungsschutz aus).

Mit der Umsetzung der sog „Work-Life-Balance"-RL der EU (RL 2019/1158) erfolgte eine weitgehende Novellierung der Elternteilzeitbestimmungen im MSchG bzw VKG mit Wirkung ab dem 1. 11. 2023.

Für Eltern, die ihre Absicht auf Elternteilzeit dem AG **ab dem 1. 11. 2023** bekannt geben, **211**
besteht demnach ein **Anspruch auf Teilzeitbeschäftigung** oder auf **Änderung der Lage der Arbeitszeit** bis **längstens zum Ablauf des achten Lebensjahres des Kindes** (sog **„großer Anspruch";** § 15h Abs 1 MSchG, § 8 Abs 1 VKG; § 15p MSchG, § 8h VKG), wenn die Mutter bzw der Vater

- in einem Betrieb mit **mehr als 20 AN**
- seit **mindestens drei Jahren** vor Antritt der Elternteilzeit ununterbrochen **beschäftigt war** (Zeiten der Karenz werden eingerechnet).

Der Anspruch besteht innerhalb des Rahmenzeitraums von acht Jahren allerdings **nur im Ausmaß von höchstens sieben Jahren,** wobei von diesem Höchstausmaß die tatsächliche Dauer des Beschäftigungsverbotes nach der Geburt des Kindes sowie die Dauer der von beiden Eltern in Anspruch genommenen Elternkarenz abzuziehen sind.

Zu dem so errechneten Höchstausmaß ist wiederum die Zeit zwischen Vollendung des siebenten Lebensjahres und eines allfälligen späteren Schuleintritts des Kindes hinzuzurechnen.

Hinweis: Für Eltern, die ihre **Absicht auf Elternteilzeit vor dem 1. 11. 2023** bekannt gegeben haben, besteht nach der alten Rechtslage der **Rechtsanspruch auf Elternteilzeit** („großer Anspruch") bis **längstens zum Ablauf des siebenten Lebensjahres des Kindes** bzw bis zum späteren Schuleintritt.

Ist ein AN **kürzer als drei Jahre** im Betrieb und/oder sind in diesem **Betrieb weniger** **211a**
als 20 AN beschäftigt, so kann der AN trotzdem mit dem AG eine Teilzeitbeschäftigung bzw eine Änderung der Lage der Arbeitszeit bis zum **Ablauf des achten Lebensjahres des Kindes** vereinbaren (sog **vereinbarte Elternteilzeit** nach § 15i MSchG bzw § 8a VKG oder § 15p MSchG bzw § 8h VKG) und seine diesbezüglichen Vorstellungen bei Nichteinigung mit dem AG auch **gerichtlich durchsetzen** (sog **„kleiner Anspruch",** siehe dazu Rz 213). Dies ist auch für den Fall von Bedeutung, wenn das Höchstausmaß des Rechtsanspruches auf Elternteilzeit von sieben Jahren bereits ausgeschöpft wurde und der AN aber noch weiter bis zum achten Geburtstag des Kindes Elternteilzeit in Anspruch nehmen möchte.

Hinweis: AN, die die Absicht auf die **vereinbarte Elternteilzeit nach MSchG bzw VKG** („kleiner Anspruch") **vor dem 1. 11. 2023** bekannt gegeben haben, können diese nach der alten Rechtslage nur bis zum **Ablauf des vierten Lebensjahres des Kindes** durchsetzen.

211b Weiters sind **folgende Besonderheiten** zu beachten:

- Die wöchentliche Normalarbeitszeit muss bei Teilzeitbeschäftigung **um mindestens 20% reduziert** werden und darf **12 Stunden nicht unterschreiten** (ein außerhalb dieser „Bandbreite" vereinbartes Teilzeitmodell zur Kinderbetreuung gilt aber dennoch als Elternteilzeit iSd MSchG bzw VKG). Wird nur die Lage der Arbeitszeit verändert, gibt es hierfür keine Mindestanforderungen. Es reicht auch eine geringfügige Änderung, um unter den Schutz des MSchG bzw VKG zu fallen.
- Der AN muss grundsätzlich mit dem Kind im **gemeinsamen Haushalt** leben.
- Die Teilzeitbeschäftigung bzw die Änderung der Lage der Arbeitszeit muss **für die Betreuung des Kindes notwendig** sein (demnach besteht grundsätzlich kein Anspruch, wenn die Betreuung des Kindes auch ohne Veränderung der Arbeitszeit gesichert ist; zB weil der andere Elternteil nicht berufstätig ist).
- Soll die Elternteilzeit gleich im Anschluss an die Schutzfrist (grundsätzlich acht Wochen nach der Geburt) beginnen, hat dies die Mutter innerhalb dieser Frist **schriftlich** ihrem AG **mitzuteilen.** Der Vater hat diese Mitteilung innerhalb von acht Wochen nach der Geburt bei seinem AG zu machen.
- Wird die Elternteilzeit zu einem späteren Zeitpunkt angetreten, hat diese Meldung an den AG grundsätzlich **spätestens drei Monate vor Antritt** zu erfolgen (vgl § 15j MSchG, § 8b VKG).
- Die Elternteilzeit kann von jedem Elternteil für ein Kind nur **einmal in Anspruch genommen werden,** wobei **ein Teil** mindestens **zwei Monate** dauern muss.
- Die Elternteilzeit kann von Mutter und Vater **gleichzeitig, hintereinander** oder auch im **Anschluss an eine Karenz** in Anspruch genommen werden.
- Die Elternteilzeit kann allerdings **nicht gleichzeitig neben einer Karenz des anderen Elternteils** für dasselbe Kind in Anspruch genommen werden.
- AN können eine **Änderung der Elternteilzeit** (Verlängerung, Änderung des Ausmaßes oder der Lage) oder eine **vorzeitige Beendigung** jeweils **nur einmal** verlangen. Auch der AG kann vom AN eine Änderung der Elternteilzeit (Änderung des Ausmaßes oder der Lage) sowie eine vorzeitige Beendigung nur einmal verlangen (§ 15j Abs 5 und 6 MSchG, § 8b Abs 5 und 6 VKG).

  Das diesbezügliche Verlangen ist grundsätzlich **drei Monate** vor der beabsichtigten Änderung oder Beendigung bekannt zu geben. Kommt es zu keiner Einigung, kann der Änderungswunsch bzw die vorzeitige Beendigung innerhalb bestimmter Fristen auch **gerichtlich durchgesetzt** werden (§ 15k Abs 4 und 5 MSchG, § 8d Abs 3 und 4 VKG).
- Die Elternteilzeit **endet vorzeitig** mit der Inanspruchnahme einer Karenz oder Elternteilzeit nach dem MSchG bzw VKG für ein weiteres Kind.
- Der AG ist verpflichtet, dem AN auf dessen Verlangen eine **Bestätigung** über Beginn und Dauer der Elternteilzeit oder die Nichtinanspruchnahme der Elternteilzeit auszustellen. Diese Bestätigung ist vom AN mit zu unterfertigen (§ 15j Abs 8 MSchG, § 8b Abs 8 VKG).

211c AN, die sich in Elternteilzeit befinden, genießen – wie bei einer Karenz nach MSchG bzw VKG – einen **besonderen Kündigungs- und Entlassungsschutz** (§ 15n Abs 1 MSchG,

§ 8f Abs 1 VKG; siehe Rz 205b, 442 ff). Dieser beginnt grundsätzlich mit Bekanntgabe der beabsichtigten Elternteilzeit (frühestens jedoch vier Monate vor dem beabsichtigten Antritt) und dauert bis **vier Wochen nach dem Ende der Elternteilzeit,** längstens jedoch bis **vier Wochen nach dem Ablauf des vierten Lebensjahres des Kindes** (§ 15n Abs 1 MSchG, § 8f Abs 1 VKG). Eine wirksame Kündigung oder Entlassung während dieses Zeitraums bedarf der **Zustimmung des Gerichts,** die – wie bei der Elternkarenz – nur aufgrund der gesetzlich genannten Gründe erteilt werden darf.

Dauert die Elternteilzeit länger oder beginnt sie erst nach dem vierten Geburtstag des Kindes, kann eine Kündigung wegen einer beabsichtigten oder tatsächlich in Anspruch genommenen Elternteilzeit bei Gericht angefochten werden (sog **individueller Kündigungsschutz;** siehe auch Rz 453d). Der AN kann bei Elternteilzeit nach der neuen Rechtslage (Bekanntgabe der Absicht der Elternteilzeit ab 1. 11. 2023) binnen fünf Kalendertagen ab Zugang der Kündigung schriftlich die Ausstellung einer **schriftlichen Begründung der Kündigung** vom AG verlangen, die dieser dann binnen fünf Kalendertagen auszustellen hat (§ 15n Abs 2 MSchG, § 8f Abs 2 VKG). Darüber hinaus besteht auch ein **individueller Kündigungs- und Entlassungsschutz nach dem GlBG** (siehe Rz 232, 235).

Für den Abschluss einer **einvernehmlichen Auflösung** des Dienstverhältnisses während einer Elternteilzeit gelten ebenfalls dieselben Voraussetzungen wie für eine Auflösungsvereinbarung während des Mutterschutzes bzw der Elternkarenz (siehe Rz 202b).

Wird während der Elternteilzeit **ohne Zustimmung des AG** eine **weitere Erwerbstätigkeit** bei einem anderen AG aufgenommen, kann der AG binnen acht Wochen ab Kenntnis auch **ohne Zustimmung des Gerichts eine Kündigung** wegen dieser Erwerbstätigkeit aussprechen (§ 15n Abs 3 MSchG, § 8f Abs 3 VKG).

Im Falle einer **Diskriminierung des AN im Zusammenhang mit der Teilzeitbeschäftigung sowie der Änderung der Lage der Arbeitszeit nach MSchG bzw VKG** steht dem AN der gesamte Rechtsschutz des GlBG zur Verfügung, der im Falle einer Geschlechtsdiskriminierung gilt (§ 5a GlBG; siehe Rz 232, 235). **211d**

Praxistipp: Das Kinderbetreuungsgeld kann auch neben einer **Elternteilzeit** nach MSchG bzw VKG beansprucht werden. Es dürfen allerdings im Kalenderjahr die **Zuverdienstgrenzen** (siehe Rz 209) nicht überschritten werden.

2.2. Verfahren bei Inanspruchnahme der Elternteilzeit

Trotz des grundsätzlichen Rechtsanspruches auf die Elternteilzeit müssen die Modalitäten (Beginn, Dauer, Ausmaß und Lage der Arbeitszeit) mit dem **AG vereinbart** werden. Dabei sind die betrieblichen Interessen und die Interessen des AN im Rahmen einer **Interessenabwägung** zu berücksichtigen. Kommt es zu **keiner Einigung,** sieht das Gesetz folgendes – kompliziertes und unpraktisches – Verfahren vor, wie der AN seinen Anspruch auf Elternteilzeit durchsetzen kann (§ 15k MSchG, § 8c VKG, sog **„großer Anspruch“**): **212**

- Der **Betriebsrat** muss den Verhandlungen auf Verlangen des AN hinzugezogen werden.

- Kommt **binnen zwei Wochen** ab Bekanntgabe der beabsichtigten Elternteilzeit keine Einigung zustande, können im Einvernehmen zwischen AN und AG **Vertreter der AK und WK** hinzugezogen werden. Der AG hat das Ergebnis der Verhandlungen **schriftlich aufzuzeichnen.** Diese Ausfertigung ist sowohl vom AG als auch vom AN zu unterzeichnen und dem AN ist eine Kopie auszuhändigen.
- Kommt **binnen vier Wochen** ab Bekanntgabe der beabsichtigten Elternteilzeit immer noch keine Einigung zustande, kann der AN die Elternteilzeit **zu den von ihm bekannt gegebenen Bedingungen antreten,**
  - sofern der **AG** nicht binnen weiterer **zwei Wochen** beim Arbeits- und Sozialgericht einen **Antrag auf Vergleichsverhandlungen** stellt (Schlichtungsverfahren).
  - Kommt es auch bei Gericht innerhalb von vier Wochen nach Antragstellung zu keiner Einigung, muss der AG **binnen einer weiteren Woche** den AN auf **Einwilligung in die von ihm vorgeschlagenen Bedingungen der Elternteilzeit klagen** (streitiges Verfahren);
  - andernfalls kann der AN die Elternteilzeit **zu den von ihm bekannt gegebenen Bedingungen antreten.**

213 Der sog **„kleine Anspruch"** im Rahmen der vereinbarten Elternteilzeit kann vom AN auf folgende Weise durchgesetzt werden (§ 151 MSchG, § 8d VKG):

- Der **Betriebsrat** ist auf Verlangen des AN den Verhandlungen beizuziehen.
- Lehnt der AG die begehrte Elternteilzeit ab, muss er dies **schriftlich begründen.**
- Kommt es zu keiner Einigung, hat der AN binnen zwei Wochen ab Bekanntgabe seines Teilzeitwunsches bzw seines Wunsches auf Änderung der Lage der Arbeitszeit den AG **auf Einwilligung** in die beabsichtigte Elternteilzeit zu **klagen.**
- Nur für den Fall, dass **sachliche Gründe** seitens des AG gegen eine Elternteilzeit vorliegen, hat das Gericht die **Klage abzuweisen.**

214 **Praxistipp:** Es sind auch **Karenzierungen** oder **Vereinbarungen einer Teilzeitbeschäftigung bzw über eine Änderung der Lage der Arbeitszeit** für die Betreuung von Kindern **außerhalb des MSchG bzw VKG** möglich. Dabei ist mit dem AG aber ein **Einvernehmen** zu erzielen. Rechtlich erwingbar sind solche Vereinbarungen aber nicht.

3. Familienhospizkarenz

215 Ein AN kann eine **Herabsenkung der Arbeitszeit,** eine **Änderung der Lage der Normalarbeitszeit** oder eine **gänzliche Karenzierung** (volle Freistellung von der Arbeit gegen Entfall des Arbeitsentgelts) zu folgenden Zwecken verlangen:

- **Sterbebegleitung naher Angehöriger** (§ 14a AVRAG):
  Zu den **nahen Angehörigen** zählen hier der Ehegatte, der eingetragene Partner, Personen, die mit dem AN in gerader Linie verwandt sind (Kinder, Enkelkinder, Eltern, Großeltern), Adoptiv- oder Pflegekinder sowie Lebensgefährten, weiters Geschwister, Schwiegerkinder, Schwiegereltern, Wahl- und Pflegeeltern sowie Kinder des anderen Ehegatten (uU auch des eingetra-

genen Partners) oder Lebensgefährten. Ein **gemeinsamer Haushalt** mit diesen Personen ist **nicht erforderlich.**

- **Begleitung schwersterkrankter Kinder** (§ 14b AVRAG):
  Es muss eine Erkrankung des Kindes vorliegen, die die Gesundheit so schwer beeinträchtigt, dass sie kaum bzw nur mit hohem medizinischem Aufwand heilbar ist (zB Krebs, schwere Unfallfolgen udgl). Die Kinder können dabei leibliche Kinder, Wahl- oder Pflegekinder oder auch leibliche Kinder des anderen Ehegatten, eingetragenen Partners oder Lebensgefährten sein. Dabei wird auf die **bloße Verwandtschaftsbeziehung und nicht auf ein bestimmtes Alter** abgestellt. Ein **gemeinsamer Haushalt** muss **nicht** vorliegen, somit ist auch ein vom Kind getrennt lebender Elternteil anspruchsberechtigt.

Der Anspruch auf Familienhospizkarenz besteht bei der **Sterbebegleitung** für **drei Monate,** wobei eine **Verlängerung auf bis zu sechs Monate** vom AN beim AG verlangt werden kann. Bei der **Kinderbegleitung** kann die Maßnahme für **fünf Monate** verlangt werden, wobei eine Verlängerung auf **neun Monate** möglich ist. **216**

Bei der Durchsetzung dieses Anspruches ist folgende **Vorgangsweise** zu beachten:

- Der AN hat die von ihm gewünschte Maßnahme **dem AG schriftlich** bekannt zu geben;
- die vom AN verlangte Maßnahme kann **frühestens fünf Arbeitstage** (bei Verlängerung: zehn Arbeitstage) nach Zugang der schriftlichen Bekanntgabe an den AG vorgenommen werden;
- ist der AG mit der Maßnahme nicht einverstanden, muss er beim zuständigen Arbeits- und Sozialgericht **Klage** gegen die Wirksamkeit der Maßnahme einbringen.
  - Das Gericht hat die **betrieblichen Erfordernisse** und die **Interessen des AN** abzuwägen.
  - Bis zur Entscheidung des Gerichts kann der AN die verlangte Maßnahme vornehmen (Ausnahme: Einstweilige Verfügung auf Untersagung).

Für Zeiten der Familienhospizkarenz besteht ein **besonderer Kündigungs- und Entlassungsschutz** (§ 15a AVRAG; siehe dazu auch Rz 442 ff): **217**

- Der AN kann ab der Bekanntgabe einer gewünschten Maßnahme und bis zum Ablauf von vier Wochen nach deren Ende rechtswirksam nur gekündigt oder entlassen werden, wenn der AG vorher die **Zustimmung des zuständigen Arbeits- und Sozialgerichts** eingeholt hat.
- Das Gericht darf die Zustimmung nur nach einer **Interessenabwägung** zwischen den betrieblichen Erfordernissen und den Interessen des AN erteilen, wenn die Interessen des AG überwiegen.

Im Falle einer **Diskriminierung des AN** im Zusammenhang mit der Familienhospizkarenz steht dem AN der gesamte Rechtsschutz des GlBG zur Verfügung, der im Falle einer Geschlechtsdiskriminierung gilt (§ 5a GlBG; siehe Rz 232, 235). Praktisch relevant ist insbesondere der nach Ende des besonderen Bestandschutzes weiterhin bestehende **individuelle Kündigungsschutz nach dem GlBG.**

Während der Zeit der Familienhospizkarenz sowie bis zum Ablauf von zwei Wochen nach Ende der Freistellung ist der Ablauf von **Verjährungs- und Verfallsfristen** gehemmt (dies gilt ab 1. 11. 2023; § 16a AVRAG).

218 Für die Dauer der Familienhospizkarenz gebührt dem AN **Pflegekarenzgeld** (vgl § 21c Abs 3 BPGG; siehe auch Rz 222b). Für die Zeit der Familienhospizkarenz sind die betroffenen AN **kranken- und pensionsversicherungsrechtlich** abgesichert (§§ 29 ff AlVG).

4. Pflegefreistellung

219 Grundsätzlich haben AN bei wichtigen Dienstverhinderungsgründen während einer verhältnismäßig kurzen Zeit Anspruch auf Entgeltfortzahlung gegenüber ihrem AG (§ 8 Abs 3 AngG; § 1154b Abs 5 ABGB; Rz 194). Diese Bestimmungen werden für den Bereich der **notwendigen Pflege von Angehörigen** bzw der **notwendigen Betreuung oder Begleitung eines Kindes** von der **Pflegefreistellung** im Urlaubsgesetz überlagert, sofern diese für den AN günstiger ist (§§ 15 ff UrlG). Die Pflegefreistellung kann in folgenden Formen in Anspruch genommen werden:

- **Pflegefreistellung:** Ein AN kann wegen der **notwendigen Pflege** eines **erkrankten nahen Angehörigen** (gilt nur für Ehegatten, eingetragene Partner, Lebensgefährten, Eltern, Großeltern, Kinder, Enkelkinder; nicht aber zB für Geschwister) sowie der **notwendigen Pflege einer im gemeinsamen Haushalt lebenden erkrankten Person** (zB Geschwister, Adoptivkinder des Partners, sonstige Mitbewohner in einer Wohngemeinschaft) der Arbeit **bis zu einer Woche** pro Arbeitsjahr unter **Fortzahlung des Entgelts** durch den AG fernbleiben (§ 16 Abs 1 Z 1 UrlG). Das Vorliegen eines gemeinsamen Haushalts ist für die Pflegefreistellung für erkrankte nahe Angehörige nicht erforderlich.
- **Betreuungsfreistellung:** Ein AN kann seiner Arbeit wegen der **notwendigen Betreuung eines Kindes** infolge eines Ausfalls der ständigen Betreuungsperson wegen der in § 15d Abs 2 MSchG genannten Gründe (insb Tod, schwere Erkrankung, Krankenhausaufenthalt, Haft) **bis zu einer Woche** pro Arbeitsjahr unter **Fortzahlung des Entgelts** durch den AG fernbleiben (§ 16 Abs 1 Z 2 UrlG). Auf eine Erkrankung des Kindes kommt es nicht an.
- **Begleitungsfreistellung:** Ein AN kann seiner Arbeit wegen der **Begleitung eines erkrankten Kindes von unter zehn Jahren** bei einem stationären Aufenthalt in einer Heil- oder Pflegeanstalt **bis zu einer Woche** pro Arbeitsjahr unter Entgeltfortzahlung durch den AG fernbleiben (§ 16 Abs 1 Z 3 UrlG).

Soweit im Zusammenhang mit diesen Freistellungsansprüchen **Kinder** genannt sind, sind leibliche Kinder und eigene Adoptiv- oder Pflegekinder (und zwar unabhängig davon, ob sie im gemeinsamen Haushalt leben) sowie im gemeinsamen Haushalt lebende leibliche Kinder des Partners (also des Ehegatten, Lebensgefährten oder eingetragenen Partners) erfasst.

Hinweis: Der Anspruch auf Pflege-, Betreuungs- oder Begleitungsfreistellung darf aber für einen AN **gemeinsam nur eine Woche pro Arbeitsjahr** betragen. Dies gilt unabhängig davon, ob die Pflegefreistellung für mehrere Personen in Anspruch genommen wird.

Die Freistellung kann dabei auch **stundenweise** konsumiert werden. Der Anspruch von einer Woche bezieht sich auf die **regelmäßige wöchentliche Arbeitszeit innerhalb eines Arbeitsjahres.**

Darüber hinaus besteht noch folgender weiterer Freistellungsanspruch: **220**

- **Pflegefreistellung für Kinder:** Ist der Anspruch von einer Woche bereits erschöpft und hat der AN keinen sonstigen Anspruch auf Entgeltfortzahlung wegen einer solchen Dienstverhinderung (wie zB aufgrund von § 8 Abs 3 AngG), hat der AN Anspruch auf **Pflegefreistellung für eine weitere Woche** innerhalb eines Arbeitsjahres, wenn dies für die **Pflege eines erkrankten Kindes unter zwölf Jahren** notwendig ist (§ 16 Abs 2 UrlG).

  Dieser zusätzliche Freistellungsanspruch gilt für leibliche Kinder und eigene Adoptiv- oder Pflegekinder (und zwar unabhängig davon, ob sie im gemeinsamen Haushalt leben) sowie für im gemeinsamen Haushalt lebende leibliche Kinder des Partners (also des Ehegatten, Lebensgefährten oder eingetragenen Partners).

Hinweis: Es ist **nicht zulässig,** bei einer langen Erkrankung eines Kindes den Freistellungsanspruch für die Pflege eines nahen Angehörigen (Abs 1) und die Pflege eines Kindes (Abs 2) zusammenzuhängen und damit in einem Stück eine **Freistellung von zwei Wochen** zu konsumieren.

Ist der Anspruch auf Pflegefreistellung für ein Arbeitsjahr erschöpft, eine weitere Pflege **221**
eines erkrankten Kindes bis einschließlich dem zwölften Lebensjahr aber notwendig, kann der AN seinen **Urlaub ohne vorherige Vereinbarung** mit dem AG antreten (§ 16 Abs 3 UrlG; siehe auch Rz 266 ff).

Der AN hat dem AG einen **Nachweis über die Notwendigkeit der Freistellung** zu erbringen. Dabei ist sowohl die Pflegebedürftigkeit als auch die Notwendigkeit der Pflege bei erkrankten nahen Angehörigen bzw im gemeinsamen Haushalt lebenden erkrankten Personen oder der Ausfall der Betreuungsperson eines Kindes nachzuweisen.

Eine Kündigung wegen der beabsichtigten oder tatsächlich in Anspruch genommenen Pflegefreistellung kann bei Gericht angefochten werden. Gem § 16 Abs 5 UrlG kommt AN ein sog **individueller Kündigungsschutz** zu (siehe Rz 453a). Der AN kann binnen fünf Kalendertagen ab Zugang der Kündigung schriftlich die Ausstellung einer **schriftlichen Begründung der Kündigung** vom AG verlangen, die dieser dann binnen fünf Kalendertagen auszustellen hat.

Im Falle einer **Diskriminierung des AN** im Zusammenhang mit der Pflegefreistellung steht dem AN der gesamte Rechtsschutz des GlBG zur Verfügung, der im Falle einer Geschlechtsdiskriminierung gilt (§ 5a GlBG; siehe Rz 232, 235). Praktisch relevant ist insbesondere der **individuelle Kündigungsschutz nach dem GlBG.**

Während der Zeit der Pflegefreistellung sowie bis zum Ablauf von zwei Wochen nach Ende der Freistellung ist der Ablauf von **Verjährungs- und Verfallsfristen gehemmt** (dies gilt ab 1. 11. 2023; § 18a UrlG).

222 **Praxistipp:** Der Anspruch auf Pflege-, Betreuungs- und Begleitungsfreistellung besteht neben allfälligen **sonstigen Freistellungsansprüchen** (insb § 8 Abs 3 AngG, § 1154b Abs 5 ABGB), weshalb uU auf diese zurückgegriffen werden kann, wenn kein Anspruch auf Pflegefreistellung nach § 16 UrlG besteht oder ein solcher Anspruch bereits ausgeschöpft ist (siehe Rz 195).

5. Pflegekarenz und Pflegeteilzeit

222a Für AN besteht die Möglichkeit, mit ihrem AG zum Zwecke der Pflege oder Betreuung naher Angehöriger eine **ein- bis dreimonatige Pflegekarenz** (§ 14c AVRAG) oder **Pflegeteilzeit** (§ 14d AVRAG) **schriftlich zu vereinbaren.** Dies unter folgenden Voraussetzungen:

- Das Arbeitsverhältnis muss vor Inanspruchnahme der Pflegekarenz bzw -teilzeit ununterbrochen **mindestens drei Monate** gedauert haben;
- die zu pflegende Person ist ein **naher Angehöriger** iSd § 14a AVRAG (vgl Rz 215);
- der zu pflegenden Person wurde Pflegegeld ab der **Pflegegeldstufe 3** nach dem Bundespflegegeldgesetz (BPGG) zuerkannt. Bei demenziell erkrankten oder minderjährigen nahen Angehörigen genügt bereits die Zuerkennung von Pflegegeld der Stufe 1;
- für jede zu betreuende Person kann Pflegekarenz oder -teilzeit grundsätzlich **nur einmal** vereinbart werden. Lediglich bei einer wesentlichen Erhöhung des Pflegebedarfs (um zumindest eine Pflegestufe) ist einmalig eine neuerliche Vereinbarung zulässig;
- bei der Vereinbarung von Pflegeteilzeit darf die wöchentliche Normalarbeitszeit **nicht weniger als zehn Stunden** betragen.

Die **Pflegekarenzvereinbarung** hat **Beginn und Dauer der Pflegekarenz** zu enthalten. In einer **Pflegeteilzeitvereinbarung** ist überdies **Ausmaß und Lage der Teilzeitbeschäftigung** festzulegen. Beim Abschluss der jeweiligen Vereinbarung sind sowohl die Interessen des AN als auch die Erfordernisse des Betriebes zu berücksichtigen. Bei einer **Ablehnung** oder **Aufschiebung** der Pflegekarenz bzw -teilzeit hat der AG diese **sachlich und schriftlich zu begründen.**

Der AN kann unter Einhaltung einer **zweiwöchigen Frist** verlangen, wieder zu der **ursprünglich vereinbarten Normalarbeitszeit** zu arbeiten, wenn der zu pflegende Angehörige in stationäre Pflege aufgenommen wird, eine andere Person dessen Pflege nicht nur vorübergehend übernimmt oder der Angehörige gestorben ist. Für den AG besteht keine Möglichkeit, von der getroffenen Vereinbarung einseitig abzugehen.

Ein **Rechtsanspruch** auf Abschluss einer Pflegekarenz- bzw Pflegeteilzeitvereinbarung besteht nur in besonderen Fällen. Seit 1. 1. 2020 haben AN, die in Betrieben **mit mehr als 5 AN** beschäftigt sind, einen **Anspruch auf Pflegekarenz bzw -teilzeit** im Ausmaß von **bis zu zwei Wochen** (§§ 14c Abs 4a, 14d Abs 4a AVRAG). In diesem Fall muss der AN den AG lediglich über den Beginn der beabsichtigten

Pflegekarenz bzw -teilzeit informieren, sobald ihm dieser bekannt ist. Auf Verlangen des AG ist binnen einer Woche die Pflegebedürftigkeit des Angehörigen zu bescheinigen und das Angehörigenverhältnis glaubhaft zu machen. Sofern während dieser Pflegekarenz bzw -teilzeit keine Einigung zwischen dem AN und dem AG über eine weitere Pflegekarenz bzw -teilzeit erzielt wird, kann der AN die Pflegekarenz bzw -teilzeit einseitig um **maximal zwei weitere Wochen** verlängern. Eine Verlängerung über diese insgesamt **vier Wochen** hinaus ist nur mit **Zustimmung des AG** im Rahmen einer Pflegekarenz- bzw Pflegeteilzeitvereinbarung möglich. In allen anderen Fällen ist immer eine Vereinbarung mit dem AG zu treffen.

Während der Dauer der Pflegekarenz entfällt der Anspruch des AN auf das Arbeitsentgelt gegenüber dem AG. Bei Pflegeteilzeit gebührt dem AN ein entsprechend reduziertes Arbeitsentgelt vom AG. Die für den AN während der Pflegekarenz bzw -teilzeit eintretenden Entgeltverluste werden in Form des **Pflegekarenzgeldes** ersetzt (vgl § 21c ff BPGG). Dieses beträgt (in Anlehnung an das Arbeitslosengeld) grundsätzlich 55% des täglichen Nettoeinkommens (mindestens jedoch in Höhe der monatlichen Geringfügigkeitsgrenze) zuzüglich allfälliger Kinderzuschläge. Während der Pflegekarenz bzw -teilzeit sind die betroffenen AN **kranken- und pensionsversicherungsrechtlich** abgesichert (vgl § 29 ff AlVG). **222b**

Der Antrag auf Gewährung des Pflegekarenzgeldes ist beim Bundesamt für Soziales und Behindertenwesen (Sozialministeriumservice) einzubringen.

Eine Kündigung wegen der beabsichtigten oder tatsächlich in Anspruch genommenen Pflegekarenz bzw -teilzeit kann im Rahmen eines sog **individuellen Kündigungsschutzes** bei Gericht angefochten werden. Lässt der AN die Kündigung gegen sich gelten, kann Schadenersatz vom AG gefordert werden (vgl § 15 Abs 1 und 2 AVRAG; siehe auch Rz 453). **222c**

Der AN kann binnen fünf Kalendertagen ab Zugang der Kündigung schriftlich die Ausstellung einer **Begründung der Kündigung** vom AG verlangen, die dieser dann binnen fünf Kalendertagen ab Zugang des Verlangens **schriftlich** auszustellen hat. Die Nichtausstellung einer solchen schriftlichen Begründung ist aber für die Rechtswirksamkeit der Beendigung ohne Belang.

Im Falle einer **Diskriminierung des AN** im Zusammenhang mit der Pflegekarenz bzw -teilzeit steht dem AN der gesamte Rechtsschutz des GlBG zur Verfügung, der im Falle einer Geschlechtsdiskriminierung gilt (§ 5a GlBG; siehe Rz 232, 235). Praktisch relevant ist insbesondere der **individuelle Kündigungsschutz nach dem GlBG.**

Während der Zeit der Pflegekarenz sowie bis zum Ablauf von zwei Wochen nach Ende der Freistellung ist der Ablauf von **Verjährungs- und Verfallsfristen gehemmt** (dies gilt ab 1. 11. 2023; § 16a AVRAG).

6. Rehabilitationsfreistellung

AN haben Anspruch auf **Dienstfreistellung** zur **notwendigen Begleitung eines Kindes während eines Rehabilitationsaufenthaltes** (§ 14e AVRAG). Hierfür müssen folgende Voraussetzungen vorliegen: **222d**

- Der Rehabilitationsaufenthalt des Kindes wurde vom zuständigen **Sozialversicherungsträger genehmigt,**

- es handelt sich um das **eigene Kind,** ein **Wahl- oder Pflegekind** oder auch das **leibliche Kind des anderen Ehegatten, eingetragenen Partners oder Lebensgefährten** und
- das Kind hat das **14. Lebensjahr noch nicht vollendet.**

Die Dienstfreistellung kann **pro Kind** für **vier Wochen pro Kalenderjahr** in Anspruch genommen werden. Nicht zulässig ist die gleichzeitige Inanspruchnahme der Freistellung durch beide Elternteile, es sei denn, dies ist aus therapeutischen Gründen notwendig. Auch wenn beide Elternteile die Freistellung gleichzeitig in Anspruch nehmen, beträgt die Höchstdauer insgesamt vier Wochen. Die Elternteile können die Freistellung aber auch untereinander **aufteilen,** wobei allerdings **ein Teil mindestens eine Woche** betragen muss. Die Freistellung zur Rehabilitationsbegleitung kann für **den selben Anlassfall nicht mit einer Freistellung wegen eines wichtigen Dienstverhinderungsgrundes** (gem § 8 Abs 3 AngG, § 1154b Abs 5 ABGB) oder einer **Pflegefreistellung** (gem § 16 UrlG) kombiniert werden.

Der AN muss innerhalb von **einer Woche nach Erhalt der Bestätigung** über die Genehmigung des Rehabilitationsaufenthaltes durch den zuständigen Sozialversicherungsträger diese dem **AG vorlegen** und ihn über den geplanten **Beginn** und die geplante **Dauer informieren.** Unterlässt er dies, verliert er seinen Anspruch auf Rehabilitationsfreistellung.

222e Während der Rehabilitationsfreistellung hat der AN **keinen Entgeltfortzahlungsanspruch gegenüber dem AG,** er kann aber für diese Zeit beim Sozialministeriumservice **Pflegekarenzgeld** beantragen (vgl § 21c Abs 3b BPGG; siehe Rz 222b). Für die Zeit der Rehabilitationsfreistellung ist der AN **kranken- und pensionsversicherungsrechtlich** abgesichert (§§ 29 ff AlVG).

222f Für AN, die eine Rehabilitationsfreistellung in Anspruch nehmen, besteht ein **besonderer Kündigungs- und Entlassungsschutz** (§ 15a AVRAG; siehe dazu auch Rz 442 ff):

- Der AN kann ab Bekanntgabe der gewünschten Rehabilitationsfreistellung und bis zum Ablauf von vier Wochen nach deren Ende rechtswirksam nur gekündigt oder entlassen werden, wenn der AG vorher die **Zustimmung des zuständigen Arbeits- und Sozialgerichts** eingeholt hat.
- Das Gericht darf die Zustimmung nur nach einer **Interessenabwägung** zwischen den betrieblichen Erfordernissen und den Interessen des AN erteilen, wenn die Interessen des AG überwiegen.

7. Sonstige familiäre und berufliche Möglichkeiten zur Freistellung oder Herabsetzung der Arbeitszeit

7.1. Betreuungsteilzeit

222g Zwischen AG und AN, die aufgrund ihrer familiären Beistandspflicht nicht nur vorübergehende Betreuungspflichten gegenüber bestimmten nahen Angehörigen haben (iSd § 16 Abs 1 UrlG; siehe dazu Rz 219), kann die **Herabsetzung der Normalarbeitszeit** vereinbart werden. Ein gemeinsamer Haushalt mit den zu betreuenden Angehörigen ist nicht erforderlich (§ 14 Abs 1 Z 2 AVRAG).

Hat die Herabsetzung der Arbeitszeit zum Zeitpunkt der Beendigung des Dienstverhältnisses kürzer als zwei Jahre gedauert, so ist für die Berechnung der **Abfertigung alt** (siehe Rz 460) die frühere Arbeitszeit vor dieser Herabsetzung zugrunde zu legen. Hat die Herabsetzung länger gedauert, ist die Abfertigung nach der durchschnittlichen Arbeitszeit zu berechnen, sofern keine andere Vereinbarung getroffen wurde (§ 14 Abs 3 AVRAG).

Falls der AG die vom AN gewünschte Herabsetzung der Normalarbeitszeit **ablehnt** oder eine **Aufschiebung** des Antrittszeitpunktes verlangt, ist dies vom AG **sachlich und schriftlich zu begründen.**

Eine Kündigung wegen der beabsichtigten oder tatsächlich in Anspruch genommenen **222h**
Betreuungsteilzeit kann vom AN im Rahmen eines sog **individuellen Kündigungsschutzes** bei Gericht angefochten werden. Lässt der AN die Kündigung gegen sich gelten, kann alternativ auch **Schadenersatz** vom AG gefordert werden (vgl § 15 Abs 1 und 2 AVRAG; siehe auch Rz 453).

Der AN kann binnen fünf Kalendertagen ab Zugang der Kündigung schriftlich die Ausstellung einer **Begründung der Kündigung** vom AG verlangen, die dieser dann binnen fünf Kalendertagen ab Zugang des Verlangens **schriftlich** auszustellen hat. Die Nichtausstellung einer solchen schriftlichen Begründung ist aber für die Rechtswirksamkeit der Beendigung ohne Belang.

Im Falle einer **Diskriminierung des AN** im Zusammenhang mit der Betreuungsteilzeit steht dem AN der gesamte Rechtsschutz des GlBG zur Verfügung, der im Falle einer Geschlechtsdiskriminierung gilt (§ 5a GlBG; siehe Rz 232, 235). Praktisch relevant ist insbesondere der **individuelle Kündigungsschutz nach dem GlBG.**

7.2. Altersteilzeit

Zwischen AG und AN, die das 50. Lebensjahr vollendet haben, kann eine **Herabsetzung** **222i**
der Normalarbeitszeit vereinbart werden (§ 14 Abs 1 Z 1 AVRAG).

Hat die Herabsetzung der Arbeitszeit zum Zeitpunkt der Beendigung des Dienstverhältnisses kürzer als zwei Jahre gedauert, so ist für die Berechnung der **Abfertigung alt** (siehe Rz 460) die frühere Arbeitszeit vor dieser Herabsetzung zugrunde zu legen. Hat die Herabsetzung länger gedauert, ist die Abfertigung nach der durchschnittlichen Arbeitszeit zu berechnen, sofern keine andere Vereinbarung getroffen wurde (§ 14 Abs 3 AVRAG).

Unter bestimmten Voraussetzungen besteht für **Altersteilzeit** eine besondere **arbeitsmarktpolitische Förderung** (vgl § 27 AlVG). Ältere AN (ab 60 Jahren bei Männern und ab 55 Jahren bei Frauen, die am bzw vor dem 31. 12. 1965 geboren wurden; bei jüngeren Frauen führt die schrittweise Anhebung des Pensionsantrittsalters auch zu einer Anhebung der Altersgrenze für die Altersteilzeit), die in spätestens fünf Jahren das Regelpensionsalter erreichen, haben unter bestimmten Voraussetzungen die Möglichkeit, ihre **Arbeitszeit für die Dauer von maximal fünf Jahren um 40% bis 60% zu reduzieren.** Die AN erhalten vom AG zur Abfederung des Entgeltverlustes einen **Lohnausgleich** von 50% des Unterschiedsbetrags zwischen ihrem ursprünglichen Gehalt bzw Lohn und dem der neuen Arbeitszeit entsprechenden Bezug. Daher verringert sich ihr Gehalt bzw Lohn nicht im selben Ausmaß wie ihre Arbeitszeit. Weiters zahlt der AG die Sozialversicherungsbeiträge der AN in der bisherigen Höhe. Der AG erhält im Gegenzug vom AMS – je nach Altersteilzeitmodell – einen bestimmten Teil seines zusätzlichen Aufwandes (Brutto-Lohnkosten und dazugehörige SV-Beiträge für den Lohnausgleich) durch das **Altersteilzeitgeld** ersetzt.

Die Altersteilzeit kann in einer **kontinuierlichen Variante** einen gleitenden Übergang in die Pension schaffen (zB Reduktion der Arbeitszeit um 50% für vier Jahre) oder als **Blockvariante** dem AN praktisch einen früheren Pensionsantritt ermöglichen (zB Reduktion der Arbeitszeit um 50% für vier Jahre, wobei in den ersten zwei Jahren voll weitergearbeitet und in den letzten zwei Jahren gar nicht mehr gearbeitet wird). Die **Blockvariante der geförderten Altersteilzeit** wird ab 1. 1. 2024 **stufenweise abgeschafft,** in dem der Anspruch des AG auf Altersteilzeitgeld jährlich immer weiter reduziert wird. Ab 1. 1. 2029 wird der AG bei geblockter Altersteilzeit keinen Anspruch auf Altersteilzeitgeld mehr haben (vgl § 82 Abs 7 AlVG).

222j Eine **Kündigung** wegen der beabsichtigten oder tatsächlich in Anspruch genommenen Altersteilzeit kann vom AN im Rahmen eines sog **individuellen Kündigungsschutzes** bei Gericht **angefochten** werden. Alternativ kann der AN die Kündigung gegen sich gelten lassen und vom AG **Schadenersatz** fordern (vgl § 15 Abs 1 und 2 AVRAG; siehe auch Rz 453).

7.3. Bildungskarenz und Bildungsteilzeit

222k Zwischen AN und AG kann ab Beginn des siebenten Beschäftigungsmonats eine **Bildungskarenz vereinbart** werden (§ 11 AVRAG). Die Karenzierung darf zwischen zwei Monaten und einem Jahr dauern und erfolgt **gegen Entfall des Arbeitsentgelts.** Die Bildungskarenz kann auch in Teilen vereinbart werden.

Während der Dauer der Bildungskarenz gebührt dem karenzierten AN, sofern er nachweislich an einer entsprechenden Weiterbildungsmaßnahme teilnimmt (im Ausmaß von idR 20 Wochenstunden) und die Anwartschaft auf Arbeitslosengeld erfüllt ist, ein **Weiterbildungsgeld vom AMS,** dessen Höhe jener des Arbeitslosengeldes entspricht, mindestens jedoch in Höhe von € 14,53 täglich (vgl § 26 AlVG).

Ferner ist auch eine **Bildungsteilzeit** möglich. Voraussetzung ist eine Herabsetzung der Arbeitszeit um mindestens ein Viertel und höchstens die Hälfte der bisherigen Arbeitszeit, aber auf nicht weniger als zehn Stunden pro Woche. Bildungsteilzeit kann für die Dauer von vier Monaten bis zwei Jahren vereinbart werden, wenn das Arbeitsverhältnis ununterbrochen mindestens sechs Monate gedauert hat. Auch die Vereinbarung in Teilen ist möglich (vgl § 11a AVRAG). Dem AN gebührt ein **Bildungsteilzeitgeld vom AMS,** dessen Höhe vom Ausmaß der reduzierten Arbeitszeit abhängig ist (vgl § 26a AlVG).

222l Eine **Kündigung** wegen der beabsichtigten oder tatsächlich in Anspruch genommenen Bildungskarenz bzw Bildungsteilzeit kann vom AN im Rahmen eines sog **individuellen Kündigungsschutzes** bei Gericht **angefochten** werden. Alternativ kann der AN die Kündigung gegen sich gelten lassen und vom AG **Schadenersatz** fordern (vgl § 15 Abs 1 und 2 AVRAG; siehe auch Rz 453).

„G" wie Gleichbehandlung

Im Zusammenhang mit dem Arbeitsverhältnis sind mehrere „Gleichbehandlungsgebote" (bzw Diskriminierungsverbote) zu unterscheiden, die auf **unterschiedlichen Rechtsgrundlagen** beruhen und verschiedene **Adressaten** haben: Manche richten sich primär an den **Gesetz- und Verordnungsgeber** (siehe Rz 240), **andere direkt an den AG** (siehe Rz 224–239). **223**

1. Arbeitsrechtlicher Gleichbehandlungsgrundsatz

Nach dem – von der Judikatur entwickelten – arbeitsrechtlichen Gleichbehandlungsgrundsatz ist es dem AG **verwehrt,** einen oder einzelne AN ohne sachlichen Grund **schlechter zu behandeln** als die übrigen vergleichbaren AN im Betrieb bzw von einem selbst aufgestellten, generalisierenden Prinzip willkürlich wieder abzugehen. **224**

Wichtige Anwendungsbereiche sind die Erbringung **freiwilliger betrieblicher Sozialleistungen** (zB die unverbindliche Ausgabe von Warengutscheinen an die Beschäftigten) und die **Einstufung der AN** in kollektivvertragliche Lohn- bzw Gehaltsgruppen.

Bezugsrahmen des Gleichbehandlungsgrundsatzes ist im Allgemeinen der **Betrieb** (zum Betriebsbegriff siehe Rz 557 ff), also nicht etwa das gesamte Unternehmen des AG. Ausdrücklich nimmt § 18 BPG, der willkürliche Differenzierungen im Zusammenhang mit einer **Betriebspension** verbietet, auf den Gleichbehandlungsgrundsatz Bezug.

Praxistipp: Eine **Differenzierung in zeitlicher Hinsicht** ist im Rahmen des Gleichbehandlungsgrundsatzes **nicht untersagt,** sodass der AG die AN, die ab einem von ihm festzulegenden, einheitlichen **Stichtag** neu eintreten, gegenüber den früher eingetretenen schlechter behandeln kann. **225**

2. Antidiskriminierung in der Arbeitswelt

Österreich hat in Umsetzung mehrerer EU-Richtlinien (RL), die Diskriminierungen wegen des Geschlechts und einiger weiterer Merkmale (zB Alter, Religion) verbieten, das **Gleichbehandlungsgesetz** (GlBG) erlassen. Das GlBG gilt für Arbeitsverhältnisse und für arbeitnehmerähnliche Beschäftigungsverhältnisse (siehe Rz 31) und legt ein umfassendes **Gleichbehandlungsgebot** (vor allem) **im Zusammenhang mit dem Arbeitsverhältnis** (vgl §§ 3 und 17 GlBG) fest. Der Schutz vor **Diskriminierung von behinderten AN** wurde im **Behinderteneinstellungsgesetz** (§§ 7a bis 7r BEinstG) umgesetzt. **226**

Diese Rechtsgrundlagen sind nicht nur vom AG, sondern auch von den Betriebsvereinbarungs- und Kollektivvertragsparteien (siehe Rz 520 ff, 602) zu beachten.

Zur Bekämpfung der **Entlohnungsnachteile von Frauen** ist in den (geschlechtsneutralen) **Stellenausschreibungen** das kollv Mindestentgelt für den ausgeschriebenen Arbeitsplatz und eine allfällige Überzahlungsbereitschaft des AG anzugeben (§ 9 Abs 2 GlBG; siehe auch Rz 63 f).

Außerdem haben größere Unternehmen (solche, die dauernd mehr als 150 AN beschäftigen; siehe § 11a iVm § 63 Abs 6 GlBG) alle zwei Jahre einen anonymisierten Bericht zur Entgeltanalyse (**Einkommensbericht** mit Gegenüberstellungen der Anzahl der Frauen und Männer in den kollv Verwendungsgruppen und ihrer Durchschnittsentgelte) zu erstellen und dem BR zu übermitteln (§ 11a GlBG).

2.1. Unterscheidungsmerkmale und Formen von Diskriminierung

227 Untersagt sind Diskriminierungen aufgrund

- des **Geschlechts,**
- der **ethnischen Zugehörigkeit,**
- der **Religion** oder **Weltanschauung,**
- des **Alters,**
- der **sexuellen Orientierung** und
- der **Behinderung** einer Person.

Das Gleichbehandlungsgebot im Zusammenhang mit dem Arbeitsverhältnis erstreckt sich dabei insb auf

- die **Begründung** des Arbeitsverhältnisses,
- die Festsetzung des **Entgelts,**
- die Gewährung freiwilliger **Sozialleistungen** ohne Entgeltcharakter,
- **Aus- und Weiterbildungsmaßnahmen** sowie Umschulungen,
- den beruflichen **Aufstieg** (insb Beförderungen),
- die sonstigen **Arbeitsbedingungen** und
- die **Beendigung** des Arbeitsverhältnisses (insb auf Kündigungen und Entlassungen sowie Ablauf von Befristungen).

Das GlBG untersagt sowohl **unmittelbare** als auch **mittelbare Diskriminierungen** und lässt eine **Rechtfertigung** von benachteiligenden Ungleichbehandlungen von AN, die Träger eines der oben genannten Unterscheidungsmerkmale sind, **nur in begrenztem Umfang** zu.

228 Eine **unmittelbare Diskriminierung** (vgl §§ 5 Abs 1 und 19 Abs 1 GlBG) liegt vor, wenn eine Person **wegen eines nach dem GlBG verpönten Unterscheidungskriteriums in einer vergleichbaren Situation ungünstiger** behandelt wird als eine andere (Vergleichs-)Person und diese **Benachteiligung direkt** (also unmittelbar) **an das verpönte Unterscheidungsmerkmal anknüpft.** Bei unmittelbarer Diskriminierung besteht eine **Rechtfertigungsmöglichkeit** für den AG **nur** in jenen Fällen, in denen das GlBG ausdrücklich eine Ausnahme vom Gleichbehandlungsgebot vorsieht: Eine solche gesetzliche Ausnahme besteht für unmittelbare Diskriminierungen wegen des Geschlechts nicht; bei den übrigen Unterscheidungsmerkmalen (vgl § 20 GlBG) wird vorausgesetzt, dass das **betreffende Merkmal** aufgrund der Art einer bestimmten beruflichen Tätigkeit oder ihrer Ausübungsbedingungen eine **wesentliche und entscheidende berufliche Voraussetzung** darstellt (zB kann für manche Beschäftigungen in Tendenzbetrieben die Religion oder Weltanschauung entscheidend sein;

für ausgewählte Tätigkeiten wie etwa Flugzeugpiloten darf aus Sicherheitsgründen ein am internationalen Luftverkehrsrecht orientiertes Höchstalter für die Berufsausübung vorgesehen werden).

Beispiel: *Unmittelbare Diskriminierung liegt zB vor, wenn ein AG betriebliche Fortbildungskurse nur für Männer anbietet und gleich qualifizierte Frauen hierfür nicht zulässt.*

Eine **mittelbare Diskriminierung** (vgl §§ 5 Abs 2 und 19 Abs 2 GlBG) liegt vor, wenn **dem Anschein nach neutrale Vorschriften, Kriterien oder Verfahren Angehörige einer geschützten Gruppe** gegenüber anderen Personen in besonderer Weise benachteiligen können. Bei mittelbaren Diskriminierungen kommt eine **sachliche Rechtfertigung** in Betracht, wenn mit der Ungleichbehandlung ein rechtmäßiges Ziel verfolgt wird und die dazu eingesetzten Mittel erforderlich und angemessen („verhältnismäßig") sind. **229**

Beispiel: *Mittelbare Diskriminierung liegt zB vor, wenn ein AG nur den Vollzeitbeschäftigten, nicht aber den Teilzeitbeschäftigten eine Betriebspension (siehe Rz 465 ff) gewähren will; im Betrieb sind aber 90% der Teilzeitbeschäftigten Frauen. Daher wirkt sich diese scheinbar neutrale, nicht ausdrücklich gegen Frauen gerichtete Vorgabe nachteilig für die in diesem Betrieb beschäftigten Frauen aus.*

Diskriminierungsschutz besteht außerdem für AN, die aufgrund ihres Naheverhältnisses zu einer Person (zB Ehepartner, Kind), die ein geschütztes Merkmal aufweist (zB Behinderung), diskriminiert werden (§ 5 Abs 4 und § 19 Abs 4 GlBG; **Diskriminierung durch Assoziierung**). **229a**

Beispiel: *Der AN hat ein behindertes Kind, dessen Betreuung viel Zeit in Anspruch nimmt und er daher weniger Überstunden leisten kann. Eine wegen dieser erhöhten Betreuungspflichten ausgesprochene Kündigung wäre diskriminierend.*

Als verbotene Diskriminierungen iSd GlBG gelten auch **230**

- **sexuelle Belästigungen** (zB verbale oder körperliche Übergriffe gegenüber Frauen mit Bezug zur sexuellen Sphäre; vgl § 6 GlBG),
- **sonstige geschlechtsbezogene Belästigungen** (zB gegen Frauen gerichtete Ausgrenzungen ohne sexuellen Bezug; vgl § 7 GlBG) und
- **Belästigungen wegen der übrigen „verpönten" Unterscheidungsmerkmale** (zB „Mobbing-Handlungen" gegen Personen wegen ihrer ethnischen Zugehörigkeit oder Religion; vgl § 21 GlBG).

Diese Belästigungsverbote gelten nicht nur **für den AG** selbst, sondern auch für **Dritte** (zB für Arbeitskollegen oder Kunden). Sobald der AG von solchen Vorfällen Kenntnis erlangt, ist er zur Ergreifung angemessener **Abhilfemaßnahmen** (zB Ermahnung, Versetzung, Kündigung oder Entlassung) gegenüber dem Belästiger sowie zum Schutz des Belästigten verpflichtet. Unterlässt der AG dies, liegt eine Diskriminierung des AN vor, die (auch) den AG **schadenersatzpflichtig** macht.

Zur **Förderung der faktischen Gleichstellung** von Frauen und Männern in der Arbeitswelt sowie zur Förderung der Gleichstellung der Angehörigen einer aufgrund der übrigen ver- **231** pönten Unterscheidungsmerkmale benachteiligten Gruppe (vgl §§ 8 und § 22 GlBG) erlaubt das Gesetz auch im Zusammenhang mit privaten Arbeitsverhältnissen **positive Maßnahmen.** Das sind spezifische Maßnahmen in generellen Rechtsakten, die trotz des gesetzlichen Gleichbehandlungsgebotes bestehende Benachteiligungen verhindern oder ausgleichen sollen.

Beispiel: *In einer Betriebsvereinbarung wird ein Frauenförderungsplan verankert, der ein „Mentoring-Programm" zur Verhinderung von Benachteiligungen für Frauen beim beruflichen Aufstieg vorsieht.*

2.2. Rechtsfolgen einer Diskriminierung

232 Die bei Diskriminierung vorgesehenen **Rechtsfolgen** (vgl §§ 12 und 26 GlBG) sind verschieden ausgestaltet. Zumeist (zB für Diskriminierungen bei Einstellungen und Beförderungen) sind **Schadenersatzansprüche** zum Ausgleich eines durch die Diskriminierung entstandenen Vermögensschadens (zB Verdienstentgang; bei diskriminierender Einstellung grds mindestens zwei Monatsentgelte) oder zur Entschädigung für eine dadurch erlittene persönliche Beeinträchtigung (zB bei sexuellen Belästigungen mindestens € 1.000,–) vorgesehen. Diskriminierende **Beendigungen** (Kündigungen, Entlassungen, Auflösung des Probearbeitsverhältnisses sowie Nichtverlängerung eines befristeten, grundsätzlich aber auf ein unbefristetes angelegten Arbeitsverhältnisses) sind bei Gericht **anfechtbar** (zum individuellen Bestandschutz siehe Rz 449; vgl auch Rz 454). Alternativ kann der AN zumeist Schadenersatz fordern.

233 Für die streitige Durchsetzung von Ansprüchen nach dem GlBG steht der **Rechtsweg** durch Klage beim Arbeits- und Sozialgericht offen (dazu Rz 673 ff).

Anfechtungen von diskriminierenden Beendigungen sind vom AN **binnen 14 Tagen** ab Ausspruch bzw ab Befristungsablauf gerichtlich vorzunehmen. Für die Geltendmachung von sonstigen Ansprüchen nach dem GlBG sind unterschiedliche Fristen von sechs Monaten bis zu drei Jahren zu beachten. Ein Verfahren vor der Gleichbehandlungskommission bewirkt die Hemmung der Fristen zur gerichtlichen Geltendmachung (§ 15 GlBG).

234 Darüber hinaus besteht die Möglichkeit, im Falle einer Diskriminierung die staatlich eingerichtete **Gleichbehandlungsanwaltschaft (GAW)** bzw die **Gleichbehandlungskommission (GBK)** einzuschalten (GBK/GAW-Gesetz). Diese beiden Institutionen sind für den **außergerichtlichen Rechtsschutz** in Gleichbehandlungsangelegenheiten zuständig.

Die Hauptaufgabe der **GAW** ist die Beratung und Unterstützung in Fragen des Diskriminierungsschutzes. Vor der **GBK** kann in konkreten Einzelfällen das Vorliegen einer Diskriminierung geprüft und eine außergerichtliche Einigung herbeigeführt werden. Ferner darf die GBK allgemeine Rechtsgutachten zu Diskriminierungsfragen erstellen.

Webtipp: Weiterführende Informationen sowie Hilfestellungen zum Thema Diskriminierungsschutz finden sich auf der Website der GAW unter www.gleichbehandlungsanwaltschaft.gv.at. Ein Rechner für durchschnittliche Richtwerte für Löhne und Gehälter von Frauen und Männern findet sich unter www.gehaltsrechner.gv.at.

2.3. Diskriminierungsschutz im Zusammenhang mit der Vereinbarkeit von Berufs- und Familienleben

In Umsetzung der sog „Work-Life-Balance-Richtlinie" der EU (RL 2019/1158) wurden die Regelungen des GlBG zur Gleichstellung aufgrund des Geschlechts mit 1. 11. 2023 auf die Ermöglichung der Vereinbarkeit von Berufs- und Familienleben von Eltern, Adoptiv- und Pflegeeltern sowie pflegenden Angehörigen erweitert. Der I. Teil des GlBG ist daher nunmehr auch anwendbar, wenn eine Diskriminierung wegen eines der folgenden Fälle vorliegt (§ 5a GlBG): **235**

- **Elternkarenz, Elternteilzeit** sowie **Änderung der Lage der Arbeitszeit** nach dem MSchG bzw VKG, **Papamonat** (§ 1a VKG);
- **Pflegefreistellung** (§ 16 UrlG);
- **dringende familiäre Dienstverhinderung infolge Erkrankung oder Unfall** (§ 8 Abs 3 AngG, § 1154b Abs 5 ABGB);
- **Betreuungsteilzeit** (§ 14 Abs 1 Z 2 AVRAG), **Sterbebegleitung** (§ 14a AVRAG), **Begleitung von schwersterkrankten Kindern** (§ 14b AVRAG), **Pflegekarenz** (§ 14c AVRAG) und **Pflegeteilzeit** (§ 14d AVRAG).

AN, die von ihrem AG wegen einer der genannten Pflege- bzw Betreuungssituationen im beruflichen Kontext benachteiligt werden, können alle **Ansprüche wegen einer Geschlechtsdiskriminierung nach GlBG** (siehe insbesondere § 12 GlBG) geltend machen, auch wenn keine Diskriminierung aufgrund des Geschlechts vorliegt. Ebenso ist für diese Fälle die Zuständigkeit der GWA und der GBK gegeben (siehe Rz 232 f).

Hinweis: Neben den **Gleichstellungs- und/oder Schadenersatzansprüchen** ist vor allem das **Anfechtungsrecht bei AG-Kündigung, Entlassung und Befristungsablauf** von hoher praktischer Relevanz.

2.4. Gleichbehandlungsgebote in und außerhalb der sonstigen Arbeitswelt

Ergänzt wird das Gleichbehandlungsgebot im Zusammenhang mit Arbeitsverhältnissen durch das **Gleichbehandlungsgebot in der sonstigen Arbeitswelt** (vgl §§ 4 und 18 GlBG), das Diskriminierungen aufgrund der oben genannten Unterscheidungsmerkmale zB beim **Zugang zur Berufsberatung und Berufsausbildung,** bei der **Mitgliedschaft und Mitwirkung in AG- oder AN-Organisationen** (einschließlich der Inanspruchnahme von Leistungen solcher Organisationen) oder bei den Bedingungen für den **Zugang zu selbständiger Erwerbstätigkeit** verbietet. **236**

Zum Schutz vor Diskriminierungen wegen der **ethnischen Zugehörigkeit** („Antirassismus") besteht außerdem ein spezielles Gleichbehandlungsgebot für wichtige Lebensbereiche außerhalb der Arbeitswelt (zB beim Zugang zu und bei der Versorgung mit Gütern und Dienstleistungen, die der Öffentlichkeit zur Verfügung stehen, beim Sozialschutz und beim Zugang zu Wohnraum; vgl § 31 GlBG). **237**

238 Hinsichtlich des **Geschlechts** beschränkt sich das Gleichbehandlungsgebot außerhalb der Arbeitswelt auf den Zugang zu und die Versorgung mit Gütern und Dienstleistungen, die der Öffentlichkeit zur Verfügung stehen, einschließlich Wohnraum (vgl § 31 GlBG). Sowohl auf nationaler als auch auf europarechtlicher Ebene wird die Ausdehnung dieses Schutzes auf die Diskriminierungsmerkmale Religion und Weltanschauung, Alter und sexuelle Orientierung unter dem Schlagwort „levelling up" diskutiert. Unabhängig davon gilt eine Quotenregelung (30% Frauen) für **Aufsichtsräte** von börsenotierten Gesellschaften sowie Gesellschaften mit mehr als 1.000 AN (vgl insb § 86 Abs 7–9 AktG, § 110 Abs 2a–2d ArbVG).

3. Spezielle gesetzliche Benachteiligungsverbote

239 Neben dem umfassenden Diskriminierungsschutz durch die Gleichbehandlungsgesetzgebung existieren noch andere Diskriminierungsverbote hinsichtlich bestimmter AN oder AN-Gruppen.

Es sind dies:

- **Teilzeitbeschäftigte AN** (§ 19d Abs 6 AZG);
- AN mit **befristeten Arbeitsverträgen** (§ 2b AVRAG);
- **überlassene Arbeitskräfte** (§ 6a AÜG);
- **AN, die bei** einer ernsten und unmittelbaren **Lebensgefahr den Gefahrenbereich verlassen** haben oÄ (§ 8 AVRAG);
- **AN, die** unter bestimmten Umständen **nicht bereit** sind, **Überstunden oder Wochenend- bzw Feiertagsarbeit zu leisten** (§ 7 Abs 6 AZG; § 12b ARG);
- **Sicherheitsvertrauenspersonen, Sicherheitsfachkräfte, Arbeitsmediziner** und deren Personal (§ 9 AVRAG);
- AN, die von ihrem Recht auf **EU-Freizügigkeit** Gebrauch machen (§ 7 AVRAG).

4. Verfassungsrechtlicher Gleichheitsgrundsatz

240 Im Rahmen des nationalen Rechts sind die arbeitsrechtlichen **Gesetze** außerdem am Sachlichkeitsgebot des **verfassungsrechtlichen Gleichheitsgrundsatzes** (vgl Art 7 B-VG) zu messen. Nach dem „Gleichheitssatz" der Verfassung sind **gleiche Sachverhalte rechtlich grundsätzlich gleich,** verschiedene Sachverhalte hingegen unterschiedlich zu behandeln. Abweichungen bedürfen einer sachlichen Rechtfertigung.

Eine (zumindest mittelbare) **Bindung an die Grundrechte** und daher auch an den Gleichheitsgrundsatz besteht überdies für den **Kollektivvertrag** und die **Betriebsvereinbarung** (zu diesen Rz 515 ff, 602 ff). Dies ist insb bei **verschlechternden Abänderungen** eines KollV oder einer BV bedeutsam: So muss zB bei der Kürzung von durch BV zugesagten Betriebspensionen der über den Gleichheitsgrundsatz entwickelte verfassungsrechtliche **Vertrauensgrundsatz** beachtet werden; die Kürzung darf demnach nur sachgerecht und entsprechend maßvoll erfolgen.

Hinweis: Verletzt der Gesetzgeber den Gleichheitsgrundsatz, bleibt das Gesetz aber dennoch solange anwendbar, bis es im Rahmen eines **Normprüfungsverfahrens** vom Verfassungsgerichtshof (VfGH) aufgehoben wird. Nur auf den Anlassfall findet – im Falle einer Gesetzesaufhebung – die verfassungswidrige Bestimmung (rückwirkend) keine Anwendung mehr.

„H" wie Homeoffice

Die Möglichkeit für AN mit Büroarbeitsplätzen, ihre Arbeitsleistung nicht (ausschließlich) im Betrieb, sondern (zum Teil) auch von zu Hause oder einem anderen Ort aus zu erbringen, war schon in den letzten Jahren beliebt. Der immer größer werdende Wunsch vieler AN nach einer besseren „Work-Life-Balance" sowie die Entwicklung entsprechender mobiler Arbeitsmittel veranlasste viele Unternehmen, ihren AN zumindest fallweise ein Arbeiten außerhalb der Betriebsräumlichkeiten zu gestatten. **240a**

Den großen „Durchbruch" erlebte das Thema „Homeoffice" aber erst im Zuge der Covid-19-Pandemie, da sich diese Form des Arbeitens aufgrund der Vermeidung des physischen Kontaktes zwischen den AN als eine **effektive Maßnahme zur Eindämmung der Verbreitung des Virus** bewährt hat.

Beim klassischen Homeoffice, auch **Telearbeit** genannt, wird die betriebliche Tätigkeit in der privaten Wohnung bzw im Privathaus des AN erbracht. In der Regel wird dabei vom AG ein fester Arbeitsplatz eingerichtet bzw zur Verfügung gestellt, der – je nach Bedarf – Mobiltelefon, Laptop, Bildschirm, Maus, Tastatur und allenfalls auch die Büroausstattung wie Sessel, Tisch, Schreibtischlampe etc umfasst. Stellt der AG dem AN hingegen frei, an welchem Ort er seine Arbeitsleitung erbringen kann, spricht man vom „mobilen Arbeiten" oder **Mobile Office.** Bei dieser Form des ortsungebundenen Arbeitens muss der AN nicht von zu Hause aus arbeiten, sondern kann frei wählen, ob er stattdessen beispielsweise von einem Ferienhaus, einem Café, einem Co-Working Space oder einem Park aus arbeitet. **240b**

Das Thema „Homeoffice" ist gesetzlich nur sehr grundsätzlich geregelt (vgl § 2h AVRAG). Homeoffice liegt nach der Definition des Gesetzes nur vor, wenn der AN **regelmäßig** Arbeitsleistungen **„in der Wohnung"** verrichtet. Vereinzelt sehen auch KollV weitergehende Regelungen vor. **240c**

Unter der „Wohnung" ist auch der Nebenwohnsitz sowie der Wohnsitz naher Angehöriger oder von Lebensgefährten zu verstehen. Mobile Office ist vom Gesetzeswortlaut hingegen nicht umfasst und gilt daher derzeit nicht als „Homeoffice" iSd der österreichischen Rechtslage. Eine diesbezügliche Erweiterung der gesetzlichen Regelung ist aber in Planung.

Homeoffice muss zwischen AG und AN aus Beweisgründen **schriftlich vereinbart** werden (§ 2h Abs 2 AVRAG). Es besteht dabei weder ein Rechtsanspruch des AN auf Homeoffice noch kann Homeoffice vom AG einseitig angeordnet werden. Wurde eine solche Vereinbarung abgeschlossen, kann diese von beiden Vertragsparteien grundsätzlich nur noch bei **Vorliegen eines wichtigen Grundes** unter Einhaltung einer **einmonatigen Kündigungsfrist zum Letzten eines Kalendermonats** gelöst werden (§ 2h Abs 4 AVRAG).

Möglich ist aber, in der Vereinbarung abweichende Regelungen zur **Kündigung** zu treffen oder eine **Befristung** aufzunehmen. Im **Einvernehmen** kann die Homeoffice-Vereinbarung jederzeit ohne Einhaltung von Fristen und Terminen beendet werden.

Sofern im Betrieb ein Betriebsrat besteht, kann über Homeoffice eine **fakultative Betriebsvereinbarung** (siehe dazu allg Rz 613) abgeschlossen werden, in der die Rahmenbedingungen für das Arbeiten im Homeoffice näher geregelt werden können (§ 97 Abs 1 Z 27 ArbVG). Eine solche BV ersetzt aber nicht die Zustimmung des AN bzw AG zum Homeoffice.

240d Wurde das regelmäßige Arbeiten im Homeoffice vereinbart, hat der AG dem AN die **„digitalen Arbeitsmittel" grundsätzlich zur Verfügung zu stellen.** Darunter sind idR IT-Hard- und Software, die Datenverbindung und ein Mobiltelefon zu verstehen. Nicht umfasst sind hingegen andere Aufwendungen des AN wie beispielsweise die anteiligen Raumkosten, Kosten für Energie, Heizung udgl. Von der Verpflichtung zur Bereitstellung der „digitalen Arbeitsmittel" kann eine (gänzlich oder auch teilweise) abweichende Vereinbarung getroffen werden. In diesem Fall hat der AG allerdings die angemessenen und erforderlichen Kosten für die nicht zur Verfügung gestellten digitalen Arbeitsmittel zu ersetzen. Dies kann auch durch eine **pauschale Zahlung** erfolgen (§ 2h Abs 3 AVRAG).

Für **Schäden** an den zur Verfügung gestellten Arbeitsmitteln haftet der schädigende AN nach den zivilrechtlichen Schadenersatzbestimmungen, wobei ihm die **Haftungserleichterungen** nach dem DNHG zu Gute kommen (siehe allg Rz 165 ff). Diese Haftungserleichterungen kommen auch zur Anwendung, wenn den Schaden eine mit dem AN im gemeinsamen Haushalt lebende Person verursacht (§ 2 Abs 4 DNHG).

240e Unfälle der AN, die sich im zeitlichen und ursächlichen Zusammenhang mit der die Versicherung begründenden Beschäftigung im Homeoffice ereignen, gelten als **Arbeitsunfälle** (§ 175 Abs 1a ASVG; vgl allg zum Arbeitsunfall Rz 175). Davon mitumfasst sind insb auch Unfälle, die sich auf dem Weg vom Homeoffice zum Arzt (solche Arztbesuche sind dem AG vorab zu melden), zu einer Interessenvertretung oder zu einer Kinderbetreuungseinrichtung bzw Schule ereignen. Hingegen sind Unfälle im Homeoffice, die sich aufgrund rein privater Tätigkeiten ereignen, keine Arbeitsunfälle (zB das Ausrutschen in der Dusche, Haushaltsunfälle beim Kochen etc).

240f Das EStG sieht vor, dass Arbeitsmittel, die vom AG für die Tätigkeit im Homeoffice zur Verfügung gestellt werden, **steuerrechtlich keinen Sachbezug** darstellen. Erhält der AN vom AG statt der „digitalen Arbeitsmittel" einen **pauschalen Kostenbeitrag,** so ist dieser jährlich für höchstens 100 Tage zu maximal € 3,– täglich **steuerfrei.** Leistet der AG weniger als € 3,– pro Tag an Homeoffice-Pauschale, so kann der AN den Differenzbetrag auf die € 3,– für höchstens 100 Tage, die er tatsächlich im Homeoffice gearbeitet hat, als pauschale Werbungskosten in der Arbeitnehmerveranlagung geltend machen. Zahlt der AG mehr als € 300,– jährlich, so ist der darüber hinausgehende Betrag steuerpflichtiges Arbeitseinkommen (vgl § 26 Z 9 EStG).

Die digitalen Arbeitsmittel des AN können als **Werbungskosten** steuerlich geltend gemacht werden, wobei diese aber um eine allfällige, vom AG bezahlte Homeoffice-Pauschale zu kürzen sind. Ferner können AN bis zu € 300,– jährlich für ergonomische Möbel (zB Schreibtisch, Sessel, Schreibtischlampe) als Werbungskosten steuerlich geltend machen. Diese Regelung gilt nur für AN, die zumindest 26 Tage im Jahr im Homeoffice arbeiten (§ 16 Abs 1 Z 7 und 7a EStG).

Der Wert der digitalen Arbeitsmittel sowie eine im Rahmen der steuerrechtlichen Höchstgrenze gewährte Homeoffice-Pauschale stellen auch sozialversicherungsrechtlich kein Entgelt dar, sodass dafür auch **keine Sozialversicherungsbeiträge** zu leisten sind (vgl § 49 Abs 3 Z 31 ASVG).

Webtipp: Auf der Website des Bundesministeriums für Arbeit und Wirtschaft (BMAW) unter www.bmaw.gv.at finden sich unterschiedliche **Leitfäden fürs Arbeiten im Homeoffice.** 240g

Das Arbeiten im Homeoffice wirft auch zahlreiche **datenschutzrechtliche Fragen** auf. Hierzu stellt die Datenschutzbehörde in einem Informationsblatt unter www.dsb.gv.at wichtige Hinweise zum Schutz von personenbezogenen Daten während der Homeoffice-Tätigkeit sowie zur Cyberkriminalität zur Verfügung.

Weiters ist zu beachten, dass die Regelungen des **ASchG** sowie zu **Mutterschutz, Arbeitszeit und Arbeitsruhe** grundsätzlich auch im Homeoffice gelten. Nähere Informationen dazu sind auf der Website der Arbeitsinspektion unter www.arbeitsinspektion.gv.at zu finden.

„I" wie Insolvenz-Entgeltsicherung

Bei **Insolvenz** des AG sind **offene Entgeltansprüche** der AN durch das Insolvenz-Entgeltsicherungsgesetz (IESG) gesichert. Demnach besteht ein Anspruch der betroffenen AN auf sog **Insolvenz-Entgelt** aus dem **Insolvenz-Entgelt-Fonds.** Die Geldleistungen müssen von den AN innerhalb von **sechs Monaten** ab Eröffnung des Insolvenzverfahrens bei der zuständigen Geschäftsstelle der Insolvenz-Entgelt-Fonds-Service GmbH (IEF-Service GmbH) beantragt werden. Es sind nicht nur **AN,** sondern auch **freie DN** gem § 4 Abs 4 ASVG (dazu Rz 25) durch das IESG geschützt. 241

Ist der AG vor seiner Insolvenz mit den Entgeltzahlungen in Rückstand geraten, so ist der AN zwar – ebenso wie zB ein Lieferant, Käufer oder Vermieter mit seinen offenen Forderungen – als Insolvenzgläubiger **am Insolvenzverfahren (Konkurs- oder Sanierungsverfahren)** seines AG **beteiligt.** Im Konkurs würde dem AN aber eine – häufig bloß sehr „magere" – **Quote** seiner Forderung zugesprochen werden (zB 5% seiner angemeldeten Forderung, dies weil seine wesentlichen Forderungen zu den Insolvenz- und nicht den günstiger gestellten Masseforderungen gehören; im Sanierungsverfahren sind die Quoten höher). Außerdem würde er das Geld erst nach Abschluss des Insolvenzverfahrens erhalten, das mitunter Jahre dauern kann.

Webtipp: In der Ediktsdatei unter www.edikte.justiz.gv.at finden sich die aktuellen Insolvenzen samt entsprechenden Bekanntmachungen.

Der aus AG-Beiträgen (siehe Rz 97) gespeiste Insolvenz-Entgelt-Fonds prüft die AN-Forderung in einem **eigenen Verfahren** auf ihre Stichhältigkeit und zahlt bejahendenfalls dem AN entsprechendes Insolvenz-Entgelt aus (uU wird auch ein Vorschuss gewährt). Dem Fonds wird seinerseits kraft einer gesetzlichen Bestimmung die AN-Forderung übertragen (sog Legalzession, § 11 IESG). Er erhält somit im Insolvenzverfahren Parteistellung und letztlich die Quote. Somit kommt der AN durch die Insolvenz-Entgeltsicherung rascher und in ausreichender Höhe zu seinem Entgelt und sein Lebensunterhalt ist durch die Insolvenz des AG weniger stark gefährdet.

242 Gesichert sind insb das angefallene **laufende Entgelt** und **beendigungskausale Ansprüche** (also insb Kündigungsentschädigung, Urlaubsersatzleistung), aber auch besondere Entgeltformen wie Abfertigung „alt“ und Betriebspension, ferner Ansprüche auf Schadenersatz, Prozesskosten, Exekutionskosten ua Forderungen gegen den insolventen AG.

Allerdings sind die gesicherten Ansprüche mitunter ihrer **Höhe** nach **beschränkt** („Grenzbetrag“, so ist ein nach Zeiträumen bemessenes Entgelt, also zB ein Monatsgehalt, nur bis zur Höhe der doppelten ASVG-Höchstbeitragsgrundlage, somit im Jahr 2024 bis zu € 12.120,–, gesichert; auch gesetzliche Abfertigungen werden nur beschränkt ausgezahlt). Auch die **Zeiträume,** hinsichtlich derer Forderungen geltend gemacht werden können, unterliegen gesetzlichen Obergrenzen (zB dürfen laufende Entgeltansprüche, sofern bereits vor der Insolvenz fällig geworden, idR **nicht älter als sechs Monate** sein).

243 **Praxistipp:** Wenn der AN sich im Vorfeld der AG-Insolvenz nicht angemessen um die Durchsetzung seiner offenen Entgeltforderungen bemüht hat, geht die – diesbezüglich sehr strenge – **Rsp** uU davon aus, dass der AN sein Einkommen nicht zum Lebensunterhalt benötigt bzw dass er den Insolvenz-Entgelt-Fonds rechtsmissbräuchlich in Anspruch nimmt, und **lehnt seinen Anspruch** auf Insolvenz-Entgelt **ab,** selbst wenn die Sechs-Monats-Grenze noch nicht erreicht ist.

Diese Ansprüche sind nicht nur bei **Insolvenzeröffnung** geschützt, sondern ua auch bei **Ablehnung des Insolvenzantrages** mangels ausreichenden Vermögens, wegen fehlender Zuständigkeit (also zB bei Unternehmenssitz im Ausland) oder weil eine juristische Person (zB GmbH) oder Personengesellschaft (zB OG), bezüglich derer ein Insolvenzantrag gestellt wurde, bereits aufgelöst und das Vermögen verteilt ist (§ 1 Abs 1 IESG).

244 Die Geschäftsstelle des Insolvenz-Entgelt-Fonds entscheidet über den Antrag in einem Verwaltungsverfahren mittels **Bescheid.** Sollte dieser ablehnend sein, so kann der AN eine **Klage beim Arbeits- und Sozialgericht** erheben.

Bei der **Beendigung des Arbeitsverhältnisses** in der AG-Insolvenz ist zu beachten, dass die Insolvenz das Arbeitsverhältnis nicht automatisch beendet, der AN aber unter bestimmten Voraussetzungen vorzeitig austreten kann und für Insolvenzverwalter ein erleichtertes Kündigungsrecht besteht (Rz 387).

245 **Praxistipp:** Der AN hat, um seine Rechte in der Insolvenz seines AG und auch gegenüber dem Insolvenz-Entgelt-Fonds zu wahren, unbedingt seine Forderungen **beim Insolvenzgericht** anzumelden. Die **Antragstellung beim Insolvenz-Entgelt-Fonds ersetzt** diese **Forde-**

rungsanmeldung nicht und umgekehrt. Somit führt der AN idR **zwei Verfahren** nebeneinander, eines vor dem Insolvenzgericht und eines beim Insolvenz-Entgelt-Fonds (wobei letzteres in ein Verfahren vor dem Arbeits- und Sozialgericht münden kann).

„K" wie Konkurrenzklausel

Die **Konkurrenzklausel** ist eine zwischen AG und AN (bei Vertragsabschluss oder später) getroffene **spezielle Vereinbarung,** der zufolge der AN für die Zeit **nach Beendigung** des Dienstverhältnisses **in seiner Erwerbstätigkeit beschränkt** wird (vgl den Formulierungsvorschlag im Pkt XI des Arbeitsvertragsmusters im Anhang I). Solche Vereinbarungen unterliegen aber **gesetzlichen Schranken,** weil das Erwerbsleben des AN nicht unzumutbar beschränkt werden soll. **246**

Die Konkurrenzklausel (Wettbewerbsabrede) darf nicht mit dem sog **Konkurrenzverbot (Wettbewerbsverbot)** verwechselt werden. Das Konkurrenzverbot bezieht sich auf das **aufrechte Dienstverhältnis** (siehe oben Rz 140).

Eine Konkurrenzklausel ist **unzulässig,** wenn der betroffene AN im Zeitpunkt ihrer Vereinbarung noch **minderjährig** ist (§§ 36 AngG, 2c AVRAG). Im Übrigen ist eine solche Klausel nur insoweit wirksam, als **247**

- sich die vereinbarte Beschränkung auf die Tätigkeit **im Geschäftszweig des AG** bezieht **und**
- **den Zeitraum eines Jahres** nicht übersteigt **und**
- im Einzelfall (gemessen an der zeitlichen, örtlichen und gegenständlichen Beschränkung im Verhältnis zu den Interessen des AG) **keine unbillige Erschwerung** des Fortkommens des AN vorliegt.

Darüber hinaus ist eine Konkurrenzklausel nur wirksam, wenn das für den letzten Monat des Dienstverhältnisses gebührende **Entgelt** (Sonderzahlungen ausgenommen) mehr als das 20-fache der täglichen ASVG-Höchstbeitragsgrundlage beträgt (somit 2024: € 4.040,– brutto/monatlich, siehe dazu Rz 96). Dies gilt nur für Klauseln, die nach dem 28. 12. 2015 vereinbart wurden. Für ältere, ab dem 17. 3. (für Arbeiter 18. 3.) 2006 vereinbarte Klauseln ist die 17-fache tägliche Höchstbeitragsgrundlage (2024: € 3.434,–) unter Berücksichtigung der Sonderzahlungen zu beachten.

Der AG kann sich auf eine (wirksame) Konkurrenzklausel **nicht berufen** (§§ 37 AngG, 2c Abs 3, 4 AVRAG), wenn **248**

- er dem AN einen begründeten **Anlass** zum **vorzeitigen Austritt** gegeben hat (dazu Rz 403 ff) oder
- der **AG** das Arbeitsverhältnis selbst **auflöst,** es sei denn,
  - der **AN** hat dazu **verschuldet** einen begründeten Anlass gegeben oder
  - der **AG erklärt,** dem AN während der Dauer der Beschränkung das **Entgelt weiter zu zahlen.**

Im Falle einer **einvernehmlichen Lösung** oder der Beendigung des Dienstverhältnisses durch **Ablauf einer Befristung** bleibt die Konkurrenzklausel aber wirksam bestehen.

249 **Kundenschutzklauseln** (dh vertragliche Verbote, nach Ende des Dienstverhältnisses mit Kunden des AG eine Geschäftsbeziehung aufzunehmen) fallen nach der Judikatur unter die gleichen Beschränkungen wie Konkurrenzklauseln (zB maximal einjährige Bindungsfrist). Hingegen sind auf **Mitarbeiterschutzklauseln** (dh Abwerbeverbote von ehemaligen Arbeitskollegen) die Grundsätze für Konkurrenzklauseln nicht anzuwenden.

250 **Praxistipp:** Eine Konkurrenzklausel kann auch durch die **Vereinbarung einer Vertragsstrafe** (Konventionalstrafe) „bekräftigt" werden. Diese wird, wenn der AN sich nicht an die (zulässige) Konkurrenzklausel hält, unabhängig von der Höhe eines allfälligen konkreten Schadens fällig (der AG muss also den Schaden nicht nachweisen, kann aber auch einen höheren Schaden nicht mehr geltend machen, §§ 37 Abs 3 AngG, 2c Abs 5 AVRAG). Die Konventionalstrafe darf (bei seit 29. 12. 2015 abgeschlossenen Klauseln) höchstens das **Sechsfache des letzten Nettomonatsentgelts** (exklusive Sonderzahlungen) betragen und kann **richterlich gemäßigt** (herabgesetzt) werden.

Wurde eine Vertragsstrafe vereinbart, kann der AG allerdings nicht mehr auf Unterlassung der Konkurrenztätigkeit klagen. Unabhängig davon kann aber die Missachtung einer Konkurrenzklausel einen **Verstoß gegen das Wettbewerbsrecht** (§ 1 UWG) darstellen (zB der neue AG hat den AN sittenwidrig abgeworben) und für den AG – unabhängig von einer vereinbarten Vertragsstrafe – einen Unterlassungsanspruch gegen den AN oder den neuen AG begründen. Die Übernahme der Konventionalstrafe durch den neuen AG ist nach der neueren Rechtsprechung des OGH nicht schon per se wettbewerbswidrig. Eine Wettbewerbsverletzung liegt in diesem Fall aber dann vor, wenn der Vertragsbruch des AN (Verletzung der Konkurrenzklausel) bewusst gefördert wurde.

Unterlassungsansprüche können gerichtlich bereits vor Abschluss des eigentlichen Verfahrens wesentlich rascher im Wege einer sog **Einstweiligen Verfügung (EV)** vorläufig durchgesetzt werden. Zu beachten ist dabei aber, dass die Erlassung einer EV eine drohende Gefährdung voraussetzt, die vom AG zu bescheinigen ist. So kann zB der drohende Kundenverlust, der mit einem Konkurrenzklauselverstoß einhergeht, eine EV rechtfertigen. Hingegen reicht eine bloß abstrakte Möglichkeit eines nicht konkretisierten Schadens für eine EV nicht aus. Die Durchsetzung einer EV scheitert daher häufig am Nachweis eines konkretisierten Schadens, weshalb in der Praxis meist Konkurrenzklauselverpflichtungen mit Konventionalstrafen vereinbart werden.

„P" wie Patent- und Urheberrechte des Arbeitnehmers

251 Für den Fall, dass ein AN im Zuge seines Dienstverhältnisses etwas erfindet, stellt sich die Frage, wem die Rechte an einer solchen Erfindung zukommen. Neben der Erfindertätigkeit kann ein AN am Arbeitsplatz auch als Urheber eines Werkes in Erscheinung treten, das Aussehen eines Produktes designen oder eine Marke kreieren. In diesen Fällen ist ebenfalls interessant, wem die – manchmal wertvollen – kreativen „Erzeugnisse" gehören. In der Praxis ist vor allem von Inter-

esse, ob der AG für die Nutzung dieser Leistungen seines AN ein gesondertes Entgelt an ihn zu bezahlen hat.

Beispiele: *Ein AN erfindet ein besonderes Verfahren, mit dem die Zahl der Fehlproduktionen auf einer Produktionslinie seines AG verringert werden kann; ein AN schreibt für seinen AG einen kreativen Werbetext, entwirft ein tolles Produktdesign oder einen klingenden Markennamen.*

1. Patentrecht

Erfindungen können – sofern sie eine neue technische Lösung darstellen – unter bestimmten Voraussetzungen durch ein **Patent** geschützt werden. Ein solches erteilt das Österreichische Patentamt auf Antrag des Erfinders. Mit einem Patent kann der Erfinder seine Erfindung wirtschaftlich alleine nutzen. Er hat dabei aber auch das Recht, das Patent durch Verkauf auf andere zu übertragen oder Dritten Nutzungsrechte in Form von Lizenzen einzuräumen. **252**

Macht ein **AN** während des aufrechten Dienstverhältnisses eine patentfähige Erfindung, so hat grundsätzlich auch er **Anspruch auf Erteilung des Patents** sowie das **Verwertungsrecht** an dieser Erfindung (§ 6 PatG). Zur Sicherung der Unternehmensinteressen kann aber mit dem AN vereinbart werden, dass künftige Erfindungen des AN dem AG gehören sollen oder ihm eine Lizenz zur Benützung eingeräumt werden soll. Derartige Vereinbarungen sind aber nur rechtswirksam, wenn sie **schriftlich** erfolgen und zudem eine sog **Diensterfindung** vorliegt (§ 7 Abs 1 PatG).

Eine **Diensterfindung** liegt vor, wenn sie ihrem Gegenstand nach in das **Arbeitsgebiet des Unternehmens** fällt, in dem der AN tätig ist, und wenn **253**

- entweder die Tätigkeit, die zu der Erfindung geführt hat, zu den **dienstlichen Obliegenheiten** des AN gehört oder
- wenn der AN die **Anregung zu der Erfindung durch seine Tätigkeit** in dem Unternehmen erhalten hat oder
- das Zustandekommen der Erfindung durch die **Benützung der Erfahrungen oder der Hilfsmittel** des Unternehmers wesentlich erleichtert worden ist.

Hat der AN eine Erfindung gemacht, die eine Diensterfindung sein könnte, und liegt mit dem AG eine entsprechende Vereinbarung zur Übertragung der Erfindung bzw der Rechte an der Erfindung vor, so hat der AN dies dem AG **unverzüglich mitzuteilen.** Der AG hat nun binnen **vier Monaten** dem AN zu erklären, ob er die Erfindung als Diensterfindung in Anspruch nimmt. Gibt der AG die Erklärung nicht oder verspätet ab, oder verneint er das Vorliegen einer Diensterfindung, gehört die Erfindung dem AN (§ 12 PatG).

Handelt es sich um keine Diensterfindung, liegt eine sog **„freie“ Erfindung** vor. Von **frei gewordenen Diensterfindungen** spricht man, wenn eine Diensterfindung dem AG anzubieten war, von diesem aber nicht in Anspruch genommen wurde. In beiden Fällen bleiben die Rechte an der Erfindung beim AN.

254 Dem AN gebührt in jedem Fall für die Überlassung einer von ihm gemachten Erfindung an den AG sowie für die Einräumung eines Benützungsrechtes an einer solchen Erfindung eine **angemessene besondere Vergütung** (§§ 8 ff PatG).

Wenn der AN jedoch **ausdrücklich zur Erfindertätigkeit** im Unternehmen des AG **angestellt** ist und diese Tätigkeit tatsächlich zu einer Erfindung geführt hat, so gebührt dem AN eine besondere Vergütung nur insoweit, als er nicht ohnehin bereits mit seinem Gehalt eine angemessene Vergütung für die Erfindertätigkeit erhalten hat.

2. Urheberrecht

255 Schafft ein AN im Rahmen seines Dienstverhältnisses ein Werk der Literatur (als welches auch ein Computerprogramm gilt), der Tonkunst, der bildenden Künste, der Filmkunst oder ein Sammelwerk, so wird er automatisch zu dessen **Urheber** (§ 10 Abs 1 UrhG).

Ein Werk muss eine **eigentümliche geistige Schöpfung** auf einem der genannten Gebiete darstellen, um im Sinne des UrhG geschützt zu sein. Werkqualität kann dabei bereits einem Foto, einem Werbetext oder einem Kurzfilm zukommen. Nicht erforderlich ist, dass das Werk zur Kunst oder Literatur im klassischen Sinn zählt. Eine Anmeldung der Urheberschaft zB beim Patentamt oder eine Eintragung in ein schutzbegründendes „Urheberregister" ist in Österreich nicht erforderlich und auch gar nicht möglich.

Ein Verzicht auf die Urheberschaft ist grundsätzlich unwirksam (§ 19 Abs 2 UrhG; siehe aber § 23 Abs 2 Satz 2 UrhG). Allerdings kann der AN seinem AG – so wie jeder Urheber einem anderen – **Werknutzungsbewilligungen** erteilen (nicht-ausschließliche Lizenzierung) oder **Werknutzungsrechte** einräumen (ausschließliche Lizenzierung; siehe jeweils insb § 24 Abs 1 UrhG). Dazu ist der AN aber grundsätzlich nicht verpflichtet. Eine diesbezügliche Verpflichtung kann sich aber aus dem Gesetz, einem Kollektivvertrag oder dem Arbeitsvertrag ergeben. Der OGH lässt dabei auch eine **schlüssige Rechteeinräumung** zu: Beschäftigt beispielsweise ein Unternehmen AN einer Werbeabteilung zum Zweck der Werkschöpfung und erfolgt diese Werkschöpfung durch den AN in Erfüllung seiner dienstlichen Obliegenheiten, so ist mangels gegenteiliger Vereinbarung von einer stillschweigenden Einräumung entsprechender Werknutzungsrechte an den AG auszugehen.

256 Eine gesetzliche Sonderregelung besteht für **Computerprogramme und Datenbankwerke:** Wird ein Computerprogramm oder Datenbankwerk von einem Dienstnehmer in Erfüllung seiner dienstlichen Obliegenheiten geschaffen, so steht dem Dienstgeber hieran ein unbeschränktes Werknutzungsrecht zu, wenn er mit dem Urheber nichts anderes vereinbart hat (§ 40b und § 40f Abs 3 UrhG).

3. Weitere Immaterialgüterrechte

257 Neben Patent- und Urheberrechten können im Arbeitsrecht auch noch **andere Immaterialgüterrechte** wie zB das Marken- oder Musterrecht sowie das Gebrauchsmusterrecht („kleines Patent") eine Rolle spielen.

Arbeitsrechtliche Sonderregeln bestehen hier nur für das **Musterschutzrecht:** Fällt ein Muster oder Design, das ein AN geschaffen hat, in das Arbeitsgebiet seines AG und gehört die Tätigkeit, die zu dem Muster geführt hat, zu den dienstlichen Obliegenheiten des AN, so steht der Anspruch auf Musterschutz – wenn nichts anderes vereinbart ist – dem AG zu (§ 7 Abs 2 MuSchG). Bei den **sonstigen Immaterialgüterrechten** müssen diese bzw die Nutzungsrechte daran – so wie beim Urheberrecht – grundsätzlich **vertraglich auf den AG übertragen werden,** andernfalls bleiben sie beim AN.

Webtipp: Ausführliche Informationen zum Erfinder-, Marken- und Designschutz finden sich auf der Website des Österreichischen Patentamtes unter www.patentamt.at.

„R" wie Rückerstattung von Entgelt

Zahlt der AG seinem AN irrtümlich ein zu hohes Entgelt aus, führt er irrtümlich zu viel oder zu wenig Lohnsteuer an das Finanzamt ab oder nimmt er die Berechnung der Sozialversicherungsbeiträge falsch vor, so stellt sich die Frage, wer diese Fehler letztlich wirtschaftlich zu tragen hat. **258**

1. Irrtümlich geleistete Zahlungen des Arbeitgebers

Wird vom AG an den AN aufgrund einer unrichtigen Berechnung oder eines Irrtums zu viel Entgelt geleistet, kann dieses vom AG nach der Rsp **nicht mehr zurückgefordert werden,** wenn der AN das Entgelt **im guten Glauben empfangen** hat **und** es für **Unterhaltszwecke bereits verbraucht** wurde. **259**

Der OGH geht davon aus, dass das Arbeitsentgelt und somit auch die zu viel bezahlten Beträge ihrem Wesen nach **Unterhaltscharakter** haben und zum Verbrauch bestimmt sind. Nach dieser Vorstellung führt jeder Mehrbezug zu einer Mehrausgabe. Der AN braucht aber nicht den Beweis des tatsächlichen Verbrauchs des Entgelts antreten. Es wird auch nicht auf die Vermögensverhältnisse des AN abgestellt, sondern der Verbrauch vermutet.

Die **Gutgläubigkeit** des AN **ist ausgeschlossen,** wenn er den AG **bewusst getäuscht** hat. Dies gilt auch dann, wenn der AN bei objektiver Beurteilung **an der Rechtmäßigkeit** des ihm ausbezahlten Betrages **zweifeln musste** oder **tatsächlich daran zweifelte.** Die Gutgläubigkeit des AN wird aber vermutet, sodass der rückfordernde AG die Unredlichkeit des AN zu beweisen hat.

> ***Beispiele** für mangelnde Gutgläubigkeit: Dem AN wird ein stark überhöhtes Gehalt überwiesen; innerhalb weniger Tage wird das Gehalt zweimal angewiesen; Zahlung eines am Lohnzettel als „gesetzliche Abfertigung" ausgewiesenen Betrages bei AN-Kündigung.*

Der AG muss seinen Rückforderungsanspruch binnen einer **Verjährungsfrist von drei Jahren** gerichtlich geltend machen (§ 1486 Z 5 ABGB; siehe dazu Rz 293 f). Die Frist beginnt mit der objektiven Möglichkeit der Geltendmachung zu laufen. Hat der AN den AG bewusst getäuscht, kommt die 30-jährige Verjährungsfrist zur Anwendung (§ 1489 ABGB). **260**

Hat der AG dem AN nicht nur in Folge eines bloßen Abrechnungs- bzw Auszahlungsfehlers (zB doppelte Überweisung des Gehalts), sondern wegen einer **irrtümlich unrichtigen Anwendung oder Auslegung** einer gesetzlichen, kollektivvertraglichen oder vertraglichen **Bestimmung** ein höheres Bruttoentgelt ausbezahlt, als er aufgrund seiner **261** arbeitsrechtlichen Verpflichtungen zu leisten gehabt hätte, hat der AG grundsätzlich **keine Verpflichtung,** die unrichtige Vorgehensweise zugunsten des AN **auch in Zukunft beizubehalten.**

> ***Beispiele:*** *Irrtümlich überhöhte Einstufung im KollV; fehlerhaft überhöhte Berechnung des Überstundenentgelts; Anwendung eines falschen KollV.*

Sobald der AG seinen Irrtum erkannt hat, muss er den AN davon aber sofort in Kenntnis setzen, dass es sich bei der Zahlung (teilweise) um einen Irrtum bzw Fehler gehandelt hat und dass er in Zukunft wieder die richtige Auszahlung vornehmen wird. Zahlt der AG nämlich die überhöhten Entgelte weiterhin an den AN aus, obwohl bekannt ist, dass dazu keine rechtliche Verpflichtung besteht, kann daraus für den AN ein Rechtsanspruch für die Zukunft entstehen (**betriebliche Übung;** siehe dazu Rz 276).

262 **Praxistipp:** Da der AG das Arbeitsentgelt grundsätzlich als **Bruttobetrag** (dh Betrag vor Abzug der Lohnsteuer und der Sozialversicherungsbeiträge) schuldet (vgl allerdings für bestimmte Fälle Rz 263), kann er bei zu viel bezahltem Entgelt auch den Bruttobetrag **zurückfordern.** Dh, der AN zahlt – weil er tatsächlich ja nur den Nettobetrag ausbezahlt bekommen hat – dem AG mehr zurück, als er erhalten hat. Dieses Ungleichgewicht wird folgendermaßen ausgeglichen:

- **Lohnsteuer:** Bei einem aufrechten Dienstverhältnis hat der AG den Rückzahlungsbetrag beim laufenden Arbeitslohn automatisch als Werbungskosten zu berücksichtigen, sodass sich dadurch die zu viel bezahlte Lohnsteuer wieder ausgleicht (§ 16 Abs 2 EStG). Ist das Dienstverhältnis bereits beendet, hat der AN die Möglichkeit, die im Rückzahlungsbetrag enthaltene Lohnsteuer im Rahmen der Arbeitnehmerveranlagung (siehe dazu Rz 111 ff) geltend zu machen.
- **Sozialversicherungsbeiträge:** Die ungebührlich entrichteten DN-Anteile zur Sozialversicherung kann der AN auf Antrag von der ÖGK zurückfordern. Die zu viel entrichteten DG-Anteile muss der AG selbst zurückfordern (§ 69 ASVG).

2. Rückforderung von Lohnsteuer und Sozialversicherungsbeiträgen

263 Der **AN** ist alleiniger **Steuerschuldner der Lohnsteuer** (§ 83 Abs 1 EStG). Der **AG** ist hingegen zur **Einbehaltung und Abfuhr der Lohnsteuer** vom ausbezahlten Entgelt an das zuständige Finanzamt verpflichtet (vgl Rz 114). Für die Steuerverbindlichkeiten des AN haften AG und AN gemeinsam als Gesamtschuldner gegenüber dem Bund. Wurde daher zu wenig Lohnsteuer vom Entgelt des AN einbehalten und an das Finanzamt abgeführt und wird der AG von der Behörde zur Nachzahlung verpflichtet, kann er vom AN **Ersatz für die nachgeforderte Lohnsteuer** verlangen, weil er eine fremde Schuld – nämlich die des AN – bezahlt hat (vgl § 1358 ABGB). Die Rsp lässt hier den Einwand des gutgläubigen Verbrauchs nicht zu. Allerdings gilt im Falle, dass der AG seiner Anmeldeverpflichtung zur Sozialversicherung gemäß § 33 ASVG (siehe Rz 94) nicht nachkommt sowie die Lohnsteuer nicht einbehält und abführt, ein **Nettoarbeitslohn** als vereinbart (§ 62a EStG idF des Betrugsbekämp-

fungsG 2010). Bei (vorsätzlicher) Hinterziehung von Lohnsteuer im Zusammenwirken mit dem AG **haftet** der AN gegenüber der Behörde unmittelbar (§ 83 Abs 3 EStG).

Anders ist die Rechtslage bei den **Sozialversicherungsbeiträgen:** Der **AG** ist hier nämlich Schuldner der Dienstgeber- und der Dienstnehmerbeiträge (§ 58 Abs 2 ASVG; dazu Rz 96). Der AG hat aber das Recht, die Dienstnehmeranteile zur Sozialversicherung vom Bruttoentgelt des AN **in Abzug zu bringen** (§ 60 ASVG). Das Abzugsrecht des AG muss aber bei sonstigem Verlust spätestens bei der auf die Fälligkeit des Beitrages nächstfolgenden Entgeltzahlung ausgeübt werden. **264**

Beispiel: *Wird bei der Lohnabrechnung für Mai vom AG zu wenig an Sozialversicherungsbeiträgen abgezogen, kann der Differenzbetrag nur noch im Juni hereingebracht werden.*

Nur für den Fall, dass der AG sein Abzugsrecht **ohne Verschulden** nicht richtig ausgeübt hat (zB der AN macht falsche Angaben über eine Dienstreise, Fehler der ÖGK), kann er die **gesamten nachträglich zu entrichtenden Dienstnehmerbeiträge vom Entgelt des AN abziehen.** Dabei hat der AG aber zu beachten, dass er bei einer Entgeltzahlung nicht mehr Beiträge, als auf zwei Lohnzahlungszeiträume entfallen, auf einmal abziehen darf (§ 60 ASVG), sodass bei hohen Rückforderungen idR mehrere Raten erforderlich sein werden. **265**

„U" wie Urlaubsrecht

1. Urlaubsanspruch

AN haben nach dem **Urlaubsgesetz (UrlG)** für jedes **Arbeitsjahr** Anspruch auf einen **bezahlten Urlaub („Gebührenurlaub", „Erholungsurlaub").** **266**

Das **Arbeitsjahr** (und damit das Urlaubsjahr) beginnt mit dem **Einstellungsdatum** des jeweiligen AN. Eine **Umstellung des Urlaubsjahres auf das Kalenderjahr** (oder einen anderen Jahreszeitraum) ist unter bestimmten gesetzlichen Voraussetzungen durch KollV, BV oder in Betrieben ohne BR durch schriftliche Einzelvereinbarung zwischen AN und AG zulässig (§ 2 Abs 4 UrlG). Dabei ist aber zu beachten, dass der Urlaubsanspruch des AN im Jahr der Umstellung (sog Rumpfjahr) nur dann aliquotiert werden darf, wenn in diesem Jahr zum Zeitpunkt der Umstellung auf das neue Urlaubsjahr die Wartezeit von sechs Monaten noch nicht erfüllt ist.

Beispiel: *Beginnt das Dienstverhältnis am 1. 6. und wird das Urlaubsjahr auf das Kalenderjahr umgestellt, darf der Urlaubsanspruch im ersten Jahr des Dienstverhältnisses nicht aliquotiert werden; beginnt das Dienstverhältnis hingegen am 1. 10., darf – bei Vorliegen der sonstigen Voraussetzungen – der Urlaubsanspruch entsprechend aliquotiert werden.*

Das Urlaubsausmaß beträgt bei einer Dienstzeit unter 25 Jahren **30 Werktage** (das entspricht 25 Arbeitstagen bzw fünf Wochen), nach Überschreiten von 25 Dienstjahren **36 Werktage** (das entspricht 30 Arbeitstagen bzw sechs Wochen). Werktage sind alle Wochentage außer Sonn- und Feiertage, also die Tage von Montag bis Samstag. Als Arbeitstage gelten bei einer 5-Tage-Woche idR die Tage von Montag bis Freitag. **267**

Auf die **Wartezeit** von 25 Dienstjahren für das erhöhte Urlaubsausmaß sind neben den Zeiten, die der AN in unmittelbar vorangegangenen Arbeitsverhältnissen (samt einem Lehrverhältnis) beim selben AG zurückgelegt hat (wobei Unterbrechungen von bis zu drei Monaten idR unschädlich sind, sofern das Dienstverhältnis nicht durch den AN oder aus dessen Verschulden beendet wurden), insb **Dienstzeiten bei anderen AG** im Inland oder im Europäischen Wirtschaftsraum (EWR) sowie **Zeiten einer selbständigen Erwerbstätigkeit** bis zu **insgesamt maximal 5 Jahren** anzurechnen, sofern diese Zeiten mindestens je 6 Monate gedauert haben.

Schulzeiten, insb an einer inländischen allgemeinbildenden höheren oder berufsbildenden mittleren oder höheren Schule, sind mit **höchstens 4 Jahren** zu berücksichtigen. Bei einem Zusammentreffen von Schulzeiten mit Vordienstzeiten ist die gesamte **Anrechnung mit 7 Jahren begrenzt.** Ein erfolgreich abgeschlossenes **Hochschulstudium** (auch FH-Studium) ist **zusätzlich mit maximal 5 Jahren** anzurechnen.

Bei **Teilzeitbeschäftigten** entspricht eine Urlaubswoche einer Arbeitswoche, gemessen an der konkreten Arbeitszeit. So hat zB ein AN mit einer Wochenarbeitszeit von 20 Stunden, die auf 5 Arbeitstage zu je 4 Stunden aufgeteilt ist, bei einer Dienstzeit unter 25 Jahren einen Urlaubsanspruch von 25 Arbeitstagen (5 Wochen). Wird die Arbeitszeit hingegen auf 4 Arbeitstage zu je 5 Stunden verteilt, beträgt der Urlaubsanspruch 20 Arbeitstage (5 Wochen). Bei schwankender Arbeitszeit innerhalb der Arbeitswochen (die Arbeitszeiteinteilung ist unregelmäßig, sodass in einzelnen Wochen abwechselnd zB 2, 3, 4 oder 5 Tage gearbeitet wird), wird eine durchschnittliche Anzahl an Arbeitstagen pro Woche ermittelt (die dann wiederum mit 5 multipliziert wird, um den Jahresurlaubsanspruch festzustellen).

In der Praxis wird bei Arbeitsverhältnissen mit starken Arbeitszeitschwankungen eine **stundenweise Urlaubsberechnung** angewendet. Eine solche ist unter Berücksichtigung des Günstigkeitsprinzips zulässig, obwohl das UrlG ausdrücklich nur von einer Urlaubsberechnung nach Werktagen ausgeht.

Hinweis: In der Praxis wird bei einer Umstellung von **Vollzeit- auf Teilzeitbeschäftigung** (oder bei einem Wechsel bei Vollzeitkräften von einer Fünf-Tage-Woche auf eine Vier-Tage-Woche; siehe Rz 322) und umgekehrt, der offene Urlaubsanspruch häufig entsprechend auf- oder abgewertet, wenn der Urlaubsanspruch in Stunden gerechnet wird oder wenn bei einer tageweisen Berechnung ein AN weniger als 5 Tage pro Woche arbeitet. Die Zulässigkeit einer solchen „wertneutralen" Umrechnung des Urlaubsanspruchs ist strittig. Die **Judikatur des OGH und des EuGH** sind zu dieser Frage **widersprüchlich.** Auch in der Lehre gibt es hierzu unterschiedliche Rechtsansichten. Daraus resultiert eine **hohe Rechtsunsicherheit.**

Vor diesem Hintergrund scheint aber folgende Vorgehensweise anlässlich einer Änderung des Beschäftigungsausmaßes vertretbar zu sein: Urlaubsansprüche aus vergangenen Urlaubsjahren **(„Alturlaub")** bleiben **unverändert,** werden also weder auf- noch abgewertet. Urlaubsansprüche des aktuellen Urlaubsjahres **(„Neuurlaub"),** in dem die Änderung der Arbeitszeit stattfindet, werden im Umstellungsjahr **pro rata temporis** berechnet. Dh, bis zum Zeitpunkt der Umstellung werden die aliquot gebührenden Urlaubstage dieses Urlaubsjahres nicht umgerechnet, sondern berechnen sich weiterhin nach dem alten Beschäftigungsausmaß. **Ab der Änderung** des Beschäftigungsausmaßes richtet sich das **Urlaubsausmaß nach dem geänderten Beschäftigungsausmaß.** Somit wird der im Umstellungsjahr zu Beginn des Urlaubsjahres bereits für dieses Jahr am Urlaubskonto gutgeschriebene Urlaubsanspruch rückwirkend entsprechend angepasst. In den folgenden Urlaubsjahren richtet sich der Urlaubsanspruch wieder nach dem Beschäftigungsausmaß zum Zeitpunkt des Beginns des jeweiligen Urlaubsjahres (und erfolgt eine nachträgliche Korrektur nur dann, wenn es innerhalb eines Urlaubsjahres wieder zu einer Änderung des Beschäftigungsausmaßes kommt).

Diese Umstellungsproblematik ist aber dann nicht gegeben, wenn der Urlaubsverbrauch – wie vom UrlG vorgesehen – nur **in Wochen erfolgt,** da ein AN unabhängig vom Beschäftigungsausmaß oder von der Anzahl der Arbeitstage pro Arbeitswoche immer einen Urlaubsanspruch von 5 bzw 6 Wochen pro Urlaubsjahr hat.

Der **Urlaubsanspruch entsteht in den ersten sechs Monaten** des ersten Arbeitsjahres 268
aliquot (dh im Verhältnis zur zurückgelegten Dienstzeit), danach **in voller Höhe.** Ab dem zweiten Arbeitsjahr entsteht der gesamte Anspruch mit Beginn des Arbeitsjahres.

Beispiel: *Ein seit dem 1. 4. 2022 im Unternehmen des AG beschäftigter AN hat vom 1. 4. 2022 bis 30. 9. 2022 (also die ersten sechs Monate des ersten Arbeitsjahres) einen aliquoten Urlaubsanspruch von 2,5 Werktagen (= ein Zwölftel des Jahresurlaubs) pro Beschäftigungsmonat. Der Urlaubsanspruch beträgt also zB ab 1. 6. 2022 fünf Werktage und ab 1. 8. 2022 bereits zehn Werktage. Ab dem 1. 10. 2022 hat er Anspruch auf 30 Werktage für das Urlaubsjahr 2022 (abzüglich allfälliger bereits verbrauchter Urlaubstage). Ab 1. 4. 2023 (Beginn des Arbeitsjahres 2023) hat er einen neuerlichen Anspruch auf 30 Werktage Urlaub; diesen kann er (anders als in seinem ersten Arbeitsjahr 2022) sofort und vollständig konsumieren (sofern eine entsprechende Urlaubsvereinbarung mit dem AG vorliegt, siehe dazu sogleich).*

2. Urlaubsverbrauch

Der **konkrete Urlaubszeitraum („Urlaubstermin")** muss zwischen AG und AN **verein-** 269
bart werden. Eine Urlaubsvereinbarung ist **formfrei,** dh kann auch mündlich oder sogar konkludent (schlüssig) zustande kommen. Dabei sind (bezogen auf den konkreten Einzelfall) die **Erfordernisse des Betriebes** und die **Erholungsmöglichkeiten des AN** zu berücksichtigen und gegeneinander abzuwägen (§ 4 Abs 1 UrlG).

Beispiele: *Betriebliche Interessen liegen bei Auftragsspitzen, Hochsaison, Bilanzzeit usw vor. Berücksichtigungswürdige AN-Interessen sind zB, wenn ein Familienvater den Urlaub mit seiner Frau und seinen schulpflichtigen Kindern während der Ferienmonate verbringen will.*

Auch die Festlegung eines jährlichen **„Betriebsurlaubes"** bedarf der Zustimmung der einzelnen AN (zB im Arbeitsvertrag) und darf keinen zu großen Zeitraum umfassen (zwei Wochen pro Jahr sind nach der Rsp grundsätzlich noch zulässig, um den AN genügend frei disponierbaren Urlaub zu lassen).

Wenn eine **Einigung** über den konkreten Urlaubszeitraum **nicht zustande kommt,** sieht das Gesetz ein relativ kompliziertes **Verfahren** unter **Beiziehung des Betriebsrates** und gegebenenfalls Anrufung des Gerichtes vor (§ 4 Abs 4 UrlG), das aber in der Praxis nur eine geringe Rolle spielt. Ist kein Betriebsrat errichtet, so können sowohl AN als auch AG mit Klage beim **Arbeits- und Sozialgericht** vorgehen.

270 **Hinweise:** Ein **einseitiger Urlaubsantritt** (oder eine einseitige Urlaubsverlängerung) seitens des AN (zB gegen den ausdrücklichen Widerspruch des AG), ist **grundsätzlich unzulässig** und kann als Entlassungsgrund (siehe Rz 393) gelten. Ausnahmsweise kann ein AN seinen Urlaub aber bei Erschöpfung des Anspruches auf Pflegefreistellung (§ 16 Abs 3 UrlG, Näheres in Rz 221) und bei Inanspruchnahme eines „persönlichen Feiertages" (Karfreitags-Ersatzregelung; Einzelheiten bei Rz 333) einseitig antreten.

Ebenso darf ein Urlaubsverbrauch **nicht einseitig vom AG angeordnet** werden. So kann zB auch in der Aufforderung des AG, während einer **Dienstfreistellung in der Kündigungsfrist** den Urlaub zu verbrauchen, ebenfalls nur ein Angebot an den AN zum Verbrauch des noch offenen Urlaubs gesehen werden, dem der AN idR aber nicht zustimmen muss. Auch ist es für den AG nicht zulässig, den AN zB an einem Freitagnachmittag nach Hause zu schicken, weil im Betrieb ohnehin nichts mehr zu tun ist, und ihm dafür einen halben Tag Urlaub abzuziehen.

271 Der Urlaub soll als **zusammenhängender einheitlicher Zeitraum** gewährt werden und darf vom AG laut Gesetz nur einmal geteilt werden, wobei ein Teil mindestens sechs Werktage dauern muss. In der Praxis werden aber im Interesse des AN liegende **„Kurzurlaube"** akzeptiert (zB Fenstertage; stundenweiser Urlaubsverbrauch wird jedoch nur ausnahmsweise als zulässig erachtet).

Der Urlaub soll möglichst **im selben Urlaubsjahr** verbraucht (also **nicht „gehamstert"**) werden. Bestehen noch Urlaubsansprüche aus den Vorjahren, so gilt immer der älteste Urlaub als zuerst konsumiert. Dabei ist zu beachten, dass Alturlaub zwei Jahre nach Ablauf des betreffenden Urlaubsjahres **verjährt** (§ 4 Abs 5 UrlG). Voraussetzung für den Eintritt der Verjährung ist nach der Judikatur allerdings, dass der AN tatsächlich die Möglichkeit hatte, den Urlaub zu verbrauchen, und er vom AG rechtzeitig auf das Bestehen eines offenen Urlaubsanspruches sowie die Verjährung bei Nichtverbrauch hingewiesen wurde. Gegebenenfalls hat der AG den AN aktiv zum Urlaubskonsum aufzufordern.

> ***Beispiel:*** *AN ist seit 1. 4. 2018 bei seinem AG beschäftigt. Sein Urlaubsjahr 2018 endet also (sofern keine Umstellung auf das Kalenderjahr vorgenommen wurde) am 31. 3. 2019; der Urlaubsanspruch aus dem Urlaubsjahr 2018 verjährt somit bei Gelegenheit des Verbrauches und Hinweis durch den AG auf die mögliche Verjährung am 31. 3. 2021; der Urlaubsanspruch aus dem Jahr 2019 verjährt am 31. 3. 2022.*

Urlaubsvorgriffe auf das nächste Urlaubsjahr sind zulässig, können aber bei Beendigung des Arbeitsverhältnisses grundsätzlich nur bei Vorliegen einer entsprechenden Vereinbarung rückverrechnet werden.

272 **Erkrankt ein AN während seines Urlaubs,** ohne dies vorsätzlich oder grob fahrlässig herbeigeführt zu haben, wird der Urlaub unterbrochen, sofern der Krankenstand **länger als drei Kalendertage** andauert. Der Urlaub wird nur unterbrochen, wenn der AN dem AG nach dreitägiger Krankheitsdauer den Krankenstand unverzüglich mitteilt und nach Wieder-

antritt – ebenfalls unverzüglich – eine ärztliche Bestätigung vorlegt (§ 5 UrlG).

Beispiel: *Ist der AN während seines Urlaubs drei Tage krank, sind alle drei Tage als Urlaubstage zu qualifizieren. Ist der AN hingegen vier Tage krank, sind alle vier Tage – sofern Werktage – nicht als Urlaubstage anzusehen.*

Hinweis: Anders als beim Urlaub kommt es nach der Judikatur bei bereits vereinbartem Zeitausgleich nicht zu dessen Unterbrechung, wenn der AN während des Zeitausgleichskonsums (auch langfristig) erkrankt.

3. Urlaubsrechtliche Geldansprüche

In der Zeit des Erholungsurlaubs gebührt dem AN **Urlaubsentgelt** nach dem (fiktiven) **273**
Ausfallsprinzip (siehe dazu Rz 128). Scheidet ein AN noch vor dem Verbrauch des ihm zustehenden Urlaubs aus dem Arbeitsverhältnis aus, gebührt ihm eine finanzielle Abgeltung für den noch nicht „in natura" verbrauchten Resturlaub (**„Urlaubsersatzleistung"** nach § 10 Abs 1 UrlG). Diese steht ihm für das laufende Urlaubsjahr im aliquoten Ausmaß zu, dh im Verhältnis zur im laufenden Dienstjahr zurückgelegten Dienstzeit.

Beispiel: *AN ist seit 1. 10. 2018 bei seinem AG beschäftigt. Sein Dienstverhältnis endet am 31. 12. 2021. Zu diesem Zeitpunkt hat der AN seinen „Alturlaub" bereits vollständig konsumiert, von den 30 Werktagen aus seinem Urlaubsjahr 2021 (das ja erst am 1. 10. 2021 begonnen hatte) aber noch keinen Urlaub verbraucht. Dieser unverbrauchte Urlaubsanspruch ist dem AN in Form der Urlaubsersatzleistung in aliquoter Höhe zu vergüten (dh, der AN erhält 3/12 seines Urlaubsentgelts, somit das Entgelt für 7,5 Werktage, weil das Rumpfurlaubsjahr 2021 nur drei Monate gedauert hat).*

Variante: *Hätte der AN von seinem Urlaubsanspruch aus dem Urlaubsjahr 2021 bereits 14 Werktage Urlaub verbraucht, so wäre dies bereits zu viel und der AN erhält keine Urlaubsersatzleistung mehr; der AN muss aber auch nichts an den AG zurückzahlen.*

Das UrlG sieht als einzigen Ausnahmefall vor, dass dem AN im laufenden Urlaubsjahr für die **fünfte und sechste Urlaubswoche** dann **keine Urlaubsersatzleistung** gebührt, wenn der AN **ohne wichtigen Grund vorzeitig austritt** (§ 10 Abs 2 UrlG).

Diese Regelung ist die Antwort des österreichischen Gesetzgebers auf ein EuGH-Urteil, das die ursprüngliche Bestimmung des § 10 Abs 2 UrlG, wonach im Falle eines unberechtigten vorzeitigen Austritts kein Anspruch auf Urlaubsersatzleitung im laufenden Urlaubsjahr besteht, mit Art 31 Abs 2 Grundrechtecharta (GRC) und Art 7 Arbeitszeit-Richtlinie 2003/88/EG als nicht vereinbar ansieht. Das bedeutet nunmehr, dass der europarechtlich geschützte Urlaubsanspruch von vier Wochen pro Urlaubsjahr auch im Falle eines unberechtigten vorzeitigen Austritts dem AN in Form einer Urlaubsersatzleistung zur Auszahlung zu bringen ist, nicht jedoch die fünfte und sechste Urlaubswoche.

Für offenen Urlaub aus vorangegangenen Urlaubsjahren (sog **„Alturlaub"**) gebührt die **274**
Urlaubsersatzleistung hingegen im vollen Ausmaß der noch nicht konsumierten Urlaubstage (§ 10 Abs 3 UrlG).

***Beispiel:** AN ist seit 1. 6. 2018 bei seinem AG beschäftigt. Sein Dienstverhältnis endet am 31. 1. 2022. Seinen Urlaubsanspruch aus den Jahren 2018 und 2019 hat er zu diesem Zeitpunkt vollständig verbraucht; aus 2020 sind jedoch noch 10 Werktage und aus 2021 noch der ganze Urlaub (30 Werktage) offen. Da das Urlaubsjahr 2020/21 bereits am 31. 5. 2021 abgelaufen war, sind diese 10 Werktage als Alturlaub vollständig (also nicht aliquot) zu vergüten, dh der AN erhält – nach dem fiktiven Ausfallsprinzip – das Entgelt, das ihm pro Werktag zusteht. Der Urlaub aus dem am 1. 6. 2021 begonnenen Urlaubsjahr 2021/22 ist hingegen nur aliquot zu vergüten (siehe vorhin; dh der AN erhält in diesem Fall 8/12 seines Urlaubs ausbezahlt).*

275 Wurde vor der **Beendigung** des Arbeitsverhältnisses Urlaub bereits über das dem AN im laufenden Jahr zustehende aliquote Ausmaß hinaus verbraucht, muss „zu viel erhaltenes Urlaubsentgelt" vom AN nur bei **unberechtigtem vorzeitigem Austritt** oder bei **verschuldeter Entlassung** (dazu Rz 392 ff) rückerstattet werden (**„Erstattungsbetrag"** nach § 10 Abs 1 UrlG). Zur Berechnung von Ersatzleistung und Erstattungsbetrag siehe Anhang II.

***Beispiel:** AN ist seit 1. 2. 2017 bei seinem AG beschäftigt. Sein Dienstverhältnis endet am 31. 3. 2020 durch Entlassung wegen eines Dienstdiebstahls (also vom AN verschuldet). Zu diesem Zeitpunkt hat der AN aus dem – am 1. 2. 2020 begonnenen – Urlaubsjahr 2020 bereits 18 Werktage an Urlaub verbraucht. An sich wäre dies zulässig (siehe eingangs zur Entstehung des Urlaubsanspruches), aber wegen dieser Beendigungsart muss der AN einen Teil des verbrauchten Urlaubs „zurückzahlen": Vom Arbeitsjahr 2020 wurden erst zwei Monate zurückgelegt, das entspricht fünf Werktagen an Urlaub (= 2/12 des Jahresurlaubs), somit sind 13 Werktage an Urlaubsentgelt zurückzuzahlen. Diese Art von (zulässigem) „Mehrkonsum" von Urlaub innerhalb des laufenden Urlaubsjahres, also wenn ein AN zB gleich im ersten Monat des Urlaubsjahres fünf Werktage konsumiert, obwohl dem Monat nur 2,5 Werktage Urlaub entsprechen würden, wird in der Praxis übrigens häufig als **„Urlaubsvorgriff"** bezeichnet. Davon zu unterscheiden ist der „echte" Urlaubsvorgriff auf erst kommende, dh noch nicht angebrochene Urlaubsjahre (Rz 271).*

Hinweis: Eine **„Ablöse"** des Urlaubs in Geld ist bei aufrechtem Dienstverhältnis **unzulässig** (§ 7 UrlG), weshalb derartige Vereinbarungen nichtig sind.

„Ü" wie betriebliche Übung

276 In der Praxis erbringen AG mitunter über längere Zeit **Leistungen** an ihre AN, die **nicht im Arbeitsvertrag vorgesehen** sind. Ein AG gewährt zB seinen Beschäftigten zu Weihnachten wiederholt freiwillige zusätzliche Entgeltleistungen (wie etwa Warengutscheine). Nach der Judikatur des OGH können solche, **vom AG wiederholt** (schon zwei Mal kann ausreichen) **und vorbehaltlos gewährte** (zunächst freiwillige) **Leistungen an die AN** eine **betriebliche Übung** begründen, aus der die AN dann auch in Zukunft entsprechende Leistungsansprüche ableiten können.

Allerdings muss der Wille des AG, sich für die Zukunft zu verpflichten, in seinem Leistungsverhalten unzweideutig zum Ausdruck kommen (dh, es muss ein **schlüssiges Angebot des AG zur Ver-**

tragsergänzung iSd § 863 ABGB vorliegen). Durch die gleichfalls **schlüssige Zustimmung der AN** (diese nehmen die vom AG gewährten Zusatzleistungen an) kann die „Übung" zum Inhalt der einzelnen Arbeitsverträge werden.

Praxistipp: Die **Entstehung** einer betrieblichen Übung kann durch eine – von den einzelnen betroffenen AN (dh jedem) nachweislich und **vor** der Leistungsgewährung zur Kenntnis genommene – **Erklärung des AG** verhindert werden, wonach diese Leistung freiwillig ist und keine Rechtsansprüche für die Zukunft gewährt **(Unverbindlichkeitsklausel);** wird hingegen die Widerruflichkeit einer Leistung erklärt **(Widerrufsklausel),** so bedeutet dies idR, dass ein Rechtsanspruch zwar besteht, aber durch Widerruf (einseitige Willenserklärung des AG) beendet werden kann. **277**

Ein **bereits** durch betriebliche Übung **entstandener Rechtsanspruch** kann durch Arbeitsvertragsänderung, dh mit **Zustimmung** der einzelnen betroffenen **AN,** geändert oder **beendet** werden. Um diese Zustimmung zu erlangen, steht dem AG grundsätzlich auch die Möglichkeit einer **Änderungskündigung** (vgl dazu Rz 380 f) offen. Wird die Leistung vom AG bloß eingestellt und der AN schweigt dazu, wird dies von der Rsp nicht als konkludente Zustimmung gesehen. Hingegen kann der AG das „Auslaufen" bewirken, indem er die betriebliche Übung auf die (ab einem festzulegenden einheitlichen, in der Zukunft liegenden **Stichtag) neu eintretenden AN** nicht mehr anwendet und dies auch entsprechend kommuniziert.

„V" wie Versetzung sowie Verzicht und Vergleich

1. Versetzung

Will der AG eine **Versetzung des AN** vornehmen (dh diesen **an einem anderen Arbeitsort einsetzen** oder **den Inhalt der Tätigkeit wesentlich verändern**), so ist eine Versetzung durch einseitige Anordnung des AG **(„direktoriale Versetzung")** nur zulässig, wenn sie durch den Arbeitsvertrag gedeckt ist. Insofern kommt dem dort genannten Tätigkeitsbereich und Arbeitsort Bedeutung zu. Andernfalls muss der AN in die vom AG geplante Versetzung einwilligen (**„vertragsändernde Versetzung";** die notwendige Zustimmung des AN kann auch durch **Änderungskündigung** herbeigeführt werden, dazu Rz 380 f). **278**

Nach der Rsp liegt eine Versetzung auch dann vor, wenn es zu einer **wesentlichen Änderung der Arbeitszeit** kommt (zB Wechsel von Tag- auf Nachtarbeit oder auf Schichtdienst).

In Arbeitsstätten, in denen ein **Betriebsrat (BR) errichtet** ist (siehe Rz 577 ff), besteht zusätzlich zum vertragsrechtlichen Schutz auch ein **betriebsverfassungsrechtlicher Versetzungsschutz.** Nach **§ 101 ArbVG** muss dann sowohl bei direktorialen als auch bei vertragsändernden Versetzungen der **BR beigezogen** werden (Information, Beratung), wenn eine **dauernde Versetzung** (dh für einen Zeitraum von voraussichtlich mindestens 13 Wochen) des AN geplant ist. Für eine **dauernde und verschlechternde Versetzung** (gemeint ist eine Verschlechterung der **Entgelt- oder der sonstigen Arbeitsbedingungen des AN**) ist **279** die **Zustimmung** des BR einzuholen. Diese kann aber durch eine gerichtliche Zustimmung ersetzt werden. Fehlt sie jedoch, so ist die Versetzung **unwirksam.**

280 **Hinweis:** Wenn die Zustimmung des BR notwendig ist, also bei dauernden und verschlechternden Versetzungen, kann diese nicht durch Zustimmung des AN ersetzt werden, und umgekehrt: Eine vertragsändernde Versetzung kann nicht allein durch Zustimmung des BR zulässig gemacht werden **(„Zwei-Ebenen-Theorie").**

Ist eine Versetzung (sei es wegen fehlender, aber notwendiger Zustimmung des AN oder derjenigen des BR) **unzulässig,** so kann der AN die Arbeitsleistung verweigern, ohne seine Arbeitspflicht zu verletzen; er sollte sich aber zur Klarstellung (am Besten ausdrücklich und nachweisbar) hinsichtlich seines bisherigen Arbeitsplatzes **arbeitsbereit erklären.**

Bei Zweifeln über die Zulässigkeit einer Versetzung kann der AN, will er nicht eine Entlassung wegen beharrlicher Arbeitsverweigerung riskieren, seinen Dienst am neuen Arbeitsplatz **unter Vorbehalt antreten.**

281 Nach der Rsp des OGH greift der betriebsverfassungsrechtliche Versetzungsschutz auch im Fall einer **Betriebsverlegung:** Dh, wenn der gesamte Betrieb dauerhaft auf einen anderen Standort verlegt wird, muss der BR unverzüglich informiert werden. Bringt die Betriebsverlegung eine Verschlechterung der Entgelt- oder sonstigen Arbeitsbedingungen mit sich, ist darüber hinaus die Zustimmung des BR erforderlich. Die Besonderheit bei der Betriebsverlegung ist, dass der AN bei Beachtung des betriebsverfassungsrechtlichen Versetzungsschutzes (§ 101 ArbVG) auf einzelvertraglicher Ebene im Rahmen der **Zumutbarkeit** seiner Arbeitspflicht am neuen Betriebsstandort nachzukommen hat **(Folgepflicht).** Zusätzlich bestehen bei der Betriebsverlegung die wirtschaftlichen Mitwirkungsrechte des BR gem § 109 ArbVG (siehe Rz 599 f).

2. Verzicht und Vergleich

2.1. Verzicht

282 Nach zivilrechtlichen Grundsätzen ist es im Allgemeinen zulässig, dass ein Schuldner auf seine Ansprüche gegenüber dem Gläubiger verzichtet und damit die Schuld endgültig erloschen ist (§ 1444 ABGB). Unklar ist allerdings, inwieweit Verzichtserklärungen eines AN gegenüber seinem AG zulässig sind. Wegen der im Arbeitsrecht typischen Über- bzw Unterordnungsbeziehung befindet sich der AN in der Regel in einer schwächeren Verhandlungsposition als der AG, weshalb die Befürchtung besteht, dass der AN die Verzichtserklärung nicht wirklich freiwillig abgibt. In der Lehre und Rsp wird daher danach unterschieden, ob auf **abdingbare oder unabdingbare,** bereits **fällige oder erst zukünftige Ansprüche** verzichtet wird (zur Fälligkeit von Ansprüchen siehe Rz 290 ff).

Unstrittig ist aber, dass in jenen Fällen, in denen der AN durch **Irrtum, List, Drohung oder Zwang** zur Abgabe eines Verzichts gedrängt wird, **jedenfalls ein Willensmangel** vorliegt, der in der Regel dazu führt, dass die Verzichtserklärung bei Gericht anfechtbar ist (§§ 870 ff ABGB). Darüber hinaus kann ein Verzicht unter Umständen auch **sittenwidrig** sein (§ 879 ABGB).

a) Abdingbare Ansprüche

Weitgehend unstrittig ist, dass ein AN auf **abdingbare Ansprüche** (zB freiwillig gewährte Leistung, kollektivvertragliche Überzahlung) rechtswirksam verzichten kann, sofern diese Ansprüche noch **nicht fällig,** also noch nicht entstanden sind. So ist es beispielsweise grds zulässig, dass der AN bei einer überkollektivvertraglichen Entlohnung ab der nächsten Gehaltszahlung auf die Überzahlung verzichtet. Dabei handelt es sich rechtlich aber weniger um einen echten Verzicht als vielmehr um eine einvernehmliche verschlechternde Vertragsänderung **(Verschlechterungsvereinbarung).** **283**

In der Praxis werden derartige Verschlechterungen vom AG häufig dadurch „erzwungen", dass dem AN die Fortführung des Dienstverhältnisses unter den verschlechterten Bedingungen angeboten und im Falle der Nicht-Zustimmung das Dienstverhältnis aufgekündigt wird (sog **Änderungskündigung;** siehe Rz 380 f). Diese Vorgehensweise ist nach der Rsp grundsätzlich zulässig, weil hier kein wirklicher Willensmangel beim AN verursacht wird, sondern vom AG nur Handlungen in Aussicht gestellt werden (Kündigung), die nach der Rechtsordnung zulässig sind. Wenn sich der AG einen „teuren" AN nicht mehr leisten kann oder will, darf er ihn grundsätzlich kündigen.

Unklar ist hingegen, ob auf bereits **entstandene abdingbare Ansprüche** rechtswirksam verzichtet werden kann. Diese Frage wird von der Lehre und Rsp nicht bzw nicht eindeutig beantwortet. Es sprechen aber gute Gründe dafür, einen Verzicht in jenen Fällen **zuzulassen,** in denen der AN diesen **frei von wirtschaftlichem Druck** abgegeben hat.

Verzichtet ein AN daher beispielsweise nachträglich auf die Ausbezahlung von überkollektivvertraglichen Entgelten oder freiwilligen Erfolgsprämien, die er seinem AG aufgrund von wirtschaftlichen Schwierigkeiten gestundet hat, so wird dieser Verzicht rechtsgültig sein, wenn der AN dies aus freien Stücken getan hat, um die drohende Insolvenz des AG abzuwenden. Droht der AG hingegen mit „Sanktionen" für den Fall, dass der AN auf die bereits verdienten Entgelte nicht verzichtet, wird idR davon auszugehen sein, dass der AN den Verzicht nur in einer Zwangslage abgegeben hat, weshalb dieser sittenwidrig und damit rechtsunwirksam sein wird.

Praxistipp: Aus Gründen der **Beweissicherung** sollten Verzichts- bzw Verschlechterungsvereinbarungen immer **schriftlich** abgeschlossen werden. Zu beachten ist in diesem Zusammenhang auch, dass die Rsp in der (auch jahrelangen) **stillschweigenden Hinnahme** beispielsweise einer Gehaltsreduktion oder der Einstellung einer zuvor vom AG gewährten freiwilligen Leistung idR **keinen konkludenten Verzicht** des AN sieht. Eine Sonderregel zum Verzicht iZm einer **Wiedereinstellungszusage** lässt AN-Ansprüche uU wieder aufleben, wenn der AN von der Wiedereinstellung Abstand nimmt (§ 9 Abs 5 AlVG). **284**

b) Unabdingbare Ansprüche

Auf **unabdingbare Ansprüche** (zB kollektivvertragliches Mindestentgelt, Anspruch auf Abfertigung „alt"), die **noch nicht entstanden** sind, kann bei aufrechtem Dienstverhältnis **nicht rechtswirksam verzichtet** werden. Eine dem widersprechende Verschlechterungsvereinbarung ist nichtig, da sie gegen zwingendes Gesetz bzw zwingende kollektivvertragliche Bestimmungen verstößt. **285**

Ist daher beispielsweise ein AN – auch aus freiem Willen – bereit, fortan unter dem kollektivvertraglichen Mindestentgelt zu arbeiten und schließt er mit seinem AG eine entsprechende Vereinbarung ab, so ist diese unwirksam.

286 Nach der Rsp kann auf **unabdingbare Ansprüche** aber auch dann **nicht verzichtet werden,** wenn sie **bereits entstanden** sind und der AN die Verzichtserklärung unter **wirtschaftlichem Druck** abgegeben hat (sog Drucktheorie). Dieser Druck wird vor allem in der Befürchtung des AN gesehen, er werde gekündigt, sollte er sich weigern, einen solchen Verzicht abzugeben. Nach der Rsp wird das Vorliegen wirtschaftlichen Drucks nur **widerleglich vermutet,** sodass der AG den Nachweis erbringen kann, dass im konkreten Fall eine solche Zwangslage ausnahmsweise nicht vorlag. In diesem Fall kann demnach auch auf unabdingbare Ansprüche verzichtet werden. In der Lehre wird diese Ansicht zum Teil kritisiert und die grundsätzliche **Unverzichtbarkeit von unabdingbaren Ansprüchen** gefordert. Eindeutige Rsp liegt zu dieser Frage nicht vor.

287 Die Rsp sieht – in der Praxis häufig vorkommende – Verzichte **nach Auflösung des Arbeitsverhältnisses** oder **während des Stadiums der Auflösung** in jenen Fällen als unproblematisch an, in denen aufgrund des (nahenden) Endes des Dienstverhältnisses kein Druck vom AG auf den AN mehr zu erwarten ist. Stand der AN hingegen bei **Auflösung** des Dienstverhältnisses dennoch **unter Druck,** wird ein Verzicht **regelmäßig unwirksam** sein.

Beispiele: *Ein AN verzichtet im Zuge der Beendigung des Dienstverhältnisses auf einen Teil seines Entgelts, weil er befürchtet, sonst seine übrigen Ansprüche nicht ausbezahlt zu bekommen. Ein AN befürchtet begründeterweise, dass er aufgrund der sehr einflussreichen Position seines AG zukünftig in der Branche keinen Job mehr bekommen wird, wenn er die Verzichtserklärung nicht unterschreibt. Ein AN ist wegen nachvertraglicher Bindungen, zB einer Konkurrenzklausel, noch vom AG abhängig.*

Hingegen ist der Verzicht eines AN auf die Abfertigung „alt" bei einer vom AN angestrebten einvernehmlichen Lösung idR zulässig, weil der AN bei Selbstkündigung auch keinen derartigen Anspruch gehabt hätte.

2.2. Vergleich

288 Unter einem Vergleich versteht man eine unter beiderseitigem Nachgeben einverständliche neue Festlegung strittiger oder zweifelhafter Tatsachen und/oder Rechtsfragen (§§ 1380 ff ABGB). Voraussetzung ist also, dass zwischen AG und AN **strittige Sachverhalte und/oder Ansprüche** bestehen und diese **einvernehmlich** einer **Lösung** zugeführt werden sollen, wobei jede Seite der anderen **entgegenkommt.** Wurde ein Vergleich wirksam abgeschlossen, schafft dies einen neuen – von der alten Sach- und Rechtslage grundsätzlich unabhängigen – Rechtsanspruch **(Bereinigungswirkung).** Ein Vergleich kann sich dabei sowohl auf gegenwärtige als auch auf zukünftige Verhältnisse beziehen. Verglichen können sowohl **abdingbare als auch unabdingbare Ansprüche** werden. Ein Vergleich kann sowohl außergerichtlich als auch gerichtlich (dazu Rz 681) abgeschlossen werden.

Beispielsweise kann mangels Vorliegens von Arbeitszeitaufzeichnungen strittig sein, wie viele Überstunden von einem AN geleistet wurden. Da beiden Seiten klar ist, dass **Überstunden** geleistet wurden, die Höhe aber nicht mehr exakt feststellbar ist, können sich AG und AN auf eine bestimmte Anzahl von Überstunden vergleichen, die dann zur Auszahlung gebracht wird. Dieser Vergleich wirkt nun unabhängig davon, wie viele Überstunden tatsächlich erbracht wurden. Stellt sich also im Nachhinein heraus, dass der AN wesentlich mehr Überstunden geleistet hat, kann er diese wegen der Bereinigungswirkung des Vergleichs nicht mehr mit Erfolg geltend machen. In der Praxis werden häufig auch bei **Beendigung des Dienstverhältnisses** Vergleiche geschlossen, wenn nicht klar ist, ob zB eine Entlassung gerechtfertigt oder ungerechtfertigt ausgesprochen wurde und welche Ansprüche dem AN daher zustehen. Auch gerichtliche Verfahren enden häufig durch einen Vergleich.

Ein Vergleich ist – ebenso wie der Verzicht – nur wirksam, wenn die Parteien diesen **frei von Willensmängeln** getroffen haben. Daher ist auch ein Vergleich, den beispielsweise der AG listig beim AN herbeigeführt hat, anfechtbar (siehe oben zu §§ 870 ff ABGB). Unklar ist, ob die zum Verzicht entwickelte **Drucktheorie** auch auf den Vergleich Anwendung findet. Dies wird in der Lehre zum Teil bejaht.

Praxistipp: Zu beachten ist, dass mit einem Vergleich häufig sog **Generalbereinigungsklauseln** mitvereinbart werden („*Mit Abschluss dieses Vergleichs sind sämtliche wechselseitige Ansprüche der Parteien aus dem Dienstverhältnis bereinigt und verglichen*“). Eine solche Vereinbarung sollte nur getroffen werden, wenn tatsächlich keine weiteren Ansprüche aus dem Arbeitsverhältnis mehr bestehen (zB Dienstzeugnis, Schadenersatzansprüche des AG, Konkurrenzklausel, Geheimhaltungsverpflichtung). 289

Zur genaueren Prüfung allfälliger noch bestehender Ansprüche empfiehlt es sich, einen Vergleich **„bedingt“** abzuschließen: Die Wirksamkeit des Vergleichs tritt erst dann ein, wenn er nicht bis zu einem festgelegten Zeitpunkt **widerrufen** wird („*Der Vergleich wird rechtskräftig, wenn er nicht binnen 14 Tagen von einer der Parteien widerrufen wird*“).

„W“ wie Whistleblowing

Mit dem HinweisgeberInnenschutzgesetz (HSchG) erfolgte die Umsetzung der „Whistleblower-Richtlinie“ der EU (RL 2019/1937) in Österreich. Ziel des Gesetzes ist es, hinweisgebende Personen (sog „Whistleblower“) zu schützen und zu bestärken, die Rechtsverletzungen in bestimmten Rechtsbereichen von besonderem öffentlichen Interesse melden. 289a

„Hinweisgeber“ im Sinne des HSchG sind Personen, die aufgrund **ihrer laufenden oder früheren beruflichen Verbindung** zu einem Rechtsträger **Informationen über Rechtsverletzungen** erlangt haben (zB AN, Bewerber, freie DN, Auftragnehmer, Lieferanten) und einen Hinweis an eine (interne oder externe) Meldestelle weitergeben oder veröffentlichen.

Das HSchG gilt dabei **nur in Unternehmen und in juristischen Personen des öffentlichen Rechts mit 50 oder mehr AN** (§ 3 Abs 1 HSchG). **Einzelunternehmen** fallen unabhängig von ihrer Größe **nicht in den Geltungsbereich** des HSchG.

Die Einschränkung auf Unternehmen mit zumindest 50 AN entspricht nicht den Vorgaben der EU-Whistleblower-Richtlinie. Diese sieht eine **Geltung grundsätzlich unabhängig von der Unter-**

nehmensgröße vor und knüpft nur die Verpflichtung zur Einrichtung einer internen Meldestelle an die Unternehmensgröße. Wie die Rsp mit dieser Thematik umgehen wird, bleibt abzuwarten.

289b Um unter den gesetzlichen Schutz zu fallen, muss sich der Hinweis auf eine **Rechtsverletzung in einem der folgenden Bereiche** beziehen (§ 3 Abs 3 HSchG):

- Öffentliches Auftragswesen;
- Finanzdienstleistungen, Finanzprodukte und Finanzmärkte sowie Verhinderung von Geldwäsche und Terrorismusfinanzierung;
- Produktsicherheit und -konformität;
- Verkehrssicherheit;
- Umweltschutz;
- Strahlenschutz und nukleare Sicherheit;
- Lebensmittel- und Futtermittelsicherheit, Tiergesundheit und Tierschutz;
- öffentliche Gesundheit;
- Verbraucherschutz;
- Schutz der Privatsphäre und personenbezogener Daten sowie Sicherheit von Netz- und Informationssystemen und
- Verhinderung und Ahndung von bestimmten Korruptionsstraftaten.

Praxistipp: Nicht vom Schutz des HSchG erfasst sind daher insbesondere **Meldungen über Verstöße gegen arbeitsrechtliche Vorschriften** (zB Arbeitszeitverstöße, Lohn- und Sozialdumping, Mobbing, etc). Es ist aber möglich, solche gesetzlich nicht mitumfassten Rechtsverstöße **freiwillig in den Schutzbereich eines betrieblichen Hinweisgebersystems mit einzubeziehen.**

289c Unternehmen mit **250 oder mehr Beschäftigten** sind seit 25. 8. 2023 und Unternehmen mit **50 bis 249 Beschäftigten** sind seit 17. 12. 2023 verpflichtet, eine **interne Meldestelle für Hinweisgeber** einzurichten (§ 11 HSchG). Das jeweilige Unternehmen entscheidet dabei selbst, ob Hinweise mündlich, schriftlich oder in beiden Formen abgegeben werden können. Interne Meldekanäle können zB eine E-Mail-Adresse, eine Telefon-Hotline, eine Online-Plattform, ein Beschwerdebriefkasten oder eine Ombudsstelle sein. Auch eine Kombination aus mehreren Kanälen ist möglich. Wird trotz bestehender Verpflichtung keine interne Meldestelle eingerichtet, so bleibt dies aber **sanktionslos.**

Die interne Meldestelle muss mit **ausreichend personellen und finanziellen Mitteln** ausgestattet sein und **weisungsfrei** agieren können (siehe § 13 HSchG). Das HSchG sieht außerdem bestimmte **Fristen und Verfahrensabläufe** vor (zB verpflichtende Rückmeldung an den Hinweisgeber binnen drei Monaten, welche Folgemaßnahmen getroffen wurden).

Die Einrichtung eines internen Meldesystems, das (nur) den gesetzlichen Vorgaben entspricht, erfordert in Betrieben mit BR nach hA **keine BV.** Wird das Meldesystem jedoch **freiwillig über die gesetzlichen Vorgaben hinaus erweitert** (zB durch Ausdehnung des Schutzbereichs auch für arbeitsrechtliche Verstöße), wird hierfür – je nach konkreter Ausgestaltung des Meldesystems – idR eine **BV gem § 96 Abs 1 Z 3 ArbVG** (Kontrollsysteme, die die Menschenwürde berühren; vgl Rz 606 f) oder **gem § 96a Abs 1 Z 1 ArbVG** (Personaldatensysteme; vgl Rz 608 ff) erforderlich sein.

Neben den internen Meldestellen steht Hinweisgebern auch die Möglichkeit einer Meldung an die **externe Meldestelle** beim **Bundesamt für Korruptionsprävention und Korruptionsbekämpfung** offen (§ 15 HSchG). **289d**

Praxistipp: Die AN sind über die Möglichkeit und das Verfahren der Hinweisgebung bei internen und externen Meldestellen in geeigneter Form zu informieren (zB im Intranet). In dieser Information sollte auch dargelegt werden, welche Hinweise unter den Schutz des HSchG fallen und ob der Schutzbereich freiwillig auch auf andere Bereiche erweitert wurde.

Wesentlicher Inhalt des Schutzes nach dem HSchG ist die **vertrauliche Behandlung von Hinweisen** durch die Meldestellen (vgl § 7 HSchG). Die Identität des Hinweisgebers sowie der von einem Hinweis betroffenen Person dürfen von diesen Stellen **nur in wenigen Ausnahmefällen offengelegt** werden (zB in einem gerichtlichen oder verwaltungsbehördlichen Verfahren, wenn die Offenlegung im Hinblick auf Stichhaltigkeit und Schwere der Vorwürfe verhältnismäßig ist). **289e**

Das HSchG schützt Hinweisgeber außerdem vor **Vergeltungsmaßnahmen** durch den AG (§ 20 HSchG):

- **Reversible Vergeltungsmaßnahmen** wie zB Kündigungen, Entlassungen, Nichtverlängerung einer Befristung, Suspendierungen, Versetzungen oder die Versagung einer Beförderung sind grundsätzlich **rechtsunwirksam.**
- **Andere Vergeltungsmaßnahmen,** die nicht rückgängig gemacht werden können, wie zB Nötigung, Einschüchterung, Mobbing oder Diskriminierungen, können zu **Schadenersatzansprüchen** des AN führen.

Der Hinweisgeber muss dabei nur **glaubhaft machen,** dass die Maßnahme Folge eines berechtigten Hinweises war. Der AG muss im Gegenzug beweisen, dass **mit höherer Wahrscheinlichkeit ein anderes Motiv** für die Maßnahme **ausschlaggebend** war (§ 23 HSchG).

Dieser Schutz gilt nicht nur für den Hinweisgeber selbst, sondern auch für Personen, die den Hinweisgeber bei der Hinweisgebung unterstützen, sowie für natürliche Personen im Umkreis des Hinweisgebers (zB Verwandte oder Arbeitskollegen) und juristische Personen im Eigentum des Hinweisgebers.

Das HSchG sieht außerdem **hohe Verwaltungsstrafen** (bis zu € 20.000,–, im Wiederholungsfall bis zu € 40.000,–; § 24 HSchG) für Personen vor, die **289f**

- eine Hinweisgebung behindern,
- eine der im Gesetz genannten Vergeltungsmaßnahmen setzen,
- den Schutz der Vertraulichkeit verletzen oder
- wissentlich einen falschen Hinweis geben.

Hinweis: Vergeltungsmaßnahmen aufgrund der Meldungen von Rechtsverstößen können unabhängig vom Anwendungsbereich des HSchG auch noch **aus anderen Gründen rechtswidrig** sein (zB Sittenwidrigkeit gem § 879 ABGB).

„Z" wie Zeitablauf

1. Fälligkeit

290 Die Zeit spielt im (Arbeits-)Recht eine wichtige Rolle, weil Ansprüche **nicht zeitlich unbegrenzt** durchgesetzt werden können. Je mehr Zeit vergangen ist, umso schwieriger wird die Aufklärung eines angeblichen Anspruches. Daher sollten AG und AN möglichst rasch handeln, wenn sie meinen, dass noch arbeitsrechtliche Ansprüche bestehen.

Zu beachten ist dabei, dass ein Anspruch grundsätzlich erst dann geltend gemacht werden kann, wenn er **fällig** ist: Dies ist der Zeitpunkt, zu dem die Leistung zu erbringen ist. Die Fälligkeit kann von den Parteien **grundsätzlich vereinbart** werden, wobei im Arbeitsrecht Einschränkungen bestehen.

So wird das laufende Entgelt bei Angestellten beispielsweise in zwei annähernd gleichen Beträgen am Fünfzehnten und am Letzten eines jeden Monats fällig, wobei aber – was in der Praxis zumeist der Fall ist – die Zahlung für den **Schluss eines jeden Kalendermonats** vereinbart werden kann (§ 15 AngG). Bei Arbeitern hängt die Fälligkeit davon ab, ob das Entgelt nach Monaten, Stunden, Stück oder Einzelleistungen bemessen wird (§ 1154 ABGB), wobei diese Bestimmung in der Praxis häufig durch KollV oder Arbeitsvertrag dahingehend abgeändert wird, dass das Entgelt ebenfalls in Monatszeiträumen zur Auszahlung gebracht wird.

291 Besteht keine Vereinbarung oder sondergesetzliche Regelung über die Fälligkeit, greift der Grundsatz, dass die **Zahlung nach Erbringung der Leistung** zu erfolgen hat. Jedenfalls fällig wird das Entgelt aber mit **Beendigung des Dienstverhältnisses** (§ 1154 ABGB).

292 **Sonderregelungen** für die Fälligkeit gibt es beispielsweise bei der **Abfertigung „alt"**, bei der unmittelbar nach Beendigung des Dienstverhältnisses nur drei Monatsentgelte fällig werden. Der Rest kann ab dem vierten Monat in monatlichen Teilbeträgen abgestattet werden (§ 23 Abs 4 AngG). Wird der AN ungerechtfertigt entlassen oder tritt er gerechtfertigt aus, wird die **Kündigungsentschädigung** für einen Zeitraum von drei Monaten sofort fällig. Gebührt eine Kündigungsentschädigung für einen längeren Zeitraum, wird diese nach den vereinbarten Gehalts- bzw Lohnzahlungsperioden, also regelmäßig mit dem Monatsletzten fällig (§ 29 Abs 2 AngG). In der Praxis wichtig ist auch die Fälligkeit von Entgelten für die Leistung von **Überstunden.** Ist nichts anderes vereinbart, sind diese grundsätzlich in dem Monat mit dem Gehalt bzw Lohn auszuzahlen, in dem die Überstunden geleistet wurden. Wurde eine pauschale Überstundenentlohnung (Überstundenpauschale, All-in-Vereinbarung) getroffen, so werden die über die Pauschale hinausgehenden Ansprüche erst nach Ablauf eines Durchrechnungszeitraums – mangels anderer Vereinbarung oder Regelung im KollV regelmäßig das Kalenderjahr – fällig (siehe Rz 321). **Schadenersatzansprüche** werden grundsätzlich ab Kenntnis von Schaden und Schädiger fällig.

2. Verjährung

Verjährung bedeutet Rechtsverlust durch Nichtausübung des Rechts während einer bestimmten Zeit. Dabei erlischt aber nicht das Recht selbst, sondern nur das Klagerecht. Mit anderen Worten, lässt man die Verjährungsfrist ungenutzt verstreichen, kann der Anspruch nicht mehr mit Erfolg klagsweise geltend gemacht werden. Dh, um einen Anspruch durchzusetzen, muss innerhalb der Verjährungsfrist Klage bei Gericht erhoben werden. Die **Klage unterbricht** dann in ihrem Umfang die **Verjährung,** sofern das Verfahren gehörig fortgesetzt wird. 293

Das verjährte Recht erlischt aber nicht, sondern bleibt weiterhin als sog **Naturalobligation** bestehen. Diese ist nicht mehr klag-, wohl aber noch zahlbar. Dh, hat der AG eine verjährte Forderung des AN bezahlt, kann er dieses Geld nicht mehr mit Erfolg zurückverlangen.

Beispiel: *Der AN fordert eine Prämiennachzahlung für Leistungen, die schon vor mehr als drei Jahren zu bezahlen gewesen wären und damit bereits verjährt sind. Der AG zahlt dem AN diese Entgelte aus und bemerkt die eingetretene Verjährung erst später. Der AG kann vom AN dieses Entgelt nun nicht mehr rechtmäßig zurückverlangen. Zahlt der AG die Prämien hingegen von vornherein nicht aus, kann der AN diese wegen der bereits eingetretenen Verjährung nicht mit Erfolg bei Gericht einklagen.*

Die **Verjährung beginnt** grundsätzlich mit dem **Zeitpunkt der Fälligkeit** zu laufen, wobei es nicht darauf ankommt, dass der AN subjektiv von diesem Zeitpunkt Bescheid weiß. Grundsätzlich verjähren arbeitsrechtliche Ansprüche schon nach **drei Jahren** (kurze gesetzliche Verjährungsfrist gem § 1486 Z 5 ABGB). Offene **Urlaubsansprüche** verjähren **zwei Jahre** nach Ende des Urlaubsjahres, in dem der Urlaub entstanden ist (§ 4 Abs 5 UrlG; vgl Rz 271). Der Anspruch auf Ausstellung eines **Dienstzeugnisses** verjährt hingegen erst nach **30 Jahren.** Die gesetzlichen Verjährungsfristen können – in den Grenzen der Sittenwidrigkeit – durch Vereinbarung **auch verkürzt** werden. 294

Konkret geführte **Vergleichsverhandlungen hemmen die laufende Verjährungsfrist** und führen – im Falle eines Scheiterns der Vergleichsbemühungen – zu einer entsprechend verlängerten Verjährungsfrist. Dies trifft grundsätzlich auch im Falle einer gewährten **Stundung** zu. Darunter versteht man das nachträgliche Hinausschieben der Fälligkeit. Der AG kann auch auf sein Recht der **Verjährungseinrede verzichten.**

Praxistipp: Die Abgabe von **Stundungserklärungen** ist im Arbeitsrecht grundsätzlich auch für den AN zulässig. Jedoch hat der AN zu beachten, dass im Falle einer Insolvenz des AG grundsätzlich nur jene Ansprüche gesichert sind, die nicht älter als sechs Monate sind. Wird daher zB laufendes Entgelt (teilweise) für längere Zeiträume gestundet, besteht die Gefahr, dass der AN bei einem Konkurs des AG sein Geld großteils verliert (vgl Rz 243). 295

3. Verfall

Neben den Verjährungsfristen spielen im Arbeitsrecht die in der Regel wesentlich kürzeren **Verfallsfristen** (auch Präklusiv- oder Ausschlussfristen genannt) eine wichtige Rolle. 296

Diese können sich im Gesetz (zB sechs Monate für die sog **„Kündigungsentschädigung“** gem §§ 28, 29 iVm § 34 AngG; ebenfalls sechs Monate für **Schadenersatz- bzw Rückgriffsansprüche** des AG gegenüber dem AN bei leicht fahrlässiger Schädigung gem § 6 DNHG), im Kollektivvertrag (häufig im Zusammenhang mit Überstunden) oder auch im Arbeitsvertrag finden. In der Regel sind Verfallsfristen von **sechs Monaten** vorgesehen, wobei die Rsp auch kürzere **Fristen** (idR **drei Monate,** teilweise auch zwei Monate) für **zulässig** erachtet. Noch kürzere Verfallsfristen (zB sechs Wochen) sind hingegen in der Regel **sittenwidrig** (§ 879 ABGB).

297 Verfallsregelungen treten typischerweise in zwei unterschiedlichen Erscheinungsformen auf:

- Der Verfall kann so ausgestaltet sein, dass der Anspruch binnen der Frist **gerichtlich geltend gemacht, also eine Klage eingebracht werden muss** (vgl zB § 34 AngG: *„müssen bei sonstigem Ausschlusse binnen sechs Monaten gerichtlich geltend gemacht werden“*).
- Kollektivvertragliche oder arbeitsvertragliche Verfallsregelungen sehen aber meistens vor, dass die Ansprüche lediglich *„bei sonstigem Ausschluss geltend gemacht werden müssen“*. Es genügt also eine **außergerichtliche Geltendmachung beim AG,** um den Verfall zu verhindern. Dabei genügt es nach der Rsp, wenn der AN seine Ansprüche derart **konkretisiert** hat, dass der AG erkennen kann, welche Ansprüche ihrer Art nach gemeint sind **(ernstliches Fordern).** Die Nennung eines konkreten Betrages wird dabei in der Regel nicht notwendig sein. So genügt es beispielsweise, wenn der AN gegenüber dem AG das Entgelt für die in einem bestimmten Leistungszeitraum erbrachten und zahlenmäßig bezeichneten Überstunden fordert, ohne ihm dabei einen genauen Geldbetrag zu nennen.

298 **Hinweis:** Die Anwendung der Verfallsfristen setzt nach der Rsp eine **ordnungsgemäße Lohnabrechnung** durch den AG voraus, sodass der AN einen entsprechenden Überblick über die ausgezahlten Nettobeträge hat. Der Verfall von Mehr- und Überstunden wird gehemmt, wenn der AG die gesetzlichen **Arbeitszeitaufzeichnungen** nicht führt, und daher nicht mehr feststellbar ist, wie viele Mehr- und Überstunden ein AN geleistet hat (§ 26 Abs 9 AZG). Der AN wird daher in diesen Fällen seine Ansprüche trotz der vereinbarten Verfallsfristen innerhalb der dreijährigen Verjährungsfrist gerichtlich einklagen können.

299 Wird der **Anspruch** innerhalb der Verfallsfrist entsprechend **geltend gemacht,** so führt dies dazu, dass der Anspruch bis zum **Ablauf der Verjährungsfrist** gerichtlich eingeklagt werden kann.

Die genaue Abgrenzung zwischen Verjährung und Verfall ist nicht ganz klar, jedoch wird in der Lehre vertreten, dass nach Ablauf der Verfallsfrist das Recht als solches erloschen ist (also keine Naturalobligation übrig bleibt). Dies bedeutet im Ergebnis, dass für den Fall der Bezahlung eines verfallenen Anspruchs durch den AG an den AN (zB Auszahlung bereits verfallener Überstunden) diese Entgelte vom AG zurückgefordert werden können. Ansonsten werden die Regeln über die Verjährung weitgehend **analog** auf den Verfall angewendet.

Praxistipp: Wird ein Anspruch – was in der Praxis vorkommt – nach Ablauf der Verjährungsfrist eingeklagt, hat das Gericht dies **nicht von Amts wegen** zu beachten, sondern es muss die Verjährung von der Gegenseite im Verfahren entsprechend **eingewendet** werden (§ 1501 ABGB). Eine erfolgreiche Einwendung führt zur Abweisung der Klage und damit zum Prozessverlust des Klägers. Es empfiehlt sich daher immer zu prüfen, ob Forderungen nicht bereits verjährt sind. Dies gilt grundsätzlich auch für Verfallsfristen. Zu beachten ist allerdings, dass die **sechsmonatige Präklusivfrist des § 6 DNHG** nach der Rsp **von Amts wegen** wahrzunehmen ist. 300

4. Ablaufhemmung von Verjährungs- und Verfallsfristen

Für bestimmte Fälle wird eine **Hemmung des Ablaufs von laufenden gesetzlichen, kollektivvertraglichen und vertraglichen Verjährungs- und Verfallsfristen** normiert. Dies bedeutet, dass für die Dauer der Ablaufhemmung keine Verjährung bzw kein Verfall betreffend bestimmter **Ansprüche des AN aus dem Arbeitsverhältnis** eintreten kann, die der AN **bereits vor Eintritt des zur Ablaufhemmung führenden Ereignisses erworben** hat. 300a

Konkret ist dies für folgende Fälle vorgesehen:

- während einer **Elternkarenz** bzw eines **Papamonats** (§ 15f Abs 1a MSchG, § 7d VKG);
- während einer **Pflegefreistellung** (§ 18a UrlG);
- während einer **Dienstverhinderung aufgrund Krankheit oder Unfall eines nahen Angehörigen** gem § 8 Abs 3 AngG bzw § 1154b Abs 5 ABGB (§ 9a AngG, § 1154b Abs 7 ABGB);
- während einer Freistellung zur **Sterbebegleitung** gem § 14a AVRAG, zur **Begleitung von schwersterkrankten Kindern** gem § 14b AVRAG und bei **Inanspruchnahme von Pflegekarenz** gem § 14c AVRAG (§ 16a AVRAG).

Die Ansprüche aus dem Arbeitsverhältnis (wie zB wegen einer Überstundenleistung aus einer Zeit vor der Karenz) können jeweils noch **bis zwei Wochen** nach Ende des Grundes für die Hemmung der Verjährung bzw des Verfalls geltend gemacht werden.

Diese Regelungen der Ablaufhemmung **treten mit 1. 11. 2023 in Kraft,** wobei bei der Ablaufhemmung während einer Elternkarenz auf eine Karenz aufgrund einer Geburt ab diesem Zeitpunkt abzustellen ist.

Beispiel: *Der anwendbare KollV normiert für die Geltendmachung von Überstunden eine Verfallsfrist von sechs Monaten. Ein AN hat im September 2023 30 Überstunden geleistet, die ihm vom AG nicht ausbezahlt wurden. Am 17. 11. 2023 kommt sein Kind zur Welt, für das der AN am 15. 1. 2024 eine einjährige Elternkarenz antritt. Der Verfall des Anspruchs auf Überstundenabgeltung bleibt bis zwei Wochen nach Ende der Karenz gehemmt, sohin bis 29. 1. 2025. Bis dahin hat der AN Zeit, seine Überstundenforderung beim AG entsprechend geltend zu machen, um den Eintritt des Verfalls zu vermeiden.*

IV. Arbeitnehmerschutzrecht

1. Allgemeines

301 Als **Arbeitnehmerschutzrecht** wird in Österreich die Summe jener (großteils) öffentlich-rechtlicher Regelungen bezeichnet, die dem **Schutz des Lebens, der Gesundheit sowie der Integrität und Würde der AN** im Zusammenhang mit der Erbringung der Arbeitsleistung dienen. Im Folgenden werden die wichtigsten **Teilgebiete** des Arbeitsschutzes – der **technische Arbeitnehmerschutz,** der **Verwendungsschutz** und das **Arbeitszeitrecht** – überblicksweise dargestellt.

302 Die behördliche Überwachung der Einhaltung der öffentlich-rechtlichen Arbeitsschutzbestimmungen obliegt dem **Arbeitsinspektorat.** Dieses ist befugt, **Übertretungen** von Arbeitsschutzvorschriften (idR mit Geldstrafen zu ahndende Verwaltungsübertretungen) **anzuzeigen.** Näheres (zB zur Besichtigung von Arbeitsstätten durch die **Arbeitsinspektoren**) regelt das **Arbeitsinspektionsgesetz (ArbIG).** Aufgrund solcher Anzeigen einzuleitende **Verwaltungsstrafverfahren** werden in erster Instanz von der **Bezirksverwaltungsbehörde** durchgeführt (siehe Rz 698 ff).

Webtipp: Auf der Website der Arbeitsinspektion unter www.arbeitsinspektion.gv.at sind sehr übersichtlich aufbereitete Informationen über die wesentlichen Vorschriften des AN-Schutzrechts zu finden. Ebenfalls informativ sind www.auva.at sowie www.eval.at; letztere Website stellt wichtige Informationen, Checklisten und Dokumente zur Arbeitsplatzevaluierung zur Verfügung. Zu empfehlen ist weiters die Website www.gesunde-arbeit.at, die nützliche Informationen ua zu den Themen psychische Belastungen am Arbeitsplatz und betriebliche Gesundheitsförderung bietet.

Über den AN-Schutz ieS hinaus geht das an AN (sowie Arbeitslose) und AG gerichtete, vom Sozialministeriumservice getragene **Informations-, Beratungs- und Unterstützungsangebot „fit2work“** (gesetzliche Grundlage: Arbeits- und GesundheitsG – AGG). Dabei sollen Maßnahmen zur frühzeitigen Lösung individueller gesundheitlicher Probleme von AN entwickelt sowie AG bei der Schaffung einer gesundheitsfördernden betrieblichen Arbeitswelt mit dem Ziel der Erhaltung der Arbeits- und Erwerbsfähigkeit der AN und Arbeitslosen unterstützt werden. „fit2work“ ist zudem in die Prävention von Invaliditäts- und Berufsunfähigkeitspensionen und in die Planung der Wiedereingliederungsteilzeit (Rz 184a) eingebunden. Beratungsstellen sind in ganz Österreich eingerichtet; nähere Informationen finden sich unter www.fit2work.at.

2. Technischer Arbeitnehmerschutz

303 Der technische Arbeitnehmerschutz soll die **Sicherheit und die physische und psychische Gesundheit der arbeitenden Menschen** gewährleisten. Zu diesem Zweck wird zB vorgeschrieben, wie die **Arbeitsstätten, Arbeitsräume, Arbeitsplätze und Arbeitsvorgänge** auszugestalten sind, damit die dort bzw damit beschäftigten AN möglichst keinen gesundheitlichen

Schaden erleiden. Die wichtigsten Rechtsgrundlagen des technischen Arbeitnehmerschutzes sind das nach den detaillierten Vorgaben des EU-Rechts gestaltete **ArbeitnehmerInnenschutzgesetz (ASchG)** und die dazu erlassenen Durchführungsverordnungen.

Im Einzelnen bestehen **zahlreiche Detailbestimmungen,** die zB ausreichende Lichtverhältnisse (Beleuchtung) und Belüftung in den **Arbeitsstätten** und an den einzelnen **Arbeitsplätzen,** ferner Brandschutzvorkehrungen, Fluchtwege und Notausgänge, aber auch die notwendigen **Sanitäreinrichtungen** (Toiletten, Waschräume) oder die Zurverfügungstellung versperrbarer Schränke für Kleidung und persönliche Gegenstände der AN betreffen. Außerdem sind die Arbeitsplätze und die einzelnen **Arbeitsvorgänge** ergonomisch zu gestalten, sodass die AN möglichst gefahrlos ihre Arbeit verrichten können. **Arbeitskleidung** und **Schutzausrüstungen** muss bei Bedarf der AG kostenlos beistellen.

Weitere Sonderbestimmungen betreffen etwa den **Nichtraucherschutz** und **Bildschirmarbeitsplätze** sowie spezielle Sicherheitsvorkehrungen auf **Baustellen.** Auch die Handhabung der **Arbeitsmittel** (diese müssen dem Stand der Technik entsprechen) und der **Arbeitsstoffe** ist näher geregelt. Gefährliche Arbeitsmittel und Gefahrstoffe (Grenzwerte!) unterliegen speziellen Schutzbestimmungen. Zunehmende praktische Bedeutung gewinnt schließlich die **Gefahrenevaluierung,** dh die Ermittlung und Bewertung möglicher Gefahrenquellen in den Arbeitsstätten und die Ergreifung geeigneter Abhilfemaßnahmen durch den AG („Arbeitsplatzevaluierung“). Dabei werden auch psychische Belastungen ausdrücklich einbezogen („Burn-out-Prophylaxe“). Ua sind **schwere Arbeitsunfälle und gefährliche Arbeiten** dem Arbeitsinspektorat zu melden.

Viele Vorschriften betreffen die **Durchführung des technischen Arbeitnehmerschutzes,** für die grundsätzlich der AG verantwortlich ist (er darf aber geeignete Hilfspersonen beiziehen), und die notwendigen **Kontrollmaßnahmen.** Auch jeder **einzelne AN** ist zur Einhaltung der Arbeitsschutzvorschriften (zB zum Tragen der vorgeschriebenen Schutzausrüstungen) verpflichtet und hat dahingehende Anordnungen zu beachten. **304**

Überdies ist eine Reihe von **Personen** bzw **Gremien mit Spezialaufgaben zur praktischen Umsetzung des Arbeitsschutzes** in den einzelnen Unternehmen betraut. Dazu gehören vor allem die **Sicherheitsvertrauenspersonen** (AN mit besonderer Ausbildung in Fragen der Sicherheit und des Gesundheitsschutzes), die – entsprechend der Zahl der im Betrieb beschäftigten AN – vom AG mit Zustimmung des Betriebsrates (siehe Rz 577 ff) zu bestellen sind. Die Sicherheitsvertrauenspersonen haben insb eine wichtige **Beratungs-, Informations- und Unterstützungsfunktion** gegenüber den Beschäftigten, beraten aber auch den AG in Arbeitsschutzfragen und arbeiten mit den übrigen Spezialkräften zusammen. **305**

Je nach Größe der Arbeitsstätte sind ferner zB auch technisch geschulte und geprüfte (interne oder externe) **Sicherheitsfachkräfte** vor Ort (oder ein **sicherheitstechnisches Zentrum**), **Arbeitsmediziner** (oder ein **arbeitsmedizinisches Zentrum**), ein **arbeitsmedizinischer Fachdienst** sowie in betriebsratspflichtigen Betrieben auch der **Betriebsrat** in die Wahrnehmung von Arbeitsschutzagenden eingebunden. Ferner können Fachleute wie zB Arbeitspsychologen, Chemiker, Toxikologen und Ergonomen beigezogen werden. Sicherheitsvertrauenspersonen, Sicherheitsfachkräfte und Arbeitsmediziner unterliegen einem sog **individuellen Kündigungsschutz** (siehe Rz 452).

306 **Hinweis:** Eine Missachtung der AN-Schutzbestimmungen stellt für den AG idR eine strafbare Verwaltungsübertretung dar. Hält sich ein AN trotz Aufklärung und schriftlicher Aufforderung durch den AG nicht an die AN-Schutzvorschriften (zB Nichttragen von Schutzkleidung, Selbst- oder Fremdgefährdung durch Alkoholkonsum), so kann er sich ebenfalls **strafbar** machen (§ 130 ASchG). Darüber hinaus kann sich die AUVA bei einem Arbeitsunfall am AG regressieren (dh Rückgriff nehmen), wenn dieser den AN vorsätzlich oder grob fahrlässig körperlich geschädigt hat. Grobe Fahrlässigkeit wird bei einer Missachtung der AN-Schutzvorschriften idR anzunehmen sein.

3. Verwendungsschutz

307 Als Verwendungsschutz werden alle jene Arbeitnehmerschutzbestimmungen bezeichnet, die bei der **Beschäftigung („Verwendung") besonders schutzwürdiger Personengruppen** Vorkehrungen zur Wahrung ihrer speziellen Anliegen treffen. Verwendungsschutz besteht insb für **Kinder und Jugendliche** (**KJBG**, siehe Rz 89 f). Hinsichtlich von **Frauen** wurde der Schutz weitgehend aufgehoben bzw durch geschlechtsneutrale Regelungen ersetzt (siehe Rz 92). Wesentliche Schutzvorschriften bestehen jedoch weiterhin für **Schwangere** und **Mütter**.

308 Nach dem **Mutterschutzgesetz (MSchG)** dürfen schwangere AN nicht zu **Arbeiten** herangezogen werden, die für sie selbst oder für das Ungeborene **schädlich oder gefährlich** sind. Es bestehen auch **Verbote** hinsichtlich der **Nachtarbeit, der Sonn- und Feiertagsarbeit und der Überstundenarbeit** sowie ein **besonderer Nichtraucherschutz** am Arbeitsplatz (sog relative Beschäftigungsverbote). Während der Dauer der sog **Schutzfrist** von jeweils **mindestens acht Wochen vor und nach der Entbindung** sowie am Entbindungstag selbst gilt ein **absolutes Beschäftigungsverbot** (dh in dieser Zeit dürfen Schwangere bzw Wöchnerinnen keinesfalls zur Arbeit eingesetzt werden; bei **Früh- oder Mehrlingsgeburten** sowie bei **Kaiserschnittentbindungen** verlängert sich diese Frist nach der Entbindung auf **zwölf Wochen**). Auch nach Ablauf der Schutzfrist sind bei **Wiederantritt** der Tätigkeit **Beschäftigungsbeschränkungen** (zB wegen Stillzeiten) zu beachten (dazu Rz 201 ff).

Der AG hat über die nach dem ASchG vorgesehenen Pflichten hinaus für Arbeitsplätze, an denen Frauen beschäftigt werden, die Gefahren für die Sicherheit und Gesundheit von werdenden und stillenden Müttern und ihre Auswirkungen auf die Schwangerschaft oder das Stillen zu ermitteln und zu beurteilen **(Evaluierungspflicht).** Die weiblichen AN sowie der Betriebsrat sind davon zu informieren (§ 2a MSchG). Ergibt die Beurteilung Gefahren für die Sicherheit oder Gesundheit von werdenden oder stillenden Müttern oder mögliche nachteilige Auswirkungen auf die Schwangerschaft oder das Stillen, so hat der AG diese Gefahren und Auswirkungen durch **Änderung der Beschäftigung** auszuschließen. Ist eine Änderung der Arbeitsbedingungen aus objektiven Gründen nicht möglich oder dem AG oder der weiblichen AN nicht zumutbar, so ist die AN auf einem anderen Arbeitsplatz zu beschäftigen. Besteht kein geeigneter Arbeitsplatz, so ist die AN **von der Arbeit freizustellen** (§ 2b MSchG).

309 Sowohl Mutter als auch Vater können nach Ablauf des Beschäftigungsverbotes eine zeitlich begrenzte **Karenz** zur Betreuung des Kleinkindes antreten (näher Rz 201). Darüber hinaus besteht unter bestimmten Voraussetzungen auch ein Anspruch auf **Teilzeitbeschäftigung** für die Eltern (sog **„Elternteilzeit";** dazu Rz 210 ff).

Während der Schwangerschaft einer AN und für eine gewisse Zeit nach der Geburt des Kindes besteht für die Eltern ein **besonderer Kündigungs- und Entlassungsschutz**, der sich auch auf Zeiten der Elternkarenz oder einer Elternteilzeit (nach MSchG oder VKG) erstreckt (näher Rz 442, 447). 310

4. Arbeitszeitrecht

4.1. Allgemeines

a) Regelungszweck und Rechtsgrundlagen

Das Arbeitszeitrecht sieht zahlreiche Beschränkungen „zulässiger Arbeit" in zeitlicher Hinsicht vor. Der **Zweck** der Arbeitszeitvorschriften besteht primär im **Schutz der AN** vor einer gesundheitsgefährdenden übermäßigen Inanspruchnahme durch den AG, aber auch in der **Förderung des Beschäftigungsniveaus durch Arbeitszeitverkürzung bzw -flexibilisierung.** Einschlägige Rechtsgrundlagen sind vor allem das **Arbeitszeitgesetz (AZG)** und das **Arbeitsruhegesetz (ARG).** Darüber hinaus sind Arbeitszeitregelungen häufig auch in **Kollektivverträgen (KollV)** und **Betriebsvereinbarungen (BV)** festgelegt (vgl § 1a AZG). 311

Das AZG gilt nur für AN, die das **18. Lebensjahr vollendet** haben; die jüngeren AN fallen unter das KJBG (siehe Rz 89 f). Vom AZG und ARG ausgenommen sind – sofern sie in der Festlegung ihrer eigenen Arbeitszeit hinsichtlich Lage und Dauer selbstbestimmt sind – auch bestimmte zeitautonom arbeitende **(leitende) Angestellte**, denen maßgebliche selbständige Entscheidungsbefugnisse übertragen sind (zB hohe Führungskräfte oder bestimmte für das Unternehmen besonders wichtige Experten), sowie bestimmte **nahe Angehörige** des AG wie zB volljährige Kinder oder der im gemeinsamen Haushalt lebende Ehegatte bzw auch Lebensgefährte (zur genauen Definition siehe § 1 Abs 2 Z 7 und 8 AZG). Diese AN-Gruppen können aber von einem kollv Arbeitszeitschutz erfasst sein, sofern für sie ein KollV gilt. 312

Für AN, die in bestimmten **Gesundheits- und Pflegeeinrichtungen als Angehörige von Gesundheitsberufen** tätig sind (zB Ärzte, diplomiertes Gesundheits- und Krankenpflegepersonal) oder deren Tätigkeit sonst zur Aufrechterhaltung des Betriebes ununterbrochen erforderlich ist, gilt das **Krankenanstalten-Arbeitszeitgesetz** (KA-AZG). Für AN, die im Rahmen der häuslichen **24-Stunden-Betreuung** von pflegebedürftigen Menschen tätig sind, gelten – unabhängig davon, ob das Arbeitsverhältnis mit der zu betreuenden Person bzw ihren Angehörigen oder mit einer gemeinnützigen Pflegeeinrichtung besteht – hinsichtlich Arbeitszeit und Arbeitsruhe die Sonderregelungen des **Hausbetreuungsgesetzes** (HBeG).

Die in **Gesetz, KollV oder BV normierten Arbeitszeitgrenzen** müssen die Arbeitsvertragsparteien bei der **einzelvertraglichen Vereinbarung** der Arbeitszeit beachten. Der AG hat die in der Betriebsstätte geltenden Arbeitszeiten (Beginn, Ende, Ruhepausen, wöchentliche Ruhezeit) durch gut sichtbaren Aushang bekannt zu geben oder den AN elektronisch zur Verfügung zu stellen und für jeden einzelnen AN **Arbeitszeitaufzeichnungen** zu führen (§§ 25 f AZG). Die diesbezüglichen Kontrollen führt das zuständige **Arbeitsinspektorat** durch (vgl Rz 701 f). Werden die arbeitszeitrechtlichen bzw arbeitsruherechtlichen Schutzbestimmungen vom AG verletzt, stellt dies idR eine **Verwaltungsübertretung** dar, die mit einer **Geldstrafe** sanktioniert ist (§ 28 AZG, § 27 ARG). 313

Praxistipp: Das Gesetz und die KollV gewähren im Hinblick auf die Arbeitszeit durchaus – häufig branchenspezifisch – weitreichende **Spielräume,** die durch eine entsprechende Arbeitsvertragsgestaltung und/oder den Abschluss entsprechender BV ausgestaltet werden können.

b) Ausmaß und Lage der Normalarbeitszeit

314 Das Arbeitszeitrecht baut auf der sog **Normalarbeitszeit** auf, also jener Arbeitszeit, die ein AN in einem Vollzeitarbeitsverhältnis typischerweise zu leisten hat. Demnach beträgt

- die **tägliche Normalarbeitszeit acht Stunden** und
- die **wöchentliche Normalarbeitszeit 40 Stunden** (§ 3 Abs 1 AZG).

Häufig wird die wöchentliche Normalarbeitszeit aber durch KollV auf 38 oder 38,5 Stunden verkürzt. Die Differenz zwischen der verkürzten und der gesetzlichen Normalarbeitszeit wird dabei als **Mehrarbeitszeit** bezeichnet (siehe zur Mehrarbeit bei Teilzeit bei Rz 336 f). Bei einem Abweichen von der gesetzlichen oder kollektivvertraglichen Normalarbeitszeit nach unten liegt **Teilzeitarbeit** (vgl Rz 334 ff), bei einem Abweichen von der gesetzlichen Normalarbeitszeit nach oben **Überstundenarbeit** (vgl Rz 326 f) vor.

Folgende Definitionen des AZG sind zu beachten: **Arbeitszeit** ist die Zeit von Beginn bis zum Ende der Arbeit ohne die Ruhepausen. Die **Tagesarbeitszeit** ist dabei die Arbeitszeit innerhalb eines ununterbrochenen Zeitraums von 24 Stunden (und nicht innerhalb eines Kalendertages). Jeweils zwei Tagesarbeitszeiten werden von der **täglichen Ruhezeit** (idR elf Stunden; siehe Rz 331) unterbrochen. Die **Wochenarbeitszeit** ist die Arbeitszeit innerhalb eines Zeitraums von Montag bis einschließlich Sonntag (§ 2 Abs 1 AZG). In jede Arbeitswoche hat grundsätzlich eine **wöchentliche Ruhezeit** (idR 36 Stunden; siehe Rz 332) zu fallen.

315 Die **Lage der Normalarbeitszeit** (Beginn und Ende des täglichen bzw wöchentlichen Arbeitseinsatzes) muss grundsätzlich **arbeitsvertraglich** vereinbart werden (§ 19c Abs 1 AZG). In Betrieben mit Betriebsrat ist eine **Regelung durch BV** möglich (§ 97 Abs 1 Z 2 ArbVG; siehe dazu Rz 611 f). In der Praxis kommt es auch häufig vor, dass eine Vereinbarung über die Lage der Arbeitszeit **konkludent** zustande kommt.

Beispiel: *Ein AN kommt von Beginn seines Dienstverhältnisses an von Montag bis Freitag immer um 9.00 Uhr in den Betrieb, macht um 12.30 Uhr eine halbe Stunde Mittagspause und geht abends um 17.30 Uhr nach Hause. Wenn der AG diesen Rhythmus widerspruchslos hinnimmt, ist eine dementsprechende Arbeitszeitvereinbarung konkludent abgeschlossen worden, von der der AG grundsätzlich nicht mehr ohne weiteres einseitig abweichen kann. Nicht als konkludente Arbeitszeitänderung gilt aber, wenn der AG eine vom Vertrag abweichende Arbeitszeit anordnet und sich der AN dieser Weisung gegen seinen Willen fügt.*

316 Die vereinbarte Lage der Normalarbeitszeit kann der AG nur unter folgenden Voraussetzungen **einseitig durch Weisung** ändern (§ 19c Abs 2 AZG):

- Die Änderung ist aus objektiven arbeitsbezogenen Gründen **sachlich gerechtfertigt,**
- dem AN wird die Änderung mindestens **zwei Wochen vorher mitgeteilt** (Ausnahme: in unvorhersehbaren Ausnahmefällen mit drohendem unverhältnismäßigem Nachteil für den AG kann eine Änderung der Arbeitszeit auch kurzfristig angeordnet werden),
- es stehen **keine** berücksichtigungswürdigen **AN-Interessen entgegen** und
- es steht **keine Vereinbarung entgegen.**

Praxistipp: Da alle diese Voraussetzungen kumulativ (also zusammen) vorliegen müssen und die letztgenannte sich insb auf die vertraglich vereinbarte Lage der Normalarbeitszeit bezieht, ist aus AG-Sicht die Aufnahme eines diesbezüglichen **Änderungsvorbehaltes in den Arbeitsvertrag** anzuraten (vgl Vertragsmuster im Anhang I Pkt V.3). Fehlt dieser, ist eine Änderung der Normalarbeitszeit auch in sachlich gerechtfertigten Fällen grundsätzlich nur durch **Vertragsänderung,** also mit Zustimmung des AN, möglich. 317

c) Flexibilisierung der Normalarbeitszeit

Da eine starre 8/40-Stundenregelung den betrieblichen Erfordernissen häufig nicht gerecht wird, lässt das AZG in vielen Fällen eine **flexiblere Ausgestaltung** der Normalarbeitszeit im Rahmen einer entsprechenden Vereinbarung zu (vgl §§ 4 ff AZG): 318

- **Längere Wochen- oder Tagesruhe:** Es darf die wöchentliche Normalarbeitszeit verschieden auf die einzelnen Wochentage aufgeteilt werden, um eine längere Wochen- oder Tagesruhe zu erreichen. Die tägliche Normalarbeitszeit darf dabei aber **neun Stunden** nicht überschreiten (§ 4 Abs 2 AZG). Der KollV kann zehn Stunden zulassen (§ 4 Abs 1 AZG). 319

  Beispiel: *Am Freitag wird kürzer gearbeitet, an den anderen Wochentagen dafür entsprechend länger. Die tägliche Arbeitszeit darf dabei neun bzw zehn Stunden betragen, ohne dass eine Überstunde anfällt (mögliche Arbeitszeiteinteilung bei einer 40-Stunden-Woche: Mo–Do 7.30 bis 12.30 und 13.00 bis 17.00 Uhr; Fr 7.30 bis 11.30 Uhr).*

- **Einarbeitung von Fenstertagen:** Liegt zwischen zwei arbeitsfreien Tagen ein Werktag (sog Fenstertag) und will der AG durch Entfall der Arbeit an diesem Tag dem AN eine länger zusammenhängende Freizeit ermöglichen, so kann vereinbart werden, dass die am Fenstertag ausfallende Arbeitszeit innerhalb eines **13-wöchigen Durchrechnungszeitraumes** eingearbeitet wird. Dabei darf die tägliche Normalarbeitszeit **zehn Stunden** nicht überschreiten. Der KollV kann Abweichendes vorsehen (§ 4 Abs 3 AZG). 320
- **Durchrechnungsmodelle:** Durch KollV kann innerhalb eines Durchrechnungszeitraumes von bis zu **einem Jahr** zugelassen werden, dass die wöchentliche Normalarbeitszeit in einzelnen Wochen auf bis zu **48 Stunden** ausgedehnt wird, sofern sie innerhalb dieses Zeitraums im Durchschnitt nicht mehr als 40 Stunden (oder die durch KollV herabge- 321

setzte Normalarbeitszeit, also zB 38,5 Stunden) beträgt. Beträgt der Durchrechnungszeitraum nicht mehr als acht Wochen, darf die wöchentliche Normalarbeitszeit auf **50 Stunden** ausgedehnt werden. Zu beachten ist dabei aber, dass die **tägliche Normalarbeitszeit neun Stunden** (KollV kann **zehn Stunden** zulassen) nicht überschreiten darf. Der KollV kann eine mehrmalige Übertragung von Zeitguthaben und -schulden in die nächsten Durchrechnungsperioden zulassen (§ 4 Abs 6 und 7 AZG).

Beispiel: *Am Ende eines 12-wöchigen Durchrechnungszeitraumes stellt sich heraus, dass ein AN insgesamt 564 Stunden gearbeitet hat (12 x 47 Stunden). Damit hat dieser AN innerhalb des Durchrechnungszeitraumes durchschnittlich mehr gearbeitet als 40 Stunden pro Woche (also mehr als 480 Stunden [12 x 40]). Daher sind diesem AN am Ende des Durchrechnungszeitraumes seine Gutstunden (564 – 480 = 84) als Überstunden auszubezahlen. Diese sind nur dann keine Überstunden, wenn der KollV es zulässt, dass diese Plusstunden im Verhältnis 1:1 in die nächsten Durchrechnungsperioden übertragen werden und dort abgebaut werden können.*

322 • **Vier-Tage-Woche:** Wird die gesamte Wochenarbeitszeit regelmäßig auf **vier Tage** verteilt, kann die BV zulassen, dass die **tägliche Normalarbeitszeit zehn Stunden** beträgt. Fehlt ein Betriebsrat, kann eine solche Arbeitszeitverteilung zwischen AG und AN schriftlich vereinbart werden. Die einzelnen Tage der Vier-Tage-Woche müssen dabei nicht zusammenhängen (§ 4 Abs 8 AZG).

Beispiel: *Zulässig ist daher – eine entsprechende Vereinbarung vorausgesetzt – bei einer Vollzeitarbeitskraft eine wöchentliche Arbeitszeiteinteilung, die für Montag und Dienstag jeweils zehn Stunden sowie für Donnerstag und Freitag jeweils zehn Stunden vorsieht. In dieser Woche fällt keine Überstunde an.*

323 • **Schichtarbeit:** Wird in einem Betrieb mehrschichtig gearbeitet (dh, ein und derselbe Arbeitsplatz wird nach Ende der Arbeitszeit eines AN von einem anderen AN besetzt) und liegt ein entsprechender **Schichtplan** vor (Festlegung der Arbeitszeiten für einen längeren Zeitraum durch Einzelvereinbarung oder BV), kann die **wöchentliche Normalarbeitszeit** grundsätzlich bis zu **50 Stunden** betragen, wenn sie innerhalb des Schichtturnusses bzw eines anderen vereinbarten Durchrechnungszeitraumes durchschnittlich wieder 40 Stunden pro Woche beträgt. Die **tägliche Normalarbeitszeit** darf dabei **neun Stunden** grundsätzlich nicht überschreiten. Ausnahmen bestehen insb bei durchlaufender mehrschichtiger Arbeitsweise (wenn also ein Arbeitsplatz 24 Stunden am Tag besetzt ist), bei der die tägliche Normalarbeitszeit in bestimmten Fällen auf bis zu zwölf Stunden ausgedehnt werden darf. Der **KollV** kann unter bestimmten Bedingungen zulassen, dass die tägliche Normalarbeitszeit bis auf **zwölf Stunden** und die wöchentliche Normalarbeitszeit auf bis zu **56 Stunden** ausgedehnt wird (§ 4a AZG).

324 • **Gleitzeit:** Bei der „gleitenden Arbeitszeit" handelt es sich um ein in der Praxis weit verbreitetes Durchrechnungsmodell der Arbeitszeit, dessen Einführung den Abschluss einer **Gleitzeitvereinbarung** erfordert (in Betrieben mit BR in Form einer BV, sonst mittels Einzelvereinbarung). In der Gleitzeitvereinbarung sind insb die **Gleitzeitperiode** (der Zeitraum, in dem die durchschnittlich geleistete Normalarbeitszeit 40 Stunden nicht überschreiten darf) und der **Gleitzeitrahmen** (der Rahmen, innerhalb dessen der

AN Beginn und Ende der täglichen Arbeitszeit selbst bestimmen kann), ferner eine **„fiktive" Normalarbeitszeit** (zB Montag bis Freitag 8.00 bis 16.30 Uhr: entgeltfortzahlungspflichtige Dienstverhinderungen, die in diesen Zeitraum hineinfallen, unterliegen dann der Entgeltfortzahlungspflicht des AG und müssen daher vom AN nicht eingearbeitet werden; zB Arztbesuch) und Bestimmungen über die **Übertragung von Zeitguthaben und -schulden** in die nächste Gleitzeitperiode festzulegen. In der Praxis ist darüber hinaus die Festlegung von **„Kernzeiten"** (zB Anwesenheitspflicht von 10.00 bis 15.00 Uhr) üblich, gesetzlich aber nicht notwendig. Wurde Gleitzeit vereinbart, darf die **tägliche Normalarbeitszeit zehn Stunden** und die **wöchentliche Normalarbeitszeit 50 Stunden** grundsätzlich nicht überschreiten. Eine Verlängerung der Normalarbeitszeit auf zwölf Stunden pro Tag und 60 Stunden pro Woche ist nur unter bestimmten Voraussetzungen des Zeitausgleichs möglich, sofern der anwendbare KollV bei Gleitzeit keine andere Begrenzung der Normalarbeitszeit vorsieht (§ 4b AZG).

Sonderregelungen bestehen für AN im **Handel** (§ 4 Abs 4 und 5 AZG), AN in **Krankenanstalten** (KA-AZG), AN in der **Baubranche** (§ 4 Abs 9 AZG), AN in **Verkehrsbetrieben** (§§ 18 ff AZG), AN in öffentlichen **Apotheken** (§ 19a AZG) sowie für **Lenker von Kraftfahrzeugen** (§§ 13 ff AZG). 325

Hinweis: Sinn und Zweck dieser Flexibilisierungsmöglichkeiten ist es immer, die tägliche und/oder wöchentliche Normalarbeitszeit für bestimmte Zeiträume über die „normale" 8/40-Grenze hinaus zu verlängern, ohne dass dabei (teure) Überstunden anfallen.

Dabei ist stets zu beachten, dass die **tägliche Arbeitszeit (= Normalarbeitszeit + Überstunden) 12 Stunden** und die **wöchentliche Arbeitszeit 60 Stunden** grundsätzlich nicht überschreiten darf („Höchstarbeitszeit"). Außerdem darf die durchschnittliche Wochenarbeitszeit innerhalb eines rollierenden **Durchrechnungszeitraumes von 17 Wochen 48 Stunden** nicht überschreiten (vgl § 9 AZG mit Ausnahmen sowie Verlängerungsmöglichkeiten durch KollV).

d) Überstunden

Bei einer **Überschreitung** der gesetzlichen **täglichen oder wöchentlichen Normalarbeitszeit** liegt **Überstundenarbeit** (vgl §§ 6 und 7 AZG) vor. Das Ausmaß der Überstunden muss nach dem AZG durch einen **erhöhten Arbeitsbedarf** im Betrieb gerechtfertigt sein und unterliegt folgenden rechtlichen Beschränkungen: 326

- Insgesamt sind **wöchentlich** höchstens **20** Überstunden zulässig;
- dabei darf die **tägliche** Arbeitszeit insgesamt **zwölf Stunden** und die **Wochenarbeitszeit** insgesamt **60 Stunden** nicht überschreiten (tägliche und wöchentliche Höchstarbeitszeit gem § 9 AZG mit zahlreichen branchenspezifischen Ausnahmen);
- weiters ist zu beachten: Die Wochenarbeitszeit darf innerhalb eines **Durchrechnungszeitraumes** von 17 Wochen 48 Stunden nicht überschreiten (wobei die Möglichkeiten

der Verlängerung des Durchrechnungszeitraumes durch KollV nach § 9 Abs 4 AZG offenstehen).

***Beispiel**: Ein AN mit einer vereinbarten 40-Stunden-Woche (verteilt auf fünf Arbeitstage zu jeweils acht Stunden) leistet durch acht Wochen hindurch jeweils montags bis mittwochs je vier Überstunden. Dabei werden die höchstzulässigen Tages- und Wochenarbeitszeiten sowie die zulässigen Überstundengrenzen eingehalten (12 Überstunden pro Woche, wobei die höchstzulässige Tagesarbeitszeit von 12 Stunden nicht überschritten wird). Damit nun die durchschnittliche wöchentliche Arbeitszeit die geforderten 48 Stunden im 17-Wochen-Zeitraum nicht überschreitet, darf der AN in den nächsten neun Wochen insgesamt höchstens 400 Stunden arbeiten (gearbeitet hat er bereits 8 x 52 Stunden = 416 Stunden; maximal zulässig sind 48 x 17 Stunden = 816 Stunden). Das wären durchschnittlich pro Woche ca noch vier Überstunden, die aber in den verbleibenden neun Wochen auch unregelmäßig verteilt sein können. Achtung: Nach der Judikatur des EuGH ist der 17-Wochen-Zeitraum kein starrer Zeitraum, sondern es handelt sich dabei um ein auf der Zeitachse „wanderndes" Zeitfenster („rollierende Frist").*

Zusätzlich ist Überstundenarbeit für die Vornahme von **Vor- und Abschlussarbeiten** bis zu einer Dauer von einer **halben Stunde täglich** zulässig (siehe § 8 AZG; zB Reinigungsarbeit, abschließende Kundenbetreuung). Dabei darf die Grenze der täglichen Höchstarbeitszeit von 12 Stunden nur in bestimmten Ausnahmefällen überschritten werden.

327 Eine **Verpflichtung des AN zur Überstundenleistung** besteht in den oben angeführten Grenzen nur, wenn folgende Voraussetzungen (gemeinsam) vorliegen:

- **Erhöhter Arbeitsbedarf** bzw **Vor- und Abschlussarbeiten;**
- die Leistung von Überstunden ist im **Arbeitsvertrag** oder im KollV vorgesehen;
- **keine berücksichtigungswürdigen Interessen** des AN stehen der Überstundenleistung entgegen.
- Außerdem kann ein AN vom AG angeordnete Überstunden, die zu einer Überschreitung der Tagesarbeitszeit von zehn Stunden oder der Wochenarbeitszeit von 50 Stunden führen würden, **ohne Angabe von Gründen ablehnen.** Der AN darf deshalb nicht benachteiligt (zB im Hinblick auf seine Karriere) oder gekündigt werden. Eine aus diesem Grund ausgesprochene Kündigung kann vom AN mit zweiwöchiger Frist bei Gericht angefochten werden (§ 7 Abs 6 AZG; siehe auch Rz 453b).

328 **Hinweis:** Aus dem Vorstehenden ergibt sich, dass der AG einen **regelmäßig anfallenden Arbeitsbedarf nicht** durch Anordnung von **permanenten Überstunden** „abdecken" darf, sondern diesfalls anderweitig Vorsorge treffen muss (zB Änderung der vertraglichen Normalarbeitszeiten; Einstellung zusätzlicher Arbeitskräfte). Zudem zeigt sich, dass bei der **Arbeitsvertragsgestaltung** aus AG-Sicht auf eine Überstundenklausel (Verpflichtung des AN, bei Bedarf im Rahmen des AZG Überstunden zu leisten) Wert gelegt werden sollte, sofern eine solche nicht im einschlägigen KollV enthalten ist (siehe Vertragsmuster Anhang I Pkt VI).

Überstunden sind grundsätzlich **nur dann zu entlohnen,** wenn sie der AG **anordnet** oder sich mit ihrer Leistung (auch konkludent) **einverstanden erklärt** (was im Fall der Annahme der Arbeitsleistung außerhalb der Normalarbeitszeit idR der Fall sein wird). 329

Für Überstundenarbeit gebührt dem AN zusätzlich zum Normalgehalt/-lohn ein **Überstundenzuschlag** (iHv 50% des Normalgehaltes/-lohnes). Die KollV sehen hier häufig Sonderregelungen vor (insb Festlegung eines speziellen „Überstundenteilers", höhere Zuschläge für Überstunden am Abend, an Wochenenden oder Feiertagen). Anstatt des Zuschlages kann die Vergütung von Überstunden auch durch **Zeitausgleich** (auch durch KollV oder BV) vereinbart werden (§ 10 AZG). Auch Mischformen von Zeitausgleich und Auszahlung von Überstunden(-zuschlägen) können vereinbart werden.

Praxistipp: Auch bei **Zeitausgleich** ist der **Zuschlag** zu berücksichtigen, dh der Zeitausgleich ist im Ausmaß 1:1,5 zu gewähren. **Unzulässige** Überstunden sind ebenfalls **nicht zuschlagsfrei.**

Eine arbeitsvertragliche **Überstundenpauschale** oder eine **All-in-Vereinbarung** ist zulässig, sofern der vereinbarte Pauschalbetrag den **Betrag** erreicht, **den der AN** für seine Normalarbeitszeit und seine geleisteten Überstunden **mindestens erhalten muss** (also zumindest das **kollv Mindestentgelt** sowie die entsprechende Überstundenabgeltung; dies ist durch eine vom AG idR jährlich durchzuführende **Deckungsprüfung** zu kontrollieren). Ist das nicht der Fall, liegt grundsätzlich eine **strafbare Unterentlohnung** vor (vgl Rz 664a). 330

Zudem muss bei **Pauschalentgeltvereinbarungen** (All-in-Vereinbarung oder Überstundenpauschale) das **Grundgehalt bzw der Grundlohn** betragsmäßig angeführt werden (vgl § 2 Abs 2 Z 9 AVRAG). Die indirekte Bestimmbarkeit, insb durch einen bloßen Hinweis auf den anwendbaren KollV und die Einstufung, reicht hingegen nicht aus. Bei Missachtung dieses entgeltlichen Transparenzgebotes hat der AN Anspruch auf ein Grundgehalt bzw einen Grundlohn einschließlich **orts- und branchenüblichen Überzahlungen,** das bzw den am Arbeitsort vergleichbare AN von vergleichbaren AG erhalten (§ 2g AVRAG). Dies kann zu einer Reduktion des durch die Pauschalentgeltvereinbarung für Überstunden gewidmeten Entgelts und somit uU zu einer strafbaren Unterentlohnung führen.

e) Ruhepausen, Ruhezeiten und Feiertage

Nach dem AZG gebührt dem AN bei einer Tagesarbeitszeit von mehr als sechs Stunden eine **Ruhepause** (Arbeitspause) von mindestens einer **halben Stunde,** wobei eine Teilung in Kurzpausen möglich ist (§ 11 AZG). Die Lage der Pausenzeit ist grundsätzlich zwischen AG und AN zu vereinbaren (es kann aber auch mittels BV, in Betrieben ohne Betriebsrat durch Einzelvereinbarung, ein Zeitfenster festgelegt werden, innerhalb dessen der AN seine Pausenzeit frei wählen kann). 331

Nach Beendigung der Tagesarbeitszeit besteht ein Anspruch des AN auf eine **ununterbrochene tägliche Ruhezeit** von mindestens **elf Stunden** (§ 12 AZG mit Spezialregelungen insb für „geteilte Dienste" im Gastgewerbe). Diese tägliche Ruhezeit kann aber durch KollV sowie bei Schichtarbeit verkürzt werden.

Eine Verkürzung der täglichen Ruhezeit ist weiters im Falle von **passiven Reisezeiten** möglich, sofern für den AN während der Reisezeit ausreichende Erholungsmöglichkeiten bestehen. Im Falle von **Rufbereitschaft** kann die tägliche Ruhezeit für einen Arbeitseinsatz unterbrochen werden, wobei aber ein Teil der Ruhezeit jedenfalls acht Stunden betragen muss. Im Falle einer solchen Unterbrechtung muss eine andere tägliche Ruhezeit für den AN innerhalb von zwei Wochen um vier Stunden verlängert werden.

Hinweis: Ruhepausen (zB Mittagspause) sind nach dem AZG nicht in die Arbeitszeit einzurechnen und daher **unbezahlt.** Demnach kann ein 8-Stunden-Arbeitstag zB von 8.00 bis 16.30 Uhr dauern: 8.00 – 12.00 Uhr Arbeitszeit; 12.00 – 12.30 Uhr Mittagspause; 12.30 – 16.30 Uhr Arbeitszeit. KollV können hier andere Regelungen vorsehen.

332 Nach dem Arbeitsruhegesetz (ARG) haben AN jede Woche Anspruch auf eine **ununterbrochene wöchentliche Ruhezeit** von **36 Stunden,** in die der Sonntag fallen soll (**Wochenendruhe;** vgl dazu und zu den übrigen Ruhezeiten §§ 2 ff ARG). Von der Wochenendruhe gibt es aber zahlreiche Ausnahmen (vgl § 10 ARG; zB für Bewachungs-, Reinigungs- und Instandhaltungsarbeiten, Arbeiten zur Befriedigung dringender Lebensbedürfnisse, soziale Dienste usw). Arbeitet ein AN nach der betrieblichen Arbeitszeiteinteilung zulässigerweise auch am Wochenende, hat er Anspruch auf eine 36-stündige **Wochenruhe,** die einen ganzen Wochentag einzuschließen hat. Bei Arbeitseinsätzen des AN während der ihm zustehenden wöchentlichen Ruhezeit (also Wochenendruhe oder Wochenruhe) besteht ein Rechtsanspruch auf **Ersatzruhe** (§ 6 ARG).

Beispiel: *Ein AN eines Handelsunternehmens arbeitet zulässigerweise an einem Sonntag. Der AN hat statt der Wochenendruhe einen Anspruch auf Wochenruhe von 36 Stunden. Wird dieser AN nun – weil zB ein anderer AN erkrankt – kurzfristig während seiner Wochenruhe für sechs Stunden in die Arbeit geholt, hat er in der folgenden Arbeitswoche Anspruch auf Ersatzruhe in Höhe von sechs Stunden. Die Ersatzruhe ist dabei auf die Wochenarbeitszeit anzurechnen.*

333 An gesetzlichen **Feiertagen** haben AN Anspruch auf eine ununterbrochene **(bezahlte) Ruhezeit** von **24 Stunden (Feiertagsruhe;** vgl § 7 ARG). Es bestehen aber auch hier – wie bei der Wochenendruhe – zahlreiche Ausnahmen vom Verbot der Feiertagsbeschäftigung (vgl § 10 ARG).

Insb kann bei vorübergehend auftretendem besonderem Arbeitsbedarf an **vier Wochenenden** Wochenend- bzw Feiertagsarbeit vereinbart werden. Die Vereinbarung muss in Betrieben mit BR durch BV, sonst mittels schriftlicher Einzelvereinbarung mit den AN erfolgen. AN, die eine solche Vereinbarung ablehnen, sind besonders (kündigungs-)geschützt. Die vier Wochenenden dürfen nicht hintereinander liegen; die Vereinbarung darf keine Verkaufstätigkeiten iS des Öffnungszeitengesetzes umfassen (§ 12b ARG).

Hinweis: Für Sonn- und Feiertagsarbeit sehen KollV häufig – unabhängig von den uU zugleich anfallenden Überstunden und den dafür zu leistenden Zuschlägen – gesonderte **Sonn- und Feiertagszuschläge** vor.

Die bisherige Sonderregelung, wonach der Karfreitag nur für Protestanten als Feiertag galt (§ 7 Abs 3 ARG), wurde vom EuGH als diskriminierend erkannt. Die Ersatzregelung sieht vor, dass alle AN an einem frei wählbaren Tag des Urlaubsjahres einen Anspruch auf **einen Urlaubstag** nach dem UrlG haben **(„persönlicher Feiertag")**, wenn sie dies dem AG drei Monate vorher schriftlich bekannt geben (§ 7a ARG). Insgesamt erhöht sich der Urlaubsanspruch dadurch nicht. Vielmehr wird der „persönliche Feiertag" vom jährlichen Urlaubsanspruch des AN abgezogen. Wenn der AN auf Ersuchen des AG trotzdem am bekannt gegebenen „persönlichen Feiertag" arbeitet bzw arbeiten muss, erhält er Urlaubsentgelt und Arbeitsentgelt für diesen Tag (also das doppelte Entgelt); der Urlaubsanspruch bleibt erhalten, aber das Wahlrecht für den „persönlichen Feiertag" ist für dieses Urlaubsjahr konsumiert.

4.2. Besondere Arbeitszeitformen

a) Teilzeitarbeit

Teilzeitarbeit liegt vor, wenn die **vereinbarte Wochenarbeitszeit** im Durchschnitt die **gesetzliche oder** eine kürzere **kollv Wochenarbeitszeit** (zB 38,5 Wochenstunden) **unterschreitet** (vgl §§ 19d AZG). Das **Ausmaß und die Lage** der Arbeitszeit müssen dabei **vereinbart** werden. Eine Änderung des Ausmaßes der Arbeitszeit bedarf der **Schriftform** (zB Erhöhung der Arbeitszeit von 20 auf 30 Wochenstunden). Eine Änderung der Lage der Arbeitszeit ist nur nach den Kriterien zulässig, nach denen die Lage der Normalarbeitszeit generell geändert werden kann (§ 19 c AZG; vgl Rz 314 ff). 334

Geringfügig beschäftigte Personen iS des Sozialversicherungsrechts (siehe Rz 101 ff) sind regelmäßig zugleich Teilzeitbeschäftigte iSd AZG und unterliegen ganz allgemein dem Schutz des Arbeitsrechts. **Teilzeitbeschäftigte,** deren Entgelt die Geringfügigkeitsgrenze überschreitet, sind jedoch sozialversicherungsrechtlich als „normale", dh vollversicherte DN anzusehen. 335

Besondere Formen der Teilzeitbeschäftigung sind insbesondere die **Altersteilzeit** (Rz 222i), die **Wiedereingliederungsteilzeit** (Rz 184a), die **Bildungsteilzeit** (Rz 222k f) sowie die Herabsetzung der Arbeitszeit iZm familiären Verpflichtungen des AN **(Elternteilzeit, Pflegeteilzeit, Familienhospizkarenz, Betreuungsteilzeit;** vgl Rz 210 ff, 222a ff, 215 ff, Rz 222g).

Arbeitet eine Teilzeitkraft über der im Arbeitsvertrag vereinbarten, aber unter der gesetzlichen Normalarbeitszeit, liegt sog **Mehrarbeit** vor. 336

Beispiel: *Im Arbeitsvertrag sind wöchentlich 30 Stunden vereinbart, ein AN arbeitet in einer Woche tatsächlich aber 35 Stunden. In diesem Fall liegen fünf Mehrarbeitsstunden vor.*

Ein AN ist nur zur Mehrarbeit verpflichtet, wenn

- eine entsprechende **Verpflichtung** im Arbeitsvertrag oder KollV vorgesehen ist,
- ein **erhöhter Arbeitsbedarf** vorliegt oder **Vor- und Abschlussarbeiten** vorzunehmen sind und
- keine **berücksichtigungswürdigen Interessen** des AN entgegenstehen (zB Kinderbetreuung).

337 Für **Mehrarbeit** gebührt – sofern der KollV nichts anderes vorsieht – grundsätzlich ein **Zuschlag von 25%** zum Normalstundengehalt/-lohn (§ 19d Abs 3a AZG). Dieser Mehrarbeitszuschlag entfällt aber, wenn

- die Mehrarbeitsstunden innerhalb des **Kalendervierteljahres** oder eines anderen festgelegten Dreimonatszeitraumes, in dem sie angefallen sind, durch **Zeitausgleich im Verhältnis 1:1** abgebaut werden (§ 19d Abs 3b Z 1 AZG) oder
- bei **gleitender Arbeitszeit** die vereinbarte Arbeitszeit innerhalb der Gleitzeitperiode im Durchschnitt nicht überschritten wird. Dabei können Mehrarbeitsstunden auch in die nächste Gleitzeitperiode übertragen werden (§ 19d Abs 3b Z 2 AZG).

338 **Überstundenarbeit** liegt bei Teilzeitarbeit **erst vor, wenn die Grenzen der täglichen oder wöchentlichen gesetzlichen Normalarbeitszeit** überschritten werden. Hinsichtlich des Ausmaßes der zulässigen Überstunden sowie der Entlohnung der Überstundenarbeit gilt das zu Rz 326 ff Ausgeführte. KollV können Sonderregelungen zur Teilzeitarbeit und zur Mehrarbeit vorsehen.

339 **Hinweis:** Teilzeitbeschäftigte AN dürfen gegenüber Vollzeitarbeitskräften **nicht benachteiligt** werden (§ 19d Abs 6 AZG). Wegen des zumeist deutlich höheren Frauenanteils unter den Teilzeitbeschäftigten (diese Arbeitszeitform erleichtert die Vereinbarkeit von Beruf und Familie) könnte außerdem eine **mittelbare Frauendiskriminierung** vorliegen (zur Gleichbehandlung siehe Rz 229). Teilzeitbeschäftigte sind bei Ausschreibungen von im Betrieb frei werdenden oder neuen Stellen mit höherer Arbeitszeit zu informieren. Verletzt der AG diese Verpflichtung, haben die jeweils betroffenen AN Anspruch auf Schadenersatz in Höhe von € 100,– (§ 19d Abs 2a und 2b AZG).

b) Arbeitsbereitschaft, Rufbereitschaft, Reisezeit

340 **Arbeitsbereitschaft** bedeutet, dass sich der AN am Arbeitsort zum jederzeitigen Arbeitseinsatz bereithalten muss (dh es ist nur die Präsenz, aber keine Arbeitsleistung gefordert; zB Bereitschaftsdienste in Krankenhäusern, Portiertätigkeit). **Arbeitsbereitschaft gilt als Arbeitszeit.** Die tägliche und wöchentliche Normalarbeitszeit darf dabei – je nach dem Ausmaß der Arbeitsbereitschaft – durch KollV oder BV ausgedehnt werden (vgl §§ 5, 5a AZG). Durch Überstunden kann sich die Tagesarbeitszeit auf bis zu 13 Stunden erhöhen (§ 7 Abs 3 AZG).

341 Demgegenüber gilt die **Rufbereitschaft nicht als Arbeitszeit.** Im Falle eines Rufbereitschaftsdienstes darf sich der AN an einem Ort seiner Wahl aufhalten; er muss aber für den AG jederzeit erreichbar sein und kurzfristig für einen Arbeitseinsatz zur Verfügung stehen. Rufbereitschaft darf nach dem Gesetz nur für **zehn Tage pro Monat** und davon nur während **zwei wöchentlicher Ruhezeiten** vereinbart werden (vgl § 20a AZG, § 6a ARG). Sofern im KollV oder in einer Einzelvereinbarung keine Regelung über die Vergütung der Rufbereitschaft enthalten ist (Rufbereitschaftszulage), gebührt ein **angemessenes Entgelt.** Die Einsatzzeit während der Rufbereitschaft ist als Arbeitszeit (allenfalls mit Überstundenzuschlag) zu entlohnen.

Hinsichtlich von **Reisezeiten** wird zwischen **aktiven und passiven Reisezeiten** unterschieden: 342

- **Passive Reisezeiten** liegen vor, wenn sich der AN im dienstlichen Auftrag an einen anderen Ort als seinen Dienstort begibt, um dort Arbeitsleistungen zu verrichten, sofern er **während der Reisebewegung keine Arbeitsleistung zu erbringen hat** (§ 20b AZG). Diese Zeiten gelten als **Arbeitszeit im weiteren Sinn.** Die **Arbeitszeit-Höchstgrenzen** können **überschritten** und – sofern ausreichend Erholungsmöglichkeiten bestehen – die Ruhezeit verkürzt werden. Für passive Reisezeiten können KollV **eine geringere Entlohnung** vorsehen.

  Beispiel: *Reise mit dem Zug von Wien zu einem Kundenbesuch nach Graz, ohne dass der AN im Zug zu arbeiten hat (sich zB nicht auf das Kundengespräch vorzubereiten hat).*

- **Aktive Reisezeiten** liegen vor, wenn der AN entweder selbst ein Fahrzeug lenkt oder während der Reise (zB im Zug oder Flugzeug) Arbeitsleistungen erbringen muss. Diese Reisezeiten sind als **„normale" Arbeitszeit** einzustufen, dh die im AZG vorgesehenen Grenzen sind einzuhalten.

  Beispiele: *Personen, die während der Reise Arbeitsleistungen erbringen (zB Vorbereitung für Präsentation am Zielort) oder im Auftrag des AG die Reise im von ihnen selbst gelenkten Kfz unternehmen, haben aktive Reisezeiten. Für bestimmte Berufsgruppen, bei denen das Reisen zu den Kernaufgaben zählt (zB Flugbegleiter, Berufskraftfahrer), sind „Reisezeiten" ohnehin als Arbeitszeit anzusehen.*

- Am Zielort der Dienstreise verbrachte **Freizeit** ist weder aktive noch passive Reisezeit und gilt daher nicht als Arbeitszeit.

  Beispiel: *Fliegt ein AN am Sonntag nach London, um am Montag an einer Messe teilzunehmen, ist die Flugzeit Arbeitszeit. Sobald der AN am Zielort (idR im Hotel) angekommen ist und sich wieder „frei" bewegen kann, liegt keine Arbeitszeit, sondern Freizeit vor.*

Praxistipp: Im Hinblick auf die **Arbeitszeitaufzeichnungen** (§ 26 AZG) kann der AG auch den AN verpflichten, selbst diese Aufzeichnungen zu führen. Ein Verstoß des AG gegen die Aufzeichnungspflicht stellt jedenfalls eine strafbare **Verwaltungsübertretung** dar und kann auch dazu führen, dass allenfalls bestehende Verfallsfristen (zB für die Geltendmachung von Überstunden) gehemmt werden (siehe dazu Rz 296 ff und Rz 701 f). 343

c) Kurzarbeit

Kurzarbeit liegt vor, wenn die Arbeitszeit infolge wirtschaftlicher Schwierigkeiten oder im Falle von Naturkatastrophen zur **Erhaltung von Arbeitsplätzen** vorübergehend (grundsätzlich bis zu 24 Monaten) herabgesetzt wird. Sofern nicht im **KollV** eine Ermächtigung zur Kurzarbeit vorgesehen ist, muss die Herabsetzung der Arbeitszeit entweder zwischen AG und AN **vereinbart** oder in Form einer **fakultativen BV** gem § 97 Abs 1 Z 13 ArbVG eingeführt werden. 344

Die mit der Einführung von Kurzarbeit verbundenen **Entgeltkürzungen** können von der öffentlichen Hand unter bestimmten Voraussetzungen (insb empfindliche Störung der Wirtschaft, Grundlagenvereinbarung zwischen den KollV-Parteien) in Form einer **Kurzarbeitsbeihilfe** – oder wenn der AG im Rahmen der Kurzarbeit **Qualifizierungsmaßnahmen** durchführt, einer Qualifizierungsbeihilfe – ausgeglichen werden (siehe §§ 37b, 37c AMSG).

Hinweis: Das – erleichterte – **Kurzarbeitsmodell der Covid-19-Krise** wurde mit **30. 9. 2023 beendet.** Seit **1. 10. 2023** gelten neue Kurzarbeitsregelungen, die vielfach am alten Modell der Kurzarbeit vor der Covid-19-Pandemie anknüpfen. Im neuen Modell kann die **Mindestarbeitszeit** um **mindestens 10% und höchstens 90%** reduziert werden. Die AN erhalten mindestens **88% ihres bisherigen Bruttoentgelts,** die Kurzarbeitsbeihilfe des AMS (an den AG) orientiert sich dabei am anteiligen Arbeitslosenentgelt für die ausgefallenen Arbeitsstunden. Nähere Details zum aktuell gültigen Kurzarbeitsmodell ergeben sich aus der Bundesrichtlinie Kurzarbeitsbeihilfe/Qualifizierungsbeihilfe (KAB). Weiterführende Informationen sind unter www.ams.at abrufbar.

4.3. Zeitguthaben

345 Zeitguthaben entstehen, wenn der AN diese bei **flexibler Normalarbeitszeit** angespart hat oder er **Überstundenarbeit bzw Mehrarbeit** geleistet hat, für die Zeitausgleich gebührt. Um ein zu hohes Anwachsen von Zeitguthaben zu verhindern, besteht für AN unter bestimmten Voraussetzungen die Möglichkeit, diese einseitig abzubauen (§ 19f AZG). Spezielle Regeln bestehen auch für den Fall, dass bei Beendigung des Arbeitsverhältnisses noch offene Zeitguthaben bestehen (§ 19e AZG).

a) Abbau von Zeitguthaben bei aufrechtem Arbeitsverhältnis

346 Beim Abbau von Zeitguthaben im Rahmen eines aufrechten Arbeitsverhältnisses ist gem § 19f AZG zwischen Zeitguthaben bei flexibler Normalarbeitszeit und solchen bei Überstundenarbeit zu unterscheiden:

- **Zeitguthaben bei flexibler Normalarbeitszeit:** Wird bei einem AG die Normalarbeitszeit im Rahmen eines Durchrechnungsmodells gem § 4 Abs 4 und 6 AZG mit einem Durchrechnungszeitraum von mehr als 26 Wochen durchgerechnet, ist vom AG der **Zeitpunkt des Ausgleichs von Zeitguthaben** grundsätzlich **im Vorhinein festzulegen.** Erfolgt keine vorherige Festlegung des Zeitausgleichs und bestehen **nach Ablauf des halben Durchrechnungszeitraumes** (bzw spätestens nach 26 Wochen) Zeitguthaben, so ist – sofern KollV oder BV nichts anderes vorsehen – folgendermaßen vorzugehen:
    - Der **Ausgleichszeitpunkt** ist vom AG **binnen vier Wochen festzulegen** oder der **Zeitausgleich** ist **binnen 13 Wochen zu gewähren.**
    - Geschieht dies nicht, kann der AN entweder den **Ausgleichszeitpunkt** mit einer Vorankündigungsfrist von vier Wochen **selbst bestimmen** (unter Berücksichtigung zwingender betrieblicher Erfordernisse) oder die **Abgeltung in Geld** (grundsätzlich im Verhältnis 1:1) verlangen.

- **Zeitguthaben bei Überstundenarbeit, für die Zeitausgleich gebührt:** Erfolgt im Vorhinein keine **Vereinbarung** über den Abbau von Zeitausgleich aus Überstundenarbeit, so ist der Zeitausgleich bei **Durchrechnung der Normalarbeitszeit** (§ 4 Abs 4 und 6 AZG) oder bei Gleitzeit (§ 4b AZG) **binnen sechs Monaten nach Ende der Gleitzeitperiode bzw des Durchrechnungszeitraumes** zu gewähren. In allen **sonstigen Fällen** ist der Zeitausgleich für Überstundenarbeit **binnen sechs Monaten nach Ende des Kalendermonats** zu gewähren, in dem die Überstunden entstanden sind. Wird der Zeitausgleich nicht innerhalb dieser Fristen gewährt, kann – sofern der KollV nicht etwas anderes vorsieht – der AN entweder den **Ausgleichszeitpunkt** mit einer Vorankündigungsfrist von vier Wochen **selbst bestimmen** (unter Berücksichtigung zwingender betrieblicher Erfordernisse) oder die **Abgeltung in Geld** (im Verhältnis 1:1,5) verlangen.

b) Abgeltung von Zeitguthaben bei Beendigung des Arbeitsverhältnisses

Besteht im Zeitpunkt der Beendigung eines Arbeitsverhältnisses ein **Zeitguthaben an Normalarbeitszeit,** ist dieses mit einem **Zuschlag von 50%** abzugelten. Dieser Zuschlag entfällt, wenn der AN unbegründet vorzeitig austritt. **Zeitguthaben aus Überstundenarbeit** sind ebenfalls mit dem gesetzlichen **Überstundenzuschlag von 50%** oder einem allenfalls höheren kollektivvertraglichen Zuschlag zu belegen (§ 19e AZG). 347

4. Teil
Beendigung des Arbeitsverhältnisses

Den zahlreichen **Rechtsfragen,** die sich **im Zusammenhang mit der Beendigung von Arbeitsverhältnissen** stellen können, kommt in der Praxis sehr große Bedeutung zu (zB: Welche Kündigungsfristen sind einzuhalten? Kann der AN seine Kündigung anfechten? Liegt ein Entlassungsgrund vor? Welche Entgeltansprüche stehen dem AN bei der Endabrechnung zu?). Statistiken zeigen, dass vor den Arbeits- und Sozialgerichten sehr häufig Prozesse im Zusammenhang mit der Vertragsbeendigung geführt werden. Im Folgenden werden die **Beendigungsarten** sowie die praktisch wichtigen **Rechtsansprüche** bei der Beendigung von Arbeitsverhältnissen dargestellt. 348

I. Beendigungsarten im Überblick

1. Allgemeines

Bei der **Beendigung von Arbeitsverhältnissen** ist grundsätzlich zwischen **befristeten** und **unbefristeten Arbeitsverträgen** zu unterscheiden (vgl Rz 78). Während befristete Arbeitsverhältnisse ohne weiteres Zutun der Parteien (AG und AN) durch **Zeitablauf** enden, müssen unbefristete Arbeitsverhältnisse stets durch eine einseitige Willenserklärung einer der beiden Parteien beendet werden **(Kündigung).** Darüber hinaus besteht aber auch die Möglichkeit einer **einvernehmlichen Auflösung** (Aufhebungsvertrag) des Arbeitsverhältnisses. Liegen wichtige Gründe vor, können Arbeitsverhältnisse auch einseitig und vorzeitig vom AG durch **Entlassung** oder vom AN durch **Austritt** beendet werden. 349

Bei **Probearbeitsverhältnissen** kann das Arbeitsverhältnis im ersten Monat jederzeit von jeder der beiden Vertragsparteien ohne Angabe von Gründen und ohne Einhaltung von Fristen oder Terminen beendet werden, dies auch dann, wenn kein Entlassungs- bzw Austrittsgrund vorliegt (vgl Rz 82). Die Auflösung des Probearbeitsverhältnisses darf aber nicht wegen eines diskriminierenden Motivs (zB wegen Schwangerschaft der AN) erfolgen (siehe Rz 449). 350

351

Befristeter Arbeitsvertrag	Unbefristeter Arbeitsvertrag
Auflösung während der Probezeit	
Zeitablauf (Beendigung durch Auslaufen der vereinbarten Vertragszeit)	Kündigung (einseitige Auflösung durch den AG oder durch den AN)
Aufhebungsvertrag (die einvernehmliche Auflösung des Arbeitsverhältnisses)	
Vorzeitige Auflösung aus wichtigem Grund (Entlassung des AN durch den AG; vorzeitiger Austritt des AN)	
Tod des AN	

352 Bei **Befristungen** ist von den Vertragsparteien zu beachten, dass befristete Arbeitsverhältnisse ohne ausdrückliche Kündigungsvereinbarung nicht durch Kündigung des AG oder des AN beendet werden dürfen (zur Befristung allgemein Rz 78 ff). Die Judikatur lässt aber **bei längeren Befristungen** (zB auf mehrere Jahre) eine **Kündigungsvereinbarung** zwischen dem AG und dem AN zu. Bei sehr kurzen Befristungen sind Kündigungsvereinbarungen nach der Judikatur hingegen unzulässig (zB bei nur sechswöchiger Dauer; hingegen zB bei viermonatigem Saison-Dienstverhältnis noch zulässig).

Besonderheiten gelten für die Beendigung von **Lehrverhältnissen,** die grundsätzlich mit Ablauf der Lehrzeit enden, danach jedoch eine idR dreimonatige Behaltefrist vorgesehen ist (dazu näher Rz 91 und Rz 444).

353 Für eine **einvernehmliche Auflösung** des Arbeitsverhältnisses (Aufhebungsvertrag) ist stets die Zustimmung beider Vertragspartner (AG und AN) erforderlich. Dabei können die Vertragsparteien den Zeitpunkt der Beendigung des Arbeitsverhältnisses grundsätzlich frei wählen und müssen sich an keine Kündigungsfristen und -termine halten. Die einvernehmliche Auflösung ist auch bei Arbeitsverhältnissen mit allgemeinem und besonderem Bestandschutz (siehe dazu Rz 417 ff und 442 ff) zulässig und stellt daher eine für die Praxis wichtige Auflösungsart dar. In Fällen des besonderen Bestandschutzes können allerdings bestimmte Formvorschriften zu beachten sein (siehe Rz 446). Weiters hat der BR bei einvernehmlichen Auflösungen ein Mitwirkungsrecht (§ 104a ArbVG). Bei einvernehmlichen Auflösungen während oder im Hinblick auf einen Krankenstand bleibt der Entgeltfortzahlungsanspruch für die Dauer des Krankenstandes über das Ende des Dienstverhältnisses hinaus bestehen (§§ 9 Abs 1 AngG, 5 EFZG).

354 Der **Tod des AN** beendet das Arbeitsverhältnis in jedem Fall. Der **Tod des AG** bewirkt hingegen **nicht** automatisch das Ende des Arbeitsverhältnisses; vielmehr treten idR dessen Erben in die bestehenden Arbeitsverhältnisse ein. Ausnahmen gelten, wenn vom AN Dienstleistungen mit persönlichem Charakter an die Person des AG zu erbringen sind (zB privates Pflegepersonal und Patient).

2. Zugang und Form von Beendigungserklärungen

355 **Kündigung, Austritt und Entlassung** sind **einseitige und empfangsbedürftige Willenserklärungen** eines Vertragspartners (AG oder AN), die auf die **Beendigung des Arbeitsverhältnisses** gerichtet sind. Eine „Annahme" (iS eines willentlichen Entgegennehmens oder gar eine Zustimmung) durch den Erklärungsempfänger ist – anders als bei der einvernehmlichen Beendigung – weder bei der Kündigung noch bei der Entlassung oder beim Austritt notwendig. Zu beachten ist allerdings, dass die Beendigungserklärung erst dann wirksam wird, wenn sie dem Vertragspartner zugeht. Die Willenserklärung muss dabei nach der Judikatur in den **„Machtbereich" des Erklärungsempfängers** gelangt sein.

Beispiele: *Eine per* ***Post*** *zugestellte schriftliche Kündigung gilt beim Einwurf in den Briefkasten des AN als eingelangt; ein hinterlegter* ***Einschreibebrief*** *mit dem Tag, ab dem die Abholung beim Postamt möglich ist. Eine Beendigungserklärung durch* ***SMS*** *kann nach der Rsp von vornherein nur ordnungsgemäß zugehen, wenn der Vertragspartner zuvor gezeigt hat, dass er dieses Medium für dienstliche Mitteilungen zu nutzen bereit ist; eine Beendigungserklärung durch* ***E-Mail*** *gilt nach § 12 E-Commerce-Gesetz als zugegangen, wenn sie unter gewöhnlichen Umständen abgerufen werden kann, also wenn sie auf* *dem E-Mail-Account des Empfängers abrufbar ist. Dies ist idR nicht der Fall, wenn eine E-Mail um 23.50 Uhr am letzten Tag der Frist einlangt.*

Hinweis: In jedem Fall muss dem Vertragspartner die Kenntnisnahme der Willenserklärung möglich sein. Diese fehlt idR, wenn der AN zB **wegen Urlaubs oder Krankenhausaufenthalts abwesend** ist und ihm die Erklärung daher nicht zugeht. Geht dem AN eine Kündigungserklärung aber während des Urlaubs tatsächlich zu, wird das Dienstverhältnis zwar durch die Kündigung aufgelöst, der AG kann aber schadenersatzpflichtig werden, wenn durch die Kündigung der Erholungszweck des Urlaubs für den AN vereitelt wird (vgl Rz 275). 356

Hat der AN versäumt, die Änderung **seiner Wohnadresse** dem AG mitzuteilen und deswegen von der (falsch adressierten) Beendigungserklärung keine Kenntnis erlangen können, hat er dies grundsätzlich selbst zu verantworten. Dh, die Rechtswirkungen der Beendigungserklärung treten grundsätzlich auch ohne Kenntnisnahme durch den AN ein.

Die genannten Beendigungserklärungen sind **in der Regel nicht an eine bestimmte Form gebunden (Formfreiheit).** Für den Empfänger der Erklärung muss aber **klar erkennbar** sein, dass der Arbeitsvertrag einseitig beendet werden soll. Beendigungserklärungen müssen also im Allgemeinen nicht schriftlich ausgefertigt werden, sondern dürfen auch **mündlich** ausgesprochen werden (wobei die Begriffe „Kündigung" bzw „kündigen", „Austritt" oder „Entlassung" nicht unbedingt gebraucht werden müssen) oder sie können sich aus **konkludenten Handlungen** ergeben (beachte dazu § 863 ABGB). 357

Beispiel: *Eine mündliche Entlassung liegt vor, wenn der AG nach einer heftigen Auseinandersetzung zum AN sagt, er wolle ihn in seinem Betrieb nicht mehr sehen; er könne sich gleich seine Arbeitspapiere mitnehmen und müsse nicht mehr wieder kommen.*

Nur selten schreiben **Sondergesetze** als Gültigkeitsvoraussetzung für Beendigungserklärungen die **Schriftform** vor (zB das TAG für die Kündigung eines Bühnenarbeitsvertrags; das VBG für die Kündigung von Vertragsbediensteten des Bundes; das BAG für die vorzeitige Auflösung des Lehrverhältnisses). Ein Schriftformgebot kann zwischen den Vertragsparteien aber auch im **Arbeitsvertrag** vereinbart werden. Zu beachten ist in diesem Zusammenhang, dass **Schriftlichkeit idR „Unterschriftlichkeit" bedeutet,** weshalb Erklärungen per E-Mail oder SMS grundsätzlich nicht als schriftlich zu qualifizieren sind (sofern keine elektronische Signatur vorliegt).

Praxistipps: Bei einer **Beendigungserklärung** sollte die gewollte **Beendigungsart** deutlich formuliert werden, zumal die Art der Beendigung insb im Bereich der „Abfertigung alt" gravierende Folgen hat. Die Praxis unterscheidet hier oft nicht zureichend, zB wird häufig von „einvernehmlicher Kündigung" gesprochen oder der AN will seine Kündigung erklären, der AG deutet dies jedoch als vorzeitigen Austritt. Insofern empfiehlt sich die schriftliche Beendigung (oder Anfertigung eines Aktenvermerks über mündliche Beendigungen) unter Verwendung der exakten juristischen Begriffe (Kündigung/Austritt/Entlassung/einvernehmliche Auflösung). 358

Das bloße **Fernbleiben des AN von der Arbeit** darf **nicht** ohne weiteres als **vorzeitiger Austritt** gedeutet werden. Nicht selten wird ein AN, der zB nach dem Urlaub die Arbeit aus unbekannten Gründen nicht wieder antritt, vom AG mit der Angabe „Austritt" als Beendigungsgrund von der Sozialversicherung abgemeldet. Da dies keine Beendigungserklärung darstellt, hat der AN, der nun etwa wegen eines Verhinderungsgrundes (zB Krankheit, Naturkatastrophe oder kriegerische Ereignisse im Urlaubsland uva) verspätet zurückkehrt und sich arbeitsbereit erklärt, Ansprüche aus dem aufrechten Dienstverhältnis. Unter Umständen wird die Austrittsmeldung von der Rsp auch als (ungerechtfertigte) Entlassung – mit den entsprechenden AN-Ansprüchen (näher Rz 455 ff) – umgedeutet. Für den AG ist es ratsam, das Dienstverhältnis bei der **Sozialversicherung** als **ruhend** zu melden, wenn vorerst unsicher ist, ob der AN an seinen Arbeitsplatz zurückkehrt.

359 Schließlich dürfen Beendigungserklärungen im Allgemeinen vom Erklärenden **nicht** von einer **Bedingung abhängig gemacht** werden (zB: im Dienstvertrag wird vereinbart, dass das Dienstverhältnis endet, sobald der Unternehmensumsatz unter einen bestimmten Wert sinkt – diese Vereinbarung wäre nichtig). Die Betroffenen sollen nämlich wissen, woran sie sind. Die Judikatur lässt daher nur Bedingungen zu, deren Eintritt ausschließlich vom Willen des Erklärungsempfängers abhängt **(Potestativbedingungen).** In der Praxis ist vor allem die sog Änderungskündigung relevant (siehe Rz 380 f).

II. Kündigung

360 Grundsätzlich ist – anders als bei Entlassung und Austritt – für Kündigungen durch den AG (sog AG-Kündigung) oder durch den AN (sog AN-Kündigung) **kein Kündigungsgrund** erforderlich. Den Vertragsparteien kommt nur ein „Zeitschutz" zu, der durch die Einhaltung von Fristen und Terminen gewährleistet wird.

361 **Abweichungen** davon ergeben sich aus den Vorschriften über den **allgemeinen** und **besonderen Kündigungsschutz,** bei dem idR bestimmte Gründe für eine Kündigung vorliegen müssen (siehe dazu Rz 417 ff und 442 ff). Ferner sind einige **Sondergesetze** für ausgewählte Gruppen von AN zu beachten (zB: nach dem VBG ist für die Kündigung eines **Vertragsbediensteten** nach Ablauf eines Dienstjahres ein Kündigungsgrund erforderlich).

1. Kündigungsfristen und -termine

362 Kündigungen sind grundsätzlich nur unter **Einhaltung von Kündigungsfristen** zulässig. Diese Fristen ergeben sich idR aus dem für das jeweilige Arbeitsverhältnis geltenden **Gesetz,** einem einschlägigen **KollV** oder aus dem **Arbeitsvertrag.** Darüber hinaus können Kündigungsfristen auch in einer **BV** geregelt sein (§ 97 Abs 1 Z 22 ArbVG). Sehr häufig sind zusätzlich auch **Kündigungstermine** einzuhalten (die sich ebenfalls aus Gesetz, KollV, BV oder Arbeitsvertrag ergeben). Diese „Zeitbindungen" gelten für Kündigungen **durch den AG** ebenso wie für solche **durch den AN.** Siehe zur Dauer der Kündigungsfristen und Lage der Kündigungstermine die Tabelle in Rz 372.

Die **Kündigungsfrist** ist der Mindestzeitraum, der vom Zugang der Kündigungserklärung bis zum 363
Ende des Arbeitsverhältnisses (Kündigungs[end-]termin) verstreichen muss.

Der **Kündigungstermin** ist jener Zeitpunkt, zu dem das Arbeitsverhältnis zulässig beendet werden kann. Er legt also fest, wann die Kündigung ihre das Arbeitsverhältnis auflösende Wirkung entfaltet.

> **Hinweis:** Der Tag der Zustellung/Kenntnisnahme der Kündigung zählt bei der Fristberechnung *nicht* mit, dh man beginnt bei der zB 6-wöchigen Kündigungsfrist des AG erst mit dem nächsten Tag (0.00 Uhr) die Kalendertage (zB sechs Wochen = 42 Tage) abzuzählen. Das Arbeitsverhältnis endet mit dem Ablauf des letzten Tages zu Mitternacht.
>
> Der Termin des Ausspruchs der Kündigung (bzw des Zugangs: „Der AN wird *am* 18. 7. gekündigt“) sollte nicht mit dem Kündigungstermin (Endtermin: „Der AN wird *zum* 30. 9. gekündigt“) verwechselt werden.

1.1. Angestellte

Bei Angestellten beträgt die **Kündigungsfrist für den AG** (dh, wenn der AG den AN 364
kündigt) **mindestens sechs Wochen** und erhöht sich mit der Zahl der Dienstjahre des Angestellten (siehe § 20 Abs 2 AngG). Diese Regelung ist unabdingbar (einseitig zwingend, siehe Rz 4).

Ohne abweichende Vereinbarung darf der AG nur **zum Ablauf eines jeden Kalender-** 365
vierteljahres kündigen (**„Quartalskündigung“;** 31. 3., 30. 6., 30. 9. und 31. 12. eines Jahres). Es dürfen aber auch der **15. oder der Monatsletzte** als Kündigungstermine **vereinbart** werden. Das ist in der Praxis weit verbreitet (§ 20 Abs 3 AngG).

> ***Beispiel:*** *Das Dienstverhältnis eines Angestellten hat am 1. 6. 2019 begonnen. Am 12. 12. 2020 kündigt der AG den AN mündlich zum nächsten gesetzlichen Termin. Sofern durch Arbeitsvertrag bzw Normen der kollektiven Rechtsgestaltung (KollV, BV) nichts Abweichendes geregelt ist, endet das Arbeitsverhältnis am 31. 3. 2021. Begründung: Der AG hat eine Frist von sechs Wochen einzuhalten, weil das Dienstverhältnis noch keine zwei Jahre andauert. Das nächste Quartal endet zwar am 31. 12. 2020, aber der Zeitraum vom 12. 12. 2020 bis zum 31. 12. 2020 entspricht nicht der gesetzlichen Kündigungsfrist von sechs Wochen, sodass das Arbeitsverhältnis erst mit dem darauf folgenden Quartal endet.*

366 Möchte der **Angestellte** sein Dienstverhältnis beenden, so darf er es (unabhängig von der Zahl seiner Dienstjahre) unter Einhaltung einer **einmonatigen Kündigungsfrist zum Monatsletzten** lösen. Durch Vereinbarung darf diese Kündigungsfrist höchstens **bis sechs Monate verlängert** werden; die vom AG einzuhaltende Frist darf dann aber nicht kürzer sein als die des AN (§ 20 Abs 4 AngG). Auch für die AN-Kündigung kann der 15. oder der Monatsletzte als Kündigungstermin vereinbart werden. Hingegen ist es nicht zulässig, für den AN einen Kündigungstermin nur zum jeweiligen Quartalsende zu vereinbaren.

Beispiel: *Ein Angestellter im fünften Dienstjahr kündigt am 12. 12. 2021 zum nächsten gesetzlichen Termin. Das Dienstverhältnis endet am 31. 1. 2022.*

367–368 **Hinweis:** Die Kündigungsfrist ist nur eine **Mindestfrist,** die zwischen dem Zugang der Kündigung und dem Kündigungstermin zu liegen hat. Den Parteien steht es aber frei, bereits zu einem früheren Zeitpunkt die Kündigung zum gewünschten Termin auszusprechen.

Beispiel: *Ausspruch der Kündigung eines AN im ersten Dienstjahr zum 31. 3. 2021 am 7. 1. 2021: Zwischen Ausspruch bzw Zugang der Kündigung und dem Kündigungstermin liegen zwölf (und nicht bloß sechs) Wochen.*

1.2. Arbeiter

369 Bei Arbeitern (siehe Rz 39, 44) gelten seit 1. 10. 2021 sowohl für AN als auch für AG die **gleichen Kündigungsfristen und -termine wie für Angestellte** (§ 1159 ABGB; siehe Rz 364 ff). Grundsätzlich sind diese Kündigungsbestimmungen zwingender Natur und können nicht zum Nachteil des AN abgeändert werden. Bereits vor 1. 10. 2021 bestehende Regelungen zB in Arbeitsverträgen oder KollV, die nicht der neuen gesetzlichen Bestimmung entsprechen, sind daher grundsätzlich nichtig. Wie bei den Angestellten kann aber auch bei Arbeitern vereinbart werden, dass die **Kündigungsfrist am 15. oder Monatsletzten** endet.

Praxistipp: Beim Abschluss von Arbeitsverträgen mit Arbeitern sollte auf AG-Seite die Abdingbarkeit der Quartalskündigung genutzt werden, sofern der anwendbare KollV dies zulässt.

370 Durch KollV abdingbar sind die gesetzlichen Kündigungsbestimmungen aber für Arbeiter in Branchen, in denen **Saisonbetriebe** iSd § 53 Abs 6 ArbVG überwiegen (mehr als 50% Saisonbetriebe innerhalb der jeweiligen Branche). Derzeit bestehen in zahlreichen KollV unter Verweis auf das Vorliegen einer Saisonbranche abweichende Kündigungsbestimmungen (zB KollV für Arbeiter und Arbeiterinnen im Hotel- und Gastgewerbe, Arbeiter-KollV für das Güterbeförderungsgewerbe, Arbeiter-KollV für Bauindustrie und Baugewerbe).

Ein Saisonbetrieb liegt vor, wenn ein Betrieb seiner Art nach **nur zu bestimmten Jahreszeiten** oder **regelmäßig zu gewissen Zeiten des Jahres erheblich verstärkt arbeitet** (§ 53 Abs 6 ArbVG). Im ersten Fall arbeitet der Betrieb also zu bestimmten Zeiten des Jahres gar nicht. Im zweiten Fall steigt das Arbeitsaufkommen zu bestimmten Zeiten des Jahres erheblich über das durchschnittliche Maß an, das während des restlichen Jahres herrscht.

Der **OGH** hatte in einem von der WKO angestrebten Feststellungsverfahren zu klären, ob es sich bei der Hotellerie und Gastronomie in Österreich um eine Saisonbranche handelt. Die WKO konnte mit dem vorgelegten Datenmaterial für die Branche des Hotel- und Gastgewerbes nachweisen, dass es bei 80% der Betriebe innerhalb eines Jahres zu **erheblichen Schwankungen des Beschäftigungsgrades** (33,33% oder mehr) gekommen ist. Dies reichte für den OGH aber nicht aus, um ein verstärktes Arbeiten zu bestimmten Zeiten unter Beweis zu stellen, da die Schwankungen des Mitarbeiterstandes aus Sicht des Höchstgerichts auch andere als saisonale Gründe haben können (zB tageweise Events oder Ähnliches). **Der OGH verneinte daher das Vorliegen einer Saisonbranche** (OGH 24. 3. 2022, 9 ObA 116/21f). Die Folge ist, dass die im KollV für Arbeiter und Arbeiterinnen im Hotel- und Gastgewerbe geregelten (für die AN ungünstigeren) Kündigungsbestimmungen derzeit nicht anwendbar sind (dies gilt solange, bis der Nachweis des Vorliegens einer Saisonbranche erbracht wurde). Wird ein AN dennoch unter Anwendung von gesetzwidrigen kollv Kündigungsbestimmungen gekündigt, hat er gegenüber dem AG Anspruch auf Kündigungsentschädigung (siehe Rz 376).

Derzeit ist noch **unklar,** ob die **neuen Kündigungsbestimmungen des ABGB auch für freie DN gelten.** Die alten Kündigungsregelungen des ABGB (idR Kündigungsfrist von 4 Wochen für „Dienste höherer Art“ bzw 14 Tage für sonstige Dienste) wurden analog auf freie DN angewendet (§§ 1159ff ABGB alt). In der Literatur finden sich hierzu unterschiedliche Meinungen. Solange zu dieser Frage keine gesetzliche Regelung bzw keine höchstgerichtliche Judikatur vorliegt, kann vertretbar argumentiert werden, dass die **neuen Kündigungsbestimmungen des ABGB nicht analog auf freie DN anwendbar sind, da bei diesen aufgrund ihre selbständigen Tätigkeit keine so hohe Schutzbedürftigkeit besteht.** Die in bereits bestehenden freien Dienstverträgen vereinbarten (auch kürzeren) Fristen und Termine gelten daher weiterhin. Bei Neuabschlüssen von freien Dienstverträgen sollten zukünftig jedenfalls angemessene Kündigungsfristen und -termine vereinbart werden (Kündigungsfrist von jedenfalls 4 Wochen zum Monatsletzten). 371

Übersicht: Kündigungsfristen und -termine 372

	AG-Kündigung	AN-Kündigung
Kündigungsfrist		
1. + 2. Dienstjahr	6 Wochen	1 Monat
ab 3. Dienstjahr	2 Monate	1 Monat
ab 6. Dienstjahr	3 Monate	1 Monat
ab 16. Dienstjahr	4 Monate	1 Monat
ab 26. Dienstjahr	5 Monate	1 Monat
zwingend	ja	nein
Kündigungstermin		
	Quartalsende	Monatsende
zwingend	nein 15. + Monatsende	nein

373 **Praxistipp:** Zur Rechtswirksamkeit der Kündigung ist es nicht notwendig, den Endtermin zu nennen. Bei Unsicherheit über den „richtigen" Endtermin kann man diesen also bei der **Kündigungserklärung** überhaupt weglassen oder die Kündigung „zum nächstmöglichen Termin" erklären.

2. Freizeit während der Kündigungsfrist

374 Bei **Kündigung durch den AG** (nicht hingegen bei AN-Kündigungen) steht dem AN auf Verlangen **während der Kündigungsfrist** wöchentlich mindestens ein Fünftel der regelmäßigen Wochenarbeitszeit als **bezahlte Freizeit** zu. Bei einer 40-Stunden-Woche sind das zumindest acht Stunden Freizeit pro Arbeitswoche (vgl § 1160 ABGB, § 22 AngG). Diese Freizeit wird in der Praxis häufig zur Arbeitssuche verwendet (sog **„Postensuchtage"**). Der AN braucht jedoch hierüber keinen Nachweis erbringen, weil die Freizeit nicht „zweckgebunden" ist.

Die Freizeit kann vom AN nicht nur tage-, sondern auch stundenweise konsumiert werden. Wird dem AN diese Freizeit während der Kündigungsfrist trotz Verlangens verweigert, gebührt ihm nach der Rsp dafür **Geldersatz.** Im Falle der vorzeitigen Beendigung aus wichtigem Grund (dazu Rz 388 ff) kann keine bezahlte Freizeit in Anspruch genommen werden; auch ein Geldersatz ist nicht vorgesehen. Hingegen wird in der Lehre vertreten, dass bei **befristeten Arbeitsverhältnissen** ein Freistellungsanspruch besteht, wenn die Befristung/Auflösung des Dienstverhältnisses auf Betreiben des AG erfolgt ist.

3. Zeitwidrige Kündigung

375 Werden in der Praxis die vorgeschriebenen Kündigungsfristen und/oder Kündigungstermine nicht eingehalten, liegt eine **frist- bzw terminwidrige (zeitwidrige) Kündigung** vor. Nach der Judikatur beenden regelmäßig (nicht aber bei Vereinbarung der Unkündbarkeit des AN oder bei Vorliegen eines besonderen Bestandschutzes, dazu Rz 442 ff) auch frist- bzw terminwidrige Kündigungen das Arbeitsverhältnis zu dem in der Kündigungserklärung genannten Zeitpunkt. Dem jeweiligen Erklärungsempfänger (entweder dem AG oder dem AN) stehen dann jedoch **Schadenersatzansprüche** gegenüber dem Vertragspartner zu:

376 Kündigt der **AG** frist- oder terminwidrig, so ist er zur Zahlung einer sog **Kündigungsentschädigung** (das ist ein pauschalierter Ersatzbetrag) an den AN verpflichtet. Der AN ist durch die Kündigungsentschädigung so zu stellen, wie er bei ordnungsgemäßer Kündigung stehen würde. Ihm gebührt daher **Entgelt** auch für die Zeit zwischen dem Zeitpunkt der tatsächlichen Beendigung des Arbeitsverhältnisses durch die frist- bzw terminwidrige Kündigung und dem Zeitpunkt, zu dem das Arbeitsverhältnis durch ordnungsgemäße Kündigung beendet worden wäre. Ist diese Zeitspanne **länger als drei Monate,** bestehen aber **Anrechnungsbestimmungen** insb hinsichtlich des zwischenzeitig vom AN verdienten Entgelts (vgl §§ 1162b ABGB, 29 AngG zur Entlassung, die die Judikatur analog, dh sinngemäß, auf fristwidrige Kündigungen anwendet). Siehe dazu die Berechnungsbeispiele im Anhang II.

Beispiel: *Der AG kündigt seinen Angestellten, dessen Dienstverhältnis am 1. 4. 2019 begonnen hat, am 29. 5. 2020 zum 30. 6. 2020. Im Dienstvertrag oder KollV ist zur Kündi-*

gung nichts geregelt. Es gilt also gem § 20 Abs 2 AngG eine sechswöchige Kündigungsfrist zum Quartal. Das Dienstverhältnis hätte somit bei gesetzeskonformer Kündigung noch bis 30. 9. 2020 angedauert. Durch die gesetzwidrige Kündigung wird das Arbeitsverhältnis dennoch am 30. 6. 2020 beendet, dh den AN trifft ab dem 1. 7. 2020 keine Arbeitspflicht mehr. Der AG hat ihm jedoch für die Zeit vom 1. 7. 2020 bis zum 30. 9. 2020 eine Kündigungsentschädigung in der Höhe des Entgeltausfalls zu bezahlen.

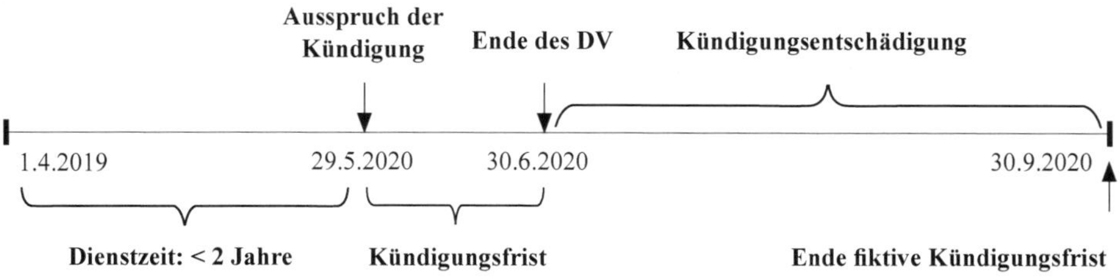

Kündigt der **AN** frist- oder terminwidrig, wird dieser zwar ebenfalls schadenersatzpflich- 377
tig, nicht aber in Form einer Kündigungsentschädigung. Vielmehr hat der AN dem AG nur den **tatsächlich entstandenen Schaden** zu ersetzen. Ein solcher ist vom AG nachzuweisen.

Praxistipp: Da der Nachweis eines konkreten Schadens für den AG idR schwierig ist, 378
empfiehlt sich hier für den AG die Vereinbarung einer **Konventionalstrafe** (siehe dazu Anhang I, Pkt IX). Diese unterliegt allerdings einem **richterlichen Mäßigungsrecht** (§ 1336 Abs 2 ABGB).

4. Sonderfälle der Kündigung

4.1. Kündigung im Krankenstand

Wird ein AN **im Krankenstand** gekündigt, beginnt zwar die Kündigungsfrist „normal" 379
zu laufen und das Arbeitsverhältnis endet mit dem entsprechenden Kündigungstermin. Allerdings bleibt der **Entgeltfortzahlungsanspruch** des AN für die gesetzlich vorgesehene Dauer bestehen, auch wenn das Arbeitsverhältnis durch die Kündigung früher endet. Dies gilt auch bei Entlassungen ohne wichtigen Grund und auch bei **einvernehmlicher Auflösung** während oder wegen eines Krankenstandes. Wird der AN erst **während einer bereits laufenden Kündigungsfrist** krank, endet der Entgeltfortzahlungsanspruch mit dem Ende des Dienstverhältnisses. Ebenso endet ein **befristetes Dienstverhältnis** unabhängig von einem allfälligen Krankenstand mit Fristablauf (§ 9 AngG, § 5 EFZG; zur Entgeltfortzahlung siehe näher Rz 173 ff).

4.2. Änderungskündigung

Die **Änderungskündigung** ist eine **bedingte Kündigung** (siehe zur Potestativbedingung 380
Rz 359). Dabei lässt der AG dem AN gemeinsam mit der Kündigungserklärung auch ein **An-**

gebot zur Änderung des Arbeitsvertrages zugehen: Die Kündigung soll nur für den Fall gelten, dass der AN dem übermittelten Änderungsangebot (zB Entgeltkürzung, Arbeitszeitänderung) – innerhalb einer angemessenen Überlegungsfrist – nicht zustimmt.

> ***Beispiel:*** *Der AN erhält ein Schreiben des AG folgenden Inhalts: „Wir sehen uns veranlasst, Ihnen hiermit die Kündigung zu erklären. Diese Erklärung ist unter der Bedingung rechtsunwirksam, dass Sie einer Reduktion Ihres Grundgehalts um 5%, das bedeutet eine Kürzung von € 1.000,– auf € 950,–, zustimmen. Für eine allfällige Zustimmungserklärung steht Ihnen eine Frist von 14 Tagen ab Zugang dieses Kündigungsschreibens offen." (Dabei sollte übrigens klargestellt werden, ob der Zugang oder die Postaufgabe für die Fristwahrung maßgeblich sind. Im Zweifel wäre es der Zugang.) Kollv Mindestgrenzen dürfen allerdings nicht unterschritten werden, ebenso wenig die Sittenwidrigkeitsgrenze.*

381 Im Einzelnen wird zwischen **aufschiebend** und **auflösend bedingter Kündigung** unterschieden, je nachdem, ob die Kündigung wirksam wird, wenn der Vertragspartner der angebotenen Änderung nicht zustimmt, oder ob die an sich wirksame Kündigung durch die Zustimmung des Vertragspartners wiederum beseitigt wird. Dies ist letztlich eine Frage der Formulierung und hat Auswirkungen auf den Beginn der Kündigungsfrist.

4.3. Kündigung des Arbeitnehmers bei langer Vertragsbindung

382 Wurde ein Arbeitsverhältnis „für die Lebenszeit einer Person" oder für länger als fünf Jahre vereinbart, so räumt das Gesetz dem **AN** – nicht jedoch dem AG – das Recht ein, das Arbeitsverhältnis **nach Ablauf des fünften Jahres** unter Einhaltung einer **Kündigungsfrist von sechs Monaten** zu kündigen (vgl § 1158 Abs 3 ABGB, § 21 AngG).

4.4. Massenkündigung

383 Sind innerhalb kurzer Zeit Auflösungen einer größeren Anzahl von AN (sog **Massenkündigungen)** beabsichtigt, ist aus arbeitsmarktpolitischen Gründen ein sog **„Frühwarnsystem"** vorgesehen (§ 45a AMFG). Demnach trifft den AG eine Pflicht zur **vorherigen Verständigung der zuständigen regionalen Geschäftsstelle des AMS** binnen vorgeschriebener Fristen (idR mindestens 30 Tage vor dem geplanten Ausspruch der ersten Beendigungserklärung). Dabei sind dem AMS bestimmte Informationen bekannt zu geben (wie insb Auflösungsgründe, Alter, Geschlecht, Qualifikationen und Beschäftigungsdauer der Betroffenen, maßgebliche Kriterien für die Auswahl der Betroffenen sowie flankierende soziale Maßnahmen).

Im Einzelnen trifft den AG diese Pflicht, wenn er beabsichtigt, **innerhalb eines Zeitraumes von 30 Tagen** folgende Auflösungen vorzunehmen:

- von mindestens fünf Arbeitsverhältnissen in Betrieben mit 21 bis 99 Beschäftigten,
- von mindestens 5% der Arbeitsverhältnisse in Betrieben mit 100 bis 600 Beschäftigten,
- von mindestens 30 AN in Betrieben mit mehr als 600 Beschäftigten sowie
- bei der beabsichtigten Auflösung der Arbeitsverhältnisse von mindestens fünf AN, die das 50. Lebensjahr vollendet haben (ohne Rücksicht auf die Betriebsgröße).

Hinweis: Nach der Praxis des AMS zählt der **Durchschnitt der Beschäftigten am Ende der letzten 3 Monate** vor der Anzeige, nicht aber die Zahl der Beschäftigten zum Zeitpunkt der Anzeige.

Bei der Berechnung des Schwellenwertes gelten auch leitende Angestellte, geringfügig Beschäftigte, karenzierte AN, Lehrlinge und auch freie DN als Beschäftigte und sind daher entsprechend zu berücksichtigen.

Als zu berücksichtigende Auflösungen gelten nicht nur **AG-Kündigungen** (entscheidend ist dabei der Zeitpunkt des Ausspruchs der Kündigung), sondern auch **einvernehmliche Beendigungen** von Arbeitsverhältnissen, die auf AG-Initiative beruhen. Nach der Rechtsprechung des OGH ist dabei die Auflösung bereits beabsichtigt, sobald ein entsprechendes Auflösungsangebot einem AN übergeben wird und von diesem angenommen werden kann. **Nicht erfasst** sind Auflösungen in der Probezeit, Arbeitnehmerkündigungen, Ablauf befristeter Arbeitsverhältnisse sowie Beendigungen von Arbeitsverhältnissen durch gerechtfertigte Entlassung oder unberechtigten vorzeitigen Austritt.

Kündigungen, die unter Missachtung dieser gesetzlichen Vorgaben ausgesprochen werden, sind **rechtsunwirksam** (nichtig). Dies gilt nicht nur, wenn ohne die erforderliche Anzeige beim AMS gekündigt wird, sondern auch für den Fall, dass zwar eine Meldung an das AMS erstattet wurde, aber bereits innerhalb der 30-tätigen Wartefrist Kündigungen ausgesprochen werden (es sei denn, das AMS hat einem Antrag des AG auf Verkürzung der Wartefrist zugestimmt). 384

Besteht im Unternehmen ein **Betriebsrat,** ist auch dieser von Massenkündigungen **zu informieren** (er hat die Meldung an das AMS mitzuunterschreiben). Der Betriebsrat wird in solchen Fällen idR den Abschluss eines **Sozialplans** fordern (dazu näher Rz 600). Zu den sonstigen Mitwirkungsrechten des BR bei Kündigungen siehe Rz 417 ff (allgemeiner Kündigungsschutz). In betriebsratslosen Betrieben sind alle betroffenen AN zu informieren.

4.5. Arbeitgeberkündigung wegen eines Betriebsüberganges

Kündigungen des AG wegen eines Betriebsüberganges (siehe Rz 152) **sind nichtig** 385
(das betrifft sowohl den Veräußerer als auch den Erwerber). Aus anderen Gründen (zB wegen eines Fehlverhaltens des AN oder wegen Rationalisierungen) dürfen Arbeitsverträge hingegen – auch vor oder nach einem Betriebsübergang – gelöst werden. Umso näher daher der zeitliche Zusammenhang der Beendigungserklärung mit dem Betriebsübergang ist, umso mehr muss der AG für die Auflösung des Arbeitsverhältnisses andere **rechtfertigende Gründe** nachweisen können.

Hinweis: Der Betriebsveräußerer kann sich bei einer Kündigung **nicht** auf eine **Betriebsstilllegung** berufen (die eine Kündigung im Rahmen des allgemeinen und besonderen Kündigungsschutzes erleichtern würde), wenn der Betrieb nach der Veräußerung vom Erwerber fortgeführt werden soll. Dies ist ausschließlich dem Erwerber vorbehalten; dh, dieser kann, falls durch eine von ihm durchgeführte, gänzliche oder teilweise Betriebsstill- 386 legung Arbeitsplätze wegfallen, die betroffenen AN – bei besonderem Kündigungsschutz unter Einhaltung der entsprechenden formalen Voraussetzungen (vgl unten Rz 442 ff) – kündigen.

4.6. Kündigung bei Insolvenzverfahren

387 Kommt es wegen Zahlungsunfähigkeit eines Unternehmens zur Eröffnung eines **Insolvenzverfahrens** (siehe auch Rz 241), werden die **Arbeitsverhältnisse** im insolventen Unternehmen **nicht automatisch beendet.** Bei Beendigungserklärungen des AG (bzw des Insolvenzverwalters im Konkurs- oder Sanierungsverfahren ohne Eigenverwaltung) und des AN sind **Spezialvorschriften** in der Insolvenzordnung zu beachten (insb § 25 IO, siehe auch Rz 403).

Der **Insolvenzverwalter** darf demnach insb im Falle der Schließung des Unternehmens oder eines Unternehmensteils (idR binnen Monatsfrist ab Schließungsbeschluss) **ohne Berücksichtigung des Endtermins,** aber unter Einhaltung der gesetzlichen oder kollv Kündigungsfrist, **kündigen** (ähnlich der AG im Sanierungsverfahren mit Eigenverwaltung binnen einem Monat nach Bekanntmachung des Eröffnungsbeschlusses mit Zustimmung des Sanierungsverwalters und weiteren Einschränkungen). Der **AN** hat unter Umständen, insb im Zusammenhang mit der Schließung des Unternehmens oder „seines" Unternehmensbereichs, ein Recht zum **vorzeitigen Austritt,** den er innerhalb eines Monats (idR ab Schließungsbeschluss) zu erklären hat. In beiden Fällen steht dem AN Schadenersatz (insb Kündigungsentschädigung) zu. Hingegen ist ein nach Insolvenzeröffnung erfolgter Austritt **unwirksam,** wenn er sich nur auf Entgeltschmälerung oder -vorenthaltung aus der Zeit vor Insolvenzeröffnung stützt.

III. Vorzeitige Auflösung aus wichtigem Grund (Entlassung, Austritt)

388 Anders als bei der Kündigung können Arbeitsverhältnisse bei Vorliegen bestimmter wichtiger Gründe **ohne Einhaltung von Fristen und Terminen** durch **einseitige Willenserklärung** des AG (Entlassung) oder des AN (Austritt) beendet werden. Das Arbeitsverhältnis wird dabei zwar jedenfalls und unabhängig vom tatsächlichen Vorliegen eines wichtigen Grundes **mit sofortiger Wirkung** beendet. Allerdings ziehen eine **unbegründete oder nicht unverzüglich ausgesprochene vorzeitige Auflösung** des Arbeitsverhältnisses (dh unberechtigte Entlassung bzw unberechtigter Austritt) idR **Schadenersatzansprüche** nach sich.

1. Unzumutbarkeitsgrundsatz und wichtiger Grund

389 Der gemeinsame **Grundgedanke des Austritts- und Entlassungsrechts** besteht darin, dass einer Vertragspartei wegen eines schwerwiegenden Auflösungsgrundes auf Seiten des anderen Vertragspartners die weitere Fortsetzung des Arbeitsverhältnisses sogar für die Zeit einer sonst einzuhaltenden Kündigungsfrist oder für die restliche Laufzeit eines befristeten Arbeitsverhältnisses **unzumutbar** geworden ist **(Grundsatz der Unzumutbarkeit der Vertragsfortsetzung).** Dies ist stets nach den Umständen des konkreten Einzelfalles zu beurteilen.

Eine **Vereinbarung,** mit der **das vorzeitige Lösungsrecht** für den AG oder für den AN **generell ausgeschlossen** werden soll, wird in Judikatur und Lehre als **sittenwidrig** angesehen und wäre daher nichtig.

Eine berechtigte vorzeitige Lösung des Arbeitsvertrages durch Austritt oder Entlassung setzt also stets das **Vorliegen eines wichtigen Auflösungsgrundes** voraus. Die Austritts- und Entlassungsgründe sind folgendermaßen gesetzlich festgelegt: **390**

- Für **Angestellte** werden wichtige Gründe in **§§ 26, 27 AngG demonstrativ** (dh beispielsweise) aufgezählt, was bedeutet, dass auch andere gleichwertige Gründe herangezogen werden können (vgl auch § 25 AngG).
- Für **gewerbliche Arbeiter** werden wichtige Gründe in **§§ 82, 82a GewO 1859 taxativ** (dh abschließend) festgelegt. Abgesehen von diesen sollen also nach dem Gesetzeswortlaut keine weiteren Gründe eine vorzeitige Auflösung rechtfertigen.
- In **§ 1162 ABGB** wählte der Gesetzgeber den umgekehrten Weg und beschränkte sich auf eine **Generalklausel,** indem er ausführt, dass das Dienstverhältnis „ohne Einhaltung einer Kündigungsfrist von jedem Teile aus wichtigen Gründen gelöst werden" kann, ohne den Begriff „wichtiger Grund" zu konkretisieren. Diese Bestimmung ist analog auf **freie DN** (siehe Rz 23f) anzuwenden.
- **Eingeschränkte Entlassungstatbestände** bestehen für AN, die einem **besonderen Entlassungsschutz** unterliegen (zB Schwangere, Mütter und Väter in Karenz oder Elternteilzeit, Betriebsratsmitglieder; siehe Rz 444).
- Für **Lehrlinge** bestehen im BAG **spezielle Austrittsgründe** (§ 15 Abs 4 BAG).
- Für **Mütter und Väter** besteht unter bestimmten Voraussetzungen das Recht zu einem **Mutterschafts- bzw Vaterschaftsaustritt** (§ 15r MSchG, § 9a VKG): Arbeitnehmerinnen können nach der Geburt ihres Kindes innerhalb der Schutzfrist nach dem MSchG (siehe Rz 308) berechtigt austreten. Bei Inanspruchnahme einer Karenz können sowohl Mütter als auch Väter grundsätzlich bis drei Monate vor Ende ihrer Karenz ihren Austritt erklären.

Der wichtige Grund muss sich **vor** dem Ausspruch der vorzeitigen Auflösung **ereignet** haben; dh er muss zum Lösungszeitpunkt objektiv vorliegen. Der Auflösungsgrund muss aber bei der Abgabe der Auflösungserklärung dem betroffenen Vertragspartner (noch) **nicht genannt** werden. Es genügt, dass ein wichtiger Grund im Falle eines Rechtsstreits vor Gericht bewiesen wird (sog **„Nachschieben"** von Austritts- und Entlassungsgründen im Gerichtsverfahren). **391**

Die meisten Austritts- und Entlassungsgründe beruhen auf einem **rechtswidrigen und schuldhaften Verhalten des Vertragspartners** (häufig liegt ein **„Vertragsbruch"** des AG oder des AN vor). Nicht immer ist eine vorsätzliche Tat gefordert, oft kann auch fahrlässiges Verhalten eine vorzeitige Vertragsauflösung rechtfertigen (zB Entlassung eines Angestellten wegen Vertrauensunwürdigkeit). In manchen Fällen kommt eine **berechtigte Entlassung des AN** auch **ohne sein Verschulden** in Betracht (zB dauernde Dienstunfähigkeit). Ebenso kann der **vorzeitige Austritt des AN** aus dem Arbeitsverhältnis in einigen Fällen **ohne ein Verschulden des AG gerechtfertigt** sein. **392**

Im Folgenden werden die praktisch **wichtigsten vorzeitigen Auflösungsgründe** des AngG und der GewO 1859 näher dargestellt:

2. Entlassungsgründe

2.1. Vom Arbeitnehmer verschuldete Entlassungsgründe

a) Grobe Verletzungen der Arbeitspflicht und Nichtbefolgung zulässiger Weisungen sowie Verleitung zum Ungehorsam

393 Für **Angestellte** stellen die **Unterlassung der Dienstleistung** während einer den Umständen nach erheblichen Zeit (ohne rechtmäßigen Hinderungsgrund), die **beharrliche Pflichtverletzung** (diese umfasst die beharrliche Weigerung des AN, einerseits seine Dienste zu leisten und andererseits die gerechtfertigten Weisungen des AG zu befolgen) sowie das **Verleiten anderer AN zum Ungehorsam** gegen den AG einen Entlassungsgrund dar (§ 27 Z 4 AngG).

394 Für **Arbeiter** ist das **unbefugte Verlassen der Arbeit** sowie die **beharrliche Vernachlässigung der Pflichten** einschlägig. Weiters stellen auch das **Verleiten anderer AN** zum **Ungehorsam,** zur **Auflehnung gegen den AG,** zum **unordentlichen Lebenswandel** oder zu **unsittlichen oder gesetzwidrigen Handlungen** einen Entlassungsgrund dar (§ 82 lit f GewO 1859).

Eine **beharrliche Pflichtverletzung** liegt grundsätzlich nur dann vor, wenn der AN trotz vorausgegangener **Verwarnung** weiterhin oder erneut seine Dienstpflichten verletzt bzw die gerechtfertigten Weisungen des AG missachtet.

Beispiele: *Ein Hilfsarbeiter verweigert „aus Lustlosigkeit" nachhaltig seine Arbeitsleistung. Eine Lohnverrechnerin erscheint an einem „blauen Montag" unerlaubt nicht zur Arbeit. Ein Lehrling kommt trotz wiederholter Ermahnungen durch den Lehrberechtigten zur Pünktlichkeit unter ernstlicher Androhung der Entlassung neuerlich mit beträchtlicher Verspätung an seinen Arbeitsplatz. Ein kaufmännischer Angestellter verlässt unter dem Vorwand eines Arztbesuches bereits zu Mittag seinen Arbeitsplatz, um sich mit seiner Freundin auf dem Tennisplatz zu treffen. Eine Buchhalterin befolgt während der Bilanzzeit eine wegen des dringenden hohen Arbeitsanfalls berechtigte Überstundenanordnung ihres Vorgesetzten nicht. Eine Sekretärin formatiert eigenmächtig besonders wichtige Geschäftskorrespondenz nicht nach den ausdrücklichen Anordnungen ihres Vorgesetzten, obwohl sie nachdrücklich auf deren Bedeutung hingewiesen wurde.*

Wenn AN bei ernster und unmittelbarer **Gefahr für Leben und Gesundheit** den Gefahrenbereich verlassen und/oder selbsttätig Maßnahmen zur Gefahrenabwehr treffen, darf dies nicht als Entlassungsgrund oder Kündigungsgrund herangezogen werden. AN haben in diesem Fall einen sog individuellen Bestandschutz (dazu Rz 451) und können die Entlassung bzw Kündigung bei Gericht anfechten (§ 8 Abs 2 AVRAG).

b) Vertrauensunwürdigkeit, Untreue und „verwandte" Tatbestände

395 Verstöße gegen die sich aus der **arbeitsrechtlichen Treuepflicht** (siehe Rz 137 ff) ergebenden Unterlassungspflichten stellen zumeist einen Entlassungsgrund dar, wenn das diesbezügliche Fehlverhalten des AN die dienstlichen Interessen des AG so erheblich beeinträchtigt, dass dadurch die Vertrauensbasis im Arbeitsverhältnis zerstört wird.

Im AngG werden für **Angestellte** die (vorsätzliche) **Untreue,** die **unzulässige Provisions- bzw Schmiergeldannahme** und die **Vertrauensunwürdigkeit** (§ 27 Z 1 AngG), die **Verletzung des Konkurrenzverbots** (§ 27 Z 3 AngG; siehe Rz 140) sowie das **Verleiten anderer Bediensteter zum „Ungehorsam"** gegen den AG (§ 27 Z 4 AngG) explizit als Entlassungsgrund genannt. Andere Treueverstöße wie beispielsweise der **Geheimnisverrat,** die **Imageschädigung** des AG, die **Begehung von Straftaten** (wie zB Diebstahl, Urkundenfälschung, Veruntreuung) oder ein **Fehlverhalten im Krankenstand** (wie zB Vortäuschen einer Krankheit, genesungsverzögerndes Verhalten) werden bei Angestellten unten den Tatbestand der Vertrauensunwürdigkeit bzw der Untreue subsumiert. 395a

Bei **Arbeitern** stellen beispielsweise das Hintergehen des AG bei Vertragsabschluss durch das **Vorzeigen falscher oder verfälschter Zeugnisse** (§ 82 lit a GewO 1859), die **Trunksucht** (§ 82 lit c GewO 1859) sowie **Diebstahl, Veruntreuung** oder **sonstiges strafbares Verhalten,** das den AN des Vertrauens des AG unwürdig erscheinen lässt (§ 82 lit d GewO 1859), einen gesetzlichen Entlassungsgrund dar. Weitere Entlassungsgründe bei Arbeitern in diesem Zusammenhang sind der **Verrat von Geschäfts- und Betriebsgeheimnissen** sowie die **Ausübung einer abträglichen Nebenbeschäftigung** (insb „Pfuschen"; § 82 lit e GewO 1859) und das **Verleiten von anderen AN zum Ungehorsam, zu einem unordentlichen Lebenswandel oder zu unsittlichen oder gesetzwidrigen Handlungen** (§ 82 lit f GewO 1859). 396

Hinweis: Bei **Angestellten** genügt für **Vertrauensunwürdigkeit** bereits ein **fahrlässiges** und/oder ein **nicht strafbares Verhalten.** Bei Arbeitern ist hingegen die (zumindest versuchte) Begehung einer **strafbaren Handlung** (vorsätzlich oder fahrlässig) erforderlich.

Beispiele: *Ein Angestellter, der sich wegen einer* ***Grippe*** *im Krankenstand befindet, verbringt einen langen Abend in der* ***Diskothek,*** *obwohl ihm vom Hausarzt Bettruhe verordnet worden ist (zur Entlassung iZm Krankenstand näher Rz 401 f). Ein Arbeiter begeht in seinem Betrieb einen* ***Diebstahl*** *(wenn auch nur einer geringwertigen Sache). Ein leitender Angestellter verrät* ***Betriebsgeheimnisse*** *(siehe Rz 139) an ein Konkurrenzunternehmen oder verletzt das* ***Konkurrenzverbot*** *(siehe Rz 140).*

c) Tätlichkeiten, Verletzungen der Sittlichkeit und erhebliche Ehrverletzungen

Für **Angestellte** stellen **Tätlichkeiten, Verletzungen der Sittlichkeit und erhebliche Ehrverletzungen** gegenüber dem AG, anderen AN oder gegenüber Angehörigen des AG einen Entlassungsgrund dar (§ 27 Z 6 AngG). Bei **Arbeitern** sind **grobe Ehrbeleidigungen, Körperverletzungen** oder **gefährliche Drohungen** gegen die genannten Personen als gesetzliche Entlassungsgründe normiert (§ 82 lit g GewO 1859). 397

Tätlichkeiten sind **vorsätzliche Angriffe** auf die **körperliche Integrität** einer anderen Person, dies selbst dann, wenn sie keine Verletzungsfolge nach sich ziehen (zB in den „Schwitzkasten" nehmen oder an den Haaren ziehen, wobei jedenfalls bei geringfügigen Übergriffen die Unzumutbarkeit der Weiterbeschäftigung anhand der konkreten Fallumstände zu prüfen ist).

Beispiele: *Ein kaufmännischer Angestellter gibt seinem Vorgesetzten aus Jähzorn eine Ohrfeige. Eine Verkäuferin in einer City-Boutique beschimpft eine Arbeitskollegin vor Kunden als „geschmacklosen Trampel". Ein Facharbeiter macht sich einer sexuellen Belästigung gegenüber einem weiblichen Lehrling schuldig.*

d) Verbüßung längerer Freiheitsstrafen und lang andauernde Abwesenheiten

398 Ein **Angestellter** kann entlassen werden, wenn er durch eine **längere Freiheitsstrafe** oder durch **Abwesenheit während einer den Umständen nach erheblichen Zeit** an der Verrichtung seiner Arbeit gehindert ist und der Grund für die Abwesenheit nicht in einer Erkrankung oder in einem Unfall des AN liegt (§ 27 Z 5 AngG). Als Mindestdauer ist bei Abwesenheiten wegen der **Verbüßung einer Freiheitsstrafe** ein Zeitraum von **mehr als 14 Tagen** erforderlich. **Sonstige (unentschuldigte) Abwesenheiten** des AN müssen ebenfalls lang andauern (idR **ab einer Woche**) und zusätzlich müssen diese eine Unzumutbarkeit der Weiterbeschäftigung für den AG hervorrufen, um einen Entlassungsgrund darzustellen. Auf ein Verschulden des AN kommt es bei den genannten Gründen des Fernbleibens grundsätzlich nicht an.

Die Abwesenheit wegen der Verhängung einer **Untersuchungshaft** über den AN fällt ebenfalls unter den Abwesenheitstatbestand (und daher nicht unter den Tatbestand der Freiheitsstrafe). Nach der Judikatur muss die Untersuchungshaft länger als 14 Tage andauern, um einen Entlassungsgrund darzustellen.

Bei **Arbeitern** berechtigt ebenfalls eine **„gefängliche Anhaltung"** (also auch eine Untersuchungs- oder Verwaltungsstrafhaft) für **länger als 14 Tage** zur Entlassung (§ 82 lit i GewO 1859).

Beispiele: *Ein Versicherungsvertreter verbüßt wegen schweren Betruges eine mehrjährige Freiheitsstrafe. Ein bisher unbescholtener Facharbeiter befindet sich wegen des dringenden Verdachts einer Straftat seit mehr als zwei Wochen in Untersuchungshaft.*

2.2. Vom Arbeitnehmer unverschuldete Entlassungsgründe

a) Dauernde Unfähigkeit des Arbeitnehmers zur vereinbarten Arbeit

399 Eine durch (physische oder psychische) **Krankheit oder Unfall** verursachte Dienstunfähigkeit kann sowohl bei **Angestellten** als auch bei **Arbeitern** einen Entlassungsgrund darstellen, wenn die Arbeitsfähigkeit auf nicht absehbare Zeit oder für einen zwar absehbaren, aber unzumutbar langen Zeitraum nicht mehr zu erwarten ist (§ 27 Z 2 AngG; § 82 lit h GewO 1859). Von einer solchen **dauernden Dienstunfähigkeit** ist dann auszugehen, wenn die Dienstunfähigkeit nicht nur kurzfristig und vorübergehend, sondern von so langer Dauer ist, dass dem AG eine Fortsetzung des Dienstverhältnisses nicht mehr zumutbar ist (dies wird idR erst bei mehrmonatigen Abwesenheiten des AN der Fall sein, wobei hier in der Praxis aber immer eine einzelfallbezogene Prüfung vorzunehmen ist).

Begünstigte Behinderte nach BEinstG (Rz 88) unterliegen nur einem besonderen Kündigungsschutz, nicht aber auch einem Entlassungsschutz (vgl unten Rz 442, 447). Dennoch ist bei ihnen eine rechtskonforme Entlassung wegen dauernder Arbeitsunfähigkeit nach der Rechtsprechung nur sehr eingeschränkt möglich.

Abgesehen von gesundheitlichen Beeinträchtigungen kann auch das **Fehlen rechtlicher Voraussetzungen** eine dauernde Dienstunfähigkeit begründen (wie zB ein längerfristiger Führerscheinentzug eines Außendienstmitarbeiters wegen einer schweren Augenerkrankung).

Beispiele: *Ein Monteur erleidet bei einem schweren Autounfall eine dauernde Querschnittslähmung. Eine von einem Reinigungsunternehmen eingestellte Raumpflegerin entpuppt sich als Kleptomanin.*

Beachte: Der Entlassungsgrund der Dienstunfähigkeit setzt eine vollständige oder zumindest weitgehende **dienstliche Unverwendbarkeit** des AN beim AG voraus. Nicht unter diesen Entlassungstatbestand fällt daher die bloß mangel- oder fehlerhafte Leistungserbringung (wie zB nachlassende Leistungsfähigkeit, Langsamkeit, mindere Geschicklichkeit oder schwache Eignung). 400

b) Vorliegen einer „abschreckenden Krankheit"

Eine abschreckende Krankheit ist bei **Arbeitern** ein Entlassungsgrund (§ 82 lit h GewO 1859), obwohl aus rechtspolitischer Sicht in der Fachliteratur Bedenken dagegen bestehen. 401

Beispiel: *Eine Kellnerin erkrankt an einem massiv entstellenden und sehr langwierigen Hautleiden im Gesicht.*

Abgesehen von den genannten Tatbeständen (dauernde Dienstunfähigkeit; abschreckende Krankheit) können **Unfälle** oder **Erkrankungen** – sowohl bei Arbeitern als auch bei Angestellten – **im Allgemeinen nicht** als Entlassungsgrund herangezogen werden.

Praxistipps: Oft stellt sich die Frage nach der Relevanz eines **vorgetäuschten Krankenstandes.** Hier gilt im Wesentlichen, dass der AN auf die Richtigkeit der ärztlichen Bestätigung vertrauen darf, es sei denn, er hat diese durch wissentliche Falschangaben vorsätzlich herbeigeführt (wobei die übertriebene Schilderung der Krankheitssymptome nicht ausreicht). Eine Beweisführung vor Gericht wegen einer angeblich unrichtigen ärztlichen Krankschreibung ist in aller Regel nicht zielführend. 402

Davon abgesehen gilt: Es gehört zu den – entlassungsrelevanten – **Dienstpflichten des erkrankten AN,** während seines Krankenstandes den ärztlichen Anordnungen Folge zu leisten bzw die üblichen Maßnahmen zu ergreifen, um seine **Arbeitsfähigkeit möglichst umgehend wieder herzustellen** und alles zu unterlassen, was dem Heilungsverlauf abträglich ist. Derartige Pflichtverletzungen werden bei Angestellten unter die Vertrauensunwürdigkeit (§ 27 Z 1 AngG) und bei Arbeitern unter die beharrliche Pflichtenverletzung (§ 82 lit f GewO 1859) subsumiert. Dabei ist die konkrete Art der Erkrankung maßgeblich, zB ob Bettruhe (noch) erforderlich ist oder nicht.

Die bloße **Nichtmeldung des Krankenstandes** ist hingegen in der Regel **kein Entlassungsgrund.** Sie *kann* allerdings als Mitverschulden (§§ 32 AngG, 1162c ABGB, siehe dazu unten Rz 415) an der Entlassung schadenersatzmindernd wirken. Bei unbegründeter Entlassung im Krankenstand läuft die Entgeltfortzahlung weiter (§§ 9 AngG, 5 EFZG).

3. Austrittsgründe

3.1. Vom Arbeitgeber verschuldete Austrittsgründe

a) Ungebührliche Schmälerung oder Vorenthaltung des dem Arbeitnehmer zustehenden Entgelts sowie Verletzung wesentlicher Vertragsbestimmungen

403 Diese Regelung besteht inhaltlich sehr ähnlich sowohl für **Angestellte** (§ 26 Z 2 AngG) als auch für **Arbeiter** (§ 82a lit d und lit e GewO 1859) und umfasst mehrere Austrittstatbestände.

Eine ungebührliche **Entgeltschmälerung bzw -vorenthaltung** liegt vor, wenn das dem AN (durch Gesetz, KollV oder Vertrag) gebührende Entgelt trotz Fälligkeit nicht oder nicht in voller Höhe bezahlt wird und der AN nicht annehmen kann, dass der AG das fehlende Entgelt noch bezahlen wird. Auf die Gründe, warum der AG das Entgelt nicht oder nicht vollständig bezahlt, kommt es grundsätzlich nicht an. Der AG muss aber gewusst haben oder hätte bei entsprechender Sorgfalt zumindest wissen müssen, dass er dem AN das Entgelt vorenthält oder schmälert. Hat der AN den Zahlungsverzug oder die Entgeltschmälerung längere Zeit hingenommen, muss er den AG vor Erklärung des Austritts unter Setzung einer (kurzen) **Nachfrist** zur Zahlung der offenen Beträge auffordern.

Ein Austritt nach **Insolvenzeröffnung** (siehe Rz 241) wegen Entgeltrückständen aus der Zeit vor der Insolvenzeröffnung ist hingegen unwirksam (§ 25 IO, siehe dazu auch Rz 387).

Beispiele: *Wegen erheblicher finanzieller Schwierigkeiten bezahlt ein Unternehmer seinen Facharbeitern seit zwei Monaten nur die Hälfte ihres Lohnes. Ein Kaufmann zahlt drei Wochen nach Fälligkeit die Gehälter immer noch nicht aus, obwohl ihm von den betroffenen Angestellten eine angemessene Nachfrist gesetzt worden ist.*

Ebenso stellt es einen Austrittsgrund dar, wenn der AG andere **wesentliche Vertragsbestimmungen** verletzt, die nicht das Entgelt betreffen.

Beispiele: *Der AG beharrt auf eine rechtswidrige Versetzung des AN an einen anderen Dienstort, obwohl dies gegen den Arbeitsvertrag verstößt oder dafür die Zustimmung des BR fehlt. Ein AN wird hinsichtlich seiner Position massiv degradiert, indem ihm seine vertraglich vereinbarte Leitungsposition entzogen wird. Der AG ändert ungerechtfertigt einseitig die Lage der Arbeitszeit des AN.*

b) Nichtbeachtung von Arbeitnehmerschutzvorschriften

Dieser Austrittstatbestand liegt bei **Angestellten** vor, wenn der AG seine **gesetzlichen Schutzpflichten hinsichtlich Leben, Gesundheit und Sittlichkeit der AN verletzt** (§ 26 Z 3 AngG). Für **Arbeiter** besteht keine gleichlautende gesetzliche Bestimmung. Ein Austrittsgrund in diesem Zusammenhang kann bei Arbeitern aber dann vorliegen, wenn der AG den AN zu gesetzwidrigen Handlungen zu verleiten versucht, indem er beispielsweise Anweisungen unter Missachtung des Arbeitnehmerschutzes erteilt (§ 82a lit c GewO 1859). **404**

Die diesbezüglichen Rechte der AN ergeben sich aus den **gesetzlichen Bestimmungen zum Arbeitnehmerschutz** (siehe Rz 301 ff) sowie der **Fürsorgepflicht** (siehe Rz 142). Voraussetzung ist aber grundsätzlich, dass der AG auf seinen Rechtsverstoß aufmerksam gemacht wurde und er sich trotz Kenntnis seines rechtswidrigen Verhaltens weiterhin bewusst über seine diesbezüglichen Verpflichtungen hinwegsetzt.

Beispiele: *Ein AN wird trotz Widerspruch vom AG zum wiederholten Mal aufgefordert, nach Erreichung der höchstzulässigen Tagesarbeitszeit weitere Überstunden zu leisten. Ein LKW-Fahrer wird vom AG unter Protest angewiesen, weiterhin ohne Einhaltung der gesetzlich vorgeschriebenen Lenkpausen zu fahren. Ein AN wird von einem Arbeitskollegen schwer gemobbt und der AG weigert sich, trotz der „Hilferufe" des gemobbten AN, diesen entsprechend zu schützen.*

c) Tätlichkeiten, Verletzung der Sittlichkeit oder erhebliche Ehrverletzungen

Die **Verletzung der körperlichen Integrität** sowie **wesentlicher Persönlichkeitsrechte** der AN stellt sowohl für **Angestellte** (§ 26 Z 4 AngG) als auch für **Arbeiter** (§ 82a lit b und lit c GewO 1859) einen Austrittsgrund dar. **405**

Die Rechtsverletzung kann dabei sowohl **vom AG** selbst (bei juristischen Personen von deren Organen) als auch von **Angehörigen des AG** oder von **anderen AN** (Vorgesetzte oder auch Kollegen) ausgehen. Wenn der AG selbst keine Kenntnis von einem solchen Übergriff durch Dritte hat, muss ihn der AN darüber informieren und sofortige Abhilfe verlangen. Sobald der AG von solchen Tätlichkeiten, Beleidigungen oder (sexuellen) Belästigungen in seinem Unternehmen Kenntnis erlangt hat, ist er verpflichtet, geeignete Maßnahmen zu ergreifen, um den betroffenen AN zu schützen. Unterlässt der AG eine solche gebotene Abhilfe, kann der AN seinen Austritt erklären.

Beispiele: *Ein erboster Bauunternehmer versetzt einem „faulen" Hilfsarbeiter einen Faustschlag. Ein Kaufmann beschimpft die Ehefrau eines langjährigen Angestellten vor anderen Mitarbeitern als „üble Schlampe". Ein Gewerbetreibender „begrapscht" wiederholt seine Sekretärin.*

3.2. Vom Arbeitgeber unverschuldete Austrittsgründe

Ein Austrittsgrund liegt sowohl für **Angestellte** (§ 26 Z 1 AngG) als auch für **Arbeiter** (§ 82a lit a GewO 1859) vor, wenn diese entweder aus **gesundheitlichen Gründen** nicht mehr in der Lage sind, die arbeitsvertraglich geschuldeten Leistungen zu erfüllen (und somit **406–407**

dauerhaft dienstunfähig sind), oder für sie die konkrete Befürchtung besteht, dass bei Fortsetzung der vereinbarten Arbeit eine **Gesundheitsschädigung** eintritt und ihnen daher eine Fortsetzung des Dienstverhältnisses nicht mehr zugemutet werden kann. Bei Angestellten umfasst diese Bestimmung auch den Tatbestand, dass durch die Tätigkeit die **Sittlichkeit** des AN konkret gefährdet wird.

> ***Beispiele:*** *Ein bei einem Luftfahrtunternehmen angestellter Pilot erblindet. Bei einer Pferdepflegerin bricht eine nicht zu heilende Allergie gegen Rosshaar aus. Bei einem Börsenfachmann wird ein Burn-Out-Syndrom festgestellt, in Zukunft soll er nach ärztlicher Anordnung nicht unter Stress arbeiten. Eine Gärtnerin mittleren Alters leidet an hartnäckigen Wirbelsäulenproblemen, die sich nach der Einschätzung des behandelnden Facharztes durch weiteres häufiges Bücken und Heben von Lasten drastisch verschlechtern werden.*

4. Unverzüglichkeitsgrundsatz

408 Beim **Ausspruch der Austritts- und der Entlassungserklärung** ist nach der Judikatur der Unverzüglichkeitsgrundsatz zu beachten. Danach muss der AN bzw der AG **unverzüglich nach dem Bekanntwerden** eines Austritts- oder Entlassungsgrundes von seinem Auflösungsrecht Gebrauch machen **(„Aufgriffsobliegenheit“),** wenn er seine Lösungsbefugnis im konkreten Anlassfall nicht (durch einen schlüssigen Verzicht) verlieren will. Die Judikatur gesteht dem auflösenden Vertragspartner jedoch eine nach den Umständen des Einzelfalles **angemessene Überlegungsfrist** zu.

> ***Beispiele:*** *Der AN beleidigt den AG grundlos in massivster Weise oder der AG erwischt den AN bei einem Dienstdiebstahl: Wenn der AG nicht* ***sofort*** *mit der Entlassung reagiert, wird idR angenommen, dass er darauf verzichtet hat. (Die Beurteilung erfolgt freilich nach den konkreten Umständen des Einzelfalls) Selbst ein Zuwarten von zB einer Stunde kann bei einem eindeutigen Sachverhalt zu lange sein. Eine* ***verspätete Entlassung*** *wird* ***wie eine unberechtigte*** *(dh eine Entlassung ohne wichtigen Grund)* ***behandelt.***

Die Entlassung muss hingegen nicht sofort ausgesprochen werden, wenn die **Klärung komplizierter Sachverhalte,** Einholung von Rechtsauskünften oder Einberufung der zuständigen Organe in größeren Unternehmen notwendig sein sollte. Daneben empfiehlt es sich in vielen Fällen, dem AN Gelegenheit zur **Rechtfertigung** zu geben. Allerdings dürfen auch in diesen Fällen keine Verzögerungen über das notwendige Ausmaß hinaus entstehen.

409 Ein sog **Dauertatbestand** (dh bei ununterbrochener Begehung während eines geschlossenen Zeitraumes) kann jedoch – va dann, wenn die Unzumutbarkeit mit längerer Dauer steigt – solange geltend gemacht werden, als er andauert.

> ***Beispiel:*** *Ein AN wird nicht nur einmal, sondern bei jeder fälligen Entgeltzahlung von seinem AG „vertröstet“ und erhält nur einen Bruchteil seines Entgelts, obwohl er stets dagegen protestiert. Nach einem halben Jahr wird es dem AN „zu bunt“ und er erklärt nach einer kurzen Nachfristsetzung seinen vorzeitigen Austritt wegen Entgeltschmälerung.*

Begnügt sich der AG trotz Vorliegens eines Entlassungsgrundes mit einer **Verwarnung** des AN oder mit dem Ausspruch einer **Kündigung,** so gilt dies in diesem Fall als **Verzicht auf das Entlassungsrecht.** 410

Praxistipps: Eine **Verwarnung** mit Entlassungsdrohung (bzw Austrittsdrohung auf Seiten des AN) kann aus Gründen der **Klarstellung** sinnvoll sein. Wird der Arbeitsvertrag sodann bei einem neuerlichen (gleichartigen) Verhalten bzw Verstoß deswegen vorzeitig beendet, kann sich der AN nicht mehr darauf berufen, er habe auf Duldung vertraut odgl (Entsprechendes gilt für den vorzeitigen Austritt). 411

Besteht **Verdacht** auf das Vorliegen eines Entlassungsgrundes, der erst näher überprüft werden muss, ist die **Suspendierung (Dienstfreistellung)** des AN vom Dienst anzuraten.

5. Rechtswirkungen und Rechtsfolgen der vorzeitigen Vertragsauflösung

Austritt und Entlassung **beenden das Arbeitsverhältnis idR mit sofortiger Wirkung,** sobald die Beendigungserklärung dem Adressaten (AG oder AN) gehörig zugegangen ist. Dies gilt **unabhängig** davon, **ob die Lösung gerechtfertigt war oder nicht.** Rechtsunwirksam sind nur Entlassungen von AN mit einem besonderen gesetzlichen Bestandschutz bzw von AN, mit denen ein vergleichbarer Schutz vertraglich vereinbart wurde (siehe Rz 445ff). 412

Beispiel: *Die Hoch- und Tiefbau X-GmbH entlässt am 19. Mai den Bauarbeiter Y wegen Diebstahl von Baumaterial von der Baustelle. Das Arbeitsverhältnis endet damit* ***sofort.*** *Sollte sich hinterher herausstellen, dass Y den Diebstahl tatsächlich gar nicht begangen hat, so bleibt es dennoch bei der Entlassung: Das Arbeitsverhältnis endet am 19. Mai. Der AN wird lediglich durch Schadenersatz (insb durch die Kündigungsentschädigung) so gestellt, als hätte der AG das Arbeitsverhältnis vertrags- und gesetzeskonform durch Kündigung beendet.*

Sollte Y jedoch zB als Betriebsratsmitglied unter besonderem Kündigungs- und Entlassungsschutz stehen, so würde die bloße Entlassungserklärung des AG das Arbeitsverhältnis ***nicht*** *beenden, sondern wäre hier die vorherige Einholung einer gerichtlichen Zustimmung erforderlich (siehe dazu Rz 445).*

Ob im Einzelfall eine Vertragspartei ein **Verschulden an der vorzeitigen Vertragsauflösung** trifft oder nicht, ist entscheidend für die weiteren Rechtsfolgen eines Austritts bzw einer Entlassung. Bei verschuldeter vorzeitiger Vertragsauflösung kann die davon betroffene Vertragspartei nämlich **Schadenersatzansprüche** gegenüber dem anderen Vertragspartner geltend machen. 413

- Dem **AG** steht ein Ersatzanspruch bei einem unbegründeten (und daher unberechtigten) vorzeitigen Austritt des AN und bei einer vom AN verschuldeten Entlassung zu. In diesen Fällen muss der AG neben dem **Verschulden** des AN auch den durch dessen Verhalten **konkret entstandenen Schaden** nachweisen (vgl § 1162a ABGB, § 28 AngG).

Wegen des im Einzelfall oft schwierigen Nachweises kann die Vereinbarung einer **Konventionalstrafe** (dh eines pauschalierten Schadenersatzes) für den AG sinnvoll sein (vgl dazu Anhang I, Vertragsmuster, Pkt IX.2).

- Dem **AN** gebührt nach dem Gesetz bei einer unbegründeten (und daher unberechtigten) fristlosen Entlassung und bei einem vom AG verschuldeten vorzeitigen Austritt hingegen ein **pauschalierter Schadenersatz** in Form der sog **Kündigungsentschädigung** (vgl § 1162b ABGB, § 29 AngG). Dabei ist ihm ab einer Drei-Monats-Grenze anderweitiger Verdienst bzw ein absichtlich versäumter Verdienst oder durch das Unterbleiben der Arbeitsleistung Erspartes (zB Fahrtspesen zum und vom Betrieb) in Anrechnung zu bringen.

Beispiel: *Ein seit 1. 7. 2018 beim AG beschäftigter Angestellter wird am 15. 6. 2020 entlassen. Das Arbeitsverhältnis ist daher mit sofortiger Wirkung (also per 15. 6.) beendet. Hätte der AG am 15. 6. 2020 statt der Entlassung eine Kündigung ausgesprochen, so hätte das Arbeitsverhältnis noch bis zum 30. 9. gedauert (sechs Wochen Kündigungsfrist zum Quartal). Ist die Entlassung vom AN nun **un**verschuldet, so hat er einen Anspruch auf Kündigungsentschädigung in der Höhe des Entgelts, das er vom 16. 6. bis 30. 9. 2020 erhalten **hätte** (einschließlich darauf entfallender Sonderzahlungen und sonstiger regelmäßiger Entgeltbestandteile). Dies gilt auch beim gerechtfertigten, vom AG verschuldeten Austritt.*

Findet der AN eine neue Arbeitsstelle, die er am 1. 8. antritt, so ist ihm der darin ab 16. 9. (Ablauf von drei Monaten) erzielte Verdienst in Anrechnung zu bringen. Der Verdienst im neuen Arbeitsverhältnis mindert also hier den Anspruch auf Kündigungsentschädigung.

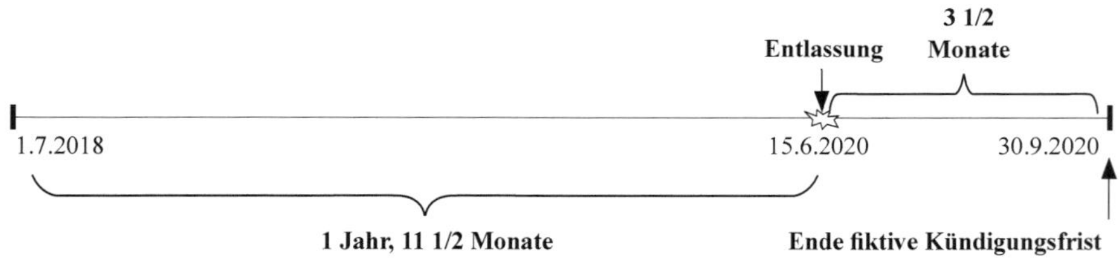

414 **Praxistipp:** Diese Anrechnungsbestimmung setzt voraus, dass der AG im Gerichtsverfahren den **neuen Arbeitsplatz genau bezeichnen kann.** Die bloße Vermutung, der AN habe einen neuen Arbeitsplatz gefunden, reicht nicht aus.

415 Trifft beide Teile ein Verschulden an der vorzeitigen Beendigung, so kann der Schadenersatz gemäßigt werden (**Mitverschuldensausgleich** gem §§ 32 AngG, 1162c ABGB).

416 Für die **AN** bestehen bei einer von ihnen verschuldeten vorzeitigen Vertragsauflösung durch Austritt oder Entlassung überdies Nachteile im **Abfertigungsrecht** (siehe Rz 459 ff) und im **Urlaubsrecht** (siehe Rz 273 ff). Genaue Berechnungsbeispiele finden sich im Anhang II.

IV. Allgemeiner Kündigungs- und Entlassungsschutz

1. Allgemeiner Kündigungsschutz

Grundsätzlich dürfen AG ihre AN **ohne Vorliegen von Kündigungsgründen** kündigen. 417
IdR besteht daher für die AN nur ein „Zeitschutz" durch Kündigungsfristen und -termine (siehe Rz 362 ff). Für bestimmte Arbeitsverhältnisse besteht aber ein zusätzlicher (allgemeiner) Bestandschutz in Form des sog **allgemeinen Kündigungsschutzes** (vgl **§§ 105, 107 ArbVG**).

Die **Bezeichnung „Bestandschutz"** ergibt sich aus dem Regelungszweck der einschlägigen ge- 418
setzlichen Bestimmungen, den Fortbestand des Arbeitsverhältnisses zu gewährleisten. „Bestandschutz" ist zugleich der **Oberbegriff** für den **Kündigungs- und** den später zu erörternden **Entlassungsschutz** (siehe Rz 440 f). Die Beifügung **„allgemeiner" Bestandschutz** bringt eine Abgrenzung gegenüber den strengeren **„besonderen" Bestandschutzregelungen** für bestimmte ausgewählte Arbeitnehmergruppen (siehe Rz 442 ff) zum Ausdruck; der Begriff „allgemein" bedeutet aber nicht, dass dieser Schutz „allen" AN zusteht.

1.1. Anwendungsbereich

Der allgemeine Kündigungsschutz ergibt sich nicht aus dem Arbeitsvertragsrecht, sondern aus 419
dem **Betriebsverfassungsrecht** (siehe Rz 553 ff). Daher greift dieser Bestandschutz nur bei **Kündigungen von AN in „betriebsratspflichtigen Betrieben"**. Der allgemeine Kündigungsschutz gilt aber auch in Betrieben, die zwar nach dem Gesetz betriebsratspflichtig sind, tatsächlich jedoch keinen Betriebsrat errichtet haben (sog „betriebsratspflichtiger Betrieb ohne Betriebsrat"). In **Kleinstbetrieben** (bzw in Kleinstunternehmungen) mit weniger als fünf AN, die das 16. Lebensjahr vollendet haben, gilt der allgemeine Kündigungsschutz somit nicht.

Betriebsratspflichtig sind nach §§ 33 f, 40 ArbVG **Betriebe,** in denen **dauernd mindestens fünf AN,** die das 16. Lebensjahr vollendet haben, beschäftigt sind. AN in **Kleinstbetrieben** sind aber nicht gänzlich ohne Bestandschutz; sie unterliegen zB dem Kündigungsschutz bei Kündigungen wegen bestimmten Verhaltens bei Gefahr im Betrieb, dem Kündigungsschutz für Sicherheitsvertrauenspersonen uÄ (siehe unten Rz 448 ff).

Der allgemeine Bestandschutz gilt **nur für AN im Sinne des Betriebsverfassungsrechts** 420
(vgl § 36 ArbVG). Vom betriebsverfassungsrechtlichen Arbeitnehmerbegriff sind insb Mitglieder der vertretungsbefugten Organe (zB Geschäftsführer einer GmbH) und bestimmte leitende Angestellte ausgenommen (Näheres siehe Rz 568 f).

1.2. Zeitlicher Ablauf

Hinsichtlich der zeitlichen Abfolge sind nach dem ArbVG **zwei Phasen** des allgemeinen 421
Kündigungsschutzes zu unterscheiden:

a) Erste Phase: Betriebsverfassungsrechtliches Vorverfahren

Das Vorverfahren ist nur anzuwenden, wenn im Betrieb tatsächlich ein Betriebsrat besteht. In diesem Fall hat der AG zunächst den **Betriebsrat mindestens eine Woche vor** dem **Ausspruch** der geplanten Kündigung eines bestimmten AN (also von der Kündigungsabsicht) **zu informieren** und diesem Gelegenheit zu einer **Stellungnahme** zu geben. Tut der AG das nicht, ist die Kündigung absolut **rechtsunwirksam** (also so, als ob sie nicht erfolgt wäre, vgl § 105 Abs 2 ArbVG).

Hinweis: Gibt der BR schon *vor* Ablauf dieser Frist seine Stellungnahme ab, so braucht der AG das Ende der einwöchigen Frist nicht mehr abzuwarten.

Der AG muss den BR nicht exakt eine Woche vor dem Ausspruch der Kündigung verständigen (es handelt sich also um eine Mindestfrist); allzu früh darf er es aber auch nicht tun – zB lässt die Rechtsprechung die Verständigung drei Wochen vor der Kündigung noch gelten.

422 Von der **Stellungnahme des BR** während der einwöchigen Frist hängt der Gang eines allfälligen weiteren Anfechtungsverfahrens ab. Möglich sind:

- **Widerspruch zur Kündigung:** Der BR erklärt ausdrücklich, mit der Kündigung des AN nicht einverstanden zu sein.
- **Keine Stellungnahme zur Kündigung:** Der BR äußerst sich nicht zur Kündigung („Stillschweigen" oder „schlichter Widerspruch").
- **Zustimmung zur Kündigung:** Der BR erklärt ausdrücklich, mit der Kündigung des AN einverstanden zu sein.

423 **Hinweis:** Der Stellungnahme des BR liegt ein **BR-Beschluss** zugrunde (siehe Rz 580). Fehlt ein solcher oder war die innere Willensbildung fehlerhaft, so kann der Betriebsinhaber dennoch auf die Rechtswirksamkeit der Stellungnahme vertrauen, es sei denn, der Fehler war für ihn erkennbar (zB wenn der BR-Vorsitzende sofort mündlich widerspricht, sodass ersichtlich ist, dass er keinen Beschluss eingeholt hat).

424 Kündigt der AG den AN nach Ablauf des Vorverfahrens, hat der AG den BR **vom Ausspruch der Kündigung** zu verständigen. Ab diesem Zeitpunkt beginnen die Anfechtungsfristen für den BR zu laufen (§ 105 Abs 4 ArbVG).

b) Zweite Phase: Anfechtungsverfahren

425 Das Anfechtungsverfahren wird durch eine Klage beim zuständigen Arbeits- und Sozialgericht in Gang gesetzt. Mit dieser **Anfechtungsklage** wird ein Gerichtsurteil begehrt, das die Kündigungswirkung aufhebt. Zu beachten sind dabei die **sehr kurzen Anfechtungsfristen** sowie der Umstand, dass die Anfechtung primär durch den BR (falls ein solcher vorhanden ist) und nur subsidiär durch den AN selbst zu erfolgen hat (§ 105 Abs 4 ArbVG). Dabei gelten folgende Fristen:

- **Widerspruch des BR zur Kündigung im Vorverfahren:** Der BR kann die Kündigung – auf Verlangen des gekündigten AN – **binnen einer Woche** ab Verständigung vom Ausspruch der Kündigung bei Gericht anfechten. Kommt der BR diesem Verlangen des AN nicht nach, hat der AN **zwei weitere Wochen** Zeit, um die Klage selbst einzubringen. Der AN hat aber kein Anfechtungsrecht, wenn er den BR zuvor nicht zur Klagsführung aufgefordert hat oder zumindest in irgendeiner Form die Absicht einer Aufforderung vermittelt hat.
- **Keine Stellungnahme des BR zur Kündigung im Vorverfahren:** Der AN kann die Kündigung **binnen zwei Wochen** ab deren Zugang bei Gericht selbst anfechten. Dem BR steht hier kein Anfechtungsrecht zu.
- **Zustimmung des BR zur Kündigung im Vorverfahren:** Der AN kann die Kündigung **binnen zwei Wochen** ab deren Zugang bei Gericht selbst anfechten (allerdings nur wegen eines verpönten Kündigungsmotivs und nicht wegen Sozialwidrigkeit, vgl Rz 432). Dem BR steht hier kein Anfechtungsrecht zu.
- In **betriebsratspflichtigen Betrieben ohne Betriebsrat** hat der AN ebenfalls **zwei Wochen** ab Zugang der Kündigung Zeit, diese bei Gericht anzufechten (§ 107 ArbVG).

Die Fristenberechnung des ArbVG richtet sich nach den verwaltungsverfahrensrechtlichen Fristen der §§ 32, 33 AVG.

Durch eine erfolgreiche Anfechtung wird die Kündigung vom Gericht für **rechtsunwirksam** erklärt und damit das **Arbeitsverhältnis in seinem Bestand rückwirkend wieder hergestellt** (§ 105 Abs 7 ArbVG). In diesem Fall muss der AG – sofern der AN im Zeitraum des gerichtlichen Kündigungsschutzverfahrens **arbeitsbereit** war – dem AN für die Zwischenzeit das **Entgelt nachzahlen** (§ 1155 ABGB; siehe Rz 197 ff). Hingegen hat der AN bei einer erfolgreichen Kündigungsanfechtung keine Ansprüche, die sich aus der Beendigung des Arbeitsverhältnisses ergeben würden (zB Abfertigung, Kündigungsentschädigung). 426

Hinweis: Wenn der AN aufgrund der erfolgreichen Kündigungsanfechtung sein Entgelt – uU für lange Zeiträume – vom AG im Nachhinein ausbezahlt erhält, so muss er allenfalls erhaltenes **Arbeitslosengeld** (siehe Rz 473 ff) für diese Zeiten an das AMS zurückzahlen (wobei der AG aber verpflichtet ist, den dem AMS zustehenden Rückzahlungsbetrag vom Entgeltanspruch des AN in Abzug zu bringen und an das AMS zu überweisen). Zwischenzeitige Einkünfte bei anderen AG muss sich der AN auf die Nachzahlung anrechnen lassen. 427

1.3. Anfechtungsgründe

Inhaltlich bestehen nach den §§ 105, 107 ArbVG **zwei Anfechtungsmöglichkeiten:** Die Anfechtung der Kündigung wegen eines **verpönten Kündigungsmotivs** und die Anfechtung wegen **Sozialwidrigkeit.** 428

Hinweis: Eine Kündigungsanfechtung kann sich – bei Vorliegen der entsprechenden Voraussetzungen – auf *beide* Möglichkeiten, dh *sowohl* auf ein verpöntes Kündigungsmotiv *als auch* auf die Sozialwidrigkeit stützen.

a) Anfechtung wegen eines verpönten Kündigungsmotivs

429 Die verpönten Kündigungsmotive sind **im ArbVG taxativ (abschließend) aufgezählt** (§ 105 Abs 3 Z 1 ArbVG). Verpönt sind insb Kündigungen

- wegen Gewerkschaftsmitgliedschaft des AN,
- wegen bestimmter Tätigkeiten im Vorfeld einer Betriebsratsgründung uÄ,
- wegen der Tätigkeit als Sicherheitsvertrauensperson uÄ (siehe Rz 305),
- wegen des bevorstehenden Einberufungsbefehls oder Zuweisung zum Zivildienst (dh bevor der diesbezügliche besondere Kündigungsschutz nach dem APSG greift, siehe dazu unten Rz 442 ff) und
- wegen der Geltendmachung berechtigt erscheinender, aber vom AG in Frage gestellter arbeitsrechtlicher Ansprüche durch den AN.

430 Der **Nachweis eines verpönten Kündigungsmotivs** des AG ist schwierig. Daher sind im Gesetz Erleichterungen für die Beweisführung vorgesehen (sog „Glaubhaftmachung", dazu Rz 686).

Beispiel: *Ein AN erhebt nach erfolgloser Zahlungsaufforderung eine Klage beim Arbeits- und Sozialgericht gegen seinen AG wegen nicht ausbezahlter Überstundenentgelte. Diese Forderung erscheint nicht schon von Vornherein als unberechtigt. Der AG erhält die Klage mit der Post zugestellt und kündigt den AN wenige Tage später, ohne dass irgendein anderer Grund (zB Betriebseinschränkung) für diese Kündigung ersichtlich wäre. Der AN kann die Kündigung als „Motivkündigung" anfechten, wobei er lediglich glaubhaft machen (also nicht im strengen Sinne den vollen Beweis führen) muss, dass seine Klage das Motiv für die Kündigung darstellte.*

b) Anfechtung der Kündigung wegen Sozialwidrigkeit

431 Der Kündigungsanfechtung wegen Sozialwidrigkeit kommt in der Praxis größere Bedeutung zu als der Anfechtung wegen eines verpönten Kündigungsmotivs. Eine **Kündigung** ist **sozialwidrig,** wenn der betroffene AN bereits **mindestens sechs Monate im Betrieb** (oder im dem Betrieb übergeordneten Unternehmen) beschäftigt ist und durch die Kündigung **wesentliche Interessen des AN beeinträchtigt** werden (§ 105 Abs 3 Z 2 ArbVG).

432 **Beachte:** Wenn der BR im betriebsverfassungsrechtlichen Vorverfahren der Kündigungsabsicht des AG **ausdrücklich zustimmt,** nimmt er dem betroffenen AN dadurch die Möglichkeit zur Selbstanfechtung der Kündigung wegen **Sozialwidrigkeit** (sog **„Sperrrecht" des BR**). Dh, der AN kann die Kündigung in diesem Fall nur bei Vorliegen eines verpönten Motivs erfolgreich anfechten.

433 Die Judikatur stellt zur **Beurteilung der Interessenbeeinträchtigung** des AN vor allem auf **Kriterien** wie schlechte Arbeitsmarktchancen, drohende lange Arbeitslosigkeit, spürbare Einkommensverluste, Unterhaltspflichten gegenüber Familienangehörigen oder eine Schuldenbelastung des AN aus berücksichtigungswürdigen Gründen (zB wegen Wohnraumbe-

schaffung) ab. Mit anderen Worten, es ist eine **umfassende Betrachtung der sozialen Verhältnisse** des AN vorzunehmen.

Hinweis: Für eine wesentliche Interessenbeeinträchtigung spricht idR höheres **Lebensalter** (im Allgemeinen ab rd 45 bis 50 Jahren bei Männern und ab rd 40 bis 45 Jahren bei Frauen), eine zu erwartende **Arbeitslosigkeit** von mehr als sechs bis neun Monaten (dies wird im Gerichtsverfahren durch ein sog berufskundliches Gutachten festgestellt) und eine bei einer neuen Anstellung zu erwartende **Einkommensminderung** von idR ab 15% bis 20%. Freilich handelt es sich hierbei um in der Praxis herausgebildete „Faustregeln", die *keine* allgemeine Gültigkeit beanspruchen können. So kann zB ein hohes **Vermögen** oder ein hohes (bisheriges) Einkommen im konkreten Einzelfall *gegen* die Sozialwidrigkeit sprechen. Auch das **Einkommen des Ehepartners** wird zur Beurteilung herangezogen, **nicht** aber die Höhe des zu erwartenden **Arbeitslosengeldes** (siehe Rz 473 ff). Einkommenseinbußen von unter 10% werden von der Judikatur idR nicht als wesentliche Interessenbeeinträchtigung qualifiziert.

Die altersbedingt schlechteren Arbeitsmarktchancen dürfen nicht berücksichtigt werden, wenn der AN bei seiner Einstellung bereits 50 Jahre alt war (§ 105 Abs 3b letzter Satz ArbVG, geltend für Einstellungen ab 1. 7. 2017).

1.4. Rechtfertigungsmöglichkeiten für den Arbeitgeber

Nicht jede Kündigung, die wesentliche soziale Interessen des AN beeinträchtigt, kann erfolgreich angefochten werden. Es bestehen nämlich bestimmte Rechtfertigungsgründe für den AG, die eine Kündigung trotz **Sozialwidrigkeit** zulassen (§ 105 Abs 3 Z 2 lit a und b ArbVG). Demnach kommen **zwei Kündigungsrechtfertigungsgründe** in Betracht: 434

a) Gründe in der Person oder im Verhalten des Arbeitnehmers

Ein **„personenbedingter" Kündigungsgrund** kann zB eine längere oder wiederholte Krankheit iVm einer schlechten Prognose zur zukünftigen gesundheitlichen Verfassung des AN sein. Als **„verhaltensbedingter" Kündigungsgrund** kommen zB häufiges Zuspätkommen, Unverträglichkeit gegenüber Arbeitskollegen oder Vorgesetzten, anhaltend schlampiges Arbeiten uÄ in Betracht. Die genannten Gründe müssen zwar noch nicht die für Entlassungsgründe erforderliche Intensität („Gewicht") erreichen, dennoch aber die **betrieblichen Interessen** derart **nachteilig berühren,** dass für den AG eine Fortsetzung des Dienstverhältnisses nicht mehr zumutbar ist. 435

Langjährige Nachtschwerarbeiter sowie andere ältere, langjährig im Unternehmen des AG beschäftigte AN unterliegen dabei einem erhöhten Schutz (§ 105 Abs 3a und 3b ArbVG).

b) Betriebliche Gründe

Ein **„betrieblich bedingter" Kündigungsgrund** kann zB eine Rationalisierungsmaßnahme sein, die den Arbeitsplatz des betroffenen AN entfallen lässt. Der Kündigungsschutz soll die unternehmerische Entscheidungsfreiheit nicht ausschließen. Ein AG darf daher Um- 436 strukturierungen und Rationalisierungen vornehmen (nicht allerdings sog „Austauschkündigungen“, bei denen zB ältere durch jüngere AN ersetzt werden). Bei Kündigungen aus betrieblichen Gründen trifft den AG aber eine **soziale Gestaltungspflicht.** Dh, der AG darf die Kündigung nur als „letztes Mittel“ einsetzen, wenn gelindere Maßnahmen ausscheiden (zB Einsatz des AN an einem anderen verfügbaren Arbeitsplatz im Betrieb oder in bestimmten Fällen auch in anderen Betrieben des Unternehmens; dies auch, wenn dazu eine zB mehrwöchige Umschulung erforderlich wäre).

437 Außerdem ist im Gesetz ein **Sozialvergleich** unter AN mit vergleichbarem Tätigkeitsbild im betroffenen Betrieb vorgesehen, **wenn** der **BR** im betriebsverfassungsrechtlichen Vorverfahren der Kündigung **widersprochen** hat und die klagende Partei im Verfahren einen Sozialvergleich **unter namentlicher Nennung eines anderen AN** beantragt: Jene Personen, die von der Kündigung in sozialer Hinsicht am härtesten betroffen wären, sollen zuletzt gekündigt werden.

Beispiel: *Ein 45-jähriger Familienvater mit Unterhaltspflichten und Belastungen aus einem Bauspardarlehen wird im Zuge des „Sozialvergleichs“ bessere Aussichten haben als ein im selben Tätigkeitsbereich beschäftigter 25-jähriger Junggeselle, der günstig in einer Wohngemeinschaft lebt.*

438 Letztlich entscheidet die Judikatur anhand einer sorgfältigen **Interessenabwägung im konkreten Einzelfall,** ob der Kündigungsanfechtung stattgegeben wird oder nicht. Dabei werden die durch die Kündigung nachhaltig beeinträchtigten Interessen des AN den vom AG vorgebrachten Rechtfertigungsgründen gegenübergestellt.

439 Die Art der vom Betriebsrat im **Vorverfahren** gemachten Stellungnahme hat wesentliche Auswirkungen auf das gerichtliche Kündigungsschutzverfahren. Die folgende Tabelle soll dazu einen Überblick verschaffen:

BR-Stellungnahme	**Widerspruch**	**Stillschweigen („schlichter“ Widerspruch)**	**Zustimmung**
Anfechtungsbefugnis (Wer kann den Kündigungsschutz geltend machen?)	BR (erst wenn dieser dem Verlangen des AN nicht nachkommt, der AN selbst)	AN	AN
Anfechtungsgrund (Motivkündigung oder Sozialwidrigkeit?)	beides möglich	beides möglich	Anfechtung nur wegen verpönten Kündigungsmotivs möglich (sog „Sperrrecht“ des BR)
Bei Sozialwidrigkeit: **Sozialvergleich** möglich?	ja	nein	nein

2. Allgemeiner Entlassungsschutz

Der allgemeine Entlassungsschutz ermöglicht in betriebsratspflichtigen Betrieben die **Anfechtung einer Entlassung** durch den BR (oder subsidiär durch den betroffenen AN selbst; §§ 106, 107 ArbVG). Für eine erfolgreiche Entlassungsanfechtung müssen zwei Voraussetzungen erfüllt sein: 440

- Es darf **kein Entlassungsgrund** auf Seiten des AN vorliegen und
- es muss **ein Anfechtungsgrund nach § 105 Abs 3 ArbVG** (also ein verpöntes Motiv und/oder Sozialwidrigkeit) bestehen.

Durch den allgemeinen Entlassungsschutz soll eine **Umgehung des Kündigungsschutzes** durch unberechtigte Entlassungen (die sonst ja das Arbeitsverhältnis beenden würden) verhindert werden. Der **Anwendungsbereich** des Entlassungsschutzes entspricht dem des allgemeinen Kündigungsschutzes. Im Unterschied zur Kündigung muss der **AG den BR erst nach der Entlassung** von ihrem Ausspruch **informieren.** Diese Verständigung hat **unverzüglich** zu erfolgen. Die Entlassung bleibt aber auch ohne diese Mitteilung wirksam. Ein betriebsverfassungsrechtliches Vorverfahren ist nicht einzuhalten. 441

Hat der AN einen Entlassungsgrund (siehe Rz 390, 393 ff) gesetzt, wird die Anfechtungsklage vom Gericht abgewiesen. Ist dies nicht der Fall, wird vom Gericht geprüft, ob ein verpöntes Motiv oder Sozialwidrigkeit vorliegt. Eine Anfechtung wegen Sozialwidrigkeit ist allerdings dann nicht möglich, wenn der BR **innerhalb von drei Tagen** nach der Verständigung von der Entlassung dieser ausdrücklich **zugestimmt** hat (§ 106 Abs 2 ArbVG).

V. Besonderer Bestandschutz

1. Besonderer Kündigungs- und Entlassungsschutz

Für **ausgewählte Beschäftigungsverhältnisse** sehen einige Sondergesetze einen **besonderen Kündigungs- und Entlassungsschutz** vor, der stärker ausgestaltet ist als der allgemeine Bestandschutz. Der Regelungszweck der besonderen Bestandschutzbestimmungen besteht darin, den **Fortbestand der jeweils erfassten Arbeitsverhältnisse** zu gewährleisten. 442

Einem besonderen **gesetzlichen Bestandschutz** unterliegen insb

- **Betriebsratsmitglieder** und ihnen vom Gesetz **gleichgestellte Belegschaftsfunktionäre** (§§ 120 ff ArbVG);
- **Schwangere** sowie **Mütter** und **Väter** in Karenz oder Elternteilzeit (§§ 10 ff, 15 Abs 4, 15n MSchG; §§ 7, 8f VKG);
- **Präsenz-** und **Zivildiener** sowie **Frauen und Männer im militärischen Ausbildungsdienst** (§§ 12 ff APSG);
- Begünstigte **Behinderte** (§ 8 BEinstG; nur besonderer Kündigungsschutz, kein besonderer Entlassungsschutz);
- **Lehrlinge** (§§ 15, 15a BAG; eingeschränkte Auflösungsmöglichkeiten);

- **Hausbesorger** mit „Alt"-Verträgen, die vor dem 1. 7. 2000 abgeschlossen wurden (§§ 18 ff HbG; eingeschränkte Kündigungsmöglichkeit bei Bereitstellung einer Dienstwohnung und eingeschränkte Entlassungsmöglichkeit);
- AN während einer **Familienhospizkarenz** (§ 15a AVRAG; siehe Rz 215 ff);
- AN während der **Rehabilitationsfreistellung** (§ 15a AVRAG; siehe Rz 222f);
- AN während des **„Papamonats"** (§ 1a VKG; siehe Rz 205f).

443 Die Vorschriften über den besonderen Kündigungs- und Entlassungsschutz sind für die einzelnen Personengruppen im Detail nicht einheitlich ausgestaltet. Gemeinsamkeiten bestehen aber insoweit, als der AG bei der Kündigung oder Entlassung unter Sonderschutz stehender Beschäftigter spezielle

- **formale** (zB Einholung einer **behördlichen/gerichtlichen Zustimmung**) **und/oder**
- **inhaltliche Voraussetzungen** (zB Berücksichtigung bestimmter **Kündigungs- bzw Entlassungsgründe**)

für eine **rechtswirksame Auflösungserklärung** beachten muss.

444 Die beim besonderen Bestandschutz vorgesehenen **Kündigungs- oder Entlassungsgründe** sind in den jeweiligen Sondergesetzen zumeist abschließend geregelt und regelmäßig gegenüber den „herkömmlichen" Entlassungsgründen für AN ohne „Sonderschutz" deutlich eingeschränkt.

- **Schwangere AN** und **geschützte Mütter/Väter** dürfen etwa nicht wegen „Vertrauensunwürdigkeit" (aus fahrlässigem Fehlverhalten) fristlos entlassen werden, wohl aber wegen **„Untreue" (Vorsatzdelikt)** gegenüber ihrem AG.
- Bei einem **Betriebratsmitglied** stellt die „beharrliche Pflichtenvernachlässigung", die im Allgemeinen einen Entlassungsgrund bildet, nur einen Kündigungsgrund dar; und auch dies nur dann, wenn dem AG die Weiterbeschäftigung des Betriebsratsmitglieds aus Gründen der Arbeitsdisziplin nicht mehr zugemutet werden kann. Außerdem ist bei Betriebsratsmitgliedern häufig darauf Bedacht zu nehmen, ob ein sonst zur Kündigung oder Entlassung berechtigendes Verhalten in Ausübung des Mandats gesetzt wurde und nach den konkreten Umständen des Falles entschuldbar war (sog **„Mandatsschutz"**).
- Für die Beendigung eines **Lehrverhältnisses** besteht eine außerordentliche Auflösungsmöglichkeit unter Vorschaltung eines **Mediationsverfahrens** (§ 15a BAG).
- Der besondere Kündigungsschutz **begünstigter Behinderter** (Rz 88) greift grundsätzlich erst nach dem Ablauf von vier Dienstjahren, sofern die Begünstigteneigenschaft bereits vor Beginn des Dienstverhältnisses vom Sozialministeriumservice durch Bescheid festgestellt worden ist (siehe dazu samt Ausnahmen § 8 Abs 2 und Abs 6 lit b BEinstG). Wird die Behinderteneigenschaft des AN erst nach Beginn des Arbeitsverhältnisses festgestellt, kommt der Kündigungsschutz bereits nach Ablauf der ersten sechs Monate des Arbeitsverhältnisses zum Tragen. Im Falle der Behinderung aufgrund eines Arbeitsunfalls entfällt diese Wartezeit. Bei einem Arbeitsplatzwechsel innerhalb eines Konzerns sind die Zeiten im anderen Unternehmen mitzuberücksichtigen. Eine **Zustimmung zur Kündigung** kann nur erteilt werden, wenn dem AG die Fortsetzung des Dienstverhältnisses insb deshalb nicht mehr zugemutet werden kann, weil der ursprüngliche **Tätigkeitsbereich des Behinderten weggefallen ist** und der AG den Nachweis erbringt, dass keine Weiterbeschäftigung an einem anderen vom Behinderten akzep-

tierten Arbeitsplatz möglich ist, der Behinderte **dauerhaft unfähig** wird, die dienstvertraglich geschuldete Arbeit zu leisten und ein vom Behinderten akzeptierter Ersatzarbeitsplatz nicht vorhanden ist oder der Behinderte seine **Dienstpflichten beharrlich verletzt** und eine Weiterbeschäftigung aus Gründen der Arbeitsdisziplin nicht mehr möglich ist.

Die **Rechtswirkung** des besonderen Bestandschutzes besteht darin, dass **Kündigungen** 445
und Entlassungen, die vom AG ohne Einhaltung der jeweils vorgeschriebenen speziellen Voraussetzungen ausgesprochen werden, **kraft Gesetzes rechtsunwirksam sind.** Die Judikatur räumt den AN mit besonderem Bestandschutz aber ein **Wahlrecht** ein: Diese können entweder

- die **Rechtsunwirksamkeit** der Beendigungserklärung geltend machen oder
- die **unberechtigte Kündigung bzw Entlassung** dennoch **gegen sich wirken lassen** und gleichzeitig gegenüber dem AG **Schadenersatzansprüche** („Kündigungsentschädigung“, dazu Rz 413) erheben.

Auch die **einvernehmliche Beendigung** mit besonders bestandgeschützten AN ist mitunter beson- 446
deren **formalen Voraussetzungen** unterworfen: So bedarf zB die rechtswirksame einvernehmliche Auflösung bei Schwangeren und geschützten Müttern/Vätern **(MSchG, VKG)** der **Schriftform;** diejenige im Rahmen des BAG einer **gerichtlichen Bestätigung** oder einer **Bescheinigung der Arbeiterkammer,** dass der **Lehrling** über die einschlägigen (Schutz-)Bestimmungen **belehrt** wurde.

Die folgende **Tabelle** gibt einen Überblick über die **wichtigsten Anwendungsfälle des** 447
besonderen Kündigungs- und Entlassungsschutzes. Die konkret erforderlichen Kündigungs- und Entlassungsgründe können den zitierten Gesetzesbestimmungen entnommen werden:

Geschützte Personen (demonstrativ)	Gesetzliche Regelung	Behördliche Zustimmung erforderlich	Nachträgliche Einholung möglich
BR-Mitglieder			
Kündigung	§ 121 ArbVG	ja (Gericht)	nein
Entlassung	§ 122 ArbVG	ja (Gericht)	nur bei bestimmten gerichtlich strafbaren Handlungen, Tätlichkeiten oder erheblichen Ehrverletzungen
Schwangere AN, geschützte Mütter und Väter			
Kündigung	§ 10 MSchG § 7 VKG	ja (Gericht)	nein
Entlassung	§ 12 MSchG § 7 VKG	ja (Gericht)	nur bei bestimmten gerichtlich strafbaren Handlungen, Tätlichkeiten oder erheblichen Ehrverletzungen

Geschützte Personen (demonstrativ)	Gesetzliche Regelung	Behördliche Zustimmung erforderlich	Nachträgliche Einholung möglich
Präsenz- und Zivildiener			
Kündigung	§ 14 APSG	ja (Gericht)	nein
Entlassung	§ 15 APSG	ja (Gericht)	nein
Behinderte			
Kündigung	§ 8 BEinstG	ja (Behindertenausschuss)	ja (in besonderen Ausnahmefällen)
Entlassung	- - -	- - -	- - -
Lehrlinge			
Kündigung	nicht möglich	- - -	- - -
Entlassung	§ 15 BAG	nein	- - -
Außerordentliche Auflösung	§ 15a BAG	Mediationsverfahren	- - -

2. Individueller Kündigungs- und Entlassungsschutz

448 Neben dem „klassischen" besonderen Bestandschutz hat der Gesetzgeber bestimmten AN einen sog **„individuellen" Kündigungs- und Entlassungsschutz** wegen bestimmter **Motivwidrigkeiten** eröffnet. Folgende Auflösungen des Dienstverhältnisses durch den AG können vom AN binnen einer bestimmten Frist nach deren Zugang **beim Arbeits- und Sozialgericht angefochten** werden:

449 • Kündigungen, Entlassungen und Auflösungen während der Probezeit wegen eines **Diskriminierungstatbestandes** nach dem GlBG (§§ 12 Abs 7, 26 Abs 7 GlBG; vgl Rz 232 f): Darunter fallen Auflösungen durch den AG wegen des Geschlechts (dazu zählen auch Diskriminierungen im Zusammenhang mit Elternkarenz, Elternteilzeit, Pflegefreistellung und anderen Freistellungen aus familiären Gründen, auch wenn der Diskriminierungsgrund Geschlecht nicht vorliegt; siehe § 5a GlBG), wegen der ethnischen Zugehörigkeit, der Religion oder Weltanschauung, des Alters oder der sexuellen Orientierung. Geschützt sind ferner AN, die **nicht offenbar unberechtigte Ansprüche** nach dem GlBG **geltend machen.** Auch wer sich wegen Diskriminierung zB innerbetrieblich beschwert oder als Zeuge auftritt, ist geschützt (sog Benachteiligungs- oder Viktimisierungsverbot gem §§ 13, 27 GlBG). Die Anfechtungsfrist beträgt **14 Tage.**

- Kündigungen, Entlassungen und Auflösungen während der Probezeit wegen einer **Behinderung** oder wegen der Geltendmachung von Ansprüchen nach dem BEinstG (§§ 7f und 7k BEinstG): Dem gerichtlichen Anfechtungsverfahren ist ein **Schlichtungsverfahren** beim Sozialministeriumservice vorgeschaltet. Kann dort innerhalb von einem Monat keine Einigung erzielt werden, muss der AN binnen weiterer **14 Tage** Klage bei Gericht einbringen. Sofern ein AN als begünstigter Behinderter aber bereits einem (strengeren) besonderen Kündigungsschutz unterliegt, kann der AN nur noch mit Zustimmung des Behindertenausschusses gekündigt werden (siehe Rz 444). **450**
- Kündigungen und Entlassungen wegen bestimmten **Verhaltens bei** einer ernsten und unmittelbaren **Gefahr** für Leben und Gesundheit (konkret weil der AN den Gefahrenbereich verlassen hat oder – unter bestimmten Umständen – weil er selbst Maßnahmen zur Gefahrenabwehr getroffen hat). Die Anfechtungsfrist beträgt **eine Woche** (§ 8 Abs 2 AVRAG). **451**
- Kündigungen und Entlassungen wegen der Tätigkeit als **Sicherheitsvertrauensperson, Sicherheitsfachkraft, Arbeitsmediziner** oder als **deren Personal,** sofern die genannten Personen nicht bereits dem Kündigungsschutz gem § 105 Abs 3 Z 1 lit g ArbVG unterliegen (§ 9 AVRAG). Die Anfechtungsfrist beträgt **eine Woche.** Der AG hat vor einer Kündigung einer Sicherheitsvertrauensperson die zuständige gesetzliche AN-Interessenvertretung zu verständigen; bei einer Entlassung hat er diese Verständigung unverzüglich vorzunehmen. Wird die AN-Interessenvertretung nicht rechtzeitig informiert, verlängert sich die Anfechtungsfrist um den Zeitraum der verspäteten Verständigung, längstens jedoch auf ein Monat ab Zugang der Auflösungserklärung. **452**
- Kündigungen wegen einer der folgenden beabsichtigten oder tatsächlich in Anspruch genommenen Maßnahmen (§ 15 AVRAG): **Bildungskarenz** (§ 11 AVRAG), **Bildungsteilzeit** (§ 11a AVRAG) oder sonstige vom AMS geförderte Freistellung (§ 12 AVRAG), Solidaritätsprämienmodell (§ 13 AVRAG), **Wiedereingliederungsteilzeit** (§ 13a AVRAG) sowie Ablehnung einer Wiedereingliederungsteilzeit-Vereinbarung, Herabsetzung der Normalarbeitszeit bei über 50-Jährigen (§ 14 Abs 1 Z 1 AVRAG; **Altersteilzeit**), **Betreuungsteilzeit** für nicht nur vorübergehende Betreuungspflichten von bestimmten nahen Angehörigen (§ 14 Abs 1 Z 2 AVRAG), **Pflegekarenz** (§ 14c AVRAG) sowie **Pflegeteilzeit** (§ 14d AVRAG). Die Anfechtungsfrist wurde für diese Tatbestände nicht ausdrücklich im Gesetz geregelt, wird aber mE in analoger Anwendung der Anfechtungsfrist für AN bei motivwidriger Kündigung nach dem ArbVG **zwei Wochen** betragen. **453**
- Kündigungen wegen einer beabsichtigten oder tatsächlich in Anspruch genommenen **Pflegefreistellung** (§ 16 Abs 5 UrlG; siehe Rz 221). Die Anfechtungsfrist wurde gesetzlich nicht geregelt. Da es sich auch hier um einen Motivkündigungsschutz handelt, ist mE von einer Frist von **zwei Wochen** auszugehen. **453a**
- Kündigungen wegen der **Ablehnung von Überstunden:** Werden AN gekündigt, weil sie vom AG angeordnete Überstunden ablehnen, mit denen die Tagesarbeitszeit von 10 Stunden oder die Wochenarbeitszeit von 50 Stunden überschritten wird, kann die Kündigung vom AN innerhalb einer Frist von **zwei Wochen** angefochten werden (§ 7 Abs 6 AZG; siehe Rz 327). **453b**

453c • Kündigungen wegen einer beabsichtigten oder tatsächlich in Anspruch genommenen **aufgeschobenen Karenz** für ab dem 1. 11. 2023 geborene Kinder (§ 15b Abs 7 MSchG, § 4 Abs 6a VKG; siehe Rz 205d). Die Anfechtungsfrist wurde gesetzlich nicht geregelt. Da es sich auch hier um einen Motivkündigungsschutz handelt, ist mE von einer Frist von **zwei Wochen** auszugehen.

453d • Kündigungen wegen einer beabsichtigten oder tatsächlich in Anspruch genommenen **Elternteilzeit nach Ablauf des vierten Lebensjahres des Kindes** (§ 15n Abs 2 MSchG, § 8f Abs 2 VKG; siehe Rz 211c). Die Anfechtungsfrist wurde gesetzlich nicht geregelt. Da es sich auch hier um einen Motivkündigungsschutz handelt, ist mE von einer Frist von **zwei Wochen** auszugehen.

453e Die Kündigung einer **freien DN** iSd § 4 Abs 4 ASVG, die **wegen ihrer Schwangerschaft oder eines Beschäftigungsverbotes bis vier Monate nach der Geburt** ausgesprochen wird, kann von dieser binnen **zwei Wochen** nach Ausspruch der Kündigung bei Gericht angefochten werden (§ 10 Abs 8 MSchG; siehe Rz 202c).

454 **Hinweis:** Ist ein **befristetes,** auf die Umwandlung in ein unbefristetes angelegtes Arbeitsverhältnis wegen einer **Diskriminierung** (oder wegen Geltendmachung eines Anspruches) nach dem GlBG oder BEinstG durch Zeitablauf beendet worden, so kann der AN auf Feststellung eines unbefristeten Dienstverhältnisses klagen (§ 12 Abs 7 GlBG, § 7f Abs 1 BEinstG).

VI. Rechtsansprüche bei Beendigung des Arbeitsverhältnisses

455 Im Folgenden werden die in der Praxis wichtigsten arbeitsrechtlichen Beendigungsansprüche des AN kurz dargestellt. Dabei ist zwischen **Naturalansprüchen** (zB Arbeitszeugnis) und **Geldansprüchen** (zB Abfertigung) des AN zu unterscheiden.

1. Arbeitszeugnis

456 Bei der Beendigung des Arbeitsverhältnisses haben AN auf ihr Verlangen hin, unabhängig von der Beendigungsart (zB auch bei verschuldeter fristloser Entlassung oder bei unbegründetem vorzeitigem Austritt des AN), gegenüber ihrem AG einen Rechtsanspruch auf ein **Arbeitszeugnis** (bzw Dienstzeugnis, vgl § 1163 ABGB, § 39 AngG). Sonderregelungen bestehen für **Lehrzeugnisse** (vgl § 16 BAG).

Das Arbeitszeugnis ist eine schriftliche Bestätigung des AG über die Art und die Dauer des Arbeitsverhältnisses. In der Praxis wird es regelmäßig als **Bewerbungsunterlage** verwendet. Wegen des im Gesetz verankerten **Erschwerungsverbotes** dürfen in Arbeitszeugnisse keine Eintragungen und Anmerkungen aufgenommen werden, die es dem AN erschweren, eine neue Beschäftigung zu finden (zB Zeugniscodes wie *„er hat sich bemüht …“*, oder Angaben zur Beendigungsart wie *„der Arbeitsvertrag endete am … durch Entlassung“*).

Ein **Rechtsanspruch** des AN besteht auf ein **einfaches Zeugnis,** das lediglich allgemeine Angaben zum AG, zu den Personalien des AN und zur Art und Dauer des Dienstverhältnisses beinhaltet. Wichtig ist aber eine nähere **Beschreibung der ausgeübten Tätigkeit** (vage Berufsbezeichnungen wie „Angestellter" oder „Mitarbeiter in der Verwaltung" reichen dabei grundsätzlich nicht aus). Bei länger dauernden Arbeitsverhältnissen werden in der Praxis verbreitet **qualifizierte Zeugnisse** ausgestellt, die idR auch ein sehr positives Werturteil des AG über Leistungen und Verhalten des AN im Dienst enthalten. Der AN hat aber keinen Anspruch auf ein solches qualifiziertes Dienstzeugnis. Auf Verlangen des AN ist während des laufenden Arbeitsverhältnisses vom AG ein **Zwischenzeugnis** auszustellen. Die Kosten dafür hat aber der AN zu tragen. **457**

Ein **fehlerhaftes oder formal bedenkliches Zeugnis** (zB unvollständige Beschreibung der Dienstverwendung, kritische Werturteile, Fettflecken, Eselsohren uÄ) darf der AN zurückweisen. Erforderlichenfalls kann vom AN die Ausstellung oder Berichtigung eines Arbeitszeugnisses im **Rechtsweg** vor den Arbeits- und Sozialgerichten durchgesetzt werden. **458**

2. Abfertigung

Die Abfertigung ist eine **besondere Entgeltform** (zum Entgeltbegriff siehe Rz 129, 131). Wegen der umfassenden Neuregelung des Abfertigungsrechts in Österreich muss seit dem Beginn des Jahres 2003 zwischen folgenden **zwei Abfertigungsmodellen** unterschieden werden. **459**

2.1. Abfertigung „alt"

Dieses Abfertigungsmodell ist gesetzlich auf Arbeitsverhältnisse anwendbar, deren **Beginn vor dem 1. 1. 2003** lag. Einschlägige Rechtsgrundlagen sind für Angestellte die **§§ 23 und 23a AngG** und für Arbeiter das **Arbeiter-Abfertigungsgesetz** (ArbAbfG). Nach diesem Abfertigungsmodell ist die Abfertigung eine **Geldleistung des AG an den AN bei Beendigung des Arbeitsverhältnisses.** **460**

Da AN mit einem Dienstantritt bei ihrem AG ab 1. 1. 2003 grundsätzlich keinen Anspruch mehr auf eine gesetzliche Abfertigung „alt" haben, befinden sich aktuell nur noch jene AN im alten Abfertigungsmodell, die bereits seit **mehr als 21 Jahren beim selben AG** beschäftigt sind (und die mit dem AG keinen Übertritt ins System der Abfertigung „neu" vereinbart haben; vgl Rz 462).

Die **Abfertigung „alt"** gebührt AN nur bei ununterbrochener Zurücklegung der für die jeweilige Abfertigungsstufe erforderlichen Dienstjahre **beim selben AG.** Weiters erforderlich ist eine **unschädliche Beendigung des Arbeitsverhältnisses.** In Frage kommt hier insb die Kündigung durch den AG, der Abschluss einer einvernehmlichen Auflösung oder die Kündigung durch den AN wegen Pensionierung. Kein Anspruch besteht jedoch bei sonstiger Selbstkündigung durch den AN, verschuldeter Entlassung und unbegründetem vorzeitigem Austritt des AN.

Die **Höhe der Abfertigung** hängt vom zuletzt bezogenen Entgelt und von der Anzahl der beim (selben) AG zurückgelegten Dienstjahre des AN ab: **461**

- nach **drei** Dienstjahren: **zweifaches** Monatsentgelt;
- nach **fünf** Dienstjahren: **dreifaches** Monatsentgelt;
- nach **zehn** Dienstjahren: **vierfaches** Monatsentgelt;
- nach **fünfzehn** Dienstjahren: **sechsfaches** Monatsentgelt;
- nach **zwanzig** Dienstjahren: **neunfaches** Monatsentgelt;
- nach **fünfundzwanzig** Dienstjahren: **zwölffaches** Monatsentgelt.

Besondere Regelungen gelten in bestimmten Fällen der Beendigung des Arbeitsverhältnisses wegen **Pensionierung eines AN** oder **Mutter- bzw Vaterschaft.** Bei Beendigung des Arbeitsverhältnisses durch **Tod des AN** gebührt den unterhaltsberechtigten gesetzlichen Erben (idR Ehegatte, Kinder) die Hälfte der Abfertigung. In bestimmten Fällen der **Auflösung oder Übertragung eines Unternehmens** entfällt die Abfertigung ganz oder teilweise.

Bei hohen Abfertigungsbeträgen ist zu beachten, dass nur die ersten **drei Monatsentgelte sofort** mit Beendigung des Arbeitsverhältnisses **fällig** werden, der Rest erst später in monatlichen Teilbeträgen. Die gesetzliche Abfertigung ist **steuerlich begünstigt** auszuzahlen (siehe Rz 113). Zur Berechnung der Abfertigung „alt" siehe Anhang II.

2.2. Abfertigung „neu"

462 Die Abfertigung „neu" gilt gesetzlich für Arbeitsverhältnisse, die **nach dem 31. 12. 2002 begründet** wurden (Betriebliches Mitarbeiter- und Selbständigenvorsorgegesetz, BMSVG).

Für AN im System der Abfertigung „alt" bestand bzw besteht immer noch die Möglichkeit, unter bestimmten Voraussetzungen freiwillig **in das neue Abfertigungssystem** zu wechseln. Dazu ist mit dem AG zwingend eine **Übertrittsvereinbarung** abzuschließen (§ 47 BMSVG).

463 Nach dem neuen Abfertigungsmodell hat der **AG** monatlich **Beiträge in eine Betriebliche Vorsorgekasse (BV-Kasse) einzuzahlen.** Konkret sind vom AG monatlich 1,53% des Entgelts des jeweiligen AN an den zuständigen Krankenversicherungsträger abzuführen, der diesen Betrag an die BV-Kasse des AG weiterleitet.

Bei den BV-Kassen handelt es sich um privatrechtliche Unternehmen. Grundsätzlich entscheidet der AG, welcher konkreten BV-Kasse er beitritt. Der AN ist davon mittels Dienstzettel oder im Arbeitsvertrag zu informieren (vgl Rz 86).

Der **Abfertigungsanspruch des AN** besteht nur **gegenüber der BV-Kasse** (und nicht gegenüber dem AG).

Der **Anspruch auf Abfertigung „neu"** entsteht zwar mit dem Beginn des jeweiligen Beschäftigungsverhältnisses; eine Auszahlung des Abfertigungsbetrages ist aber erst nach drei Jahren vorgesehen. Eine Abfertigung in Höhe eines Jahresentgelts kann erst nach etwa 40 Jahren (bisher nach 25 Jahren) erreicht werden. Bei Beendigung des Arbeitsverhältnisses dürfen die AN zwischen Barauszahlung und Mitnahme in das nächste Beschäftigungsverhältnis nach dem **„Rucksack-Prinzip"** (das Geld verbleibt dann idR zunächst in der BV-Kasse) wählen. Der Abfertigungsanspruch geht auch bei Selbstkündigung, unbegründetem vorzeitigem Austritt und verschuldeter fristloser Entlassung des AN nicht verloren; in diesen Fällen gibt es aber vorerst keine Barauszahlung. Beim **Pensionsantritt** dürfen die AN zwischen einer steuerbegünstigten Barauszahlung der Abfertigung und einer steuerfreien Pensionsleistung wählen.

Hinweis: Da es sich bei der Abfertigung „neu“, ebenso wie bei der Abfertigung „alt“, um einen arbeitsrechtlichen (und nicht um einen sozialversicherungsrechtlichen) Anspruch handelt, fallen auch **geringfügig Beschäftigte** darunter. Zu beachten ist, dass auch (geringfügig beschäftigte) freie DN nach § 4 Abs 4 ASVG (siehe Rz 25) sowie gewerblich Selbständige (siehe Rz 22, 26) in die Abfertigung „neu“ einbezogen sind. 464

3. Betriebspension

Die Betriebspension ist – ebenso wie die Abfertigung – eine **besondere Entgeltform.** 465 Betriebspensionen sind die derzeit in der Praxis wichtigsten **Leistungen** der in Österreich noch ausbaufähigen **betrieblichen Altersversorgung,** der sog „zweiten Säule“ der Alterssicherung. Die Gewährung betrieblicher Pensionsleistungen ist für private Unternehmen nicht gesetzlich vorgeschrieben; sie bedarf daher einer besonderen rechtlichen Grundlage (durch KollV, durch BV oder durch Arbeitsvertrag). Wurde dem AN aber vom AG eine **Pensionszusage** erteilt, dann sind grundsätzlich die gesetzlichen Rahmenbedingungen für betriebliche Pensionsleistungen zu beachten, die im **Betriebspensionsgesetz (BPG)** und im **Pensionskassengesetz (PKG)** geregelt sind (für Pensionszusagen vor Inkrafttreten des BPG im Juli 1990 gilt diese Rechtsgrundlage grundsätzlich nicht).

Durch Betriebspensionen können Pensionen aus der gesetzlichen Pensionsversicherung 466 (siehe Rz 480 ff) durch von den AG finanzierte Leistungen an ihre AN bzw deren Hinterbliebene sinnvoll **ergänzt** werden. Die Leistungsvoraussetzungen sind daher ausreichende **Anwartschaftszeiten** und zumeist auch das Erreichen des gesetzlichen **Pensionsanfallsalters** durch den begünstigten AN.

Das BPG sieht **folgende Ausgestaltungsmöglichkeiten** für eine betriebliche Altersver- 467 sorgung vor:

- Neben der **direkten Leistungszusage** (dabei verpflichtet sich der AG, selbst periodisch wiederkehrende Versorgungsleistungen an den AN zu erbringen) gibt es
- drei Varianten einer **indirekten Leistungszusage:**
  - Entweder verpflichtet sich der AG zu **Beitragsleistungen an eine (externe) Pensionskasse** zugunsten des AN oder
  - es wird eine **betriebliche Kollektivversicherung** abgeschlossen oder
  - es wird eine **Lebensversicherung** zugunsten des AN abgeschlossen, wobei der AG die Prämien zu tragen hat.

Zumeist erfassen betriebliche Pensionsleistungen auch **Hinterbliebene** des AN. Auch **freiwillige** 468 zusätzliche **Beitragsleistungen des AN** sind möglich. Das BPG schützt die AN vor dem Verlust bereits erworbener **Betriebspensionsanwartschaften.** Auch eine arbeitgeberseitige Einschränkung des Erwerbs künftiger Anwartschaften unterliegt strengen gesetzlichen Beschränkungen (zB nur bei nachhaltiger und wesentlicher Verschlechterung der wirtschaftlichen Lage des Unternehmens).

4. Ausbildungskostenrückersatz

469 Unter Umständen hat der AN dem AG bei Beendigung des Dienstverhältnisses einen **Rückersatz von Kosten für eine Ausbildung** zu leisten, die der AN in Anspruch genommen hat (§ 2d AVRAG). Demnach hat der **AN dem AG** bei der Beendigung des Arbeitsverhältnisses die Ausbildungskosten unter folgenden Voraussetzungen **zurückzuzahlen:**

- Der Ausbildungskostenrückersatz wurde **vor Beginn** der Ausbildung **schriftlich** zwischen AG und AN **vereinbart,**
- in der Vereinbarung wird der Rückersatz monatlich **aliquotiert** (dh, der Rückersatz reduziert sich im Verhältnis zum Zeitraum, der zwischen der Ausbildung und der Beendigung des Arbeitsverhältnisses liegt (zB bei einem Dreijahreszeitraum um 1/36 pro Monat),
- die Ausbildung liegt bei Beendigung des Arbeitsverhältnisses idR **höchstens vier Jahre zurück** (damit sollen überlange Bindungen eines AN verhindert werden; in besonderen Fällen können aber bis zu acht Jahre vereinbart werden) und
- das Arbeitsverhältnis endet durch **bestimmte vom AN zu verantwortende Beendigungsarten** (zB AN-Kündigung, verschuldete Entlassung, unbegründeter vorzeitiger Austritt).

Kein Ausbildungskostenrückersatz gebührt dem AG im Falle einer AG-Kündigung (sofern diese nicht durch schuldhaftes Fehlverhalten des AN begründet ist), bei Beendigung des Arbeitsverhältnisses während der Probezeit sowie bei Ablauf eines befristeten Arbeitsverhältnisses.

470 Zudem ist zu beachten, dass der AG dem AN nur **konkret aufgewendete Kosten** einer **erfolgreich** absolvierten und auf dem **Arbeitsmarkt verwertbaren Ausbildung** in Rechnung stellen darf. Nicht rückforderbar sind bloße Einschulungskosten. Während der Ausbildung bezahltes **Entgelt** darf der AG überdies nur zurückfordern, wenn er den AN während der Ausbildung **vom Dienst freigestellt** hat. Weiters können die mit der Ausbildung zusammenhängenden **Aufwendungen** wie beispielsweise Hotel- oder Fahrtkosten zurückgefordert werden, wenn diese vom AG auch tatsächlich getragen wurden. Als Rückforderungsbetrag kann auch ein angemessener **Pauschalbetrag** vereinbart werden, der allerdings nicht höher sein darf als der tatsächliche Ausbildungsaufwand.

Für Ausbildungskostenrückerstattungsklauseln, die in Altverträgen vor dem 17. 3. 2006 (bei Angestellten) bzw vor dem 18. 3. 2006 (bei Arbeitern) abgeschlossen wurden, gilt § 2d AVRAG nicht. Diese Klauseln gelten uU auch noch für neue Ausbildungen. Hier wendet die Judikatur allerdings im Wesentlichen die gleichen Grundsätze an. Für bis zum 28. 12. 2015 abgeschlossene Klauseln gilt noch eine Höchstgrenze von fünf Jahren und die Aliquotierung muss nicht monatlich sein.

Praxistipp: Eine allgemeine **Vorwegvereinbarung im Arbeitsvertrag** reicht für die Rückforderung der Ausbildungskosten **nicht** aus. Vielmehr muss mit dem AN bereits **vor Beginn einer konkreten Ausbildung** eine entsprechende schriftliche Rückzahlungsvereinbarung abgeschlossen werden, aus der dem AN auch die tatsächlichen Kosten der Ausbildung (wie Kursgebühren, Reisekosten und allenfalls Kosten der Entgeltfortzahlung bei Dienstfreistellung) ersichtlich sind.

Zu beachten ist ferner, dass die Rückzahlungsvereinbarung bei Fehlen der Aliquotierungsvereinbarung oder auch im Falle einer nicht gesetzeskonformen Aliquotierung zur Gänze **unwirksam** ist (und nicht bloß teilnichtig).

5. Weitere Ansprüche

- Zur **Urlaubsersatzleistung** des AG für vom AN nicht in natura verbrauchten Urlaub **471** und zum sog **„Erstattungsbetrag"**, der in bestimmten Beendigungsfällen vom AN zu zahlen ist, siehe beim Urlaubsrecht die Rz 273 f, 275; Berechnungsbeispiele siehe Punkt 3 im Anhang II.
- Zur **Kündigungsentschädigung** bei frist- oder terminwidriger Kündigung durch den AG und bei vom AG verschuldeter vorzeitiger Vertragsauflösung (durch Entlassung oder Austritt) siehe Rz 413; Berechnungsbeispiele siehe Punkt 2 im Anhang II.
- Zum Anspruch des AN auf **bezahlte Freizeit während der Kündigungsfrist** bei Kündigung durch den AG siehe Rz 374.

VII. Sozialrechtliche Aspekte bei Beendigung des Arbeitsverhältnisses

1. Abmeldung von Dienstnehmern

Das Ende eines Dienstverhältnisses aus sozialversicherungsrechtlicher Sicht **(Ende der** **472** **Pflichtversicherung des DN)** fällt zumeist mit dem arbeitsrechtlichen Endzeitpunkt zusammen (§ 11 ASVG). Ausnahmen bestehen, wenn dem DN über das Tätigkeitsende hinaus Entgeltansprüche (Kündigungsentschädigung und/oder Urlaubsersatzleistung) zustehen.

Durch eine Kündigungsentschädigung und/oder eine Urlaubsersatzleistung **verlängert sich die Pflichtversicherung** um die am Ende des Dienstverhältnisses auszuzahlende Kündigungsentschädigung bzw den noch nicht verbrauchten Urlaubsanspruch, obwohl das Dienstverhältnis arbeitsrechtlich bereits beendet ist. Bei der Bestimmung des Zeitraumes der Verlängerung ist vorerst eine etwaige Kündigungsentschädigung und im Anschluss die Urlaubsersatzleistung heranzuziehen.

Der DG ist zur **fristgerechten Abmeldung des DN von der Sozialversicherung** verpflichtet (§ 33 ASVG). Die **Abmeldung** hat **binnen sieben Tagen** nach dem Ende der Pflichtversicherung beim zuständigen **Krankenversicherungsträger** zu erfolgen. Entsprechendes gilt bei nach ASVG pflichtversicherten freien DN (siehe Rz 25).

2. Leistungen bei Arbeitslosigkeit

2.1. Arbeitslosengeld

AN haben nach einer Mindestbeschäftigungszeit einen Anspruch auf **Arbeitslosengeld,** **473** wenn sie nach Beendigung ihres Arbeitsverhältnisses **arbeitslos, arbeitsfähig** und **arbeits-**

willig sind (insb dem AMS zur Arbeitsvermittlung zur Verfügung stehen; siehe §§ 7 ff AlVG). Ebenso sind **freie DN** nach § 4 Abs 4 ASVG (siehe Rz 25) in die Arbeitslosenversicherung einbezogen; auch **Selbständige** können in die Arbeitslosenversicherung optieren (§ 3 AlVG).

474 Die gesetzliche **Anwartschaft** für den **erstmaligen Bezug** von Arbeitslosengeld ist bei insgesamt 52 Wochen arbeitslosenversicherungspflichtiger Beschäftigung im Inland innerhalb der letzten 24 Monate vor der Antragstellung beim AMS erfüllt. Für jede weitere Inanspruchnahme des Arbeitslosengeldes genügt es, wenn der Arbeitslose in den letzten zwölf Monaten vor Geltendmachung des Anspruches 28 Wochen arbeitslosenversicherungspflichtig beschäftigt war. Besonderheiten gelten für AN vor Vollendung des 25. Lebensjahres. Auch Beschäftigungszeiten in EWR-Staaten werden angerechnet. Die **Bezugsdauer** des Arbeitslosengeldes beträgt idR bis zu 20 Wochen, kann sich aber unter bestimmten Voraussetzungen verlängern. Die **Höhe** beträgt – je nach Familienverhältnissen – zwischen 55% und 80% des Netto-Einkommens und ist nach unten und oben hin gedeckelt.

475 Wenn das Arbeitsverhältnis vom AN freiwillig gelöst wurde (zB durch Selbstkündigung) oder aus seinem eigenen Verschulden geendet hat (zB durch Entlassung wegen Untreue), besteht für eine **Sperrfrist** von vier Wochen ab Beendigung des Dienstverhältnisses kein Arbeitslosengeldanspruch (§ 11 AlVG). Überdies sind zahlreiche **Ruhensbestimmungen,** zB wegen des Bezuges einer Kündigungsentschädigung oder einer Ersatzleistung nach dem UrlG zu beachten (§ 16 AlVG).

476 **Praxistipp:** Sollte ein AN nach Beendigung seines Arbeitsverhältnisses Kündigungsentschädigung und/oder Urlaubsersatzleistung gegenüber seinem AG gerichtlich geltend machen (zB bei unverschuldeter Entlassung), muss er im Falle seines Obsiegens bereits bezogenes **Arbeitslosengeld** für die jeweiligen Zeiträume an das AMS **zurückzahlen.** IdR wird der AG vom AMS aufgefordert, den Rückzahlungsbetrag von der Kündigungsentschädigung einzubehalten und an das AMS abzuführen.

477 Zu beachten ist, dass **geringfügig beschäftigte (echte und freie) DN** grundsätzlich **nicht arbeitslosenversichert** sind und daher auch keinen Anspruch auf Arbeitslosengeld haben.

2.2. Notstandshilfe

478 Ist der Anspruch auf Arbeitslosengeld erschöpft, wird Arbeitslosen, die sich in einer finanziellen Notlage befinden, auf Antrag vom AMS **Notstandshilfe** gewährt (vgl §§ 33 ff AlVG und die Notstandshilfeverordnung). Die Notstandshilfe gebührt grundsätzlich **unbegrenzt,** wird jedoch für höchstens 52 Wochen bewilligt. Danach muss ein neuerlicher Antrag gestellt werden. Die Notstandshilfe beträgt vorerst zwischen 92% und 95% des Arbeitslosengeldes und reduziert sich im Zeitverlauf – je nach Dauer des zuletzt bezogenen Arbeitslosengeldes – bis zum Ausgleichszulagen-Richtsatz bzw Existenzminimum.

479 Die Notstandshilfe darf nicht mit der **bedarfsorientierten Mindestsicherung** bzw **Sozialhilfe** verwechselt werden. Diese ist **landesgesetzlich** zu regeln (zB Wiener Mindestsicherungsgesetz) und stellt ein „letztes soziales Auffangnetz" dar. Ihre Leistungen sind **nicht** an ein Pflichtversicherungsverhältnis gekoppelt (daher gehört die Mindestsicherung in das Sozialrecht und – anders als die Notstandshilfe – nicht in das Sozialversicherungsrecht im weiteren Sinn) und setzen insb **soziale Bedürftigkeit** bzw ein

Einkommen unter einem bestimmten Mindeststandard, die österreichische Staatsbürgerschaft bzw eine entsprechende Gleichstellung von bestimmten Ausländern sowie den Wohnsitz oder tatsächlichen bzw gewöhnlichen Aufenthalt im jeweiligen Bundesland voraus. Die konkrete Ausgestaltung ist im **jeweiligen Landesgesetz** geregelt.

Am 1. 6. 2019 ist ein **Sozialhilfe-GrundsatzG** in Kraft getreten, mit dem der Bund den Ländern grundsätzliche Vorgaben über die Ausgestaltung ihrer Sozialhilfegesetze macht. Dabei wird wieder auf die alte Bezeichnung „Sozialhilfe" zurückgegriffen und den Bundesländern ua eine Deckelung der Geldleistungen (im Gegensatz zu einem bisher geltenden Mindeststandard), die verstärkte Gewährung von Sachleistungen sowie besondere Anforderungen für Ausländer im Hinblick auf eine Mindestaufenthaltsdauer (fünf Jahre) vorgegeben. Auch sind von den Beziehern gegenüber der früheren Rechtslage verstärkt Anstrengungen zur (Wieder-)Eingliederung in den Arbeitsmarkt einzufordern und bei Nichtbeachtung zu sanktionieren. Derzeit sind Ausführungsgesetze in sechs Bundesländern (Niederösterreich, Oberösterreich, Salzburg, Steiermark, Kärnten und Vorarlberg) in Kraft. Wien hat das Sozialhilfe-GrundsatzG in Teilbereichen umgesetzt.

Webtipp: Detaillierte **Informationen über den Arbeitslosengeldanspruch** und über die Notstandshilfe finden sich auf der Website des AMS unter www.ams.at. Ein Arbeitslosengeld-Rechner steht unter https://amsratgeber.at zur Verfügung.

Welche Sozialleistungen im weitesten Sinn die öffentliche Hand erbringt, kann der Bürger in einer **Transparenzdatenbank** unter www.transparenzportal.gv.at abrufen. Dabei ist nicht nur die Suche nach passenden Leistungs- und Förderangeboten der öffentlichen Hand möglich, sondern – nach einer elektronischen Identifikation insb über Bürgerkarte, ID Austria oder FinanzOnline-Kennung – auch das Abrufen der selbst erhaltenen (Geld-) Leistungen.

3. Gesetzliche Pensionsleistungen

3.1. Allgemeines

Arbeitsverhältnisse werden in der Praxis häufig beendet, wenn der AN das gesetzliche **480**
Pensionsanfallsalter erreicht und einen Anspruch auf eine Pensionsleistung aus der gesetzlichen **Pensionsversicherung (PV)** erworben hat.

Hinweis: Das Arbeitsverhältnis endet bei Pensionsantritt nicht etwa „automatisch", sondern bedarf, wenn es sich nicht um ein befristetes handelt, der Auflösung, etwa durch Kündigung. § 23a AngG stellt (unter bestimmten Voraussetzungen) sicher, dass bei AN-Kündigung infolge Pensionierung der Anspruch auf Abfertigung „alt" gewahrt bleibt.

Die Kündigung von Frauen wegen des Bestehens eines Pensionsanspruchs kann laut EuGH wegen deren niedrigeren Pensionsantrittsalters eine unmittelbare Diskriminierung aufgrund des Geschlechts (siehe Rz 227 ff) darstellen.

481 Das Pensionsversicherungsrecht wurde in Österreich durch die tief greifende **Pensionsreform im Rahmen des Budgetbegleitgesetzes 2003** („Pensionssicherungsreform“) und durch die Maßnahmen zur **Pensionsharmonisierung** im Jahr 2004 in wesentlichen Punkten geändert.

Begründet wurden diese Reformen mit der demographischen Entwicklung und darauf beruhenden Bedenken hinsichtlich der zukünftigen Finanzierbarkeit des auf dem sog „Generationenvertrag“ beruhenden Pensionssystems (dh, die jeweils „aktive“ Erwerbsgeneration trägt durch ihre Pensionsbeiträge im Wege eines **Umlageverfahrens** maßgeblich zur Finanzierung der Pensionen der im Ruhestand befindlichen Generation bei). Daher erfolgten drastische Verschärfungen der Pensionsanspruchsvoraussetzungen und schmerzliche **Einschnitte** im Leistungsrecht, die sich spürbar auf die Höhe der in Hinkunft zu erwartenden Pensionsleistungen auswirken werden. Einige Begleitmaßnahmen sollen aber besondere Härtefälle aufgrund der Pensionsreform „abfedern“. Dazu gehört insb eine „Deckelung“ der drohenden Pensionsverluste.

Dieser **„Verlustdeckel“** wurde im Zuge der Pensionsreform 2003 zunächst mit insgesamt 10% festgelegt, im Rahmen der Pensionsharmonisierung aber rückwirkend modifiziert: Für das Jahr 2004 erfolgte eine Absenkung der Deckelung auf 5%; gleichzeitig wird diese aber seit 2005 in 0,25%-Schritten pro Jahr schrittweise angehoben, sodass die Deckelung im Jahr 2024 wieder 10% beträgt.

482 Die Regelungen im **Pensionsharmonisierungsgesetz** (vgl BGBl I 2004/142), die grundsätzlich mit dem 1. 1. 2005 in Kraft traten, setzen im Wesentlichen auf der Rechtslage nach der Pensionsreform 2003 auf. Das Kernstück der Pensionsharmonisierung war die Erlassung des **Allgemeinen Pensionsgesetzes (APG).** Damit sollten bisherige Unterschiede im Pensionsversicherungsrecht für unselbständig Erwerbstätige nach dem ASVG und in den sog „Sondersystemen“ für Gewerblich Selbständige (nach GSVG), Freiberufler (nach FSVG) und Bauern (nach BSVG) überwunden und durch ein weitgehend „harmonisiertes“ Pensionsrecht für diese Personengruppen abgelöst werden. Das APG findet daher grundsätzlich auf alle nach dem ASVG, GSVG, FSVG und BSVG in der PV versicherten Personen Anwendung, klammert aber Personen, die vor dem 1. 1. 1955 geboren wurden, aus seinem Geltungsbereich aus. Dies führt dazu, dass nunmehr **für Personen verschiedener Altersgruppen unterschiedliche Pensionsregelungen** zu beachten sind.

483 Grundsätzlich gilt Folgendes:

- **Vor dem 1. 1. 1955 geborene Personen** sind grundsätzlich (eine Ausnahme gilt insb für die Korridorpension, dazu sogleich im Folgenden) von der Pensionsharmonisierung nicht erfasst; für sie gilt daher auch weiterhin das zuvor bestehende **„alte“ Pensionsrecht.**
- Für die **ab dem 1. 1. 1955 geborenen Personen, die bis zum 31. 12. 2004 bereits Pensionsversicherungszeiten** (mindestens einen Versicherungsmonat) nach einem der oben angeführten Sozialversicherungsgesetze **erworben haben, gelten** für die Ermittlung der Anspruchsvoraussetzungen für Leistungen aus dem Versicherungsfall des Alters die Regelung des APG. **Daneben** gelten die „alten“ Regelungen der oben genannten Sozialversicherungsgesetze, allerdings grundsätzlich nur soweit diese Regelungen für die Versicherten günstiger sind (dazu sogleich im Folgenden). Das ursprünglich zur Ermittlung der Pensionshöhe eingesetzte Modell der sog „Parallelrech-

nung" wurde vom Gesetzgeber mittlerweile durch eine **Kontoerstgutschrift** (dazu näher unter Rz 492) ersetzt.

- Für **Berufseinsteiger ab dem Jahr 2005** gilt nur noch das **„neue" Pensionsrecht** nach Maßgabe des APG.

3.2. Pensionsrecht nach dem ASVG

484 Es wird zunächst die **Rechtslage nach dem Stand der Pensionsreform 2003** – beschränkt auf das ASVG – und anschließend auch die Rechtslage nach dem APG (also nach dem Stand der Pensionsharmonisierung 2004) in groben Zügen skizziert.

485 Das ASVG sieht nach dem Stand der Pensionsreform 2003 mehrere **Pensionsarten** vor:

- **Alterspension** für Arbeiter und Angestellte (vgl §§ 253, 270 ASVG),
- **Pensionen bei geminderter Arbeitsfähigkeit** (Invaliditätspension bei Arbeitern, vgl § 254 ASVG; Berufsunfähigkeitspension bei Angestellten, vgl § 271 ASVG),
- **Hinterbliebenenpensionen** (Witwenpension und Witwerpension, Pension für hinterbliebene eingetragene Partner, Waisenpension; vgl §§ 257 ff, 270 ASVG).

Die Alterspensionen und die Pensionen bei geminderter Arbeitsfähigkeit erfüllen eine Einkommensersatzfunktion. Den Hinterbliebenenpensionen kommt hingegen nach dem Tod des Versicherten eine Unterhaltsersatzfunktion zu.

Die vor der Pensionsreform 2003 vorgesehenen vorzeitigen Alterspensionen (sog „Frühpensionen") wurden mit dem Jahr 2004 abgeschafft (Aufhebung der §§ 253a „alt" und 253c „alt" ASVG zur vorzeitigen Alterspension bei Arbeitslosigkeit und zur Gleitpension) bzw zum „Auslaufmodell" umgestaltet (vgl § 253b „alt" ASVG zur vorzeitigen Alterspension bei langer Versicherungsdauer). Auch die Pensionen bei geminderter Arbeitsfähigkeit wurden (in Fällen vorübergehender geminderter Arbeitsfähigkeit von mindestens sechsmonatiger Dauer) zugunsten der medizinischen und beruflichen Rehabilitation zurückgedrängt. Für die Dauer dieser Rehabilitation gebührt dem Betroffenen (bei Krankenbehandlung bzw medizinischer Rehabilitation vom Krankenversicherungsträger) **Rehabilitationsgeld** bzw (bei beruflicher Rehabilitation vom AMS) **Umschulungsgeld.**

Für den Erwerb eines Anspruchs auf eine **Alterspension nach dem ASVG** für Arbeiter und Angestellte müssen folgende Voraussetzungen vorliegen:

a) Formale Voraussetzung

486 Formale Voraussetzung für den Anspruch auf eine gesetzliche Alterspension für Arbeiter oder Angestellte ist ein Pensionsantrag des Versicherten beim zuständigen PV-Träger.

b) Inhaltliche Voraussetzungen

487 Inhaltliche Voraussetzungen für den Pensionsanspruch sind

- die **Erreichung des gesetzlichen Pensionsanfallsalters** (vgl §§ 253 Abs 1, 270 ASVG) und
- idR die Erfüllung der sog **„Wartezeit"** (vgl §§ 235 f ASVG).

Das gesetzliche Anfallsalter für die Alterspension (Regelpensionsalter) beträgt nach dem ASVG für **Männer 65 Jahre** und für **Frauen 60 Jahre.** Das Frauenpensionsalter wird aber ab 2024 schrittweise erhöht und bis 2033 an jenes der Männer angeglichen.

Die Wartezeit ist erfüllt, wenn am sog **Stichtag** (das ist gem § 223 ASVG idR der Monatserste, der auf den Pensionsantrag folgt) eine **Mindestanzahl an Versicherungszeiten** (§ 236 Abs 1 ASVG verlangt 15 Versicherungsjahre) **innerhalb einer Rahmenfrist** (das sind 30 Jahre vor dem jeweiligen Stichtag) vorliegt. Versicherungszeiten nach dem ASVG sind **Beitragszeiten** (das sind vor allem Zeiten, in denen der Versicherte in der PV angemeldet und pflichtversichert war und für die PV-Beiträge entrichtet wurden) oder sog **beitragsfreie Ersatzzeiten** (zB Kindererziehungszeiten). An Stelle der Erfüllung der Wartezeit genügt auch der Erwerb einer sog **„ewigen Anwartschaft“**, für die aber gem § 236 Abs 4 ASVG entweder 15 Beitragsjahre oder 300 Versicherungsmonate (ohne Rahmenfrist) vorliegen müssen.

488 Für die **Pensionsberechnung** bestehen detaillierte Vorschriften (vgl §§ 238 ff ASVG). Entscheidend für die **Pensionshöhe** sind danach letztlich das individuelle **Entgelt** des Versicherten, das, begrenzt durch eine Höchstbemessungsgrundlage, als Basis für die Pensionsberechnung herangezogen wird, und die Anzahl der jeweils zurückgelegten **Versicherungsjahre,** die durch sog **Steigerungsbeträge** „anspruchserhöhend“ berücksichtigt werden. Die Pensionsreform 2003 führte ab dem Jahr 2004 eine schrittweise Verlängerung des der individuellen Pensionsberechnung zugrunde zu legenden Bemessungszeitraumes von „den besten 15“ auf **„die besten 40 Beitragsjahre“** ein. Gleichzeitig kam es zu einer Absenkung der Steigerungsbeträge. Schließlich sollten erhöhte **Pensionsabschläge** vorzeitige Pensionsantritte unattraktiv machen, **Pensionszuschläge** hingegen einen Pensionsantritt nach dem Regelpensionsalter finanziell begünstigen.

3.3. Pensionsrecht nach dem APG

489 Das mit dem **Pensionsharmonisierungsgesetz** erlassene **Allgemeine Pensionsgesetz (APG)** regelt für den in seinen Anwendungsbereich fallenden Personenkreis die Führung des **Pensionskontos** (§§ 10 ff APG), ferner die Anspruchsvoraussetzungen und das Ausmaß der **Alterspension** (§§ 4 und 5 APG) sowie die Ausmaße der **Invaliditäts-, Berufsunfähigkeits- und Erwerbsunfähigkeitspension** (§ 6 APG) und der **Hinterbliebenenpensionen** (§ 7 APG). Soweit das APG keine abweichenden Regelungen vorsieht, gelten im Übrigen die pensionsrechtlichen Bestimmungen des ASVG (bzw des GSVG, FSVG und BSVG) weiter.

Im Folgenden werden das **Modell des Pensionskontos** skizziert und die **Grundvoraussetzungen für den Anspruch auf eine APG-Alterspension** umrissen.

490 Eine wesentliche Neuerung im Zuge der Pensionsharmonisierung war die **Einführung eines leistungsdefinierten Pensionskontos** für jeden Versicherten im Anwendungsbereich des APG, das vom Dachverband der Sozialversicherungsträger einzurichten ist. Die Kontoführung (vgl § 10 APG) beginnt mit dem Kalenderjahr, in dem erstmals ein Versicherungsverhältnis in der PV begründet wird, und endet mit dem Ablauf des Kalenderjahres, in das der Pensionsstichtag oder der Tod des Versicherten fällt (vgl § 10 APG). Die Pensionsberechnung mittels des „Kontenmodells“ (vgl §§ 11 und 12 APG) erfolgt im Wesentlichen durch die **Vervielfachung der Summe der dem Pensionskonto gutgeschriebenen Beitragsgrundlagen mit dem Kontoprozentsatz** (dieser beträgt seit dem Jahr 2005 1,78%) für ein bestimmtes Kalenderjahr. Auf diese Weise werden jährlich **Teilgutschriften** ermittelt. Das Pensionskonto ist jährlich auf den aktuellen Stand zu bringen, wobei auch eine **Aufwertung** des errechneten

Kontostandes vorzunehmen ist. Auf Verlangen des Versicherten hat der zuständige PV-Träger eine **Kontomitteilung** zu erstellen (vgl § 13 APG).

Das grundlegende „Leistungsziel" nach dem APG ist es, im **Alter von 65 Jahren** mit **45 Versicherungsjahren** eine **Pension in Höhe von 80% des Lebensdurchschnittseinkommens** erreichen zu können. Dementsprechend legt § 4 Abs 1 APG als **Regelpensionsalter** für eine **Alterspension** die **Vollendung des 65. Lebensjahres** fest (für Frauen besteht bezüglich des Anfallsalters eine Sonderregelung in § 16 Abs 6 APG). Eine weitere Anspruchsvoraussetzung für die Alterspension ist das Vorliegen von **15 Versicherungsjahren** (180 Versicherungsmonate), wovon mindestens sieben Jahre (84 Versicherungsmonate) aufgrund einer Erwerbstätigkeit erworben sein müssen **(Mindestversicherungszeit).** 491

Davon abweichend kann eine Alterspension nach § 4 Abs 2 APG bereits frühestens nach der Vollendung des **62. Lebensjahres** (und spätestens mit Vollendung des **68. Lebensjahres**) beansprucht werden; der Anspruch auf eine solche **Korridorpension** setzt das Vorliegen von 480 Versicherungsmonaten (40 Jahre) voraus. Für Frauen ist die Korridorpension erst ab dem Jahr 2028 relevant, da für sie bis dahin bereits vor Vollendung des 62. Lebensjahres eine reguläre Alterspension möglich ist.

Bei der Pensionsberechnung werden bei der Korridorpension für einen Pensionsantritt vor dem Regelpensionsalter von 65 Jahren **Abschläge** von grundsätzlich 0,425% pro Monat (5,1% pro Jahr) vorgenommen. Umgekehrt beträgt der **Bonus** für einen Pensionsantritt nach dem Regelpensionsalter ebenfalls 0,425 % für jeden Monat des späteren Pensionsantritts (5,1 % pro Jahr). Maximal ist ein Bonus von 15,3% erreichbar, wenn der Pensionsantritt mit dem 68. Lebensjahr erfolgt.

Bis 31. 12. 2021 konnte trotz eines Pensionsantritts vor dem Regelpensionsalter (also insb bei Korridorpensionen) **abschlagsfrei** in Pension gegangen werden, wenn 540 Beitragsmonate (45 Jahre) aufgrund einer Erwerbstätigkeit vorlagen. Bis zu 60 Versicherungsmonate für Zeiten der Kindeserziehung wurden dabei berücksichtigt (§ 236 Abs 4b ASVG alt). Personen, die diese Voraussetzungen am 31. 12. 2021 bereits erfüllten (aber noch nicht das 62. Lebensjahr erreicht haben), können die **abschlagsfreie Pension** weiterhin in Anspruch nehmen, auch wenn ihr Pensionsantritt erst ab 2022 erfolgt (siehe § 745 Abs 4 ASVG). Für alle anderen Personen, die früh zu arbeiten begonnen haben, gilt mit 1. 1. 2022 die neue Regelung des **Frühstarterbonus** (§§ 262a bzw 286a ASVG). Der Frühstarterbonus in der Höhe von € 1,07 (2024) gebührt für jeden Beitragsmonat aufgrund einer Erwerbstätigkeit, der vor dem Monatsersten nach der Vollendung des 20. Lebensjahres erworben wurde. Der Bonus ist mit einem **Höchstausmaß von € 64,20** (2024) **monatlich begrenzt** (das entspricht einer Erwerbstätigkeit von fünf Jahren vor dem 20. Geburtstag). Voraussetzung für die Gewährung des Bonus ist, dass insgesamt mindestens 300 Beitragsmonate (25 Beitragsjahre) aufgrund einer Erwerbstätigkeit vorliegen und davon mindestens 12 Beitragsmonate vor Vollendung des 20. Lebensjahres erworben wurden. Der Frühstarterbonus ist Bestandteil der Pensionsleistung.

Zur Ermittlung der Pensionshöhe ist als Besonderheit schließlich auf die sog **„Kontoerstgutschrift"**, die die frühere **„Parallelrechnung" ersetzt,** hinzuweisen. Sie gilt für die ab dem 1. 1. 1955 geborenen Personen, die bereits Versicherungszeiten nach dem ASVG (bzw GSVG, FSVG und BSVG) erworben haben (vgl § 15 APG). 492

Für diese Personen, die bis einschließlich 31. 12. 2013 mindestens einen Versicherungsmonat nach dem APG, ASVG, GSVG, FSVG oder BSVG erworben hatten, wurde eine Kontoerstgutschrift zum

1. 1. 2014 ermittelt. Dabei wurde als **Ausgangsbetrag** eine Alterspension nach dem jeweiligen Altgesetz zugrunde gelegt, die sich unter der Annahme des Vorliegens des Regelpensionsalters und eines Pensionsstichtages zum 1. 1. 2014, aber unter Anwendung von speziellen, abweichenden Bemessungsgrundlagen ergab (§ 15 Abs 2 APG). Das 14-fache dieses Ausgangsbetrages wurde einer mit Hilfe der Parallelrechnung (unter Zugrundelegung desselben fiktiven Pensionsstichtages) als **Vergleichsbetrag** ermittelten und mit näher bestimmten Prozentsätzen vervielfachten Pensionshöhe gegenübergestellt. Falls sich eine Abweichung ergab, wurde gesetzlich verfügt, welcher Betrag der Kontoerstgutschrift zugrunde zu legen war. Dieses komplizierte Verfahren sollte sicherstellen, dass sich für die Betroffenen keine allzu große Abweichung gegenüber der bisherigen Parallelrechnung ergibt. Die Kontoerstgutschrift war dem Berechtigten bis spätestens 30. 6. 2014 mitzuteilen. Im Übrigen ist für diese Personengruppe nach § 16 Abs 3 APG bei der Ermittlung der Anspruchsvoraussetzungen für Leistungen aus dem Versicherungsfall des Alters auf **günstigere Bestimmungen** im ASVG bzw in den Sondersystemen **Bedacht zu nehmen.**

Webtipp: Unter www.pensionsversicherung.at kann man das Datum des eigenen frühesten Pensionsantritts sowie mit dem Pensionsrechner der AK (pensionsrechner.arbeiterkammer.at) die voraussichtliche Pensionshöhe elektronisch berechnen.

5. Teil
Kollektives Arbeitsrecht

Neben dem Individualarbeitsrecht, welches im Wesentlichen die Rechte und Pflichten zwischen den einzelnen AG und AN regelt, steht als zweites großes Teilgebiet des Arbeitsrechts das kollektive Arbeitsrecht. Dieses regelt im Gegensatz zum Individualarbeitsrecht nicht Einzelbeziehungen zwischen AG und AN, sondern **Gruppenbeziehungen.** **493**

Hintergrund des kollektiven Arbeitsrechts ist, dass das Machtungleichgewicht zwischen AG und dem einzelnen AN durch ein „Kollektiv" ausgeglichen wird, damit nicht jeder AN seine Arbeitsbedingungen mit dem AG allein aushandeln muss bzw damit bestimmte Mindeststandards gesichert werden.

Das kollektive Arbeitsrecht setzt sich aus vier Teilgebieten zusammen: dem **Berufsverbandsrecht,** dem **Kollektivvertragsrecht,** dem **Arbeitskampfrecht** und dem **Betriebsverfassungsrecht.** Im Folgenden werden diese umfangreichen Rechtsgebiete in ihren Grundlagen dargestellt und wird auf die für die betriebliche Praxis wichtigsten Fragestellungen eingegangen.

I. Berufsverbandsrecht

1. Allgemeines

Das Berufsverbandsrecht regelt die Errichtung und Tätigkeit von Verbänden, die die beruflichen Interessen ihrer Mitglieder vertreten **(Berufsverbände),** sowie die Voraussetzungen für die Mitgliedschaft in diesen Verbänden. In Österreich ist einerseits zwischen den **freiwilligen** (zB ÖGB) und andererseits zwischen den **gesetzlichen Interessenvertretungen** der AG (zB WKO) und der AN (zB AK) zu unterscheiden. **494**

Rechtsgrundlage für die Tätigkeit der freiwilligen Interessenvertretungen (auch Koalitionen genannt) ist die sog Koalitionsfreiheit (vgl Rz 495 f). Die freiwilligen Interessenvertretungen sind idR in Form von Vereinen nach dem Vereinsgesetz organisiert, wobei sich die Mitgliedschaft nach den jeweiligen **Statuten** richtet und vom **Prinzip der Freiwilligkeit** gekennzeichnet ist. Die gesetzlichen Interessenvertretungen (auch Kammern genannt) beruhen hingegen auf Sondergesetzen und sind durch den **Grundsatz der Pflichtmitgliedschaft** gekennzeichnet (vgl Rz 502 ff).

2. Koalitionsfreiheit

Der Begriff „Koalitionsfreiheit" hat im Kollektivarbeitsrecht mehrere Ausprägungen: **495**

- **Individuelle Koalitionsfreiheit:** Diese untergliedert sich wiederum in die positive und die negative Koalitionsfreiheit. Die **positive Koalitionsfreiheit** ist die Freiheit des einzelnen AN bzw AG zur **Bildung von Berufsvereinigungen** sowie **zum Beitritt und zur Betätigung** in bereits bestehenden Berufsvereinigungen. Auch die Bildung von sog Ad-hoc-Koalitionen zählt zur positiven Koalitionsfreiheit. Hingegen versteht man unter der **negativen Koalitionsfreiheit** das Recht des einzelnen AN bzw AG auf **Nichtbeitritt** zu einer Berufsvereinigung **sowie** das Recht daraus **auszutreten** (vgl auch § 4 AntiterrorG).

- **Kollektive Koalitionsfreiheit:** Darunter ist das **Recht von Berufsvereinigungen** auf ihren **Bestand** und auf eine ihrer Interessenvertretungsfunktion entsprechende **Betätigung** (zB Abschluss von KollV, Durchführung von Arbeitskämpfen) zu verstehen.

496 Die Koalitionsfreiheit beruht in Österreich auf **verfassungsrechtlichen Grundlagen,** kommt aber auch in einfachgesetzlichen Regelungen (zB § 105 Abs 3 Z 1 lit a und b ArbVG) zum Ausdruck:

- Nach der Verfassungsbestimmung in **Art 12 Staatsgrundgesetz (StGG)** haben die österreichischen Staatsbürger das Recht, sich zu versammeln und Vereine zu bilden. Die Ausübung dieser Rechte ist sondergesetzlich insb im **Vereinsgesetz** geregelt. Berufsverbände dürfen daher in der Rechtsform eines Vereins errichtet werden.
- Nach der in Österreich im Verfassungsrang stehenden **Europäischen Menschenrechtskonvention** (vgl **Art 11 EMRK**) haben alle Menschen das Recht, sich friedlich zu versammeln und sich frei mit anderen zusammenzuschließen. Dazu zählt auch das Recht, zum Schutz der eigenen Interessen Gewerkschaften zu bilden und diesen beizutreten. Das daraus ableitbare Koalitionsrecht ist nicht nur ein Staatsbürgerrecht, sondern ein Menschenrecht, das auch in Österreich lebenden Ausländern zusteht.
- Die Versammlungs- und Vereinigungsfreiheit ist auch in **Art 12** der **Charta der Grundrechte der Europäischen Union** verankert. Die „Grundrechtecharta" wurde am 1. 12. 2009 rechtsverbindlich.

3. Freiwillige Interessenvertretungen (Koalitionen)

497 Auf der Grundlage der Koalitionsfreiheit besteht in Österreich eine Reihe **freiwilliger Arbeitnehmer-** und **Arbeitgeberverbände.** Charakteristisch für diese als **Koalitionen** bezeichneten Vereinigungen sind

- der **freiwillige Zusammenschluss** zur Förderung und Wahrung beruflicher Interessen ihrer Mitglieder,
- die **Gegnerfreiheit,** dh, Angehörigen des „sozialen Gegenspielers" ist die Mitgliedschaft verschlossen (zB AG oder Personen, die Arbeitgeberfunktionen ausüben, in einer Arbeitnehmerinteressenvertretung),
- die **Gegnerunabhängigkeit,** dh, dem „sozialen Gegenspieler" kommt kein Einfluss auf die Tätigkeit der Vereinigung zu.

Im Folgenden wird gesondert auf die wichtigsten Koalitionen der AN und der AG eingegangen:

3.1. Freiwillige Arbeitnehmerverbände (Gewerkschaften)

Auf Arbeitnehmerseite tritt der **Österreichische Gewerkschaftsbund (ÖGB)** als wichtiger freiwilliger Arbeitnehmerverband auf. Der ÖGB ist ein **Verein** nach dem Vereinsgesetz und damit eine juristische Person des Privatrechts mit rd 1,2 Millionen Mitgliedern. Der ÖGB gliedert sich in derzeit **sieben Einzelgewerkschaften** für Arbeiter, Angestellte und für öffentlich Bedienstete, wobei die einzelnen Gewerkschaften nach überwiegender Rechtsauffassung keine eigenständigen Rechtspersonen sind, sondern nur Organe des ÖGB. Der ÖGB ist eine **Einheitsgewerkschaft** (im Gegensatz zu den sog „Richtungsgewerkschaften"): Dh, er ist eine überparteiliche Organisation, in der es allerdings politische Fraktionen (zB jene der sozialistischen oder der christlich-sozialen Gewerkschafter) gibt. **498**

Folgende Gewerkschaften bestehen derzeit: **499**

- **Gewerkschaft GPA:**
  Die Gewerkschaft GPA ist die Interessenvertretung der Angestellten insb in den Bereichen Handel, Banken, Versicherungen, Medien, Industrie, Energie, Verkehr, Forschung, Soziale Dienstleistungen; darüber hinaus gibt es in der Gewerkschaft GPA Interessengemeinschaften, zB für atypische Beschäftigte und Führungskräfte.
- **Gewerkschaft Öffentlicher Dienst (GÖD):**
  Die GÖD vertritt die Interessen von Beamten und Vertragsbediensteten des Bundes und der Länder (mit Ausnahme von Wien) sowie von ausgegliederten Einrichtungen des Bundes und der Länder.
- **younion – Die Daseinsgewerkschaft:**
  Die younion vertritt in unterschiedlichen Bereichen die Interessen von Beamten und Vertragsbediensteten der Gemeinden und Städte. Zudem ist sie als Kulturgewerkschaft die Interessenvertretung der künstlerisch, journalistisch, programmgestaltend, technisch, kaufmännisch, administrativ, pädagogisch unselbständig oder freiberuflich Tätigen in den Bereichen Kunst, Medien, Erziehung, Bildung und Sport.
- **Gewerkschaft Bau-Holz (GBH):**
  Die GBH vertritt die Interessen der Arbeiter insb in den Bau- sowie Baunebenberufen, den Farben verarbeitenden Berufen, den Stein erzeugenden und verarbeitenden Berufen, der Baustoffindustrie sowie der Sägeindustrie und der Holz verarbeitenden Industrie.
- **PRO-GE – Die Produktionsgewerkschaft:**
  Die PRO-GE vertritt die Interessen der Arbeiter in den Branchen Metall, Textil, Agrar, Nahrung, Genuss und Arbeitskräfteüberlassung. Weiters ist sie die Interessenvertretung der AN in der Chemischen Industrie einschließlich der Pharmaindustrie sowie insb in den Bereichen der Kunststofferzeugung bzw -verarbeitung und der Glas- und Mineralölindustrie.
- **Gewerkschaft vida:**
  Die Verkehrs- und Dienstleistungsgewerkschaft vertritt insb die Interessen der Eisenbahner und der AN in den Bereichen Handel, Transport und Verkehr sowie Hotel, Gastgewerbe und Persönlicher Dienst.
- **Gewerkschaft der Post- und Fernmeldebediensteten (GPF):**
  Die GPF vertritt insb die Interessen der beamteten Bediensteten von Post und Telekom sowie der Austro Control.

500 Der ÖGB hat **vielfältige Aufgaben** und Ziele. Zu den wichtigsten Aufgaben zählen insb:

- Das **Aushandeln und der Abschluss von KollV** mit Vertretern der Arbeitgeberseite (vgl dazu Rz 511 ff) und
- die **Begutachtung von Gesetzesentwürfen.** Dabei hat der ÖGB erheblichen Einfluss auf die Ausgestaltung der rechtlichen Rahmenbedingungen für das Arbeitsleben in Österreich.
- **Weitere wichtige Aufgaben** des ÖGB sind zB die **Beratung der Gewerkschaftsmitglieder** (insb in Rechtsangelegenheiten) und deren **kostenlose Vertretung** vor den Arbeits- und Sozialgerichten.

Webtipp: Details zur Struktur, zum Aufbau und zu den einzelnen Aufgaben und Zielen des ÖGB finden sich auf seiner Website unter www.oegb.at.

3.2. Freiwillige Arbeitgeberverbände

501 Auf Arbeitgeberseite sind freiwillige Interessenvertretungen nicht so bedeutend wie auf Arbeitnehmerseite. Nur wenige AG-Koalitionen haben die Vertretung ihrer Mitglieder gegenüber dem „sozialen Gegenspieler" im Rahmen von Kollektivvertragsverhandlungen zum Ziel. Zu nennen sind insb der **Verband der österreichischen Banken und Bankiers,** der **Österreichische Sparkassenverband,** der **Verband der Versicherungsunternehmen Österreichs,** die **Sozialwirtschaft Österreich** (SWÖ; vormals BAGS) sowie der **Verband Druck und Medientechnik.** Andere freiwillige Arbeitgeberinteressenvertretungen wie beispielsweise die **Industriellenvereinigung** beschränken sich im Wesentlichen auf die Vertretung der Interessen ihrer Mitglieder (zB durch Beratungstätigkeit oder Lobbyingaktivitäten).

4. Gesetzliche Interessenvertretungen (Kammern)

502 Kammern haben in Österreich historisch eine große Bedeutung. Die Errichtung dieser gesetzlichen Interessenvertretungen beruht auf **Sondergesetzen.** Die Aufgaben der Kammern sind ebenso **gesetzlich vorgegeben** wie ihr Mitgliederkreis. Charakteristisch für sämtliche gesetzliche Interessenvertretungen ist die **Pflichtmitgliedschaft.** Neben den **Arbeiterkammern** (Interessenvertretung der AN) und den **Wirtschaftskammern** (Interessenvertretung der AG) bestehen noch – hier nicht näher erörterte – **Landwirtschaftskammern** sowie **Kammern für Freiberufler** (zB für Ärzte, Rechtsanwälte, Architekten, Apotheker oder Notare).

Dieses System der gesetzlichen Interessenvertretung und deren Selbstverwaltung ist verfassungsrechtlich garantiert (Art 120a ff B-VG).

4.1. Gesetzliche Interessenvertretungen der Arbeitgeber

503 Die wichtigsten gesetzlichen Interessenvertretungen der AG sind die **Wirtschaftskammern (WK).** Solche Kammern bestehen in jedem Bundesland in Form von **Landeskammern.** Die neun Landeskammern sind in einem Dachverband, der **Wirtschaftskammer**

Österreich (WKO) mit Sitz in Wien zusammengeschlossen. Die Wirtschaftskammern sind **Körperschaften des öffentlichen Rechts** und damit – im Gegensatz zu den einzelnen Fachgewerkschaften des ÖGB – eigenständige juristische Personen. Die Details regelt das **Wirtschaftskammergesetz (WKG).**

Organisatorisch gliedern sich die **Landeskammern** (ebenso wie die Bundeskammer) jeweils in **sieben Sparten:** 504

- Sparte Gewerbe und Handwerk
- Sparte Industrie
- Sparte Handel
- Sparte Bank und Versicherung
- Sparte Transport und Verkehr
- Sparte Tourismus und Freizeitwirtschaft
- Sparte Information und Consulting

Diesen Sparten sind jeweils **Fachgruppen** (diese heißen in der Handelssparte Gremien, in der Gewerbesparte Innungen) zugeordnet, die die Interessen bestimmter Berufsgruppen (zB Textilhändler, Tischler, Optiker, Computerspezialisten) vertreten. Auf Bundesebene setzt sich die **WKO** ebenfalls aus den genannten sieben Sparten **(„Bundessparten")** zusammen. Diese sind auf Bundesebene insb in **Fachverbände** untergliedert.

Die Kammern selbst sowie die Fachgruppen und die Fachverbände haben eine **eigenständige Rechtspersönlichkeit.** Die einzelnen Sparten sind hingegen nur rechtlich unselbständige Untergliederungen der Bundes- bzw der jeweiligen Landeskammer.

Beachte: Jeder Inhaber einer **Gewerbeberechtigung** wird aufgrund gesetzlicher Anordnung **automatisch Mitglied** einer bestimmten Fachgruppe und damit **einer entsprechenden Landeskammer** (vgl zur Fachgruppenzuordnung § 44 WKG). Mit der Fachgruppenmitgliedschaft auf Landesebene sind auch automatisch die Mitgliedschaft im entsprechenden Fachverband auf Bundesebene sowie die WKO-Mitgliedschaft verbunden. Aus der WK-Mitgliedschaft ergibt sich auch der **Sozialversicherungsschutz** für die sog **„alten" Selbständigen** nach dem GSVG (vgl Rz 22). 505

Unter den vielfältigen **Aufgaben** der Wirtschaftskammern sind vor allem zu nennen: 506

- **Abschluss von KollV** mit der „sozialen Gegenseite" (in erster Linie mit dem ÖGB);
- die **Begutachtung arbeits- und sozialrechtlicher Gesetzesentwürfe** sowie
- die **Beratung ihrer Mitglieder** insb in Arbeits- und Sozialrechtsfragen.

Webtipp: Für nähere Details zur Wirtschaftskammer siehe unter www.wko.at sowie auf den Webseiten der einzelnen Fachverbände bzw Fachgruppen der Wirtschaftskammer.

4.2. Gesetzliche Interessenvertretungen der Arbeitnehmer

507 Auf Arbeitnehmerseite fungieren die **Arbeiterkammern (AK)** als gesetzliche Interessenvertretungen. Solche Kammern sind **in jedem Bundesland** errichtet (zB Kammer für Arbeiter und Angestellte für Wien). Auf Bundesebene sind die Landeskammern in der **Bundesarbeitskammer (BAK)** mit Sitz in Wien zusammengefasst. Landeskammern und Bundeskammer sind **juristische Personen des öffentlichen Rechts.** Jeder **AN** ist **kraft Gesetzes Mitglied** der Arbeiterkammer in seinem Bundesland (nicht aber der BAK). Auch **freie Dienstnehmer** nach § 4 Abs 4 ASVG (vgl Rz 25) sind in die Pflichtmitgliedschaft zur Arbeiterkammer einbezogen. Näheres regelt das **Arbeiterkammergesetz (AKG).**

Von der AK-Mitgliedschaft ausgenommen sind gem § 10 Abs 2 AKG insb:

- **Geschäftsführer, Vorstandsmitglieder und leitende Angestellte** mit dauernd maßgebendem Einfluss auf die Unternehmensführung;
- **bestimmte öffentlich Bedienstete** (für diese besteht eine besondere, gesetzlich geregelte Personalvertretung);
- **Arbeiter in der Landwirtschaft** (für diese bestehen mit den Landarbeiterkammern ebenfalls besondere Repräsentationsstrukturen);
- **Ärzte, Rechtsanwaltsanwärter, Berufsanwärter der Wirtschaftstreuhänder** (diese unterliegen der jeweiligen Standesvertretung).

508 Zu den **Aufgaben** der Arbeiterkammern zählen vor allem

- die **Beratung ihrer Mitglieder insb in arbeits- und sozialrechtlichen Fragen** sowie deren kostenlose **Vertretung vor den Arbeits- und Sozialgerichten;**
- die **Begutachtung einschlägiger Gesetzesentwürfe** sowie
- zahlreiche **Bildungsfunktionen** (zB Betriebsräte-Schulungen).

Webtipp: Im Detail siehe zu den Aufgaben und Beratungsangeboten der AK im Internet unter www.arbeiterkammer.at.

5. Sozialpartnerschaft

509 Bei der **Sozialpartnerschaft** handelt es sich um ein – verfassungsrechtlich verankertes (Art 120a Abs 2 B-VG) – **informelles System des vertrauensvollen Zusammenwirkens zwischen den führenden Arbeitgeber- und Arbeitnehmerinteressenvertretungen** (sog „Spitzenverbände“: ÖGB, WKO, BAK und der Präsidentenkonferenz der Landwirtschaftskammern Österreichs) sowie der **Regierung** auf praktisch **allen Gebieten der Wirtschafts- und Sozialpolitik.**

Die Sozialpartnerschaft prägt die Arbeitsbeziehungen in Österreich seit der Nachkriegszeit nachhaltig. Jahrzehntelang konnten durch sie offene **soziale Konflikte und Arbeitskämpfe** (insb Streiks) in Österreich **weitgehend vermieden** werden. Im Vordergrund steht dabei das Bemühen um gemeinsame Problemlösungen zum Vorteil aller Beteiligten durch die Bereitschaft zum **Kompromiss.** In der Praxis zeigt sich das konstruktive Zusammenwirken der Sozialpartner vor allem bei den **Kollektivvertragsverhandlungen.**

Die Zusammenarbeit der Verbände hat sich seit dem Jahr 1957 wesentlich in den Einrichtungen der **Paritätischen Kommission** vollzogen. In dieser sind die Spitzenrepräsentanten von Regierung (Bundeskanzler und Fachminister) und von den vier großen Interessenverbänden vertreten. Die Paritätische Kommission verfügt über vier Unterausschüsse: den **Beirat für Wirtschafts- und Sozialfragen,** den **Unterausschuss für internationale Fragen,** den **Lohnausschuss** sowie den **Wettbewerbs- und Preisunterausschuss.** Während früher der Preiskontrolle und der Inflationsbekämpfung große Bedeutung zukam, so ist die Paritätische Kommission heute vor allem **eine institutionalisierte Gesprächsebene zwischen den Interessenverbänden und der Regierung.** Dabei werden zu besonders gewichtigen Anlässen gemeinsame Strategien und Maßnahmen oder allfällige Konflikte ebenso diskutiert wie Empfehlungen des Beirats für Wirtschafts- und Sozialfragen. Auch in der **Alterssicherungskommission** sind neben anderen (zB Seniorenrat und Bundesjugendvertretung) die Sozialpartner mit Experten vertreten. 510

Webtipp: Details zum derzeit geltenden Sozialpartnerabkommen sowie zum (wichtigen) Beirat für Wirtschafts- und Sozialfragen siehe im Internet unter www.sozialpartner.at.

II. Kollektivvertragsrecht

1. Allgemeines

Das Kollektivvertragsrecht regelt eines der für die Praxis wichtigsten arbeitsrechtlichen Regelungsinstrumente, den **Kollektivvertrag (KollV).** Im Einzelnen wird normiert, wer zum Abschluss von KollV befugt ist, welchen Inhalt ein KollV haben darf, für wen ein bestimmter KollV gilt und welche Rechtswirkungen dieser entfaltet. Die wichtigste einschlägige Rechtsgrundlage ist das **Arbeitsverfassungsgesetz** (vgl §§ 2 bis 17 ArbVG). Die praktische Bedeutung des KollV ergibt sich vor allem daraus, dass die **Entgeltfindung** (Einstufung, Mindestlöhne bzw -gehälter) sowie wesentliche Aspekte der **sonstigen Arbeitsbedingungen** (häufig zB Arbeitszeitfragen) für nahezu sämtliche AN in der Privatwirtschaft durch KollV festgelegt sind. Derzeit stehen in Österreich mehrere hundert unterschiedliche KollV in Geltung. 511

Webtipp: KollV können unter www.kollektivvertrag.at abgerufen oder bei Interessenvertretungen (meist kostenlos) bezogen werden. Manche KollV werden in kommentierter Form im Buchhandel vertrieben. Überdies umfasst die (kostenpflichtige) KollV-Datenbank www.kvsystem.at über 700 Kollektivverträge.

Der Gesetzgeber überlässt die Festlegung der Mindestentgeltsätze und anderer wichtiger Angelegenheiten bewusst den KollV-Parteien, weil diese die Marktverhältnisse und Bedürfnisse der Betroffenen besonders gut kennen **(„Sachnähe“).** Außerdem gewährleistet das **Aushandeln des KollV-Inhalts durch zwei annähernd gleich starke Verhandlungspartner auf Arbeitgeber- und Arbeitnehmerseite** die angemessene Wahrnehmung von Arbeitgeber- und Arbeitnehmerinteressen. Es ist daher zu erwarten, dass im KollV ausgewogene, 512 sachgerechte und vernünftige Regelungen getroffen werden. Betriebsvereinbarungen und Dienstverträge müssen einen anwendbaren KollV beachten und dürfen grundsätzlich keine schlechteren Regelungen treffen (widersprechende schlechtere Regelungen sind idR nichtig). Schließlich trägt die **Akzeptanz der kollektiv festgelegten Arbeitsbedingungen in der Praxis** maßgeblich zur Erhaltung des sozialen Friedens in Österreich bei.

513 **Praxistipp:** Wegen der herausragenden Bedeutung von KollV in nahezu allen Bereichen der österreichischen Wirtschaft ist es **für ein rechtmäßiges Vorgehen unerlässlich,** vor der Setzung arbeitsrechtlich relevanter Handlungen (zB Abschluss eines Arbeitsvertrages, Kündigung, Festlegung einer Arbeitszeiteinteilung, Vereinbarung eines Reisekostenersatzes) **die einschlägigen Bestimmungen im anwendbaren KollV zu prüfen.**

514 Je nach Geltungsbereich und Inhalt gibt es **unterschiedliche Arten von KollV,** wobei in Österreich insb folgende Typen gängig sind:

- **Rahmenkollektivvertrag:** Ein derartiger KollV gilt zumeist für Wirtschaftszweige, die aus **mehreren Branchen** bestehen, **die einander ähnlich sind.** In solchen KollV wird ein **Grundstandard** vereinbart, der für alle von ihm erfassten Branchen gleich ist. Durch **Zusatzkollektivverträge** können in weiterer Folge darüber hinaus **spezifische Regelungen** für einzelne Branchen abgeschlossen werden (zB *Rahmenkollektivvertrag für Angestellte der Industrie*).
- **Branchenkollektivvertrag:** Mit diesem KollV werden die Arbeitsbeziehungen innerhalb einer bestimmten Branche geregelt. Der **Großteil aller KollV in Österreich** sind Branchenkollektivverträge. Wichtige Branchenkollektivverträge sind beispielsweise der *KollV für Arbeiter im eisen- und metallverarbeitenden Gewerbe* oder der *KollV für Angestellte und Lehrlinge in Handelsbetrieben* bzw der *KollV für Handelsarbeiter*.
- **Zusatzkollektivvertrag:** Dabei handelt es sich um einen speziellen KollV, der als **Zusatz zu einem Rahmen- oder Branchenkollektivvertrag** abgeschlossen wird und mit dem Details oder spezielle Belange für eine bestimmte Branche geregelt werden.
- **Landeskollektivvertrag:** Darunter versteht man KollV, die nur für ein oder mehrere **Bundesländer,** nicht aber für ganz Österreich abgeschlossen werden. Dabei kann es sich sowohl um einen Zusatzkollektivvertrag als auch um einen Branchenkollektivvertrag handeln. Besonders im Bereich der **Freien Berufe** (zB Ärzte, Rechtsanwälte) sind Landeskollektivverträge häufig anzutreffen, die die entsprechende Landeskammer mit dem ÖGB abschließt (etwa der *KollV für die Angestellten bei ÄrztInnen, ärztlichen Gruppenpraxen sowie Primärversorgungseinheiten in Niederösterreich*).
- **Generalkollektivvertrag** (auch **„Spitzenkollektivvertrag"** genannt): Darunter sind KollV zu verstehen, die **zwischen ÖGB und der Wirtschaftskammer Österreich** abgeschlossen werden. Diese KollV beschränken sich idR auf die **Regelung einzelner Arbeitsbedingungen,** erstrecken ihren fachlichen Wirkungsbereich auf die **überwiegende Anzahl der Wirtschaftsbereiche** und gelten räumlich **für das gesamte Bundesgebiet** (§ 18 Abs 4 ArbVG). Zu nennen sind beispielsweise der *General-KollV vom 22. 2. 1978 über den Begriff des Entgelts gemäß § 6 UrlG* oder der *General-KollV vom 2. 8. 1974 über den Begriff des Entgelts gemäß § 3 EFZG.*

- **„Firmenkollektivvertrag":** „Echte Firmenkollektivverträge", also solche die nur für ein Unternehmen abgeschlossen werden, sind in Österreich **grundsätzlich nicht zulässig.** Allerdings kann es vorkommen, dass ein KollV von seinem Geltungsbereich derart eingeschränkt ist, dass er **faktisch nur für ein Unternehmen** zur Anwendung gelangt (sog „unechter Firmenkollektivvertrag"). Darüber hinaus haben aus der Staatsverwaltung **ausgegliederte Unternehmen** häufig durch Gesetz die Kollektivvertragsfähigkeit zuerkannt bekommen (siehe Rz 520 ff) und können daher für ihre Betriebe KollV abschließen.

2. Begriff und Funktionen des Kollektivvertrages

2.1. Begriff

Der **KollV** ist ein zwischen **kollv-fähigen Körperschaften der AG und der AN schriftlich abgeschlossener Vertrag** (vgl die gesetzliche Definition in § 2 Abs 1 ArbVG), der das Ergebnis von entsprechenden (oft sehr langwierigen und harten) Verhandlungen der Vertragspartner ist. 515

Zumeist wird die Aufnahme zu Verhandlungen über den Abschluss eines KollV durch ein entsprechendes Forderungsprogramm der jeweiligen Fachgewerkschaft an die entsprechende Fachgruppe bzw das entsprechende Gremium oder die jeweils zuständige Innung der Wirtschaftskammer initiiert.

Der KollV ist insofern ein besonderer Vertrag, als er **nicht nur** die **Rechtsbeziehungen zwischen den ihn abschließenden Vertragsparteien (schuldrechtlicher Teil:** insb Geltungsdauer des KollV sowie Möglichkeit der Kündigung des KollV) regelt, **sondern vor allem die Rechtsbeziehungen zwischen** den einzelnen vom KollV **erfassten AG und den von diesen beschäftigten AN (normativer Teil).** Die Bestimmungen des normativen Teiles des KollV haben eine den Rechtswirkungen eines Gesetzes ähnliche Wirkung **(Normwirkung),** weshalb der KollV auch als **Normenvertrag** bezeichnet wird. 516

Die einzelnen normativen Bestimmungen eines KollV wirken daher unabhängig davon, ob sie zwischen AG und AN vereinbart wurden oder ob sie sogar ausdrücklich abbedungen wurden. Sie wirken auch dann, wenn den Vertragsparteien gar nicht bewusst ist, dass überhaupt ein KollV auf das Dienstverhältnis anwendbar ist. Der KollV kann aber vorsehen, dass eine Betriebsvereinbarung (allenfalls auch der Arbeitsvertrag) bestimmte Angelegenheiten anders, also abweichend von der eigentlichen Bestimmung im KollV, regeln kann. In diesem Fall spricht man von dispositiv wirkenden Kollektivvertragsklauseln, den sog **Öffnungsklauseln.**

Im **Stufenbau der Rechtsordnung** (vgl Rz 5) steht der normative Teil des KollV unterhalb von Verfassung bzw EU-Recht, zwingendem Gesetz und allenfalls anwendbaren Verordnungen, aber noch über der Betriebsvereinbarung (BV), dem nachgiebigen Gesetz und dem Arbeitsvertrag. Daher darf der KollV die ihm übergeordneten zwingenden Vorschriften der Verfassung, des EU-Rechts, des Gesetzes und einschlägiger Verordnungen nicht verletzen. Andererseits sind die Parteien der BV und des Einzelarbeitsvertrages an die KollV-Bestimmungen gebunden. Dabei sind die Bestimmungen des KollV grundsätzlich **einseitig dispositiv.** Das heißt, Bestimmungen in BV oder Einzelverträgen sind nur insoweit gültig, soweit sie für den AN günstiger als die Bestimmungen im KollV sind oder aber Angelegenheiten betreffen, die im KollV nicht geregelt sind (§ 3 ArbVG). 517

__Beispiel:__ Legt ein KollV für eine bestimmte AN-Gruppe ein Mindestentgelt für eine Arbeitsstunde von € 12,– fest, kann davon nicht rechtswirksam zuungunsten für die AN abgewichen werden. Eine Vereinbarung zwischen AG und AN, die den Stundenlohn mit € 10,– festsetzt, wäre demnach nichtig, weshalb den AN weiterhin ein Stundenlohn von € 12,– gebühren würde. Ein Stundenlohn von € 14,– kann aber – weil für die AN günstiger – rechtswirksam vereinbart werden.

2.2. Funktionen

518 Die wichtigste **Funktion** des KollV ist die **Regelung der Mindestarbeitsbedingungen für die von ihm erfassten AN zum Schutz vor einer Übervorteilung durch den AG.** Dahinter steht die Überlegung, dass ein einzelner AN beim Aushandeln seiner Vertragsbedingungen dem AG leicht unterlegen ist, weil dem AN tatsächlich kaum ein Verhandlungsgewicht zukommt. Hauptfunktion des KollV ist daher eine **Arbeitnehmerschutzfunktion im weiteren Sinn:** Er soll vor allem sicherstellen, dass ein AN für seine Arbeit zumindest das im KollV vorgesehene **Mindestentgelt** (Einstufungs- und Vorrückungskriterien) bekommt. Darüber hinaus werden im KollV häufig **Arbeitszeitregelungen** festgelegt. Weiters regelt der KollV eine **große Anzahl von AN-Ansprüchen,** die nicht im Gesetz stehen bzw über die gesetzlichen Bestimmungen hinausgehen (zB Urlaubs- und Weihnachtsgeld, Aufwandsentschädigungen, Zulagen).

519 Daneben erfüllt der KollV auch eine **Befriedungsfunktion** (dh, er beugt während seiner Laufzeit sozialen Konflikten wie etwa Streiks vor) und eine **Kartellfunktion** (dh, durch die Festlegung von Mindestentgelten und Mindestarbeitsbedingungen können Unternehmen in der vom KollV erfassten Branche keine Wettbewerbsvorteile erlangen, indem sie in ihren Betrieben schlechtere Sozialbedingungen praktizieren).

3. Kollektivvertragsfähigkeit und Kollektivvertragsunterworfenheit

3.1. Zum Kollektivvertragsabschluss befugte Institutionen

520 Der Gesetzgeber beschränkt die **Befugnis zum Abschluss von KollV (KollV-Fähigkeit)** auf folgende ausgewählte Rechtssubjekte:

- **Gesetzliche Interessenvertretungen** der AG und der AN (siehe Rz 502 ff) und
- **freiwillige Interessenvertretungen** der AG und der AN (siehe Rz 497 ff).
- Außerdem sind auf der AG-Seite kollv-fähig: **Juristische Personen des öffentlichen Rechts** (zB BAK, WKO, Sozialversicherungsträger), der **ORF** sowie bestimmte größere **Vereine** (zB Niederösterreichisches Hilfswerk, Wiener Tierschutzverein), jeweils für die Regelung der Arbeitsverhältnisse ihrer eigenen AN.
- Darüber hinaus wurde bzw wird den aus der Staatsverwaltung ausgegliederten Rechtsträgern häufig die **KollV-Fähigkeit kraft Sondergesetz** zuerkannt (zB Universitäten, Austro Control GmbH, Österreichische Post AG, Telekom Austria AG, Bundesrechenzentrum GmbH).

Konkret hängt die KollV-Fähigkeit der angeführten **Einrichtungen** bzw **Verbände** von der Erfüllung **besonderer gesetzlicher Voraussetzungen** ab (vgl §§ 4, 5 und 7 ArbVG): So müssen zB die gesetzlichen Interessenvertretungen der AG und der AN von ihrem „sozialen Gegner" unabhängig sein **(„Gegnerunabhängigkeit").** Freiwilligen Interessenvertretungen muss darüber hinaus die KollV-Fähigkeit durch einen **behördlichen Akt zuerkannt** werden. **521**

Die Zuerkennung der KollV-Fähigkeit erfolgt durch einen **Zuerkennungsbescheid des Bundeseinigungsamtes** (eine beim Bundesministerium für Arbeit und Wirtschaft errichtete paritätisch besetzte Behörde, deren Mitglieder auf Vorschlag bzw nach Anhörung von AG- und AN-Interessenvertretungen vom Minister bestellt werden; vgl §§ 141 ff und 153 ff ArbVG). Einer freiwilligen Interessenvertretung wird die KollV-Fähigkeit nur dann zuerkannt, wenn ihr – neben anderen Voraussetzungen – **maßgebende wirtschaftliche Bedeutung** zukommt und sie **in einem größeren fachlichen und räumlichen Wirkungsbereich** tätig wird (vgl § 4 Abs 2 ArbVG). **522**

Eine Besonderheit des österreichischen KollV-Rechts ist, dass **einzelne AG grundsätzlich nicht kollv-fähig** sind. KollV gelten daher in der Regel für eine bestimmte **Branche,** nicht nur für (ein) Einzelunternehmen (siehe auch Rz 514). **523**

Nach dem Willen des Gesetzgebers sollen also, vereinfacht ausgedrückt, nur **bedeutende und repräsentative Einrichtungen und Verbände** KollV abschließen dürfen, damit gewährleistet ist, dass das Arbeitsleben verantwortungsvoll und mit Rücksicht auf die Gesamtwirtschaft geregelt wird. Von den gesetzlichen Interessenvertretungen machen die **Fachgruppen und Fachverbände der Wirtschaftskammern** von dieser Befugnis Gebrauch. Unter den Koalitionen wurde auf Arbeitnehmerseite insb dem **ÖGB** und seinen Fachgewerkschaften (von ihnen werden in der Praxis die meisten KollV für die Arbeitnehmerseite abgeschlossen), auf Arbeitgeberseite zB der **Industriellenvereinigung** und dem **Verband der österreichischen Banken und Bankiers** die KollV-Fähigkeit zuerkannt. **524**

3.2. Dem Kollektivvertrag unterliegender Personenkreis

Die Bindung der einzelnen AG bzw AN an die Bestimmungen des für sie einschlägigen KollV wird als **KollV-Unterworfenheit** bezeichnet: **525**

- KollV-Unterworfenheit liegt zunächst bei **KollV-Angehörigkeit** vor (vgl § 8 ArbVG). KollV-angehörig sind insb jene **AG und AN,** die **Mitglieder einer der Abschlussparteien** des KollV sind.

  Beispiel: *Ein AG als Mitglied der auf Arbeitgeberseite abschließenden Fachgruppe einer Wirtschaftskammer; ein AN als Angehöriger der auf Arbeitnehmerseite für den ÖGB abschließenden Fachgewerkschaft.*

- Weiters kann ein **AG** auch dadurch kollv-angehörig werden, dass ein **Betrieb von einem anderen AG auf ihn übergeht** oder wenn er im Rahmen eines **verbundenen Gewerbes** fachübergreifende Leistungen erbringt, sofern auf die AN nicht ohnehin ein KollV zur Anwendung kommt (vgl § 8 Z 2 und 3 ArbVG).
- Auf **Arbeitnehmerseite** sind nicht nur die Mitglieder des abschließenden Verbandes (idR Gewerkschaftsmitglieder) dem KollV unterworfen, sondern auch die sog Außenseiter (das sind Nichtmitglieder bzw aus dem Arbeitnehmerverband ausgetretene AN). Für die

Geltung des KollV für Außenseiter genügt also die **KollV-Angehörigkeit ihres AG** (**Außenseiterwirkung;** § 12 ArbVG).

Beispiel: *Ein AN ist nicht Mitglied des ÖGB. Der ÖGB schließt mit der WK (bzw einer bestimmten Fachgruppe) einen KollV mit einem Stundenlohn von € 10,– für eine gewisse Branche ab. Dieses Mindestentgelt gebührt dem AN aufgrund der Außenseiterwirkung auch ohne Mitgliedschaft zum ÖGB, sofern sein AG Mitglied der WK (bzw der abschließenden Fachgruppe) ist. Im Gegensatz dazu kommt der KollV aber nicht zur Anwendung, wenn der AN zwar ÖGB-Mitglied, sein AG aber nicht WK-Mitglied ist (zB weil er ein sog „neuer" Selbständiger ohne Erfordernis einer Gewerbeberechtigung ist).*

- Gem § 2 Abs 3 WKG sind auch im Firmenbuch eingetragene **Holdinggesellschaften** Mitglied der Wirtschaftskammer, wenn der Unternehmensgruppe zumindest ein Wirtschaftskammermitglied angehört. § 1 der Geschäftsordnung der WKO (GO-WKO) konkretisiert, dass unter Holdinggesellschaften jene zu verstehen sind, die an rechtlich selbständigen Unternehmen beteiligt sind oder diese einheitlich leiten, soweit die Tätigkeit über die bloße Anteilsverwaltung hinausgeht. Gem § 16 GO-WKO sind diese Holdinggesellschaften im Bereich jener Sparte einzugliedern, die dem **wirtschaftlichen Schwerpunkt der in der Holding zusammengefassten Unternehmungen** entspricht. Daraus leitet sich in weiterer Folge auch der **KollV** ab, der für die AN der Holdinggesellschaft **anwendbar ist.**

526 **Beachte:** Praktisch bedeutsam ist in diesem Zusammenhang auch die Regelung in **§ 2 Abs 13 GewO 1994:** Demnach **gelten Normen aus einem KollV auch dann,** wenn der AG die entsprechende Tätigkeit **ohne die erforderliche Gewerbeberechtigung** ausübt. Dh, dass sich ein AG nicht der Zugehörigkeit zu dem auf ihn anwendbaren KollV dadurch entziehen kann, dass er seine – eine Gewerbeberechtigung voraussetzende – Tätigkeit ohne die erforderliche Berechtigung in rechtswidriger Weise ausübt.

Ein (anderer) KollV kann auch dadurch anwendbar werden, dass ein AG seinen ursprünglichen Tätigkeitsbereich im Laufe der Zeit derart **ändert,** dass die aktuell ausgeübte Tätigkeit gar nicht mehr im Rahmen der ursprünglichen Gewerbeberechtigung liegt (davon zu unterscheiden ist die Kollision von mehreren anwendbaren KollV, vgl Rz 541 ff).

4. Kollektivvertragsabschluss und Wirksamkeitsvoraussetzungen

527 Ein KollV kommt nur rechtsgültig zustande, wenn **auf jeder Seite mindestens eine kollv-fähige Abschlusspartei** auftritt. Es dürfen aber auch mehrere kollv-fähige Parteien auf Arbeitgeber- und/oder Arbeitnehmerseite miteinander verhandeln.

Beispiel: *Abschluss des KollV für Arbeiter im eisen- und metallverarbeitenden Gewerbe durch verschiedene Bundesinnungen bzw Fachverbände der WK auf Arbeitgeberseite und dem ÖGB, vertreten durch die Gewerkschaft PRO-GE (siehe Rz 499), auf Arbeitnehmerseite.*

Zu beachten ist, dass **freiwillige Berufsvereinigungen gegenüber einer gesetzlichen Interessenvertretung Vorrang genießen** (§ 6 ArbVG). Letztere verliert also bei einem KollV-Abschluss durch eine in Betracht kommende freiwillige Berufsvereinigung ihre KollV-Fähigkeit. Praktisch kann daher die AK keine KollV abschließen, weil der ÖGB in nahezu allen Bereichen KollV abgeschlossen hat. **528**

Weitere Wirksamkeitsvoraussetzungen sind die **Schriftform** des KollV und (hinsichtlich seines normativen Teiles) die **Hinterlegung beim Bundesministerium für Arbeit und Wirtschaft** (BMAW) sowie die **Kundmachung im Amtsblatt zur Wiener Zeitung** (vgl §§ 14 ArbVG). **529**

Die vom KollV erfassten **AG** sind auch zur **Auflage des KollV-Textes im Betrieb** verpflichtet (vgl § 15 ArbVG). Ein Verstoß gegen diese Verpflichtung berührt aber nicht die Geltung des KollV, sondern stellt lediglich eine **Ordnungswidrigkeit** dar. Allerdings ist der säumige AG auf Antrag des BR von der Bezirksverwaltungsbehörde mit einer **Geldstrafe** bis zu € 2.180,– zu bestrafen (§ 160 ArbVG). Darüber hinaus ist der AG auch verpflichtet, **im Dienstzettel bzw Dienstvertrag** anzuführen, **welcher KollV** auf das Arbeitsverhältnis anwendbar ist und wo der entsprechende KollV eingesehen werden kann (vgl § 2 Abs 2 Z 12 AVRAG). **530**

5. Zulässiger Inhalt und Rechtswirkungen des Kollektivvertrages

Das ArbVG normiert abschließend, **was durch KollV geregelt werden darf.** Beinhaltet ein KollV (auch) andere Regelungsgegenstände, sind die entsprechenden Bestimmungen nichtig. Nach dem Inhalt und den verschiedenen Rechtswirkungen sind der **schuldrechtliche** und der **normative Teil** des KollV zu unterscheiden. **531**

5.1. Schuldrechtlicher Teil

Zulässiger Regelungsinhalt eines KollV sind zunächst die **Rechtsbeziehungen zwischen den KollV-Parteien** selbst (zB die Vereinbarung von Fristen für die Kündigung des KollV). Solche Bestimmungen wirken wie „gewöhnliche" Vertragsnormen und begründen ausschließlich Rechte und Pflichten der Parteien, die den KollV abgeschlossen haben. **532**

5.2. Normativer Teil

a) Regelungsinhalt

In einem KollV können nur die **im ArbVG** (abschließend) **umschriebenen Angelegenheiten** geregelt werden (§ 2 Abs 2 ArbVG). Die größte praktische Bedeutung kommt dabei den sog **Inhaltsnormen** zu. Darunter sind Regelungen bezüglich der **gegenseitigen aus dem Arbeitsverhältnis entspringenden Rechte und Pflichten der AG und der AN** zu verstehen (vgl § 2 Abs 2 Z 2 ArbVG; zB Entgelt-, Arbeitszeit-, Urlaubs- und Beendigungsfragen). **533**

Hinweis: Der **OGH** versteht den **Begriff „Inhaltsnorm" sehr eng.** Danach darf nur der **typische, wesentliche oder regelmäßig wiederkehrende Inhalt eines Arbeitsverhältnisses** durch KollV geregelt werden. In der **Lehre** wird dagegen auch die Auffassung vertreten, dass die Regelungsbefugnis der KollV-Parteien weiter geht und sämtliche Angelegenheiten der AN und der AG betrifft, die mit dem Arbeitsverhältnis in einem sachlichen Zusammenhang stehen (zB auch bereicherungsrechtliche Ansprüche, die zwischen AG und AN allerdings seltener vorkommen).

534 Weitere zulässige Regelungsgegenstände des KollV sind:

- **Betriebliche Angelegenheiten** (zB **Sozialpläne:** das sind Regelungen über Maßnahmen zur Verhinderung, Beseitigung oder Milderung der Folgen tief greifender Betriebsänderungen etwa nach Rationalisierungen; siehe dazu § 97 Abs 1 Z 4 ArbVG) sowie
- einige **betriebsverfassungsrechtliche Angelegenheiten** (zB Mitwirkung der Arbeitnehmerschaft bei Sozialplanmaßnahmen und bei der menschengerechten Arbeitsgestaltung);
- **gemeinsame Einrichtungen der KollV-Parteien** (zB Arbeitsstiftungen);
- **sonstige Angelegenheiten** dürfen KollV nur dann regeln, wenn sie ein **Gesetz dem KollV zur Regelung überträgt (zB Arbeitszeitregelungen gem § 4 Abs 6 AZG).**

Beachte: Die über die Regelungsbefugnis der Abschlussparteien hinausgehenden KollV-Bestimmungen sind nichtig.

b) Stellung und Wirkung in der Rechtsordnung

535 **KollV-Bestimmungen dürfen nicht gegen zwingendes übergeordnetes Recht verstoßen** (vgl dazu den Stufenbau der Rechtsordnung Rz 5). Bei der inhaltlichen Ausgestaltung von KollV müssen daher die verbindlichen Vorgaben des **EU-Rechts,** die **Grundrechte** (zB der verfassungsrechtliche Gleichheitsgrundsatz), **zwingende Vorschriften** in **Gesetzen und Verordnungen** sowie die **Gute-Sitten-Klausel** (vgl § 879 ABGB) beachtet werden. IdR sehen aber „zwingende" arbeitsrechtliche Gesetzesbestimmungen nur einseitig, dh relativ zwingende Regelungen vor. Davon darf durch KollV zugunsten der AN abgewichen werden.

Beispiel: *§ 10 AZG normiert einen generellen Überstundenzuschlag von 50%. Den KollV-Parteien steht es nun ohne weiteres frei, für Überstundenarbeit beispielsweise nach 22.00 Uhr oder an Sonn- und Feiertagen einen Überstundenzuschlag von 100% zu normieren.*

536 Was günstiger für die AN ist, ermittelt die Judikatur durch einen sog **Günstigkeitsvergleich.** Dabei werden **rechtlich und sachlich zusammengehörige Normengruppen** (zB Arbeitszeitbestimmungen) im Gesetz und im KollV miteinander verglichen (so wäre beispielsweise ein Abtausch von Urlaub gegen Entgelt unzulässig).

Zu beachten ist, dass **Gesetze** auch **kollv-dispositiv** sein können. Als kollv-dispositiv werden jene gesetzlichen Vorschriften bezeichnet, die zwar für die Parteien des Einzelarbeitsvertrages zwingend sind, durch KollV jedoch zum Vorteil oder zum Nachteil der AN abgeändert werden dürfen (zB vielfach im Arbeitszeitrecht).

Die Inhaltsnormen und die übrigen in § 2 Abs 2 Z 3 bis 7 ArbVG angeführten KollV-Bestimmungen haben **normativen Charakter.** Dh, diese Regelungen wirken unmittelbar und zwingend auf die Arbeitsverhältnisse ein, die dem jeweiligen KollV unterliegen **(Normwirkung).** Die einzelnen AG und AN werden daher im Anwendungsbereich des KollV durch normativ wirkende KollV-Bestimmungen direkt berechtigt und verpflichtet. Es ist also **nicht erforderlich,** dass **in den einzelnen Arbeitsverträgen** ausdrücklich auf die einschlägigen KollV-Regelungen **„Bezug genommen"** wird, obwohl dies in der Praxis häufig vorkommt. **537**

Die meisten normativen Bestimmungen des KollV wirken – wie der Großteil der arbeitsrechtlichen Gesetze – ebenfalls nur **einseitig (relativ) zwingend.** Dh, die **Parteien des Einzelarbeitsvertrages dürfen für den AN günstigere Vorschriften vereinbaren,** sofern das der KollV nicht ausschließt (vgl § 3 ArbVG). Diese gehen dann den entsprechenden KollV-Klauseln vor. Für den AN ungünstigere Vertragsbestimmungen werden hingegen vom KollV verdrängt. Bei der Frage, **welche Regelung günstiger ist,** kommt es – wie beim Vergleich zwischen KollV und Gesetz – wiederum zu einer Gegenüberstellung der beiden Rechtsquellen, wobei die einzelnen Bestimmungen dann ebenfalls nicht isoliert, sondern im Rahmen eines **Gruppenvergleichs** derart zu betrachten sind, dass die **sachlich und rechtlich zusammengehörigen Bestimmungen zu vergleichen** sind. **538**

c) Ende der Rechtswirkung

Die **Rechtswirkung eines KollV endet** grundsätzlich mit seinem **Erlöschen,** also zumeist durch Ablauf der vereinbarten Geltungsdauer, seltener durch Kündigung seitens einer Abschlusspartei. **Bis zum Inkrafttreten eines neuen KollV** sieht das Gesetz zur Vermeidung eines „vertragslosen Zustandes" die sog **Nachwirkung,** dh eine **abgeschwächte normative Wirkung** des alten, an sich „erloschenen" KollV vor (vgl § 13 ArbVG). Die KollV-Bestimmungen haben in diesem Fall keine zwingende Wirkung mehr. **539**

Daher dürfen die Arbeitsvertragsparteien von den nachwirkenden KollV-Bestimmungen **zum Vorteil, aber auch zum Nachteil der Beschäftigten abweichen** (also beispielsweise auch mit einer Änderungskündigung eine Verschlechterung der Arbeitsbedingungen erzwingen). **Neueintretende AN** werden von der Nachwirkung eines KollV überhaupt **nicht erfasst,** weshalb mit ihnen grundsätzlich jede Vereinbarung getroffen werden kann, die nicht sittenwidrig ist bzw sonst gegen arbeitsrechtliche Gesetze verstößt. Sobald allerdings ein neuer KollV abgeschlossen wird, sind die darin enthaltenen Mindeststandards wiederum zu beachten.

d) Grenzen des Geltungsbereichs eines Kollektivvertrages

Hinsichtlich der **Geltung eines KollV** ist zwischen einem **540**

- **zeitlichen** (Beginn, Ende),
- **räumlichen** (Österreich, bestimmte Bundesländer),
- **persönlichen** (Arbeiter, Angestellte, Lehrlinge, Führungskräfte, Praktikanten etc) und
- **fachlichen Geltungsbereich** (bestimmte Berufsgruppen)

zu unterscheiden. Angaben über den jeweiligen Geltungsbereich finden sich zu Beginn jedes KollV.

6. Kollision von Kollektivverträgen

6.1. Anwendung auf den Betrieb

541 In der Praxis kommt es nicht selten vor, dass ein AG verschiedene fachliche Tätigkeiten ausübt und daher über mehrere Gewerbeberechtigungen verfügt, also auch in **fachlicher Hinsicht mehrfach kollektivvertragsangehörig** ist. Welcher konkrete KollV in einem solchen Fall anwendbar ist, richtet sich nach folgenden Kollisionsregeln (Beispiel unter Rz 543):

- Verfügt ein **AG** über **zwei oder mehrere Betriebe** (§ 9 Abs 1 ArbVG), über einen **Haupt- und einen Nebenbetrieb** (§ 9 Abs 2 ArbVG) oder über **organisatorisch und fachlich abgegrenzte Betriebsabteilungen** (§ 9 Abs 2 ArbVG), so kommt jener KollV zur Anwendung, der der jeweils ausgeübten Tätigkeit im Betrieb bzw der Betriebsabteilung entspricht **(Grundsatz der Tarifvielfalt).**
- Liegt eine Trennung in unterschiedliche Betriebe bzw Betriebsabteilungen nicht vor (sog **„Mischbetrieb"**), so kommt der KollV jenes **Wirtschaftsbereichs** zur Anwendung, der für den Betrieb die **maßgebliche wirtschaftliche Bedeutung** hat. Durch Betriebsvereinbarung kann festgestellt werden, welcher fachliche Wirtschaftsbereich für den Betrieb die maßgebliche wirtschaftliche Bedeutung hat (§ 9 Abs 3 ArbVG; **Grundsatz der Tarifeinheit**).
- Ist die **maßgebliche wirtschaftliche Bedeutung nicht feststellbar,** kommt der **KollV** jenes Wirtschaftsbereichs zur Anwendung, dessen Geltungsbereich unbeschadet der Verhältnisse im Betrieb **in Österreich die größere Anzahl an AN** erfasst (§ 9 Abs 4 ArbVG; **Grundsatz der Tarifeinheit**).

542 **Beachte:** Eine **mehrfache KollV-Angehörigkeit** kann sich auch dadurch ergeben, dass ein AG zwar nur über eine **Gewerbeberechtigung** verfügt, tatsächlich aber für seine Tätigkeit (auch) eine andere Gewerbeberechtigung benötigen würde. In diesem Fall wird gem § 2 Abs 13 GewO 1994 die grundsätzliche Anwendbarkeit der benötigten – fehlenden – Gewerbeberechtigung fingiert (siehe Rz 526). Die tatsächliche Anwendbarkeit des KollV richtet sich dann wiederum nach den Kollisionsregeln des § 9 ArbVG.

6.2. Anwendung auf zwischen Betrieben wechselnde Arbeitnehmer

543 Herrscht bei einem AG **Tarifvielfalt,** gelten also in seinen Betrieben bzw Betriebsabteilungen unterschiedliche KollV, und **ist ein AN in den verschiedenen Betrieben** (bzw Betriebsabteilungen) tätig, stellt sich die Frage, **welcher KollV auf den AN anwendbar** ist. Dabei ist vom Grundsatz auszugehen, dass hinsichtlich des **persönlichen Geltungsbereichs** auf einen AN bei einem AG immer nur ein KollV zur Anwendung gelangen kann **(Grundsatz der Tarifeinheit).** Dabei wird grundsätzlich jener KollV angewendet, der der zeitlich überwiegend ausgeübten Tätigkeit des AN entspricht (§ 10 Abs 1 ArbVG). Liegt **keine überwiegende Beschäftigung** vor, gilt jener KollV, der unbeschadet der Verhältnisse im Betrieb die **größere Anzahl von AN** des fachlichen Wirtschaftsbereichs **in Österreich** erfasst (§ 10 Abs 2 ArbVG).

Beispiel: *Ein AG betreibt eine Boutique und ein Café. Werden diese beiden Tätigkeiten in eigenen Betrieben oder fachlich und organisatorisch abgegrenzten Betriebsabteilungen geführt, so kommt für jeden Betrieb bzw jede Betriebsabteilung der entsprechende KollV zur Anwendung. Dies ist für Arbeiter, die im Café tätig sind, der KollV für Arbeiter im Hotel- und Gastgewerbe und für Arbeiter, die in der Boutique tätig sind, der KollV für Handelsarbeiter (§ 9 Abs 1 und 2 ArbVG, siehe Rz 541).*

Springt ein AN bei seiner Tätigkeit zwischen diesen beiden Betrieben bzw Betriebsabteilungen hin und her, kommt für ihn auf das gesamte Arbeitsverhältnis nur jener KollV zur Anwendung, der für den Betrieb bzw die Betriebsabteilung gilt, in dem bzw in der er überwiegend beschäftigt ist (§ 10 Abs 1 ArbVG). Kann ein Überwiegen nicht festgestellt werden (zB bei einem Einsatz von jeweils 20 Stunden pro Woche), kommt jener KollV zur Anwendung, der von den beiden in Frage kommenden in Österreich die größere Anzahl an AN erfasst (§ 10 Abs 2 ArbVG). Dies wäre in diesem Fall der Handels-KollV.

Variante: *Liegt zwischen Boutique und Café eine Trennung in unterschiedliche Betriebe bzw Betriebsabteilungen nicht vor, so gilt für diese beiden Bereiche jener KollV, der für den Betrieb die maßgebliche Bedeutung hat (§ 9 Abs 3 ArbVG). Nach der Rsp kommen dafür in einer Gesamtbetrachtung Faktoren wie Umsatz, Gewinn, Betriebsmitteleinsatz ua in Betracht. Springt ein AN nun zwischen diesen beiden Einsatzgebieten hin und her, liegt kein Anwendungsfall des § 10 ArbVG vor, weil für diesen Betrieb ohnehin nur ein KollV anwendbar ist.*

7. Substitutionsformen des Kollektivvertrages

Nur selten sind in der Praxis Arbeitsverhältnisse in der Privatwirtschaft nicht von einem **544** KollV erfasst. Der Gesetzgeber trägt aber der Schutzbedürftigkeit der von einem solchen Manko betroffenen AN Rechnung, indem er drei **Substitutionsformen** vorsieht, die bei Fehlen eines einschlägigen KollV eingreifen. Im Einzelnen handelt es sich bei diesen Rechtsinstituten um

- die **Satzung** (vgl §§ 18 ff ArbVG),
- den **Mindestlohntarif** (vgl §§ 22 ff ArbVG) und
- das **Lehrlingseinkommen** (vgl §§ 26 ff ArbVG).

Unter besonderen gesetzlichen Voraussetzungen werden auf diesem Wege **Mindestentgeltregelungen behördlich festgelegt** (beispielsweise Mindestlohntarif für Beschäftigungsverhältnisse im Haushalt, Hausbesorger, Privatlehrer, Altenbetreuung, Privatkindergärten) bzw für andere (vergleichbare) Bereiche geltende KollV ganz oder teilweise durch Satzung auf Arbeitsverhältnisse ausgedehnt, die keinem KollV unterliegen (zB die Satzung des SWÖ-KollV 2024). **545**

Webtipp: Sämtliche in Österreich geltenden Mindestlohntarife und Satzungen sind im Internet über die Website des Bundesministeriums für Arbeit und Wirtschaft (BMAW) unter www.bmaw.gv.at abrufbar.

III. Arbeitskampfrecht

1. Allgemeines

546 In Österreich ist der Arbeitskampf gesetzlich nur rudimentär geregelt. Weil Arbeitskämpfe in der Arbeitswirklichkeit in Österreich wegen der im Wesentlichen funktionierenden Sozialpartnerschaft (siehe Rz 509 f) nur selten vorkommen (zB die „Abwehrstreiks“ im Vorfeld der Pensionsreform 2003), liegt auch kaum Judikatur zum Arbeitskampfrecht vor. In der Literatur werden Arbeitskämpfe als **planmäßige Störungen des Arbeitsfriedens** beschrieben, die von **einer Partei des Arbeitslebens** ausgehen. Arbeitskämpfe werden mit **kollektiven Maßnahmen** geführt („Kampfmittel“) und verfolgen einen bestimmten **Zweck** („Kampfziel“).

2. Arten des Arbeitskampfes

2.1. Streik

547 Der Streik ist der **von einer größeren Anzahl an AN gemeinsam durchgeführte Entschluss, dem AG die Arbeitskraft** ganz oder teilweise so lange **zu entziehen,** bis das damit verfolgte Kampfziel erreicht ist. Das Kampfmittel des Streiks ist die **kollektive Arbeitsniederlegung.** Zu unterscheiden sind dabei insb gewerkschaftliche oder nicht gewerkschaftliche Streiks (sog „wilde“ Streiks), totale Streiks oder Schwerpunktstreiks, Warnstreiks sowie arbeitsrechtliche und politische Streiks.

2.2. Aussperrung

548 Die Aussperrung ist der **von** einem oder mehreren **AG durchgeführte Entzug der Arbeit und des Entgelts gegenüber einer größeren Anzahl von AN** bis zur Erreichung des damit verfolgten Kampfzieles. So können zB als Reaktion auf einen (Teil-)Streik „Defensivaussperrungen“ erfolgen.

2.3. Boykott

549 Der Boykott ist die an „den Gegner des Arbeitslebens“ gerichtete **planmäßig vorgenommene** Ächtung (zB AN werden aufgefordert, mit bestimmten AG keine Arbeitsverträge abzuschließen).

3. Rechtliche Auswirkungen von Arbeitskämpfen

550 Die wichtigsten Fragen des Arbeitskampfrechts beziehen sich auf die **Rechtmäßigkeit von Arbeitskämpfen** und ihre **konkreten rechtlichen Auswirkungen.** Aus den wenigen Vorschriften, die in Österreich darauf Rückschlüsse zulassen, kann hergeleitet werden, dass sich der **Staat** bei Arbeitskämpfen **„neutral verhalten“ soll;** es soll **keine der an den Kampfmaßnahmen beteiligten Seiten begünstigt oder benachteiligt werden** (vgl § 3 Abs 10 AMFG, § 13 AlVG, § 9 AÜG sowie § 10 AuslBG). Kampfhandlungen der Arbeit-

geber- oder der Arbeitnehmerseite sollen nur „das letzte Mittel" bei der Austragung sozialer Konflikte sein. Aufgrund neuerer Rsp des EuGH und des EGMR setzt sich zunehmend die Ansicht durch, dass es sich beim Arbeitskampf um ein **Grundrecht** handelt.

In der Literatur wird bezüglich der Rechtmäßigkeit von Arbeitskämpfen häufig zwischen 551
dem Arbeitskampf als Gesamtaktion (dh als kollektive Maßnahme) und der Teilnahme des einzelnen AN bzw AG an einem Arbeitskampf unterschieden:

- Nach der überwiegenden Ansicht in der Fachliteratur sind Streik und Aussperrung als **„Gesamtaktionen" grundsätzlich zulässig.** Generell dürfen Arbeitskämpfe und einzelne Kampfhandlungen dabei aber nicht gegen **gesetzliche Verbote,** gegen **vertragliche Verpflichtungen** oder gegen **allgemeine Verhaltenspflichten** verstoßen. Es dürfen auch **keine unverhältnismäßigen Mittel** eingesetzt werden, um das jeweilige Kampfziel zu erreichen.
- Hinsichtlich der **Rechtsfolgen der Streikbeteiligung eines einzelnen AN** ist weitgehend unstrittig, dass für die Dauer des Streiks der **Entgeltanspruch** gegenüber dem AG **ruht.** Der Entgeltausfall wird für AN, die Gewerkschaftsmitglieder sind, idR vom ÖGB (Streikfonds) ausgeglichen.

  Schwierigkeiten in diesem Zusammenhang können sich aber bei sog Teilstreiks ergeben, wenn sich einzelne AN arbeitsbereit erklären, ihre Arbeitsleistung aber wegen des Stillstandes des Betriebes nicht angenommen werden kann. Nach einer OGH-Entscheidung gebührt einem arbeitswilligen „Streikbrecher" gem § 1155 ABGB die Entgeltfortzahlung.

  Darüber hinaus geht die herrschende Auffassung davon aus, dass die Streikteilnahme regelmäßig eine **Verletzung der Arbeitsverpflichtung** aus dem Arbeitsvertrag darstellt (sofern der AN nicht vor Streikbeginn sein Arbeitsverhältnis aufgekündigt hat). Danach wäre der AG berechtigt, rechtlich zulässige Sanktionen gegen streikende AN zu ergreifen (zB fristlose **Entlassung** wegen Arbeitsverweigerung; vgl § 27 Z 4 AngG, § 82 lit f GewO 1859; zum Entlassungsrecht siehe die Rz 388 ff, 393 ff). Allerdings wird dies von den neueren Tendenzen in der Lehre abgelehnt, sofern der Arbeitskampf als Gesamtaktion zulässig ist.

Praxistipp: Der Betriebsrat (BR) darf sich nicht am Streik beteiligen (betriebsverfas- 552
sungsrechtliche Friedenspflicht); ein einzelnes BR-Mitglied darf nur als „normaler" AN bei einem von der Gewerkschaft initiierten Streik mitmachen.

IV. Betriebsverfassungsrecht

1. Allgemeines

Das Betriebsverfassungsrecht regelt die **Interessenvertretung der Arbeitnehmerschaft** 553
auf Betriebs-, Unternehmens- und Konzernebene einschließlich der sog **Europäischen Betriebsverfassung.** Das Hauptziel des Gesetzgebers besteht darin, einen **Interessenausgleich „zum Wohl der Beschäftigten und des Betriebes"** zu erreichen (vgl § 39

Abs 1 ArbVG). Die einschlägigen Rechtsgrundlagen des Betriebsverfassungsrechts finden sich in Österreich im **II. Teil des Arbeitsverfassungsgesetzes** (§§ 33 ff ArbVG).

554 Für die Europäische Betriebsverfassung bestehen im V. Teil in den §§ 171 ff ArbVG Sonderregelungen. Weitere Sonderregelungen gelten im VI. Teil in den §§ 208 ff ArbVG hinsichtlich der Beteiligung der AN in der Europäischen Gesellschaft, der „Societas Europaea" oder kurz „SE". Mitbestimmungsrechte der AN bei einer grenzüberschreitenden Verschmelzung von Kapitalgesellschaften ergeben sich aus dem VIII. Teil (§§ 258 ff) das ArbVG.

555 Aus der gesetzlichen Betriebsverfassung ergibt sich vor allem, unter welchen Voraussetzungen in den einzelnen Unternehmungen bzw in deren Betrieben **Organe** (zB Betriebsversammlung, Betriebsrat) gebildet werden dürfen, die die Interessen der dort beschäftigten AN (Belegschaft) gegenüber der Arbeitgeberseite vertreten. Ferner werden die „Mitsprachemöglichkeiten" der Vertretungsorgane der AN bei den verschiedenen betrieblichen Angelegenheiten normiert. Diese vielfältigen Befugnisse bezeichnet man als **Mitwirkungs- und Mitbestimmungsrechte** der Belegschaft. Bei der Ausübung dieser Rechte durch das wichtigste Belegschaftsorgan, den **Betriebsrat (BR),** kommt der **Betriebsvereinbarung (BV)** als Regelungsinstrument große praktische Bedeutung zu (siehe Rz 602 ff).

556 **Vom Geltungsbereich der Betriebsverfassung ausgenommen** sind insb **Ämter, Behörden** und Verwaltungsstellen der Gebietskörperschaften, ferner **land- und forstwirtschaftliche Betriebe** sowie **Privathaushalte.** Spezialvorschriften gelten für die Telekom Austria AG (Post-Betriebsverfassungsgesetz, PBVG).

2. Betrieb, Unternehmen, Konzern

2.1. Betrieb

557 Die betriebsverfassungsrechtlichen Vorschriften haben verschiedene Anknüpfungspunkte, die mit der Struktur der jeweiligen Unternehmungen und ihrer Arbeitsstätten zusammenhängen. **Hauptbezugspunkt** des Betriebsverfassungsrechts sind die im **Inland** errichteten **Betriebe.** Die Betriebsverfassung muss dabei dem Umstand Rechnung tragen, dass **in der Praxis** kleine und mittlere Unternehmen, die häufig nur über eine einzige Arbeitsstätte verfügen, neben Großunternehmen mit einer Mehrzahl von Arbeitsstätten bzw „Betrieben" iSd ArbVG bestehen. Oft gehören diese Unternehmungen internationalen Konzernen an, deren Sitz im Ausland liegt.

558 Der für das Betriebsverfassungsrecht maßgebende **Betriebsbegriff** ist in **§ 34 ArbVG** geregelt. Als **Betrieb** gilt danach *„jede Arbeitsstätte, die eine organisatorische Einheit bildet, innerhalb der eine physische oder juristische Person oder eine Personengemeinschaft mit technischen oder immateriellen Mitteln die Erzielung bestimmter Arbeitsergebnisse fortgesetzt verfolgt, ohne Rücksicht darauf, ob Erwerbsabsicht besteht oder nicht".*

Aus dieser Definition sind die **drei grundlegenden Elemente des Betriebsbegriffes** ableitbar:

- Der **Betriebsinhaber** (zB Einzelpersonen, Gesellschaften, Vereine),
- der **einheitliche Betriebszweck** (zB Warenproduktion, Handel, Dienstleistungserbringung, ideelle und humanitäre Agenden) und

- die **einheitliche Betriebsorganisation** (dh, die Arbeitsstätte muss unter dem Aspekt der Produktion oder Dienstleistungserbringung eine einheitliche Organisations- und Entscheidungsstruktur aufweisen, die ihre Abgrenzung von anderen Unternehmensbereichen ermöglicht).

In der Praxis bereitet vor allem die **Abgrenzung „selbständiger Betriebe" von anderen Arbeitsstätten** (sog „unselbständigen Betriebsteilen" oder Betriebsabteilungen) **innerhalb eines Unternehmens** erhebliche Schwierigkeiten. Diese Abgrenzung ist (zB bei Filialen von Banken oder Handelsunternehmen) wichtig, weil nach dem Gesetz nur in selbständigen Betrieben (und **nicht** etwa in bloßen **unselbständigen Filialen**) eigene Belegschaftsorgane errichtet werden dürfen (zB Wahl eines BR). 559

Die Judikatur bejaht die Betriebseigenschaft bei Vorliegen von **Selbständigkeit** und **Eigenständigkeit** einer Arbeitsstätte. Darunter ist Folgendes zu verstehen: 560

- **Selbständigkeit** liegt bei weitgehend **autonomen Entscheidungsbefugnissen** der Führungskräfte des Betriebes hinsichtlich der gewöhnlichen Betriebsabläufe insb in produktionstechnischen und personellen Fragen vor (zB Koordination der AN, Einteilung der Dienste und Urlaube, Anordnung von Überstunden). Dabei schadet es nicht, wenn administrative, kaufmännische oder wirtschaftliche Angelegenheiten in einer Zentrale für mehrere Betriebe geführt werden.
- **Eigenständigkeit** setzt die Abgrenzbarkeit bzw Abgeschlossenheit der in der Arbeitsstätte erbrachten Dienstleistung oder des dort erzeugten Produktes von den **Arbeitsergebnissen** in anderen Unternehmensbereichen voraus. Ein Indiz dafür ist zB die Möglichkeit zur eigenständigen Verwertung des Produktes auf dem Markt.

Beispiel: *Eine* ***Filiale*** *eines Unternehmens im Lebensmittelhandel ist idR kein eigener Betrieb, weil es vielfach an einer einheitlichen Betriebsorganisation in dieser Filiale mangeln wird. Dies zeigt sich vor allem darin, dass der Marktleiter nicht über entsprechende Entscheidungsbefugnisse verfügt und regelmäßig mehrere oder auch alle Filialen des Unternehmens zu einer organisatorischen Einheit zusammengefasst werden und unter einer zentralen Leitung stehen. Ist das Unternehmen hingegen so organisiert, dass den einzelnen Marktleitern autonome Entscheidungsbefugnisse hinsichtlich der gewöhnlichen Betriebsabläufe zukommen, kann grundsätzlich ein eigenständiger Betrieb vorliegen.*

Für die Betriebseigenschaft kann im Zweifel überdies die große **räumliche Entfernung** einer Arbeitsstätte vom Hauptbetrieb (zB der Zentrale) des Unternehmens sprechen. In unklaren Fällen kann eine **Klage auf Feststellung der Betriebseigenschaft** beim Arbeits- und Sozialgericht eingebracht werden (§ 34 ArbVG; zum gerichtlichen Verfahren siehe Rz 673 ff). **Große Arbeitsstätten** mit über 50 AN, die die gesetzlichen Voraussetzungen eines Betriebes nicht erfüllen, können auf Antrag vom Gericht **einem Betrieb gleichgestellt** werden (§ 35 ArbVG). 561

Hinweis: Ein **Betrieb** muss nicht rechtlich selbständig sein. Der hinter ihm stehende Rechtsträger ist idR ein **Unternehmen.** Kleinere Unternehmen verfügen häufig nur über einen einzigen Betrieb, sodass eine faktische Trennung zwischen Unternehmen und Betrieb nicht möglich ist. Größere Unternehmen haben hingegen vielfach mehrere eigenständige (oft auch örtlich auseinander liegende) Betriebe. In diesem Fall spricht man von einem sog **gegliederten Unternehmen.** 562

563 Ändern sich die Struktur und die Elemente eines Betriebes (insb Betriebsinhaber, Belegschaft, Betriebsmittel, Betriebszweck, Organisationsstruktur) im Laufe seines Fortbestehens, kann dies dazu führen, dass nicht mehr ein und derselbe Betrieb vorliegt. Sind die **Änderungen erheblich,** verliert der Betrieb dadurch seine Betriebsidentität, weshalb bezogen auf den ursprünglichen Betrieb von einer **Betriebsstilllegung** gesprochen werden kann. Dies führt zu einer vorzeitigen Beendigung der Tätigkeitsdauer des BR (§ 62 Z 1 ArbVG) und zu einem Erlöschen der Mitgliedschaft eines AN zum BR (§ 64 Abs 1 Z 1 ArbVG) und damit auch zum Verlust des besonderen Bestandschutzes von BR-Mitgliedern (vgl § 120 Abs 3 und § 121 Z 1 ArbVG).

2.2. Unternehmen und Konzern

564 Weitere Bezugsebenen des Betriebsverfassungsrechts sind das Unternehmen und der Konzern. Folgendes ist dabei zu unterscheiden:

- Unter einem **Unternehmen** versteht man eine rechtlich selbständige Wirtschaftseinheit, die den Zweck verfolgt, die in ihrem Betrieb bzw in ihren Betrieben hergestellten bzw geschaffenen Produkte und/oder Dienstleistungen wirtschaftlich zu verwerten.
- Im Gegensatz dazu versteht man nach dem Gesellschaftsrecht unter einem **Konzern** die Zusammenfassung mehrerer rechtlich selbständiger Unternehmen zu wirtschaftlichen Zwecken unter einheitlicher Leitung. Von einem Konzern spricht man auch, wenn ein Unternehmen unmittelbar oder mittelbar unter dem beherrschenden Einfluss eines anderen Unternehmens (zB durch Beteiligung oder personelle Verflechtung) steht (vgl § 115 GmbHG, § 15 AktG). Konzerne können dabei sowohl rein nationale als auch internationale sein.

Beispiel: *Ein großes österreichisches Handelsunternehmen in der Rechtsform einer AG gliedert seinen Fuhrpark und die Verwaltung seiner Immobilien in eigene GmbHs aus, die nach wie vor im Eigentum bzw unter der Leitung des Handelsunternehmens („Mutterunternehmen“) stehen. In diesem Fall liegt ein nationaler Konzern vor. Werden die Gesellschaftsanteile des Handelsunternehmens (samt seiner GmbHs) von einem ausländischen Unternehmen gekauft und steht es fortan unter der Leitung dieses Unternehmens (Muttergesellschaft), so bildet es als Tochtergesellschaft gemeinsam mit den GmbHs („Enkeltöchter“) einen Teil eines internationalen Konzerns.*

565 Bei internationalen Sachverhalten sind betriebsverfassungsrechtliche Besonderheiten zu beachten, wenn inländische Betriebe bzw Unternehmungen in multinationale Unternehmungen bzw Konzerne eingebunden sind, die in **mehreren europäischen Staaten** tätig sind (vgl §§ 171 ff ArbVG). Demnach ist die Möglichkeit zur Errichtung eines **Europäischen Betriebsrates** vorgesehen. Ziel ist dabei, eine Mitwirkungsmöglichkeit der AN bei staatsübergreifenden Unternehmensstrukturen zu schaffen. Die europäische Betriebsverfassung im ArbVG gilt aber grundsätzlich nur für Unternehmen und Konzerne, deren **zentrale Leitung im Inland** liegt und die **mindestens 1000 AN in den Mitgliedstaaten** der EU bzw des EWR und **jeweils mindestens 150 AN** davon in wenigstens **zwei Mitgliedstaaten beschäftigen.** Dabei sind folgende Organe zu bilden:

- **Besonderes Verhandlungsgremium:** Die primäre Aufgabe dieses Organs besteht in der Entscheidung, ob ein „Europäischer Betriebsrat“ errichtet wird.

- **Europäischer Betriebsrat:** Ihm stehen **Unterrichtungs- und Anhörungsrechte** über Angelegenheiten zu, die die wirtschaftlichen, sozialen, gesundheitlichen und kulturellen Interessen der AN mindestens zweier zum Unternehmen bzw zur Unternehmensgruppe gehörender Betriebe bzw Unternehmen in verschiedenen Mitgliedstaaten betreffen. Darüber hinaus hat der Europäische Betriebsrat das Recht, einmal **jährlich mit der zentralen Leitung des Unternehmens** bzw der Unternehmensgruppe bezüglich der Unterrichtung und Anhörung über die Entwicklung der Geschäftslage und über die **Perspektiven** des Unternehmens bzw der Unternehmensgruppe **zusammenzutreten.**

Sonderregelungen im ArbVG gelten schließlich auch hinsichtlich der Beteiligung der AN an Unternehmen, die in der Rechtsform der **Europäischen Gesellschaft** bzw **„Societas Europaea" (SE)** bestehen und ihren Sitz im Inland haben (vgl §§ 208 ff ArbVG). Bei der SE handelt es sich um eine **Kapitalgesellschaft** mit EU-weit anerkannter Rechtspersönlichkeit. Die entsprechenden Bestimmungen im ArbVG sind im Wesentlichen den Bestimmungen über den Europäischen Betriebsrat nachgebildet. Als Organe fungieren in erster Linie wiederum das **besondere Verhandlungsgremium** sowie der **SE-Betriebsrat.** Die Befugnisse des SE-Betriebsrates sind ähnlich jenen des Europäischen Betriebsrates. **566**

3. Belegschaft und Betriebsinhaber

Im Betriebsverfassungsrecht gilt ein besonderer Arbeitnehmerbegriff, der etwas von jenem im Arbeitsvertragsrecht (vgl Rz 11 ff) abweicht. Nach dem **betriebsverfassungsrechtlichen Arbeitnehmerbegriff** ist für die Arbeitnehmereigenschaft **567**

- eine **Tätigkeit in persönlicher Abhängigkeit und**
- **in tatsächlicher Eingliederung in einen Betrieb** erforderlich (§ 36 Abs 1 ArbVG).

Während die persönliche Abhängigkeit eines Beschäftigten nach denselben Kriterien beurteilt wird wie im Vertragsrecht, ist das **Vorliegen eines gültigen Arbeitsvertrages** für den betriebsverfassungsrechtlichen Arbeitnehmerbegriff **nicht erforderlich.** Entscheidend sind vielmehr die tatsächliche Beschäftigung in persönlicher Abhängigkeit und die Einbindung in den Betrieb. Daher werden betriebsverfassungsrechtlich zB auch **überlassene Arbeitskräfte** als **AN des Beschäftigerbetriebes** qualifiziert (vgl Rz 145 ff, 148). Es schadet demnach nicht, dass zwischen dem Beschäftiger und der überlassenen Arbeitskraft kein Arbeitsvertrag besteht.

Insb folgende Personengruppen sind ausdrücklich **vom Arbeitnehmerbegriff iSd Betriebsverfassung ausgenommen:** **568**

- **Organmitglieder:** Dies sind die Mitglieder des zur gesetzlichen Vertretung einer juristischen Person befugten Organs (vgl § 36 Abs 2 Z 1 ArbVG; zB Vorstandsmitglieder einer Aktiengesellschaft, GmbH-Geschäftsführer, Vereinsvorstände).
- **Leitende Angestellte mit maßgebendem Einfluss auf die Betriebsführung:** Die Judikatur stellt diesbezüglich auf weitgehend eigenständige Entscheidungsbefugnisse der betrieblichen Führungskräfte insb in Personalfragen (wie zB Entscheidung über Einstellung, Kündigung oder Entlassung von AN) ab (vgl § 36 Abs 2 Z 2 ArbVG). Entscheidend ist dabei die tatsächliche Stellung, weshalb beispielsweise die Erteilung der Prokura (§§ 48 ff UGB) für sich allein nicht für die Qualifikation als leitenden Angestellten iSd ArbVG ausreicht.

569 **Beachte:** Ein leitender Angestellter iSd AZG/ARG (vgl Rz 312) muss nicht in jedem Fall auch unter die Ausnahmebestimmung des § 36 Abs 2 Z 3 ArbVG fallen, weil der Begriff des leitenden Angestellten im AZG/ARG weiter gefasst ist. So wird beispielsweise der Leiter einer Finanzabteilung, der weitgehend zeitautonom arbeitet und für seinen Bereich über weitreichende Entscheidungsbefugnisse verfügt, der aber selbst nicht über Einstellungen und Kündigungen entscheiden darf, zwar als leitender Angestellter iSd AZG/ARG qualifiziert werden, nicht aber iSd ArbVG.

- Personen, die **zu Schulungs- und Ausbildungszwecken kurzfristig beschäftigt** werden (zB Volontäre).

570 **Sämtliche aus dem ArbVG ableitbaren Arbeitnehmerrechte** (wie beispielsweise die Teilnahme an Betriebsratswahlen oder der allgemeine Kündigungs- und Entlassungsschutz) **kommen** auf die vom Anwendungsbereich des Betriebsverfassungsrechts ausgenommenen Personengruppen **nicht zur Anwendung.** Die Einbeziehung insb von **Führungskräften** in die Betriebsverfassung erschien dem Gesetzgeber unbillig, weil diese Personengruppen gegenüber den anderen AN **Arbeitgeberfunktionen** wahrnehmen. Ihre Einbeziehung in die Betriebsverfassung würde daher „zu einer Verwischung der Fronten" zwischen Arbeitgeber- und Arbeitnehmerseite führen, sodass dann keine angemessene Vertretung der Arbeitnehmerinteressen (Belegschaftsinteressen) in den Betrieben mehr gewährleistet wäre.

571 **Beachte:** Personen, die mangels persönlicher Abhängigkeit von vornherein nicht als AN qualifiziert werden (vgl Rz 13 ff), fallen ebenfalls nicht unter das ArbVG. Dies gilt insb für **freie Dienstnehmer,** denen nach der Betriebsverfassung grundsätzlich keinerlei Rechte zukommen und die auch für die Erreichung der im ArbVG vielfach festgesetzten Kopfzahlen (zB die Schwelle von fünf AN für die Errichtung eines BR) nicht mitzuzählen sind.

572 Im Betriebsverfassungsrecht werden die in den einzelnen Unternehmungen bzw in deren Arbeitsstätten bzw Betrieben tätigen AN in ihrer Gesamtheit als **Belegschaft** (zB Unternehmensbelegschaft, Betriebsbelegschaft) bezeichnet. Der jeweiligen Belegschaft und ihren Vertretungsorganen steht auf Arbeitgeberseite der **Betriebsinhaber** (bzw der Inhaber des Unternehmens) gegenüber. Das kann beispielsweise eine Einzelperson, eine Gesellschaft oder ein Verein sein. Zumeist ist der Betriebsinhaber auch der Arbeitsvertragspartner (also der AG) der Beschäftigten. Dies ist aber nicht unbedingt erforderlich (zB bei der Arbeitskräfteüberlassung, siehe Rz 145 ff).

4. Belegschaftsorgane

573 In Unternehmungen, die der Betriebsverfassung unterliegen, wird die **Belegschaft** gegenüber der Arbeitgeberseite durch **Organe repräsentiert und bei der Wahrnehmung ihrer Interessen vertreten.** Die Belegschaftsorgane üben auch die gesetzlich vorgesehenen Mitbestimmungs- und Mitwirkungsrechte der Arbeitnehmerschaft (siehe Rz 593 ff) aus. Nach

dem Gesetz dürfen aber **nur in Betrieben** iSd ArbVG Belegschaftsorgane gebildet werden, in denen dauernd mindestens **fünf AN beschäftigt sind,** die das **16. Lebensjahr** vollendet haben (vgl §§ 40, 49 ArbVG; sog **„betriebsratspflichtiger Betrieb“**). Dabei dürfen Heimarbeiter und bestimmte Familienangehörige (insb Ehegatte sowie Kinder und Eltern des Betriebsinhabers) nicht berücksichtigt werden.

Beachte: Kleinstbetriebe (bzw Kleinstunternehmungen), die weniger als fünf AN beschäftigen, **sind nicht vom Betriebsverfassungsrecht erfasst.** Auf die Beschäftigten in Kleinstbetrieben kommen die betriebsverfassungsrechtlichen Bestimmungen (zB der allgemeine Kündigungs- und Entlassungsschutz nach §§ 105 ff ArbVG) daher nicht zur Anwendung. 574

Welche Belegschaftsorgane in den jeweiligen Unternehmungen errichtet werden dürfen, ergibt sich im Einzelnen aus dem ArbVG (vgl insb §§ 40 ff). Die **wichtigsten Belegschaftsorgane** sind die **Betriebsversammlung** und der **Betriebsrat.**

4.1. Betriebsversammlung

Die Betriebsversammlung besteht aus der **Gesamtheit der AN** eines Betriebes (§§ 41 ff 575 ArbVG). Diese Versammlung ist das zentrale **Willensbildungsorgan** der Belegschaft, in dem die **grundlegenden Entscheidungen** getroffen werden (zB im Zusammenhang mit Betriebsratswahlen). Ferner dient die Betriebsversammlung der **Beratung** und der **Information der Belegschaftsmitglieder.** Darüber hinaus ist es auch ein **Kontrollorgan** hinsichtlich der Tätigkeit des BR und des Rechnungsprüfers.

Arbeiter und **Angestellte** bilden jeweils eine **eigenständige Gruppenversammlung,** falls **jede Gruppe mindestens fünf AN** zählt. Die Mitglieder der Arbeiter-Gruppenversammlung und der Angestellten-Gruppenversammlung bilden gemeinsam die **Betriebshauptversammlung.**

Ordentliche Betriebsversammlungen sind mindestens einmal in jedem **Kalenderhalbjahr** (üb- 576 licherweise während der Arbeitszeit) vorgesehen. Zusätzlich können außerordentliche Versammlungen einberufen werden. **Stimmberechtigt** in der Betriebsversammlung ist grundsätzlich jeder **AN, der das 16. Lebensjahr vollendet hat** und **im Betrieb beschäftigt** ist. **Beschlüsse** werden grundsätzlich mit **einfacher Mehrheit** gefasst. **Qualifizierte Mehrheitsbeschlüsse** sind nur für die **Enthebung des Betriebsrates** sowie die Bildung eines gemeinsamen Betriebsrates für Arbeiter und Angestellte erforderlich (vgl § 49 Abs 2 ArbVG). Details über die Einberufung und Durchführung einer Betriebsversammlung finden sich in der **Betriebsratsgeschäftsordnung (BR-GO).**

4.2. Betriebsrat

a) Zusammensetzung, Aufgaben und Willensbildung

577 Der Betriebsrat (BR) besteht je nach Betriebsgröße aus unterschiedlich vielen Personen. Bei einer Betriebsgröße von **fünf bis neun AN** besteht der BR aus **einer Person.** Ab einer Betriebsgröße von zehn AN ist der Betriebsrat als **Kollegialorgan** mit mehreren Personen zu bilden, das von seinem **Betriebsratsvorsitzenden** nach außen vertreten wird. Die **Zahl der BR-Mitglieder erhöht sich** dabei **mit der Belegschaftsgröße** (vgl § 50 ArbVG).

Der Betriebsrat besteht in Betrieben mit fünf bis neun AN aus einer Person, mit 10 bis 19 AN aus zwei Mitgliedern, mit 20 bis 50 AN aus drei Mitgliedern, mit 51 bis 100 AN aus vier Mitgliedern. In Betrieben mit mehr als 100 AN erhöht sich für je weitere 100 AN, in Betrieben mit mehr als 1000 AN für je weitere 400 AN die Zahl der Mitglieder des Betriebsrates um ein Mitglied.

578 Sind in einem Betrieb sowohl **Arbeiter** als auch **Angestellte** beschäftigt und umfasst jede dieser Arbeitnehmergruppen mindestens **fünf AN,** dann sind für beide Gruppen eigene **Gruppenbetriebsräte** für die **Arbeiter** („Arbeiterbetriebsrat") und die **Angestellten** („Angestelltenbetriebsrat") zu errichten. Bestehen solche getrennten Gruppenbetriebsräte, dann bildet die Gesamtheit ihrer Mitglieder für die Wahrnehmung gemeinsamer Angelegenheiten den sog **Betriebsausschuss** (vgl § 76 ArbVG).

Erfüllt nur eine Gruppe die Voraussetzungen für die Errichtung eines Betriebsrates (zB ein Betrieb zählt zehn Angestellte und drei Arbeiter) oder beschließen beide Gruppenversammlungen in getrennten Abstimmungen die Bildung eines **gemeinsamen Betriebsrates,** dann ist nur ein Betriebsrat einzurichten (§ 40 Abs 3 ArbVG).

579 Der Betriebsrat **vertritt die Belegschaft** nach außen, trifft Entscheidungen in „Tagesfragen", nimmt die Rechte der Belegschaft **gegenüber dem Betriebsinhaber** wahr (zB durch Widerspruch gegen Kündigungen durch den AG und deren Anfechtung; vgl dazu Rz 421 ff) und schließt mit diesem **Betriebsvereinbarungen** ab (vgl Rz 602 ff).

580 Die interne **Willensbildung** bei Betriebsräten mit mehreren Mitgliedern erfolgt in Sitzungen des Betriebsrats, bei denen für gültige **Beschlüsse des Betriebsrates** – je nach Gegenstand, über den abgestimmt werden soll – bestimmte Anwesenheitserfordernisse bestehen und bestimmte Abstimmungsquoten erreicht werden müssen (vgl § 68 ArbVG). Beschlüsse können auch im **Umlaufweg** schriftlich gefasst werden oder die Stimmabgabe kann auch fernmündlich (telefonisch) oder per E-Mail erfolgen. Details über die Konstituierung und die Organisation des BR sowie über die Einberufung und Abhaltung der BR-Sitzungen finden sich in der **Betriebsratsgeschäftsordnung (BR-GO).**

Beispiel: *Der BR in einem Betrieb mit 130 AN hat über eine Versetzung iSd § 101 ArbVG zu entscheiden. Der BR besteht in diesem Fall aus fünf Mitgliedern. Beschlussfähigkeit liegt vor, wenn mindestens die Hälfte der BR-Mitglieder, also drei BR-Mitglieder anwesend sind. Die Beschlussfassung über die Zustimmung zu einer Versetzung hat mit einfacher Mehrheit zu erfolgen. Bei Stimmengleichheit ist die Meinung des BR-Vorsitzenden ausschlaggebend.*

Ist hingegen über eine Kündigung gem § 105 ArbVG zu entscheiden, liegt die Beschlussfähigkeit zwar ebenfalls vor, wenn die Hälfte der Mitglieder anwesend ist. Allerdings ist für eine Zustimmung des BR zur Kündigung eine qualifizierte Mehrheit (2/3-Mehrheit) erforderlich.

b) Wahl und Beendigung

Die einzelnen BR-Mitglieder gehören idR der jeweiligen Belegschaft an und werden von den wahlberechtigten Belegschaftsmitgliedern aus ihrer Mitte durch **demokratische Wahl** ermittelt. Die Wahl wird dabei durch einen von der Betriebsversammlung bestellten **Wahlvorstand** vorbereitet und durchgeführt (vgl §§ 54 ff ArbVG). **Aktiv** zum BR sind alle AN wahlberechtigt, die am Tag der Betriebsversammlung zur Wahl des Wahlvorstandes das **16. Lebensjahr** vollendet haben und an diesem Tag sowie am Tag der Wahl im Betrieb beschäftigt sind (§ 52 Abs 1 ArbVG). Das **passive Wahlrecht** steht grundsätzlich allen AN zu, die am Tag der Ausschreibung der Wahl das **18. Lebensjahr** vollendet haben und mindestens seit **sechs Monaten im Betrieb beschäftigt** sind. Davon **ausgeschlossen** sind aber insb Ehegatten sowie die Kinder und Eltern des Betriebsinhabers (§ 53 Abs 3 ArbVG). Details zur Abhaltung einer Betriebsratswahl finden sich in der **Betriebsratswahlordnung (BR-WO).** 581

Beachte: Weder aktiv noch passiv wahlberechtigt sind Personen, die **nicht AN** iSd § 36 ArbVG sind (vgl Rz 567 ff). Dies gilt auch für Personen, die überhaupt nicht als AN zu qualifizieren sind (zB freie Dienstnehmer). **Ausländer** sind hingegen – sofern die sonstigen Voraussetzungen erfüllt sind – sowohl aktiv als auch passiv zum Betriebsrat wahlberechtigt. 582

In der Praxis nicht selten vorkommende **Mängel des Wahlverfahrens** führen entweder zur Anfechtbarkeit oder zur Nichtigkeit der BR-Wahl. Dabei ist grundsätzlich Folgendes zu unterscheiden: 583

- **Anfechtbarkeit der Wahl:** Die **Verletzung wesentlicher Bestimmungen des Wahlverfahrens** (zB wahlberechtigte AN werden nicht in die Wählerliste aufgenommen) oder die **Verletzung leitender Grundsätze des Wahlrechts** (zB der Wahlvorstand ist nicht ordnungsgemäß besetzt) führen zur Anfechtbarkeit der Wahl, wenn dadurch das Wahlergebnis beeinflusst werden konnte. Dies gilt auch für den Fall, dass **die Wahl ihrer Art oder ihrem Umfang nach oder mangels Vorliegens eines Betriebes nicht durchzuführen gewesen wäre** (zB Wahl in einer Betriebsabteilung, Wahl von zu vielen BR-Mitgliedern). Die Anfechtung der Wahl muss beim zuständigen Arbeits- und Sozialgericht (vgl Rz 676 ff) **binnen Monatsfrist** ab Kundmachung der Wahlergebnisse erfolgen, andernfalls der Mangel als geheilt gilt (§ 59 ArbVG).
- **Nichtigkeit der Wahl:** Wurden die **elementarsten Wahlgrundsätze außer Acht gelassen,** ist die Wahl nichtig (vgl § 60 ArbVG; zB Wahl ohne Kundmachung, Wahl eines BR in einem Kleinstbetrieb, Wahl ohne geheime Abstimmung, Wahl eines BR, obwohl die Funktionsperiode eines anderen BR noch nicht abgelaufen ist). Die Nichtigkeit kann **zu jedem Zeitpunkt** beim zuständigen Arbeits- und Sozialgericht mittels Feststellungsklage geltend gemacht werden.

Beispiel: *Ein österreichweit tätiges Großhandelsunternehmen, welches in der Rechtsform einer GmbH geführt wird, betreibt 13 Verkaufsstandorte, die organisatorisch von der*

Zentrale in Wien gelenkt werden. Sämtliche unternehmerischen Entscheidungen werden in der Zentrale getroffen und sind von den Filialleitern vor Ort umzusetzen. Obwohl die einzelnen Filialen keine Betriebe iSd § 34 ArbVG sind, werden in einzelnen dieser Filialen BR gewählt. Erfolgt binnen Monatsfrist gem § 59 Abs 2 ArbVG keine Anfechtung der BR-Wahlen durch den Betriebsinhaber wegen Vorliegens einer unzulässigen Wahl in einer bloßen Betriebsabteilung bzw in einem Teilbetrieb, so sind die einzelnen BR die gesamte Funktionsperiode lang im Amt.

584 Die **Funktionsdauer** des BR beträgt grundsätzlich **fünf Jahre** (§ 61 ArbVG). Ein vorzeitiges Ende kann sich beispielsweise durch die dauernde Einstellung des Betriebes, Enthebung des BR durch die Betriebsversammlung oder den Rücktritt des BR ergeben (§ 62 ArbVG). Sonderregeln hinsichtlich der Fortsetzung der BR-Tätigkeit gelten bei **Umstrukturierungen** des Betriebes oder Unternehmens.

Grundsätzlich gilt bei **Umstrukturierungsmaßnahmen** Folgendes:

- Wird ein Betriebsteil **rechtlich verselbständigt** (dh, er wird zu einem eigenständigen Betrieb), bleibt der BR des ursprünglichen Betriebes vorübergehend auch zur Vertretung der AN im verselbständigten Betriebsteil zuständig. Dies gilt grundsätzlich bis zur Neuwahl eines BR im verselbständigten Betriebsteil, längstens aber für vier Monate nach der organisatorischen Verselbständigung (vgl § 62b ArbVG).
- Werden Betriebe oder Betriebsteile zu einem neuen Betrieb **zusammengeschlossen,** bilden die BR der beiden zusammengeschlossenen Betriebe bzw Betriebsteile bis zur Neuwahl eines neuen BR (längstens jedoch für ein Jahr) gemeinsam einen sog einheitlichen BR (§ 62c ArbVG).

c) Rechte und Pflichten der Betriebsratsmitglieder

585 Die Mitglieder des Betriebsrates haben während ihrer Funktionsperiode eine **besondere Rechtsstellung,** aus der unterschiedliche Rechte und Pflichten resultieren (§§ 115 ff ArbVG). Die **Tätigkeit als BR-Mitglied** ist ein grundsätzlich neben den Berufspflichten auszuübendes **Ehrenamt.** Nach dem Gesetz steht BR-Mitgliedern aber die zur Erfüllung ihrer Aufgaben **erforderliche Freizeit unter Fortzahlung des Entgelts** zu.

In **großen Unternehmen** können einzelne BR-Mitglieder auf Antrag des Kollegialorgans sogar gänzlich unter Entgeltfortzahlung von der Arbeitsleistung **freigestellt** werden (in Betrieben mit mehr als 150 AN ein BR-Mitglied, mit mehr als 700 AN zwei BR-Mitglieder, mit mehr als 3000 AN drei BR-Mitglieder und für je weitere 3000 AN ein weiteres BR-Mitglied; vgl § 117 ArbVG). BR-Mitglieder haben überdies Anspruch auf eine mehrwöchige **Bildungsfreistellung** pro Funktionsperiode zur Teilnahme an Schulungen (§ 118 ArbVG).

586 Bei der Mandatsausübung sind die BR-Mitglieder **weisungsfrei.** Sie dürfen vom Betriebsinhaber wegen ihrer Interessenvertretungsfunktion auch **nicht benachteiligt** werden und unterliegen einem **besonderen gesetzlichen Kündigungs- und Entlassungsschutz** (Rz 442 ff). Andererseits trifft die BR-Mitglieder eine **Verschwiegenheitspflicht** (zB über Betriebsgeheimnisse und persönliche Angelegenheiten der AN, die ihnen in Ausübung ihres Amtes bekannt werden). Zur gehörigen Erfüllung seiner Aufgaben sind dem BR vom Betriebsinhaber **geeignete Räumlichkeiten und die notwendigen Sacherfordernisse** unentgeltlich zur Verfügung zu stellen (§ 72 ArbVG).

Darüber hinaus besteht die Möglichkeit, dass die Betriebsversammlung beschließt, eine **Betriebsratsumlage** einzuheben. Diese darf höchstens ein halbes Prozent des Bruttoarbeitsentgelts der AN betragen und zur Deckung der Kosten der Geschäftsführung des Betriebsrates sowie zur Errichtung und Erhaltung von Wohlfahrtseinrichtungen (zB Betriebsküche, Betriebskindergarten) und zur Durchführung von Wohlfahrtsmaßnahmen zugunsten der AN verwendet werden (vgl § 73 ArbVG). Die Eingänge aus der Betriebsratsumlage sowie aus sonstigen finanziellen Zuwendungen für die Belegschaft bilden den mit Rechtspersönlichkeit ausgestatteten **Betriebsratsfonds** (§ 74 ArbVG). 587

d) Betriebsratsloser Betrieb

Nach dem Willen des Gesetzgebers sollen bei Vorliegen der gesetzlichen Voraussetzungen von den AN Betriebsräte gewählt und errichtet werden. Geschieht dies in der Praxis nicht, liegt ein an sich **„betriebsratspflichtiger" Betrieb ohne BR** vor (zB weil aus privaten Gründen nicht genug AN eine betriebliche Interessenvertretungsfunktion übernehmen wollen). In diesem Fall **können sämtliche Mitwirkungs- und Mitbestimmungsrechte,** die vom tatsächlichen Bestehen eines BR abhängen, im „betriebsratslosen Betrieb" **nicht ausgeübt werden.** Daraus können sich **spürbare Nachteile für die AN** ergeben (zB kein Versetzungsschutz nach § 101 ArbVG; vgl Rz 278 ff). 588

Hinweis: Eine vom ÖGB in Auftrag gegebene Studie kam zum Ergebnis, dass der **Betriebsrat** in privatwirtschaftlichen Betrieben in Österreich **aus Unternehmersicht eine hohe Akzeptanz** und einen **hohen Nutzen** hat (siehe Bericht der Forschungs- und Beratungsstelle Arbeitswelt [FORBA] über Akzeptanz und Nutzen des Betriebsrates aus Unternehmersicht vom September 2005; abrufbar unter www.forba.at). Der Betriebsrat wurde überwiegend als **wichtiger Faktor zur Regulierung von Konflikten** eingestuft und als wichtiges **Element einer modernen Unternehmensführung** qualifiziert. 589

4.3. Zentralbetriebsrat und andere Belegschaftsorgane

Bisher wurde der Einfachheit halber vom „Betriebsrat" schlechthin gesprochen. Nach dem Gesetz sind jedoch je nach der Unternehmensstruktur und der jeweiligen Zusammensetzung der Belegschaft **verschiedene Gremien** zu bilden. So wird nach den einzelnen Bezugsebenen des Betriebsverfassungsrechts unterschieden zwischen 590

- dem **Betriebsrat ieS** (auf betrieblicher Ebene),
- dem **Zentralbetriebsrat** (auf Unternehmensebene, wenn ein „gegliedertes Unternehmen" vorliegt, das sich aus mehreren Betrieben zusammensetzt; vgl §§ 80 ff ArbVG) und
- der **Konzernvertretung** (auf Konzernebene; vgl §§ 88a f ArbVG).
- Für die **im europäischen Raum tätigen multinationalen Unternehmungen** ist mit dem **Europäischen Betriebsrat** ein weiteres spezielles Vertretungsorgan vorgesehen (vgl §§ 171 ff ArbVG; siehe ausführlich unter Rz 565).
- Hinsichtlich der **Arbeitnehmerbeteiligung in der Europäischen Gesellschaft,** der „Societas Europaea", ist auf die Errichtung eines **SE-Betriebsrates** hinzuweisen (vgl §§ 208 ff ArbVG; siehe Rz 566).

591 Jedem dieser Organe sind vom Gesetzgeber **besondere Aufgaben** zugewiesen (vgl zur Kompetenzabgrenzung im Einzelnen § 113 ArbVG). Im gesetzlichen Rahmen ist aber die **Übertragung von Befugnissen** eines BR-Gremiums auf ein anderes (zB von der betrieblichen Ebene auf den Zentralbetriebsrat auf Unternehmensebene) **zulässig** (zur Kompetenzübertragung vgl § 114 ArbVG). Die Übertragung kann jederzeit, hinsichtlich in Behandlung stehender Angelegenheiten jedoch nur aus wichtigem Grund, widerrufen werden (§ 114 Abs 1 ArbVG).

592 Bei der Beschäftigung von **Jugendlichen** (§§ 123 ArbVG) und von **Behinderten** (§ 22a BEinstG) können ab fünf Personen ebenfalls besondere Vertretungsorgane **(Jugendvertrauensrat, Behindertenvertrauenspersonen)** gebildet werden. Dadurch sollen die speziellen Bedürfnisse dieser Arbeitnehmergruppen wahrgenommen werden. Für **Frauen** sind hingegen keine besonderen Belegschaftsorgane vorgesehen. Weibliche Beschäftigte sollen aber in den bestehenden Organen, insb im BR, in einer ihrem zahlenmäßigen Anteil an der Gesamtbelegschaft angemessenen Zahl vertreten sein. Bei der Entsendung von AN-Vertretern in den Aufsichtsrat (Rz 600) ist uU eine 30%ige Frauenquote zu beachten (§ 110 Abs 2a bis 2d ArbVG mit genauen Voraussetzungen).

Webtipp: Genaue Informationen über den Ablauf einer Betriebsratswahl sowie Muster-Vorlagen finden sich in der WKO-Broschüre zur Betriebsratswahl unter www.wko.at/sbg/arbeitsrecht/details-betriebsratswahl.pdf.

5. Mitwirkungs- und Mitbestimmungsrechte der Belegschaft

5.1. Allgemeines

593 Das Gesetz sieht eine **Vielzahl von Mitwirkungs- und Mitbestimmungsbefugnissen** der Belegschaft vor (vgl §§ 89 ff ArbVG). Diese Rechte werden idR vom BR wahrgenommen. Die Mitwirkungs- und Mitbestimmungsrechte der AN können dabei nach verschiedenen Gesichtspunkten untergliedert werden. Zunächst wird nach dem **Gegenstand der „Mitsprachemöglichkeiten"** zwischen

- **allgemeinen Mitwirkungs- und Mitbestimmungsrechten und**
- **besonderen Mitwirkungs- und Mitbestimmungsrechten**

unterschieden. Schließlich ist auch die **Intensität der „Mitsprachemöglichkeiten"** der Arbeitnehmervertreter unterschiedlich. Diese reicht von bloßen Auskunfts- und Informationsrechten der Belegschaft bis hin zum Zustimmungsrecht („Vetorecht des BR"). Sehr häufig werden Mitbestimmungsrechte (insb in sozialen Angelegenheiten) durch den Abschluss von **Betriebsvereinbarungen** (vgl Rz 602 ff) zwischen BR und Betriebsinhaber ausgeübt.

5.2. Allgemeine Mitwirkungs- und Mitbestimmungsrechte

594 Zu den allgemeinen Mitwirkungs- und Mitbestimmungsbefugnissen der Belegschaft gehören vor allem die **Beratungs-, Auskunfts-, Informations-, Interventions- und Überwachungsrechte** des BR:

- Der Betriebsinhaber hat mit dem BR idR vierteljährlich **Beratungen** über laufende Angelegenheiten, allgemeine Grundsätze der Betriebsführung in sozialer, personeller, wirtschaftlicher und technischer Hinsicht sowie über die Gestaltung der Arbeitsbeziehungen abzuhalten und ihn dabei über wichtige Angelegenheiten zu **informieren** (§ 92 ArbVG). Der BR ist überdies in allen Angelegenheiten der Sicherheit und des Gesundheitsschutzes im Betrieb **anzuhören** (§ 92a ArbVG). Weitere Beratungsrechte betreffen betriebliche Frauenförderungsmaßnahmen und Maßnahmen zur besseren Vereinbarkeit von Beruf und Familie (§ 92b ArbVG).
- Ferner besteht eine **allgemeine Auskunftspflicht** des Betriebsinhabers gegenüber dem BR über alle Angelegenheiten, die die wirtschaftlichen, sozialen, gesundheitlichen oder kulturellen Interessen der AN berühren (§ 91 Abs 1 ArbVG).
- Spezielle **Informationspflichten** treffen den Betriebsinhaber beispielsweise im Zusammenhang mit der automationsunterstützten Aufzeichnung und Verarbeitung von personenbezogenen Arbeitnehmerdaten (§ 91 Abs 2 ArbVG).
- Unter dem **allgemeinen Interventionsrecht** des BR ist dessen Befugnis zu verstehen, bei Problemsituationen in allen Angelegenheiten, die die Interessen der AN berühren, beim Betriebsinhaber oder bei außerbetrieblichen Stellen (zB beim Arbeitsinspektorat; vgl dazu Rz 701 f) Abhilfemaßnahmen zu beantragen (§ 90 ArbVG).
- Ein **allgemeines Überwachungsrecht** kommt dem BR bezüglich der Einhaltung der arbeits- und sozialrechtlichen Vorschriften sowie des Arbeitsschutzes (vgl Rz 301 ff) im Betrieb zu (§ 89 ArbVG).

  Beispiel: *Einsichtsrecht in Entgelt- und Arbeitszeitaufzeichnungen; ein generelles Einsichtsrecht in den Personalakt besteht allerdings nur bei Zustimmung des AN (§ 89 Z 4 ArbVG)*

5.3. Besondere Mitwirkungs- und Mitbestimmungsrechte

Besondere Befugnisse bestehen nach dem ArbVG in sozialen, in personellen und in wirt- **595**
schaftlichen Angelegenheiten.

a) Mitwirkung und Mitbestimmung in sozialen Angelegenheiten

Die Mitwirkungs- und Mitbestimmungsrechte der Belegschaft in sozialen Angelegen- **596**
heiten sind in den **§§ 94 ff ArbVG** geregelt. In der Praxis werden diese Agenden zumeist für alle betroffenen AN gemeinsam durch **BV** (§§ 29 ff ArbVG) geregelt. In folgenden sozialen Angelegenheiten bestehen Befugnisse der Belegschaft:

- **Mitwirkung in Angelegenheiten der betrieblichen Berufsausbildung und Schulung (§ 94 ArbVG):** Der BR hat insb das Recht, an der Planung und Durchführung betrieblicher Berufsausbildungs-, Schulungs- und Umschulungsmaßnahmen mitzuwirken und auch an der Verwaltung dieser Einrichtungen teilzunehmen. Art und Umfang der Mitwirkung können durch eine erzwingbare BV geregelt werden.
- **Mitwirkung an betrieblichen Wohlfahrtseinrichtungen (§ 95 ArbVG):** Der BR hat das Recht, an der Verwaltung von betriebs- und unternehmenseigenen Wohlfahrtseinrich-

tungen (zB Werksbibliothek, Werkskindergarten, Werkskantine) mitzuwirken. Art und Umfang der Mitwirkung können durch eine erzwingbare BV geregelt werden.

- **Mitwirkung in sonstigen Angelegenheiten (§§ 96, 96a und 97 ArbVG):** In der Praxis handelt es sich dabei um sehr wichtige Angelegenheiten, die – je nach Intensität des jeweiligen Mitwirkungs- und Mitbestimmungsrechtes – zum Teil nicht ohne Zustimmung des BR eingeführt werden können. Art und Inhalt der einzelnen BV-Tatbestände werden ausführlich in Rz 605 ff beschrieben.

b) Mitwirkung und Mitbestimmung in personellen Angelegenheiten

597 Die Mitwirkungs- und Mitbestimmungsrechte der Belegschaft in personellen Angelegenheiten sind in den **§§ 98 ff ArbVG** geregelt. Die aus der Sicht der Praxis wichtigsten Befugnisse des BR in Personalfragen sind:

- **Allgemeiner Kündigungsschutz** nach § 105 ArbVG (siehe Rz 417 ff);
- **Allgemeiner Entlassungsschutz** nach § 106 ArbVG (siehe Rz 440 f);
- **Betriebsverfassungsrechtlicher Versetzungsschutz** nach § 101 ArbVG (siehe Rz 279 f).

598 Weitere Mitwirkungsrechte des BR bestehen nach dem Gesetz bei der **Einstellung von AN** (vgl § 99 ArbVG), bei **Beförderungen** (vgl § 104 ArbVG) und bei der **einvernehmlichen Auflösung von Arbeitsverträgen** (vgl § 104a ArbVG).

Die in diesen Angelegenheiten vorgesehenen BR-Befugnisse beschränken sich durchwegs auf **Informations-, Mitteilungs- und Beratungsrechte** gegenüber dem Betriebsinhaber. Insb ist jede erfolgte Einstellung eines AN dem BR unverzüglich mitzuteilen. Diese Mitteilung hat Angaben zur vorgesehenen Verwendung und Einstufung des AN, zum Entgelt sowie über eine allenfalls vereinbarte Probezeit oder Befristung des Arbeitsverhältnisses zu enthalten.

c) Mitwirkung und Mitbestimmung in wirtschaftlichen Angelegenheiten

599 Die gesetzlichen Mitwirkungs- und Mitbestimmungsbefugnisse der Belegschaft in wirtschaftlichen Angelegenheiten sind im Vergleich zu jenen in sozialen und personellen Agenden **relativ schwach** ausgestaltet (vgl im Einzelnen **§§ 108 ff ArbVG**). Die wichtigsten Befugnisse sind:

- **Informations- und Beratungsrechte des BR** gegenüber dem Betriebsinhaber in allen für die Arbeitnehmerschaft wichtigen wirtschaftlichen Angelegenheiten (zB zur **wirtschaftlichen Lage des Unternehmens** oder zu Umstrukturierungsmaßnahmen wie etwa einem Betriebsübergang; siehe Rz 150 ff). Vgl dazu **§ 108 ArbVG.**
- Der BR ist ferner ehestmöglich von **geplanten wesentlichen Betriebsänderungen** (zB von der Einführung neuer Arbeitsmethoden, von tief greifenden Rationalisierungsmaßnahmen, Betriebsstilllegungen oder Massenkündigungen; siehe Rz 384) **in Kenntnis zu setzen.** Auch darüber darf der BR eine **Beratung** verlangen und im Interesse der Belegschaft **Verbesserungsvorschläge** unterbreiten. Vgl im Einzelnen **§ 109 ArbVG.**

So darf der BR zur **Abwendung** mit solchen Betriebsänderungen verbundener **nachteiliger Folgen für die Belegschaft Vorschläge** zu deren **Verhinderung, Beseitigung oder Milderung** erstatten. Er muss dabei aber auf die wirtschaftlichen Notwendigkeiten des Betriebes Bedacht nehmen. Wenn eine der im Gesetz angeführten Betriebsänderungen **wesentliche Nachteile** (zB Arbeitsplatzverlust, spürbare Entgeltreduktion oder eine deutliche Verlängerung des Arbeitsweges) **für einen erheblichen Teil der Arbeitnehmerschaft oder sogar für alle AN** mit sich bringt, sieht das ArbVG in Betrieben mit mindestens 20 AN die Möglichkeit zur **Vereinbarung eines Sozialplanes** zwischen Betriebsinhaber und BR durch den Abschluss einer erzwingbaren BV gem § 97 Abs 1 Z 4 ArbVG vor (siehe Rz 611 f). In einem Sozialplan können geeignete Ausgleichsmaßnahmen (zB erhöhte Abfertigungen oder Betriebspensionsleistungen bis zum Bezug der gesetzlichen Alterspension, Zuschüsse für Umschulungen oder Übersiedlungskosten) festgelegt werden. 600

- Praktische Bedeutung kommt ferner der im Gesetz vorgesehenen **Mitwirkung von Arbeitnehmervertretern in den Aufsichtsräten von Kapitalgesellschaften** (insb in Aktiengesellschaften) zu. Für je zwei Vertreter des Kapitaleigners ist ein Arbeitnehmervertreter als stimmberechtigtes Mitglied in den Aufsichtsrat zu entsenden. Durch das **Stimmrecht** im Aufsichtsrat können die Arbeitnehmervertreter auf die Entscheidungsfindung im Unternehmen Einfluss nehmen. Sie können die Vertreter des Kapitaleigners aber nicht überstimmen. Vgl im Einzelnen **§ 110 ArbVG.**

d) Einschränkungen der Belegschaftsbefugnisse in Tendenzbetrieben

Schließlich sieht das ArbVG **Einschränkungen** bei der Mitwirkung und Mitbestimmung der Belegschaft in sog **Tendenzbetrieben** vor. Diese Restriktionen betreffen vor allem die Mitwirkungsbefugnisse in wirtschaftlichen Angelegenheiten. „Tendenzbetriebe" sind Unternehmungen oder Betriebe, die unmittelbar **politischen, koalitionspolitischen, konfessionellen, wissenschaftlichen, erzieherischen oder karitativen Zwecken** dienen (zB eine politische Partei betreibt ein Unternehmen, das ausschließlich parteipolitische Werbung macht). Der besondere ideelle Zweck solcher Betriebe soll durch zu stark ausgestaltete Mitwirkungsrechte der Belegschaft nicht beeinträchtigt werden (vgl §§ 132 ff ArbVG). 601

6. Betriebsvereinbarung

6.1. Allgemeines

Die **Betriebsvereinbarung (BV)** ist das in der betrieblichen Praxis wichtigste Instrument für die Mitwirkung des BR (vor allem in sozialen Angelegenheiten; vgl Rz 596). Wie der KollV auf überbetrieblicher Ebene ist die BV ein **Instrument der kollektiven Rechtsetzung auf „betrieblicher" Ebene** mit vergleichbaren Rechtswirkungen. Konkret handelt es sich um eine **schriftliche Vereinbarung,** die **zwischen** dem **Betriebsinhaber** und dem jeweils **zuständigen BR** (zB auf Unternehmensebene mit dem Zentralbetriebsrat) in Angelegenheiten abgeschlossen werden darf, **deren Regelung durch Gesetz oder KollV der BV vorbehalten ist** (§ 29 ArbVG). 602

Die Abschlussparteien können daher rechtswirksam **nur solche Agenden** durch eine „förmliche" BV iSd ArbVG regeln, die diesem Regelungsinstrument entweder **in einem Gesetz oder in einem** 603

KollV übertragen worden sind. Zu beachten ist, dass förmliche BV nicht nur in Angelegenheiten abgeschlossen werden dürfen, die im ArbVG selbst geregelt sind. Auch **andere Sondergesetze** (zB das AZG oder das UrlG) sowie ein allenfalls anwendbarer KollV können bestimmte Materien der Regelung durch BV übertragen.

604 Im **Stufenbau der Rechtsordnung** (siehe Rz 5) sind der BV zwingende Regelungen in Gesetzen und Verordnungen, aber auch in KollV übergeordnet. Sie steht aber über den einzelnen Arbeitsverträgen. **Einzelvereinbarungen** (dh Vereinbarungen mit den einzelnen AN) sind für die AN nur gültig, soweit sie für den AN günstiger sind oder Angelegenheiten betreffen, die durch die BV nicht geregelt wurden (§ 31 Abs 3 ArbVG).

6.2. Arten und Inhalt der Betriebsvereinbarung

605 Das ArbVG sieht – abgestuft nach der **Intensität der Befugnisse des BR** – **verschiedene Arten von BV** vor und regelt deren zulässigen Inhalt:

a) Notwendige Betriebsvereinbarung (§ 96 ArbVG)

606 In den Angelegenheiten des § 96 ArbVG besteht ein **Zustimmungsrecht des BR** („Vetorecht" bzw „volles Mitbestimmungsrecht"). Dh, der Betriebsinhaber benötigt für die Durchführung solcher Agenden ausnahmslos die **vorherige Zustimmung des BR,** und zwar zwingend durch Abschluss einer Betriebsvereinbarung **(notwendige BV).** Diese **„zustimmungspflichtigen Maßnahmen"** können daher weder durch einzelvertragliche Vereinbarungen noch durch Weisungen realisiert werden.

607 Folgende Angelegenheiten benötigen die Zustimmung des BR:

- Einführung von sog **„qualifizierten Personalfragebögen"** (mit diesen Fragebögen sollen Informationen über die AN erhoben werden, die über allgemeine Angaben zur Person und zur fachlichen Verwendung hinausgehen);
- Einführung einer betrieblichen **Disziplinarordnung;**
- Einführung von **Kontrollmaßnahmen und technischen Systemen zur Kontrolle der AN,** sofern diese Maßnahmen (bzw Systeme) die Menschenwürde berühren (zB eine Videoüberwachungsanlage in Büros oder eine elektronische Telefonanlage, die sämtliche Verbindungsdaten aufzeichnet; Programme, die die Internet- und E-Mail-Aktivitäten der AN überwachen; biometrische Zugangskontrollsysteme);
- Einführung von **Akkordlöhnen** oder akkordähnlichen Entgeltsystemen.

b) Notwendig erzwingbare Betriebsvereinbarung (§ 96a ArbVG)

608 Für die Umsetzung der Angelegenheiten des § 96a ArbVG benötigt der Betriebsinhaber an sich ebenfalls die Zustimmung des BR. Wird die Zustimmung nicht erteilt, kann diese jedoch durch eine Entscheidung der sog **Schlichtungsstelle** ersetzt werden. Dies wird als **„notwendig erzwingbare Mitbestimmung"** bezeichnet.

Dazu zählen folgende Agenden: 609

- Einführung von **Systemen zur automationsunterstützten Ermittlung, Verarbeitung und Übermittlung von personenbezogenen Daten der AN,** die über die Ermittlung von allgemeinen Angaben zur Person und zu fachlichen Voraussetzungen hinausgehen (zB EDV-System, in dem auch Daten über Mitarbeitergespräche verarbeitet werden);
- Einführung von **Systemen zur Beurteilung von AN des Betriebes,** sofern damit Daten erhoben werden, die nicht durch die betriebliche Verwendung gerechtfertigt sind.

Die **Schlichtungsstelle** ist eine unabhängige kollegiale Verwaltungsbehörde, die nur bei Bedarf auf Antrag eines Streitteiles beim Arbeits- und Sozialgericht, in dessen Sprengel der Betrieb liegt, errichtet wird. Bezüglich ihrer Besetzung kommen der Arbeitgeber- und der Arbeitnehmerseite Vorschlagsrechte zu (vgl § 144 ff ArbVG; siehe dazu Rz 705). 610

c) Erzwingbare Betriebsvereinbarung (§ 97 Abs 1 Z 1 bis 6a ArbVG)

Die im § 97 Abs 1 Z 1 bis 6a ArbVG aufgezählten Angelegenheiten kann der Betriebsinhaber auch durch **einzelvertragliche Regelungen** oder durch **Weisungen** verwirklichen. Der **BR** hat aber in diesen Agenden das **Recht,** mit dem Betriebsinhaber eine **Regelung auszuhandeln** und in einer BV festzulegen. Kommt diesbezüglich **keine Einigung** zustande, hat jede der beiden Seiten die Möglichkeit, die **Schlichtungsstelle** anzurufen **(erzwingbare BV).** Diese hat dann auf eine Einigung der Parteien hinzuwirken, bei Scheitern des Schlichtungsversuchs aber in der Sache selbst zu entscheiden. 611

Insb folgende Angelegenheiten unterliegen dieser sog **„erzwingbaren Mitbestimmung“:** 612

- **Allgemeine Ordnungsvorschriften,** die das Verhalten der AN im Betrieb regeln (zB betriebliche Rauch- oder Alkoholverbote; Bekleidungsvorschriften);
- Grundsätze der betrieblichen Beschäftigung von AN, die im Rahmen einer **Arbeitskräfteüberlassung** tätig sind;
- Auswahl der **betrieblichen Vorsorgekasse;**
- generelle Festsetzung von Beginn und Ende der **täglichen Arbeitszeit** sowie von Dauer und Lage der **Arbeitspausen** im Betrieb (zum Arbeitszeitrecht siehe genauer in Rz 311 ff);
- Art und Weise der **Abrechnung** und insb Zeit und Ort der Auszahlung der Bezüge;
- **Sozialplanmaßnahmen:** Maßnahmen zur Verhinderung, Beseitigung oder Milderung der Folgen einer tief greifenden Betriebsänderung, die wesentliche Nachteile für alle AN oder zumindest für erhebliche Teile der Arbeitnehmerschaft mit sich bringt, zB nach folgenschweren Rationalisierungen (Rz 600);
- Art und Umfang der Teilnahme des BR an der **Verwaltung von** betriebs- und unternehmenseigenen **Schulungs-, Bildungs- und Wohlfahrtseinrichtungen;**
- Maßnahmen im Zusammenhang mit **Nachtschwerarbeit.**

d) Fakultative oder freiwillige Betriebsvereinbarung (§ 97 Abs 1 Z 7 bis 27 ArbVG)

613 Die Angelegenheiten des § 97 Abs 1 Z 7 bis 27 ArbVG können nur dann durch BV geregelt werden, wenn der Betriebsinhaber und der BR darüber ein **Einverständnis** erzielen **(fakultative** oder **freiwillige BV).** Wird **keine Einigung** erreicht, muss der Betriebsinhaber die von ihm gewünschten Maßnahmen entweder durch **einzelvertragliche Regelungen** oder durch **Weisungen** umsetzen.

614 Dazu zählen insb folgende Angelegenheiten:

- Maßnahmen zum **Schutz der Gesundheit der AN,** insb zur Verhütung von Unfällen und Berufskrankheiten (siehe Rz 303 ff);
- Grundsätze über den **Urlaubsverbrauch** (Beachte: Dies ersetzt die Einzelvereinbarungen über konkrete Urlaubstermine nicht; zum Urlaubsrecht siehe Rz 266 ff);
- Erstattung von **Auslagen und Aufwendungen** sowie Regelung von **Aufwandsentschädigungen;**
- Anordnung der **vorübergehenden Verkürzung oder Verlängerung der Arbeitszeit;**
- Gewährung von **Zuwendungen aus besonderen betrieblichen Anlässen;**
- Systeme der **Gewinnbeteiligung** sowie die Einführung von **leistungs- und erfolgsbezogenen Prämien und Entgelten** (zB MbO-Systeme);
- Maßnahmen zur **Sicherung der von den AN eingebrachten Gegenstände;**
- betriebliche Pensions- und Ruhegeldleistungen (**„Betriebspensionen“;** siehe dazu Rz 465 ff);
- Art und Umfang der Mitwirkung des BR an der Planung und Durchführung von **betrieblichen Ausbildungs- und Schulungsmaßnahmen** sowie an der Errichtung, Ausgestaltung und Auflösung von betriebs- und unternehmenseigenen **Schulungs-, Bildungs- und Wohlfahrtseinrichtungen;**
- betriebliches **Beschwerdewesen;**
- **Rechtsstellung** der AN **bei Krankheit und Unfall** (siehe Rz 174 ff; zB Umstellung des Entgeltfortzahlungszeitraums vom Arbeitsjahr auf das Kalenderjahr gemäß § 2 Abs 8 EFZG und § 8 Abs 9 AngG);
- **Kündigungsfristen** (sowie laut Rsp auch Kündigungstermine) und **Gründe zur vorzeitigen Beendigung** des Arbeitsverhältnisses (siehe Rz 360 ff, 388 ff);
- **Feststellung der maßgeblichen wirtschaftlichen Bedeutung** eines fachlichen Wirtschaftsbereiches für den Betrieb iSd § 9 Abs 3 ArbVG;
- Maßnahmen zur betrieblichen Frauenförderung **(„Frauenförderpläne“)** und zur besseren **Vereinbarkeit von Beruf und Familie;**
- Festlegung von Rahmenbedingungen für die im Betrieblichen Mitarbeitervorsorgegesetz (BMSVG) vorgesehene **Übertrittsmöglichkeit in das „neue“ Abfertigungsrecht** nach dem BMSVG (siehe Rz 462 ff);
- Festlegung von **Rahmenbedingungen für Arbeit im Homeoffice.**

Hinweis: Die freiwillige (fakultative) BV darf nicht mit der sog „freien BV" verwechselt werden, bei der es sich um gar keine BV im Rechtssinne handelt (näher dazu Rz 620 f). 615

6.3. Rechtswirkung und Beendigung einer Betriebsvereinbarung

Nach dem **Inhalt** und den **verschiedenen Rechtswirkungen** ist bei der BV ebenso wie beim KollV zwischen einem **schuldrechtlichen** und einem **normativen Teil** zu unterscheiden. Die Bestimmungen im **schuldrechtlichen Teil** einer BV (zB eine Befristungsvereinbarung) **binden nur die Abschlussparteien** (Betriebsinhaber und BR), jene im **normativen Teil** sind hingegen für die einzelnen Arbeitsverhältnisse im Anwendungsbereich der BV **unmittelbar rechtsverbindlich (Normwirkung).** Normative (dh gesetzesähnliche) Wirkung entfaltet die BV aber nur bei ordnungsgemäßer **Kundmachung im Betrieb** („Publizitätserfordernis"). Die BV ist daher im Betrieb an einer für alle AN zugänglichen Stelle zur Einsicht aufzulegen bzw anzuschlagen und die AN müssen in geeigneter Form auf die Einsichtsmöglichkeit hingewiesen werden (vgl § 30 ArbVG). 616

BV können auf unterschiedliche Arten beendet werden. Im Einzelnen stehen dafür folgende **Beendigungsmöglichkeiten** zur Verfügung: 617

- Die Geltung einer BV wird in der Praxis von den Abschlussparteien zumeist in der BV in Form einer **Befristung** oder **auflösenden Bedingung** festgelegt. Diese Beendigungsmöglichkeit steht für alle BV-Arten zur Verfügung.
- Ebenfalls können alle BV-Arten jederzeit durch eine einvernehmliche Auflösung **(Aufhebungsvertrag)** beendet werden.
- Bei Vorliegen eines **wichtigen Grundes** kann jede BV durch einseitige Erklärung auch **vorzeitig fristlos beendet** werden.
- Durch **Kündigung** können **nur notwendige BV** (vgl § 96 ArbVG) **und fakultative BV** (vgl § 97 Abs 1 Z 7 bis 27 ArbVG) beendet werden. Hingegen können BV, deren Abschluss über die Schlichtungsstelle erzwingbar ist, grds nicht gekündigt werden. Werden fakultative BV gekündigt, tritt eine **Nachwirkung** der normativ wirkenden Bestimmungen ein. Dh, die BV wirkt für die AN so lange weiter, bis eine neue BV in Kraft tritt oder mit den AN eine andere (auch ungünstigere) Einzelvereinbarung getroffen wird. Näheres dazu ist in § 32 ArbVG geregelt. Die Nachwirkung gilt nicht für neu eintretende AN.
- Nach hM führt auch die **Stilllegung eines Betriebes** zur Beendigung der Geltung einer BV. Vgl dazu aber auch Rz 622 ff.

Hinweis: Die (normale oder vorzeitige) Beendigung der Funktionsperiode jenes BR, der die BV mit dem Betriebsinhaber abgeschlossen hat, ist für die Weitergeltung der BV nicht von Bedeutung. 618

In der Praxis kommt es nicht selten vor, dass in einer einheitlichen BV unterschiedliche Inhalte geregelt werden, für die das ArbVG unterschiedliche Beendigungsmöglichkeiten vorsieht **(„gemischte" BV).** So eine BV kann in ihrer Gesamtheit nur beendet werden, wenn 619 eine für alle diese BV-Arten zulässige Beendigungsart gewählt wird (zB einvernehmliche Beendigung durch Abschluss eines Aufhebungsvertrages, Ablauf einer Befristung). Hingegen können nur jene Teile aus einer solchen BV „herausgekündigt“ werden, die nach dem ArbVG einer Kündigung zugänglich sind.

6.4. „Freie Betriebsvereinbarung"

620 Mit den bisher dargestellten **„förmlichen“ BV iSd §§ 29 ff ArbVG** dürfen sog **„freie BV“** nicht verwechselt werden. Das sind in der Praxis recht häufig vorkommende Absprachen zwischen Betriebsinhaber und BR in Angelegenheiten, die nach dem Gesetz nicht im Wege einer BV geregelt werden dürften. **Es handelt sich dabei also um unzulässige Betriebsvereinbarungen.** Solche Vereinbarungen entfalten nicht die im ArbVG für förmliche BV normierten Rechtswirkungen. Insb haben sie **keine Normwirkung.** Dies gilt auch für Vereinbarungen, deren Inhalt für eine BV zwar zulässig wäre, die aber aufgrund eines sonstigen Mangels nicht als BV rechtswirksam werden können (zB mangelnde Kundmachung im Betrieb, fehlende Schriftlichkeit, keine Unterschrift).

621 Die Judikatur deutet freie BV als **„Vertragsschablonen“,** die uU nach den allgemeinen Regeln des Zivilrechts zu einer konkludenten (schlüssigen) **Ergänzung der einzelnen Arbeitsverträge** (durch ein Angebot des AG, das von den AN nach § 863 ABGB schlüssig angenommen wird) führen können. Dies setzt aber voraus, dass **der AG und die AN durch ihr Verhalten eindeutig zu erkennen geben, dass sie sich an die Bestimmungen einer solchen Vereinbarung halten wollen** (zB alle Beteiligten „befolgen tatsächlich“ die zwischen Betriebsinhaber und BR getroffene Vereinbarung). Ist es tatsächlich zu einer Ergänzung der einzelnen Arbeitsverträge gekommen, dann können der Betriebsinhaber und der BR von ihrer ursprünglich getroffenen Vereinbarung (anders als bei BV iSd ArbVG) nicht mehr „auf kollektivem Wege“ abgehen. Stattdessen benötigt der Betriebsinhaber dazu grds die **Zustimmung** jedes einzelnen betroffenen AN. Bei Kenntnis der AN von einem allenfalls vereinbarten **Widerrufsvorbehalt** in der BV ist aber ein Widerruf zulässig.

Beispiel: *Betriebsinhaber und Betriebsrat schließen eine „Betriebsvereinbarung über die Erhöhung der kollektivvertraglichen Mindestentgelte“ ab. Da das Gesetz bzw ein anwendbarer KollV den Abschluss einer solchen BV idR nicht zulässt, handelt es sich dabei um eine „freie“ BV. Das ArbVG kennt keine Regelungskompetenz für eine derartige Entgeltzahlung. Werden die erhöhten Entgelte ausbezahlt und (was anzunehmen ist) von den AN akzeptiert, kommt es zu einer entsprechenden (schlüssigen) Ergänzung der Entgeltvereinbarung in den Einzelverträgen. Der Betriebsinhaber kann grundsätzlich nicht mehr, auch nicht durch Abschluss einer neuen „freien BV“ mit dem BR, einseitig (dh ohne Zustimmung jedes einzelnen AN) von dieser höheren Entgeltzahlung abweichen.*

6.5. Betriebsvereinbarung und Umstrukturierung

622 In der Praxis ist die Frage wichtig, was mit BV bei **Umstrukturierungen** von Betrieben bzw Unternehmen passiert. Dabei ist zu unterscheiden, ob bzw in welcher Form der betroffene Betrieb weitergeführt wird. Grundsätzlich gilt Folgendes:

- **Betriebsübergang:** Als Grundregel kann in diesem Zusammenhang festgehalten werden, dass die **Geltung von BV** durch den bloßen **Übergang des Betriebes** auf einen anderen Betriebsinhaber **nicht berührt wird,** sofern dadurch die Identität des Betriebes gewahrt bleibt (vgl § 31 Abs 4 ArbVG). 623

  Beispiel: *Verkauft oder verpachtet ein Unternehmen einen Betrieb an ein anderes Unternehmen und führt dieses den Betrieb unverändert fort, ändert dies grundsätzlich nichts am Fortbestand der geltenden BV. Mit anderen Worten, der Betriebsnachfolger ist bis zur Beendigung der Geltungsdauer an alle jene BV gebunden, die der Betriebsvorgänger mit dem BR abgeschlossen hat.*

Beachte: Durch den Betriebsübergang tritt der neue Betriebsinhaber auch als AG mit allen Rechten und Pflichten in die zum Zeitpunkt des Übergangs bestehenden Arbeitsverhältnisse automatisch ein (vgl § 3 Abs 1 AVRAG; siehe dazu Rz 150 f). 624

- **Verselbständigung:** Auch für den Fall, dass ein Betriebsteil rechtlich verselbständigt wird, also zum Betrieb wird, **ändert** dies **grundsätzlich nichts** an der Geltung der BV (vgl § 31 Abs 5 ArbVG). 625

  Beispiel: *Wird aus einem Betrieb eine Abteilung (zB EDV-Abteilung) ausgegliedert und diese als eigenständiger Betrieb (mit oder ohne gesellschaftsrechtlicher Verselbständigung) weitergeführt, gelten die BV des „alten" Betriebes unverändert sowohl für die „alten" AN als auch für Neueintretende weiter. Dies gilt auch für den Fall, dass eine Betriebsabteilung so (um)organisiert wird, dass dadurch die Betriebsmerkmale des § 34 ArbVG vorliegen und von einem selbständigen Betrieb (vgl Rz 557 ff) gesprochen werden kann. Die BV können aber nach Maßgabe des ArbVG abgeändert bzw beendet werden.*

Hinweis: Bei rechtlicher Verselbständigung eines Betriebsteils bleibt der BR des ursprünglichen Betriebes vorübergehend auch zur Vertretung der AN im verselbständigten Betriebsteil zuständig (vgl § 62b ArbVG). Dies gilt grundsätzlich bis zur Neuwahl eines BR im verselbständigten Betriebsteil, längstens aber für vier Monate nach der organisatorischen Verselbständigung. 626

- **Zusammenschluss (Verschmelzung durch Neubildung):** Werden Betriebe oder Betriebsteile mit anderen Betrieben oder Betriebsteilen so zusammengeschlossen und organisatorisch neu strukturiert, dass nicht mehr davon ausgegangen werden kann, dass eine der beteiligten organisatorischen Einheiten ihre Identität wahrt, so entsteht ein **neuer Betrieb.** Dabei bleiben die BV, die bereits vor dem Zusammenschluss in Geltung standen, für die jeweils betroffenen AN **weiterhin in Geltung** (§ 31 Abs 6 ArbVG). 627

  Beispiel: *Legen zwei kooperierende Unternehmen ihre EDV so zusammen, dass die jeweiligen Abteilungen ausgegliedert und in einem neuen Betrieb zusammengeführt werden, gelten die alten BV für die von der Umstrukturierung betroffenen AN grundsätzlich unverändert weiter. Die betroffenen AN nehmen also ihre BV in den neu ge-*

bildeten Betrieb mit. Dies kann dazu führen, dass in einem Betrieb für ein und dieselbe Angelegenheit unterschiedliche BV existieren. Zu beachten ist auch, dass diese BV nicht für AN gelten, die im neu entstandenen Betrieb später aufgenommen werden. Es kommt daher bei solchen Zusammenschlüssen zu einer zumindest „dreigeteilten" Belegschaft. Praktisch kann diesem Zustand dadurch abgeholfen werden, dass eine neue, einheitliche BV abgeschlossen wird.

Hinweis: Die BR der beiden zusammengeschlossenen Betriebe bilden bis zur Neuwahl eines BR (längstens jedoch für ein Jahr) gemeinsam einen sog einheitlichen BR (§ 62c ArbVG).

628 • **Aufnahme (Verschmelzung durch Aufnahme):** Werden Betriebe oder Betriebsteile von einem anderen Betrieb aufgenommen, **ohne dass dieser dadurch seine Identität verliert,** so gelten die BV des aufgenommenen Betriebes insoweit weiter, als sie **Angelegenheiten** betreffen, **die von den BV des aufnehmenden Betriebes nicht geregelt werden** (§ 31 Abs 7 ArbVG; Sonderregeln bestehen für BV über Betriebspensionen). Die AN nehmen ihre BV also nur insoweit mit, als eine Angelegenheit im aufnehmenden Betrieb nicht bereits durch BV geregelt ist. Die Geltung dieser BV bleibt **ausschließlich** auf die **übernommenen AN** begrenzt und wird daher nicht auf andere AN, auch nicht auf neu aufgenommene AN ausgedehnt.

Beispiel: *Wird eine Vertriebsabteilung eines Betriebes A mit einem anderen Betrieb B derart verschmolzen, dass die Vertriebsabteilung organisatorisch im Betrieb B aufgeht, ohne dass dieser dabei aber seine Betriebsidentität verliert, bleiben die BV des Betriebes A für die übergegangenen AN hinsichtlich jener Regelungsgegenstände weiterhin in Geltung, die im Betrieb B nicht schon durch BV (zB die Gewährung eines Jubiläumsgeldes nach zehn-, zwanzig- und dreißigjähriger Dienstzugehörigkeit) geregelt sind. Finden sich hingegen im neuen Betrieb bereits BV über diese Angelegenheiten, so gelten diese nach den allgemeinen Grundsätzen auch für die neu hinzukommenden AN. Dabei verdrängt auch eine ungünstigere BV des aufnehmenden Betriebes eine günstigere BV des aufgenommenen Betriebes bzw Betriebsteiles.*

629 **Hinweis:** Der BR des aufnehmenden Betriebes ist in weiterer Folge auch für die neu aufgenommenen AN vertretungsbefugt und kann entsprechend seiner rechtlichen Möglichkeiten auch Abänderungen jener BV vereinbaren, die aus dem aufgenommenen Betrieb oder Betriebsteil stammen.

630 Grundsätzlich steht es bei diesen Umstrukturierungsmaßnahmen dem (neuen) Betriebsinhaber und dem (neuen) BR offen, die **weitergeltenden BV des alten Betriebes** bzw Betriebsteiles beispielsweise durch den **Abschluss einer neuen BV zu ersetzen oder** durch eine einvernehmliche Auflösung bzw – sofern zulässig – durch Kündigung **zu beenden.** Wurde eine fakultative BV (vgl § 97 Abs 1 Z 7 bis 27 ArbVG) nach dem Übergang, der rechtlichen Verselbständigung, dem Zusammenschluss oder der Aufnahme gekündigt, kann die **Nachwirkung** nicht vor Ablauf eines Jahres nach der Umstrukturierung durch eine verschlechternde Einzelvereinbarung beseitigt werden (§ 32 Abs 3 letzter Satz ArbVG).

Die in der Praxis häufig vorkommenden **„freien BV“** (vgl Rz 620 f) gehen nicht nach den Regeln des § 31 Abs 4 bis 7 ArbVG auf den neuen Betriebsinhaber über. Falls ihr Regelungsgegenstand aber zum Inhalt der Arbeitsverträge der einzelnen AN geworden ist, werden die Inhalte der „freien BV“ aufgrund des für den Betriebsübergang gesetzlich angeordneten Eintritts des Betriebserwerbers in die Arbeitsverträge der AN (§ 3 Abs 1 AVRAG; siehe dazu Rz 150 ff, 154) auch für den neuen Betriebsinhaber verbindlich. 631

6. Teil
Arbeitsverhältnisse mit Auslandsberührung

Arbeitsverhältnisse können in mehrfacher Hinsicht in einem Auslandszusammenhang stehen. Zum einen greift die österreichische Wirtschaft in einem erheblichen Ausmaß auf ausländische Arbeitskräfte zurück, die in Österreich tätig sind. Zum anderen führt aber auch die Globalisierung der Wirtschaft dazu, dass ausländische Arbeitskräfte von ihren ausländischen AG im Rahmen von Werk- oder Dienstleistungsverträgen nach Österreich entsandt werden. Dies gilt auch für den umgekehrten Fall, dass Österreicher im Ausland für ihren AG tätig werden. Bei Fällen mit Auslandsbezug stellt sich demnach einerseits die Frage, **unter welchen Voraussetzungen Ausländer legal in Österreich beschäftigt werden dürfen** und andererseits, **welches Recht auf ausländische AN anzuwenden ist, die im Rahmen eines Arbeitseinsatzes vorübergehend für ihren AG in Österreich tätig werden.** Ebenfalls von Interesse ist, ob österreichische AN bei ihrem vorübergehenden Einsatz im Ausland österreichisches Arbeits- und Sozialrecht „mitnehmen" oder der Auslandssachverhalt nach ausländischen Normen zu beurteilen ist. Bei der Beurteilung dieser Fragen ist grundsätzlich danach zu differenzieren, ob der Auslandsbezug im Zusammenhang mit einem **EU/EWR-Staat(sbürger)** oder einem sog **Drittstaat(sbürger),** also einem Nicht-EU/EWR-Staat(sbürger) steht. **632**

Aufgrund der vielfach sehr schwierigen und im Detail überaus komplexen Regelungsmaterien in diesem Zusammenhang beschränkt sich die nachfolgende Darstellung nur auf die wesentlichen Grundsätze dieses Themenbereichs.

I. Einstellung ausländischer Arbeitnehmer

Zum Schutz des inländischen Arbeitsmarktes ist für die legale Beschäftigung eines **drittstaatsangehörigen Ausländers** entweder ein **kombinierter Aufenthalts- und Beschäftigungstitel** oder neben einem **öffentlich-rechtlichen Aufenthaltstitel** auch eine **Bewilligung nach dem Ausländerbeschäftigungsgesetz (AuslBG)** erforderlich. Das gilt grundsätzlich für **Arbeitsverhältnisse, arbeitnehmerähnliche Beschäftigung, Ausbildungsverhältnisse, Entsendungen** und bei der **Arbeitskräfteüberlassung.** **633**

1. Aufenthaltsrecht

Grundsätzlich gilt, dass kein Ausländer in Österreich beschäftigt werden darf, der sich hier nicht legal aufhält. Für eine legale Einreise und einen legalen Aufenthalt müssen die diesbezüglichen Voraussetzungen nach dem **Fremdenpolizeigesetz 2005 (FPG)** sowie dem **Niederlassungs- und Aufenthaltsgesetz (NAG)** erfüllt sein. **634**

Das **FPG** regelt in diesem Zusammenhang die Voraussetzungen für eine allenfalls erforderliche **Erteilung von Visa.** Neben einem **Reisevisum** der Kategorie „Visum C" (für Personen aus visapflichtigen Staaten), das zur Einreise und zum Aufenthalt in Österreich bzw im Gebiet der Schengenstaaten bis zu 90 Tage berechtigt, ist mit einem **Aufenthaltsvisum** („Visum D") ein legaler Aufenthalt von 91 Tagen bis sechs Monaten (in bestimmten

Ausnahmefällen bis zwölf Monaten) möglich. Zur Aufnahme einer bloß **vorübergehenden Erwerbstätigkeit** ist für Selbständige, unselbständig Tätige, Saisoniers (§ 5 AuslBG) und bestimmte Praktikanten (mit Anzeigebestätigung nach § 3 Abs 5 AuslBG) die **Erteilung eines Visums C oder Visums D zu Erwerbszwecken** möglich bzw auch erforderlich, sofern die betroffene Person nicht bereits ohnehin über einen Aufenthaltstitel nach dem NAG verfügt (vgl § 24 FPG). Darüber hinaus können besonders hochqualifizierte Drittstaatsangehörige, die in Österreich eine Beschäftigung suchen wollen, ein **Visum D zur Arbeitssuche** beantragen (§ 24a FPG). Alle Arten von Visa werden grundsätzlich von den österreichischen Vertretungsbehörden im Ausland und im Verlängerungsfall von den Landespolizeidirektionen erteilt.

Das **NAG** normiert, welchen **Aufenthaltstitel** ein Ausländer für seinen Aufenthalt in Österreich benötigt, der sich länger (grundsätzlich mehr als sechs Monate) in Österreich aufhalten oder hier niederlassen will. Dabei ist zu beachten, dass ein Aufenthaltstitel grundsätzlich nicht zur Beschäftigung in Österreich berechtigt. Um aber Ausländern, die bereits dauerhaft oder schon länger in Österreich leben, den Zugang zum österreichischen Arbeitsmarkt zu erleichtern, wurden in den letzten Jahren Aufenthaltstitel geschaffen, die gleichzeitig auch einen legalen Zugang zum österreichischen Arbeitsmarkt zulassen **(Harmonisierung des Aufenthalts- und des Beschäftigungsrechts).**

Die Einführung der sog **kombinierten Aufenthalts- und Beschäftigungstitel** erfolgte in Umsetzung der RL 2011/98/EU (sog „single permit-RL“).

635 **EU/EWR-Bürger** sowie **Schweizer Staatsbürger** dürfen grundsätzlich **ohne besondere Genehmigung** nach Österreich einreisen und sich hier aufhalten. Wenn sie sich in Österreich niederlassen wollen bzw **länger als drei Monate** hier bleiben möchten, müssen sie binnen vier Monaten ab der Einreise nach Österreich eine sog **Anmeldebescheinigung** (§ 53 NAG) beantragen, die ihnen aber insb für den Fall einer Beschäftigung in Österreich ohne weiteres ausgestellt wird. Nach fünf Jahren ununterbrochenem rechtmäßigen Aufenthalt können EU/EWR-Bürger und Schweizer Staatsbürger eine **Bescheinigung des Daueraufenthalts** (§ 53a NAG) beantragen. Privilegiert sind grundsätzlich auch die Ehegatten (sowie eingetragene Partner nach dem EPG), Kinder (bis zum 21. Lebensjahr) und (unter bestimmten Voraussetzungen auch) Eltern von EU/EWR-Bürgern sowie Schweizern, die selbst nicht EU/EWR-Bürger bzw Schweizer sind. Diese Familienangehörigen müssen eine **Aufenthaltskarte** (§ 54 NAG) beantragen. Nach fünf Jahren kann auf Antrag bei den österreichischen Behörden eine **Daueraufenthaltskarte** (§ 54a NAG) ausgestellt werden.

636 Erstanträge auf Erteilung eines Aufenthaltstitels sind vom Ausländer grundsätzlich bei der **österreichischen Vertretungsbehörde** im Ausland zu stellen. Verlängerungsanträge oder Zweckänderungsanträge sind vom Ausländer bei der zuständigen **Niederlassungsbehörde** (Landeshauptmann bzw von ihm ermächtigte Bezirksverwaltungsbehörde) in Österreich zu beantragen).

Im **Zusammenhang mit Erwerbsarbeit** kommen dabei insb folgende Aufenthaltstitel in Frage (vgl § 8 NAG):

- **Aufenthaltsbewilligung:** Dieser Titel wird für einen **vorübergehenden befristeten Aufenthalt** zu einem bestimmten Zweck **ohne Niederlassungsabsicht** erteilt. Im

Zusammenhang mit Arbeitsverhältnissen wird dieser Titel zB für Betriebsentsandte, unternehmensintern transferierte Ausländer (ICT), Selbständige oder drittstaatsangehörige Personen, die einen gültigen Aufenthaltstitel als Forscher in einem anderen EU/EWR-Mitgliedstaat besitzen, erteilt. Die Bestimmungen des **AuslBG** sind grundsätzlich zu beachten (vgl Rz 638 ff). Weiters wird dieser Titel für bestimmte Sonderfälle unselbständiger Erwerbstätigkeit erteilt, die nicht unter das AuslBG fallen (wie zB Au-pair, Austauschlehrer, Sprachassistenten). Unabhängig von einer Erwerbsarbeit ist dieser Titel ua auch für drittstaatsangehörige Studierende und Schüler vorgesehen.

- **Niederlassungsbewilligung:** Dieser Titel berechtigt Personen unter bestimmten Voraussetzungen zur **befristeten Niederlassung und zur Ausübung einer (auch selbständigen) Erwerbstätigkeit,** wenn bereits zuvor eine Tätigkeit insb aufgrund einer Rot-Weiß-Rot-Karte (für Selbständige oder Unselbständige und Start-up-Gründer) ausgeübt wurde. Ferner steht die Niederlassungsbewilligung für Künstler, Forscher und Sonderfälle unselbständiger Erwerbstätigkeit, die vom AuslBG ausgenommen sind (zB Seelsorger, Medienbedienstete, wissenschaftliches Personal und besondere Führungskräfte insb in leitenden Positionen auf der Vorstands- oder Geschäftsleitungsebene in international tätigen Konzernen/Unternehmen), zur Verfügung.
- **Rot-Weiß-Rot-Karte:** Diese berechtigt zur **befristeten Niederlassung und zur Ausübung einer Erwerbstätigkeit als Fach- oder Schlüsselkraft bzw als Stammmitarbeiter.** Die Voraussetzungen für die Zulassung als Fach- oder Schlüsselkraft bzw Stammmitarbeiter gem §§ 12, 12a, 12b bzw 12d AuslBG müssen erfüllt sein (vgl Rz 644 ff).
- **Rot-Weiß-Rot-Karte plus:** Dieser Titel berechtigt zur **befristeten Niederlassung und zur Ausübung einer (auch selbständigen) Erwerbstätigkeit** ohne einen weiteren ausländerbeschäftigungsrechtlichen Titel (§ 17 AuslBG). Diese Karte wird insb im Verlängerungsfall der Rot-Weiß-Rot-Karte und der Blauen Karte EU sowie in Fällen der Familienzusammenführung an Drittstaatsangehörige ausgestellt.
- **Blaue Karte EU:** Diese Karte berechtigt bestimmte **Schlüsselkräfte mit Hochschulabschluss** sowie **bestimmte Drittstaatsangehörige in der Informations- und Kommunikationstechnologie** zur **befristeten Niederlassung und zur Ausübung einer Erwerbstätigkeit** (§ 12c AuslBG, vgl Rz 645d).
- **Daueraufenthalt – EU:** Dieser Titel kann für Drittstaatsangehörige ausgestellt werden, die in den letzten **fünf Jahren** ununterbrochen zur **Niederlassung in Österreich** berechtigt waren und die die Integrationsvereinbarung (insb Nachweis bestimmter Deutschkenntnisse) erfüllen. Er berechtigt zu einem **unbeschränkten Zugang zum österreichischen Arbeitsmarkt.** Dh, es ist kein weiterer ausländerbeschäftigungsrechtlicher Titel mehr erforderlich (vgl § 17 AuslBG).
- **Familienangehöriger:** Bestimmte drittstaatsangehörige Familienangehörige (insb Ehegatten, minderjährige Kinder) von Österreichern, EWR-Bürgern oder Schweizern haben mit dem Aufenthaltstitel „Familienangehöriger“ **unbeschränkten Zugang zum österreichischen Arbeitsmarkt** (§ 17 AuslBG).

- **Aufenthaltsberechtigung plus:** Ausweisungsgefährdeten Drittstaatsangehörigen (zB Asylwerbern) kann aus besonders berücksichtigungswürdigen Gründen (zB wenn sie schon mehrjährig rechtmäßig in Österreich aufhältig sind oder dies zur Aufrechterhaltung des Privat- und Familienlebens im Sinne des Art 8 EMRK geboten ist) der Aufenthaltstitel „Aufenthaltsberechtigung plus" für die Dauer von zwölf Monaten erteilt werden (§ 54 Abs 1 Z 1 AsylG). Dieser Titel ermöglicht den **unbeschränkten Zugang zum österreichischen Arbeitsmarkt** (§ 17 AuslBG).

637 **Hinweis:** Mit Stand Dezember 2023 bestanden in Österreich 550.262 aufrechte Aufenthaltstitel von Drittstaatsangehörigen (Quelle: Niederlassungs- und Aufenthaltsstatistik des Bundesministeriums für Inneres). Weitere Informationen zur Einreise und zum Aufenthalt in Österreich finden sich auf der Website des Innenministeriums (BMI) unter www.bmi.gv.at.

2. Ausländerbeschäftigungsrecht

2.1. Grundsätzliches

638 Drittstaatsangehörige Ausländer, die in Österreich legal arbeiten wollen, brauchen neben ihrem Aufenthaltstitel in der Regel noch eine weitere behördliche Bewilligung, nämlich einen **Titel nach dem AuslBG.** Für dessen Ausstellung ist grundsätzlich das **Arbeitsmarktservice** (AMS) zuständig.

Die **Harmonisierungsbestrebungen des Aufenthalts- und des Beschäftigungsrechts** der letzten Jahre haben aber dazu geführt, dass Ausländer, die bereits dauerhaft oder schon für eine längere Zeit in Österreich leben, für ihren Zugang zum Arbeitsmarkt neben ihrem Aufenthaltstitel keinen weiteren Titel nach dem AuslBG mehr benötigen (vgl Rz 636). Dies gilt – wie oben bereits ausgeführt – uneingeschränkt für Drittstaatsangehörige, die entweder über einen Aufenthaltstitel Rot-Weiß-Rot-Karte plus oder einen Aufenthaltstitel Daueraufenthalt – EU verfügen und damit freien Zugang zum österreichischen Arbeitsmarkt haben. Bei Ausländern, die beispielsweise eine Rot-Weiß-Rot-Karte oder eine Blaue Karte EU beantragen, prüft neben der Niederlassungsbehörde auch noch die nach dem Betriebssitz des AG zuständige regionale Geschäftsstelle des AMS das Vorliegen der jeweiligen Zulassungsvoraussetzungen nach dem AuslBG. Diese Zulassung ermächtigt den Ausländer dann auch nur zur Arbeitsleistung bei dem im Antrag angegebenen AG (§ 20d Abs 2 AuslBG).

639 **Ausgenommen von der Bewilligungspflicht** nach dem **AuslBG** ist vor allem die **Beschäftigung von Bürgern eines EU/EWR-Staates** (EU-Mitgliedstaaten plus Norwegen, Island und Liechtenstein), der **Schweiz** sowie die Beschäftigung von **drittstaatsangehörigen Ehepartnern (sowie eingetragenen Partnern)** und **Kindern** (idR nur bis zum 21. Lebensjahr) von österreichischen Staatsbürgern. Unter bestimmten Voraussetzungen sind weiters **Wissenschaftler, Diplomaten, besondere Führungskräfte** oder **AN von ausländischen Medien** von der Anwendung des AuslBG ausgenommen. Ebenfalls sind **Asylberechtigte** und **subsidiär Schutzberechtigte** (das sind Personen, deren Asylantrag zwar abgewiesen wurde, aber deren Leben oder Gesundheit im Herkunftsland bedroht wird und sie daher nicht abgeschoben werden können) vom AuslBG ausgenommen. Auch Personen, die über

einen **Ausweis für Vertriebene** verfügen (zB Ukrainer), dürfen ohne Beschäftigungstitel in Österreich arbeiten (vgl zu sämtlichen Ausnahmen § 1 Abs 2 AuslGB).

Ein erleichterter Zugang zum österreichischen Arbeitsmarkt besteht für **türkische** 640
Staatsangehörige (§ 4c AuslBG).

Das **Vereinigte Königreich** ist mit Ablauf des 31. 1. 2020 **aus der EU ausgetreten.** Nach Ablauf 641
einer Übergangsperiode haben britische Staatsbürger ab 1. 1. 2021 ihr Recht auf Arbeitnehmerfreizügigkeit in der EU verloren. Jene Briten, die bereits vor dem 1. 1. 2021 in Österreich gewohnt haben, behalten aber aufgrund eines Austrittsabkommens ihr unionsrechtliches Aufenthaltsrecht. Ihr Aufenthaltsstatus entspricht weitgehend jenem für Unionsbürger. Diese Briten mussten aber bis 31. 12. 2021 einen Aufenthaltstitel „Artikel 50 EUV" beantragen (wenn alle Voraussetzungen erfüllt waren, musste dieser Titel von der österreichischen Behörde für die Dauer von fünf Jahren erteilt werden) und können weiterhin in Österreich leben und arbeiten. Jene Briten, die erst nach 31. 12. 2020 nach Österreich ziehen bzw gezogen sind, gelten hingegen grundsätzlich als Drittstaatsangehörige, die einen Antrag auf Aufenthalt (und Beschäftigung) stellen müssen. Qualifizierte britische Arbeitskräfte können unter bestimmten Voraussetzungen eine Rot-Weiß-Rot-Karte beantragen. Auch für vorübergehende befristete Beschäftigungen in Österreich (wie zB Saisoniers oder Betriebsentsendungen) sind entsprechende Bewilligungen erforderlich.

Hinweis: Für alle **EU-Bürger** gilt: Wer in seinen auf **Arbeitnehmerfreizügigkeit** be- 642
ruhenden **Rechten verletzt** wird und versucht, diese **durchzusetzen,** darf deswegen nicht gekündigt, entlassen oder auf andere Weise **benachteiligt** werden (§ 7 AVRAG). Die zugrunde liegende RL 2014/54/EU nennt als Beispiele für solche Diskriminierungen die Verweigerung der Anerkennung von Befähigungsnachweisen, die Diskriminierung aus Gründen der Staatsangehörigkeit und ganz allgemein Ausbeutung.

Nach dem AuslBG sind **mehrere Arten von Bewilligungen** zu unterscheiden. Diese 643
sind entweder vom AG oder vom ausländischen AN selbst bei der jeweils zuständigen Stelle (idR beim Arbeitsmarktservice; siehe Rz 706) zu beantragen. Im Folgenden wird auf die wichtigsten Bewilligungsarten eingegangen:

2.2. Zulassung als Schlüsselkraft und zur sonstigen dauerhaften Beschäftigung

Besonders qualifizierte und/oder am österreichischen Arbeitsmarkt nachgefragte Aus- 644
länder bekommen einen **erleichterten Zugang** zum inländischen Arbeitsmarkt. Hierfür gilt grundsätzlich eine **Kriterien geleitete Zulassung** wie etwa für **besonders Hochqualifizierte, Fachkräfte in Mangelberufen** sowie **sonstige Schlüsselkräfte.** Noch niederschwelliger ist der Zugang zum österreichischen Arbeitsmarkt für Drittstaatsangehörige, die in Österreich ein **Studium** abgeschlossen haben sowie für bestimmte Personen, die bereits als Saisoniers in Österreich gearbeitet haben und daher als sog **Stammmitarbeiter** gelten.

Für diese Personen ist eine **Rot-Weiß-Rot-Karte (RWR-Karte)** vorgesehen, die auf Antrag mit einer **Befristung von zwei Jahren** erteilt wird. Dieser Beschäftigungstitel gilt für die Beschäftigung (nur) bei dem im Antrag angegebenen AG. Bei einem AG-Wechsel während dieser Zeit erhält der ausländische AN hingegen – sofern er auch beim neuen AG den Zulassungsvoraussetzungen entsprechend beschäftigt wird – eine neue RWR-Karte (§§ 41 NAG, 20d AuslBG). Wenn der Ausländer sodann für mindestens 21 Monate in den letzten 24 Monaten seiner Qualifikation entsprechend beschäftigt war und weitere Voraussetzungen erfüllt (insb fortgeschrittene Integration gem § 15 Abs 2 AuslBG nachweisen kann), kann er eine **RWR-Karte plus** mit **unbeschränktem Arbeitsmarktzugang** beantragen (§§ 41a NAG, 20e AuslBG).

Bei der Kriterien geleiteten Zulassung werden die **unterschiedlichen Kriterien** mit Punkten bewertet (wie für Qualifikation bzw Fähigkeiten, Berufserfahrung, Sprachkenntnisse, Alter etc). Für eine Zulassung muss vom Ausländer eine bestimmte Mindestpunkteanzahl erreicht werden. Die einzelnen Kriterien samt der jeweiligen Punkteanzahl sind in den **Anlagen A, B und C** zum AuslBG angeführt.

Die RWR-Karte berechtigt sowohl zur **Niederlassung als auch zur Beschäftigung** in Österreich. Der **Antrag auf Zulassung** ist vom Ausländer oder vom AG bei der zuständigen Behörde (Landeshauptmann bzw ermächtigte BH oder Magistrat bzw österreichische Vertretungsbehörde im Ausland) zu stellen. Der Antrag hat die begründete **Erklärung des AG** zu enthalten, die angegebenen Beschäftigungsbedingungen einzuhalten (siehe § 20d Abs 1 AuslBG).

Drittstaatsangehörige, die in Österreich eine **selbständige Erwerbstätigkeit** ausüben möchten, können eine RWR-Karte für selbständige Schlüsselkräfte beantragen, wenn ihre selbständige Erwerbstätigkeit in Österreich einen gesamtwirtschaftlichen Nutzen darstellt, der über einen rein betrieblichen Nutzen hinausgeht (zB hohe Investitionen in Österreich, Transfer von Know-how oder die Einführung neuer Technologien). Ferner gibt es Sonderregelungen für Gründer von **Start-ups** (vgl § 24 AuslBG und Anlage D).

Das AuslBG sieht insb folgende **Möglichkeiten für eine dauerhafte Beschäftigung** von Drittstaatsangehörigen vor:

a) RWR-Karte für „Besonders Hochqualifizierte"

645 Besonders hoch qualifizierte Ausländer erhalten bei Erfüllung der in **Anlage A** aufgelisteten und mit Punkten bewerteten Kriterien (zB Abschluss eines bestimmten Studiums, Habilitation, letztes Gehalt in bestimmter Höhe in einer Führungsposition, Berufserfahrung, Sprachkenntnisse, jüngeres Alter) **ohne Arbeitsmarktprüfung** (siehe Rz 647) eine **RWR-Karte** (§ 12 AuslBG).

b) RWR-Karte für „Fachkräfte in Mangelberufen"

645a Das BMAW kann im Falle eines längerfristigen Arbeitskräftebedarfs, der mit dem in Österreich verfügbaren Arbeitskräftepotential nicht abdeckbar ist, durch eine Fachkräfteverordnung sog **Mangelberufe** festlegen.

Welche Berufe als Mangelberufe festgelegt werden, hängt von der Entwicklung des Arbeitsmarktes in Österreich ab. Die derzeit geltende **Fachkräfteverordnung 2024** definiert verschiedene Facharbeitsberufe wie zB Fräser, Dreher, Schweißer, Landmaschinenbauer, KFZ-Mechaniker, Schlosser,

Spengler, Berufe aus der Baubranche (Bautischler, Betonbauer, Fliesenleger uva), Techniker (zB in den Bereichen Maschinenbau, Starkstromtechnik, Schwachstrom- und Nachrichtentechnik, Datenverarbeitung, Bauwesen), Ärzte, diplomierte Gesundheits- und Krankenpfleger, Hebammen, Lohn- bzw Gehaltsverrechner, Buchhalter, Bäcker und Gaststättenköche als Mangelberufe für das gesamte Bundesgebiet. Zusätzlich werden regionale Mangelberufe definiert (zB Tierärzte für Oberösterreich, Volksschullehrer für Vorarlberg).

Somit können drittstaatsangehörige Personen eine **RWR-Karte** beantragen (§ 12a AuslBG), wenn sie

- eine **abgeschlossene Berufsausbildung in einem Mangelberuf** laut Verordnung nachweisen können,
- ein **verbindliches Arbeitsplatzangebot** in Österreich haben und das Unternehmen bereit ist, ihnen das nach Gesetz, Verordnung oder KollV zustehende Mindestentgelt zu bezahlen (im Falle einer betriebsüblichen Überzahlung ist auch diese zu gewähren) und
- sie die **erforderliche Mindestpunkteanzahl** entsprechend der **Anlage B** (insb abgeschlossene Berufsausbildung im Mangelberuf, ausbildungsadäquate Berufserfahrung, bestimmte Sprachkenntnisse, jüngeres Alter) erreichen.

Bei Erfüllung dieser Voraussetzungen wird dem Ausländer die RWR-Karte **ohne weitere Arbeitsmarktprüfung** (siehe Rz 647) erteilt.

c) RWR-Karte für „Sonstige Schlüsselkräfte"

Drittstaatsangehörige Personen, die aufgrund ihrer Qualifikation eine Stelle als Schlüs- **645b**
selkraft in einem Unternehmen in Österreich einnehmen wollen, können eine Zulassung beantragen (§ 12b Z 1 AuslBG), wenn

- das Unternehmen ihnen das gesetzlich festgelegte **Mindestentgelt** von **€ 3.030,–** (2024) brutto pro Monat zuzüglich Sonderzahlungen zahlt,
- das AMS dem Unternehmen keine gleich qualifizierten und als arbeitssuchend vorgemerkten Arbeitskräfte vermitteln kann (**Arbeitsmarktprüfung;** siehe Rz 647) und
- sie die **erforderliche Mindestpunkteanzahl** entsprechend der **Anlage C** erreichen (insb abgeschlossene Berufsausbildung oder spezielle Kenntnisse oder Fertigkeiten in der beabsichtigten Beschäftigung, höherer Schulabschluss oder Studium, entsprechende Berufserfahrung, bestimmte Sprachkenntnisse, jüngeres Alter; zusätzliche Punkte gibt es für Profisportler und Profisporttrainer).

Das zusätzliche Kriterium **„spezielle Kenntnisse oder Fertigkeiten"** soll alternativ zu einer abgeschlossenen Berufsausbildung gelten und sicherstellen, dass auch Profisportler und sonstige Spezialisten, die über keine formelle Ausbildung verfügen, zugelassen werden können.

d) RWR-Karte für „Studienabsolventen"

645c Studienabsolventen aus Drittstaaten, die ein **Bachelorstudium,** ein **Diplomstudium** zumindest ab dem zweiten Studienabschnitt, ein **Masterstudium** oder ein **PhD- bzw Doktoratsstudium** an einer österreichischen Universität, Fachhochschule oder akkreditierten Privatuniversität absolviert und erfolgreich abgeschlossen haben, dürfen sich nach Ablauf ihrer Aufenthaltsbewilligung für das Studium bei Vorliegen einer entsprechenden Verlängerung weitere **zwölf Monate zur Arbeitssuche** in Österreich aufhalten.

Dafür müssen sie allerdings bestimmte **Voraussetzungen** wie etwa ausreichende Existenzmittel und Krankenversicherungsschutz erfüllen.

Können sie innerhalb dieser zwölf Monate ein ihrem Ausbildungsniveau entsprechendes Beschäftigungsangebot eines konkreten Unternehmens durch einen **Arbeitsvertrag** nachweisen, erhalten sie – unter **Entfall der Arbeitsmarktprüfung** (siehe Rz 647) und ohne Kriterienprüfung nach einem Punktesystem – eine RWR-Karte, wenn sie das für inländische Studienabsolventen (Berufseinsteiger) ortsübliche monatliche **Mindestbruttoentgelt** erhalten.

Beachte: Diese Regelung gilt auch für drittstaatsangehörige Personen, die lediglich ein Bachelorstudium in Österreich absolviert haben. Für sonstige Studierende, die **vor** ihrem Abschluss in Österreich arbeiten wollen, muss der AG eine **Beschäftigungsbewilligung** beim AMS beantragen. Für eine Beschäftigung unter 20 Wochenstunden ist grundsätzlich **keine Arbeitsmarktprüfung** durchzuführen. Geht das Beschäftigungsausmaß über diese Dauer hinaus, kann eine Beschäftigungsbewilligung nur mit Arbeitsmarktprüfung erteilt werden (vgl § 4 Abs 7 AuslBG).

e) Blaue Karte EU

645d Neben der RWR-Karte für Studienabsolventen (siehe Rz 645c) ermöglicht auch die Blaue Karte EU drittstaatsangehörigen Studienabsolventen einer Universität oder einer anderen tertiären Bildungseinrichtung mit dreijähriger Mindeststudiendauer einen Zugang zum österreichischen Arbeitsmarkt. Diese Studienabsolventen müssen kein Punktesystem durchlaufen, wenn sie die Voraussetzungen für die Erteilung der **Blauen Karte EU** erfüllen (§ 12c AuslBG). Insb ist erforderlich, dass sie den Nachweis eines verbindlichen Arbeitsplatzangebots für eine **Beschäftigung** entsprechend ihrer Ausbildung für **mindestens ein halbes Jahr** erbringen können und bei dieser Beschäftigung mindestens das durchschnittliche Bruttojahresgehalt von Vollbeschäftigten in Österreich verdienen (2024: **€ 47.855,–**). Darüber hinaus muss die **Arbeitsmarktprüfung** (siehe Rz 647) positiv ausfallen, also darf für diese Stelle beim AMS kein Arbeitssuchender vorgemerkt sein.

Für bestimmte hochqualifizierte Tätigkeiten in der **Informations- und Kommunikationstechnologie** ist für die Erteilung einer Blauen Karte EU der Nachweis einer mindestens dreijährigen einschlägigen Berufserfahrung auf dem Niveau eines Hochschul- bzw Fachhochschulabschlusses ausreichend. Diese Berufserfahrung muss in den letzten sieben Jahren vor Antragstellung erworben worden sein.

Die „**Blaue Karte EU**“ wird befristet für **zwei Jahre** erteilt.

Kann in den letzten 24 Monaten eine der Qualifikation entsprechende Beschäftigung für mindestens 21 Monate nachgewiesen werden, können Inhaber einer Blauen Karte EU eine RWR-Karte plus mit unbeschränktem Arbeitsmarktzugang beantragen (vgl § 20e Abs 1 Z 3 iVm § 17 AuslBG).

f) RWR-Karte für „Stammmitarbeiter"

Drittstaatsangehörige können eine **RWR-Karte** als Stammmitarbeiter beantragen, **645e**
wenn sie in den vorangegangenen zwei Kalenderjahren jeweils mindestens sieben Monate als registrierte Stammsaisoniers im selben Wirtschaftszweig beschäftigt waren, sie Deutschkenntnisse auf A1-Niveau nachweisen können, der AG ihnen ein unbefristetes Arbeitsverhältnis in Aussicht stellt und die allgemeinen Voraussetzungen für eine ordnungsgemäße Beschäftigung (wie zB die Einhaltung der geltenden Lohn- und Arbeitsbedingungen sowie sozialversicherungsrechtlicher Vorschriften) erfüllt sind (§ 12d AuslBG). Die **Arbeitsmarktprüfung** (siehe Rz 647) im Einzelfall **entfällt.**

Hinweis: Nähere Informationen zur Zulassung als Schlüsselkraft und zur sonstigen **646**
dauerhaften Beschäftigung sowie ein **Punkterechner** für die Kriterien geleitete Erteilung der RWR-Karte sind unter www.migration.gv.at zu finden.

2.3. Beschäftigungsbewilligung

Die Beschäftigungsbewilligung (vgl §§ 4 ff AuslBG) wird auf **Antrag des AG** von der **647**
zuständigen regionalen Geschäftsstelle des AMS **für einen bestimmten Arbeitsplatz** im Betrieb bzw Unternehmen des AG ausgestellt. Der Arbeitsplatz ist durch die konkrete Tätigkeit beim AG bestimmt und die Beschäftigungsbewilligung gilt dabei für das gesamte Bundesgebiet. Sie ist grundsätzlich nur dann zu erteilen, wenn im Zuge einer sog **Arbeitsmarktprüfung Lage und Entwicklung des Arbeitsmarktes** die Beschäftigung eines Ausländers zulassen (nicht jedoch, wenn für den zu besetzenden Posten ein Inländer, ein EWR-Bürger oder ein in Österreich niederlassungsberechtigter Drittstaatsangehöriger zur Verfügung steht) und dem auch keine **wichtigen öffentlichen oder gesamtwirtschaftlichen Interessen** entgegenstehen. Ferner hat der AG einige allgemeine Anforderungen zu erfüllen. Insb muss er die **Einhaltung** der vorgegebenen **Lohn- und Arbeitsbedingungen** sowie der **sozialversicherungsrechtlichen Vorschriften** nachweisen können. Die Beschäftigungsbewilligung ist vom AMS für längstens **ein Jahr** auszustellen, kann aber beliebig oft verlängert werden.

Praktisch werden Beschäftigungsbewilligungen hauptsächlich für Saisoniers, Erntehelfer, Schüler bzw Studenten, Asylwerber sowie bestimmte hochqualifizierte bzw spezialisierte Projektmitarbeiter (§ 4a AuslBG) ausgestellt. Weiters ist eine Beschäftigungsbewilligung bei einer Entsendung aus einem Drittstaat, die länger als vier Monate dauert, bei einer Entsendung im Bau- und Baunebengewerbe sowie bei einer Arbeitskräfteüberlassung aus einem Drittstaat erforderlich. Ferner benötigen türkische Staatsangehörige eine Beschäftigungsbewilligung, sofern sie nicht bereits über einen Befreiungsschein verfügen (siehe Rz 651–654).

648 Die Prüfung der eingangs angeführten „Arbeitsmarkt-Voraussetzungen“ kann entfallen, wenn das **BMAW durch Verordnung Kontingente für die Beschäftigung von Ausländern** in bestimmten örtlichen oder fachlichen Bereichen für konkrete Zeiträume **festgesetzt hat** und innerhalb dieser Kontingente noch Beschäftigungsmöglichkeiten offen stehen. In der Praxis ist dann eine Beschäftigung von Ausländern über bestehende Kontingente hinaus nur mehr unter besonderen Voraussetzungen möglich.

649 Hat ein Ausländer noch keinen gültigen Aufenthaltstitel (siehe Rz 634 ff), kann vom zukünftigen AG beim AMS zunächst die Ausstellung einer **befristeten Sicherungsbescheinigung** (vgl § 11 AuslBG) beantragt werden. Diese Bescheinigung erlaubt die Beschäftigung des Ausländers noch nicht, garantiert dem AG aber die Ausstellung einer Beschäftigungsbewilligung, nachdem für den Ausländer ein Aufenthaltstitel erworben wurde. Auf diesem Wege können ausländische Arbeitskräfte vom Ausland aus für eine Beschäftigung in Österreich angeworben werden.

650 **Hinweis: Ausländische Volontäre** (Personen ohne Arbeitspflicht und ohne Entgeltanspruch; vgl Rz 47 ff), die bis zu drei Monate im Kalenderjahr im Inland beschäftigt werden, sowie ausländische **Ferial- oder Berufspraktikanten** benötigen grundsätzlich keine Beschäftigungsbewilligung. Ihre Tätigkeit ist vom Betriebsinhaber lediglich bei der zuständigen Geschäftsstelle des AMS sowie bei der Zentralen Koordinationsstelle für die Kontrolle der illegalen Beschäftigung (ZKO) des beim Finanzministerium angesiedelten Amtes für Betrugsbekämpfung anzuzeigen. Das AMS hat dann binnen zweier Wochen eine **Anzeigebestätigung** auszustellen (vgl § 3 Abs 5 AuslBG).

2.4. Befreiungsschein

651–654 **Türkischen Staatsangehörigen,** die bereits vier Jahre lang ordnungsgemäß in Österreich beschäftigt waren, ist von Amts wegen ein Befreiungsschein auszustellen oder zu verlängern, der zur Aufnahme einer Beschäftigung im gesamten Bundesgebiet berechtigt (§ 4c Abs 2 AuslBG). Die Geltungsdauer beträgt fünf Jahre.

2.5. Entsendebewilligung

655 Werden Arbeitskräfte eines ausländischen, außerhalb von EU/EWR ansässigen AG, der **keinen Betriebssitz in Österreich** hat, in **Erfüllung einer vertraglichen Verpflichtung** (zB einem Werkvertrag) zu einem österreichischen Auftraggeber entsandt, so ist von diesem eine sog **Entsendebewilligung** zu beantragen (§ 18 Abs 1 bis 11 AuslBG). Die Entsendebewilligung kann nur erteilt werden, wenn der **Einsatz in Österreich gesamt nicht länger als sechs Monate** und die **konkrete Beschäftigung nicht länger als vier Monate** dauert. Werden diese Zeiträume überschritten, ist eine Beschäftigungsbewilligung für die betriebsentsandten AN erforderlich. Die Entsendebewilligung wird bei der regionalen Geschäftsstelle des **AMS** beantragt, in deren Sprengel die Beschäftigung erfolgen soll. Zu beachten ist, dass der Arbeitseinsatz in Österreich nur zulässig ist, wenn gewährleistet ist, dass die für Österreich geltenden **Lohn- und Arbeitsbedingungen eingehalten werden** (siehe dazu Rz 664a, 666 ff).

Hinweis: Keine Entsendebewilligung kann für Arbeiter in der **Bauwirtschaft** erteilt werden. Eine Beschäftigung in dieser Branche setzt jedenfalls eine Beschäftigungsbewilligung voraus (§ 18 Abs 11 AuslBG). 656

Keine Entsende- oder Beschäftigungsbewilligung benötigen hingegen 657–658

- ausländische Arbeitskräfte, die im Rahmen eines **Joint Venture** (Arbeitsgemeinschaft von zwei oder mehreren Unternehmen) zur betrieblichen Einschulung für eine Dauer von höchstens sechs Monaten nach Österreich kommen oder
- im Rahmen eines international tätigen Konzerns auf Basis eines qualifizierten konzerninternen **Aus- und Weiterbildungsprogramms** bis zu 50 Wochen ins Headquarter nach Österreich entsandt werden,
- **Nachwuchs-Führungskräfte** eines international tätigen AG, die für längstens 24 Monate zu Schulungs- bzw Aus- und Weiterbildungsmaßnahmen und zur Rotation entsandt werden, sowie
- Vertreter ausländischer repräsentativer Interessenvertretungen.

In diesen Fällen ist lediglich bei der regionalen Geschäftsstelle des AMS eine Anzeige zu erstatten, wofür eine **Anzeigebestätigung** ausgestellt wird (§ 18 Abs 3 und 3a AuslBG). Ferner sind kurzfristige Arbeitsleistungen wie Geschäftsbesprechungen oder Messe- und Kongressbesuche ausgenommen (§ 18 Abs 2 AuslBG).

Einer Sonderregelung unterliegen auch **unternehmensintern transferierte Ausländer** (intra-corporate transferees bzw ICT). Dies sind Ausländer aus EU-Drittstaaten, die insb als Führungskräfte, Spezialisten oder Trainees mit Hochschulabschluss in einer inländischen Niederlassung eines internationalen Unternehmens (oder einer internationalen Unternehmensgruppe) vorübergehend in Österreich tätig werden. Demnach ist für direkt aus Drittstaaten kommende ICT eine (befristete) **Aufenthaltsbewilligung** nach dem NAG zu beantragen (§§ 58 NAG, 20f Abs 1 AuslBG). Eine erteilte Aufenthaltsbewilligung gilt auch als **Arbeitsgenehmigung.** Familienmitglieder können ebenfalls eine Aufenthaltsbewilligung „Familiengemeinschaft" erhalten.

Für ICT, die bereits über einen gültigen ICT-Aufenthaltstitel eines anderen EU-Mitgliedstaates verfügen (die also ursprünglich aus einem Drittstaat kommen, aber von einem anderen EU-Mitgliedstaat nach Österreich „weiter transferiert" werden), ist eine (befristete) Aufenthaltsbewilligung als „mobile ICT" vorgesehen, wenn sie länger als 90 Tage im Inland tätig sein sollen (§ 58a NAG, § 20f Abs 2 AuslBG). Für „mobile ICT", die innerhalb von 180 Tagen lediglich bis zu 90 Tage in Österreich beschäftigt werden sollen, reicht eine EU-Entsendebestätigung aus (§ 18 Abs 13 AuslBG).

2.6. EU-Entsendebestätigung bzw EU-Überlassungsbestätigung

Werden **drittstaatsangehörige Arbeitskräfte** von einem Unternehmen **mit Betriebssitz in einem EU/EWR-Mitgliedstaat oder der Schweiz** zur Arbeitsleistung nach Österreich entsandt oder überlassen, ist die Aufnahme der Beschäftigung in Österreich in erster Linie vom EU-Arbeitgeber der Zentralen Koordinationsstelle für die Kontrolle der illegalen Beschäftigung des Amtes für Betrugsbekämpfung (Zentrale Koordinationsstelle, kurz 659

ZKO) zu melden. Diese hat diese Meldung der zuständigen regionalen Geschäftsstelle des **AMS** zu übermitteln, die bei Einhaltung der österreichischen Lohn- und Arbeitsbedingungen gemäß dem LSD-BG (siehe Rz 664a) sowie der Sozialversicherungsbestimmungen eine **EU-Entsendebestätigung** bzw eine **EU-Überlassungsbestätigung** ausstellt (§ 18 Abs 12 AuslBG).

660 Liegen die Voraussetzungen für die Ausstellung einer EU-Entsendebestätigung bzw EU-Überlassungsbestätigung nicht vor, ist eine Entsendebewilligung bzw eine Beschäftigungsbewilligung zu beantragen. Die Regelungen zur EU-Entsendebestätigung gelten auch für „mobile ICT" (siehe Rz 658), die bereits in einem EU-Mitgliedstaat als ICT zugelassen sind und innerhalb von 180 Tagen bis zu 90 Tage in Österreich beschäftigt werden sollen.

661 **Hinweis:** Im Dezember 2023 waren in Österreich laut Niederlassungs- und Aufenthaltsstatistik des BMI 122.181 Personen mit RWR-Karte plus, 19.480 Personen mit Niederlassungsbewilligung, 9.467 Personen mit RWR-Karte sowie 1.649 Personen mit Blauer Karte EU aufhältig bzw erwerbstätig.

Webtipp: Nähere Informationen zu den Zugangsberechtigungen zum österreichischen Arbeitsmarkt finden sich unter www.ams.at sowie unter www.migration.gv.at. Zur Entsendung und Überlassung von Arbeitskräften nach Österreich bietet die Entsendeplattform unter www.entsendeplattform.at nützliche Hinweise.

3. Rechtsfolgen eines Gesetzesverstoßes

662 Neben möglichen **fremdenrechtlichen Maßnahmen** (Zurück- bzw Ausweisung sowie die Verhängung von Aufenthaltsverboten) und Verwaltungsstrafen nach dem NAG stellt die illegale Beschäftigung von Ausländern auch eine **Verwaltungsübertretung nach dem AuslBG** dar, die idR mit einer **Geldstrafe** bedroht ist. In schwerwiegenden Fällen sind auch die befristete Untersagung der Beschäftigung von Ausländern und im Wiederholungsfall sogar die **Entziehung der Gewerbeberechtigung** möglich (vgl §§ 28 ff AuslBG). Zusätzlich besteht für besonders schwere Formen der illegalen Ausländerbeschäftigung ein **gerichtlicher Straftatbestand** (es sind **Freiheitsstrafen bis zu zwei Jahren** vorgesehen; vgl § 28c AuslBG). Darüber hinaus besteht bei schweren Verstößen gegen das AuslBG die Möglichkeit, Unternehmen für eine bestimmte Zeit von öffentlichen **Zuwendungen** (auch EU-Förderungen) **auszuschließen** (§ 30b AuslBG).

Weiters besteht eine umfassende **Generalunternehmerhaftung.** Ein Generalunternehmer haftet für die Verstöße der Subunternehmen nicht nur, wenn er vom AuslBG-Verstoß Kenntnis hat, sondern auch wenn er seinen **Kontroll- und Verständigungspflichten** iSd AuslBG nicht nachkommt (§ 28 Abs 6 AuslBG). Weiters haftet der Generalunternehmer unter bestimmten Voraussetzungen für **nicht bezahlte Löhne** der Subunternehmen (§ 29a AuslBG).

663 Wird ein Drittstaatsangehöriger ohne die nach dem Gesetz jeweils erforderliche Bewilligung oder trotz deren Ablaufs (weiter) beschäftigt, ist bzw wird der **Arbeitsvertrag grundsätzlich nichtig.** Das AuslBG sieht aber vor, dass das nichtige bzw bereits abge-

wickelte Arbeitsverhältnis weitgehend wie ein gültiges zu behandeln ist. Dem AN steht dann vor allem ein Entgelt zu (§ 29 AuslBG).

Übersicht über die wichtigsten Zugangsmöglichkeiten für Drittstaatsangehörige zum österreichischen Arbeitsmarkt 664

	beantragt/angezeigt vom	Geltungs-dauer	Geltungs-bereich
Beschäftigungs-bewilligung	AG	längstens 1 Jahr (Verlängerung möglich)	gesamtes Bundesgebiet für einen AG
Rot-Weiß-Rot-Karte	Ausländer/ inländischer AG	2 Jahre	gesamtes Bundesgebiet für einen AG
Blaue Karte EU	Ausländer/ inländischer AG	2 Jahre	gesamtes Bundesgebiet für einen AG
Befreiungsschein (gilt nur für türkische Staatsangehörige)	Ausländer	5 Jahre (Verlängerung möglich)	gesamtes Bundesgebiet
Rot-Weiß-Rot-Karte plus	Ausländer	3 Jahre (Verlängerung möglich)	gesamtes Bundesgebiet
Daueraufenthalt – EU	Ausländer	5 Jahre (Verlängerung möglich)	gesamtes Bundesgebiet
Entsendebewilligung	inländischer Auftraggeber bzw entsendender AG	höchstens 4 Monate (keine Verlängerung möglich)	für bestimmte Tätigkeiten, die nicht länger als 6 Monate dauern dürfen
EU-Entsendebestätigung bzw EU-Überlassungs-bestätigung	EU-AG	Dauer der vorübergehend zu erbringenden Dienstleistung	für die vom EU-AG zu erbringende Leistung
Anzeigebestätigung (für Joint Venture-Entsendung bzw konzerninterne Weiterbildung)	Inhaber des inländischen Schulungsbetriebes bzw inländische Unternehmensleitung	6 Monate bzw 50 Wochen	konkrete Schulungsmaßnahme
Anzeigebestätigung (für Volontariat bzw Ferial- oder Berufspraktikum)	Inhaber des inländischen Betriebes, in dem der Ausländer beschäftigt wird	Volontäre: 3 Monate (Verlängerung möglich) Ferial- oder Berufspraktikanten: Dauer des Praktikums	Tätigkeiten, die einem Volontariat bzw einem Ferial- oder Berufspraktikum entsprechen

4. Maßnahmen gegen Lohn- und Sozialdumping durch ausländische Arbeitnehmer

Um den österreichischen Arbeitsmarkt vor negativen Auswirkungen durch „billige" aus- 664a
ländische Arbeitskräfte zu schützen, wurde – im Rahmen europarechtlicher Vorgaben – das **Gesetz zur Bekämpfung von Lohn- und Sozialdumping** (LSD-BG) geschaffen. Vorran-

giges Ziel ist es dabei, auch für ausländische Arbeitskräfte eine **angemessene Entlohnung in Österreich sicherzustellen.** Demnach besteht zwingend Anspruch auf ein nach Gesetz, Verordnung oder KollV festgelegtes Entgelt, das am Arbeitsort vergleichbaren AN von vergleichbaren AG gebührt (§ 3 LSD-BG).

Unter **„Entgelt"** iS dieser Bestimmungen ist das gesamte dem AN durch Gesetz, Verordnung oder KollV zustehende Entgelt unter Beachtung der jeweiligen Einstufungskriterien zu verstehen. Nicht unter die behördliche Lohnkontrolle des LSD-BG fallen Entgeltbestandteile, die (überkollektivvertraglich) in einer BV oder im Arbeitsvertrag vereinbart wurden oder die in § 49 Abs 3 ASVG als Entgelt-Ausnahmen genannt sind (zB Schmutzzulagen), Beiträge nach dem BMSVG („Abfertigung neu") sowie Betriebspensionen. Ein aus dem Ausland **entsandter AN,** der im Inland von einem regelmäßigen Arbeitsplatz zu einem anderen Arbeitsplatz im Inland reist, hat unbeschadet des auf das Arbeitsverhältnis anzuwendenden Rechts für die Dauer der Entsendung zwingend Anspruch auf zumindest jenen gesetzlichen, durch Verordnung festgelegten oder kollv **Aufwandersatz für Reise-, Unterbringungs- oder Verpflegungskosten,** die während der Entsendung in Österreich anfallen, der am Arbeitsort vergleichbaren AN von vergleichbaren AG gebührt.

Das Verbot der Unterentlohnung ist nicht auf **Entsendungen aus dem EU/EWR-Raum** beschränkt, sondern kommt auch auf **Entsendungen aus Drittstaaten** und auf alle Fälle der **grenzüberschreitenden Arbeitskräfteüberlassung** zur Anwendung.

Hinweis: Das **Verbot der Unterentlohnung** gilt aber auch für **alle bereits in Österreich beschäftigten AN,** und zwar gleichgültig, ob es sich dabei um In- oder Ausländer handelt. Mit anderen Worten, in Österreich kann kein AN mehr straffrei unter dem ihm für seine Tätigkeit zustehenden (meist kollv Mindest-)Entgelt beschäftigt werden.

Weiters besteht für die Dauer der Entsendung ein **Urlaubsanspruch** nach dem UrlG (§ 4 LSD-BG) sowie ein Anspruch auf **Einhaltung der Höchstarbeits- und Mindestruhezeiten** nach dem AZG und ARG, die für vergleichbare AN von vergleichbaren AG gelten (§ 5 LSD-BG).

Für **grenzüberschreitend überlassene AN** besteht ebenfalls ein Urlaubsanspruch nach dem UrlG und darüber hinaus gelten das AÜG, die einschlägigen KollV sowie die gesetzlichen Bestimmungen zur Entgeltfortzahlung bei Krankheit oder Unfall und bei sonstigen Dienstverhinderungen. Weiters finden auf grenzüberschreitend überlassene AN die für vergleichbare AN gültigen Kündigungsfristen und -termine sowie die Normen über den besonderen Kündigungs- und Entlassungsschutz und die Kündigungsentschädigung Anwendung (§ 6 LSD-BG).

Überschreitet die tatsächliche Entsendung oder Überlassung eines AN aus dem EWR oder der Schweiz die **Dauer von zwölf Monaten** (mittels Antrag des AG und bei ensprechender Begründung auf 18 Monate verlängerbar) finden auf solche Arbeitsverhältnisse ab diesem Zeitpunkt die österreichischen gesetzlichen und durch Verordnung oder KollV festgelegten Arbeitsrechtsnormen zur Gänze Anwendung, soweit diese Normen günstiger sind als die entsprechenden Normen des Entsendestaates. Dabei ist jener KollV heranzuziehen, der am Arbeitsort für vergleichbare AN von vergleichbaren AG gilt. Von der Gleichstellung nicht erfasst sind die Regelungen des BMSVG und des BPG sowie Verfahrensregeln, Formalitäten und Bedingungen für den Abschluss und die Beendigung von Arbeitsverträgen (§ 2 Abs 3 LSG-BG).

Vom **Anwendungsbereich des LSD-BG gänzlich ausgenommen** sind Entsendungen bzw Überlassungen insb in folgenden Bereichen bzw zu folgenden Zwecken (vgl § 1 Abs 5–9 LSD-BG): **Arbeiten von geringem Umfang und kurzer Dauer** (bis zu einer Woche) im Rahmen von geschäftlichen Besprechungen, der Teilnahme an Seminaren, Vorträgen und Messen sowie der Teilnahme an bzw Abwicklung von bestimmten kulturellen und sportlichen Veranstaltungen; bestimmte **Konzernentsendungen** bis zu einem Höchstausmaß von zwei Monaten je Kalenderjahr; **Einsätze zu Schulungszwecken** oder im Rahmen von Austausch-, Aus- und Weiterbildungs- oder Forschungsprogrammen; die **Lieferung und Abholung von Waren** sowie Tätigkeiten, die für die Inbetriebnahme und Nutzung von gelieferten Gütern unerlässlich sind, durch entsandte AN des Verkäufers oder Vermieters; weiters kommen die Bestimmungen des LSG-BG nicht auf (entsandte bzw überlassene) **höhere Einkommensbezieher** zur Anwendung, deren monatliche Bruttoentlohnung durchschnittlich mindestens € 7.272,– (2024) während des Einsatzes in Österreich sowie der letzten zwei Zahlungsperioden im Ausland beträgt. Sonderregelungen bestehen auch für bestimmte **mobile AN,** die als Fahrer oder Begleitpersonal in der Personen- und Güterbeförderung tätig sind (§ 1a LSD-BG).

Die praktische Umsetzung der Vorschriften gegen Lohn- und Sozialdumping erfolgt durch **umfassende Meldepflichten** (§ 19 LSD-BG; sog **ZKO-Meldung**) sowie durch **verstärkte Kontrollen** der Unternehmen. Das **Amt für Betrugsbekämpfung** (siehe Rz 699) ist dazu berechtigt, jene Erhebungen vor Ort durchzuführen, die zur Kontrolle des Entgelts erforderlich sind. Den zuständigen Organen kommen dabei **Betretungs-, Einsichts-** und **Befragungsrechte** zu (vgl § 12 LSD-BG). Der AG bzw Beschäftiger hat jene **Unterlagen** grds am Arbeits- bzw Einsatzort in deutscher oder englischer Sprache **bereitzuhalten** oder in elektronischer Form zugänglich zu machen, die für die Überprüfung des gebührenden Entgelts notwendig sind (vgl §§ 21 f LSD-BG).

Als erforderliche **Lohnunterlagen** kommen insb Arbeitsvertrag oder Dienstzettel, Arbeitszeitaufzeichnungen, Lohnzettel und Lohnzahlungsnachweis (zB Banküberweisungsbeleg) in Betracht. Als **Sozialversicherungsunterlagen** ist eine Bescheinigung A1 oder E 101 vorzulegen, welche die Anmeldung der entsandten oder überlassenen AN im Entsendestaat bestätigt.

Das Amt für Betrugsbekämpfung übermittelt die Daten an das bei der Österreichischen Gesundheitskasse (ÖGK) eingerichtete **Kompetenzzentrum Lohn- und Sozialdumpingbekämpfung** (Kompetenzzentrum LSDB), das im Falle einer Unterentlohnung von AN, die nicht dem ASVG unterliegen (also im Wesentlichen nach Österreich überlassenen oder entsandten AN) eine **Strafanzeige** an die Bezirksverwaltungsbehörde erstattet. Die Feststellung und Strafanzeige von Unterschreitungen des (kollv) Entgelts für **AN mit gewöhnlichem Arbeitsort in Österreich** erfolgt durch den zuständigen **Träger der Krankenversicherung.** In der **Bauwirtschaft** erfolgt die Kontrolle und Anzeige durch die Bauarbeiter-Urlaubs- und Abfertigungskasse (vgl §§ 13 bis 15 LSD-BG).

Bei Verstoß gegen das Verbot der Unterentlohnung, bei bestimmten Meldeverstößen, bei Nichtbereithalten der erforderlichen Unterlagen sowie bei Vereitelungshandlungen im Zusammenhang mit der Lohnkontrolle sieht das LSD-BG **hohe Strafen sowie weitere Sanktionen** für den AG (und uU auch für einen Überlasser bzw Beschäftiger) vor.

Die Bezirksverwaltungsbehörde hat die **Strafhöhe** innerhalb des jeweiligen Strafrahmens je nach Art und Schwere der Verwaltungsübertretung festzusetzen. Dabei erfolgt die Bestrafung für jede Verwaltungsübertretung nach dem LSD-BG gesondert (so werden zB das Nichtbereithalten der Lohnunterlagen und das Nichtbereithalten der Meldeunterlagen jeweils gesondert bestraft). Sind allerdings von einer Verwaltungsübertretung mehrere AN betroffen, so stellt dies nur eine einzige Verwaltungsübertretung dar (und nicht eine Übertretung pro AN). Im LSD-BG bestehen folgende **Strafrahmen:**

- **Nichtmeldung der Entsendung oder Überlassung sowie Nichtbereithalten der Meldeunterlagen** (§ 26 LSD-BG): Strafe bis zu € 20.000,–;
- **Vereitelung der Kontrolle und Verweigerung der Einsichtnahme in Unterlagen** (§ 27 LSD-BG): Strafe bis zu € 40.000,–;
- **Nichtbereithalten und Nichtübermitteln der Lohnunterlagen** (§ 28 LSD-BG): Strafe bis zu € 20.000,–, im Wiederholungsfall bis zu € 40.000,–;
- **Unterentlohnung** (§ 29 LSD-BG): Der mehrstufige Strafrahmen variiert je nach Höhe des vorenthaltenen Entgelts. Die Grundstrafe beträgt bis zu € 50.000,– (in Kleinstunternehmen mit bis zu 9 AN beträgt die Strafe beim Erstverstoß bis zu € 20.000,–, wenn die Summe des vorenthaltenen Entgelts unter € 20.000,– liegt). Ist die Summe des vorenthaltenen Entgelts höher als € 50.000,– beträgt die Geldstrafe bis zu € 100.000,–. Bei einem vorenthaltenen Entgelt höher als € 100.000,– beträgt die Strafe bis zu € 250.000,–. Ist die Summe des vorenthaltenen Entgelts höher als € 100.000,– und wurde dabei das Entgelt im Zeitraum der Unterentlohnung vorsätzlich um durchschnittlich mehr als 40 % vorenthalten, beträgt die Geldstrafe bis zu € 400.000,–. Für den Fall, dass der AG bei der Aufklärung zur Wahrheitsfindung unverzüglich und vollständig mitwirkt, kommt anstelle des Strafrahmens bis € 100.000,– bzw bis € 250.000,– der jeweils niedrigere Strafrahmen zur Anwendung.

Bei wiederholter Bestrafung oder bei gravierenden Verstößen kann die zuständige Bezirksverwaltungsbehörde einem ausländischen AG die **Entsendung bzw Überlassung nach Österreich untersagen** (§ 31 LSD-BG).

Ist bei begründetem Verdacht einer Verwaltungsübertretung insb wegen Unterentlohnung oder Vereitelungshandlungen zu befürchten, dass der Strafvollzug nicht möglich oder wesentlich erschwert sein wird, kann die Behörde vom (idR ausländischen) Auftragnehmer bzw Überlasser einen Geldbetrag bis zum Höchstmaß der angedrohten Strafe als **vorläufige Sicherheit** (ggf auch durch Beschlagnahme verwertbarer Sachen im Inland) einheben. Kann eine vorläufige Sicherheit nicht eingehoben werden, kann die Behörde beim (idR inländischen) Auftraggeber oder Beschäftiger einen **Zahlungsstopp** veranlassen, sodass dieser den noch zu leistenden Werklohn bzw das Überlassungsentgelt nicht mehr an den Auftragnehmer bzw Überlasser zahlen darf, sondern er dieses Geld als **Sicherheitsleistung** zu erlegen hat (§§ 33 f LSD-BG).

Das LSD-BG sieht eine **Auftraggeberhaftung** für Entgeltansprüche bei Entsendung aus Drittstaaten sowie eine **Generalunternehmerhaftung** bei öffentlichen Aufträgen vor (§§ 8, 10 LSD-BG). Für die **Bauwirtschaft** gibt es neben der speziellen Haftung des § 9 LSD-BG eine Haftung des Generalunternehmens für die von ihm beauftragten Subunternehmen betreffend die vom Finanzamt einzuhebenden lohnabhängigen Abgaben (vgl § 82a EStG) und für Sozialversicherungsbeiträge (vgl § 67a ASVG). Ohne Einschränkung auf eine Branche haftet ein **Auftraggeber,** der vorsätzlich oder grob fahrlässig einem **Scheinunternehmen** einen Auftrag erteilt, für die Entgelte der dort beschäftigten AN (vgl näher § 9 SBBG) und gilt sozialversicherungsrechtlich als deren DG (§ 35a ASVG).

Beachte: Neben Verwaltungsstrafen kann bei **krasser Unterentlohnung** der gerichtliche Straftatbestand „Sachwucher" (§ 155 StGB) schlagend werden, der auch den **Lohnwucher** mit einschließt. Demnach kann der Täter bei tatbestandsmäßigem Handeln mit einer **Freiheitsstrafe von bis zu drei Jahren** (im Falle einer schweren Schädigung einer größeren Anzahl von Menschen von bis zu fünf Jahren) bestraft werden.

Webtipp: Zur **Auftraggeberhaftung** gem § 67a ASVG sowie nach § 82a EStG ist in der Praxis die Liste der haftungsfreistellenden Unternehmen („HFU-Liste") auf www.sozialversicherung.at unter AuftraggeberInnenhaftung (AGH) sowie zu § 9 SBBG die Liste der Scheinunternehmen auf www.bmf.gv.at zu beachten.

II. Anwendbares Recht bei Auslandssachverhalten

Für die Beurteilung, ob bzw welche arbeits- und sozialrechtlichen Ansprüche für einen 665 AN bestehen, ist bei Auslandssachverhalten vorweg die Beantwortung der Frage wesentlich, welche Rechtsordnung überhaupt auf das Arbeitsverhältnis anzuwenden ist. Dabei sind in der Praxis grundsätzlich zwei Fragestellungen häufig anzutreffen:

- Ein Österreicher wird von seinem inländischen AG vorübergehend im Ausland beschäftigt. Ist das ausländische Arbeits- und Sozial(versicherungs)recht anwendbar?
- Ein Ausländer wird von seinem ausländischen AG vorübergehend in Österreich beschäftigt. Ist das österreichische Arbeits- und Sozial(versicherungs)recht anwendbar?

Diese Fragen müssen für den Bereich des Arbeitsrechts und den Bereich des Sozial(versicherungs)rechts gesondert beantwortet werden. Darüber hinaus ist danach zu differenzieren, ob der Sachverhalt einen EU/EWR-Bezug aufweist oder nicht.

1. Anwendbares Arbeitsrecht

Als Grundsatz gilt, dass bei Arbeitseinsätzen mit Auslandsbezug das Arbeitsrecht jenes 666 Staates zur Anwendung gelangt, in dem oder von dem aus der AN in Erfüllung des Arbeitsvertrags **gewöhnlich seine Arbeit verrichtet** (Art 8 Abs 2 Rom I-Verordnung). Liegt ein gewöhnlicher Arbeitsort in einem Staat nicht vor (weil ein AN zB ständig in unterschiedlichen Ländern tätig ist), ist grundsätzlich das Arbeitsrecht jenes Staates anzuwenden, in dem sich die Niederlassung befindet, die den AN eingestellt hat (Art 8 Abs 3 Rom I-Verordnung). Mit anderen Worten, ein AN (Ausländer oder auch Österreicher) nimmt bei vorübergehenden Auslandseinsätzen sein „Heimat-Arbeitsrecht" ins Ausland mit **(Herkunftslandprinzip).**

Für Arbeitsverträge, die vor dem 17. 12. 2009 abgeschlossen wurden, gilt das **Europäische Schuldvertragsübereinkommen (EVÜ),** das später von der Rom I-Verordnung abgelöst wurde.

Wurde ein Arbeitsvertrag vor dem 30. 11. 1998 abgeschlossen, gilt das **Bundesgesetz über das internationale Privatrecht (IPRG).** Hinsichtlich der Individualarbeitsverträge ist die Rechtslage in beiden Fällen im Wesentlichen die gleiche wie nach der Rom I-Verordnung (vgl Art 8 Rom I-Verordnung, Art 6 EVÜ, § 44 IPRG).

Beispiel: *Ein Österreicher wird von seinem österreichischen AG zu einem vierwöchigen Einsatz auf eine Baustelle nach Ungarn entsandt. Für den AN gilt auch während seiner Tätigkeit in Ungarn österreichisches Arbeitsrecht, weil er trotz des Auslandseinsatzes gewöhnlich seine Arbeitsleistung in Österreich erbringt. Dies gilt auch, wenn beispielsweise ein Franzose einen Auftrag für seinen französischen AG in Österreich ausführt. Die Beschäftigung des Franzosen in Österreich unterliegt grundsätzlich französischem Arbeitsrecht.*

667 **Beachte:** Eine **Rechtswahl** ist im Arbeitsrecht grundsätzlich zulässig. Diese wirkt aber nur insoweit, als dadurch die zwingenden arbeitsrechtlichen Standards des Staates, in dem der AN gewöhnlich seine Arbeit verrichtet, durch die Rechtswahl nicht entzogen werden dürfen (Art 3 iVm Art 8 Abs 1 Rom I-Verordnung). Daher spielt die Rechtswahl im Arbeitsrecht – zumindest um die Arbeitsbedingungen für einen AN zu verschlechtern – praktisch keine besonders große Rolle.

668 Vom Grundsatz des Herkunftslandprinzips gibt es aber **folgende wichtige Einschränkungen:**

- Gesetzliche Bestimmungen eines Staates, die als sog **Eingriffsnormen** zu qualifizieren sind, **gelten unabhängig von der anwendbaren Rechtsordnung** (Art 9 Rom I-Verordnung). Unter Eingriffsnormen werden idR Bestimmungen verstanden, die eine beschäftigungs-, gesundheits- oder sozialpolitische Zwecksetzung haben. In Österreich handelt es sich dabei im Wesentlichen um öffentlich-rechtliche **Schutzbestimmungen** wie beispielsweise die zwingenden Normen des AZG, ARG, ASchG oder KJBG. Dh, ein ungarisches Unternehmen, das in Österreich AN in Ausführung eines Werkvertrages beschäftigt, hat – obwohl auf die entsandten AN grundsätzlich ungarisches Arbeitsrecht zur Anwendung gelangt – beispielsweise die österreichischen Bestimmungen über den Arbeitnehmerschutz einzuhalten. Ob tatsächlich eine Eingriffsnorm vorliegt, wird immer im Einzelfall zu beurteilen sein.
- Die Bestimmungen der §§ 3 bis 5 LSD-BG setzen die EU-Entsende-Richtlinie in Österreich um und federn die Nachteile des Herkunftslandprinzips ab. Danach gebührt bei **Entsendungen aus EU/EWR-Staaten nach Österreich** den ausländischen AN – unabhängig vom anwendbaren Recht – jedenfalls das österreichische **Mindestentgelt** (meist nach dem KollV) vergleichbarer österreichischer AN sowie bezahlter **Urlaub** nach dem österreichischen UrlG, sofern der Urlaub nach Heimatrecht geringer ist. Darüber hinaus sind auch die **Höchstarbeits- und die Mindestruhezeiten** einschließlich der **kollv Arbeitszeit- und Arbeitsruheregelungen** einzuhalten. Der entsendende AG hat den Arbeitseinsatz seiner AN vor der Arbeitsaufnahme der Zentralen Koordinationsstelle für die Kontrolle der illegalen Beschäftigung des Amtes für Betrugsbekämpfung (ZKO) zu melden. Darüber hinaus sind am Ort

des Arbeitseinsatzes vom inländischen Auftraggeber oder Beschäftiger ein Dienstvertrag oder Dienstzettel sowie weitere Unterlagen, insb Lohnunterlagen, bereitzuhalten (siehe Rz 664a).

- Für Ausländer, die **aus Drittstaaten nach Österreich** entsandt werden, gelten – sofern in den Normen selbst nicht anders angeordnet – ebenfalls die §§ 3 bis 5 LSD-BG. Demnach haben betriebsentsandte AN ebenfalls Anspruch auf das österreichische **Mindestentgelt** (meist nach dem KollV) vergleichbarer österreichischer Kollegen. Darüber hinaus besteht Anspruch auf bezahlten **Urlaub** nach dem österreichischen UrlG, sofern der Urlaub nach Heimatrecht geringer ist (siehe Rz 664a). Die **Höchstarbeits- und die Mindestruhezeiten** einschließlich kollv Arbeitszeit- und Arbeitsruheregelungen sind für diese Entsendefälle ebenfalls anwendbar.
- Überschreitet die tatsächliche Entsendung oder Überlassung eines AN aus dem EWR oder der Schweiz die **Dauer von zwölf Monaten** (mittels Antrag des AG und bei ensprechender Begründung auf 18 Monate verlängerbar) finden auf solche Arbeitsverhältnisse ab diesem Zeitpunkt die österreichischen gesetzlichen und durch Verordnung oder KollV festgelegten Arbeitsrechtsnormen **zur Gänze Anwendung,** soweit diese Normen günstiger sind als die entsprechenden Normen des Entsendestaates. Dabei ist jener KollV heranzuziehen, der am Arbeitsort für vergleichbare AN von vergleichbaren AG gilt. Von der Gleichstellung nicht erfasst sind die Regelungen des BMSVG und des BPG sowie Verfahrensregeln, Formalitäten und Bedingungen für den Abschluss und die Beendigung von Arbeitsverträgen (§ 2 Abs 3 LSG-BG).
- Für die grenzüberschreitende **Arbeitskräfteüberlassung** nach Österreich gelten für die Dauer der Überlassung außerdem einige Sonderbestimmungen. So sind neben dem AÜG und den einschlägigen KollV, insb die österreichischen Regelungen zur Entgeltfortzahlung bei Krankheit, Unfall und sonstigen Dienstverhinderungen, die Kündigungsbestimmungen samt Regelungen zur Kündigungsentschädigung sowie die Normen über den besonderen Kündigungs- und Entlassungsschutz anzuwenden (§ 6 LSD-BG; vgl auch §§ 12 Abs 3, 16 AÜG).
- Weiters ist der Fall zu beachten, in dem ein ausländischer AG **ohne Sitz in Österreich** und **ohne Mitglied einer kollektivvertragsfähigen Körperschaft in Österreich** zu sein (vgl Rz 520 ff), einen AN mit **gewöhnlichem Arbeitsort in Österreich** beschäftigt. Auf diesen AN ist zwar das österreichische Arbeitsrecht uneingeschränkt anwendbar, nicht aber der entsprechende österreichische KollV (der AG ist nicht Mitglied der WKO). Daher normiert für diesen Fall § 3 Abs 2 LSD-BG, dass der AN Anspruch auf das **Mindestentgelt** hat, das am Arbeitsort vergleichbaren AN von vergleichbaren AG gebührt.

Praxistipp: Wird ein Österreicher ins Ausland entsandt, ist für diesen Arbeitseinsatz grundsätzlich zwar weiterhin österreichisches Arbeitsrecht anwendbar. Da aber idR auch in anderen Staaten Eingriffsnormen existieren bzw den §§ 3 ff LSD-BG vergleichbare Regelungen bestehen werden, sind auch die entsprechenden ausländischen Bestimmungen zu beachten. Darüber hinaus sind allfällige Meldevorschriften einzuhalten. 669

2. Anwendbares Sozialversicherungsrecht

670 Hinsichtlich des auf Auslandssachverhalte anwendbaren Sozialversicherungsrechts gilt im Wesentlichen Folgendes:

- Im Sozialversicherungsrecht gilt grundsätzlich das **Territorialitätsprinzip:** Vom ASVG werden **alle Personen** erfasst, **die im Inland unselbständig beschäftigt sind.**
- DN, die von ihrem DG mit **Sitz in Österreich** vorübergehend in einen **Drittstaat** entsandt werden, sind aber weiterhin in Österreich pflichtversichert, sofern die Beschäftigung im Ausland die Dauer von fünf Jahren nicht übersteigt (§ 3 Abs 2 lit d ASVG; **Ausstrahlungsprinzip**). Zu beachten ist allerdings, dass trotz der österreichischen Pflichtversicherung auch eine Versicherungspflicht im Ausland entstehen kann. Allfällige Kollisionsfälle werden aber idR im Rahmen sog **Sozialversicherungsabkommen** zwischen Österreich und anderen Staaten gelöst.
- Ausländer, die von einem **Drittstaat** vorübergehend **nach Österreich** entsandt werden, bleiben grundsätzlich weiterhin im Sozialversicherungssystem des ausländischen Staates (§ 3 Abs 3 ASVG; **Einstrahlungsprinzip**). Nur für den Fall, dass sie die Beschäftigung von einem im Inland gelegenen Wohnsitz ausüben, könnte eine Versicherungspflicht im Inland entstehen. Wiederum sind allfällige Sozialversicherungsabkommen zu beachten.

Für **EU/EWR-Entsendungen** sowie solche im Zusammenhang mit der **Schweiz** gelten entsprechend dem EU-Recht sozialversicherungsrechtliche Sonderregelungen: Demnach bleibt ein AN im Sozialversicherungssystem des Entsendestaates, sofern die voraussichtliche Dauer der Arbeit im Ausland **24 Monate** nicht überschreitet und nicht eine Person abgelöst wird, für die die Entsendezeit abgelaufen ist (Art 12 Abs 1 Verordnung [EG] Nr 883/2004 zur Koordinierung der Systeme der sozialen Sicherheit samt Durchführungs-VO).

671 **Praxistipp:** Dem AN ist bei jeder Entsendung ins EU/EWR-Ausland bzw der Schweiz (auch wenn diese nur wenige Stunden dauert) eine sog **A1-Bescheinigung** auszuhändigen, die über die ÖGK bezogen werden kann. Diese Bescheinigung bestätigt den ausländischen Behörden, dass der AN in Österreich sozialversichert ist. Sie ist vom AN während des gesamten Auslandsaufenthalts mitzuführen.

Webtipp: Eine umfassende Übersicht der zwischenstaatlichen Beziehungen Österreichs im Bereich der sozialen Sicherheit sowie weitere Informationen in diesem Zusammenhang finden sich auf der Website des Bundesministeriums für Soziales, Gesundheit, Pflege und Konsumentenschutz (BMSGPK) unter www.sozialministerium.at.

7. Teil
Rechtsschutz und Kontrolle

In dieser Einheit werden die wichtigsten Grundsätze der **Rechtsdurchsetzung in arbeits- und sozialrechtlichen Angelegenheiten** vor den Arbeits- und Sozialgerichten dargestellt. Darüber hinaus werden die im Zusammenhang mit der Beschäftigung von AN wichtigsten **Behördenzuständigkeiten** aufgezeigt. 672

I. Arbeits- und sozialgerichtliches Verfahren

1. Allgemeines

In der Praxis kommt nicht nur dem materiellen Arbeits- und Sozialrecht, sondern auch 673 den einschlägigen **Verfahrensvorschriften zur Rechtsdurchsetzung** große Bedeutung zu. Entscheidend ist also nicht allein, dass ein Anspruch (zB auf Kündigungsentschädigung, eine bezahlte Freistellung oder eine Provisionszahlung) besteht, sondern ob bzw wie dieser Anspruch tatsächlich auch durchgesetzt werden kann. Dabei ist immer zu bedenken, dass mit einem Gerichtsverfahren idR ein **erhebliches Prozess- und Kostenrisiko** verbunden ist.

Dies liegt vor allem darin, dass einerseits in einer so komplexen Rechtsmaterie wie dem Arbeitsrecht die **Rechtslage nicht immer klar** ist und daher vorweg – auch für Experten – meist nicht mit letzter Sicherheit eine Prognose über einen allfälligen Prozessausgang abgegeben werden kann. Andererseits scheitern Prozesse mitunter auch daran, dass rechtserhebliche Tatsachen im Verfahren nicht hinreichend **bewiesen** werden können (zB Entlassungsgrund). Darüber hinaus ist zu bedenken, dass für einen AN während eines aufrechten Arbeitsverhältnisses oftmals wegen der Sorge um den Arbeitsplatz auch **faktische Hemmungen** bestehen, den AG zu klagen. Nach Beendigung des Arbeitsverhältnisses ist die Hemmschwelle für den AN, gerichtlich gegen den ehemaligen AG vorzugehen, idR aber wesentlich geringer.

Praxistipp: Wegen der meist hohen Gerichts- und Anwaltskosten empfiehlt es sich 674 sowohl für AN als auch AG, eine **Rechtsschutzversicherung** mit Arbeitsrechtsschutz abzuschließen. Darüber hinaus gewähren idR auch die gesetzlichen **Interessenvertretungen** (AK, WK) sowie der ÖGB für seine Mitglieder Rechtsschutz in arbeits- und sozialrechtlichen Angelegenheiten. Weiters besteht die Möglichkeit, bei geringem Einkommen beim Gericht **Verfahrenshilfe** zu beantragen. Wird die Verfahrenshilfe gewährt, ist der Antragsteller grundsätzlich von der Pflicht zur Bezahlung der Prozesskosten befreit und es wird ihm idR auch unentgeltlich ein Rechtsanwalt beigegeben (siehe dazu Rz 688 f).

2. Besondere Verfahrensvorschriften für „Arbeits- und Sozialrechtssachen"

675 Zur gerichtlichen Durchsetzung arbeitsrechtlicher und sozialrechtlicher Ansprüche sind die **Arbeits- und Sozialgerichte** zuständig. Die wichtigste einschlägige Rechtsgrundlage ist das **Arbeits- und Sozialgerichtsgesetz (ASGG).** Die Bestimmungen dieses Gesetzes bauen auf den allgemeinen Verfahrensvorschriften (insb auf der **Zivilprozessordnung** [ZPO]) auf, die für **Zivilrechtsverfahren** (Verfahren in sog „bürgerlichen Rechtssachen") gelten. Diese allgemeinen Verfahrensregeln werden **durch das ASGG** insoweit **modifiziert und ergänzt,** als spezielle Erfordernisse der Prozessführung in Arbeits- und Sozialrechtsfällen dies notwendig machen. Das ASGG sieht daher sowohl für **„Arbeitsrechtssachen"** (vgl dazu § 50 ASGG) als auch für **„Sozialrechtssachen"** (vgl dazu § 65 ASGG) **besondere Verfahrensvorschriften** vor.

Beispiele für „Arbeitsrechtssachen":

- *AG und AN streiten um die Höhe der vom AN geforderten Abfertigung;*
- *ein BR ficht die Kündigung eines AN wegen Sozialwidrigkeit an;*
- *ein AN klagt wegen fristwidriger Kündigung durch den AG eine Kündigungsentschädigung ein;*
- *ein AN klagt einen anderen AN auf Schmerzengeld wegen einer Körperverletzung, die ihm von seinem Kollegen im Zuge der Arbeit zugefügt wurde.*

Beispiele für „Sozialrechtssachen":

- *ein DN will gegenüber der Allgemeinen Unfallversicherungsanstalt Ansprüche wegen eines strittigen Arbeitsunfalles durchsetzen;*
- *die geschiedene Frau eines verstorbenen DN macht einen Anspruch auf Witwenpension geltend;*
- *Invaliditätspension, Berufsunfähigkeitspension.*

3. Instanzenzug und Gerichtsbesetzung

3.1. Instanzen, Entscheidungen und Rechtsmittel

676 Die Arbeits- und Sozialgerichtsbarkeit wird in Österreich durch **ordentliche Gerichte** ausgeübt:

- In der ersten Instanz sind dafür die **Landesgerichte „als Arbeits- und Sozialgerichte" sachlich zuständig** (zB LG Wr. Neustadt als Arbeits- und Sozialgericht). Nur in Wien ist ein eigenes Arbeits- und Sozialgericht (das **ASG Wien**) errichtet. Ein beträchtlicher Teil der Rechtsstreitigkeiten wird aber in mehreren Instanzen ausgetragen.
- In zweiter Instanz sind die **Oberlandesgerichte „in Arbeits- und Sozialrechtssachen"** zuständig. Es gibt in Österreich vier Oberlandesgerichte (OLG Wien, OLG Linz, OLG Graz und OLG Innsbruck).
- In dritter und letzter Instanz entscheidet der **Oberste Gerichtshof „in Arbeits- und Sozialrechtssachen".** Der OGH hat seinen Sitz in Wien.

Welches Gericht nun in einem konkreten Fall örtlich zuständig ist, ergibt sich aus den detaillierten gesetzlichen Regelungen über die **örtliche Zuständigkeit** (vgl im Einzelnen §§ 4 ff ASGG). Betrifft der Rechtsstreit zB das Arbeitsvertragsrecht, hat der Kläger einige Möglichkeiten zur Wahl, wo er die Klage einbringt: In Betracht kommt ua das Gericht, in dessen Sprengel der **Arbeitsort,** der **Unternehmenssitz** oder der **Wohnsitz des AN** liegt. Für betriebsverfassungsrechtliche Streitigkeiten (zB Kündigungsanfechtung wegen Sozialwidrigkeit) ist jenes Gericht zuständig, in dessen Sprengel sich der **Betrieb** befindet. **677**

Die Arbeits- und Sozialgerichte entscheiden in der Regel durch **Urteile.** Als Rechtsmittel stehen den Verfahrensparteien unter den gesetzlichen Voraussetzungen gegen erstinstanzliche Urteile die **Berufung** an ein OLG und gegen zweitinstanzliche Urteile – falls zulässig – die **Revision** an den OGH zur Verfügung. Sämtliche Rechtsmittel sind an **Fristen** gebunden, wobei die Rechtsmittelfrist idR vier Wochen nach Zustellung der jeweiligen Entscheidung beträgt. **678**

Beispiel: *Ein AN klagt seinen AG nach Beendigung des Dienstverhältnisses auf Auszahlung angeblich geleisteter und noch nicht abgegoltener Überstunden. Wenn der AG dieses Verfahren in erster Instanz beispielsweise vor dem ASG Wien verliert, steht ihm grundsätzlich die Möglichkeit offen, gegen dieses Urteil binnen einer Frist von vier Wochen nach dessen Zustellung das Rechtsmittel der Berufung an das OLG Wien zu erheben, um das Urteil des Erstgerichts durch das Berufungsgericht überprüfen zu lassen. Lässt der AG die Vierwochenfrist ungenützt verstreichen, wird das Urteil des ASG Wien rechtskräftig. Bestätigt das OLG Wien in seiner Entscheidung das Urteil des ASG Wien, steht dem AG im Wege der Revision grundsätzlich die Möglichkeit einer Überprüfung der Angelegenheit durch den OGH zur Verfügung.*

Gerichtsentscheidungen können neben dem Urteil auch **in Form eines Beschlusses** ergehen. Dies ist insb bei formalen Angelegenheiten der Fall (zB Zuständigkeit des Gerichts, Versäumung einer prozessrechtlichen Frist). Gegen einen Beschluss eines Arbeits- und Sozialgerichts erster Instanz stehen den Parteien grundsätzlich die **Rechtsmittel des Rekurses** an das OLG und uU des **Revisionsrekurses** an den OGH zur Verfügung, für die allerdings uU eine nur zweiwöchige Frist gilt. **679**

Gerichtsentscheidungen dürfen in der Regel erst durchgesetzt („vollstreckt") werden, wenn die **Entscheidung rechtskräftig** geworden ist. Das ist, vereinfacht gesagt, dann der Fall, wenn den Parteien keine (ordentlichen) Rechtsmittel mehr gegen die Entscheidung zur Verfügung stehen (zB weil die Rechtsmittelfrist ungenützt verstrichen ist oder weil der OGH den Rechtsfall endgültig in letzter Instanz entschieden hat). In einigen abschließend geregelten Arbeitsrechtssachen (vgl § 61 ASGG) dürfen hingegen bereits **erstinstanzliche Urteile vorläufig vollstreckt** werden. Dies ist insb bei Streitigkeiten über den Fortbestand des Arbeitsverhältnisses, Ansprüche über das rückständige laufende Arbeitsentgelt und – mit Ausnahme des besonderen Feststellungsverfahrens – in sämtlichen betriebsverfassungsrechtlichen Streitigkeiten der Fall. **680**

Beispiel: *Klagt ein AN seinen AG während des aufrechten Dienstverhältnisses auf die Leistung von € 3.000,–, weil er im letzten Jahr angeblich unter dem kollektivvertraglichen Mindestentgelt entlohnt wurde, und verliert der AG diesen Prozess in erster Instanz, so hat der AG diesen Betrag dem AN auch dann zu leisten, wenn er gegen dieses*

Urteil Berufung erhebt. Gewinnt der AG das Verfahren aber schlussendlich in letzter Instanz, hat der AN das Entgelt zurückzuzahlen.

681 **Praxistipp:** Häufig enden arbeitsrechtliche Streitigkeiten durch **Abschluss eines Vergleichs** zwischen AG und AN (siehe auch Rz 288 ff). Ein solcher kann außergerichtlich oder gerichtlich erfolgen. Der Vorteil eines gerichtlichen Vergleichs besteht darin, dass dieser – wie ein Urteil – einen Exekutionstitel darstellt und daher der AN beispielsweise für den Fall, dass der AG den Vergleichsbetrag nicht bezahlt, gegen ihn ohne weiteres Exekution (Vollstreckung) betreiben kann. Dh, zahlt der AG das geschuldete Entgelt nicht freiwillig, kann der AN die zwangsweise Durchsetzung seines Anspruchs beim Bezirksgericht beantragen. IdR schreitet dann ein Exekutor (Gerichtsvollzieher) zur Eintreibung der Forderung ein.

3.2. Gerichtsbesetzung mit „Laienbeteiligung"

682 Eine Besonderheit in der Gerichtsbesetzung besteht darin, dass die Arbeits- und Sozialgerichte in aller Regel in **Senaten** tätig werden, die sich je nach der Gerichtsinstanz aus einem oder mehreren **Berufsrichtern** und aus sog **fachkundigen Laienrichtern** zusammensetzen. Diese Laienrichter werden von beruflichen Interessenvertretungen der Arbeitgeber- und der Arbeitnehmerseite (insb WKO und AK) durch Wahl für eine Amtsdauer von fünf Jahren (mit der Möglichkeit der Wiederwahl) ermittelt, sind aber in ihrer richterlichen Funktion unabhängig. Die **fachkundigen Laienrichter** bringen vor allem besondere Berufs- und/oder Branchenerfahrungen ein. In erster Instanz entscheiden ein Berufsrichter und zwei Laienrichter, in zweiter und dritter Instanz entscheiden grundsätzlich drei Berufsrichter und zwei Laienrichter.

3.3. Vertretung vor Gericht

683 Die Parteien müssen sich **nicht durch einen Rechtsanwalt** vor den Arbeits- und Sozialgerichten in der ersten Instanz vertreten lassen, sondern können auch **unvertreten erscheinen.** In solchen Fällen trifft das Gericht aber eine besondere **Anleitungspflicht** (Manuduktionspflicht). Selbstverständlich ist aber die Vertretung durch **qualifizierte rechtskundige Personen** (also zB durch Rechtsanwälte oder durch fachkundige Angehörige von Arbeitgeber- oder Arbeitnehmerinteressenvertretungen) möglich. In den höheren Instanzen (OLG, OGH) ist hingegen eine **Vertretung durch qualifizierte Parteienvertreter** gesetzlich vorgesehen (vgl § 40 ASGG).

3.4. Verfahrensgang, Beweisführung und Kosten

684 Ein arbeitsrechtliches Verfahren wird durch **Klage** beim zuständigen Landesgericht als Arbeits- und Sozialgericht bzw beim ASG Wien eingeleitet. Der Kläger (oder auch klagende Partei genannt) stellt gegen den Beklagten (oder auch beklagte Partei genannt) ein bestimmtes Klagebegehren. Dies kann sein ein

- **Leistungsbegehren** (gerichtet auf Geld- oder eine sonstige Leistung wie beispielsweise die Herausgabe einer Sache oder die Ausstellung eines Dienstzeugnisses);
- **Feststellungsbegehren** (gerichtet auf Feststellung eines Rechts oder Rechtsverhältnisses wie beispielsweise das Vorliegen eines aufrechten Dienstverhältnisses etwa bei einer unwirksamen Beendigung);
- **Rechtsgestaltungsbegehren** (gerichtet beispielsweise auf Unwirksamerklärung einer Kündigung im Kündigungsanfechtungsverfahren oder auf Zustimmung zur Entlassung eines BR oder zu einer Versetzung).

Aus prozessökonomischen Gründen besteht auch in Arbeitsrechtssachen ein sog **Mahnverfahren:** Bei Klagen auf Geld bis € 75.000,– erlässt das Gericht ohne inhaltliche Prüfung der Forderung und ohne Verhandlung und Vernehmung der beklagten Partei zunächst einen sog **bedingten Zahlungsbefehl,** gegen den der Beklagte **binnen vier Wochen Einspruch erheben kann.** Im Falle eines rechtzeitigen Einspruchs leitet das Gericht das **ordentliche Verfahren** durch **Anberaumung einer mündlichen Streitverhandlung** ein. Bei Unterlassung des Einspruchs ist das Verfahren grundsätzlich beendet, weil der **Zahlungsbefehl durch die Untätigkeit der beklagten Partei rechtskräftig und vollstreckbar** wird (dies auch dann, wenn die Forderung tatsächlich nicht zu Recht besteht). **685**

Um in einem Rechtsstreit vor Gericht Erfolg zu haben, muss der **Kläger** alle **jene Tatsachen behaupten und beweisen** können, die den von ihm erhobenen Anspruch begründen bzw stützen. Im Gegenzug hat der Beklagte alle jene Tatsachen zu behaupten („einzuwenden“) und zu beweisen, die diesen Anspruch hemmen oder vernichten. Den Prozess wird jene Verfahrenspartei gewinnen, die das Gericht mit ihrer Argumentation „überzeugen“ kann. Das Gesetz stellt aber zumeist sehr strenge Anforderungen an eine erfolgreiche **Beweisführung** (zB durch Vernehmung der Parteien, mit Hilfe von Zeugen, Sachverständigen oder Urkunden). Nach dem sog „Regelbeweismaß“ **(„strenger“ oder „voller Beweis“)** darf nämlich das Gericht keinen vernünftigen Zweifel an der Wahrheit der vorgebrachten Tatsachen mehr haben. In manchen Fällen (zB zum Nachweis eines verpönten Kündigungsmotivs oder einer Diskriminierung nach dem GlBG etwa wegen des Geschlechts) bestehen aber Erleichterungen in der Beweisführung; dann genügt bereits die sog **„Glaubhaftmachung“.** Dazu reicht es aus, wenn das Gericht von der **Wahrscheinlichkeit** des Vorliegens der zu beweisenden Umstände überzeugt wurde. Kann keine der Verfahrensparteien das Gericht mit ihrer Beweisführung überzeugen („Pattstellung“), so muss das Gericht „im Zweifel“ gegen jene Partei entscheiden, die im konkreten Fall die sog **„Beweislast“** trifft; das ist meistens die klagende Partei, die einen Anspruch erhoben hat. **686**

Unabhängig von individuellen Ansprüchen einzelner AN können arbeitsrechtliche Fragen auf Antrag des BR auch im Rahmen eines **besonderen Feststellungsverfahrens** geklärt werden **(„Testprozess“).** Der BR kann dabei bei Betroffenheit von zumindest drei AN im Betrieb eine Feststellungsklage beim **Gerichtshof erster Instanz** gegen den AG einbringen, die auf Feststellung des Bestehens oder Nichtbestehens von Rechten oder Rechtsverhältnissen gerichtet ist (§ 54 Abs 1 ASGG). Ein ähnliches Verfahren besteht auch für kollektivvertragsfähige Körperschaften (zB WKO, AK, ÖGB), die beim **OGH** einen Antrag auf Feststellung des Bestehens oder Nichtbestehens von Rechtsverhältnissen einbringen können, die einen von namentlich bestimmten Personen unabhängigen Sachverhalt betreffen. Der OGH erstellt dann eine Art Gutachten über einen vom Antragsteller bekannt **687** gegebenen Sachverhalt (§ 54 Abs 2 ASGG). Durch die getroffenen Feststellungen in diesen besonderen Feststellungsverfahren wird **keine Rechtskraftwirkung für Leistungsprozesse** zwischen konkreten AG und AN erzeugt, doch erfolgt dadurch eine grundsätzliche Weichenstellung, wodurch idR der Prozessausgang für die Parteien abschätzbar wird.

Beispiel: *Der BR kann – bei unklarer Rechtslage oder bei mehrdeutiger Auslegungsmöglichkeit der Rechtsgrundlagen – eine Feststellungsklage einbringen, um durch das Gericht klären zu lassen, ob die AN eines Betriebes nach dem anwendbaren KollV bzw dem AZG verpflichtet sind, an Samstagen nach 13.00 Uhr Arbeitsleistungen zu erbringen.*

688 Die **Prozesskosten** eines arbeitsgerichtlichen Streites setzen sich im Wesentlichen aus den Gerichtsgebühren, den Zeugengebühren und den Rechtsanwalts- sowie Sachverständigenkosten zusammen. Die **Gerichtsgebühren** richten sich dabei nach dem Gerichtsgebührengesetz und sind von der Höhe des Streitwertes des Prozesses abhängig. Arbeitsrechtliche Leistungsklagen bis zu einem Streitwert von € 2.500,– sind gebührenfrei.

Zu beachten ist auch, dass bei Leistungsklagen auf Entgelt **erhöhte Verzugszinsen** (9,2 % über dem Basiszinssatz [Stand 20. 9. 2023: 3,88 %], sohin 13,08 %) gefordert werden können (vgl § 49a ASGG).

689 Die **Kosten eines Rechtsanwaltes** in einem Gerichtsverfahren richten sich idR nach einem speziellen Kostentarif (Rechtsanwaltstarifgesetz) und sind ebenfalls von der Höhe des Streitwertes abhängig. Hinsichtlich des Kostenersatzes gilt der Grundsatz, dass derjenige, der ein Gerichtsverfahren führt und dieses verliert, die gesamten Prozesskosten beider Parteien zu tragen hat. Wird ein Prozess nur teilweise gewonnen und daher auch teilweise verloren (zB wenn € 3.000,– eingeklagt, dem Kläger vom Gericht aber nur € 1.800,– zugesprochen werden), so werden die Kosten zwischen den Parteien entsprechend aufgeteilt. Eine **Ausnahme** besteht bei **betriebsverfassungsrechtlichen Verfahren** (zB Kündigungsanfechtung nach § 105 ArbVG), da dort jede Partei unabhängig vom Prozessausgang ihre Kosten selbst zu tragen hat (§ 58 ASGG). Kostenersatz besteht in diesen Verfahren nur in der 3. Instanz (OGH). In **sozialrechtlichen Verfahren** trägt grundsätzlich der beklagte Sozialversicherungsträger unabhängig vom Verfahrensausgang die Kosten.

690 **Praxistipp:** Grundsätzlich **verjähren** arbeitsrechtliche Ansprüche nach einer Frist von **drei Jahren** nach ihrem Entstehen. Dh, die Ansprüche müssen binnen dieser Frist bei sonstigem Rechtsverlust eingeklagt werden. Allerdings ist in diesem Zusammenhang zu beachten, dass häufig kürzere, oft nur dreimonatige **Verfallsfristen** bestehen. Diese finden sich typischerweise im Gesetz (zB § 34 AngG, § 6 DNHG), im KollV oder auch im Einzelvertrag. Sehr häufig werden sie im Zusammenhang mit Überstunden normiert. Die Rechtswirkung von Verfallsfristen ist die, dass der Anspruch binnen der entsprechenden Frist beim AG (in Einzelfällen auch schon bei Gericht) geltend gemacht werden muss, da er sonst erlischt. Dabei empfiehlt es sich, dass der AN seinen Anspruch beim AG schriftlich einfordert. Bei rechtzeitiger Geltendmachung bleibt die gesetzliche Verjährungsfrist grundsätzlich gewahrt (siehe dazu Rz 293 ff).

3.5. Besonderheiten bei sozialrechtlichen Angelegenheiten

a) Leistungssachen

Eine verfahrensrechtliche Besonderheit ist schließlich im Zusammenhang mit der **Geltendmachung von Leistungsansprüchen** aus der **gesetzlichen Sozialversicherung** (sog **„Leistungssachen"**) zu beachten. Was als Leistungssache gilt, ist im Gesetz taxativ (abschließend) aufgezählt (vgl im Einzelnen § 354 ASVG und § 65 ASGG). **691**

Beispiele: *Hat ein DN Anspruch auf Krankengeld oder auf eine gesetzliche Pensionsleistung? Gebührt einer Versicherten Wochengeld?*

Solche Leistungsansprüche sind nämlich von den Versicherten zunächst beim zuständigen **Sozialversicherungsträger** (zB ÖGK, Pensionsversicherungsanstalt) geltend zu machen, der darüber in einem **Verwaltungsverfahren** (im Wesentlichen nach den Vorschriften des Allgemeinen Verwaltungsverfahrensgesetzes, AVG) entscheidet. Das Ergebnis eines solchen Verfahrens (idR ein Bescheid) kann aber, vereinfacht ausgedrückt, vor dem **Sozialgericht** mittels Klage „bekämpft" werden. Das Gericht ist dabei aber nicht an die Entscheidung des Versicherungsträgers gebunden, sondern prüft und entscheidet den Rechtsfall ganz von Neuem. Der Rechtsweg führt hier also ausnahmsweise von einer „Verwaltungsbehörde" zu einem ordentlichen Gericht: Dies wird als **„sukzessive Zuständigkeit"** bezeichnet. **692**

b) Verwaltungssachen

Über andere sozialrechtliche Rechtsstreitigkeiten (sog **„Verwaltungssachen"**) wird hingegen durchgehend im Rahmen von Verwaltungsverfahren entschieden. In erster Instanz ist der jeweilige **Sozialversicherungsträger** zur (bescheidförmigen) Entscheidung berufen, die durch Beschwerde bei einem **Verwaltungsgericht** (dies ist im sozialrechtlichen Verfahren idR das Bundesverwaltungsgericht) bekämpft werden kann. Dagegen wiederum bestehen Beschwerdemöglichkeiten beim VwGH und beim VfGH. **693**

Beispiele: *Es ist strittig, ob ein Beschäftigter nach dem ASVG pflichtversichert ist; ein DG bekämpft die Höhe der ihm von der ÖGK vorgeschriebenen Sozialversicherungsbeiträge.*

4. Vorabentscheidungsverfahren vor dem Europäischen Gerichtshof

Manchmal hängt die Entscheidung eines im Inland bei Gericht anhängigen Rechtsfalles von der **Auslegung einer Rechtsfrage des EU-Rechts** ab, weil für den Fall EU-Recht entweder unmittelbar anwendbar ist (was eher selten der Fall ist) oder weil die einschlägigen österreichischen Normen aufgrund der Umsetzung von EU-Recht geschaffen wurden (zB ob bei Unterschieden in der Entlohnung von vollzeitbeschäftigten und teilzeitbeschäftigten AN eine mittelbare Diskriminierung wegen des Geschlechts vorliegt). Die Auslegung der gemeinschaftsrechtlichen Vorschriften obliegt aber allein dem **Europäischen Gerichtshof (EuGH),** der seinen Sitz in Luxemburg hat. **694**

Fehlt daher eine für die Lösung des im Inland anhängigen Rechtsfalles benötigte einschlägige Judikatur des EuGH, so sind die innerstaatlichen Gerichte dazu berechtigt, die offene Auslegungsfrage zum EU-Recht dem EuGH zur **„Vorabentscheidung"** vorzulegen. Die **Höchstgerichte** (OGH, VfGH, VwGH) trifft insoweit sogar eine **Vorlagepflicht.** So lange ein solches **Vorabentscheidungsverfahren** vor dem EuGH läuft (vgl Art 267 AEUV), wird der Prozess vor dem inländischen Gericht unterbrochen. Wurde die Auslegungsfrage vom EuGH geklärt, so ist diese Rechtsauffassung vom inländischen Gericht seiner Prozessentscheidung zugrunde zu legen.

695 Vorabentscheidungsverfahren dürfen nicht mit **Vertragsverletzungsverfahren** vor dem EuGH (vgl Art 258 AEUV) verwechselt werden. Vertragsverletzungsverfahren können von der **EU-Kommission durch Klage gegen einen EU-Mitgliedstaat** eingeleitet werden, wenn nach der Rechtsauffassung der Kommission der begründete **Verdacht einer Verletzung des Gemeinschaftsrechts durch innerstaatliche Rechtsvorschriften** (zB durch Gesetze oder Verordnungen insb durch Nichtumsetzung einer EU-Richtlinie) besteht, und der Mitgliedstaat die von der Kommission in einer förmlichen Stellungnahme für notwendig erachtete Rechtsanpassung nicht fristgerecht vornimmt.

5. Abgrenzung zur Durchsetzung von „Beamtensachen" im „Dienstweg"

696 Vor den Arbeitsgerichten dürfen in Österreich nicht nur **AN,** sondern zB auch **arbeitnehmerähnliche Personen** und **Vertragsbedienstete** Ansprüche aus ihren Beschäftigungsverhältnissen geltend machen (vgl § 51 ASGG).

697 Für Rechtsstreitigkeiten, die die Dienstverhältnisse von **Beamten** betreffen, sind die Arbeitsgerichte hingegen im Allgemeinen nicht zuständig. Solche dienstrechtlichen Streitigkeiten sind demgegenüber zunächst **„im Dienstweg",** dh vor der nach dem öffentlichen Dienstrecht jeweils berufenen Dienstbehörde, auszutragen. Die dort gefällte Entscheidung kann beim jeweils zuständigen (Landes- oder Bundes-)Verwaltungsgericht und schließlich unter bestimmten gesetzlichen Voraussetzungen vom Betroffenen durch eine **Beschwerde bei den Gerichtshöfen des öffentlichen Rechts,** also beim **Verwaltungsgerichtshof (VwGH)** und beim **Verfassungsgerichtshof (VfGH),** bekämpft werden.

II. Verfahren vor Verwaltungsbehörden und anderen Institutionen

1. Allgemeines

698 Neben der Zuständigkeit der Arbeits- und Sozialgerichte spielen in der betrieblichen Praxis auch **Verwaltungsbehörden** und ähnliche öffentliche Institutionen eine wesentliche Rolle in der Vollziehung von Arbeits- und Sozialrecht.

Einige Besonderheiten im sozial(versicherungs)rechtlichen Verfahren wurden bereits in Grundzügen in Rz 691 ff dargestellt. Darüber hinaus erfolgen **Kontrollen der Sozialversicherungsträger,** ob die AN (richtig) angemeldet und die Sozialversicherungsbeiträge exakt berechnet und abgeführt werden. Bei Verstoß gegen die diesbezüglichen Verpflichtungen sind die Sozialversicherungsbeiträge nachzuentrichten sowie darüber hinaus Verzugszinsen (§ 59 ASVG) oder allenfalls auch Beitragszuschläge (vgl § 113 ASVG) zu bezahlen (siehe dazu Rz 96 ff). Hierüber entscheiden die Sozialversicherungsträger (obwohl es sich bei ihnen streng genommen um keine Verwaltungsbehörden handelt) im Rahmen eines **Verwaltungsverfahrens** mittels **Bescheid** (zum verwaltungsrechtlichen Instanzenzug im Überblick siehe Rz 693, 697).

Grundsätzlich werden bei **Betriebsprüfungen** alle lohnabhängigen Abgaben gemeinsam geprüft (GPLB), weshalb die Einhaltung der **steuerrechtlichen Vorschriften** (LSt und Kommunalsteuer) und der **Sozialversicherungsbestimmungen** entweder durch Prüfer der **Krankenversicherungsträger** oder durch **Prüforgane der Finanzverwaltung** („Prüfdienst für Lohnabgaben und Beiträge" – PLB) kontrolliert wird (vgl § 41a ASVG). Die hierbei tätigen Prüfer unterliegen dabei wechselseitig der fachlichen Weisungsbefugnis des zuständigen Finanzamtes, der ÖGK (bzw BVAEB) oder im Bereich der Kommunalsteuer der jeweiligen Gemeinde. Die Kompetenz zur Bescheiderlassung bleibt bei der jeweiligen Institution (ÖGK bzw BVAEB, Finanzbehörde oder Gemeinde). **699**

Kontrollen werden auch hinsichtlich der **illegalen Beschäftigung von Ausländern** durchgeführt (vgl § 26 AuslBG). Derartige Prüfungen finden idR routinemäßig innerhalb von drei bis fünf Jahren, darüber hinaus bei Verdachtsfällen oder aufgrund einer Anzeige statt. Verstöße gegen die jeweiligen Rechtsvorschriften können neben **Verwaltungsstrafen** auch zu einer Einleitung eines Verfahrens zum **Entzug der Gewerbeberechtigung** führen. Das **SozialbetrugsbekämpfungsG** (SBBG) bietet die Grundlage für einen verbesserten Informations- und Datenaustausch zwischen den zuständigen Behörden und Einrichtungen (zB SV-Träger, Amt für Betrugsbekämpfung und Abgabenbehörden, IEF-Service GmbH, Gewerbebehörden, AMS, Arbeitsinspektion) iZm Sozialbetrug (vgl Rz 99, zu Scheinunternehmen Rz 664a). Bei Kontrollen iZm Sozialbetrug iSv § 2 SBBG sind auch die AN zur Mitwirkung (Auskunftserteilung und Ausweisleistung) verpflichtet (§ 42 Abs 1a ASVG).

Auch das **LSD-BG** sieht Maßnahmen zur Koordinierung der zahlreichen zuständigen Stellen vor. Insb wird in Umsetzung der EU-RL 2014/67/EU („Durchsetzungs-RL") die Zusammenarbeit mit ausländischen Behörden geregelt, um die Durchsetzung von Strafen im EU-Ausland zu erleichtern und zu beschleunigen, dies ua mit Hilfe des Binnenmarkt-Informationssystems IMI. Für Kontrollen im Inland sind ua die ÖGK, zT in ihrer Funktion als Kompetenzzentrum Lohn- und Sozialdumpingbekämpfung (Kompetenzzentrum LSDB), sowie das Amt für Betrugsbekämpfung (ABB) zuständig. Beim ABB sind die Finanzpolizei sowie die „Zentrale Koordinationsstelle" (ZKO) für die Kontrolle ua des SBBG, AuslBG und AÜG zuständig.

Das Vorenthalten von Dienstnehmer-Sozialversicherungsbeiträgen, massive Verstöße gegen das AuslBG (siehe Rz 662), Lohnwucher (siehe Rz 664a) sowie Sozialbetrug und organisierte Schwarzarbeit (siehe Rz 99) stellen auch **gerichtlich strafbare Handlungen** dar. In diesen Fällen führen also die **Strafgerichte,** und nicht Verwaltungsbehörden, ein Verfahren nach den Regeln der Strafprozessordnung durch. **700**

2. Arbeitsinspektorate

Für die **Kontrolle der Einhaltung der Arbeitnehmerschutzbestimmungen** (technischer Arbeitnehmerschutz und Arbeitszeitschutz; vgl dazu die Rz 303 ff, 311 ff) und für die diesbezügliche **Unterstützung und Beratung der AG und AN** sind in erster Linie die Arbeitsinspektorate zuständig (vgl § 3 ArbIG). Die Arbeitsinspektion gliedert sich in **701**

14 regionale Arbeitsinspektorate und ein Arbeitsinspektorat für Bauarbeiten, die allesamt unmittelbar dem beim Bundesministerium für Arbeit und Wirtschaft eingerichteten Zentral-Arbeitsinspektorat unterstehen.

702 Den Organen der Arbeitsinspektorate kommt ein jederzeitiges **Zutritts- und Besichtigungsrecht** für Betriebsstätten und Arbeitsstellen zu, um dort beispielsweise Messungen und Untersuchungen durchzuführen oder AG und AN einzuvernehmen. Darüber hinaus haben sie **Einsichtsrechte** in alle Unterlagen, die den Arbeitnehmerschutz betreffen. Bei Missständen bzw der Übertretung der entsprechenden Bestimmungen wird der AG idR aufgefordert, binnen angemessener Frist den vorschriftsmäßigen Zustand herzustellen, widrigenfalls das Arbeitsinspektorat **Anzeige** bei der zuständigen **Bezirksverwaltungsbehörde** zu erstatten hat (vgl § 9 ArbIG). Diese hat dann allfällige **Verwaltungsstrafen** zu verhängen und zu vollstrecken. Hält das Arbeitsinspektorat in einer Betriebsstätte oder auf einer Arbeitsstelle Vorkehrungen zum Schutz des Lebens, der Gesundheit und der Sittlichkeit der AN für notwendig, kann es bei der zuständigen Behörde die **Vorschreibung der erforderlichen Maßnahmen** beantragen. In Fällen unmittelbar drohender Gefahr für Leben oder Gesundheit von AN hat das Arbeitsinspektorat dem AG die Beschäftigung der AN mittels Bescheid zu untersagen oder die Schließung der Betriebsstätte bzw die Stilllegung von Maschinen zu verfügen (vgl § 10 ArbIG).

Webtipp: Weitere Informationen zur Arbeitsinspektion in Österreich sowie umfassende Informationen zum Arbeitnehmerschutz samt sämtlichen Rechtsvorschriften in diesem Zusammenhang finden sich im Internet unter www.arbeitsinspektion.gv.at.

3. Bundesamt für Soziales und Behindertenwesen (Sozialministeriumservice)

703 Das Bundesamt für Soziales und Behindertenwesen **(Sozialministeriumservice)** ist eine dem Bundesministerium für Soziales, Gesundheit, Pflege und Konsumentenschutz (BMSGPK) unmittelbar nachgeordnete Dienststelle mit Sitz in Wien. Das Sozialministeriumservice betreibt in den Bundesländern jeweils eigene Landesstellen. Dem Sozialministeriumservice obliegt insb die Zuständigkeit bei **Fragen der Behinderteneinstellung** (siehe Rz 88).

704 Nach dem Behinderteneinstellungsgesetz (BEinstG) ist bei jeder Landesstelle des Sozialministeriumservices ein **Behindertenausschuss** (§ 12 BEinstG) einzurichten, der insb für die **Zustimmung zu einer Kündigung** eines Behinderten zuständig ist (vgl dazu die Rz 442, 447). Die Entscheidung ergeht mit **Bescheid,** gegen den ein Rechtsmittel an das Bundesverwaltungsgericht erhoben werden kann.

Webtipp: Nähere Informationen zu Behindertenfragen am Arbeitsplatz finden sich auf der Website des Sozialministeriumservices unter www.sozialministeriumservice.at.

4. Schlichtungsstelle

In **betriebsverfassungsrechtlichen Angelegenheiten** ist zur Entscheidung über Abschluss, Änderung oder Aufhebung von erzwingbaren Betriebsvereinbarungen ein **Verfahren vor einer Schlichtungsstelle** vorgesehen (vgl Rz 610 f; §§ 144 ff ArbVG). 705

Die Schlichtungsstelle ist als **unabhängige kollegiale Verwaltungsbehörde** zu qualifizieren. Die Schlichtungsstelle wird auf **Antrag eines der beiden Streitteile** am Sitz des mit Arbeits- und Sozialrechtssachen in erster Instanz befassten Gerichtshofes errichtet und besteht aus **einem Vorsitzenden und vier Beisitzern.** Der Vorsitzende ist vom Präsidenten des Gerichtshofes grds auf einvernehmlichen Antrag beider Streitteile zu bestellen und ist ein Berufsrichter. Jeweils zwei Beisitzer sind von den Streitteilen namhaft zu machen. Zwei Beisitzer müssen dabei von einer vom BMAW zu erstellenden Beisitzerliste (Arbeitnehmer- und Arbeitgeberliste, deren Mitglieder von den gesetzlichen Interessenvertretungen vorgeschlagen werden) entnommen werden. Die anderen beiden Beisitzer sollen Beschäftigte aus den Betrieben der Streitteile, können aber auch Außenstehende (zB ein Rechtsanwalt) sein.

Die Schlichtungsstelle hat die Entscheidung innerhalb der durch die Anträge der Parteien bestimmten Grenzen und unter **Abwägung der Interessen des Betriebes und der Belegschaft** möglichst rasch zu fällen. Die **Entscheidung gilt dabei als BV.** Gegen diese Entscheidung kann Beschwerde an das Bundesverwaltungsgericht erhoben werden.

5. Arbeitsmarktservice

Das Arbeitsmarktservice (AMS) ist ein **Dienstleistungsunternehmen öffentlichen Rechts** mit eigener Rechtspersönlichkeit und Geschäftsstellen in sämtlichen Bundesländern (vgl §§ 1 ff AMSG). Dem AMS obliegt im Wesentlichen die **Durchführung der Arbeitsmarktpolitik** des Bundes. Hauptaufgaben sind die **Arbeitsvermittlung,** die **Verwaltung der Angelegenheiten des Arbeitslosengeldes und der Notstandshilfe,** die Verwaltung des **Kündigungsfrühwarnsystems** (vgl § 45a AMFG) sowie die Durchführung von Agenden im Zusammenhang mit der **Beschäftigung von Ausländern** (zB Ausstellung von Beschäftigungsbewilligungen). 706

Webtipp: Nähere Informationen sowie eine Übersicht über das Dienstleistungsangebot des AMS finden sich auf dessen Website unter www.ams.at.

Praxistipp: Für die **Einhaltung von arbeits- und sozial(versicherungs)rechtlichen Verwaltungsvorschriften haftet** grundsätzlich der **AG.** Ist dieser keine natürliche, sondern eine juristische Person oder eine Gesellschaft, **haften deren Organe** (§ 9 Abs 1 VStG). Für den AG bzw die Organe des AG besteht aber die Möglichkeit, für bestimmte räumlich oder sachlich abgegrenzte Bereiche einen sog **verantwortlichen Beauftragten** zu bestellen (§ 9 Abs 2 und 3 VStG). Ist ein verantwortlicher Beauftragter (zB für die Einhaltung des Arbeitnehmerschutzes) bestellt, so **haftet dieser für die Einhaltung der entsprechenden Verwaltungsbestimmungen.** 707

Zu beachten ist, dass für den **Bereich des Arbeitnehmerschutzrechts** (auch Arbeitszeit- und Arbeitsruherecht) **nur leitende Angestellte,** denen maßgebliche Führungsaufgaben selbstverantwortlich übertragen wurden, rechtswirksam zu verantwortlichen Beauftragten bestellt werden können (vgl § 23 ArbIG). Dabei kommt es nach der Rsp des VwGH darauf an, dass diesen Personen für einen bestimmten sachlich oder räumlich begrenzten Bereich des Unternehmens eine spezifische **Leitungsfunktion** übertragen wurde, die es ihnen ermöglicht, für die Einhaltung der jeweiligen Gebote und Verbote durch entsprechende Anweisungen zu sorgen.

Anhang I – Vertragsmuster

Dieses Muster eines Angestelltendienstvertrages entspricht dem zwingenden Inhalt eines **Dienstzettels** gem § 2 AVRAG (vgl Rz 86). Darüber hinaus wurden in das Muster Regelungen aufgenommen, die in der Praxis häufig anzutreffen sind. Zu beachten ist, dass dieses Muster insbesondere als **Beispiel** und allenfalls einer **ersten Orientierung** dient und keinesfalls Vollständigkeit für sich beansprucht. Zudem kommt es in erster Linie den Bedürfnissen der Arbeitgeberseite entgegen. Es ist daher – bezogen auf jeden Einzelfall – erforderlich, eine entsprechende Ergänzung und/oder Anpassung an die betrieblichen Bedürfnisse sowie an den jeweils anwendbaren Kollektivvertrag vorzunehmen. Dies gilt vor allem auch für Verträge mit Arbeitern, auf die dieses Muster grundsätzlich nicht anzuwenden ist.

Angestelltendienstvertrag

abgeschlossen zwischen
(Name/Firma und Anschrift des Arbeitgebers)
im Folgenden kurz „Arbeitgeber“ genannt und

Frau/Herrn
Anschrift
im Folgenden kurz „Arbeitnehmer“ genannt wie folgt:

I. Beginn und Dauer

Das Vertragsverhältnis beginnt am <...> und wird auf unbestimmte Zeit abgeschlossen, wobei der erste Monat als Probezeit gilt. Während der Probezeit kann das Dienstverhältnis von beiden Parteien jederzeit aufgelöst werden.

Alternativ: Das Vertragsverhältnis beginnt am <...> und wird befristet bis <...> abgeschlossen. Der erste Monat gilt als Probezeit, während der das Dienstverhältnis von beiden Parteien jederzeit aufgelöst werden kann.

II. Dienstverwendung

1. Der Arbeitnehmer wird als <...> eingestellt und vornehmlich zur Verrichtung folgender Arbeiten eingesetzt: <...>

2. Dem Arbeitgeber bleibt es vorbehalten, dem Arbeitnehmer auch andere seiner Qualifikation entsprechende Angestelltentätigkeiten vorübergehend oder dauerhaft zuzuweisen.

III. Dienstort

Der gewöhnliche Dienstort ist <...>. Dem Arbeitgeber bleibt es jedoch vorbehalten, den Arbeitnehmer vorübergehend oder auch dauerhaft an einem anderen Dienstort in Österreich einzusetzen. Auf Anordnung des Arbeitgebers ist der Arbeitnehmer auch verpflichtet, seine Dienstleistungen vorübergehend im Ausland zu erbringen. Der Arbeitnehmer ist zu Dienstreisen im In- und Ausland verpflichtet.

IV. Einstufung und Entlohnung

1. Auf das Dienstverhältnis ist der Kollektivvertrag für <...> anzuwenden. Der Arbeitnehmer wird wie folgt eingestuft:

Verwendungsgruppe (*alternativ: Beschäftigungsgruppe*): <...>

Verwendungsgruppenjahr (*alternativ: Beschäftigungsgruppenjahr*): <...>

Übertritt in das nächsthöhere Verwendungsgruppenjahr (*alternativ: Beschäftigungsgruppenjahr*) jeweils mit <...>.

Das kollektivvertragliche Grundgehalt beträgt € <...> brutto.

Das tatsächlich gewährte Monatsgehalt beträgt € <...> brutto.

An weiteren Entgeltbestandteilen wird gewährt: <...>

Für die Einstufung hat der Arbeitnehmer folgende Zeugnisse und Arbeitsbestätigungen vorgelegt:

a) <...>

b) <...>

c) <...>

Diese Zeugnisse werden bei der jeweiligen Einstufung berücksichtigt. Der Arbeitnehmer erklärt ausdrücklich, dass er richtig eingestuft ist.

2. Der Anspruch auf Sonderzahlungen richtet sich nach dem anzuwendenden Kollektivvertrag.

3. Die Entgeltzahlung erfolgt am Letzten (*alternativ: am Fünfzehnten*) eines Monats auf das vom Arbeitnehmer bekannt gegebene Konto <...> bei <...>.

V. Arbeitszeit

1. Die wöchentliche Normalarbeitszeit richtet sich nach dem Kollektivvertrag für <...> und beträgt derzeit, abzüglich der Pausen, <...> Stunden. (*Alternativ: Der Arbeitnehmer wird in Teilzeit beschäftigt. Die wöchentliche Arbeitszeit beträgt, abzüglich der Pausen, <...> Stunden*).

2. Die tägliche Normalarbeitszeit von <...> bis <...> beginnt um <...> Uhr und endet um <...> Uhr.

Alternativ: Die Aufteilung der wöchentlichen Arbeitszeit auf die einzelnen Arbeitstage erfolgt unter Bedachtnahme auf die gesetzlichen Bestimmungen und die betrieblichen Erfordernisse durch gesonderte Vereinbarung.

3. Dem Arbeitgeber bleibt das Recht auf Abänderung der vereinbarten Lage der Arbeitszeit aus objektiv gerechtfertigten Gründen und im Rahmen der gesetzlichen Bestimmungen vorbehalten.

VI. Mehr- und Überstundenarbeit

Der Arbeitnehmer ist verpflichtet, bei betrieblichen Notwendigkeiten auf Anordnung Mehr- und Überstunden in den gesetzlichen und kollektivvertraglichen Grenzen zu leisten.

Fakultativer Zusatz: Mit der über dem Grundgehalt gewährten Bezahlung sind sämtliche Mehrleistungen abgegolten. Ein gesonderter Entgeltanspruch auf Mehr- und Überstundenvergütung besteht daher nicht.[1]

VII. Dienstverhinderung

1. Ist der Arbeitnehmer durch Krankheit oder Unglücksfall an der Leistung seiner Dienste verhindert, hat er dem Arbeitgeber unverzüglich, somit noch am selben Tag des Eintritts der Verhinderung bei sonstigem Verlust des Anspruchs auf Entgelt für die Dauer der Säumnis zu verständigen.

2. Dauert die Dienstverhinderung länger als drei Tage an, so hat der Arbeitnehmer unaufgefordert eine Bestätigung eines Vertragsarztes des für ihn zuständigen Krankenversicherungsträgers oder eines Amtsarztes über die Ursache und die voraussichtliche Dauer der Dienstunfähigkeit vorzulegen.[2] Der Arbeitgeber kann die Vorlage einer solchen Bestätigung auch für kürzere Erkrankungen verlangen.

3. Ist der Arbeitnehmer durch andere wichtige, seine Person betreffende Gründe an der Leistung der Dienste verhindert, hat er den Arbeitgeber wenn möglich bereits vor Eintritt der Verhinderung, jedenfalls aber unverzüglich nach deren Eintritt zu verständigen.

---

[1] Grundsätzlich kann eine Pauschalentlohnung für die gesamte Arbeitszeit festgelegt werden (sog „All-in-Vereinbarung", zu den Vorgaben vgl Rz 330). Der Arbeitnehmer hat aber in jenen Fällen einen Nachverrechnungsanspruch seines Entgelts, in denen seine Entlohnung aufgrund der tatsächlich geleisteten Überstunden unter das kollektivvertragliche Mindestentgelt herabsinkt. Eine entsprechende Deckungsprüfung ist vom Arbeitgeber durchzuführen.

[2] Diese wegen § 8 Abs 8 AngG an sich unzulässige Klausel (siehe Rz 176) ist in der Praxis sehr häufig anzutreffen.

VIII. Urlaub

Das jährliche Urlaubsausmaß richtet sich nach den Bestimmungen des Urlaubsgesetzes und beträgt daher unter Anrechnung von <...> Dienstjahren <...> Werktage *(alternativ: Arbeitstage)*. Das Urlaubsjahr ist das Arbeitsjahr.

IX. Beendigung des Dienstverhältnisses

1. Der Arbeitgeber kann das Dienstverhältnis unter Einhaltung der gesetzlichen Kündigungsfristen jeweils zum 15. und zum Letzten eines Kalendermonats kündigen. Der Arbeitnehmer kann das Dienstverhältnis gem § 20 Abs 4 AngG mit dem letzten Tag eines Monats unter vorheriger Einhaltung einer einmonatigen Kündigungsfrist kündigen.

2. Wenn der Arbeitnehmer ohne wichtigen Grund vorzeitig austritt, ihn ein Verschulden an der vorzeitigen Entlassung trifft oder er frist- bzw terminwidrig kündigt, ist er dem Arbeitgeber zum Ersatz des dadurch verursachten Schadens verpflichtet. Dieser Schaden wird im beiderseitigen ausdrücklichen Einverständnis derart pauschaliert, dass der Arbeitnehmer im Falle eines vorzeitigen Austrittes ohne wichtigen Grund oder einer durch ihn verschuldeten vorzeitigen Entlassung dem Arbeitgeber als Konventionalstrafe den gleichen Betrag schuldet, den der Arbeitgeber bei einer ungerechtfertigten Entlassung oder bei einem von ihm verschuldeten vorzeitigen Austritt an den Arbeitnehmer als Kündigungsentschädigung bezahlen müsste, jedoch höchstens drei Bruttomonatsentgelte.[3] Die Konventionalstrafe ist mit Auflösung des Dienstverhältnisses fällig.

X. Nebentätigkeit/Konkurrenzverbot

1. Gemäß § 7 AngG ist es dem Arbeitnehmer untersagt, ohne Einverständnis des Arbeitgebers ein selbständiges kaufmännisches Unternehmen zu betreiben oder im Geschäftszweig des Arbeitgebers für eigene oder fremde Rechnung Geschäfte zu tätigen.

2. Im Falle des Verstoßes kann der Arbeitgeber den Ersatz des verursachten Schadens fordern oder stattdessen verlangen, dass die für Rechnung des Arbeitnehmers abgeschlossenen Geschäfte als für seine Rechnung geschlossen angesehen werden. Bezüglich der für fremde Rechnung geschlossenen Geschäfte kann der Arbeitgeber die Herausgabe der hierfür bezogenen Vergütung oder die Abtretung des Anspruches auf Vergütung begehren.

3. Der Anspruch auf Schadenersatz wird im beiderseitigen ausdrücklichen Einvernehmen seiner Höhe nach mit dem dreifachen des zuletzt gebührenden Entgelts zuzüglich der anteiligen Sonderzahlungen pauschaliert.

4. Das Recht des Arbeitgebers, den Arbeitnehmer wegen der Verletzung des Wettbewerbsverbotes zu entlassen oder wettbewerbsrechtliche Unterlassungsansprüche geltend zu machen, bleibt davon unberührt.

[3] Sämtliche seit 29. 12. 2015 vereinbarte Konventionalstrafen unterliegen dem richterlichen Mäßigungsrecht (§ 2e AVRAG).

5. Darüber hinaus darf der Arbeitnehmer während des aufrechten Dienstverhältnisses auch nicht konkurrenzierende Tätigkeiten, die einen Entgeltanspruch begründen, nur mit vorheriger schriftlicher Zustimmung des Arbeitgebers ausüben. Der Arbeitnehmer hat auch unbezahlte Nebentätigkeiten dem Arbeitgeber unverzüglich zu melden, die geeignet sind, die Interessen des Arbeitgebers nachteilig zu berühren.

XI. Konkurrenzklausel[4]

1. Der Arbeitnehmer ist verpflichtet, für die Dauer eines Jahres nach Beendigung des Dienstverhältnisses im Geschäftszweig des Arbeitgebers weder selbständig noch unselbständig tätig zu sein. Der Arbeitnehmer ist weiters verpflichtet, sich auch nicht direkt oder indirekt an einem Unternehmen zu beteiligen, das im Geschäftszweig des Arbeitgebers tätig ist.

2. Dem Arbeitnehmer ist es insbesondere untersagt, für folgende Unternehmen tätig zu sein:

<…>.

3. Der örtliche Geltungsbereich der Konkurrenzklausel ist auf die Bundesländer <…> beschränkt.

4. Der Arbeitgeber behält sich vor, die Punkte 2. und 3. durch schriftliche Mitteilung an den Arbeitnehmer abzuändern und/oder zu ergänzen.

Fakultativ: Bei einer Verletzung der Konkurrenzklausel hat der Arbeitnehmer eine Konventionalstrafe in Höhe des Sechsfachen des für den letzten Monat des Arbeitsverhältnisses gebührenden Nettomonatsentgelts (ohne Sonderzahlungen) zu leisten, die sofort fällig wird.[5]

XII. Verschwiegenheitspflicht

1. Der Arbeitnehmer ist verpflichtet, während der Dauer des Dienstverhältnisses und auch nach Beendigung strengstes Stillschweigen über alle Informationen und Umstände zu bewahren, die ihm während der Dauer des Dienstverhältnisses zur Kenntnis gelangt sind. Insbesondere ist dabei auch das Datengeheimnis iSd § 6 DSG zu beachten und darf der Arbeitnehmer personenbezogene Daten aus Datenverarbeitungen nur aufgrund einer Anordnung des Arbeitgebers übermitteln. Der Arbeitnehmer hat diese Verpflichtung auch nach Beendigung des Arbeitsverhältnisses einzuhalten.

---

[4] Eine gültige Konkurrenzklausel kann nur nach Maßgabe des § 36 AngG vereinbart werden. Insb ist zu beachten, dass Konkurrenzklauseln, die nach dem 16. 3. 2006 abgeschlossen wurden, nur gültig sind, wenn der Verdienst des Arbeitnehmers ein bestimmtes Entgelt überschreitet (siehe Rz 247).

[5] Wird eine Konventionalstrafe vereinbart, so kann der Arbeitgeber bei einem Verstoß gegen die Konkurrenzklausel nur mehr die Konventionalstrafe fordern, nicht aber die Unterlassung der konkurrenzierenden Tätigkeit. Die Konventionalstrafe unterliegt dabei dem richterlichen Mäßigungsrecht (vgl § 37 Abs 3 iVm § 38 AngG).

2. Diese Verschwiegenheitspflicht umfasst auch alle Umstände und Informationen, von denen der Arbeitnehmer im Rahmen seiner beruflichen Tätigkeit über Kunden, Lieferanten oder mit dem Arbeitgeber verbundene Unternehmen erfährt. Alle ihm zur Verfügung gestellten Dokumente und Unterlagen sind vertraulich zu behandeln und auf Aufforderung, jedenfalls aber anlässlich der Beendigung des Dienstverhältnisses, dem Arbeitgeber zurückzugeben. Dem Arbeitnehmer ist es auch untersagt, Daten und Dokumente analog oder digital zu vervielfältigen oder mittels E-Mail bzw auf andere Weise an unberechtigte Dritte zu übermitteln.

3. Eine Verletzung der Verschwiegenheitspflicht und/oder des Datengeheimnisses berechtigt den Arbeitgeber, den Arbeitnehmer zu entlassen. Darüber hinaus hat der Arbeitnehmer eine Konventionalstrafe in Höhe von sechs Monatsentgelten zu entrichten, die sofort fällig ist.[6] Die Verpflichtung zur Leistung einer Konventionalstrafe lässt das Recht des Arbeitgebers unberührt, anderweitige Sanktionen zu ergreifen.

XIII. Ausbildungskosten[7]

1. Der Arbeitgeber beabsichtigt, dem Arbeitnehmer den Besuch von Seminaren und sonstigen Aus- und Weiterbildungsmaßnahmen zu ermöglichen, die einer Vertiefung des branchenspezifischen Wissens des Arbeitnehmers dienen. Dabei wird der Arbeitgeber dem Arbeitnehmer im Vorhinein die Kosten der Aus- bzw Fortbildungsmaßnahme bekannt geben.

2. Für den Fall, dass der Arbeitnehmer das Dienstverhältnis selbst auflöst oder Anlass zur vorzeitigen Vertragsauflösung aus wichtigem Grund gibt, ist er verpflichtet, die Kosten jener Aus- und Weiterbildungsmaßnahme, die in den letzten 36 Monaten vor Beendigung des Dienstverhältnisses vom Arbeitgeber bezahlt wurden, zurückzuerstatten. Der Rückforderungsanspruch wird dabei monatlich aliquot reduziert und erlischt demnach nach drei Jahren nach Beendigung der Ausbildung zur Gänze.

XIV. Verfall von Ansprüchen, irrtümliche Auszahlung

1. Es wird vereinbart, dass offene Ansprüche aus diesem Dienstverhältnis – soweit gesetzlich oder kollektivvertraglich nicht etwas anderes vorgesehen ist – bei sonstigem Verfall innerhalb von drei Monaten ab Fälligkeit beim Arbeitgeber schriftlich geltend gemacht werden müssen.

2. Für den Fall irrtümlicher Berechnung oder Zahlung finanzieller Leistungen verpflichtet sich der Arbeitnehmer, zu viel bezahlte Beträge unverzüglich, spätestens innerhalb eines Monats nach Erhalt zurückzuerstatten. Das Recht auf Rückforderung nicht zustehen-

[6] Zu Konventionalstrafen siehe Fn 3.

[7] Eine Ausbildungsrückerstattungsklausel im Dienstvertrag stellt noch keine wirksame Ausbildungsrückerstattungsvereinbarung dar. Eine solche bedarf einer schriftlichen Vereinbarung, die vor der Buchung der Ausbildung abgeschlossen wurde und die eine Angabe der exakten Höhe der Ausbildungskosten (samt Aufschlüsselung) und der Bindungsdauer nach Abschluss der Ausbildung sowie eine Aliquotierungsregel enthält (vgl Rz 469 f).

der Leistungen bleibt bei mangelnder Gutgläubigkeit des Arbeitnehmers auch nach Ablauf dieser Frist unberührt. Der Arbeitnehmer verpflichtet sich, jede Abrechnung und Auszahlung dem Grund und der Höhe nach auf ihre Richtigkeit zu prüfen.

XV. Betriebliche Vorsorgekasse

Die ausgewählte betriebliche Vorsorgekasse ist die <...>, Adresse <...>.

XVI. Schlussbestimmungen

1. Nebenvereinbarungen zu diesem Dienstvertrag wurden nicht getroffen. Allfällige in der Vergangenheit getroffene Vereinbarungen sind durch die Unterfertigung dieses Dienstvertrages gegenstandslos. Alle Änderungen oder Ergänzungen dieses Dienstvertrages bedürfen der Schriftform, was auch für das einvernehmliche Abgehen vom Schriftformerfordernis gilt.

2. Der Arbeitnehmer verpflichtet sich, bei Änderungen seiner Personalien und seiner Wohn- bzw Zustelladresse dies dem Arbeitgeber unverzüglich mitzuteilen. Erklärungen des Arbeitgebers gegenüber dem Arbeitnehmer gelten als wirksam abgegeben, wenn sie an die letzte vom Arbeitnehmer dem Arbeitgeber nachweislich bekannt gegebene Adresse zugestellt werden. Dies gilt insbesondere auch für Zustellungen während des Urlaubs.

3. Der Arbeitgeber ist zum Abzug bzw zur Aufrechnung eines eventuell bestehenden Rückforderungs- bzw Schadenersatzanspruchs mit aus dem Dienstverhältnis offenen Ansprüchen des Arbeitnehmers berechtigt.

4. Soweit sich aus dem gegenständlichen Dienstvertrag nichts anderes ergibt, finden auf das Dienstverhältnis die Bestimmungen des Angestelltengesetzes sowie des Kollektivvertrages für <...> Anwendung. Der Kollektivvertrag und die für das Dienstverhältnis anwendbaren Betriebsvereinbarungen liegen im <...> zur Einsicht auf *(alternativ: sind im Intranet zugänglich).*

<...>, am ....

....	....
Für den Arbeitgeber	Arbeitnehmer

Anhang II – Berechnungsbeispiele für beendigungskausale Entgeltansprüche

Die folgenden beiden Beispiele sollen in Grundzügen illustrieren, wie die Berechnung von Arbeitnehmeransprüchen bei der Beendigung in der Praxis vor sich gehen kann. In beiden Fällen geht es um eine Entlassung, einmal ist diese vom AN **nicht verschuldet** (Beispiel A), das andere Mal **verschuldet** (Beispiel B). Auch die Unterschiede zwischen **Angestellten** (Beispiel A) und **Arbeitern** (Beispiel B) sowie die Einbeziehung von besonderen Entgeltbestandteilen (hier: ständige Überstunden in Beispiel B) werden verdeutlicht. Es geht dabei stets um **Brutto-Beträge.** Von diesen wären in einem weiteren Schritt Lohnsteuer und Sozialversicherungsbeiträge ua in Abzug zu bringen. Zu bedenken ist, dass es mitunter verschiedene Berechnungsmethoden gibt, deren Ergebnisse uU auch voneinander leicht abweichen können.

Beispiel A: *Der **Angestellte** Anton (A), der seit 1. 2. 2002 in Teilzeit beschäftigt war, wurde von seinem AG am 14. 4. 2010 **unberechtigt entlassen.** Sein Monatsgehalt betrug € 1.000,– brutto (14x jährlich). Weiters erhielt er einen Fahrtkostenersatz von durchschnittlich € 150,– pro Monat. A hatte zum Entlassungszeitpunkt vom Urlaub des laufenden Arbeitsjahres noch nichts verbraucht. Auch aus dem vorherigen Arbeitsjahr waren noch zehn Arbeitstage offen.*

Beispiel B: *Der **Arbeiter** Bertold (B), der seit 1. 2. 2002 in Teilzeit beschäftigt war, wurde von seinem AG am 14. 4. 2010 **berechtigt und verschuldet entlassen**. Sein Monatslohn betrug € 900,– brutto. Zusätzlich erhielt B für regelmäßige Mehr- bzw Überstunden durchschnittlich € 100,– brutto pro Monat. An Sonderzahlungen gebührten ihm ein kollektivvertraglich vereinbartes Weihnachtsgeld sowie Urlaubsgeld in der Höhe von jeweils drei Wochenlöhnen. B hatte zum Zeitpunkt der Entlassung vom Urlaub des laufenden Arbeitsjahres bereits 15 Werktage verbraucht.*

1. Offenes Entgelt und aliquote Sonderzahlungen

Beispiel A:

Abgesehen von der Kündigungsentschädigung (dazu sogleich) muss A auch für die Zeit bezahlt werden, die er tatsächlich noch gearbeitet hat, bevor er entlassen wurde (1. 4. bis 14. 4.). Da hierbei auch die für diesen Zeitraum anfallenden aliquoten Sonderzahlungen (SZ) zu berücksichtigen sind, ist das **Monatsentgelt als Ausgangsbasis** dieser Berechnung heranzuziehen. Dieses ist mit dem Monatsgehalt nicht ident, da das Monatsentgelt neben den aliquoten Sonderzahlungen auch – falls es solche gibt – andere **regelmäßig wiederkehrende Zahlungen** (zB regelmäßige Überstunden idR im Durchschnitt der letzten drei Monate) oder auch **Sachleistungen** (zB die Privatnutzung eines Dienstwagens) enthält. Im Folgenden wird das Monatsentgelt für A berechnet:

Monatsentgelt (ME) = 1000 × 14 : 12 = 1.166,67

Der **Fahrtkostenersatz** wird bei der Berechnung des Monatsentgelts übrigens **nicht** herangezogen, weil es sich hierbei um einen **Aufwandersatz** und daher nicht um Entgelt handelt.

Bei solchen regelmäßigen Entgeltbestandteilen (zB Überstunden) wäre übrigens anhand des anwendbaren KollV und des Arbeitsvertrages zu prüfen, ob sie im konkreten Fall auch das 13. und 14. Monatsgehalt erhöhen. Da das 13. und 14. Gehalt ja nicht gesetzlich vorgeschrieben ist und insofern jegliche Gewährung einer solchen Sonderzahlung den AN begünstigt, sind beide Varianten zulässig. Dementsprechend gäbe es zwei Varianten der Berechnung:

- **Variante 1** (etwa für regelmäßige Überstunden in der Höhe von € 100,–, die für das 13./14. Gehalt *nicht* heranzuziehen sind): (1000 + 100) × 12 + (1000 × 2) : 12 = Monatsentgelt (1.266,67)
- **Variante 2** (etwa wenn ein vereinbarter Gehaltsbestandteil auch in das 13./14. Gehalt einbezogen werden soll): (1000 + 100) × 14 : 12 = Monatsentgelt (1.283,33)

Wenn der KollV nichts anderes regelt, kann der AG die SZ ohne Einbeziehung der regelmäßigen Überstunden uÄ gewähren (also Variante 1).

Nun wird das Entgelt für die 14 Tage vom 1. 4. – 14. 4. berechnet:

1.166,67 : 30 × 14 = 544,45

Hinweis: Der Divisor 30 erklärt sich daraus, dass der Monat 30 Kalendertage hat. Dies wird grundsätzlich für *jeden* Monat unterstellt.

Auch die SZ für die drei Monate Jänner bis März 2010 sind nachzuzahlen (vgl § 16 AngG). Dabei ist übrigens das Kalenderjahr (und nicht wie etwa beim Urlaub das Arbeitsjahr) maßgeblich:

1.000 × 2 : 12 × 3 = 500

Beispiel B:

Dass die Entlassung hier vom AN verschuldet war, ändert nichts daran, dass B bis zum Entlassungstermin seine Arbeitsleistung erbracht hat und daher dafür auch einen Entgeltanspruch hat (ein Abzug allfälliger Schadenersatzansprüche unter Beachtung der Vorschriften des DNHG und der Bestimmungen über das Existenzminimum ist aber denkbar, falls dies im konkreten Fall geboten wäre). Monatliche Lohnzahlung vorausgesetzt, kann das Entgelt vom 1. bis einschließlich 14. 4. wie folgt errechnet werden:

900 : 30 × 14 = 420

Die in diesem Zeitraum tatsächlich geleisteten Überstunden sind selbstverständlich ebenfalls zu bezahlen.

Weiters sind – je nach kollektivvertraglicher Regelung – auch die auf diesen Zeitraum entfallenden **aliquoten Sonderzahlungen** zu beachten.

Hinweis: Arbeiter-KollV sehen häufig für den Fall der berechtigten und verschuldeten Entlassung den Verfall dieser Sonderzahlungen vor. Darüber hinaus schreiben nicht wenige Arbeiter-KollV für den Fall der berechtigten/verschuldeten Entlassung und des unberechtigten Austritts sogar eine *Rückzahlung* von bereits erhaltenen Sonderzahlungen vor. Da die Sonderzahlungen in der Regel zu Beginn der Urlaubszeit (also zB mit dem Julilohn) und der Weihnachtszeit (zB mit dem Novemberlohn) ausgezahlt werden, wäre B aufgrund des Entlassungstermins (April) davon nicht betroffen.

In der Literatur wird in analoger Anwendung von § 16 AngG überwiegend vertreten, dass derartige Regelungen in Arbeiter-KollV nicht zulässig sind.

Die aliquoten Sonderzahlungen des B können wie folgt berechnet werden:

für April 2010: 900 : 4,33 × 3 × 2 : 12 : 30 × 14 = 48,50

für Jänner – März 2010: 900 : 4,33 × 3 × 2 : 12 × 3 = 311,78

Hinweis: Der Divisor 4,33 erklärt sich daraus, dass der Monat 4,33 Wochen hat. Dies wird grundsätzlich für *jeden* Monat unterstellt. Durchaus gebräuchlich sind aber auch die Teiler 4,3 oder 4,34. KollV können eigene „Wochenteiler" bestimmen.

2. Kündigungsentschädigung

Beispiel A:

Die Entlassung war unberechtigt, weshalb dem A eine Kündigungsentschädigung (KE) gebührt. Hätte der AG den A, statt ihn zu entlassen, am selben Tag ordnungsgemäß gekündigt, hätte das Dienstverhältnis bis zum 30. 9. 2010 gedauert. Dies ergibt sich aus drei Monaten Kündigungsfrist (A hat zum Zeitpunkt der Entlassung bzw „fiktiven" Kündigung bereits das fünfte, aber noch nicht das fünfzehnte Dienstjahr vollendet) sowie dem Quartal als gesetzlichen Endtermin (§ 20 Abs 2 AngG). Somit ist A für den Zeitraum von 15. 4. 2010 bis 30. 9. 2010 zu entschädigen (§ 29 AngG), also für 5,5 Monate. Auch die aliquoten Sonderzahlungen, die für diesen Zeitraum angefallen wären, sind dabei zu berücksichtigen.

Kündigungsentschädigung (KE) = 1.166,67 (Monatsentgelt) × 5,5 = 6.416,69

Bei der Kündigungsentschädigung wäre **in Anrechnung** zu bringen, was der Angestellte infolge des Unterbleibens der Dienstleistung **erspart oder durch anderweitige Verwendung erworben oder zu erwerben absichtlich versäumt** hat (§ 29 AngG, ebenso § 1162b ABGB). Aus der in den genannten Normen festgelegten sofortigen Fälligkeit („ohne Abzug sofort") der Kündigungsentschädigung für die ersten drei Monate ergibt sich aber, dass für diesen Drei-Monats-Zeitraum eine solche Anrechnung nicht möglich ist.

Davon abgesehen, darf die Anrechnung nur dann erfolgen, wenn dem AN der anderweitige Erwerb (bzw dessen absichtliches Unterbleiben) *bewiesen* werden kann. Hier ist im Gerichtsverfahren darauf zu achten, dass ein entsprechendes Vorbringen auf AG-Seite entsprechend *konkretisiert* wird bzw dass das Gericht nicht einen unzulässigen Erkundungsbeweis durchführt.

Beispiel B:

Da die Entlassung des B berechtigt, dh mit wichtigem Grund, erfolgte, gebührt B keine Kündigungsentschädigung (§ 1162b ABGB).

Wäre dem nicht so, wäre auch hier die Kündigungsentschädigung unter Zuhilfenahme eines „fiktiven" Kündigungstermins zu berechnen.

Hinweis: Für Kündigungen seit dem 1. 10. 2021 gelten für Arbeiter die gleichen Kündigungsfristen und -termine wie für Angestellte (vgl Rz 369).

3. Urlaubsersatzleistung/Erstattungsbetrag

Beispiel A:

Hinsichtlich des Urlaubs des laufenden Arbeitsjahres ist nicht das **Urlaubsentgelt** zur Gänze, sondern **aliquot,** dh dem Verhältnis des tatsächlich zurückgelegten Teils des Arbeitsjahres zum Gesamtarbeitsjahr entsprechend, auszuzahlen (§ 10 Abs 1 UrlG; sog **Urlaubsersatzleistung**). Da die Entlassung unberechtigt war, muss bei der Aliquotierung der „fiktive" Kündigungstermin – und nicht der Termin der realen, entlassungsbedingten Beendigung – herangezogen werden. Dies, weil sonst der AN durch die vertragswidrige und allein vom AG verschuldete vorzeitige Beendigung schlechter gestellt wäre als bei einer rechtskonformen Beendigung, die dem AG nur durch frist- und termingerechte Kündigung möglich gewesen wäre (zur Errechnung dieses Termins vgl oben bei der Kündigungsentschädigung).

Dabei ist zu beachten, dass der „fiktive" Teil der Urlaubsersatzleistung genau genommen **Schadenersatz** ist und daher zur Kündigungsentschädigung gehört, ebenso die Urlaubsersatzleistung für einen während der „fiktiven" Kündigungsfrist eventuell anfallenden Neuurlaub. Dies kann insb für die Fälligkeit von Bedeutung sein, weil Kündigungsentschädigung von mehr als drei Monatsentgelten erst nach Ablauf von drei Monaten fällig wird (§ 29 AngG, § 1162b ABGB).

$25 : 52 \times 34{,}5 = 16{,}59$

Hinweis: Der Dividend 25 erklärt sich aus den jährlich zustehenden 25 Arbeitstagen (AT) Erholungsurlaub (bei Zugrundelegung von Werktagen wären dies 30), der Divisor 52 aus den 52 Wochen des Jahres (das Jahr hat zwar nicht exakt 52 Wochen, aber der Rest von einigen Tagen wird bei diesen Berechnungen in der Regel nicht berücksichtigt).

Der Multiplikator 34,5 entspricht den 34,5 Wochen zwischen dem Beginn (1. 2. 2010) und dem „fiktiven" Ende des Arbeits-(= Urlaubs-)jahres 2010.

Eine erleichterte Berechnung wäre hier möglich, zumal das „fiktive" verkürzte Arbeitsjahr hier exakt acht Monate (1. 2. – 30. 9. 2010) betragen hat:

25 : 12 × 8 = 16,67 (beachte das leicht abweichende Ergebnis)

Nun gilt es, das auf diese 16,59 Urlaubstage entfallende Entgelt (inklusive Sonderzahlungen und sonstige regelmäßige Entgeltbestandteile wie zB regelmäßige Überstunden) zu berechnen; die Basis hierfür bildet das Monatsentgelt:

1.166,67 : 22 × 16,59 = 879,77

Hinweis: Der Divisor 22 erklärt sich aus den 22 Arbeitstagen (AT) eines Monats. Diese Zahl ist – ähnlich wie die schon erwähnten 4,33 Wochen eines Monats und die 52 Wochen eines Jahres – eine pauschalierte und unveränderliche Größe (also unabhängig davon, ob ein konkreter Monat zB besonders viele Feiertage aufweist). In analoger Weise werden dem Monat 26 Werktage (WT) und 30 Kalendertage (KT) unterstellt.

Die ebenfalls noch offenen 10 Arbeitstage Urlaub aus vorangegangenen Arbeitsjahren sind *nicht* aliquot, sondern – soweit nicht schon verjährt – voll zu vergüten (§ 10 Abs 3 UrlG):

1.166,67 : 22 × 10 = 530,30

Beispiel B:

Auch hier ist zuerst der aliquote Urlaubsanspruch (§ 10 Abs 1 UrlG) zu berechnen. Dabei ist im Gegensatz zum Beispiel A wegen der *verschuldeten* Entlassung der tatsächliche Beendigungszeitpunkt maßgeblich.

30 : 52 × 10,5 = 6,06

Der Dividend entspricht hier den jährlich zustehenden 30 Werktagen (WT) Erholungsurlaub (beachte: im Betrieb des B erfolgte die Berechnung laut Sachverhalt anders als bei A in *Werk*- und nicht in Arbeitstagen), der Divisor den 52 Wochen eines Jahres, der Multiplikator den 10,5 Wochen zwischen Beginn und Ende (= Entlassungszeitpunkt) des Urlaubsjahres.

Es zeigt sich, dass B zum Entlassungszeitpunkt mit 15 Werktagen bereits mehr als den ihm gebührenden aliquoten Erholungsurlaub verbraucht hat; es fällt also keine Urlaubsersatzleistung an. Da die Entlassung verschuldet ist, hat B seinem AG für den zu viel verbrauchten Urlaub einen **Erstattungsbetrag** für 8,94 (15 – 6,06) Werktage zu leisten (§ 10 Abs 1, 3. Satz UrlG). Dieser ist auf der Grundlage des Monatsentgelts zu berechnen:

Monatsentgelt = 900 + 100 + (900 : 4,33 × 3 × 2 : 12) = 1.103,93

Erstattungsbetrag = 1.103,93 : 26 × 8,94 = 379,58

Der Dividend entspricht dem Monatsentgelt; der Divisor 26 erklärt sich aus den bereits erwähnten 26 Werktagen eines Monats.

4. Abfertigung

Beispiel A:

Da der vertraglich vereinbarte Beginn des Arbeitsverhältnisses von A nicht nach dem 31. 12. 2002 lag (vgl § 46 Abs 1 BMSVG), sind hinsichtlich seiner Abfertigung noch §§ 23 f AngG **(Abfertigung „alt")** anwendbar. Diese Normen sehen den Bezug von Abfertigung auch für den Fall der unverschuldeten Entlassung vor. Da A zum Entlassungszeitpunkt bereits fünf Dienstjahre vollendet hatte, stehen ihm **drei Monatsentgelte** (zu deren Berechnung siehe oben) an Abfertigung zu.

Abfertigung = (hier) drei Monatsentgelte = 1.166,67 × 3 = 3.500,01

Beispiel B:

B ist **Arbeiter,** hat aber kraft Gesetzes grundsätzlich den gleichen Abfertigungsanspruch wie ein Angestellter (§ 2 Abs 1 ArbAbfG). Da B **verschuldet** entlassen wurde, erhält er **keine Abfertigung** (§ 23 Abs 7 AngG iVm § 2 ArbAbfG).

Im Falle der **unverschuldeten Entlassung** hätte der Arbeiter wegen des ArbAbfG, das auf das AngG vollinhaltlich verweist, dieselben Ansprüche wie der Angestellte. Bei der Berechnung des Monatsentgelts wäre zu bedenken, dass die Sonderzahlungen laut Sachverhalt hier jeweils drei Wochenlöhne betragen. Bei unverschuldeter Entlassung wäre demnach der Abfertigungsanspruch von B wie folgt zu berechnen:

Monatsentgelt = [(900 + 100) × 12 + 2 × (900 : 4,33 × 3)] : 12 =
(12.000 + 2 × 623,56) : 12 = 1.103,93

Andere Methode:

Monatsentgelt = 900 + 100 + (900 : 4,33 × 3 × 2 : 12) = 1.103,93

Abfertigung = 1.103,93 × 3 = 3.311,79

Wie bereits zum Beispiel A erläutert, wurden hier die **regelmäßigen Überstunden** zwar beim Monatslohn berücksichtigt, nicht aber bei den Sonderzahlungen. Freilich kann ein KollV oder ein Arbeitsvertrag den AN begünstigen, indem er vorsieht, dass Überstunden(zahlungen) oder sonstige Lohnbestandteile auch bei den Sonderzahlungen in Anschlag zu bringen sind.

Der Teiler 4,33 erklärt sich – wie oben bereits erläutert – aus der weitgehend geübten Faustregel, wonach einem Monat stets 4,33 Wochen entsprechen (aber Achtung: viele Kollektivverträge schreiben, wie erwähnt, eigene sog „Wochenteiler" vor, zB 4,3 oder 4,34).

Hinweis: Falls notwendig, kann ein Monatsgehalt oder -lohn (oder -entgelt) auch auf ein Stundengehalt umgerechnet werden (und umgekehrt), zB bei einer 40-Stunden-Woche:

Stundenlohn = Monatslohn : 4,33 : 40

Häufig wird bei der 40-Stunden-Woche der Teiler 172 (= 40 × 4,3) gewählt. Überdies sehen **KollV** nicht selten eigene (günstigere) **„Stundenteiler"** vor, zB im Zusammenhang mit der Entlohnung von Überstunden.

Bei **Bauarbeitern** ist das BUAG als eine besondere gesetzliche Grundlage zu beachten. Das BUAG regelt die Urlaubs- und Abfertigungsansprüche wegen der Besonderheiten dieser Branche in einer völlig eigenständigen Weise. Demnach sind dort die Ansprüche durch die Bauarbeiter-Urlaubs- und Abfertigungskasse, und nicht vom AG, auszuzahlen (auch hinsichtlich der sog Abfertigung neu [dazu Rz 462 ff] existieren Sonderregelungen).

Anhang III – Kontrollfragen

Kontrollfragen zum 1. Teil

Frage 1:

Entspricht die im Folgenden vorgenommene Reihung von Rechtsakten (beginnend vom höchstrangigen Rechtsakt abwärts) dem sog „Stufenbau der Rechtsquellen" im geltenden österreichischen Arbeitsrecht? Beachten Sie, dass es nur um die Richtigkeit der Reihenfolge geht. Ob die Aufzählung vollständig ist oder nicht, ist hier nicht erheblich.

1. zwingendes einfaches Gesetzesrecht
2. Kollektivvertrag (KollV)
3. Betriebsvereinbarung (BV) im Sinne des Arbeitsverfassungsgesetzes (ArbVG)
4. nachgiebiges einfaches Gesetzesrecht
5. Arbeitsvertrag
   a) ja, die Reihenfolge ist richtig
   b) nein, die Reihenfolge ist nicht richtig

Frage 2:

Welcher/welche der im Folgenden angeführten Vertragstypen begründet/begründen nach dem geltenden Zivilrecht ein Dauerschuldverhältnis?

a) der befristete freie Dienstvertrag
b) der befristete Dienstvertrag (Arbeitsvertrag)
c) der unbefristete Dienstvertrag (Arbeitsvertrag)
d) der Werkvertrag
e) der unbefristete freie Dienstvertrag

Frage 3:

Frau P ist seit 1. 6. 2020 in einer Filiale einer Drogeriekette in Wiener Neustadt als Verkäuferin in Teilzeit (Ausmaß: 20 Wochenstunden) beschäftigt. Das Aufgabengebiet der Frau P umfasst vor allem die Kundenberatung und Kassiertätigkeit mit abendlicher Abrechnung der Kassa sowie die Betreuung des Sortiments, wozu auch die selbständige Lagerhaltung samt Nachbestellung von Waren gehört. Daneben führt Frau P aber auch regelmäßig Reinigungsarbeiten in der Filiale durch, was bereits im Arbeitsvertrag der Frau P so vereinbart wurde, weil die Beschäftigung einer Reinigungskraft nur für diese einzige Filiale in Wiener Neustadt der Unternehmensleitung in Wien unrentabel erschien. Diese Tätigkeit umfasst ca 15–20 % der Arbeitszeit der Frau P. Wie ist Frau P arbeitsrechtlich einzustufen?

a) Frau P ist Angestellte im Sinne des Angestelltengesetzes (AngG), weil sie überwiegend kaufmännische Dienste ausübt
b) Frau P ist Angestellte im Sinne des Angestelltengesetzes (AngG), weil sie überwiegend höhere nichtkaufmännische Dienste ausübt
c) Frau P ist Angestellte im Sinne des Angestelltengesetzes (AngG), weil sie überwiegend Kanzleidienste ausübt

d) Frau P ist keine Angestellte im Sinne des Angestelltengesetzes (AngG), weil unter Berücksichtigung ihrer tatsächlichen Aufgaben ihre Tätigkeit insgesamt nicht als angestelltenwertig einzustufen ist
e) Frau P ist keine Angestellte im Sinne des Angestelltengesetzes (AngG), weil dieses Gesetz für teilzeitbeschäftigte Personen nicht gilt

Frage 4:

Frau V wird mit Wirkung ab 1. 10. 2020 als Vorstandsmitglied in die B-Bank-Aktiengesellschaft berufen. Da viele Personen aus ihrem Bekannten- und Kollegenkreis in leitenden Positionen tätig sind, holt sich Frau V dort erste Informationen ua über ihre künftige arbeits- und sozialrechtliche Stellung als Vorstandsmitglied ein und erhält so verschiedene und teilweise widersprüchliche Auskünfte. Welche der nachfolgenden Aussagen ist/sind richtig?

a) als Vorstandsmitglied der B-Aktiengesellschaft ist Frau V jedenfalls als deren Arbeitnehmerin anzusehen
b) als Vorstandsmitglied der B-Aktiengesellschaft ist Frau V nach dem Allgemeinen Sozialversicherungsgesetz (ASVG) vollversichert
c) als Vorstandsmitglied der B-Aktiengesellschaft ist Frau V nach dem Gewerblichen Sozialversicherungsgesetz (GSVG) vollversichert
d) als Vorstandsmitglied der B-Aktiengesellschaft ist Frau V nur als deren Arbeitnehmerin anzusehen, wenn sie hinsichtlich des Gesellschaftskapitals über weniger als die Sperrminorität verfügt
e) als Vorstandsmitglied der B-Aktiengesellschaft ist Frau V keinesfalls als deren Arbeitnehmerin anzusehen

Frage 5:

Auf welche der nachfolgenden Personengruppen ist das Dienstnehmerhaftpflichtgesetz (DNHG) – kraft ausdrücklicher gesetzlicher Anordnung – jedenfalls (also unterschieds- und ausnahmslos) anzuwenden?

a) auf neue Selbständige
b) auf arbeitnehmerähnliche Personen
c) auf Arbeitnehmer
d) auf alte Selbständige

Frage 6:

Welcher/welche der nachfolgenden Gesichtspunkte ist/sind nach der österreichischen Rechtsprechung als Kriterium/Kriterien für ein arbeitnehmerähnliches Beschäftigungsverhältnis anzusehen, wodurch die gesetzlichen Haftungsbeschränkungen für Arbeitnehmer nach dem Dienstnehmerhaftpflichtgesetz (DNHG) und die Zuständigkeit des Arbeits- und Sozialgerichts auch für diese Beschäftigten gelten?

a) Angewiesensein auf einen oder wenige Auftraggeber
b) Angewiesensein auf die Betriebsmittel und das Know-how des Auftraggebers
c) Vorliegen eines freien Dienstvertrages
d) Vorliegen von persönlicher Abhängigkeit
e) Pflichtversicherung gemäß § 4 Abs 4 des Allgemeinen Sozialversicherungsgesetzes (ASVG)

Frage 7:

In welcher/in welchen der im Folgenden angeführten Bestimmung/en ist die Legaldefinition des „Dienstvertrages" („Arbeitsvertrages"), die dem geltenden österreichischen Arbeitsvertragsrecht zugrunde liegt, geregelt?

a) in § 1151 ABGB (Allgemeines bürgerliches Gesetzbuch)
b) in § 4 Abs 2 ASVG (Allgemeines Sozialversicherungsgesetz)
c) in § 1 AVRAG (Arbeitsvertragsrechts-Anpassungsgesetz)
d) in § 1 AngG (Angestelltengesetz)
e) in § 36 ArbVG (Arbeitsverfassungsgesetz)

Frage 8:

Welcher Zuständigkeit/welchen Zuständigkeiten ist das Arbeitsrecht zu seinem überwiegenden Teil (dh Ausnahmen bzw Sonderregelungen bleiben außer Betracht) nach der verfassungsrechtlichen Kompetenzverteilung zuzuordnen?

a) das Arbeitsrecht ist zu seinem überwiegenden Teil Bundessache in Gesetzgebung und Vollziehung
b) das Arbeitsrecht darf zu seinem überwiegenden Teil vom Bund nur in Grundsätzen geregelt werden; die Details normieren die Länder; die Vollziehung obliegt dem Bund
c) das Arbeitsrecht ist zu seinem überwiegenden Teil Bundessache in der Gesetzgebung; die Vollziehung obliegt den Ländern

Frage 9:

Frau X, die Inhaberin einer Offset-Druckerei, vereinbart mit dem Informatiker Y die Erstellung und Lieferung eines speziell auf die Erfordernisse der Offset-Druckerei zugeschnittenen Computerprogramms binnen zwei Monaten. Herr Y, der keine Gewerbeberechtigung besitzt, führt die Programmiertätigkeit bei sich zu Hause am eigenen PC durch und vereinbart mit Frau X einen Termin, an dem er in deren Betrieb erscheint, das Programm installiert und zwei Beschäftigte der Frau X in die Funktionen des neuen Programms einweist. Da die Installation Probleme bereitet, verbringt Herr Y den ganzen Tag von 8.00 bis 17.00 Uhr im Betrieb der Frau X. Die Zahlung des vereinbarten Pauschalbetrages von € 2.000,– erfolgt vereinbarungsgemäß nach Lieferung und erfolgreicher Installation des Programms. Welche Art von Vertrag ist hier entstanden?

a) ein Arbeitsvertrag (Dienstvertrag)
b) ein Werkvertrag
c) ein freier Dienstvertrag
d) keine dieser Antworten ist richtig

Frage 10:

Welche der nachfolgenden Voraussetzungen müssen Personen jedenfalls erfüllen, um als Arbeitnehmer im Sinne des Individualarbeitsrechts zu gelten?

a) freier Dienstvertrag
b) persönliche Abhängigkeit
c) Pflichtversicherung gemäß § 4 Abs 2 des Allgemeinen Sozialversicherungsgesetzes (ASVG)
d) Entgeltlichkeit

Frage 11:

Welches/welche der im Folgenden angeführten Kriterien spricht/sprechen nach der österreichischen Judikatur und Lehre für die sog „persönliche Abhängigkeit" eines Beschäftigten?

a) die Unterwerfung des Beschäftigten unter die allgemeinen betrieblichen Ordnungsvorschriften
b) die Unterwerfung des Beschäftigten unter die Kontrolle des Arbeitgebers in Bezug auf die gesamte Lebensführung
c) die Erbringung der geschuldeten Arbeitsleistung in eigener Person
d) die Einbindung des Beschäftigten in die vom Arbeitgeber vorgegebene Betriebsorganisation
e) die Bindung des Beschäftigten an persönliche Weisungen des Arbeitgebers zur Dienstleistungserbringung und zum Verhalten im Betrieb

Frage 12:

Welche der im Folgenden angeführten Versicherungszweige umfasst die im Allgemeinen Sozialversicherungsgesetz (ASVG) geregelte „Vollversicherung" eines Dienstnehmers?

a) Arbeitslosenversicherung
b) Krankenversicherung
c) Unfallversicherung
d) Pensionsversicherung
e) Pflegeversicherung

Frage 13:

Bei welcher/welchen der nachfolgend genannten Leistungen handelt es sich um eine sozialversicherungsrechtliche Leistung?

a) vorzeitige Alterspension
b) Krankengeld
c) Betriebspension
d) ärztliche Hilfe im Krankheitsfall

Frage 14:

Das Arbeitsrecht hat mehrere Funktionen (Schutzfunktion, Schaffung von sozialem Ausgleich, Friedensfunktion). Um diese Funktionen, namentlich die Schutzfunktion zu erfüllen, sind die meisten arbeitsrechtlichen Normen (Bestimmungen) in einer bestimmten Weise ausgestaltet. Prüfen Sie, welches/welche der nachstehenden Merkmale arbeitsrechtliche Normen meistens erfüllen.

a) arbeitsrechtliche Normen sind zumeist als einseitig zwingendes Recht ausgestaltet
b) arbeitsrechtliche Normen sind zumeist als zweiseitig zwingendes Recht ausgestaltet
c) arbeitsrechtliche Normen sind zumeist als abdingbares Recht ausgestaltet
d) arbeitsrechtliche Normen können zumeist durch niedrigerrangiges Recht zum Vorteil der Arbeitnehmer abgeändert werden
e) arbeitsrechtliche Normen können zumeist durch niedrigerrangiges Recht zum Vorteil der Arbeitgeber abgeändert werden

Frage 15:

Was ist nach geltendem Sozialversicherungsrecht als Grundvoraussetzung für die Pflichtversicherung als sog „alter" Selbständiger nach dem GSVG (Gewerbliches Sozialversicherungsgesetz) anzusehen?

a) das Vorliegen persönlicher Abhängigkeit im Rahmen einer entgeltlichen Erwerbstätigkeit
b) das Vorliegen wirtschaftlicher Abhängigkeit im Rahmen einer entgeltlichen Erwerbstätigkeit
c) die Ausübung einer betrieblichen Tätigkeit, für die (bestimmte) Einkünfte im Sinne des EStG (österreichisches Einkommensteuergesetz) erzielt werden, die eine im GSVG festgelegte jährliche „Versicherungsgrenze" übersteigen
d) die Ausübung einer selbständigen Erwerbstätigkeit in der gewerblichen Wirtschaft im Rahmen einer rechtsgültigen Gewerbeberechtigung und die Mitgliedschaft in einer Wirtschaftskammer

Frage 16:

Welchem der beiden im Folgenden angeführten Teilgebiete des österreichischen Arbeitsrechts sind die öffentlich-rechtlichen Arbeitnehmerschutzbestimmungen (das „Arbeitnehmerschutzrecht") systematisch zuzuordnen?

a) dem Individualarbeitsrecht
b) dem kollektiven Arbeitsrecht

Frage 17:

Der Computerspezialist Ing. C hat mit der in Innsbruck ansässigen X-GmbH, die aus Kostengründen keine eigene EDV-Abteilung betreibt, einen auf drei Jahre befristeten schriftlichen Vertrag abgeschlossen, in dem sich Herr C gegenüber der X-GmbH zur kontinuierlichen Beratung in EDV-Fragen sowie zu routinemäßig anfallenden kleineren Installations- und Wartungsarbeiten gegen einen monatlichen Pauschalbetrag als Gegenleistung verpflichtet. Feste Arbeitszeiten wurden nicht vereinbart. Herr C muss seine Tätigkeit überwiegend nicht in den Betriebsräumen der X-GmbH erbringen. Nur fallweise (zB wenn es Installations- oder Wartungsarbeiten erforderlich machen) muss die Arbeit „vor Ort" getan werden. Eine laufende Kontrolle von Herrn C bei der Leistungserbringung erfolgt nicht. Wie ist die Vertragsbeziehung zwischen Herrn C und der X-GmbH arbeitsrechtlich zu beurteilen?

a) zwischen C und der X-GmbH liegt ein Arbeitsvertrag (Dienstvertrag) vor
b) zwischen C und der X-GmbH liegt ein freier Dienstvertrag vor
c) zwischen C und der X-GmbH liegt ein Werkvertrag vor

Frage 18:

Können leitende Angestellte Arbeitnehmer im Sinne des geltenden Betriebsverfassungsrechts sein?

a) ja, unter bestimmten gesetzlichen Voraussetzungen
b) nein, keinesfalls

Frage 19:

B ist als Betreiberin eines kleinen, aber dank zahlreicher Aufträge verschiedenster Unternehmen aus dem In- und Ausland florierenden Ein-Personen-Übersetzungsbüros Inhaberin einer entsprechenden Gewerbeberechtigung und Mitglied der Wirtschaftskammer Salzburg. Inwieweit ist dies für ihre Sozialversicherung von Bedeutung?

a) wegen ihrer Mitgliedschaft bei der Wirtschaftskammer ist B als „alte“ Selbständige nach dem Gewerblichen Sozialversicherungsgesetz (GSVG) pflichtversichert
b) wegen ihrer Mitgliedschaft bei der Wirtschaftskammer ist B als „neue“ Selbständige nach dem Gewerblichen Sozialversicherungsgesetz (GSVG) pflichtversichert
c) da B ohnehin als freie Dienstnehmerin nach dem Allgemeinen Sozialversicherungsgesetz (ASVG) pflichtversichert ist, ist die Mitgliedschaft bei der Wirtschaftskammer ohne Bedeutung
d) keine dieser Antworten ist richtig

Frage 20:

Was ist nach geltendem Sozialversicherungsrecht als Grundvoraussetzung für die Pflichtversicherung als sog „neuer“ Selbstständiger nach dem GSVG (Gewerbliches Sozialversicherungsgesetz) anzusehen?

a) das Vorliegen persönlicher Abhängigkeit im Rahmen einer entgeltlichen Erwerbstätigkeit
b) das Vorliegen wirtschaftlicher Abhängigkeit im Rahmen einer entgeltlichen Erwerbstätigkeit
c) die Ausübung einer betrieblichen Tätigkeit, für die (bestimmte) Einkünfte im Sinne des EStG (österreichisches Einkommensteuergesetz) erzielt werden, die eine im GSVG festgelegte, jährliche „Versicherungsgrenze“ übersteigen
d) die Ausübung einer selbständigen Erwerbstätigkeit in der gewerblichen Wirtschaft im Rahmen einer rechtsgültigen Gewerbeberechtigung und die Mitgliedschaft in einer Wirtschaftskammer

Frage 21:

Herr T verpflichtet sich bei Apfelbauer A, bei der Apfelernte zu helfen. Sie kommen mündlich überein, dass T dem A bei der eigentlichen Ernte in Herrn A’s ausgedehnten Obstgärten und sodann beim Pressen der Früchte mit der Mostpresse, die sich auf dem Hof des A befindet, zur Hand gehen soll. Die Arbeit wird drei Wochen, und zwar vom 15. 9. bis zum 6. 10. dauern. Es handelt sich dabei im Wesentlichen um Hilfsarbeiten, wobei A dem T immer genaue Anweisungen geben wird, was er zu tun hat. T soll dafür € 6,– pro Stunde bekommen und pro Tag (Montag bis Samstag) ca sechseinhalb Stunden mit Arbeitsbeginn um 8.00 Uhr arbeiten. Ist hier ein Vertrag zustande gekommen? Wenn ja, um welche Art von Vertrag handelt es sich?

a) es ist ein freier Dienstvertrag zustande gekommen
b) es ist ein Werkvertrag zustande gekommen
c) es ist kein Vertrag zustande gekommen
d) es ist ein Dienstverschaffungsvertrag zustande gekommen
e) es ist ein Dienstvertrag (Arbeitsvertrag) zustande gekommen

Frage 22:

Welches/welche der unten aufgezählten arbeitsrechtlichen Sondergesetze gilt/gelten auch für sog „arbeitnehmerähnliche Personen“?

a) Angestelltengesetz (AngG)
b) Arbeits- und Sozialgerichtsgesetz (ASGG)
c) Arbeitsverfassungsgesetz (ArbVG)
d) Dienstnehmerhaftpflichtgesetz (DNHG)
e) Gleichbehandlungsgesetz (GlBG)

Kontrollfragen zum 2. Teil

Frage 23:

Was vom Nachstehenden ist in der Regel für den rechtsgültigen Abschluss eines Arbeitsvertrages erforderlich?

a) Schriftlichkeit
b) Ausstellung eines Dienstzettels
c) übereinstimmende Willenserklärungen der Parteien
d) Vollendung des 18. Lebensjahres des Arbeitnehmers
e) Anmeldung beim Krankenversicherungsträger durch den Arbeitgeber

Frage 24:

Unter welcher/welchen der genannten Voraussetzungen sind Kettenarbeitsverträge nach dem österreichischen Arbeitsrecht zulässig?

a) wenn ausnahmsweise besondere wirtschaftliche oder soziale Gründe dies sachlich rechtfertigen
b) Kettenarbeitsverträge sind ausnahmslos unzulässig
c) wenn die wiederholte Befristung im Interesse des Arbeitnehmers liegt und auf seinen Wunsch hin erfolgt
d) keine dieser Antworten ist richtig

Frage 25:

Der Student S arbeitet neben dem Studium als unselbständiger Reiseführer, wobei sein Verdienst die sozialversicherungsrechtliche Geringfügigkeitsgrenze nicht überschreitet. In welchem/welchen der Versicherungszweige der Sozialversicherung unterliegt S als geringfügig Beschäftigter der Pflichtversicherung?

a) in der Unfallversicherung
b) in der Pensionsversicherung
c) in der Krankenversicherung
d) keine dieser Antworten ist richtig

Frage 26:

Wann ist ein Dienstzettel NICHT erforderlich?

a) im Falle einer Arbeitskräfteüberlassung im Verhältnis zwischen dem Überlasser und der Arbeitskraft
b) im Falle eines Werkvertrages
c) im Falle des Vorliegens eines schriftlichen Arbeitsvertrages, der alle gesetzlich genannten, für einen Dienstzettel nötigen Angaben enthält
d) im Falle eines höchstens einen Monat dauernden Arbeitsverhältnisses
e) keine dieser Antworten trifft zu

Frage 27:

Paula (P) ist Schülerin des X-Gymnasiums in Wien-Simmering. Sie möchte in den Sommerferien 2024 für vier Wochen einen Ferialjob in Wien annehmen, um sich das Geld für eine Urlaubsreise zu verdienen. Sie wird zu diesem Zeitpunkt ihr 14. Lebensjahr vollendet haben. Wie ist die Rechtslage nach dem österreichischen Arbeitsrecht zu beurteilen?

a) da P zu diesem Zeitpunkt ihr 15. Lebensjahr noch nicht vollendet hat, gilt sie als Kind im Sinne des Kinder- und Jugendlichenbeschäftigungsgesetzes (KJBG) und darf (vorbehaltlich bestimmter im Gesetz vorgesehener Ausnahmen) zu Arbeiten irgendwelcher Art NICHT herangezogen werden
b) da P zu diesem Zeitpunkt ihr 14. Lebensjahr bereits vollendet hat, gilt sie NICHT mehr als Kind im Sinne des Kinder- und Jugendlichenbeschäftigungsgesetzes (KJBG) und darf daher (vorbehaltlich bestimmter im Gesetz näher genannter Beschäftigungsverbote und -beschränkungen) zu Arbeiten grundsätzlich herangezogen werden
c) keine dieser Antworten trifft zu

Frage 28:

Frau F führt seit vielen Jahren einen in Linz ansässigen Gewerbebetrieb. Im laufenden Kalenderjahr beschäftigt sie in diesem Betrieb 20 Arbeitnehmer. Unterliegt Frau F als Arbeitgeberin der im Behinderteneinstellungsgesetz (BEinstG) normierten Einstellungspflicht für begünstigte Behinderte?

a) ja
b) nein

Frage 29:

Bei welchem der im Folgenden angeführten Versicherungsträger hat der Dienstgeber im Rahmen der Pflichtversicherung für Dienstverträge nach dem Allgemeinen Sozialversicherungsgesetz (ASVG) die gesetzlich vorgeschriebenen Sozialversicherungsbeiträge für die einzelnen Versicherungszweige (Kranken-, Unfall- und Pensionsversicherung) abzuführen?

a) sämtliche Beiträge beim Unfallversicherungsträger
b) sämtliche Beiträge beim Pensionsversicherungsträger
c) sämtliche Beiträge beim Krankenversicherungsträger
d) die Beiträge sind für jeden Versicherungszweig gesondert beim für diesen Zweig zuständigen Versicherungsträger abzuführen

Frage 30:

Da bei der X-GmbH, einem Gewerbebetrieb, der in der Gebäude- und Baustellenreinigung tätig ist, die Stelle eines Partieführers frei geworden ist, wird diese Stelle in einer regionalen Tageszeitung annonciert. Der Wortlaut der Anzeige lautet: „Wir suchen einen PARTIEFÜHRER mit entsprechender Berufserfahrung, der es versteht, Reinigungstrupps eigenverantwortlich und verlässlich zu führen und zu überwachen. Für diese Tätigkeit ist der Führerschein der Klasse B unbedingt erforderlich; Kenntnisse der serbokroatischen Sprache wären zudem willkommen. Wir erwarten nur Bewerber mit abgeschlossenem Präsenz- oder Zivildienst." Ca 80 % des Reinigungspersonals dieses Unternehmens sind Frauen. Wie ist diese Stellenanzeige rechtlich zu beurteilen?

a) die Anzeige widerspricht dem Gebot der geschlechtsneutralen Stellenausschreibung, weil eine nur auf ein bestimmtes Geschlecht bezogene Ausschreibung nur erfolgen darf, wenn dieses unverzichtbare Voraussetzung für die Tätigkeit ist
b) die Anzeige widerspricht dem Gebot der geschlechtsneutralen Stellenausschreibung nicht, weil im konkreten Fall durch den ohnehin hohen Frauenanteil im Betrieb die spezifisch für einen Mann erfolgte Ausschreibung sachlich gerechtfertigt ist

Frage 31:

Frau E wurde nach erfolgreichem Abschluss der Handelsschule ab 1. 9. 2020 im Unternehmen der F-GmbH als Schreibkraft eingestellt. (Für dieses Dienstverhältnis galten keine Sondergesetze und kein Kollektivvertrag.) Beim Einstellungsgespräch am 20. 8. 2020 teilte ihr der Personalleiter des Unternehmens mit, dass Frau E am Anfang eine einmonatige Probefrist zu „absolvieren“ hätte, womit Frau E auch einverstanden war. Sie empfand diesen „Job“ jedoch schon in den ersten Tagen als zu eintönig und nicht ihrer Ausbildung angemessen. Auch war sie mit dem Arbeitsklima in ihrem Großraumbüro nicht zufrieden. Am 10. 9. 2020 erfuhr Frau E, dass sie in das Unternehmen R-OHG, in dem sie bereits in ihrer Schulzeit eine Ferialpraxis absolviert hatte, – gerne ab sofort – als Nachwuchskraft im Chefsekretariat eintreten könne. Daher beschloss sie, die Gunst der Stunde zu nutzen und das Arbeitsverhältnis mit der F-GmbH sofort aufzulösen, um bereits am 15. 9. 2020 in der R-OHG beginnen zu können. Aufgrund der vereinbarten Probefrist meinte Frau E, das Arbeitsverhältnis jederzeit mit sofortiger Wirkung auflösen zu können. Als sie am 14. 9. 2020 dem Personalleiter der F-GmbH ihren Beendigungswunsch mitteilte, erklärte ihr dieser, dass dies aus rechtlichen Gründen nicht möglich sei. Wie ist die Rechtslage?

a) Frau E kann das Arbeitsverhältnis nicht auflösen, weil nur ein wichtiger Grund zur Auflösung des Arbeitsverhältnisses in der Probezeit berechtigt
b) Frau E kann das Arbeitsverhältnis nicht auflösen, weil die Vereinbarung eines Probearbeitsverhältnisses nur den Arbeitgeber zur sofortigen Auflösung berechtigt
c) Frau E kann das Arbeitsverhältnis infolge der vereinbarten Probezeit mit sofortiger Wirkung auflösen
d) Frau E kann das Arbeitsverhältnis nicht auflösen, weil ein Probearbeitsverhältnis nur in schriftlicher Form rechtsgültig vereinbart werden kann
e) Frau E kann das Arbeitsverhältnis zwar auflösen; die Auflösung wird aber nicht sofort, sondern erst zum Ende der Probezeit, also am 30. 9. 2020, wirksam

Frage 32:

Welcher/welche der im Folgenden genannten Bereiche wird/werden durch das Arbeitsmarktförderungsgesetz (AMFG) geregelt?

a) die gewerbliche Arbeitsvermittlung
b) das Arbeitsmarktservice (AMS) und seine Organisationseinheiten
c) die Arbeitskräfteüberlassung
d) die private Arbeitsvermittlung

Frage 33:

Drei Studierende der WU Wien diskutieren während ihrer Prüfungsvorbereitung zum Wahlfach „Sozialrecht“ über die Pflichtversicherung arbeitnehmerähnlicher Personen. Student A meint, dass arbeitnehmerähnliche Personen stets nach dem Allgemeinen Sozialversicherungsgesetz (ASVG) versichert seien. Die Pflicht zur Anmeldung zur Sozialversicherung treffe den „Dienstgeber“. Das habe er in der Sozialrechtsvorlesung gehört. Student B hingegen meint, dass arbeitnehmerähnliche Personen nur beim Vorhandensein spezieller Voraussetzungen nach dem ASVG pflichtversichert seien. Die Pflicht zur Anmeldung treffe diesfalls, insofern stimme er seinem Kollegen A zu, den „Dienstgeber“. Das habe er in seiner Vorlesungsmitschrift notiert. Studentin C meint wie ihr Kollege B, dass arbeitnehmerähnliche Personen nach dem ASVG nur unter bestimmten Umständen pflichtversichert seien. Die arbeitnehmerähnliche Person sei jedoch selbst verpflichtet, sich zur Sozialversicherung anzumelden. Welche Rechtsauffassung trifft zur Lösung dieser „Streitfrage“ zu?

a) Student A hat Recht
b) Student B hat Recht
c) Studentin C hat Recht
d) keiner der drei Studierenden hat Recht

Frage 34:

Frau F bewirbt sich um einen Arbeitsvertrag als Sekretärin bei einem in Niederösterreich ansässigen Speditionsunternehmen. Zwei Wochen später findet ein Bewerbungsgespräch statt, bei dem ihr vom Geschäftsführer, Herrn G, unter anderem die im Folgenden angeführten Fragen gestellt werden. Gegen welche dieser Fragen bestehen rechtliche Bedenken wegen eines unzulässigen Eingriffs in geschützte Persönlichkeitsrechte?

a) Welche Schulausbildung und Berufserfahrung haben Sie?
b) Wie ist Ihr Familienstand?
c) Sind Sie vorbestraft?
d) Neigen Sie zu Erkrankungen?
e) Sind Sie schwanger?

Frage 35:

Auf welchen/welche der im Folgenden angeführten Versicherungszweige bezieht sich das sog „OPTING IN“ (das ist die kostengünstige Möglichkeit zur Selbstversicherung) für geringfügig beschäftigte Dienstnehmer nach dem Allgemeinen Sozialversicherungsgesetz (ASVG)?

a) auf die gesetzliche Krankenversicherung (KV)
b) auf die gesetzliche Unfallversicherung (UV)
c) auf die gesetzliche Pensionsversicherung (PV)

Frage 36:

Wenn ein Arbeitsvertrag „schlüssig“ zustande gekommen ist, so bedeutet das nach der juristischen Terminologie?

a) einen mündlichen Vertragsabschluss
b) einen schriftlichen Vertragsabschluss
c) einen Vertragsabschluss durch konkludente Willenserklärungen
d) einen mit Willensmängeln behafteten Vertragsabschluss

Frage 37:

Der „Dienstzettel“ nach dem Arbeitsvertragsrechts-Anpassungsgesetz (§ 2 AVRAG) ist:

a) ein schriftlich abgeschlossener Dienstvertrag
b) eine schriftliche Aufzeichnung über die wesentlichen Rechte und Pflichten aus dem Arbeitsvertrag, die dem Arbeitnehmer unverzüglich nach Beginn des Arbeitsverhältnisses durch den Arbeitgeber auszuhändigen ist
c) eine auf Verlangen des Arbeitnehmers vom Arbeitgeber ausgestellte Bestätigung über die dem Arbeitnehmer ausbezahlten Bezüge
d) ein schriftliches Zeugnis über die Dauer und Art der Dienstleistung, das dem Arbeitnehmer auf Verlangen vom Arbeitgeber bei Beendigung des Dienstverhältnisses auszustellen ist

Frage 38:

Wer ist bei Dienstverhältnissen nach § 4 Abs 2 des Allgemeinen Sozialversicherungsgesetzes (ASVG) zur fristgerechten Anmeldung des Dienstnehmers zur Sozialversicherung verpflichtet?

a) der Dienstgeber
b) der Dienstnehmer
c) der Dienstnehmer und der Dienstgeber in einer gemeinsamen Erklärung

Frage 39:

In welchem der im Folgenden angeführten Rechtsakte sind in Österreich die Grundsätze zur methodisch korrekten Auslegung von Arbeitsverträgen geregelt?

a) im Angestelltengesetz (AngG)
b) in der Gewerbeordnung 1859 (GewO 1859; „alte" GewO)
c) im Allgemeinen bürgerlichen Gesetzbuch (ABGB)
d) im einschlägigen Kollektivvertrag (KollV)
e) in der einschlägigen Betriebsvereinbarung (BV)

Frage 40:

Herr G betreibt seit einigen Jahren in Wien das Gewerbe der privaten Arbeitsvermittlung (ein seit 2017 freies Gewerbe). Er beabsichtigt ab dem kommenden Jahr neben der Arbeitsvermittlung auch einer gewerblichen Arbeitskräfteüberlassungstätigkeit nachzugehen und will die erforderliche behördliche Zustimmung einholen. Darf das reglementierte Gewerbe der Arbeitskräfteüberlassung nach geltendem österreichischem Recht von derselben Person *neben* jenem der privaten Arbeitsvermittlung betrieben werden?

a) ja
b) nein

Kontrollfragen zum 3. Teil

Frage 41:

Wie viele Stunden umfasst der im Arbeitsruhegesetz (ARG) festgelegte Anspruch des Arbeitnehmers auf eine ununterbrochene wöchentliche Ruhezeit an den Wochenenden (Wochenendruhe)?

a) 30 Stunden
b) 25 Stunden
c) 36 Stunden
d) 24 Stunden
e) 35 Stunden

Frage 42:

Das Arbeitnehmerschutzrecht dient dem Schutz des Lebens, der Gesundheit und der Sittlichkeit der Arbeitnehmer im Zusammenhang mit der Erbringung der Arbeitsleistung. Welche Behörde/Institution ist für die Überwachung der Einhaltung der öffentlich-rechtlichen Arbeitsschutzbestimmungen und für die Anzeige von Übertretungen unmittelbar zuständig?

a) Arbeits- und Sozialgericht
b) Arbeitsinspektorat
c) Bezirksverwaltungsbehörde
d) Bundesamt für Soziales und Behindertenwesen (Sozialministeriumservice)
e) keine dieser Antworten ist richtig

Frage 43:

Mit welcher/welchen der nachfolgend genannten Pflichten steht die Entgeltpflicht des Arbeitgebers nach dem geltenden österreichischen Arbeitsrecht grundsätzlich in einem synallagmatischen Zusammenhang (dh in einem Austauschverhältnis zueinander)?

a) Fürsorgepflicht des Arbeitgebers
b) Arbeitspflicht des Arbeitnehmers
c) Treuepflicht des Arbeitnehmers
d) Versicherungspflicht im Rahmen der gesetzlichen Sozialversicherung
e) keine dieser Antworten ist richtig

Frage 44:

Im Rahmen des Arbeitnehmerschutzes sieht das Mutterschutzgesetz (MSchG) besondere Schutzvorschriften für Schwangere und junge Mütter vor, die in einem Dienstverhältnis (Arbeitsverhältnis) stehen. Wann beginnt die sog „Schutzfrist“ (das absolute Beschäftigungsverbot) für schwangere Arbeitnehmerinnen nach dem MSchG?

a) sechs Wochen vor der (voraussichtlichen) Entbindung
b) zehn Wochen vor der (voraussichtlichen) Entbindung
c) zwölf Wochen vor der (voraussichtlichen) Entbindung
d) acht Wochen vor der (voraussichtlichen) Entbindung
e) keine dieser Antworten ist richtig

Frage 45:

Der Arbeitnehmer Hans (H) ist seit 1. 7. 2011 bei der Z-Zahntechnik-GmbH (Z-GmbH) in Wien als Zahntechniker beschäftigt. In seinem laufenden Urlaubsjahr 2020/21 hat H bereits 17 Werktage Urlaub verbraucht, aus seinen früheren Urlaubsjahren bereits den gesamten Urlaub. Eine Umstellung des Urlaubsjahres auf das Kalenderjahr wurde bei der Z-GmbH bislang nicht durchgeführt. Auf wie viele Werktage Urlaub hat H am 1. 1. 2021 Anspruch?

a) auf 30 Werktage
b) auf 13 Werktage
c) auf 8 Werktage
d) auf 15 Werktage
e) auf 29 Werktage

Frage 46:

Welche der nachfolgenden Aussagen zur Arbeitskräfteüberlassung ist/sind nach den Bestimmungen des österreichischen Arbeitsrechts zutreffend?

a) neben dem Überlasser kann auch den Beschäftiger der überlassenen Arbeitskraft die Fürsorgepflicht treffen
b) im Falle der gewerblichen Arbeitskräfteüberlassung ist dem AN vom Überlasser ein Dienstzettel auszustellen
c) Pflichten aus dem Arbeitnehmerschutz treffen ausschließlich den Beschäftiger und keinesfalls den Überlasser
d) die überlassene Arbeitskraft ist NICHT verpflichtet, Weisungen des Beschäftigers zu befolgen
e) keine dieser Antworten ist zutreffend

Frage 47:

Die Arbeitnehmerin Frau W entdeckt bei der Durchsicht älterer Unterlagen am 15. 1. 2021, dass ihr Arbeitgeber, ein kleiner Einzelhandelsbetrieb in Wien, es verabsäumt hatte, ihre Entgeltansprüche für den Monat April 2018 vollständig zu begleichen. Frau W will den ausständigen Teil nun nachfordern. Weder in ihrem Arbeitsvertrag noch im auf sie anwendbaren Kollektivvertrag ist eine Verfallsfrist (Präklusivfrist bzw Ausschlussfrist) genannt. Welcher Zeitraum muss nach Fälligkeit des arbeitsrechtlichen Entgeltanspruches der Frau W verstreichen, bis dieser nach den gesetzlichen Bestimmungen verjährt?

a) drei Jahre
b) dreißig Jahre
c) sechs Monate
d) drei Monate
e) keine dieser Antworten ist richtig

Frage 48:

Herr J steht seit 1998 als Facharbeiter in einem Arbeitsverhältnis zur Mayer & Müller OG (M-OG) mit Sitz in Wien. Seit 2009 arbeitet Herr J als Werkmeister im Produktionsbetrieb, den die M-OG im Süden Wiens (Wien-Liesing) betreibt. Zu den im Arbeitsvertrag festgelegten Hauptaufgaben Herrn J's als Werkmeister gehört die fachliche Anleitung und Kontrolle der ihm unterstellten Fach- und Hilfsarbeiter sowie die Einschulung neuer Mitarbeiter. Als Arbeitsort wurde vertraglich „Wien" vereinbart. Im Sommer 2020 eröffnet die M-OG im Norden Wiens (Wien-Floridsdorf) eine weitere Produktionsstätte (die allerdings weiterhin in einem engen organisatorischen Zusammenhang mit der Produktionseinheit im Süden bleiben soll). Zur besseren Einschulung des dort eingesetzten Personals soll Herr J ab dem 1. 9. 2020 für die Dauer von voraussichtlich neun Wochen in der neuen Produktionseinheit eingesetzt werden. Dies wäre für ihn mit einer erheblichen Wegzeitverlängerung um etwa eine Stunde pro Arbeitstag verbunden. Einen finanziellen Ausgleich würde Herr J dafür nicht erhalten. Daher will J diesen von seinem Arbeitgeber geplanten Arbeitseinsatz nicht hinnehmen und ersucht auch den im Unternehmen eingerichteten Betriebsrat (BR) um Hilfe. Welche Voraussetzungen müssen unter Berücksichtigung des geltenden Arbeitsvertragsrechts und des betriebsverfassungsrechtlichen Versetzungsschutzes nach § 101 Arbeitsverfassungsgesetz (ArbVG) erfüllt sein, damit der von der M-OG geplante Arbeitseinsatz des J in ihrer Produktionsstätte im Norden von Wien rechtlich korrekt abläuft?

a) die M-OG darf den geplanten Arbeitseinsatz einseitig anordnen
b) für den geplanten Arbeitseinsatz ist die Zustimmung von Herrn J erforderlich
c) nach § 101 ArbVG ist die Information des BR von dem geplanten Arbeitseinsatz erforderlich
d) nach § 101 ArbVG ist die Zustimmung des BR zu dem geplanten Arbeitseinsatz erforderlich
e) nach § 101 ArbVG ist weder die Information noch die Zustimmung des BR zu dem geplanten Arbeitseinsatz erforderlich

Frage 49:

Welche der nachfolgenden Aussagen zur Beendigung von Arbeitsverhältnissen bei Insolvenzverfahren des Arbeitgebers ist/sind nach österreichischem Arbeitsrecht zutreffend?

a) die Eröffnung eines Sanierungsverfahrens ohne Eigenverwaltung beendet die Arbeitsverhältnisse im betroffenen Unternehmen automatisch
b) die Eröffnung eines Konkursverfahrens beendet die Arbeitsverhältnisse im betroffenen Unternehmen automatisch
c) bei der Beendigungserklärung des Arbeitgebers oder des Arbeitnehmers im Insolvenzverfahren sind die Spezialvorschriften im Arbeitsvertragsrechts-Anpassungsgesetz (AVRAG) zu beachten
d) keine dieser Antworten ist richtig

Frage 50:

Der seit 1. 2. 2019 in der Wiener Bauspenglerei X beschäftigte Facharbeiter F erleidet im Arbeitsjahr 2021 ohne eigenes Verschulden einen Arbeitsunfall, wodurch er neun Wochen arbeitsunfähig wird. Dies ist sein erster Arbeitsunfall in diesem Unternehmen; im laufenden Arbeitsjahr war F auch vorher nicht im Krankenstand gewesen. Muss das Unternehmen X nach den einschlägigen gesetzlichen Bestimmungen den Lohn des F in diesen neun Wochen weiter bezahlen (Entgeltfortzahlung), obwohl F in dieser Zeit keine Arbeitsleistung erbringen kann? Wenn ja, für wie lange?

a) X muss dem F keine Entgeltfortzahlung leisten
b) X muss dem F für sechs Wochen volle Entgeltfortzahlung leisten; die restlichen drei Wochen erhält F von X keine Entgeltfortzahlung
c) X muss dem F für acht Wochen volle Entgeltfortzahlung leisten; die restliche Woche erhält F von X keine Entgeltfortzahlung
d) X muss dem F für acht Wochen volle und für eine Woche halbe Entgeltfortzahlung leisten
e) X muss dem F für sechs Wochen volle und für drei Wochen halbe Entgeltfortzahlung leisten

Frage 51:

In welchem/welchen der nachfolgend genannten Gesetze sind die Voraussetzungen für den Bezug von Krankengeld für Dienstnehmer (Arbeitnehmer) geregelt?

a) im Allgemeinen Sozialversicherungsgesetz (ASVG)
b) im Gewerblichen Sozialversicherungsgesetz (GSVG)
c) im Sonderunterstützungsgesetz (SUG)
d) im Entgeltfortzahlungsgesetz (EFZG)

Frage 52:

Der Handelsvertreter Herr L schließt mit der Firma S-GmbH & Co KG als Arbeitgeberin einen Arbeitsvertrag ab, wobei als Entgelt € 1.800,– brutto sowie – zur Prämierung erfolgreicher Geschäftsabschlüsse – vertraglich näher geregelte Provisionen vereinbart werden. Darüber hinaus werden keine Absprachen getroffen. Was schuldet Herr L der S-GmbH & Co KG?

a) er schuldet eine sorgfältige Arbeitsverrichtung und einen konkreten Erfolg
b) er schuldet einen konkreten Erfolg
c) er schuldet eine sorgfältige Arbeitsverrichtung

Frage 53:

Binnen welcher Frist muss ein Arbeitnehmer einen Antrag bei der zuständigen Geschäftsstelle der Insolvenz-Entgelt-Fonds-Service GmbH stellen, um im Falle der Insolvenz seines Arbeitgebers offene Entgeltforderungen von diesem erstattet zu erhalten?

a) er muss den Antrag binnen sechs Monaten nach der Insolvenzeröffnung stellen
b) er muss den Antrag binnen drei Monaten nach der Insolvenzeröffnung stellen
c) er muss den Antrag binnen vier Wochen nach der Insolvenzeröffnung stellen
d) er muss den Antrag binnen sechs Wochen nach der Insolvenzeröffnung stellen

Frage 54:

Die österreichischen Bestimmungen zur Gleichbehandlung legen in Umsetzung einschlägiger EU-Normen weit reichende Gleichbehandlungsgebote im Zusammenhang mit dem Arbeitsverhältnis fest. Sie verbieten ausdrücklich die Diskriminierung aufgrund welches/welcher der nachfolgend genannten Merkmale?

a) Raucher
b) Religion
c) Behinderung
d) Alter
e) sexuelle Orientierung

Frage 55:

Die in einem kaufmännischen Betrieb als Angestellte im Sinne des Angestelltengesetzes (AngG) tätige Frau H möchte bei aufrechtem Dienstverhältnis – in derselben Branche wie ihr Dienstgeber – nebenberuflich auf selbständiger Basis arbeiten. Sie informiert sich daher über entsprechende Möglichkeiten und Beschränkungen. Welche der nachfolgenden Aussagen zum arbeitsrechtlichen Konkurrenzverbot (Wettbewerbsverbot) sind zutreffend?

a) aufgrund des arbeitsrechtlichen Konkurrenzverbots darf Frau H ohne Zustimmung ihres Dienstgebers kein selbständiges kaufmännisches Unternehmen betreiben
b) Frau H's Dienstgeber kann nur dann Anspruch auf die Einhaltung des arbeitsrechtlichen Konkurrenzverbots erheben, wenn dies vertraglich vereinbart wurde
c) Frau H ist als Angestellte vom Konkurrenzverbot grundsätzlich nicht betroffen, weil sich dieses nur an Arbeiter richtet

Frage 56:

Die Angestellte A ist bei der Universalia-Vertriebsgesellschaft (U-GmbH) mit Sitz in Wien als Außendienstmitarbeiterin im Bereich Großkundenbetreuung vollzeitbeschäftigt. Welcher/welche der unten aufgezählten Bestandteile ihres Monatsbezugs für April 2021 gilt/gelten als Entgelt im Sinne des österreichischen Arbeitsrechts?

a) Gewinnbeteiligung der A an dem von der U-GmbH im 1. Quartal 2021 erzielten Unternehmensgewinn
b) Grundgehalt für April 2021
c) Provision für die von A im April 2021 für die der U-GmbH vermittelten Geschäfte
d) Aufwandsentschädigung für die im April 2021 bei A angefallenen, beruflich bedingten Nächtigungskosten

Frage 57:

Welcher/welche der im Folgenden genannten Sachbereiche wird/werden durch das Arbeitsvertragsrechts-Anpassungsgesetz (AVRAG) geregelt?

a) die Arbeitsvermittlung
b) die Merkmale des für das Arbeitsvertragsrecht maßgebenden Arbeitnehmerbegriffes
c) die Arbeitskräfteüberlassung
d) der Betriebsübergang
e) die Sterbebegleitung („Familienhospizkarenz")

Frage 58:

In der Y-GmbH in Wien besteht derzeit aufgrund einer besonders guten Auftragslage ein stark erhöhter Arbeitsbedarf. Um diesen abzudecken, setzt die Geschäftsführerin der Y-GmbH, Frau Mag. M, vorübergehend „Leiharbeitskräfte" ein und ordnet außerdem für alle Arbeitnehmer und Arbeitnehmerinnen der Y-GmbH Überstundenleistungen im gesetzlich und kollektivvertraglich zulässigen Umfang an. Zum „Stammpersonal" der Y-GmbH gehört auch Frau F, eine im vierten Monat schwangere Büroangestellte, die Mag. M bereits einige Wochen zuvor von ihrer Schwangerschaft informiert hat. Darf die Geschäftsführerin auch Frau F zur Überstundenleistung heranziehen?

a) ja
b) nein

Frage 59:

Die „Konkurrenzklausel" („Wettbewerbsabrede") bedeutet im österreichischen Arbeitsrecht:

a) das gesetzliche Verbot für den Angestellten, bei aufrechtem Arbeitsverhältnis ohne Bewilligung des Arbeitgebers ein selbständiges kaufmännisches Unternehmen zu betreiben und/oder im Geschäftszweig des Arbeitgebers für eigene oder fremde Rechnung Handelsgeschäfte zu machen

b) eine zwischen dem Arbeitgeber und dem Arbeitnehmer bei Vertragsabschluss oder später getroffene Vereinbarung, der zufolge der Arbeitnehmer für die Zeit nach Beendigung des Dienstverhältnisses in seiner Erwerbstätigkeit beschränkt wird

Frage 60:

Wie nennt man den bei der Arbeitskräfteüberlassung zwischen Überlasser und Beschäftiger bestehenden Vertrag?

a) Werkvertrag
b) freier Dienstvertrag
c) Dienstvertrag
d) Dienstverschaffungsvertrag
e) keine dieser Antworten ist richtig

Frage 61:

Arbeitnehmer E ist im Presswerk eines Kfz-Herstellers in Linz in einer 40-Stunden-Woche beschäftigt. Aufgrund gestiegener Nachfrage ist aus betrieblicher Sicht kurzfristige Überstundenarbeit im Presswerk notwendig geworden, um die Aufträge zeitgerecht abzuarbeiten. Arbeitnehmer E hat in den letzten 17 Wochen insgesamt 80 Überstunden und davon in der laufenden Arbeitswoche bereits 20 geleistet. Im Arbeitsvertrag des E ist die Überstundenleistung im Bedarfsfall vorgesehen, auch ist E wegen der guten Bezahlung gerne bereit, in der laufenden Woche weitere Überstunden zu machen. Wie viele Überstunden darf E nach dem geltenden österreichischen Arbeitszeitrecht in dieser Woche noch leisten? Gehen Sie davon aus, dass kein Notfall oder keine sonstige Ausnahmesituation vorliegt.

a) zwei Überstunden
b) keine Überstunden
c) acht Überstunden
d) mehr als acht Überstunden
e) fünf Überstunden

Frage 62:

Im Lebensmittelproduktionsbetrieb der M-GmbH werden an 14 der 15 Mitarbeiter Weihnachtsprämien ausbezahlt; nur die in der Produktion beschäftigte Arbeitnehmerin Frau K geht ohne ersichtlichen Grund leer aus. In diesem Betrieb sind acht Männer und sieben Frauen beschäftigt. Frau K möchte von Ihnen wissen, ob diese Vorgangsweise rechtmäßig ist. Welche der nachfolgenden Antworten trifft/treffen zu?

a) die Vorgangsweise ist nicht rechtmäßig, weil der Arbeitgeber durch die willkürliche Schlechterbehandlung einer einzelnen Arbeitnehmerin die sog arbeitsrechtliche Gleichbehandlungspflicht verletzt hat
b) die Vorgangsweise ist rechtmäßig, weil die anderen Arbeitnehmerinnen die Prämie erhalten haben, und somit keine Frauendiskriminierung vorliegt
c) die Vorgangsweise ist rechtmäßig, weil die Entscheidung der Vergabe von Prämien, soweit diese über das Kollektivvertragsentgelt hinausgehen, im Rahmen der Vertragsfreiheit liegt

Frage 63:

Welche der nachfolgend genannten Regelungsaspekte einer Gleitzeitvereinbarung kann/können zwar in dieser enthalten sein, ist/sind aber für deren Rechtsgültigkeit nicht zwingend erforderlich?

a) Festlegung einer Gleitzeitperiode
b) Bestimmung über die Übertragung von Zeitguthaben und -defiziten
c) Festlegung einer Kernzeit
d) Festlegung einer „fiktiven" Normalarbeitszeit
e) Festlegung eines Gleitzeitrahmens

Frage 64:

Das Callcenter eines großen Dienstleistungsunternehmens ist täglich von 7.00 bis 24.00 Uhr besetzt. Es wird im Schichtbetrieb geführt, wobei aufgrund einer mit der Zustimmung der einzelnen Arbeitnehmer erstellten Arbeitszeiteinteilung für jeden Mitarbeiter stark wechselnde Arbeitszeiten vorgesehen sind. Der im Arbeitsverhältnis beschäftigte Telefonist T hat am Montag laut Arbeitszeiteinteilung von 14.00 bis 18.00 Uhr sowie von 18.30 bis 22.30 Uhr Dienst. Wann darf er nach österreichischem Arbeitszeitgesetz (AZG) am nächsten Tag (Dienstag) frühestens mit seinem Dienst beginnen?

a) um 9.30 Uhr
b) um 8.30 Uhr
c) um 10.00 Uhr
d) um 9.00 Uhr

Frage 65:

Nach der geltenden österreichischen Rechtslage ist/sind für den Begriff des Betriebsüberganges und für die damit verbundenen Rechtsfolgen charakteristisch:

a) der Wegfall der Identität der auf einen neuen Inhaber übergehenden wirtschaftlichen Einheit
b) die Wahrung der Identität der auf einen neuen Inhaber übergehenden wirtschaftlichen Einheit
c) die rechtliche Verpflichtung des alten Betriebsinhabers, mit dem neuen Betriebsinhaber eine vertragliche Vereinbarung zur Übernahme der bestehenden Arbeitsverhältnisse zu treffen
d) der automatische Übergang der bestehenden Arbeitsverhältnisse auf den neuen Betriebsinhaber
e) das Verbot von Kündigungen durch den Dienstgeber wegen eines Betriebsüberganges

Frage 66:

Nach der Judikatur des Obersten Gerichtshofes (OGH) können bestimmte, vom Arbeitgeber wiederholt und vorbehaltlos erbrachte Leistungen (zB betriebliche Sozialleistungen) eine sog „betriebliche Übung" begründen. Wie oft muss eine derartige Leistung vom Arbeitgeber nach der OGH-Judikatur mindestens gewährt werden, damit die Arbeitnehmer Rechtsansprüche aus einer betrieblichen Übung ableiten können?

a) mindestens zwei Mal
b) mindestens drei Mal
c) mindestens vier Mal
d) mindestens fünf Mal
e) mindestens sechs Mal

Frage 67:

Sieht das Dienstnehmerhaftpflichtgesetz (DNHG) eine Haftungserleichterung vor, wenn ein Arbeitnehmer seinem Arbeitgeber oder einem Dritten bei der Erbringung seiner Dienstleistung infolge grober Fahrlässigkeit einen erheblichen Vermögensschaden zugefügt hat? Wenn ja, in welchem Ausmaß?

a) es besteht keine Haftungserleichterung nach dem DNHG
b) das DNHG sieht eine gerichtliche Mäßigung, aber keinen Entfall der Ersatzleistung vor
c) das DNHG sieht eine gerichtliche Mäßigung bis zum Entfall der Ersatzleistung vor
d) es besteht ex lege (dh kraft Gesetzes) keine Haftung des Arbeitnehmers

Frage 68:

In welchen der nachstehenden Dienstverhinderungen steht einem Arbeitnehmer nach geltendem österreichischen Arbeitsrecht grundsätzlich eine Freistellung unter Fortzahlung des Entgelts zu?

a) Krankheit
b) Arbeitsunfall
c) Freizeitunfall
d) Sterbebegleitung
e) Bildungskarenz

Frage 69:

Welcher/welche der im Folgenden angeführten, für das österreichische Arbeitsrecht maßgebenden „Normsetzer" ist/sind entweder unmittelbar oder zumindest mittelbar an den verfassungsrechtlichen Gleichheitsgrundsatz (Art 7 B-VG) gebunden?

a) die Betriebsvereinbarungsparteien
b) die Kollektivvertragsparteien
c) die Arbeitsvertragsparteien
d) der Gesetzgeber

Frage 70:

Der im ArbeitnehmerInnenschutzgesetz (ASchG) verankerte Nichtraucherschutz für Arbeitnehmer an den Arbeitsplätzen ist ein Bestandteil des:

a) technischen Arbeitnehmerschutzes
b) Verwendungsschutzes
c) keines der Genannten

Frage 71:

Frau M, die seit 1. 10. 2018 in einem Angestellten-Dienstverhältnis zur Z-Bank-AG stand, wo sie stets Schalterdienst verrichtete, trat am 4. 9. 2020 einen einwöchigen Urlaub an. Am 28. 9. 2020 bemerkte sie anhand ihres Kontoauszugs, dass ihre Gehaltszahlung für September 2020 etwas niedriger war als sonst. Als sie den Grund anhand ihres Gehaltszettels überprüfte und in der Lohnverrechnungsabteilung nachfragte, stellt sie fest, dass ihr für die Urlaubswoche lediglich das Grundgehalt, nicht aber die sog Schalterdienstzulage ausbezahlt worden war, die an sich arbeitsvertraglich vereinbarter, fixer Gehaltsbestandteil war und immerhin 25 % des Gehalts ausmachte. Begründet wurde dies damit, dass Frau M wegen ihres Urlaubs keine Zulage zustünde. Wie ist Ihre Rechtsmeinung dazu?

a) da Arbeits- und Entgeltpflicht in einem Austauschverhältnis (Synallagma) zueinander stehen, kann bei Unterbleiben der Arbeitsleistung (hier wegen Urlaubs) eine solche Zulage rechtmäßig gekürzt werden
b) da bei Unterbleiben der Arbeitsleistung (hier wegen Urlaubs) das sog „Ausfallsprinzip" gilt, hat Frau M ihr regelmäßiges Entgelt so zu erhalten, wie sie es auch bei Arbeitsleistung erhalten hätte
c) da Frau M infolge ihres Urlaubs in der Woche von 4. 9. 2020 bis 10. 9. 2020 tatsächlich keinen Schalterdienst verrichtete, wäre der Bezug einer derartigen Zulage als rechtsmissbräuchlich anzusehen, weshalb die anteilige Gehaltskürzung rechtmäßig ist

Frage 72:

Die Y-GmbH mit Sitz in Eisenstadt übersiedelt aus Einsparungsgründen in ein neues, kostengünstigeres Bürogebäude am Stadtrand. Bei der Zuteilung der Arbeitnehmerinnen und Arbeitnehmer zu den verschieden großen und auch unterschiedlich komfortabel ausgestatteten Bürozimmern werden als Zuteilungskriterien ua die Stellung der Beschäftigten in der „betrieblichen Hierarchie", die Anzahl der im Unternehmen zurückgelegten Dienstjahre und die Körpergröße der Beschäftigten herangezogen. Dies führt dazu, dass den weiblichen Beschäftigten, die insgesamt 70 % der Belegschaft stellen, überwiegend kleine Büroräume, den männlichen Beschäftigten hingegen die geräumigeren und besser ausgestatteten Zimmer zugeteilt werden. Die frauenpolitisch engagierte Betriebsratsvorsitzende der Y-GmbH, Frau F, hält dies für eine Frauendiskriminierung bei den Arbeitsbedingungen, die gegen das Gleichbehandlungsgesetz (GlBG) verstößt. Trifft das zu?

a) es liegt eine unmittelbare Diskriminierung wegen des Geschlechts bei den Arbeitsbedingungen vor, weil die von der Y-GmbH herangezogenen Zuteilungskriterien sachfremd sind und Frauen direkt benachteiligen
b) es liegt eine mittelbare Diskriminierung wegen des Geschlechts bei den Arbeitsbedingungen vor, weil die von der Y-GmbH herangezogenen Zuteilungskriterien sachfremd sind und mehrheitlich Frauen indirekt benachteiligen
c) es liegt keine gesetzwidrige Diskriminierung wegen des Geschlechts bei den Arbeitsbedingungen vor, weil die von der Y-GmbH herangezogenen Zuteilungskriterien als sachlich gerechtfertigte Verteilungsgesichtspunkte anzusehen sind

Kontrollfragen zum 4. Teil

Frage 73:

In welchem/welchen der nachfolgend genannten Gesetze finden sich Regelungen über die sog gesetzliche Pensionsversicherung?

a) im Allgemeinen Sozialversicherungsgesetz (ASVG)
b) im Betriebspensionsgesetz (BPG)
c) im Pensionskassengesetz (PKG)
d) im Allgemeinen Pensionsgesetz (APG)
e) in keinem der genannten Gesetze

Frage 74:

Nach mehrjähriger Tätigkeit für die Firma L Immobilien-Treuhand AG hat Herr M seinen Arbeitsplatz überraschend (und ohne eigenes Verschulden) verloren. Da er noch nie arbeitslos war und wegen Familiengründung und Hausbaus zurzeit erheblichen finanziellen Belastungen ausgesetzt ist, ist Herr M in Sorge, ob er einen Anspruch auf Arbeitslosengeld hat. Welche/r der unten angeführten Gesichtspunkte ist/sind gesetzliche Voraussetzung für den Anspruch auf Arbeitslosengeld nach dem österreichischen Arbeitslosenversicherungsgesetz (AlVG)?

a) das Vorliegen einer finanziellen Notlage des Antragstellers
b) die Arbeitslosigkeit des Antragstellers
c) die Arbeitswilligkeit des Antragstellers
d) die Arbeitsfähigkeit des Antragstellers
e) beim erstmaligen Bezug eine gesetzlich näher geregelte Anwartschaftszeit von 52 Wochen arbeitslosenversicherungspflichtiger Beschäftigung

Frage 75:

Die Geschäftsführung der B-GmbH hält eine Sitzung ab; auf der Tagesordnung steht auch das Thema, wie man auf den Auftragsrückgang im letzten Quartal reagieren solle. Überlegt wird ua der Abbau von zwei der zehn bei der B-GmbH beschäftigten Arbeitnehmer durch Kündigung. Derzeit sind alle Arbeitnehmer der B-GmbH aufgrund von befristeten Arbeitsverträgen tätig, wobei die jeweilige Vertragsdauer zwei Jahre beträgt. Daher kommt in der Sitzung die Diskussion auf, ob die Kündigung eines befristeten Arbeitsvertrages durch den Arbeitgeber nach dem geltenden österreichischen Arbeitsrecht zulässig ist oder nicht. Welche der nachfolgenden Aussagen ist/sind richtig?

a) Kündigungen befristeter Arbeitsverträge durch den Arbeitgeber sind stets zulässig
b) Kündigungen befristeter Arbeitsverträge durch den Arbeitgeber sind nur dann zulässig, wenn eine längere Befristungsdauer vorliegt und die Arbeitsvertragsparteien eine ausdrückliche Kündigungsvereinbarung getroffen haben
c) Kündigungen befristeter Arbeitsverträge durch den Arbeitgeber sind stets unzulässig
d) keine dieser Antworten ist richtig

Frage 76:

Welcher/welche der nachfolgend genannten Ansprüche zwischen Arbeitgeber und Arbeitnehmer ist/sind bei einer UNBERECHTIGTEN und vom Arbeitnehmer UNVERSCHULDETEN Entlassung eines Arbeitnehmers denkbar? Allfällige Ansprüche aus einem eventuell bestehenden allgemeinen oder besonderen Entlassungsschutz bleiben außer Betracht.

a) Anspruch des Arbeitgebers auf Schadenersatz
b) Anspruch des Arbeitnehmers auf Kündigungsentschädigung
c) Anspruch des Arbeitnehmers auf ein Dienstzeugnis
d) Anspruch des Arbeitgebers auf Rückerstattung von Urlaubsentgelt („Erstattungsbetrag")
e) Anspruch des Arbeitnehmers auf Abfertigung „alt" gemäß Angestelltengesetz (AngG) bzw Arbeiterabfertigungsgesetz (ArbAbfG)

Frage 77:

Für welche der nachstehend genannten Personengruppen kennt das österreichische Arbeitsrecht einen besonderen gesetzlichen Bestandschutz?

a) Präsenzdiener
b) Betriebsratsmitglieder
c) Gewerkschaftsmitglieder
d) Lehrlinge
e) keine der genannten Gruppen

Frage 78:

Binnen welchem Zeitraum hat der Arbeitgeber nach dem Allgemeinen Sozialversicherungsgesetz (ASVG) den Arbeitnehmer beim zuständigen Krankenversicherungsträger abzumelden?

a) binnen sieben Tagen nach dem Ende der Pflichtversicherung
b) binnen zehn Tagen nach dem Ende der Pflichtversicherung
c) binnen zwei Wochen nach dem Ende der Pflichtversicherung
d) binnen 24 Stunden nach dem Ende der Pflichtversicherung

Frage 79:

Die Arbeitnehmerin Lara (L) ist Leiterin der Abteilung für Rechnungswesen und Controlling bei der „Metahag Metallhandels AG" (M-AG), einer Aktiengesellschaft, die sich mit der Einfuhr und dem Vertrieb von Rohmetallen und Metall-Halbfertigwaren befasst. L plant neben ihrer Tätigkeit bei M selbst „groß" ins Rohmetall-Importgeschäft einzusteigen. Zusammen mit einem Kollegen gründet sie die L-GmbH mit diesem Geschäftsgegenstand und lässt sich als deren alleinige Geschäftsführerin in das Firmenbuch eintragen. In dieser Eigenschaft lässt L Werbeprospekte für „ihre" GmbH drucken und versendet diese Prospekte an die Geschäftspartner der M-AG. Deren Namen (Firmen) und Adressen bezieht L aus der Kundendatei der M-AG, die via EDV (Intranet) nur Führungskräften zugänglich und laut Anordnung des Vorstands vertraulich zu behandeln ist. Welche der nachfolgenden Antworten ist/sind richtig?

a) L hat den Entlassungsgrund der Begehung von Tätlichkeiten verwirklicht
b) L hat den Entlassungsgrund der Vertrauensunwürdigkeit verwirklicht
c) L hat den Entlassungsgrund der erheblichen Ehrverletzung verwirklicht
d) L hat den Entlassungsgrund der groben Verletzung der Arbeitspflicht verwirklicht
e) L hat den Entlassungsgrund der Verletzung des Wettbewerbsverbots verwirklicht

Frage 80:

Frau M ist seit 1. 7. 2020 bei der V-Versandhandels-GmbH als Buchhaltungskraft im Angestelltendienstverhältnis beschäftigt. Der schriftliche Dienstvertrag der Frau M enthält ua folgende Klausel: „Kündigung: Als zulässiger Endtermin werden der 15. und der Monatsletzte vereinbart.“ Am 1. 9. 2020 erklärt der einzelvertretungsbefugte Geschäftsführer G im Namen der V-GmbH gegenüber Frau M mündlich die Kündigung. Wann endet das Dienstverhältnis?

a) am 15. 9. 2020
b) am 29. 9. 2020 (= genau vier Wochen nach Zugang der Kündigung)
c) am 13. 10. 2020 (= genau sechs Wochen nach Zugang der Kündigung)
d) am 15. 10. 2020
e) keiner der genannten Termine ist zutreffend

Frage 81:

Der Arbeitsvertrag des Fließbandarbeiters C ist auf drei Jahre befristet. Durch welche der nachfolgenden Beendigungsarten kann und darf dieses – einmalig befristete – Arbeitsverhältnis grundsätzlich beendet werden?

a) Zeitablauf
b) Tod des Arbeitgebers
c) Kündigung
d) vorzeitiger Austritt
e) einvernehmliche Auflösung

Frage 82:

Die 53-jährige ungelernte Arbeiterin Frau A ist seit 1. 8. 1996 im elektronischen Fertigungsbetrieb der E-GmbH in Wien beschäftigt. Im Betrieb ist ein Arbeiterbetriebsrat eingerichtet. Das Unternehmen beschließt im Februar 2021 die vollständige Erneuerung der veralteten maschinellen Ausstattung des Betriebes, wodurch die Arbeitsabläufe voll automatisiert werden und sich die notwendigen Arbeitsleistungen lediglich auf die Steuerung, Kontrolle und Wartung der Fertigungsmaschinen beschränken werden. Dazu ist eine entsprechende Facharbeiterausbildung notwendig, die Frau A nicht aufzuweisen hat. Da sonstige Einsatzmöglichkeiten für Frau A nicht ersichtlich sind, bietet ihr die Geschäftsführerin der E-GmbH an, bei gleichem Lohn und gleicher Arbeitszeit wie bisher als betriebliche Reinigungskraft zu arbeiten. Frau A lehnt dies mehrmals und nachdrücklich ab. Daraufhin teilt die Geschäftsführerin dem zuständigen Arbeiterbetriebsrat gegenüber schriftlich ihre Absicht mit, Frau A zu kündigen. Der Arbeiterbetriebsrat gibt dazu keine Stellungnahme ab. Die Geschäftsführerin wartet ab der Mitteilung an den Betriebsrat noch eine Woche zu und spricht sodann gegenüber Frau A die Kündigung aus. Frau A hat einen Ehemann, der seit drei Jahren arbeitslos ist, sowie zwei Kinder, die sich noch in Ausbildung befinden, welche von Frau A und ihrem Mann finanziert wird. Infolge des Ankaufes eines Eigenheims vor zehn Jahren ist das Ehepaar hoch verschuldet. Frau A's Aussichten auf einen neuen Arbeitsplatz sind aufgrund ihres Alters, ihrer fehlenden Ausbildung und der allgemeinen Arbeitsmarktlage äußerst gering. Frau A überlegt, ob sie die Kündigung im Rahmen des allgemeinen Kündigungsschutzes bekämpfen soll. Wie beurteilen Sie die Rechtslage?

a) Frau A kann die Kündigung wegen Sozialwidrigkeit erfolgreich anfechten, weil durch die Kündigung ihre Arbeitnehmerinteressen wesentlich beeinträchtigt werden
b) Frau A kann die Kündigung wegen eines verpönten Kündigungsmotivs erfolgreich anfechten, denn die Kündigung ist erfolgt, weil Frau A die Änderung ihrer Tätigkeit abgelehnt hat, was als verpöntes Kündigungsmotiv anzusehen ist

c) Frau A kann die Kündigung zwar anfechten, wird aber mit ihrer Anfechtungsklage bei Gericht NICHT erfolgreich sein, weil ein betrieblich bedingter Kündigungsgrund vorliegt, der die Kündigung trotz Sozialwidrigkeit rechtfertigt

Frage 83:

In welcher/welchen der nachfolgend genannten Bestimmungen sind die Entlassung und der vorzeitige Austritt eines Arbeitnehmers (also eines Arbeiters oder Angestellten) geregelt?

a) § 2 des Angestelltengesetzes (AngG)
b) §§ 25 bis 27 des Angestelltengesetzes (AngG)
c) §§ 82, 82a der Gewerbeordnung (GewO) 1859
d) § 1162 des Allgemeinen bürgerlichen Gesetzbuches (ABGB)
e) § 105 des Arbeitsverfassungsgesetzes (ArbVG)

Frage 84:

Welcher/welche der im Folgenden angeführten Gründe für einen vorzeitigen Austritt des Arbeitnehmers aus dem Arbeitsverhältnis setzt/setzen nach geltendem österreichischem Recht KEIN rechtswidriges und schuldhaftes Verhalten des Arbeitgebers voraus?

a) dauernde Arbeitsunfähigkeit
b) Entgeltvorenthaltung oder Entgeltschmälerung
c) erhebliche Ehrverletzungen
d) Gesundheitsgefährdung
e) Tätlichkeiten

Frage 85:

Spricht ein Arbeitgeber eine Kündigung aus, ohne das sog betriebsverfassungsrechtliche Vorverfahren einzuhalten, so hat dies folgende rechtliche Konsequenz:

a) die Kündigung ist absolut rechtsunwirksam
b) die Kündigung ist wirksam, kann jedoch angefochten werden

Frage 86:

Im betriebsratspflichtigen Betrieb kann die Kündigung eines Arbeitnehmers durch den Betriebsrat oder hilfsweise durch den Arbeitnehmer selbst angefochten werden (allgemeiner Kündigungsschutz). Ist im betriebsratspflichtigen Betrieb auch eine Anfechtung der Entlassung eines Arbeitnehmers möglich?

a) ja, weil diese im Arbeitsverfassungsgesetz (ArbVG) ausdrücklich vorgesehen ist
b) ja, weil diese im ArbeitnehmerInnenschutzgesetz (ASchG) ausdrücklich vorgesehen ist
c) nein, weil eine Entlassung ein Arbeitsverhältnis mit sofortiger Wirkung beendet und daher eine Anfechtung nicht möglich ist

Frage 87:

Das Dienstverhältnis des kaufmännischen Angestellten M endete am 31. 12. 2020 durch einvernehmliche Auflösung. M ersuchte seine Dienstgeberin, die Einzelhandelskauffrau G, an seinem letzten Arbeitstag um ein Dienstzeugnis. Worauf muss G im Zusammenhang mit dem Dienstzeugnis achten?

a) das Dienstzeugnis ist ordnungsgemäß zu vergebühren
b) das Dienstzeugnis hat Angaben über die Art und Dauer des Dienstverhältnisses zu enthalten
c) das Dienstzeugnis hat ein positives Werturteil über Leistungen und Verhalten des M zu enthalten
d) das Dienstzeugnis darf nicht durch sog „Eselsohren" verunstaltet sein
e) das Dienstzeugnis darf keine das Fortkommen des M erschwerende Angaben enthalten, auch wenn diese der Wahrheit entsprechen sollten

Frage 88:

Der seit 1. 10. 2021 in der Bautischlerei „Franz Mayer & Söhne" beschäftigte Arbeiter N will im September 2023 kündigen. Was ist nach der derzeit gültigen Rechtslage hierbei zu beachten? Allfällige Kollektivverträge können außer Betracht bleiben, eine Vereinbarung im Arbeitsvertrag wurde nicht getroffen.

a) § 1159 ABGB sieht für die Arbeitnehmerkündigung eine 14-tägige Kündigungsfrist vor
b) § 1159 ABGB sieht für die Arbeitnehmerkündigung eine sechswöchige Kündigungsfrist zum Monatsletzten vor
c) § 1159 ABGB sieht für die Arbeitnehmerkündigung eine sechswöchige Kündigungsfrist zum Quartalsende vor
d) § 1159 ABGB sieht für die Arbeitnehmerkündigung eine Kündigungsfrist von einem Monat zum Monatsletzten vor

Frage 89:

Welcher/welche der im Folgenden aufgezählten „wichtigen Gründe" berechtigt/berechtigen einen Arbeitgeber in Österreich zur fristlosen Entlassung eines gewerblichen Facharbeiters nach der „alten" GewO (GewO 1859)?

a) dauernde Arbeitsunfähigkeit aus Eigenverschulden des Arbeiters
b) vom Arbeiter unverschuldete dauernde Arbeitsunfähigkeit
c) grobe Ehrverletzungen gegenüber Vorgesetzten
d) Tätlichkeiten gegenüber Arbeitskollegen
e) jede beliebige Form der Vertrauensunwürdigkeit des Arbeiters

Frage 90:

Die österreichische Tochtergesellschaft eines internationalen IT-Konzerns plant als Arbeitgeberin von mehr als 800 Arbeitnehmern die Einführung einer betrieblichen Altersversorgung für ihre Arbeitnehmer nach dem Vorbild ihrer US-amerikanischen Muttergesellschaft. In den Sitzungen der zuständigen Projektgruppe werden mehrere Modelle erwogen. Insbesondere wird überlegt, ein Pensionskassenmodell zu schaffen, bei dem zusätzlich zu den Arbeitgeber-Leistungen auch die Arbeitnehmer auf freiwilliger Basis Beitragsleistungen erbringen können (Modell A). Ebenfalls Anklang findet die Idee, die „zweite Säule" über eine Lebensversicherung zu realisieren, dh die Gesellschaft als Arbeitgeberin würde Lebensversicherungen zugunsten ihrer Arbeitnehmer mit einem Versicherungsunternehmen abschließen und die Einzahlungen in diese Versicherungen leisten (Modell B). Sind diese Modelle nach den Vorgaben des Betriebspensionsgesetzes (BPG) grundsätzlich zulässig?

a) beide Modelle sind zulässig
b) das Modell A ist zulässig, das Modell B jedoch nicht
c) das Modell B ist zulässig, das Modell A jedoch nicht
d) beide Modelle sind unzulässig

Frage 91:

Frau Mag. G, die Mehrheitsgesellschafterin und alleinige Geschäftsführerin der in Graz ansässigen Z-Warenhandels-GmbH, wurde am Montag, den 15. 6. 2020, Zeugin des folgenden peinlichen Vorfalles in ihrem Betrieb: Frau M, eine schon seit fünf Jahren in der Marketing-Abteilung der Z-GmbH tätige, junge und hochqualifizierte Angestellte, beschimpfte ihren unmittelbaren Vorgesetzten, den 60-jährigen Herrn V, während einer Arbeitsbesprechung in dessen Büro – vor den Augen des Vertreters eines langjährigen Großkunden der Z-GmbH – lautstark als „eitlen und total verkalkten Trottel", weil sie dessen „Arbeitsweise" bei einem wichtigen laufenden Projekt (objektiv betrachtet nicht ganz zu Unrecht) „für völlig veraltet" hielt. Weil Mag. G in dieser Woche im Betrieb einige dringende Arbeiten zu erledigen hatte, rief sie Frau M, die sich vor dem beschriebenen Vorfall stets dienstlich korrekt verhalten hatte, erst am darauf folgenden Montag, den 22. 6. 2020, zu sich ins Büro und sprach der nach wie vor „uneinsichtigen" Frau M dort wegen ihrer „äußerst geschmacklosen und groben Entgleisung" gegenüber V mündlich die fristlose Entlassung aus. Ist die Entlassung von Frau M nach dem geltenden österreichischen Arbeitsrecht rechtmäßig?

a) ja, die Entlassung von Frau M ist rechtmäßig
b) nein, die Entlassung von Frau M ist unrechtmäßig, weil M keinen Entlassungsgrund nach dem Angestelltengesetz (AngG) gesetzt hat
c) nein, die Entlassung von Frau M ist unrechtmäßig, weil Frau Mag. G die Entlassungserklärung gegenüber M verspätet ausgesprochen hat
d) nein, die Entlassung von Frau M ist unrechtmäßig, weil die Entlassungserklärung von Frau Mag. G schriftlich auszufertigen gewesen wäre

Frage 92:

Herr B erwarb im Jänner 2021 im Rahmen eines Betriebsüberganges im Sinne des Arbeitsvertragsrechts-Anpassungsgesetzes (AVRAG) einen in Linz ansässigen Kleinstbetrieb von Herrn A, dem früheren Eigentümer des Betriebes. Unmittelbar nach dem Betriebsübergang kündigte B den bereits seit 2010 im übernommenen Betrieb tätigen 30-jährigen Facharbeiter F mit der Begründung, „er wolle sich die Beschäftigten für seinen Betrieb selbst auswählen". Beurteilen Sie die Kündigung des Facharbeiters F nach der geltenden österreichischen Rechtslage und der Judikatur zum Betriebsübergangsrecht.

a) die Kündigung des F ist arbeitsrechtlich zulässig
b) die Kündigung des F ist beim Arbeits- und Sozialgericht von F anfechtbar
c) die Kündigung des F ist arbeitsrechtlich unzulässig und nichtig

Frage 93:

In welchem/welchen der im Folgenden angeführten Fälle lassen die Bestimmungen über den allgemeinen Kündigungsschutz in § 105 Arbeitsverfassungsgesetz (ArbVG) KEINEN „Sozialvergleich“ zwischen mehreren von der Kündigung bedrohten Arbeitnehmern zu?

a) bei der Kündigungsanfechtung wegen eines verpönten Kündigungsmotivs
b) bei der Kündigungsanfechtung wegen Sozialwidrigkeit aus betrieblich bedingten Gründen auf Seiten des Arbeitgebers
c) bei der Kündigungsanfechtung wegen Sozialwidrigkeit aus personenbezogenen Gründen auf Seiten des Arbeitnehmers
d) bei der Kündigungsanfechtung wegen Sozialwidrigkeit aus verhaltensbezogenen Gründen auf Seiten des Arbeitnehmers

Frage 94:

Trifft es zu, dass schwangere Arbeitnehmerinnen während der Dauer des im Mutterschutzgesetz (MSchG) vorgesehenen besonderen Bestandschutzes ohne jede Ausnahme vom Arbeitgeber weder gekündigt noch fristlos entlassen werden dürfen?

a) ja
b) nein

Frage 95:

Die 49-jährige Fließbandarbeiterin Frau Frieda (F) wird von ihrer Arbeitgeberin, der A-Aktiengesellschaft (A) mit Sitz in Wien, nach ununterbrochener fünfjähriger Tätigkeit für dieses Unternehmen termin- und fristgerecht am 1. 4. 2021 gekündigt. Der zuständige Arbeiterbetriebsrat widerspricht der Kündigung binnen offener Frist und bringt auf Ersuchen der Frau F auch fristgerecht eine Anfechtungsklage gemäß den Bestimmungen des allgemeinen Kündigungsschutzes wegen Sozialwidrigkeit (§ 105 Arbeitsverfassungsgesetz) beim Arbeits- und Sozialgericht Wien ein. Welchen/welche der nachfolgend genannten Ansprüche hat Frau F, wenn die Klage erfolgreich ist?

a) Anspruch auf Abfertigung „alt“
b) Anspruch auf Kündigungsentschädigung
c) Anspruch auf Urlaubsersatzleistung
d) Anspruch auf Fortbestand des Arbeitsverhältnisses
e) Anspruch auf Abfertigung „neu“

Kontrollfragen zum 5. Teil

Frage 96:

Der Student S notiert in seiner Vorlesungsmitschrift: „Der Kollektivvertrag (KollV) ist mit einer sog Normwirkung ausgestattet und entfaltet somit eine den Rechtswirkungen eines Gesetzes ähnliche Wirkung." Ist diese Aussage richtig, und wenn ja, auf welchen Teil/welche Teile eines Kollektivvertrags trifft sie zu?

a) der Teil des KollV, der die Rechtsbeziehungen zwischen den Vertragsparteien des KollV regelt, ist mit Normwirkung ausgestattet
b) der Teil des KollV, der die Rechtsbeziehungen zwischen den einzelnen vom KollV erfassten Arbeitgebern und den von diesen beschäftigten Arbeitnehmern regelt, ist mit Normwirkung ausgestattet
c) sowohl der Teil, der die Rechtsbeziehungen zwischen den Vertragsparteien des KollV regelt, als auch der Teil, der die Rechtsbeziehungen der von ihm erfassten Arbeitgeber und der von diesen beschäftigten Arbeitnehmern regelt, sind mit Normwirkung ausgestattet
d) da es sich beim KollV um einen Vertrag handelt, ist keiner seiner Teile mit Normwirkung ausgestaltet

Frage 97:

In der Verwaltungszentrale des in Wien ansässigen Industrieunternehmens X-AG hat sich vor zwei Jahren ein sog „Angestelltenbetriebsrat" (= Gruppenbetriebsrat der Angestellten) konstituiert. Wie lange dauert die reguläre Funktionsperiode des Betriebsrats nach den Bestimmungen des geltenden österreichischen Betriebsverfassungsrechts noch an?

a) noch ein Jahr
b) noch zwei Jahre
c) noch drei Jahre
d) keine dieser Antworten ist richtig

Frage 98:

Welche der im Folgenden angeführten Einrichtungen gehört/gehören NICHT der „paritätischen Kommission für Lohn- und Preisfragen" im Rahmen der österreichischen Sozialpartnerschaft an?

a) die Bundesarbeitskammer (BAK)
b) der Dachverband der Sozialversicherungsträger (DVSV)
c) der Österreichische Gewerkschaftsbund (ÖGB)
d) die Präsidentenkonferenz der Landwirtschaftskammern Österreichs
e) die Wirtschaftskammer Österreich (WKO)

Frage 99:

In welchem/welchen der unten genannten Fälle ist nach dem österreichischen Betriebsverfassungsrecht ein Betriebsrat zu bilden?

a) in einem Betrieb, der drei Arbeiter und einen Lehrling beschäftigt, der sein 16. Lebensjahr vollendet hat
b) in einem Betrieb, der vier Arbeiter und einen freien Dienstnehmer beschäftigt
c) in einer großen Arbeitsstätte mit über 50 Arbeitnehmern, wenn sie gemäß § 35 Arbeitsverfassungsgesetz (ArbVG) einem Betrieb gleichgestellt wird
d) in einem Betrieb, der drei Arbeiter und zwei Angestellte beschäftigt
e) in keinem der genannten Betriebe bzw Arbeitsstätten

Frage 100:

Im Unternehmen der U-Aktiengesellschaft, die Hardwarekomponenten für EDV-Großanlagen herstellt, beschließt der Betriebsrat wegen massiver Entgeltkürzungen nach ergebnislosen Verhandlungen mit der Unternehmensleitung eine Arbeitsniederlegung seitens der Arbeitnehmer, die auch geschlossen durchgeführt wird. An deren dritten Tag reagiert die Unternehmensleitung mit dem Beschluss, wonach allen Arbeitnehmern das Betreten des Betriebsgeländes bis auf weiteres untersagt wird. Zugleich wird den Arbeitnehmern mitgeteilt, dass „die Zeit ihres Ausstandes bei der monatlichen Entgeltabrechnung in Abzug gebracht“ werde. Wie ist die Rechtslage?

a) hier liegt ein Streik vor
b) hier liegt eine Aussperrung vor
c) hier liegt ein Boykott vor
d) der Entgeltabzug ist nicht zulässig
e) der Entgeltabzug ist zulässig

Frage 101:

Welche der nachfolgenden Aussagen zum Österreichischen Gewerkschaftsbund (ÖGB) ist/sind zutreffend?

a) der ÖGB ist eine sog Richtungsgewerkschaft
b) der ÖGB ist eine sog Einheitsgewerkschaft
c) der ÖGB ist ein Verein
d) der ÖGB ist eine gesetzliche Interessenvertretung der Arbeitnehmer
e) keine dieser Antworten trifft zu

Frage 102:

Die „X-Press“-GmbH verfügt über einen (einzigen) Druckereibetrieb mit Standort Wien. Dort sind dauernd fünf Arbeiter und vier Angestellte beschäftigt, welche allesamt das 16. Lebensjahr überschritten haben. Welches/welche der im Folgenden genannten Belegschaftsorgane kann/können in diesem Betrieb gebildet werden?

a) eine Gruppenversammlung der Angestellten
b) ein (gemeinsamer) Betriebsrat
c) ein Zentralbetriebsrat
d) keine Belegschaftsorgane
e) ein Gruppenbetriebsrat der Arbeiter

Frage 103:

Herr K ist einer der zwei Geschäftsführer in der in Wien ansässigen C-Chemiewerke-GmbH und in dieser Funktion ua für das Personalwesen zuständig. Im Jänner 2021 durchgeführte interne Erhebungen haben ergeben, dass das Siliziumwerk des Unternehmens trotz guter Auftragslage wegen arbeitszeitlicher Vorgaben nicht optimal ausgelastet ist. Herr K erarbeitet daher mit Hilfe einer darauf spezialisierten externen Beratungsfirma ein neues, aus betriebswirtschaftlicher Sicht erheblich verbessertes Arbeitszeitkonzept und legte dieses dem dafür zuständigen Arbeiter-Betriebsrat vor. Dieser zeigt sich grundsätzlich kooperativ, sodass Herr K in Verhandlungen mit dem Betriebsrat über die geplante Arbeitszeitänderung tritt. Welche Art der Mitbestimmung bzw der Betriebsvereinbarung sieht das österreichische Arbeitsverfassungsgesetz (ArbVG) für die betriebliche Arbeitszeitgestaltung (= generelle Festsetzung von Beginn und Ende der täglichen Arbeitszeit sowie der Dauer und Lage der Arbeitspausen) vor?

a) eine notwendige Betriebsvereinbarung
b) eine notwendig erzwingbare Betriebsvereinbarung
c) eine erzwingbare Betriebsvereinbarung
d) eine fakultative Betriebsvereinbarung
e) eine sog „freie Betriebsvereinbarung“

Frage 104:

Bei welcher/welchen der folgenden Arbeitsstätten handelt es sich, sofern die sonstigen Voraussetzungen erfüllt sind, um einen Betrieb im Sinne von § 34 Arbeitsverfassungsgesetz (ArbVG)?

a) ein Gasthaus im Weinviertel (Niederösterreich)
b) ein Bauernhof im Waldviertel (Niederösterreich)
c) eine Sparkasse in Bayern (Bundesrepublik Deutschland)
d) ein Magistratisches Bezirksamt in Wien

Frage 105:

In welchem/welchen der nachfolgend genannten Fälle ist nach dem österreichischen Betriebsverfassungsrecht ein Zentralbetriebsrat zu bilden?

a) in einer großen Arbeitsstätte mit über 50 (wahlberechtigten) Arbeitnehmern, wenn diese gemäß § 35 Arbeitsverfassungsgesetz (ArbVG) einem Betrieb gleichgestellt ist
b) in einem sog gegliederten Unternehmen, das sich aus mehreren betriebsratspflichtigen Betrieben zusammensetzt
c) in einem Betrieb, der sowohl Arbeiter als auch Angestellte beschäftigt, wenn jede dieser Arbeitnehmergruppen mindestens fünf (wahlberechtigte) Arbeitnehmer umfasst
d) in keinem der genannten Fälle

Frage 106:

Welche der nachfolgend genannten Beschäftigtengruppen ist/sind von der Mitgliedschaft bei einer Arbeiterkammer (AK) ausgenommen?

a) leitende Angestellte mit dauernd maßgeblichem Einfluss auf das Unternehmen
b) Arbeiter in der Landwirtschaft
c) öffentlich Bedienstete (dh Arbeitnehmer von Gebietskörperschaften)

d) „Leiharbeitnehmer", dh überlassene Arbeitskräfte im Sinne des Arbeitskräfteüberlassungsgesetzes (AÜG)
e) Angestellte im Sinne des Angestelltengesetzes (AngG)

Frage 107:

Welchen Gesichtspunkt/welche Gesichtspunkte zieht die Judikatur zur Abgrenzung von Betrieben im Sinne des österreichischen Arbeitsverfassungsgesetzes (ArbVG) von anderen Arbeitsstätten innerhalb eines gegliederten Unternehmens heran?

a) die Eigenständigkeit der Arbeitsstätte
b) den wirtschaftlichen Erfolg der Arbeitsstätte
c) die Selbständigkeit der Arbeitsstätte
d) die Zusammensetzung der Belegschaft innerhalb der Arbeitsstätte
e) nur hilfsweise die große räumliche Entfernung der Arbeitsstätte vom Hauptbetrieb (zB der Zentrale) des Unternehmens

Frage 108:

Welche der unten aufgezählten Regelungsgegenstände eines Kollektivvertrages (KollV) gehören nach dem österreichischen Arbeitsrecht zu dem mit Normwirkung für die ihm unterliegenden Arbeitsverhältnisse ausgestatteten Teil (= normativer Teil) des KollV?

a) Arbeitszeitregelungen
b) Kündigungsfrist für die einseitige Auflösung des KollV durch die KollV-Parteien
c) Mindestlohnregelungen
d) Sozialplanregelungen
e) Verpflichtung der KollV-Parteien, während der Geltungsdauer des KollV keine Arbeitskämpfe zu führen

Frage 109:

Welches/welche der nachfolgend genannten Rechtsinstitute gilt/gelten als sog Substitutionsformen des Kollektivvertrages?

a) Betriebsvereinbarung
b) „freie Betriebsvereinbarung"
c) Sozialplan
d) Satzung
e) Mindestlohntarif

Frage 110:

Welches/welche der nachfolgenden Kriterien ist/sind für den rechtsgültigen Abschluss einer Betriebsvereinbarung erforderlich?

a) Zustimmung eines Betriebsrates
b) Schriftlichkeit
c) Zustimmung einer gesetzlichen oder freiwilligen Interessenvertretung auf Arbeitgeberseite
d) Regelungsgegenstand, der durch Gesetz oder Kollektivvertrag der Betriebsvereinbarung vorbehalten ist
e) Hinterlegung beim Bundesministerium für Arbeit und Wirtschaft (BMAW)

Frage 111:

Trifft es zu, dass die sog „freiwillige Betriebsvereinbarung“ keine förmliche Betriebsvereinbarung im Sinne des österreichischen Arbeitsverfassungsgesetzes (ArbVG) ist?

a) ja
b) nein

Frage 112:

Welche der im Folgenden angeführten Personen (Arbeitgeber und Arbeitnehmer) unterliegen nach dem österreichischen Arbeitsverfassungsgesetz den Rechtswirkungen des für die jeweiligen Beschäftigungsverhältnisse einschlägigen Kollektivvertrages (KollV)? Dh, wer ist dem einschlägigen KollV „unterworfen“ im Sinne des Arbeitsverfassungsgesetzes (ArbVG)?

a) die Arbeitgeber, die Mitglieder der den KollV auf Arbeitgeberseite abschließenden KollV-Partei sind
b) die sog „Außenseiter“ auf Arbeitgeberseite (dh Nichtmitglieder der den KollV auf Arbeitgeberseite abschließenden KollV-Partei ab einer im ArbVG festgelegten Mindestbeschäftigtenzahl)
c) die Arbeitnehmer, die Mitglieder der den KollV auf Arbeitnehmerseite abschließenden KollV-Partei sind
d) die sog „Außenseiter“ auf Arbeitnehmerseite (dh Nichtmitglieder der den KollV auf Arbeitnehmerseite abschließenden KollV-Partei, deren Arbeitgeber kollektivvertragsangehörig ist)

Frage 113:

Im Betrieb X sind dauernd fünf Arbeiter und fünf Angestellte beschäftigt, welche allesamt das 16. Lebensjahr überschritten haben. Welches/welche der folgenden Belegschaftsorgane können hier gebildet werden?

a) ein Gruppenbetriebsrat der Arbeiter
b) eine Gruppenversammlung der Angestellten
c) ein (gemeinsamer) Betriebsrat
d) ein Zentralbetriebsrat
e) keine Belegschaftsorgane

Frage 114:

Bei welchen der im Folgenden genannten Institutionen handelt es sich um gesetzliche Interessenvertretungen?

a) die Wirtschaftskammer Österreich
b) der Österreichische Gewerkschaftsbund
c) die Sozialpartnerschaft
d) die Arbeiterkammer Burgenland
e) die Industriellenvereinigung

Frage 115:

Für welche der im Folgenden angeführten Personengruppen sieht das österreichische Arbeitsverfassungsgesetz (ArbVG) die Bildung besonderer Belegschaftsorgane (eine sog „Gruppenvertretung“) vor, wenn innerhalb der gesamten Belegschaft eines Betriebes jeweils mindestens fünf Arbeitnehmer einer solchen Gruppe angehören?

a) Angestellte
b) Arbeiter
c) Behinderte
d) Frauen
e) Jugendliche

Frage 116:

Eine im Frühjahr 2013 gegründete kleine Wiener Werbeagentur hat derzeit 12 erwachsene „Mitarbeiter“. Davon sind 4 Personen aufgrund von Arbeitsverträgen, 6 Personen aufgrund freier Dienstverträge und 2 Personen – nur fallweise – aufgrund von Werkverträgen für die Agentur tätig. Die 12 Agenturmitarbeiter wollen sich zur besseren Vertretung ihrer Interessen gegenüber der Eigentümerin und Leiterin der Agentur, Frau W, förmlich als Belegschaft organisieren und im Betrieb auch Belegschaftsorgane (Betriebsversammlung, Betriebsrat) einrichten. Sind die in Österreich geltenden betriebsverfassungsrechtlichen Voraussetzungen für die Bildung von Belegschaftsorganen im Betrieb der Werbeagentur erfüllt?

a) ja
b) nein

Frage 117:

Welche Gegenstände dürfen vom Betriebsinhaber und vom Betriebsrat im normativen Teil einer Betriebsvereinbarung (BV) im Sinne des österreichischen Arbeitsverfassungsgesetzes (ArbVG) geregelt werden?

a) ausschließlich Gegenstände, für die ein Gesetz die Regelung durch eine BV zulässt
b) ausschließlich Gegenstände, für die ein Kollektivvertrag die Regelung durch eine BV zulässt
c) ausschließlich Gegenstände, für die entweder ein Gesetz oder ein Kollektivvertrag die Regelung durch eine BV zulässt
d) Betriebsinhaber und Betriebsrat dürfen die Regelungsgegenstände einer BV ohne Beschränkung durch gesetzliche oder kollektivvertragliche Vorgaben auswählen

Frage 118:

In welcher/welchen der nachfolgend genannten Angelegenheiten besteht nach dem österreichischen Betriebsverfassungsrecht eine allgemeine Auskunftspflicht des Betriebsinhabers gegenüber dem Betriebsrat?

a) in Angelegenheiten, die die wirtschaftlichen Interessen der Arbeitnehmer berühren
b) in Angelegenheiten, die die sozialen Interessen der Arbeitnehmer berühren
c) in Angelegenheiten, die die gesundheitlichen Interessen der Arbeitnehmer berühren

Frage 119:

Welches/welche der im Folgenden angeführten Merkmale trifft/treffen nach der geltenden österreichischen Rechtslage auf den betriebsverfassungsrechtlichen Arbeitnehmerbegriff zu?

a) die Tätigkeit in persönlicher Abhängigkeit
b) die Entgeltlichkeit der ausgeübten Tätigkeit
c) das Vorliegen eines rechtsgültig zustande gekommenen Arbeitsvertrages für die ausgeübte Tätigkeit
d) die tatsächliche Beschäftigung durch den Arbeitgeber
e) die Einbindung in den Betrieb

Kontrollfragen zum 6. Teil

Frage 120:

Von wem und bei welcher/welchen der nachfolgend genannten Institutionen ist die Ausstellung der Entsendebewilligung nach dem Ausländerbeschäftigungsgesetz (AuslBG) zu beantragen?

a) der Antrag ist bei der zuständigen Bezirksverwaltungsbehörde einzubringen
b) der Antrag ist bei der zuständigen regionalen Geschäftsstelle des Arbeitsmarktservice (AMS) einzubringen
c) der Antrag ist beim Bundesministerium für Arbeit und Wirtschaft (BMAW) einzubringen
d) der Antrag ist vom Arbeitnehmer einzubringen
e) der Antrag ist vom Arbeitgeber einzubringen

Frage 121:

Die österreichische Arbeitnehmerin Frau A ist seit 1. 2. 2011 beim österreichischen Unternehmensberater U & B beschäftigt. Sie wird ab 1. 8. 2021 für zwei Monate nach Spanien entsandt, um beim Aufbau einer dortigen Tochtergesellschaft ihres Arbeitgebers mitzuwirken. Arbeitgeber bleibt jedoch weiterhin die österreichische Muttergesellschaft U & B. Sind in diesen zwei Monaten auf Frau A die Vorschriften des österreichischen Arbeitszeitrechts und/oder des spanischen Arbeitszeitrechts anzuwenden?

a) spanisches Arbeitszeitrecht ist ausnahmslos anzuwenden
b) grundsätzlich ist österreichisches Arbeitszeitrecht anzuwenden, aber falls das spanische Arbeitszeitrecht sog Eingriffsnormen bereithält, sind auch diese zu beachten
c) grundsätzlich ist spanisches Arbeitszeitrecht anzuwenden, aber falls das österreichische Arbeitszeitrecht sog Eingriffsnormen bereithält, sind auch diese zu beachten
d) österreichisches Arbeitszeitrecht ist ausnahmslos anzuwenden

Frage 122:

Welcher der folgenden Titel ist kein kombinierter Aufenthalts- und Beschäftigungstitel iSd Single Permit-RL?

a) Rot-Weiß-Rot-Karte
b) Rot-Weiß-Rot-Karte plus
c) Blaue Karte EU
d) Daueraufenthalt – EU
e) es handelt sich bei sämtlichen genannten Titeln um kombinierte Aufenhalts- und Beschäftigungstitel iSd Single Permit-RL

Frage 123:

Die indonesische Staatsbürgerin Frau J beabsichtigt, nachdem sie bereits 12 Monate bei ihrem Arbeitgeber, der K-Krankenanstalten-GmbH in Wien, als diplomierte Krankenpflegerin tätig gewesen ist und weiterhin in Österreich beim selben AG arbeiten möchte, um eine neuerliche „Arbeitsberechtigung" gemäß Ausländerbeschäftigungsgesetz (AuslBG) anzusuchen. Wie heißt diese?

a) Rot-Weiß-Rot-Karte plus
b) Befreiungsschein
c) Entsendebewilligung
d) keine dieser Antworten ist richtig

Frage 124:

Gemäß § 3 Abs 3 des Allgemeinen Sozialversicherungsgesetzes (ASVG) bleiben Ausländer, die von einem Drittstaat vorübergehend nach Österreich entsandt werden, grundsätzlich weiterhin im Sozialversicherungssystem des ausländischen Staates. Wie wird dieses Prinzip genannt?

a) Ausstrahlungsprinzip
b) Einstrahlungsprinzip
c) Territorialitätsprinzip
d) keine dieser Antworten ist richtig

Frage 125:

Das österreichische Produktionsunternehmen X-GmbH ist auf der Suche nach Facharbeitern in Georgien fündig geworden und beabsichtigt, mehrere georgische Arbeitnehmer hier in Österreich zu beschäftigen. Diese sind bereit, nach Österreich zu kommen, haben allerdings noch keinen entsprechenden Aufenthaltstitel und/oder Beschäftigungstitel. Wie kann man seitens der X-GmbH vorgehen, um vorab möglichst Klarheit zu erlangen, dass diese Arbeitskräfte auch tatsächlich eine Beschäftigungsbewilligung erlangen?

a) indem man eine sog EU-Entsendebestätigung beantragt
b) indem man eine sog Entsendebewilligung beantragt
c) indem man eine sog Sicherungsbescheinigung beantragt
d) keine dieser Antworten ist richtig

Frage 126:

Welche der nachfolgend genannten Personengruppen ist/sind vom Ausländerbeschäftigungsgesetz (AuslBG) jedenfalls ausgenommen?

a) arbeitnehmerähnlich Beschäftigte
b) drittstaatsangehörige Ehepartner von Österreichern
c) Bürger eines EU/EWR-Staates
d) entsandte Arbeitnehmer
e) Personen, die über einen öffentlich-rechtlichen Aufenthaltstitel verfügen

Frage 127:

Für welche Ausländer kann eine sog „Rot-Weiß-Rot-Karte“ ausgestellt werden?

a) für überlassene Arbeitskräfte aus EU/EWR-Staaten
b) für betriebsentsandte Personen
c) für Bürger aus der Schweiz
d) für Familienangehörige von EU-Bürgern
e) für bestimmte hochqualifizierte Personen

Frage 128:

Benötigt ein ausländischer Arbeitnehmer mit Zulassung als Schlüsselkraft nach dem österreichischen Ausländerbeschäftigungsgesetz (AuslBG) zusätzlich einen Aufenthaltstitel für Österreich?

a) ja
b) nein

Frage 129:

Welcher/welche der im Folgenden genannten Rechtstitel berechtigt/berechtigen einen ausländischen Staatsangehörigen sowohl zum Aufenthalt als auch zur Beschäftigung als Arbeitnehmer in Österreich?

a) Beschäftigungsbewilligung
b) Rot-Weiß-Rot-Karte plus
c) Daueraufenthalt – EU
d) Aufenthaltsbewilligung
e) Befreiungsschein

Frage 130:

Das österreichische Zeitungsunternehmen Z-GmbH (Z) erwirbt von dem US-amerikanischen Hersteller Hughes ltd. (H) eine aufwändige Spezialdruckmaschine. Für deren Montage auf dem österreichischen Betriebsgelände in Graz müssen zehn Arbeitnehmer des Unternehmens H, die allesamt US-amerikanische Staatsbürger sind, anreisen; sie werden voraussichtlich vier Wochen lang in Graz tätig sein, um die Maschine betriebsfertig zu montieren. Welcher der nachfolgenden ausländerbeschäftigungsrechtlichen Titel ist für diese Arbeitnehmer im vorliegenden Fall zu beantragen?

a) ein Befreiungsschein
b) eine Entsendebewilligung
c) eine Beschäftigungsbewilligung
d) eine Anzeigebestätigung
e) keiner der genannten Titel

Frage 131:

Der japanische IT-Spezialist Herr T wird von seinem japanischen Arbeitgeber im Jahr 2024 zu einem österreichischen Partnerunternehmen entsandt, um dort für die Dauer von vier Monaten tätig zu sein. Sein Arbeitgeber bleibt weiterhin das japanische Unternehmen, das auch sein Entgelt weiter bezahlt. Hat Herr T in der Zeit der Betriebsentsendung Anspruch auf das österreichische Mindestentgelt vergleichbarer österreichischer Kollegen?

a) ja
b) nein

Kontrollfragen zum 7. Teil

Frage 132:

In welcher Gerichtsbesetzung werden die Arbeits- und Sozialgerichte in Österreich im Allgemeinen tätig?

a) durch Einzelrichter
b) durch Senate mit einem oder mehreren Berufsrichter(n) und mit fachkundigen Laienrichtern

Frage 133:

In Österreich sind nach dem Arbeits- und Sozialgerichtsgesetz (ASGG) in zweiter Instanz die Oberlandesgerichte (OLG) für Verfahren in Arbeits- und Sozialrechtssachen sachlich zuständig. In welcher/in welchen der im Folgenden angeführten Städte hat ein OLG seinen Sitz?

a) Graz
b) Innsbruck
c) Linz
d) Salzburg
e) Wien

Frage 134:

Das arbeitsrechtliche Gerichtsverfahren der Arbeitnehmerin Frau F gegen ihren früheren Arbeitgeber K & S Kommanditgesellschaft befindet sich gerade in dritter Instanz, also vor dem Obersten Gerichtshof (OGH), als eine Auslegungsfrage bezüglich des EU-Rechts auftaucht, von deren Beantwortung die Lösung des Rechtsfalles abhängt. Es gibt bislang keine EuGH-Rechtsprechung zu dieser Frage. Wie ist vorzugehen?

a) das Gericht ist einer Vorlagepflicht unterworfen, dh es muss die Rechtsfrage dem Europäischen Gerichtshof (EuGH) vorlegen
b) das Gericht hat eine Vorlageoption, dh es kann die Rechtsfrage dem Europäischen Gerichtshof (EuGH) vorlegen
c) das Gericht ist einer Entscheidungspflicht unterworfen, dh es hat diese Rechtsfrage unter Anwendung des einschlägigen EU-Rechts selbst zu lösen
d) es ist Sache der Parteien, den Europäischen Gerichtshof (EuGH) mittels Klage anzurufen und so eine Entscheidung herbeizuführen
e) es ist Sache der Parteien, den Verfassungsgerichtshof (VfGH) mittels Beschwerde anzurufen und so eine Entscheidung herbeizuführen

Frage 135:

In welcher Form wird nach österreichischem Verfahrensrecht inhaltlich über das Bestehen eines Anspruches auf Kündigungsentschädigung eines Arbeitnehmers entschieden?

a) in Form eines Beschlusses
b) in Form eines Erkenntnisses
c) in Form eines Urteils
d) in Form eines Bescheides

Frage 136:

In einem beim ASG Wien anhängigen Gerichtsverfahren ist strittig, in welcher Höhe Herrn B, der seit 2001 bei der in Wien ansässigen X-GmbH als kaufmännischer Angestellter beschäftigt ist, wegen einer länger andauernden krankheitsbedingten Arbeitsunfähigkeit Krankengeld nach dem Allgemeinen Sozialversicherungsgesetz (ASVG) gebührt. Ordnen Sie diesen Verfahrensgegenstand unter den im Folgenden angeführten Auswahlmöglichkeiten rechtlich korrekt zu.

a) es liegt eine Arbeitsrechtssache vor
b) es liegt eine Sozialrechtssache, konkret eine Leistungssache vor
c) es liegt eine Sozialrechtssache, konkret eine Verwaltungssache vor

Frage 137:

Das Arbeits- und Sozialgericht Wien (ASG Wien) verurteilte die im 23. Bezirk ansässige M-GmbH wegen der unberechtigten fristlosen Entlassung des Facharbeiters F zur Zahlung einer sog Kündigungsentschädigung an den Arbeiter. Rechtsanwalt Dr. R, der die M-GmbH im Verfahren in erster Instanz vor Gericht vertreten hat, meint aber, dass dem Gericht bei seiner Entscheidung ein gravierender Fehler in der rechtlichen Beurteilung des Falles unterlaufen ist. Welches ordentliche Rechtsmittel kann Dr. R in Vertretung der M-GmbH nach dem Arbeits- und Sozialgerichtsgesetz (ASGG) gegen das Urteil des ASG Wien einbringen und welches Gericht ist in diesem Fall in zweiter Instanz zur Entscheidung über dieses Rechtsmittel zuständig?

a) Berufung an das Landesgericht Wien (LG Wien)
b) Berufung an das Oberlandesgericht Wien (OLG Wien)
c) Berufung an den Obersten Gerichtshof (OGH)
d) Revision an das Oberlandesgericht Wien (OLG Wien)
e) Revision an den Obersten Gerichtshof (OGH)

Frage 138:

Der allgemeine Kündigungsschutz ermöglicht dem Arbeitnehmer ua dann eine Kündigungsanfechtung, wenn der Arbeitgeber seiner Kündigung ein verpöntes Kündigungsmotiv zugrunde gelegt hat. Wie sehen die Anforderungen an die Beweisführung hinsichtlich dieser Tatsache (nämlich dass die Kündigung „wirklich" aus einem verpönten Motiv erfolgte) im Gerichtsverfahren aus?

a) der Arbeitnehmer muss den Beweis derart erbringen, dass das Gericht keine vernünftigen Zweifel an der Wahrheit der von ihm vorgebrachten Tatsache hat (voller Beweis)
b) der Arbeitnehmer muss den Beweis derart erbringen, dass das Gericht von der Wahrscheinlichkeit des Vorliegens dieser von ihm vorgebrachten Tatsache überzeugt wird (Glaubhaftmachung)
c) nicht der Arbeitnehmer, sondern der Arbeitgeber ist beweispflichtig, dh der Arbeitgeber muss den Beweis darüber erbringen, dass die Kündigung nicht aus dem verpönten Motiv, sondern aus sachlichen Gründen erfolgt ist (Beweislastumkehr)

Frage 139:

Wie nennt man das Verfahren, das die EU-Kommission beim EuGH gegen einen EU-Mitgliedstaat einleiten kann, wenn sie der Rechtsauffassung ist, dass dieser Staat ein zum Gemeinschaftsrecht widersprüchliches Gesetz erlassen hat und – trotz entsprechender förmlicher Stellungnahme der Kommission – die als notwendig erachtete Rechtsanpassung nicht vornimmt?

a) Vertragsverletzungsverfahren
b) Vorabentscheidungsverfahren
c) Verfassungsverletzungsverfahren

Frage 140:

Welche der genannten Institutionen kann/können für Rechtsstreitigkeiten, die die Dienstverhältnisse von Beamten betreffen, grundsätzlich zuständig sein?

a) Verwaltungsgerichtshof
b) Verfassungsgerichtshof
c) Oberster Gerichtshof
d) Dienstbehörde

Frage 141:

Welches der nachstehenden Gerichte ist örtlich und sachlich zuständig, wenn eine der beiden Streitparteien in einer in Wien anhängigen Arbeitsrechtssache das Rechtsmittel der Revision einbringt?

a) das Landesgericht (LG) Wien als „Arbeits- und Sozialgericht"
b) das Oberlandesgericht (OLG) Wien in „Arbeits- und Sozialrechtssachen"
c) der Europäische Gerichtshof (EuGH) über ein Vorabentscheidungsersuchen des Obersten Gerichtshofs (OGH)
d) der Verwaltungsgerichtshof (VwGH)
e) der Oberste Gerichtshof (OGH) in „Arbeits- und Sozialrechtssachen"

Frage 142:

Die als Sekretärin beschäftigte Arbeitnehmerin Frau S ist der Ansicht, dass ihr Arbeitgeber Architekt A ihr Entgelt der letzten drei Monate unrichtig abgerechnet hat. Nachdem ihre schriftliche Aufforderung auf Auszahlung des fehlenden Teils von Herrn A nachdrücklich abgelehnt wird, beschließt Frau S, die Sache auf dem Gerichtsweg zu klären. Durch welche der nachfolgend genannten Personen kann sich Frau S in einem Verfahren vor dem zuständigen Arbeits- und Sozialgericht Wien vertreten lassen?

a) sie kann sich durch einen fachkundigen Angehörigen einer Arbeiterkammer vertreten lassen
b) sie kann sich durch einen fachkundigen Angehörigen einer Wirtschaftskammer vertreten lassen
c) sie kann sich durch einen Rechtsanwalt vertreten lassen
d) sie kann „sich selbst" vertreten, dh unvertreten vor Gericht erscheinen

Frage 143:

In welchen Angelegenheiten kann es nach dem geltenden österreichischen Verfahrensrecht zu einer „sukzessiven Zuständigkeit“ von Verwaltungsbehörden und Gerichten kommen?

a) in Arbeitsrechtssachen
b) in Sozialrechtssachen

Frage 144:

Kommt das in Österreich für Berufsrichter geltende Rechtsprinzip der Unabhängigkeit auch auf die fachkundigen Laienrichter an den Arbeits- und Sozialgerichten zur Anwendung?

a) ja
b) nein

Frage 145:

Für die Durchsetzung von arbeitsrechtlichen und sozialrechtlichen Ansprüchen sind in Österreich die Arbeits- und Sozialgerichte zuständig. Welche Rechtsgrundlagen sind beim arbeits- und sozialgerichtlichen Verfahren zu beachten?

a) es gelten nur die Vorschriften des Arbeits- und Sozialgerichtsgesetzes (ASGG)
b) es gelten die allgemeinen Verfahrensvorschriften der Zivilprozessordnung (ZPO), die durch das Arbeits- und Sozialgerichtsgesetz (ASGG) ergänzt und modifiziert werden
c) es gelten die allgemeinen Verfahrensvorschriften des Allgemeinen Verwaltungsverfahrensgesetzes (AVG), die durch das Arbeits- und Sozialgerichtsgesetz (ASGG) ergänzt und modifiziert werden
d) keine dieser Antworten trifft zu

Lösungen zu den Kontrollfragen

Frage 1:	b	Frage 50:	c	Frage 99:	c, d
Frage 2:	a, b, c, e	Frage 51:	a	Frage 100:	a, b, e
Frage 3:	a	Frage 52:	c	Frage 101:	b, c
Frage 4:	b, e	Frage 53:	a	Frage 102:	b
Frage 5:	b, c	Frage 54:	b, c, d, e	Frage 103:	c
Frage 6:	a, b	Frage 55:	a	Frage 104:	a
Frage 7:	a	Frage 56:	a, b, c	Frage 105:	b
Frage 8:	a	Frage 57:	d, e	Frage 106:	a, b, c
Frage 9:	b	Frage 58:	b	Frage 107:	a, c, e
Frage 10:	b	Frage 59:	b	Frage 108:	a, c, d
Frage 11:	a, c, d, e	Frage 60:	d	Frage 109:	d, e
Frage 12:	b, c, d	Frage 61:	b	Frage 110:	a, b, d
Frage 13:	a, b, d	Frage 62:	a	Frage 111:	b
Frage 14:	a, d	Frage 63:	c	Frage 112:	a, c, d
Frage 15:	d	Frage 64:	a	Frage 113:	a, b, c
Frage 16:	a	Frage 65:	b, d, e	Frage 114:	a, d
Frage 17:	b	Frage 66:	a	Frage 115:	a, b, c, e
Frage 18:	a	Frage 67:	b	Frage 116:	b
Frage 19:	a	Frage 68:	a, b, c	Frage 117:	c
Frage 20:	c	Frage 69:	a, b, d	Frage 118:	a, b, c
Frage 21:	e	Frage 70:	a	Frage 119:	a, d, e
Frage 22:	b, d, e	Frage 71:	b	Frage 120:	b, e
Frage 23:	c	Frage 72:	b	Frage 121:	b
Frage 24:	a, c	Frage 73:	a, d	Frage 122:	e
Frage 25:	a	Frage 74:	b, c, d, e	Frage 123:	a
Frage 26:	b, c, d	Frage 75:	b	Frage 124:	b
Frage 27:	a	Frage 76:	b, c, e	Frage 125:	c
Frage 28:	b	Frage 77:	a, b, d	Frage 126:	b, c
Frage 29:	c	Frage 78:	a	Frage 127:	e
Frage 30:	a	Frage 79:	b, e	Frage 128:	b
Frage 31:	c	Frage 80:	d	Frage 129:	b, c
Frage 32:	a, d	Frage 81:	a, d, e	Frage 130:	b
Frage 33:	b	Frage 82:	c	Frage 131:	a
Frage 34:	c, d, e	Frage 83:	b, c, d	Frage 132:	b
Frage 35:	a, c	Frage 84:	a, d	Frage 133:	a, b, c, e
Frage 36:	c	Frage 85:	a	Frage 134:	a
Frage 37:	b	Frage 86:	a	Frage 135:	c
Frage 38:	a	Frage 87:	b, d, e	Frage 136:	b
Frage 39:	c	Frage 88:	d	Frage 137:	b
Frage 40:	a	Frage 89:	a, b, c, d	Frage 138:	b
Frage 41:	c	Frage 90:	a	Frage 139:	a
Frage 42:	b	Frage 91:	c	Frage 140:	a, b, d
Frage 43:	b	Frage 92:	c	Frage 141:	e
Frage 44:	d	Frage 93:	a, c, d	Frage 142:	a, c, d
Frage 45:	b	Frage 94:	b	Frage 143:	b
Frage 46:	a, b	Frage 95:	d	Frage 144:	a
Frage 47:	a	Frage 96:	b	Frage 145:	b
Frage 48:	a, e	Frage 97:	c		
Frage 49:	d	Frage 98:	b		

Stichwortverzeichnis

Das Stichwortverzeichnis bezieht sich auf Randziffern.

B

D

G

H

I

J

K

L

M

N

O

P

Q

R

S

W

Z